DK美国内战图文全纪录

美国内战图文全纪录

上海文化出版社

DK Penguin Random House

Original Title: The American Civil War

A Penguin Random House Company

图书在版编目（CIP）数据

DK美国内战图文全纪录 / 英国DK公司编著；刘清山译. -- 上海：上海文化出版社, 2022.9

ISBN 978-7-5535-2340-8

Ⅰ. ①D… Ⅱ. ①英… ②刘… Ⅲ. ①美国南北战争—史料 Ⅳ. ①K712.43

中国版本图书馆CIP数据核字(2021)第220539号

审图号：GS（2021）3217号
图字：09-2021-0283号

出 版 人　姜逸青
责任编辑　任　战　葛秋菊
装帧设计　王　伟

书　　名　DK美国内战图文全纪录
作　　者　[英]DK公司
译　　者　刘清山
出　　版　上海世纪出版集团
　　　　　上海文化出版社
地　　址　上海市闵行区号景路159弄A座3楼
邮政编码　201101
发　　行　上海文艺出版社发行中心
　　　　　上海市闵行区号景路159弄A座2楼206室　www.ewen.co
印　　刷　广东金宣发包装科技有限公司
开　　本　787mm × 1092mm　1/8
印　　张　45
版　　次　2022年9月第一版
　　　　　2022年9月第一次印刷
书　　号　ISBN 978-7-5535-2340-8/K.254
定　　价　238.00元

敬告读者　本书如有质量问题请联系印刷厂质量科
电　　话　0762-3918898

目录

1

不完美的联邦
1815—1860 年

2

脱离联邦引发战争
1861 年

杰弗逊·戴维斯和他的将军们（下图）

3

两军大战
1862年

第一次布尔溪之战

汉普顿罗兹之战

4 联邦收紧钳制

1863年

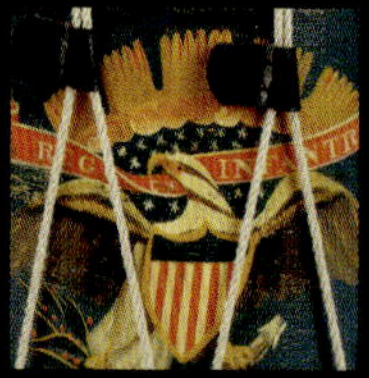

5 格兰特、谢尔曼和总体战

1864年

联邦将军

进攻瓦格纳堡

6 

7 

温菲尔德·斯科特·汉考克在葛底斯堡

战壕中的联邦部队

生病的士兵

史密森学会收藏了著名摄影师蒂莫西·奥沙利文、乔治·巴纳德、乔治·库克、亚历山大·加德纳和马修·布雷迪拍摄的南北战争时代的许多照片。图为布雷迪的战地工作室在1863年左右拍摄的照片。

前言

纪念南北战争的强烈需要是一条不可磨灭的贯穿美国社会的经脉。1961年夏，九岁的我目睹了被一些人称为“第三次布尔溪之战”的事件。这场被大肆宣传的战场重演活动是南北战争百年纪念的正式开端。“战斗”日的早上气温很高，空气闷热潮湿，观众和演出者都有中暑的危险。令我吃惊的是，活动设计得索然无味：为数不多的士兵带着上了刺刀的步枪，为数不多的大炮喷出几道白烟，在宽阔的绵延起伏的场地上看上去很不起眼。我一直不知道哪一方是战争的胜利者，哪一方是失败者。

我们永远无法重现历史，包括像南北战争这样得到良好记录的历史。南北战争是美国第一次得到大规模影像记录的国家经历。充分理解那个冲突时代的微妙性，本身就是一项挑战。罗伯特·E. 李愿意为了避免战争而解放“南方的每个奴隶”——这一定会得到林肯的衷心支持。两个人向同一位上帝祈祷，每个人都在遵从自己的良心。最终，他们以及尤利西斯·S. 格兰特堪称典范的谦逊和宽容在阿波马托克斯胜过了一切，永远改变了这个国家。

对于今天的美国人来说，先辈很久以前做出的牺牲是真正的礼物。他们留下的影响也是。这本图文综述收录了来自美国各地的藏品，尤其是史密森学会的藏品。史密森学会成立于1846年，从战争开始时起，就一直在收集和保存南北战争的各种纪念品。通过这些讲述，你将难得地窥探到史密森博物馆丰富而独特的珍藏。书里的许多银版照片和肖像画不仅仅是插图，而且是祖传遗物，它们被慷慨地奉献给了人民。这些遗物包括几十件个人物品，比如杰布·斯图尔特的英制特兰特手枪，威廉·T. 谢尔曼的作战帽和佩剑，以及乔治·B. 麦克莱伦的国际象棋。林肯的两件遗物是美国的国家宝藏，包括他最后前往福特剧院时戴在头上的黑色大礼帽，以及作为礼物的亨利连发式来复枪，上面镶有黄金，并且刻有总统的名字　　它也是史密森轻武器收藏品中的珍藏。

在艺术领域，战场速描和“布雷迪照片”带给我们对这场战争的近距离视觉体验。同时，本书也添加了精选的战后插画，以研究影响美国南北战争记忆的地区情绪。书中包含带有插图的时间线、彩色地图、亲历者叙述以及充满古老军事气息的双页画作。书中的每一页都是值得反复体验的虚拟旅行。

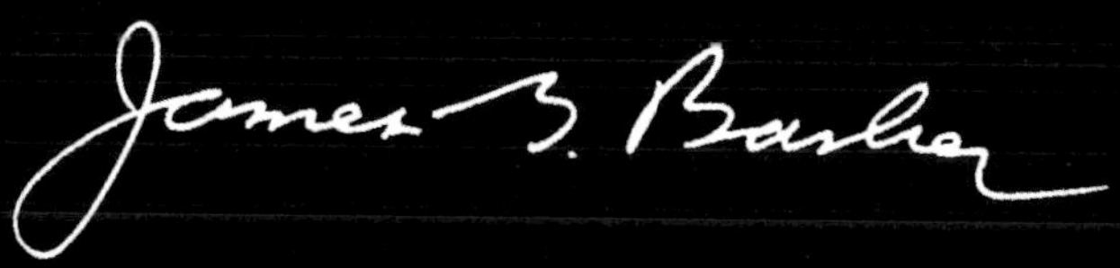

詹姆斯·G. 巴伯

编辑顾问

1 不完美的联邦

1815—1860年

当美国向西部扩张时，奴隶制的未来撕裂了教会和政党，并最终撕裂了整个国家。美国通过南北战争和625 000人的死亡确定了一个基本命题：所有人生而平等。

《暴民袭击

这幅当时的版画展示了1860年12月3日抗议者和警察在波士顿特里蒙特坦普尔浸信会教堂解散废奴主义会议的场面——一年前，废奴主义者约翰·布朗被处决。虽然北方人普遍反对奴隶制扩张，但是许多人认为，支持完全废除奴隶制的人是麻烦的狂热分子。

概述

梅森–狄克逊线
这条线是具有象征意义的南北分界线，可以追溯到18世纪60年代，当时测绘员查尔斯·梅森和杰里迈亚·狄克逊解决了宾夕法尼亚、马里兰和特拉华之间的纠纷，确定了它们的边界。

1850年妥协
在华盛顿，肯塔基参议员亨利·克莱说服国会接受了一项政治妥协。这项妥协阻止了北方和南方的公开分裂，但是南北双方的强硬者对于其中的措施并不满意。《逃亡奴隶法案》很快引发了巨大的争议。

弗吉尼亚及周边地区

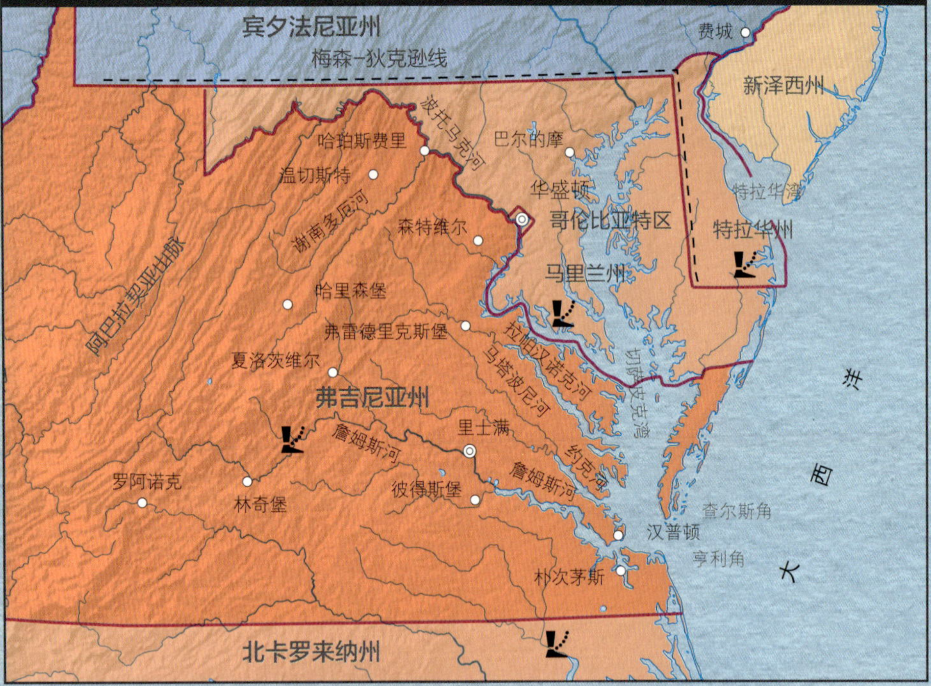

走向绞刑台的约翰·布朗
为了获取奴隶起义的武器，废奴主义者约翰·布朗于1859年袭击了哈珀斯费里的联邦兵工厂。袭击失败后，布朗受到审判，被处决。他的死进一步导致了北方和南方的分裂。

加利福尼亚淘金热
1849年的淘金热使加利福尼亚领地的人口大幅增长。加利福尼亚采取了反对奴隶制的宪法，并试图加入联邦，将来自墨西哥的领地是否实行奴隶制的问题推到前台。加利福尼亚于1850年建州。

1860年12月20日，南卡罗来纳州代表大会得到了一致同意退出联邦的投票结果。用亚伯拉罕·林肯的话说，这是美国逐渐成为“分裂之家”的漫长过程的顶点。虽然独立战争的胜利和美国宪法的订立缔造了共同的国家意识，但是许多政治分歧从未得到解决。特别是，越来越多美国人在奴隶制的未来地位和联邦政府从中扮演的角色上存在分歧。

到1860年，美国和美国人民已发生了巨大变化。1803年的路易斯安那购地案和1848年美墨战争的胜利使美国领土面积大大增加。虽然大多数美国人仍然在农场和小镇生活，但科技进步和大规模移民增加了美国的人口和国家财富。借助棉花销售、北方工厂的增加以及将南北利益联系起来的金融机构，南方棉花种植者和北方商人变得富裕起来。

1860

流血的堪萨斯
奴隶制支持者和反对者之间的冲突主导了19世纪50年代中期的堪萨斯。这张漫画嘲讽了总统皮尔斯支持奴隶制的立场。

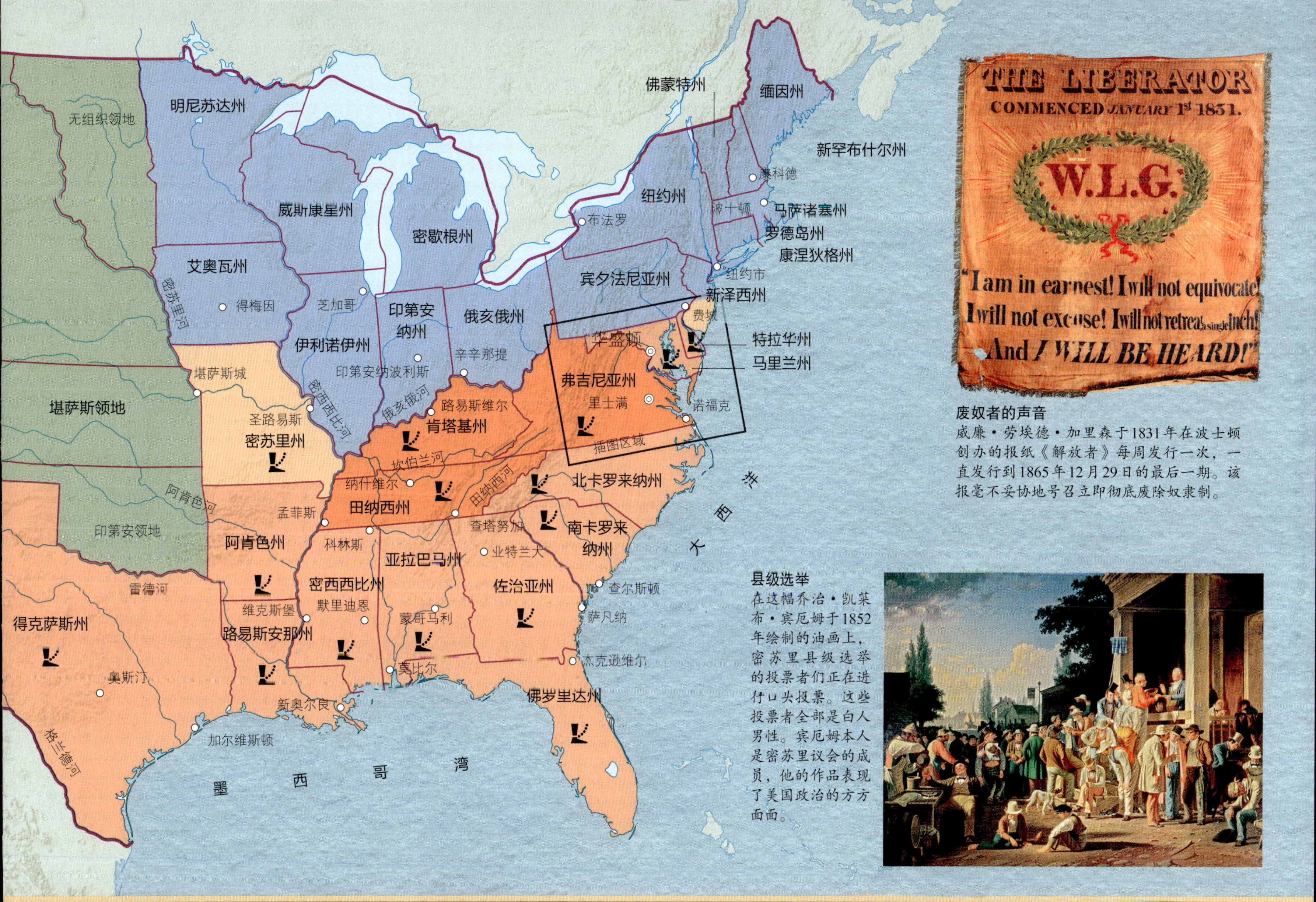

废奴者的声音
威廉·劳埃德·加里森于1831年在波士顿创办的报纸《解放者》每周发行一次，一直发行到1865年12月29日的最后一期。该报毫不妥协地号召立即彻底废除奴隶制。

县级选举
在这幅乔治·凯莱布·宾厄姆于1852年绘制的油画上，密苏里县级选举的投票者们正在进行口头投票。这些投票者全部是白人男性。宾厄姆本人是密苏里议会的成员，他的作品表现了美国政治的方方面面。

尽管南方和北方存在这些联系，但是到了1860年，两者的关系还是变得非常紧张。大多数美国白人对于黑人仍然漠不关心或者保持敌意，但是许多北方人担心，随着新的州进入联邦，南方人在联邦政府中的主导地位会导致奴隶制的扩张。南方人认为，将奴隶视作财产是美国的历史传统，而对奴隶制的批评否认了这一传统，对其造成了强烈威胁。

自从1820年密苏里妥协案通过以来，一系列政治交易遏制了分裂。不过，随着1860年许多南方人眼中的那个敌人当选为总统，矛盾变得尖锐起来。

时间线1776—1860年

独立宣言 ■ 宪法 ■ 轧棉机的发明 ■ 密苏里妥协 ■ 废奴主义兴起 ■ 美墨战争 ■ 1850年妥协 ■《汤姆叔叔的小屋》■ 堪萨斯－内布拉斯加法案 ■ 袭击哈珀斯费里 ■ 林肯当选 ■ 南卡罗来纳退出联邦

1800年之前

1776年7月
《独立宣言》宣布"所有人生而平等"是"不言自明"的真理。不过，宣言的主要起草者托马斯·杰弗逊和其他许多签字者却是奴隶主。

1787年7月
国会通过《西北法令》，禁止西北领地实行奴隶制，包括未来的俄亥俄州、伊利诺伊州、密歇根州和威斯康星州。

1787年9月
新宪法允许奴隶制存在。

1789年9月
在宪法修正案中，奴隶在计算国会代表人数时被算作五分之三个白人。

1793年2月
《逃亡奴隶法案》使奴隶主更容易抓回逃走的奴隶，并导致自由黑人被卖为奴隶。

1793年4月
轧棉机的引入为棉花产业带来了一场革命。

轧棉机

1800—1815年

1803年4月
美国谈判代表接受路易斯安那购地案，从法国购入广阔的路易斯安那领地。当美国白人在此定居时，奴隶制问题引发了争议。

1808年1月
根据宪法条款，奴隶进口在美国成为非法行为，但美国内部的奴隶贸易还在继续进行。

1812年6月
美国对英国宣战，1812年战争开始，一直持续到1815年。

1816—1830年

1820年3月
密苏里妥协。缅因作为自由州加入联邦，密苏里在随后的1821年作为蓄奴州加入联邦。在通过路易斯安那购地案从拿破仑手中购买的土地北部，奴隶制是被禁止的。

尤蒂卡市的伊利运河

1825年10月
伊利运河开通，将哈得孙河与五大湖相连。它是支持北方经济和工业增长的众多交通设施之一。

废奴主义者徽章

1831—1840年

1831年8月
纳特·特纳在弗吉尼亚领导了一场奴隶叛乱。在叛乱被镇压前，大约60名白人被害。特纳随后被捕并被处决。

1832年11月
南卡罗来纳代表大会采纳了一项废止联邦关税并宣布该州有权退出联邦的法令，引发废止危机，使国会和各州的长期争执达到顶点。

1833年3月
一次政治妥协结束了废止危机，但南卡罗来纳仍然宣布自己有权废止其他联邦措施或退出联邦。

1833年12月
美国反奴隶制协会成立。

1836年4月
得克萨斯在圣哈辛托之战中击败墨西哥军队，随后宣布独立，希望加入美国。得克萨斯如果成功加入联邦，将成为蓄奴州。

1841—1845年

1842年1月
最高法院裁定，阻碍《逃亡奴隶法案》的行为违宪。

1844年11月
詹姆斯·K.波尔克在总统选举中以微弱优势击败亨利·克莱。波尔克支持得克萨斯加入联邦，并且支持西进运动。

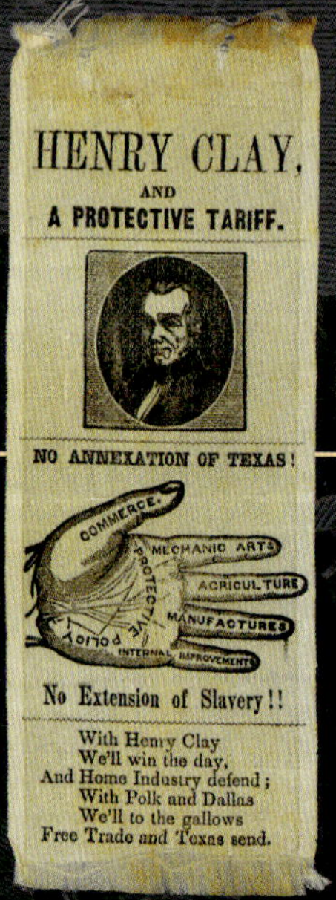

亨利·克莱的总统竞选绶带

1845年7月
得克萨斯代表大会同意加入美国，尽管一些人提出了反对意见。得克萨斯于12月正式加入联邦。

1846—1850年

美墨战争中的布埃纳维斯塔之战，1847年

1846年5月
美国和墨西哥军队在墨西哥领土上发生冲突，美国随后对墨西哥宣战。

1846年8月
"威尔莫特但书"提出在从墨西哥获取的领地上禁止奴隶制。该但书被众议院通过，却没有得到参议院批准。关于奴隶制的分歧加深了。

1848年2月
瓜达卢佩－伊达尔戈条约终止了美墨战争。美国新增的广阔领土将成为奴隶制支持者和反对者的争论焦点。

1850年9月
国会通过了一系列被称为"1850年妥协"的措施。一方面，加利福尼亚作为自由州加入联邦。另一方面，更加严格的《逃亡奴隶法案》得到通过。

“我相信，这个政府不能以一半蓄奴一半自由的状态永远持续下去。我不希望联邦解体……我希望它停止分裂”

——亚伯拉罕·林肯，1858年6月16日

1851—1852年

报纸宣传捉住逃亡奴隶的奖励

1851年4月
根据《逃亡奴隶法案》，逃亡奴隶托马斯·西姆斯在马萨诸塞州波士顿被捕，并被送回佐治亚。类似事件引发了北方的愤怒。

1851年6月
哈里特·比彻·斯托的小说《汤姆叔叔的小屋》首次连载。到1853年末，这本书售出了150万册。它永远改变了北方对于奴隶制的态度。

1853—1854年

1854年4月
移民援助协会在马萨诸塞州成立，以帮助反对奴隶制的定居者移居堪萨斯，确保那里根据“人民主权”原则保持自由领地状态。

1854年5月
堪萨斯-内布拉斯加法案将之前的堪萨斯领地一分为二。虽然堪萨斯位于1820年密苏里妥协确定的界线以北，但是它的奴隶制问题仍然悬而未决。

哈里特·比彻·斯托

1854年7月
新成立的共和党在密歇根召开第一次代表大会，反对堪萨斯-内布拉斯加法案，支持这些领地的奴隶制。

1855—1856年

1855年3月
数千名密苏里人在堪萨斯领地议会选举中进行了欺诈投票，确保了奴隶制支持者的多数地位。这个结果得到该领地联邦长官承认。

1855年7月
支持奴隶制的堪萨斯议会开始颁布措施，以保护该领地的奴隶制。

被称为“比彻圣经”的0.52口径夏普斯卡宾枪

1855年10月
堪萨斯自由土壤者成立了自己的议会，采纳了禁止奴隶制的宪法。他们用标有“圣经”的盒子将枪支分发给反对奴隶制的定居者。这些枪支被称为“比彻圣经”。

1856年5月21日
在堪萨斯奴隶制支持者和反对者之间的持续冲突中，奴隶制支持者“洗劫”了劳伦斯镇。几天后，废奴主义者约翰·布朗在波特沃托米溪实施了报复性袭击。

1856年5月22日
在发表反奴隶制演说后，查尔斯·萨姆纳在参议院遭到袭击。

萨姆纳遇袭

1857—1858年

1857年3月
在德雷德·斯科特案中，最高法院裁定，国会不能在美国任何地方都不能剥夺公民财产，包括奴隶，而黑人不是公民。

1857年12月
莱康普顿议会为堪萨斯采纳了一部宪法。该领地现有奴隶的状态保持不变。一轮投票将决定是否允许新奴隶进入堪萨斯。

1858年4月
虽然堪萨斯选民拒绝莱康普顿宪法，但总统布坎南要求国会根据堪萨斯的条款将其接纳为州。国会要求堪萨斯再次投票。

1858年8—11月
亚伯拉罕·林肯在美国伊利诺伊参议员选举中与斯蒂芬·道格拉斯竞争。他们的辩论使林肯成了美国名人，但道格拉斯赢得了选举。

1859年

1859年3月
最高法院推翻了威斯康星法院的判决，确认《逃亡奴隶法案》符合宪法。

1859年10月
约翰·布朗领导了对弗吉尼亚州哈珀斯费里联邦兵工厂的袭击，希望引发奴隶叛乱。他很快被捕并遭到审判和处决。

1860年

弗雷德里克·道格拉斯

1860年5月
共和党将亚伯拉罕·林肯选为总统候选人。他的支持者包括废奴主义者弗雷德里克·道格拉斯。

1860年6月
民主党分裂为北方和南方两个派系，分别提名斯蒂芬·道格拉斯和约翰·布雷肯里奇为总统候选人。宪政联邦党提名了第四位候选人约翰·贝尔。

1860年11—12月
林肯当选总统。作为回应，南卡罗来纳于12月20日举行了州代表大会，投票决定退出联邦。

亚伯拉罕·林肯

之前

美国独立战争的胜利并没有最终确定新共和国的边界，它仍然被英国、法国和西班牙的殖民地包围。

路易斯安那购地案

1803年，为确保拥有密西西比河河口，托马斯·杰弗逊向法国皇帝拿破仑一世派出代表团，协商购买新奥尔良事宜。令美国代表吃惊的是，拿破仑希望以1500万美元卖掉整个路易斯安那领地，以便为他的欧洲战争提供资金支持。美国领土一夜之间扩大了近一倍。

向西部扩张

杰弗逊总统于1803年7月4日宣布了购地案。第二天，总统的朋友和助手、28岁的陆军上尉梅里韦瑟·刘易斯从华盛顿出发，开始了他和威廉·克拉克的西部探险。史诗般的旅行一直持续到1806年9月。他们发现了土著居住的大片土地，似可供后代美国人生活。

刘易斯和克拉克旅行用的指南针

国家的状态

1812年战争之后的40年时间里，美国的人口、经济、边界和社会关系发生了深刻的变化。新的州以几乎每三年一个的速度加入联邦。到1855年，美国15万人以上的城市数量比其他任何国家都要多。

技术

轧棉机

1793年，伊莱·惠特尼来到南方，在种植园里从事指导工作。他对从棉花短纤维上分离棉籽这项耗时的手工劳动产生兴趣，设计了简单的手摇机器。他的轧棉机用滚筒将种子从纤维上梳下来。之前，一个奴隶一天的手工劳动只能处理1磅（0.5千克）棉纤维，现在一个奴隶每天可以处理50磅（23千克）。轧棉机使棉花生产扩展到了南方腹地，为奴隶制在南方社会的扩张提供了经济动力。

轧棉机

1800年，大多数美国人仍然在农场工作，他们所生活的小型社区之间交通不畅，由崎岖的道路连接。当托马斯·杰弗逊1801年3月入主白宫时，美国有大约530万人，生活在大西洋沿岸和密西西比河之间，其中大多数人生活在距离东海岸不到50英里（80公里）的范围内。杰弗逊的设想是，如果增加更多西部领土，美国将足够强大，可以在经济上与欧洲大国竞争，并且能够应对他们的威胁。怀疑者指出，交通不便、美洲原住民的存在以及外国人对北美土地的主权要求是美国扩张的障碍。

19世纪早期，由于道路的稀缺和崎岖，一封来自缅因州的信件20天之后才能抵达南卡罗来纳州查尔斯顿。1812年战争一直持续到1815年。为了保卫国家，人们在各州之间建设了更好的道路和联系渠道。战后，在市场发展、人口西迁和军事因素的推动下，社区和私人投资者继续建造公路、桥梁和运河，加速了商品交换，将人们联系在一起。其中，伊利运河是最大的项目之一，最终使纽约市与伊利湖以及上中西部各州和领地相连接。该运河是由纽约州和私人投资者资助的，1817年开工，1825年完工，用七年时间收回了成本。

19世纪30年代，铁路开始取代运河，成为运输旅客和货物更加便宜、更加迅速的方式。在大众需求和国会政策的刺激下，人们沿着边疆建起了邮局。很快，美国邮政人员的数量超过了士兵。19世纪40年代，电报开始在铁路沿线出现。各城市纷纷加入电报网络，希望交换商业和政治情报。造纸和印刷技术的进步使报纸变得更加便宜，1846年美联社的出现带来了来自美国各地快捷而标准的报道。

31 443 321

美国1860年的人口。1850至1860年的10年间，美国人口增长超过35%，与1815年相比则增长了270%以上。1815年，美国只有840万人。

北方的转变

大多数北方农场家庭专注于自立更生和自给自足，他们为自己提供食物，并在当地进行物品交换，以维持独立性。随着交通运输的改善，城郊的农民开始种植更多的经济作物，并在当地市

乡村社区的投票
乔治·宾厄姆的油画《1852年县级选举》展示了正在运行的民主系统，即各个阶层的居民聚在一起进行投票。在19世纪，投票仍然以白人男性为主。

场出售。新英格兰和大西洋沿岸中部各州的农民用在市场上赚到的钱购买更好的装备，以降低劳动成本，提高产量。在钢制刀片、打谷机、铁犁和马拉式搂草机的帮助下，一个农民可以完成之前六个人的工作量。在东北部，工业小镇和城市中心人口的增长提高了对肉类、玉米、小麦、羊毛、水果、蔬菜和乳制品的需求。

400万
美国截至1860年每年生产的棉包数量。每包棉花重450磅（204公斤）。

人口持续流入日益扩张的城市。1860年以前，来到美国的移民中有八分之七定居于纽约、波士顿、费城、匹兹堡、罗切斯特和芝加哥等城市——它们都在梅森-狄克逊线以北。这条具有历史意义的地理线是天文学家查尔斯·梅森和测量员杰里迈亚·狄克逊在18世纪60年代测量的，解决了宾夕法尼亚和马里兰之间的边界纠纷。

工业起飞

从1815年到1860年，美国人改变了这个国家的经济。开发出轧棉机以后，伊莱·惠特尼为武器制造商设计了可交换部件系统。该系统很快被用于生产其他商品，如钟表、缝纫机和农场设备。这种制造过程的简化极大降低了生产成本和产品成本，被称为“美国体系”。新英格兰人建立了首批由水力驱动的大型工厂，雇用当地妇女生产棉纺织品。

到了19世纪30年代，美国的工业发展已经势不可挡。1807年，美国的棉纺厂不到20家，只有大约8000个纺锤。到了1831年，纺织厂的数量已大大增加，拥有近120万个纺锤。蒸汽机改变了采矿和炼铁业，为工厂和车间提供动力，支持了商品的铁路和水路运输。工厂取代了工匠和日用品的家庭生产。“市场革命”使美国的社会和经济发生了深远的改变。

奴隶经济
北方通过起源于欧洲的工业生产变得富有，南方的财富则来自奴隶种植和采摘的原材料——主要是棉花。

南北分歧

1808年，一项针对进口奴隶的禁令成为法律——在此之前，人们一直认为这种禁令违宪。许多美国人希望奴隶制逐渐消失。在梅森-狄克逊线以北，一些州已经通过了禁止或逐渐取消奴隶制的法律。在北方，自由非裔美国人的数量迅速增长，在城市地区的非裔美国人还建立了自己的教会和学校。许多人也在为逃离奴役的黑人提供庇护。然而，虽然北方的非裔美国人获得了自由，但他们仍面临种族歧视和法律障碍，无法充分参与社会活动。

南方的生活就完全不同了。1800年至1861年，美国南方成为世界上规模最大、最为富裕的奴隶社会。南方的种植园产出了大量财富，奴隶的数量和价格也在增长。得克萨斯等新近加入美国的州以及从美洲原住民那里获得的新土地吸引了无数白人，他们希望在处女地上迅速获利。数万名奴隶与之前沿海各州的家人分离，被卖到西南部。奴隶人口从1790年的70万增长到1860年的400万。

基于棉花的经济

在南方种植园，奴隶们种植蔗糖、水稻和烟草，许多人掌握了维持种植园运营所需要的技能。不过，最主要的作物还是棉花。随着产量的飙升，奴隶在棉田里的工作时间更长了。棉花是美国的重要出口商品，在1850年之前占所有出口商品的一半以上。1860年，英国是美国棉花的主要购买国——所使用的棉花有近75%来自美国。不过，奴隶劳动和棉花生产不仅仅是南方的事情，整个美国经济都与之有关：西部食品供养不断增长的奴隶人口；奴隶负责照料棉花；东北部早期的纺织厂和制鞋厂将产品卖到南方，由奴隶主分配给奴隶；纽约市和新英格兰的公司则为日益繁荣的棉花和奴隶贸易提供资金支持和保险并从中获利。

新兴城镇
由于伊利运河提供了重要的交通联系，尤蒂卡从小型聚居区发展成了繁荣的城市。它的人口在19世纪20年代迅速膨胀，许多工人在运河完工后留了下来。

之后

南北战争开始时，美国大约四分之一工厂工人是女性。五年后，这个比例提升到了三分之一。

典型工作条件

到1860年，美国最大的工业中心是马萨诸塞州洛厄尔，以“工厂女孩”著称。

作为一项社会实验，洛厄尔工厂在设计上避免了英国工厂小镇的严苛条件。最远来自缅因州农场和小镇的年轻单身女性是工人中的主力。雇主向员工父母承诺，每个女孩将在受到监管的宿舍里获得食宿，而且一定会在休息日做礼拜。这些女性拥有自己的出版物《洛厄尔期刊》，并且有机会接触流动图书馆、乐器和旅行演说家。

战后，洛厄尔工厂更加依赖法裔加拿大人和欧洲移民。到了1900年，该市有一半人口是在国外出生的。

女人当家

南方的工厂没有北方多，但在富有的种植园主阶层之外，大多数白人女性习惯了小型农场的艰苦劳动，这些农场几乎没有奴隶。战争带来的主要变化是，当男人都不在的时候，许多女性需要承担起农场和种植园的运营工作。

拓荒者们惊奇地注视着新世界

伊曼纽尔·洛伊策在其标志性油画《帝国西进》(1861年)中宣传了天定命运思想，这一19世纪的观念鼓励人们向西扩张到太平洋。许多欧裔美国人认为，占领新世界是一项“民主权利”。在记者约翰·L. 奥沙利文的催促下，人们向西旅行，寻找更好的生活，“在天意分配的大陆上遍地生根”。

联邦的问题

随着美国人口的增长和西迁，国内问题和个人恩怨成为政治领域的驱动力，而联邦权力同州权的冲突又使事情变得更加复杂。美墨战争加深了不同地区的政治分歧。

1820年之后的几十年里，美国政治的性质和实践发生了根本改变。联邦宪法和各州法律最初只为拥有财产和居住资格的人提供投票权和政府任职机会。不过，到了19世纪30年代，大多数州已经修改了法律，将选举权和政府任职机会扩展到了几乎所有白人男性公民。之前，国父们认为政治服务应该由受教育程度最高的富裕人士提供，而此时，同意这种观点的人已经很少了。政治变成了职业，人们通过为政党服务获得职位、财富和地位。其中，民主党首创了党纪系统，在地方、州和国家层面为党员分配工作。

> *1829年，安德鲁·杰克逊的支持者从各州赶来，参加他的就职典礼。他们冲进白宫，爬上桌子，使一杯杯酒洒在草坪上，吓到了许多人。*

杰克逊时代

田纳西州的安德鲁·杰克逊是掌握新式个性政治和组织竞选活动的大师之一。投票者欣赏他作为新奥尔良胜利者和印第安人对抗者的履历——新奥尔良之战是1812年战争的最后一场重要战斗。杰克逊以贫农出身获得财富和影响力的故事使他成了“平民时代”的标志。在1824年竞争激烈的总统选举中，他以微弱劣势输给了约翰·昆西·亚当斯。不过，在1828年选举中，他以民主党候选人的身份获得胜利，进入白宫。

和许多边区人类似，杰克逊讨厌东部的主导地位。作为总统，他首次将他的国家理念转变成了保护人民不受地方政府、州政府和私人利益侵犯的强大执行力。为此，他受到了辉格党的反对。辉格党由可怕的“三巨头”控制，分别是南卡罗来纳参议员约翰·C. 卡尔霍恩、肯塔基参议员亨利·克莱和马萨诸塞参议员丹尼尔·韦伯斯特。辉格党坚持国会对于总统的支配地位。杰克逊于1832年轻松赢得了第二任期，更加相信总统代表民意。他的信念在一系列危机中得到了体现，这些危机是由国家不同地区对于联邦权力和州权冲突的不同反应引发的。南方各州长期觊觎密西西比河以东的印第安土地。虽然联邦条约和美国最高法院否认这些

约翰·C. 卡尔霍恩
作为“三巨头”之一，卡尔霍恩是南方蓄奴利益的优秀辩护者。不同寻常的是，他曾在约翰·昆西·亚当斯和安德鲁·杰克逊两位总统任职期间担任副总统。

之前

当蓄奴的密苏里在1819年申请建州时，人口较多的北方在众议院占据优势。在参议院，11个自由州与11个蓄奴州保持平衡。

密苏里妥协

密苏里的申请引发了不同反应。参议院关于奴隶制未来的讨论第一次产生了阻止新的蓄奴州加入联邦的可能。为平息冲突，肯塔基的亨利·克莱安排了一系列措施，被称为“密苏里妥协”。1820年，密苏里作为蓄奴州进入联邦，缅因作为自由州进入联邦。在路易斯安那购地案中位于密苏里南部边界以北的地区禁止实行奴隶制。

一个时代的终结

詹姆斯·门罗于1825年离开白宫，标志着革命一代的离去。由于3/5条款，南方白人获得了过多的代表人数，因此在美国最初的36年中，弗吉尼亚人和奴隶主担任总统的时间长达32年。

报纸编辑和改革家（1811—1872）

霍勒斯·格里利

1831年，霍勒斯·格里利从新罕布什尔来到纽约市，创办了新闻和文学期刊《纽约客》。随后，他担任辉格党宣传报《小木屋》的编辑，并在1841年创办《纽约论坛报》。在接下来的30年中，他倡导了一系列折中的政治和社会观点，并用他的报纸反对统治国家的“蓄奴力量”。他很早就转投了共和党，用他的印刷机为共和党批量印刷宣传材料。南北战争后，格里利试图在1872年选举中与总统尤利西斯·S.格兰特竞争。他在选举中受到了嘲讽，并且一败涂地，选举后不久就去世了。

亨利·克莱的竞选绶带
作为极具魅力的社交名流，参议员亨利·克莱于1832年和1844年获得了辉格党总统提名，但两次都以失败告终。他倡导保护性关税，以支持西部开发。

州有权窃取印第安领地，但是杰克逊选择支持佐治亚州占领印第安土地的权利。他派出军队，以确保切罗基人和其他反抗部落的撤离。当难民向西跋涉时，数千人死在了“眼泪之路”上。

废止危机

用于保护北方工业的联邦关税也引发了争议。南方人讨厌关税，因为它提高了欧洲商品进口到南方的成本。1830年，南卡罗来纳曾考虑拒绝执行国会1828年通过的关税。当另一项关税于1832年得到通过时，南卡罗来纳宣布，这项关税和1828年关税在该州境内无效。国会否认了南卡罗来纳拒绝关税的权利，并授权杰克逊采取一切必要措施，以执行联邦法律。废止危机于1833年得到解决，当时南卡罗来纳州被孤立，其要求也被其他南方州拒绝，因此做出了让步。

美墨战争

当杰克逊的任期即将结束时，他对另一场危机的处理更加谨慎。19世纪20年代，许多美国人搬到得克萨斯领地居住。到了1835年，他们希望争取得克萨斯独立。在与墨西哥领导人安东尼奥·洛佩斯·德·桑塔·安纳协商无果后，得克萨斯人拿起了武器。在随后的冲突中，他们从1836年3月阿拉莫的失败中恢复过来，并于几个月后在圣哈辛托捕获桑塔·安纳。接着，他们建立了自己的共和国并询问加入联邦事宜。杰克逊及其继任者马丁·范布伦提出了异议，担心引发与墨西哥的战争。之后几位总统态度更加积极。1845年，得克萨斯加入美国。墨西哥反对此次合并。当美国龙骑兵在有争议的格兰德河边界地区与墨西哥骑兵交战时，冲突开始了。1846年5月10日，总统詹姆斯·K.波尔克宣布：“美国人的鲜血洒在了美国土地上。”虽然《纽约论坛报》编辑霍勒斯·格里利等具有影响力的人物表示反对，国会还是在三天后宣战了。

关税
对某些进口商品征收海关税通常是为了保护国内类似商品的生产者。

9月，扎卡里·泰勒将军领导的军队占领了墨西哥蒙特雷市。桑塔·安纳在1836年被捕后经历了几次人生转折，他在被流放后返回墨西哥，再次宣布自己为总统。1847年2月，泰勒在布埃纳维斯塔之战中击败了桑塔·安纳。3月，温菲尔德·斯科特将军发动了当时规模最大的两栖登陆：12 000名士兵在韦拉克鲁斯附近登陆。最终，斯科特的军队于9月14日进入墨西哥城。

“我们的联邦——它必须而且将会得到保护。”
——安德鲁·杰克逊，1830年

布埃纳维斯塔之战
在1847年2月的布埃纳维斯塔之战中，扎卡里·泰勒将军用炮兵取得了极好的效果，以少胜多，击败了墨西哥领导人桑塔·安纳的军队。此次胜利帮助他在1849年成为总统。

之后

1846至1848年的美墨战争在南方广受欢迎，却分裂了北方，重新开启了关于奴隶制的讨论。哲学家和作家亨利·戴维·梭罗在战争期间由于拒绝交税而入狱。另一些人将战争看作美国占据整个大陆这一“天定命运”的一部分。

战争学校

这场战争充当了未来南北战争指挥官的训练场，包括温菲尔德·斯科特、尤利西斯·S.格兰特和罗伯特·E.李（见第64—65页）。他们学会了在远离补给线的地方发动战争，指挥和训练士兵，与海军协同行动。在1847年9月指挥军队占领墨西哥城以后，斯科特获得了国会授予的金质奖章。

斯科特的奖章

新的边界

1848年2月2日，瓜达卢佩-伊达尔戈条约宣告了战争的结束。在这项条约中，美国人获得了大片土地，包括现在的亚利桑那州、新墨西哥州、加利福尼亚州以及科罗拉多州、犹他州和内华达州的一部分。除了一些小问题，条约还最终确定了美国的边界。

奴隶制导致国家分裂

在南北战争之前的30年里，教会、政党和家庭在美利坚合众国的性质与奴隶制的状态问题上产生分歧。美墨战争的胜利确定了国家边界，但新土地的组织方式问题——自由还是蓄奴——撕裂了国家机构。

早在美墨战争结束以前，关于未来新增领土上奴隶制何去何从的辩论已经导致了国会分裂。1846年，宾夕法尼亚民主党国会议员戴维·威尔莫特为陆军财政法案引入了一项但书，即修正案，在来自墨西哥的所有领土上禁止奴隶制。在众议院，56名北方民主党人中的52人以及所有北方辉格党人投票支持“威尔莫特但书”——这种跨越党派界线的统一预示了未来北方对奴隶制向西部扩展的反对。不过，在参议院，但书遭到否决。南方人谴责但书试图阻碍他们将财产带入新领土的权利。

之前

安德鲁·杰克逊

19世纪20和30年代，关于奴隶制的地区分歧一直存在，但还未像美墨战争之后那样主导政治。

废止危机

安德鲁·杰克逊总统（见第20—21页）等人是联邦的热情支持者，强烈反对各州威胁国家统一的要求。1832年的废止危机（见第21页）就是一个例子。当时，为维护州权，南卡罗来纳拒绝执行联邦政府推行的进口关税。

奴隶制与西部

当棉花生产扩展到亚拉巴马、密西西比、密苏里、阿肯色和得克萨斯等新的土地时，东部各州种植园的土壤正在变得贫瘠。棉花生产的扩张意味着奴隶制向西部扩展。

奴隶所有权

此时的南方在社会和经济上存在多样性。北亚拉巴马、东肯塔基、田纳西和西弗吉尼亚的山区几乎没有种植园。大多数白人通过耕种供养家人，并在当地进行贸易。这些自耕农大多数没有奴隶，尽管他们仍然支持奴隶制。大多数奴隶在棉花和烟草种植园里辛勤工作。另一些奴隶是家庭仆人，还有

350 000
这是1850年南方的奴隶主数量，不到白人总数的25%。半数奴隶主拥有不到六个奴隶，只有1%的人拥有超过一百个奴隶。

越来越多的奴隶做了技工或者在城区受雇。奴隶价格从1800年到1860年翻了两番。这说明，虽然奴隶人数在增长，但是对黑人劳工的需求也在增长。同一时期，东部各州超过80万奴隶被出售或迁移到西南部，在新的棉田里工作，这一过程打破了奴隶家庭成员间的联系。

国会议员戴维·威尔莫特
威尔莫特基于种族歧视思想提出了“威尔莫特但书”。他希望为白人保留西部土地，免除白人与奴隶和自由劳工共同生活的“耻辱”。

南方人开始发现，他们的社会是独特而受到威胁的。政客和知识分子开始为奴隶制辩护，称之为“积极善举”。人们将种植园的家长式关怀与北方工人拼命寻找工作的状态进行对比，指出后者制造了阶级矛盾。

萨特的黄金
1848年，约翰·萨特在他位于加利福尼亚的土地上发现黄金，引发淘金热。新领土的奴隶制问题带来争议。奴隶制的倡导者指出，奴隶可以用于开采金矿。

分裂出现

教会牧师间和会众中也出现了分裂。早在地区政党出现以前，三个最大的新教群体——浸信会、长老会和卫理公会——已正式将其全国教会分裂成地区分会。长老会于1837年首先分裂，随后是1844年的浸信会。在卫理公会这个最大的教派中，关于奴隶主是否有权担任首席主教的长期辩论引发了南方美以美会1846年的独立。对于大多数南方人来说，奴隶制不是罪恶——是奴隶主“引导”奴隶信奉基督教，将他们从野蛮和异教中“解救”出来。

同时，这种新出现的对于奴隶制的激进辩护使北方人感到担忧。当西部和东部的联系通过铁路、电报和印刷变得更加紧密时，南方正在加紧将奴隶制扩展到新的领土和几十年来一直禁止奴隶制的各州。

这种趋势引发的反应之一就是1848年自由土壤党的成立，其口号是“自由土壤，自由言论，自由劳工，自由人民”。自由土壤党人认为，自由人在自由土壤上工作的社会不仅在道德上优于奴隶社会，而且在经济上更加高效。到1849年，他们已经赢得了美国众议院的14个席位和参议院的两个席位。

同时，北方工人也在担心来自黑人劳工的经济竞争。随着数万欧洲移民来到北方，城市拥挤和工作稀缺使该地区的自由黑人社区面临更大的压力，暴乱和群体行为从新英格兰一直延伸到中西部。

联邦政府需要在这种背景下决定在美墨战争后获得的领土上采取何种制度。作为解决方案的1850年妥协包括五个法案，用于平衡北方和南方的利益。这些法案将加利福尼亚作为自

由州纳入联邦，从而终结了1820年密苏里妥协以来参议院中蓄奴州和自由州的平衡——自由州参议员的人数超过了蓄奴州。作为对南方的让步，犹他和新墨西哥领地可以根据“人民主权”原则选择是否接受奴隶制。从1793年起成为联邦法律的《逃亡奴隶法案》的效力增强。即使在反对奴隶制的州，任何公民抵制或拒绝协助捕捉可疑逃亡奴隶的行为都是犯罪，可能受到巨额罚款。

妥协与发展

在此次妥协后的十年间，南方经济发展迅速。铁路里程数翻了两番，大多数铁轨是由奴隶铺设的。1860年时，如果南方独立，它将成为世界上第四富有的国家。奴隶主的数量有所下降：到1860年，拥有奴隶的白人比例下降到了不到四分之一。奴隶制却并没有消亡，而且仍然有利可图。

> “我们的奴隶是黑人，属于一个劣等种族。我们给予他们的地位是一种荣耀……”
>
> ——（赞成黑人奴隶制的典型言论）南卡罗来纳美国参议员詹姆斯·亨利·哈蒙德，1858年3月4日

之后

作家们对奴隶制的辩护和谴责日益激烈。

奴隶制合法化

南方各地的宗教领导人提出了一些辩护论据。例如，《圣经》中存在奴隶制，圣保罗也要求奴隶服从主人。

大多数总统、最高法院法官和国会领导人都是奴隶主。宪法认可奴隶制，承诺保护个人财产。一个人的财产——即奴隶——应当得到保护，不管他前往美国的哪个地方。

汤姆叔叔的小雕像

废奴主义观点

面对这些为奴隶制辩护的来自《圣经》的论据和历史理由，北方废奴主义者同样引用了基督教信条，更加激烈地反对奴隶制的不人道（见第26—27页）。对他们来说，一个极为强大的助力因素是哈里特·比彻·斯托出版于1852年的小说《汤姆叔叔的小屋》（见第26页）。这本书在报纸上连载，并迅速在全国卖出了数万册。和之前的废奴主义宣传相比，这本书引发了更多同情者的共鸣。

暴力出现

1850年妥协暂时避免了冲突。但在1854年，确定堪萨斯和内布拉斯加领地的法案（见第30—31页）在奴隶制的反对者和支持者之间引发了暴力冲突。参与战斗的著名废奴主义者之一是约翰·布朗。布朗后来领导了对哈珀斯费里的袭击（见第34—35页），赢得了持久的名声。

关于1850年妥协的辩论
亨利·克莱督促参议院接受一组法案，用于平息北方和南方的争执。最终，他提出的措施以多项法案的形式全部得到通过。

反奴隶制活动家　生于1818年　逝于1895年

弗雷德里克·道格拉斯

> “它重新点燃了少数正在熄灭的自由灰烬，使我恢复了作为一个人的意识。”
>
> ——弗雷德里克·道格拉斯，论反抗农场主爱德华·科维，1834年

作为女奴和不知名白人男性的儿子，道格拉斯出生于马里兰州，最初的名字叫弗雷德里克·奥古斯塔斯·华盛顿·贝利。他很少见到母亲，在奴隶区一直生活到八岁。1826年，他被主人送到巴尔的摩，为休·奥尔德服务。奥尔德的妻子教他阅读，但她的丈夫中断了课程，声称教育会使奴隶产生危险思想。不过，弗雷德里克仍继续在私下里读书。

15岁时，他被派到乡村，为爱德华·科维工作。由于经常被这个声名狼藉的“奴隶摧残者”殴打，他冒死进行了反抗。1836年1月，他第一次试图逃跑，但最终进了监狱。两年后，在巴尔的摩船厂工作期间，他成功逃离了奴役。他向未婚妻、来自城市的自由黑人女性安娜·默里借了钱，来到了北方的马萨诸塞州新贝德福德。他在那里定居，与默里结婚，更名为道格拉斯。

道格拉斯很喜欢新贝德福德，但他知道教会中存在种族隔离。白人雇主拒绝雇用他，他被迫从事卑微的工作。他成了当地锡安卫理公会传道士，并且订阅了废奴主义报纸《解放者》。该报由美国反奴隶制协会创始人威廉·劳埃德·加里森创办。“这份报纸成了我的精神食粮。我的灵魂完全被点燃了。”道格拉斯加入反奴隶制协会当地分会，出版了首批谴责殖民地化的文章。殖民地化运动鼓励黑人前往利比里亚。道格拉斯指出，美国黑人的正当家园不是非洲，而是美国。他还在协会会议上发表演讲，并被加里森聘为巡回讲师。

威严的气质
这幅由佚名画家绘制的道格拉斯年轻时的肖像很可能源自1845年出版的《叙述》上的照片。画家捕捉了道格拉斯坚定的目标感。

事业起步

1841年至1851年，道格拉斯与加里森的废奴主义盟友并肩工作。道格拉斯拒绝暴力，他们试图通过和平途径结束奴隶制，包括教育和对奴隶主的道德劝说。和加里森一样，他认为现有政党是腐化的，宪法是支持奴隶制的文件。1843年，他周游西部，发表演讲，作为演讲家的技能迅速提高。一位白人废奴主义者甚至建议他在演讲中保留“一点种植园腔调”。不过，道格拉斯拒绝遵从公众预期。

1844年至1845年的冬天，道格拉斯写下了三本自传中的第一本。朋友们建议他毁掉手稿，担心他会重新沦为奴隶，但道格拉斯很坚决。这本书出版于1845年，前五千册销售一空。它有力控诉了奴隶制的残暴和腐败。随着销量的增加，危险也在逼近。道格拉斯逃到英国，在那里待了两年，

废奴主义大会
1850年，道格拉斯出席了上纽约州逃亡奴隶法律大会，抗议收紧《逃亡奴隶法案》的提案。道格拉斯号召镇上的男人和女人"清醒过来，挺身而出，履行自己的职责"。

直到两个英国人向他的前主人付款，"购买"了他的自由。28岁的他可以自由地旅行了。道格拉斯把家搬到纽约州罗切斯特以西，创办了反奴隶制周报《北极星》，口号是"权利没有性别——真理没有肤色——上帝是所有人的父亲，我们都是兄弟"。该报同时倡导废奴主义和女性权利。

为自由而战

1847年，道格拉斯结识激进的废奴主义者约翰·布朗，后者使他相信，自由应该不论代价，不计后果。道格拉斯开始庇护逃亡奴隶，他的家成了"地下铁路"上的"车站"。"地下铁路"是逃亡者的安全屋和隐秘路线系统。这个时期，道格拉斯开始质疑加里森的观点，即宪法支持奴隶制。到了1851年，《北极星》（很快就与《自由党报》合并）开始呼吁读者通过政治进行战斗。道格拉斯于1852年在罗切斯特发表的演讲抨击了美国只有一半自由的虚伪，称奴隶制是"美国巨大的罪恶和耻辱"。

1859年，约翰·布朗邀请道格拉斯参加他在弗吉尼亚策划的奴隶叛乱。道格拉斯认为计划不会成功，拒绝了邀请。在布朗及其追随者由于袭击哈珀斯费里而被处决后，人们在附近农场发现了与道格拉斯有关的信件。得知此事，道格拉斯逃到了加拿大。他并没有被起诉。

在1860年总统选举中，道格拉斯支持亚伯拉罕·林肯，但共和党安抚南方的企图使他感到沮丧。新总统承诺支持关于逃亡奴隶的法律，不干涉蓄奴州的奴隶制。接着，在1861年春，南北战争最初的炮声在萨姆特堡响起。

揭露奴隶制
道格拉斯第一本自传是揭露奴隶悲惨生活状况的众多作品之一。它使道格拉斯的批评者哑口无言，为废奴做出了贡献。

> "这个七月四日是你们的，不是我的。你们可能感到高兴，但我必须哀悼……对奴隶来说，你们的七月四日是什么？是虚伪。"
>
> ——弗雷德里克·道格拉斯在纽约州罗切斯特的讲话，1852年7月5日

道格拉斯一直希望黑人"解放军"向南方进军，"举起解放旗帜"。在联邦军队迫使邦联撤退的安蒂特姆之战结束后，林肯于1863年元旦发表了《解放黑人奴隶宣言》，宣布邦联州所有奴隶获得自由——终结奴隶制已经成了战争的目标。

国会做出了允许联邦军队招募黑人部队的授权。道格拉斯为征兵提供了帮助，为首支黑人部队，马萨诸塞州第54团写下了动员书。共有超过18万黑人加入了联邦陆军和海军。3月，道格拉斯前往首都，出席林肯的第二次就职典礼。不过，偏见从未走远。他和其他人在白宫前台遭到阻拦。道格拉斯为此向林肯传话，后者命人把他请进来，然后热情地向他打招呼："我的朋友道格拉斯来了。"

变化的国度

战争结束后，第十三修正案的通过，永远终结了奴隶制。随着南方抵制运动的展开，道格拉斯开始关注黑人权利。1868年总统选举期间，他为共和党候选人尤利西斯·S. 格兰特进行了宣传。格兰特上任后，国会通过了第十五修正案，确保各种族的所有男性拥有投票权。1870年，道格拉斯与家人搬到首都华盛顿，继续演讲和写作。平权党在1872年选举中将他提名为副总统，但被他拒绝了。1889年，他成为美国驻海地公使，六年后死于心脏病。

时间线

- **1818年2月** 带着弗雷德里克·贝利的名字和奴隶的身份出生在马里兰州塔卡霍。他的母亲是奴隶，父亲是白人，据说是他的主人阿伦·安东尼。
- **1826—1827年** 被派到巴尔的摩侍奉休·奥尔德和索菲娅·奥尔德。索菲娅·奥尔德教弗雷德里克阅读。
- **1834年1月** 奥尔德让弗雷德里克为"奴隶摧残者"爱德华·科维工作。
- **1836年** 第一次逃跑失败。弗雷德里克被送回巴尔的摩，并被出租给船厂。计划另一次逃亡。
- **1838年9月** 逃离奴役，将姓氏改为道格拉斯。搬到新贝德福德，与安娜·默里结婚。
- **1841年8月** 在美国反奴隶制协会会议上讲话。开始为马萨诸塞州反奴隶制协会讲课。
- **1845年5月** 第一本自传《弗雷德里克·道格拉斯的生活叙述》出版。他逃到英国。在那里，英国支持者以711.66美元"购买"了他的自由。
- **1847年** 购买印刷机，开始在纽约州罗切斯特出版《北极星》。
- **1848年** 出席首次女性权利大会。结识约翰·布朗。开始庇护通过"地下铁路"逃往北方的奴隶。
- **1851年** 将《北极星》与格里特·史密斯的《自由党报》合并为《弗雷德里克·道格拉斯报》。
- **1855年** 出版第二本自传《我的奴役和我的自由》。
- **1861年** 征召黑人士兵并宣布奴隶获得自由，以破坏邦联的战争企图。
- **1863年** 成为马萨诸塞第54步兵团的招募者，该团是第一个由非裔美国士兵组成的团。他的儿子入伍。
- **1864年** 与总统亚伯拉罕·林肯见面，制订了在联邦战败时领导非裔美国人离开南方的计划。
- **1872年** 被平权党提名为副总统候选人，本人拒绝。
- **1877年** 购买首都华盛顿东南部的锡达希尔宅邸。这里成了他的家。
- **1881年** 出版最后一本自传《弗雷德里克·道格拉斯的人生和时代》。
- **1889—1891年** 接受美国驻海地公使和总领事的职位。
- **1895年2月20日** 在国家妇女委员会发表演讲，其后在华盛顿过世。

道格拉斯在锡达希尔的写字台

废奴主义暴力

大多数著名的废奴主义者是白人，其中许多人是牧师，不愿意宣传暴力反叛思想。黑人废奴主义者凭借个人经历和对奴隶制的仇恨，向宣传和平主义与耐心的白人废奴主义者提出了质疑。

之前

反奴隶制始于殖民时代，在南北战争之前的30年里，一些废奴组织在地方和国家层面成立，宣传自由。

宗教动力

1830年以前，美国白人很少积极反对奴隶制。不过，许多北方州、大英帝国以及大多数拉丁美洲新国家废除奴隶制的行为使美国南方奴隶制的延续成为反常现象。

在以北方为主的许多宗教复兴运动的激励下，重新恢复活力的福音派希望消除可耻的社会和政治罪恶，比如奴隶制，以完善美国社会。

不同策略

白人废奴主义者抨击奴隶制是道德和政治罪恶，但他们内部也存在分歧。一些人要求立即解放奴隶，为黑人提供完全的政治平等。他们不能容忍与奴隶主妥协，而且不愿提供补偿。渐进主义者希望逐渐解放奴隶，并为奴隶主提供某种补偿，以最大限度地减少社会和经济波动。

1829年，自由黑人戴维·沃克写下了《致全世界有色公民书》，要求立即废除奴隶制。他援引《独立宣言》，声称黑人也是美国人，拥有公民权利。他谴责温和的反奴隶制领导人，后者倡导将自由黑人送到艰苦的利比里亚殖民地。他控诉美国作为基督教国家的虚伪。

沃克的文章出版后不久，就被自由黑人水手带到南方，出现在了南卡罗来纳、佐治亚、弗吉尼亚和路易斯安那。南方白人担心自由黑人和怀有同情心的北方人正在煽动奴隶造反。为避免这种叛乱，大多数南方州禁止所有黑人——包括奴隶和自由人学习阅读。

弗吉尼亚叛乱

1831年，南方人最担心的事情变成了现实。奴隶纳特·特纳在弗吉尼亚州南安普敦县领导了一场叛乱。特纳及其盟友在偏僻的农场之间迅速移动，杀死他们遇到的所有白人，一共大约70人。恐惧的弗吉尼亚人杀死了所有涉嫌反叛的人，并在两个月后捉住并处决了特纳。此次反叛揭穿了所谓奴隶心满意足、没有自由和复仇愿望的谎言。反叛发生后，弗吉尼亚议会就该州奴隶制的未来进行了辩论。一些人认识到了奴隶制的罪恶，一些人担心它会阻碍经济发展，影响移民流入。另一些人辩护说，奴隶制是经济需要，是上帝对非洲人进行拯救和教化的计划的一部分。逐步解放奴隶的可能性受到讨论。不过，议会最终以微弱优势决定结束公开讨论，更加严格地管理奴隶社区。

我不是人、不是兄弟吗？

倡导在大英帝国终结奴隶制的伦敦废奴主义者在18世纪90年代制作了这枚铜章，由乔西亚·韦奇伍德的公司设计。美国废奴主义者采用了其下跪奴隶的图案。

1350

美国反奴隶制协会1838年的分会数量——这个数字在三年中增长了两倍多。协会拥有15万会员，在总人口中的比例很小，但是声音很大。

威廉·劳埃德·加里森

也是在1831年，威廉·劳埃德·加里森首次出版了废奴主义报纸《解放者》。他将奴隶制看作严重的国家罪恶，要求立即将其废除。两年后，他和其他人成立了美国反奴隶制协会，许多协会成员来自新英格兰和纽约州西部的福音教会。其中，许多受到宗教激励的活动家认为黑人和白人是上帝创造的一家人，却仍然对黑人保持家长式态度，不愿意接受社会完全平等的观念。加里森及其追随者还支持女性权利，这疏远了更加传统的废奴主义者。一些南方人认为《解放者》和纳特·特纳的反叛之间存在联系，要求关闭加里森的报社。

1835年邮政运动

废奴主义者的比例很小，但通过报纸和邮政系统，他们的思想甚至传到了南方。1835年，美国反奴隶制协会成员收集了政客、神职人员、商人和知名公民的姓名和地址，制作了一份全国邮寄名单。接着，他们将废奴主义报纸、宣传册、传单、儿童图书和活页乐谱邮寄到全国各地，包括南方。

南方人愤怒了。许多南方州已禁止传播废奴主义信息。总统安德鲁·杰克逊授权各个社区的邮政局长酌情审查邮件，取出他们认为具有危险性和煽动性的材料，并且将其烧毁。就连反对废奴主义者邮寄策略的北方人也不喜欢政府对白人公民自由言论的限制。

南方政客要求公众停止关于奴隶制的“躁动”，以维持安全和地区和平。南方民主党人和辉格党人认为，公民为了奴隶制而向国会请愿的权利也必须中止。他们设计的“钳制规则”在1836至1844年阻止了公民向国会上书。

针对废奴主义者的暴力

在美国这样一个奴隶制具有合法地位、其产品构成出口经济核心的国家，废奴主义者常常遭到敌视。许多人讨厌他们对政治制度的攻击和对美

废奴主义者和作家（1811—1896）

哈里特·比彻·斯托

在北方人对1850年《逃亡奴隶法案》的愤怒达到顶点时，哈里特·比彻·斯托写下了《汤姆叔叔的小屋》。该书最初在反奴隶制报纸《国家时代》上以40期连载的形式出现，并在1852年由一家波士顿公司出版成书。在整个19世纪，其销量仅次于《圣经》，排在第二位。南方人讨厌它对奴隶制的描绘，对北方女性谴责奴隶制的大胆行为感到愤怒。在北方，许多人流下了眼泪，对书中虚构的奴隶感到同情——很少有人对真正的奴隶产生这种同情。这本书营造了一种情绪，使更多北方人接受了反奴隶制号召以及自由州具有道德优越性的地区主张。

> “为生命和自由而战……宁可以自由人的身份死去，也不要以奴隶的身份活着。”
>
> ——亨利·海兰德·加内特在布法罗的演讲，1843年8月21日

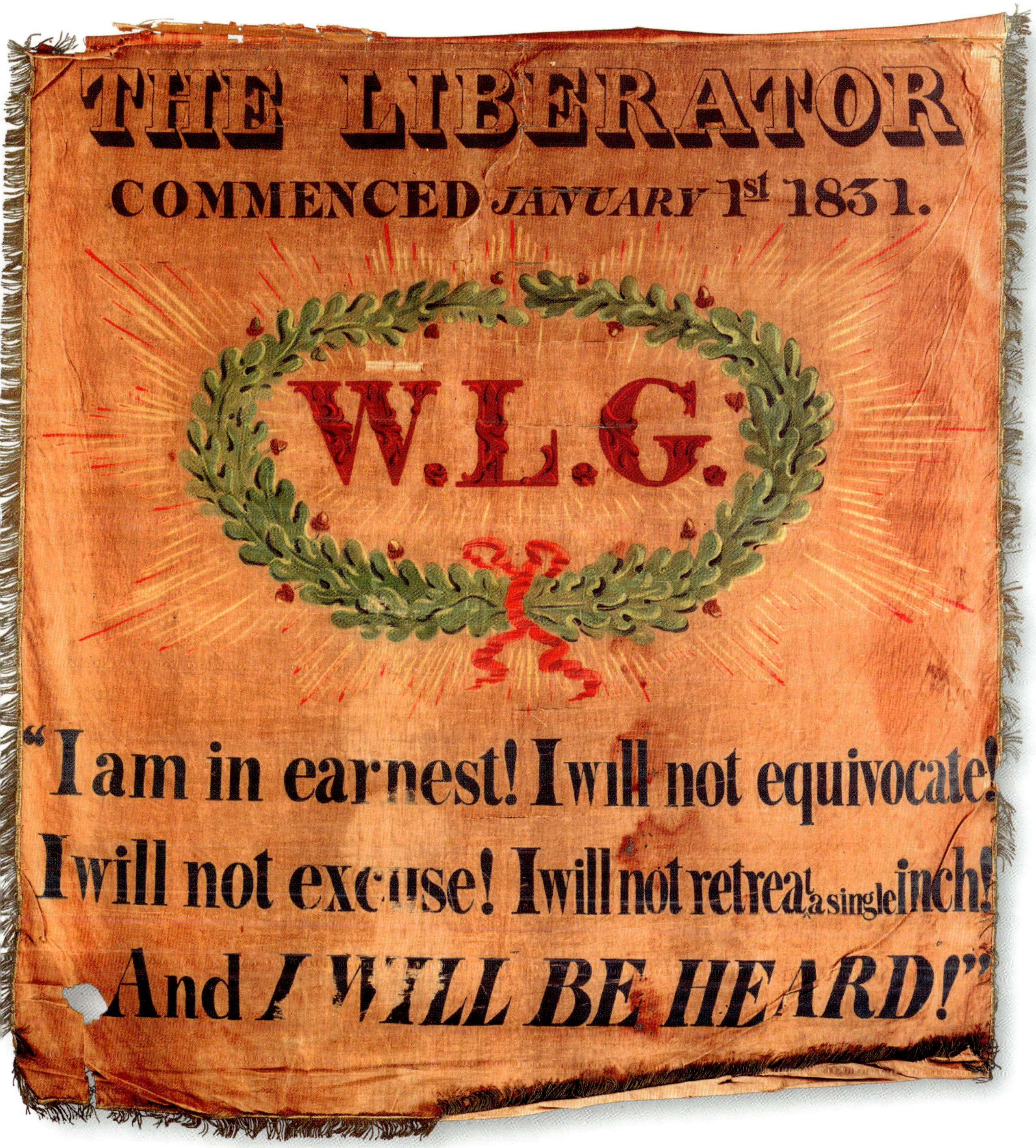

《解放者》封面
从1831年到南北战争期间，威廉·劳埃德·加里森的周报一直在倡导废除奴隶制。该报最后一期出现在1865年。

国的批评，更多的人不接受黑人在政治和民权上与他们平等的思想。

有时，北方人会对废奴主义者进行人身攻击，显示他们的敌意。1834至1838年，这种袭击发生了大约30次。建筑被点燃，报纸印刷机被毁坏，废奴主义演讲家遭到起哄和殴打。许多袭击是由政治和商业领导人组织的，他们试图向南方人证明，废奴主义者只是被蒙骗的少数人。伊利诺伊州奥尔顿的一次袭击导致了命案。伊莱贾·拉夫乔伊1834年搬到圣路易斯，担任长老会牧师，并且出版了一份宗教报纸。他在报纸中倡导废除奴隶制。在目睹了一个奴隶在木桩上被活活烧死后，拉夫乔伊谴责了奴隶制、法律制度以及参与焚烧的数千暴民。他的印刷机在1836年被毁。他搬到河对岸的奥尔顿，创办了《奥尔顿观察家》。他的反奴隶制评论惹恼了奥尔顿的许多市民，他们三次袭击他的办公室，毁掉了他的印刷机。1837年11月，拉夫乔伊和大约20人聚在一起，试图在暴徒面前隐藏和保护一台新的印刷机。双方交火，拉夫乔伊遇害。

不过，群众暴力、南方的谴责以及联邦政府对于邮件和上书权的审查没能阻止反奴隶制和废奴力量的蔓延。袭击和限制言论自由的尝试惹恼了之前不关心和反对废奴主义目标的北方公众。奴隶制的扩张问题以及关于西部乃至全国奴隶制地位的地区分歧，使怀有敌意的北方人再次相信了废奴主义者对南方的批评。

反奴隶制政治

19世纪40和50年代，越来越多的北方人反对奴隶制的传播。这些反对者不一定倡导解放奴隶。许多人常常敌视南方利益，只是反对更多蓄奴州的存在。一些人通过反对奴隶制玩弄政治系统，参与竞选，谋求职位。加里森及其追随者认为一切政治活动都是腐败的，而弗雷德里克·道格拉斯等人则怀疑没有人关注黑人权利。19世纪50年代发生的事件使关于奴隶制的激进思想成为北方政治主流，南方人则愤怒而警惕地观察着这种渐变。

暴民统治伊利诺伊
这张当时的版画展示了暴民于奥尔顿一座仓库的袭击。废奴主义者伊莱贾·拉夫乔伊将他的印刷机藏在仓库里。在暴乱中，拉夫乔伊身中五弹而亡，印刷机也被毁坏。

之后

在北方废奴态度发生转变的19世纪50年代，一项持续11年的诉讼最终宣判，为废奴主义提供了动力。

德雷德·斯科特案

从19世纪40年代中期起，由奴隶德雷德·斯科特发起的诉讼缓慢地从密苏里法院进入美国最高法院。斯科特声称，当他的主人搬到上中西部的自由领地时，他和他的家人自动获得了自由。

德雷德·斯科特

1857年1月，首席法官、民主党人罗杰·塔尼做出了震惊北方的判决。他裁定，斯科特案缺少法律支持，因为黑人永远无法成为公民，“不适合与白人种族交流”。他宣布，国会无权限制这些领地上的奴隶制。当南方人为此庆祝时，共和党人将这项判决当作“蓄奴力量”阴谋的证据，称其将导致奴隶制在全国合法化。

这项判决在事实上帮助了反奴隶制事业，使新兴的共和党得到支持，并在1860年选举中取得胜利（见第36—37页）。

亲历者　1859年3月

奴隶拍卖

在整个南方，奴隶拍卖满足了对奴隶劳工的需求，尤其是种植园主的需求。非裔美国人在大型拍卖中受到盘问、检查和竞购。买家在购买奴隶时常常不会考虑家庭联系，将丈夫与妻子、母亲与孩子分隔开。通常，分离是永久性的，奴隶们永远无法再次见到他们所爱的人。

“买家通常缺乏教养，满嘴俚语，亵渎神灵，性情粗暴，主要来自偏僻的河流和湿地种植园。在那里，礼貌生活的优雅也许没有得到充分培养……没有人知道，有多少痛苦的心灵在这种简易程序中被迫分开……他们检查黑人时几乎没有任何体贴，就像检查野兽一样。买家拉开他们的嘴，检查牙齿；拧捏他们的四肢，查看他们有多强壮；带着他们走来走去，检查有无瘸腿迹象……所有这些羞辱没有引发任何怨言……所有走上台的奴隶脸上带着同样的表情，其中蕴含的痛苦难以言喻。你可以在所有焦虑的脸上读到悲伤的故事，包括被毁的家庭、破灭的希望和受伤的心灵。一些奴隶对拍卖完全漠不关心，没有任何多余的动作，只是在衣冠楚楚的布赖恩先生的命令下从一边转到另一边，使所有人看清他的身材，并在拍卖完成时走下台，甚至不会看一眼买家，而这个买家目前掌握着他的所有幸福。另一些奴隶目光紧张，在竞标过程中焦急地看着一个又一个买家，努力跟上拍卖者飞快的语速。有时，其他人放弃了竞争，只有两个人在竞争同一个奴隶。这时，台上的可怜虫会对其中一个买家产生临时的好感，并用最强烈的兴趣关注这场对决……如果另一方赢得胜利，他会流露出无助而绝望的表情。”

——选自一篇描述佐治亚州萨凡纳大型奴隶拍卖会的文章，
《纽约论坛报》，1859年3月9日

奴隶南下
英国画家艾尔·克罗的油画《交易之后》基于他1853年在弗吉尼亚州里士满完成的速描。这幅画看似古雅，却捕捉了奴隶被卖给新主人并与家人分离的痛苦。

WARRENTON

流血的堪萨斯

到1854年，密苏里西部和西北部的土地已经有人定居。这片土地需要组织成美国领地的形式，但是否应该实行奴隶制呢？支持者决心将奴隶制向西部拓展，废奴主义者决定阻止他们。两年后，堪萨斯几乎陷入了内战。

民主党分歧

为了获得所需选票，道格拉斯需要取悦南方。不过，迎合他们的愿望会导致民主党内部的分歧。

之前

1846年8月，国会议员戴维·威尔莫特为军队预算法案引入了一项修正案，即但书，在来自墨西哥的领土上永远禁止奴隶制。

"威尔莫特但书"

虽然"威尔莫特但书"在众议院获得通过，但在参议院遭到否决。因此，西部奴隶制的问题仍然没有得到解决。

各种观点

各政党在1848年总统竞选活动中提出了不同解决方案。约翰·C.卡尔霍恩（见第20—21页）认为宪法是保护财产的，因此奴隶主有权将奴隶带入这些领地。民主党候选人刘易斯·卡斯认为当地人应当就这个问题投票。辉格党则试图回避这个问题，他们提名了弗吉尼亚奴隶主、美墨战争英雄扎卡里·泰勒。

反奴隶制政党

自由党与反对奴隶制的辉格党人和自由土壤党共同提名前总统马丁·范布伦参选。自由土壤党承诺不接受新的蓄奴州，称奴隶制是"野蛮制度"。

决定新领地奴隶制问题的最初步骤是立法。伊利诺伊参议员斯蒂芬·A.道格拉斯努力在支持奴隶制的好战分子和北方民主党人的需求之间做出平衡，前者由密苏里参议员戴维·艾奇逊领导，后者担心向南方利益让步过多。道格拉斯提议由该领地投票决定此事。艾奇逊认为道格拉斯没有充分践行"人民主权"计划，要求取消1820年的密苏里妥协。道格拉斯同意取消密苏里妥协，为奴隶制向西部扩张提供了可能性。

道格拉斯提出的堪萨斯-内布拉斯加法案引发了激烈争议。自从1850年妥协以及哈里特·比彻·斯托的《汤姆叔叔的小屋》出版以来，北方人对于姑息南方"蓄奴力量"的厌恶变得更加强烈。

亚伯拉罕·林肯坚决认为奴隶制是"无条件的罪恶"，认为没有人有权将另一个人作为财产。他公开谴责道格拉斯及其法案。作为前辉格党人，林肯已经接受了其他一些北方人的观点，他们反对奴隶制扩张，但是还没有形成正式政党。这个所谓的"反内布拉斯加"群体包括自由土壤者、废奴主义者和北方辉格党人。然而，面对北方的强烈抗议，道格拉斯还是说服和胁迫了足够多的参议院民主党人，批准了堪萨斯-内布拉斯加法案——20个北方民主党人中有15人支持该法案。在众议院，南方的影响力较弱，法案仅以微弱优势通过。在随后的选举中，半数在职的北方民主党人失去了席位。

让定居者投票的道路已经打开。相邻的蓄奴州密苏里鼓励第一批奴隶制支持者移居堪萨斯。在1854年，北方和中西部各地反对奴隶制的定居者也进入了该领地。密苏里政客参与组织了民兵队伍和市民团体，准备骑马进入该州边境地区，恐吓北方人和自由州倡导者。密苏里人还进行了非法投票，希望选出支持奴隶制的代表。

艾奇逊亲自领导了势力遍布堪萨斯州边境线的大型"边境恶棍"团体，试图左右投票。"边境恶棍"是废奴主义者对这些密苏里公民的称呼。艾奇逊吹嘘说，1100人正在赶来的路上。如果需要，他还可以再召集5000人。领地议会的第一次统计包含了这5000人的虚假投票，形成了支持奴隶制的议会。领地总督恳求总统富林克兰·皮尔斯宣布选举无效。作为艾奇逊的政治盟友，皮尔斯开除了这位总督。

1000

1854至1858年激烈冲突期间走私到堪萨斯反奴隶制战士手中的夏普斯来复枪的大致数目。

对立的州政府

支持奴隶制的新议会宣布奴隶制合法，禁止反对奴隶制的言论和文字。协助逃亡奴隶的人将被处死。这种恐吓激怒了人数更多的支持自由州的堪萨斯居民。他们宣布领地政府不合法，并于1855年秋在托皮卡集会，组建了自己的议会，选举了总督，制定了托皮卡宪法。到1856年1月，两个对立政府开始争夺对堪萨斯的控制权，并且主导了国家政治。皮尔斯承认莱康普顿市支持奴隶制的政府，而刚刚成立于1854年的共和党则支持自由州议会，抨击民主党人是南方蓄奴力量的工具。马萨诸塞废奴主义者、参议员查尔斯·萨姆纳被激怒了。他在5月发表了为期两天的演讲，题为"针对堪萨斯的罪行"。他控诉奴隶制支持者与"奴隶制这个娼妓"调情。"人民主权"失败了。

1856年5月21日，奴隶制支持者骑马进入自由州城镇劳伦斯，捣毁了印刷机，焚烧了自由州宾馆。共和党报纸和竞选演说将其描述为对劳伦斯的"洗劫"，认为事件进一步证明了南方试图创造一个由强大奴隶主控制的

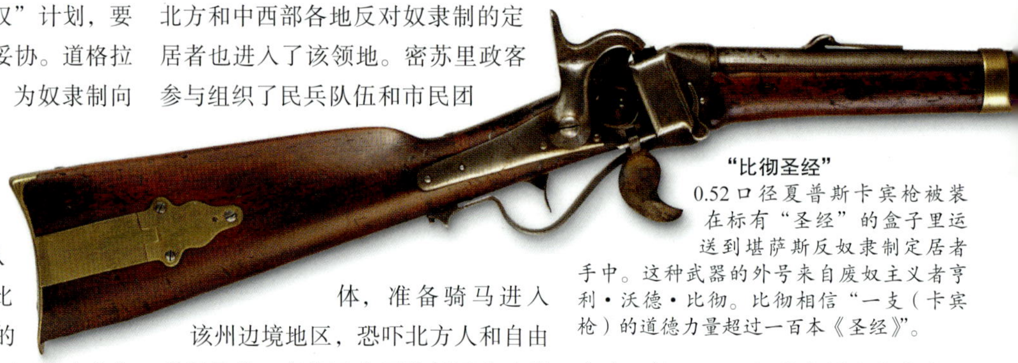

"比彻圣经"

0.52口径夏普斯卡宾枪被装在标有"圣经"的盒子里运送到堪萨斯反奴隶制定居者手中。这种武器的外号来自废奴主义者亨利·沃德·比彻。比彻相信"一支（卡宾枪）的道德力量超过一百本《圣经》"。

关键时刻

堪萨斯-内布拉斯加法案

1854年1月，为了缓和内布拉斯加领地是否应该允许奴隶制存在的争议，参议员道格拉斯提出了一个方案，将内布拉斯加领地划分为未来的两个州：密苏里以西的蓄奴州堪萨斯，以及艾奥瓦和明尼苏达以西的自由州内布拉斯加。

如果堪萨斯-内布拉斯加法案获得通过，它将打破1820年密苏里妥协，后者不允许密苏里南部边界以北的任何土地实行奴隶制。道格拉斯倡导"人民主权"，将每个新领地的奴隶制问题交给投票者决定。他希望借此将这个问题移出国家舞台，使之成为地方问题。

废奴主义者认为，根据密苏里妥协，这两个州都应该禁止奴隶制。民主党内存在分歧，但道格拉斯很坚决，法案于1854年5月30日在国会获得通过。堪萨斯-内布拉斯加法案不仅没有结束争议，反而使堪萨斯陷入混乱，"流血的堪萨斯"由此得名。

盗巢鹰

来自堪萨斯的反奴隶制游击队，名称来自一种虚构的鸟。盗巢鹰与密苏里边境恶棍发生了冲突。双方都对密苏里和堪萨斯居民进行了恐吓。

“一个令人不快、又矮又胖、没有名气的家伙……不是典型的美国参议员。”

——参议员查尔斯·萨姆纳在“针对堪萨斯的罪行”演讲中对参议员斯蒂芬·道格拉斯的评价，1856年5月19—20日

林肯的盟友

参议员查尔斯·萨姆纳与林肯有许多相同点。两人都是奴隶制的反对者。虽然萨姆纳有时在政策问题上与林肯相冲突，但他从未对后者失去信心。

社会。

1857年1月，美国最高法院做出了臭名昭著的德雷德·斯科特判决。法院裁决书称，在联邦领地上禁止奴隶制是违宪的，包括自由人和奴隶在内的非裔美国人不是美国公民。这增强了支持奴隶制的堪萨斯领导人的信

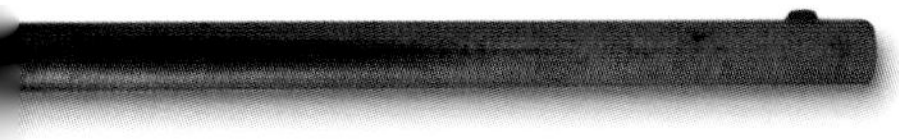

心，他们在莱康普顿集会，制定了新的州宪法。

莱康普顿宪法

他们的想法是让堪萨斯选民在他们“包含奴隶制”的莱康普顿宪法和“不包含奴隶制”的“未来”自由州之间进行公投。如果后者获胜，堪萨斯的200个奴隶及其所有后代仍将维持奴隶身份，但是奴隶制的范围将仅限于此。

共和党人和自由州支持者谴责这项计划，民主党则感受到极大的压力。北方民主党人面临着两难选择。他们知道，对于莱康普顿宪法的支持会被看作对人民主权理想的背叛和对南方利益的过度同情。另一方面，反对该宪法会疏远南方民主党人，后者是民主党在国会规模最大、最有力量的群体。

四年前，斯蒂芬·道格拉斯承诺，堪萨斯选民有权在自由公平的选举中做出关于奴隶制的决定。1858年，他在参议院奋起谴责莱康普顿宪法，尽管新总统、民主党人詹姆斯·布坎南督促大家接受该宪法。南方参议员排斥道格拉斯，并且明确表示，他永远不会在未来的总统选举中得到他们的支持。同时，在堪萨斯，在联邦军队的监督下，绝大多数公民投出了拒绝奴隶制的选票。在国会选举中，北方选民将大多数支持南方的民主党人选下了台。

之后

在堪萨斯动荡期间，随着新政党兴起并替代日益衰落的辉格党，北方政治陷入了混乱。1854年，一个新政党向分裂日益严重的民主党发起挑战。

一无所知者

从19世纪40年代中期起，许多美国人开始担心天主教徒和大量移民会威胁到他们心目中的盎格鲁–萨克逊白人新教国家。一些秘密组织兴起，反对天主教和新移民的影响。在受到讯问时，他们会说：“我一无所知。”反对他们的人用“一无所知”命名这场运动。

一无所知者将多达50万成员派至投票站，震惊了各政党领导人。到1855年，他们主导了东部大部分地区，并在大西洋中部各州、加利福尼亚以及南部的大片区域取代辉格党，成为民主党的竞争对手。1856年，在关于奴隶制的大会投票结束后，该党分裂，大多数北方一无所知者最终成为共和党支持者。

自由遇袭

在这幅1856年的漫画中，身穿“边境恶棍”鹿皮装的总统皮尔斯（左三）和斯蒂芬·道格拉斯（最右）等民主党政客正在折磨自由，即“美丽姑娘堪萨斯”。

共和党的兴起

共和党的成立宗旨是反对奴隶制扩张。1855年，共和党仅在不到半数北方州有组织。在其中的大多数州，它在选举中排在第三位，远远落后于民主党。不到一年后，共和党已经从混乱的联盟转变成强大的地区政党。

1856年5月，三起暴力事件——两起在首都华盛顿，一起在堪萨斯——使许多北方白人相信，南方对于他们的权利和自由的确构成了威胁。这些毫无关联的事件激起了北方人对共和党的热情，使该党的支持率激增。共和党是在仅仅两年前由废奴主义者、反对奴隶制的前辉格党人和前自由土壤者共同成立的。

5月8日，出生于亚拉巴马的国会议员菲利蒙·赫伯特在首都华盛顿的威拉德宾馆受到了怠慢。他很愤怒，袭击了侍者托马斯·基廷，引发了一场食堂斗殴。最终，赫伯特将侍者射杀。共和党印制了传单、演讲文稿和宣传册，强调奴隶主对“仆人”的蔑视，将袭击描绘成对白人工人和农民的攻击。共和党编辑引用南方媒体的煽动性词句，作为奴隶主暴君本质的证据。

两周后，5月22日，马萨诸塞参议员查尔斯·萨姆纳在参议院遭到南方国会议员普雷斯顿·布鲁克斯的暴打。共和党人和一些前民主党人组织了“抗议大会”，聚集了数千名北方群众，公开谴责此次袭击。

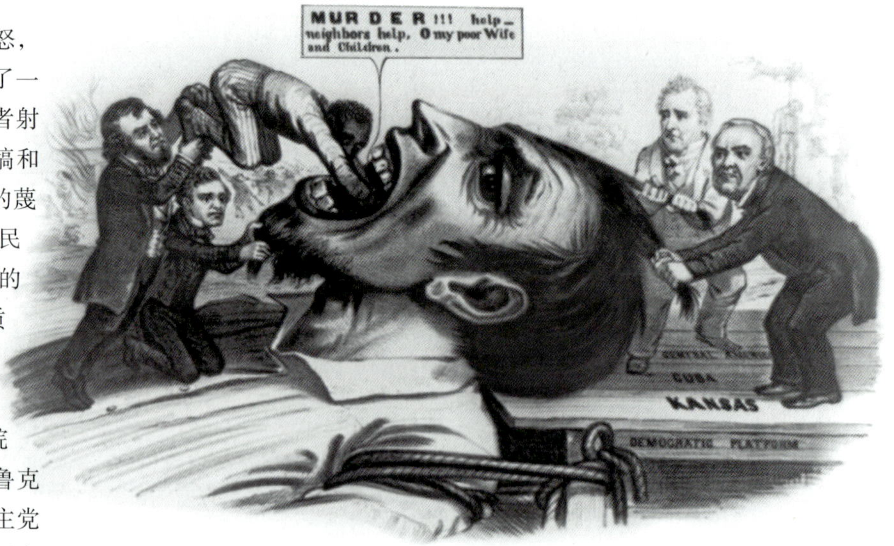

强迫自由土壤者接受奴隶制
自由土壤党反对奴隶制向西部扩展。这幅漫画影射了1854年引起纷争的堪萨斯–内布拉斯加法案。该法案颁布后，许多自由土壤者选择加入正在兴起的共和党。

恐怖氛围

当晚，有报道称，密苏里州支持奴隶制的民兵洗劫并焚烧了堪萨斯自由定居者中心劳伦斯。关于谋杀、抢劫和强奸的传言蜂起。事实上，唯一的死者是一名密苏里袭击者。燃烧的宾馆掉下一块砖头，将他砸死了。堪萨斯围绕奴隶制问题的对立突然成了规模更大的暴力的一部分。之前反对共和党的怀疑者现在也承认，“密苏里和华盛顿的蓄奴力量是同一股力量”。这些暴行似乎证实了共和党人的说法，即南方的“蓄奴力量”对包括劳工、开拓者和参议员在内的白人群体造成了威胁。

> **1 342 345**
> *1856年总统选举中支持共和党候选人约翰·C.弗雷蒙的普选票数，占总票数的33.1%。*

总统、国会和法院没能像愤怒的北方民众要求的那样主持正义，这在危机感之上增添了一层屈辱感。共和党利用了这一点，通过编辑、牧师和政党工作人员的巨大网络，印刷和传播了大量政治宣传内容。南方媒体进行了反击。1856年5月，弗吉尼亚州里士满《问询报》主张：“必须鞭打粗俗的废奴主义者，使其屈服。”同年晚些时候，一位亚拉巴马编辑愤怒地写道：“自由社会，我们厌恶这个名字……油腻的机器、肮脏的工人、小型农场主和痴呆理论家组成的集体……很难与南方绅士的贴身仆人相提并论。”这种挑衅言论只能使北方人更加深刻地认识到，共和党人愿意在南方人面前保卫他们的利益。

迅速增长的支持率

在哪个政党适合领导国家的问题上，美国充斥着论战和政治暴力。南方对奴隶制的态度所引发的愤怒迅速传播，这使共和党人吸引了废奴主义者以及愿意投票反对南方制度和文化的温和派。

阻止奴隶制扩张的目标统一了共和党。考虑到北部和西部人口的增长，奴隶主对这个政治信条感到不安。南方人担心国会失去政治平衡，而国会目前还在保护他们的利益。他们知道，奴隶制问题最终会服从大多数人的意志。

作为1854年刚刚成立的政党，共和党在第一次总统选举中取得了不俗的结果：候选人约翰·C.弗雷蒙赢得了11个州，而民主党候选人詹姆斯·布坎南赢得了19个。他们将1856年选举看作“胜利的失败”。

《 之前

19世纪50年代，反天主教主义以及由奴隶制和移民引发的担忧将美国人吸引到了新的政党中。

新政党

随着辉格党的衰落，地方本土主义群体组成了反移民的“一无所知党”（见第30—31页）。同时，许多倡导西部“自由土壤”的北方人加入了反对南方和奴隶制的联盟，即后来的共和党。

蓄奴力量

许多北方人担心奴隶制扩展到西部。南方政治力量经常被称为阴谋或“蓄奴力量”。同废除奴隶制和为非裔美国人争取公平（见第26—27页）的道德承诺相比，北方自由白人感受到的上述威胁才是促使民众支持共和党的主要原因。

关键时刻

杖击马萨诸塞参议员查尔斯·萨姆纳

杖击萨姆纳，表现南方骑士精神的煽动性事件

1856年5月19日至20日，查尔斯·萨姆纳在参议院发表了为期两天的演讲，抨击奴隶制及其导致的性侵害。两天后，读到演讲文稿的南卡罗来纳国会议员普雷斯顿·布鲁克斯异常愤怒。他冲进参议院，袭击了坐在书桌前的萨姆纳，用手杖将其打昏。他的击打非常用力，连手杖都断裂了。布鲁克斯相信，萨姆纳在演讲中诋毁了他的舅父、参议员安德鲁·巴特勒。

前所未有的参议院袭击事件震惊了北方人，他们认为这是对自由言论的袭击。共和党人利用此次袭击编出了有效的竞选辞令，“证明了”南方奴隶主为北方自由带来的威胁。

“需要决定的问题是谁来统治这个国家——蓄奴州还是自由州。”

——《弗里蒙特人》，1856年8月22日

1866年选举中的共和党竞选搭档
总统候选人是约翰·C.弗雷蒙，他在1850年至1851年担任加利福尼亚参议员。副总统候选人威廉·L.戴顿在与亚伯拉罕·林肯的竞争中赢得了提名。他们的竞选口号是“自由土壤，自由言论，自由劳工，自由人民”。

之后

共和党在国会的力量日益壮大。在准备1860年选举时，该党希望找到合适的候选人，将1856年输掉的较温和的反奴隶制州赢回来。

北方的变化

共和党人利用了北方人的愤怒。他们知道，根据1850年普查，北方拥有全国一半以上的人口、财富和工业。他们利用堪萨斯的腐败（见第30—31页）和美国最高法院对德雷德·斯科特的判决（见第26—27页），渲染奴隶制扩展到整个美国的恐怖。

1860年选举

四个团体参与了选举：共和党、宪政联邦党（也支持联邦）以及民主党的北方和南方分支。共和党选择了温和的候选人亚伯拉罕·林肯（见第38—39页），他在没有获得任何南方选举人票和没有获得普选多数票的情况下赢得了选举（见第36—37页）。

共和党绶带

消防车库内部
这是当时印在报纸上的版画，画家凭想象描绘了海军陆战队破门而入之前消防车库里的场景。布朗扣留的人质站在左边。

之前

在执政的民主党失去国会控制权的1858年，许多共和党人就奴隶制导致国家分裂的问题发表了有力的演讲。

一半蓄奴一半自由

其中最著名的是亚伯拉罕·林肯1858年5月在伊利诺伊州斯普林菲尔德发表的“分裂之家”演讲。林肯说：“我相信，这个政府不能以一半蓄奴一半自由的状态永远持续下去。”接着，他提到了堪萨斯的现状（第30—31页）以及德雷德·斯科特案的判决（见第26—27页）。

难以遏制的冲突

纽约参议员威廉·苏华德1858年10月在罗切斯特发表的演讲更具煽动性。他指出，国内存在“难以遏制的冲突”。美国“必将……成为彻底的蓄奴国家或自由劳工国家”。民主党人谴责此次演讲是危险的。一年后，当约翰·布朗发起对哈珀斯费里的袭击时，北方民主党人和南方报纸指责苏华德，称其“难以遏制的冲突”理论导致了布朗的行动。

袭击哈珀斯费里

1859年10月16日，废奴主义者约翰·布朗带着21个人冒雨渡过波托马克河，前往弗吉尼亚州哈珀斯费里。这些人之中包括五个自由黑人和布朗的三个儿子。他们切断电报线，扣押人质，占领了联邦兵工厂的部分区域。

在布朗的袭击发生不到12个小时后，民兵和当地人将他们围困在联邦兵工厂的消防车库里。到了第二天午夜，罗伯特·E.李上校带着87名海军陆战队士兵，前来营救人质，降服袭击者。布朗拒绝投降。海军陆战队破门而入，冲进消防车库，打死和打伤了许多留下来的袭击者，将人质安然无恙地解救出来。

罗伯特·E.李
在命运的安排下，这个后来指挥邦联军队的人领导联邦部队阻止了对哈珀斯费里的袭击。

废奴主义根源

布朗1800年出生在康涅狄格。他在青少年时期和成年后经常搬家，通常是在生意失败后。笃信宗教的父母给他灌输了对奴隶制的仇恨，因此他很早就参与了废奴运动。他曾担任“地下铁路”成员，在一个自由人社区里住了两年。到50岁时，布朗已认为自己是上帝派来反击奴隶制罪恶的人。1855年8月，他与五个儿子在堪萨斯会合，对抗当地支持奴隶制的力量。在堪萨斯劳伦斯镇遭到“洗劫”的报道传出后，布朗试图复仇。他领着包括四个儿子在内的六个人找到波特沃托米溪附近支持奴隶制的人家，用大刀砍死了男人和年龄较大的男孩。在奥萨瓦托米的另一起事件中，他和他的人杀死了来自密苏里州的多名支持奴隶制的袭击者。这些事迹使布朗臭名昭著，得到了“奥萨瓦托米老布朗”的绰号。

资助袭击

布朗坚定了煽动奴隶造反的想法。他相信，如果大量奴隶揭竿而起，南方经济就会崩溃。虽然他在堪萨斯做出了非法举动，但他仍然在新英格兰公开旅行，经常出现在废奴主义会议和私人聚会上。他的事迹和外表——朴素的衣着和坚毅的表情——吸引了那些不想继续空谈奴隶制的人。布朗逐渐聚集起了由激进废奴主义者组成的小型团队，共有六个人，他们愿意支持和资助他对奴隶制的反抗。“秘密六人组”包括：未来的南北战争军官托

没收的长矛
这杆长矛是约翰·布朗在哈珀斯费里被捕时没收的。布朗定制了一千支这样的武器，用来武装反抗的奴隶。

“我，约翰·布朗，现在非常确定，只有鲜血能洗净，这片罪恶土地上的罪行。”

——布朗被处决前留给狱友的便条，1859年12月2日

马斯·文特沃思·希金森牧师，波士顿外科医生塞缪尔·格里德利·豪，著名演讲家和一位论派牧师西奥多·帕克，梭罗和爱默生的朋友富兰克林·桑伯恩，之前在阿迪朗达克山区为布朗提供土地的富有的改革家和慈善家格里特·史密斯，以及资助反奴隶制者在堪萨斯定居的移民协助公司的重要资助人乔治·卢瑟·斯特恩斯。

策划袭击

到1859年夏，布朗已将注意力转向弗吉尼亚。他的目标是哈珀斯费里的联邦兵工厂，为住在周围各县的大约1.8万名奴隶提供武器。布朗已经有了大量武器。马萨诸塞-堪萨斯委员会于1857年向他提供了200支夏普斯来复枪，他还向康涅狄格铁匠定制了一千支带有10英寸（25厘米）刀片的长矛。他将198支来复枪和950支长矛运到哈珀斯费里附近的马里兰州农场，他的人将在那里聚集。在宾夕法尼亚州钱伯斯堡的一次秘密会面中，布朗试图说服著名废奴主义者弗雷德里克·道格拉斯参与袭击，但是遭到拒绝。道格拉斯警告布朗，此次行动似乎不会得到好结果。

> 就布朗的袭击和去世，佚名作家创作了进行曲《约翰·布朗的遗体》。到了南北战争爆发时，它已经成了联邦士兵非常喜爱的歌曲。

约翰·布朗
这张银版照片是非裔美国摄影师奥古斯塔斯·华盛顿于1846年至1847年间在康涅狄格州哈特福德拍摄的。这个姿势可以使人回想起布朗用生命摧毁奴隶制的誓言。

被判处死刑

事实证明，道格拉斯的疑虑是正确的。袭击者没能带走兵工厂的任何武器，而且只有五人逃脱了抓捕和死亡。布朗本人的审判进行得很迅速。他在袭击中受了伤，但他被认定可以站立接受10月27日在弗吉尼亚州查尔斯镇的审判。法院认为他对弗吉尼亚犯有叛州罪，定于12月2日对他实施绞刑。

美国人普遍谴责布朗的暴行，但在他的目标和个人勇气上，人们的观点存在明显的分歧。废奴主义者莉蒂亚·玛丽亚·蔡尔德给弗吉尼亚州长亨利·怀斯写信，请求在布朗等待处决期间照料他。共和党报纸提到了布朗的极端主义，但同时提醒读者，这种极端主义源于奴隶制的存在——后者是一种道德和政治罪恶。南方的编辑指出，没有奴隶参与布朗的袭击。1859年10月26日，北卡罗来纳报纸《威尔明顿每日先驱报》写道，这证明“奴隶热爱、尊敬和服从他们的主人”。希望南方政府独立的人警告说，只有独立才能保护南方奴隶制远离胆大妄为的废奴主义者未来的攻击。

对处决的反应

公众情绪两极分化，一些人庆祝布朗被处决，一些人公开悼念他。南方人非常讨厌北方支持布朗的言论。拉尔夫·沃尔多·爱默生等国家名人将布朗比作基督，将他的绞刑架比作十字架，这尤其令南方人愤怒。一位里士满编辑评论道：“自从政府成立以来，此次袭击和公众的反应对于分裂的促进作用超过了其他任何事件。”

约翰·布朗的最后时刻
随着布朗的传奇化，他的“殉难”被许多作家和艺术家赋予了浪漫色彩。在托马斯·霍文登绘制于1882年至1884年间的这个虚构场景中，布朗在去往绞刑台的路上亲吻了一名黑人婴儿。

之后

许多人将布朗看作狂热分子或疯子，另一些人——包括北方人和南方人——则珍藏着关于他的记忆，尽管他们怀有完全不同的动机。

自由黑人的准备

经过几十年的无效讨论，一名白人废奴主义者终于和黑人联手，在奴隶制的故乡对其展开了攻击。在北方，自由黑人在费城、波士顿、纽约和匹兹堡等城市建立了军事组织。布朗成为有力的象征符号和一首流行歌曲的主题。1863年，黑人士兵唱着这首歌加入了联邦军队（见第168—169页）。

加大退出动力

整个1860年，南方一直在担心奴隶叛乱。想退出联邦的人用布朗的袭击来提醒人们叛乱的恐怖。其中，弗吉尼亚人艾德蒙·拉芬不遗余力地唤醒人们对袭击的记忆。他请求哈珀斯费里的官员把袭击后收缴的长矛寄给他，然后贴上“北方兄弟为我们设计的礼物证”的标签，再寄给每位南方州长。

1860年选举

之前十年关于州权和奴隶制的情绪和冲突在1860年11月的总统选举中得到体现。美国人带着极大的热情参加了选举活动。他们基本上没有意识到，结果会是分裂和战争。

一些公开倡导南方退出联邦的人不仅反对向北方做出任何妥协，而且反对联邦本身。这些人被称为“吞火者”。他们敌视北方日益增长的权力，任何关于废奴的公开讨论都在坚定他们要求南方独立的愿望。弗吉尼亚人艾德蒙·拉芬就是这样的人，曾长期为奴隶制公开辩护。实际上，他希望共和党赢得选举，因为这将迫使南方人“在退出联邦和屈服于废奴多数派之间做出选择”。

民主党分裂

1860年4月下旬，民主党人在南卡罗来纳州查尔斯顿集会，提名候选人。他们选择的集会地点是公众情绪最为偏激的城市。街头演说者号召退出联邦，南方代表中的吞火者则公开鄙视参议员斯蒂芬·A. 道格拉斯及其北方支持者。当北方多数派重新确定了对“人民主权”的支持，允许当地选民决定其领地上奴隶制的合法性时，作为回应，南方代表纷纷离开大厅。

经过57轮失败的投票和匆忙的妥协，他们决定6月在马里兰州巴尔的摩重新开会。不过，激进的南方人再次打断了会议，中途离场。留下来的民主党人提名斯蒂芬·A.道格拉斯，而南方腹地的民主党人及其盟友则在里士满重新开会，将副总统约翰·布雷肯里奇选为他们的总统候选人。

林肯、贝尔和道格拉斯

5月中旬，共和党人聚集在芝加哥一座刚刚建立、可以容纳1.2万人的会议中心——这里被称为“棚屋”。共和党候选人承诺不威胁南方的奴隶制，同时重申了他们反对奴隶制扩展到西部的观点。他们还承诺为西迁定居者提供自由宅地，并用关税保护北方工业。

共和党代表意识到，他们需要一个温和的候选人，来赢得宾夕法尼亚和中西部各州，因此在第三轮投票中选择了亚伯拉罕·林肯。林肯不是废奴主义者，但他表达了越来越多的北方人的情绪，他们将奴隶制看作联邦和国家未来崛起最大的威胁。

在民主党分裂后，宪政联邦党作为一个新的联盟和竞争派系在巴尔的摩集会。该党由保守的前辉格党人和边缘州反对联邦分裂的人组成。通过忽略奴隶制问题，他们吸引了田纳

胜利之乐
为了赢得公众选票，各政党将候选人的肖像印在活页乐谱的封面上，比如这张宣传道格拉斯的封面。

之前

在1860年的四位总统候选人之中，林肯和道格拉斯两年前曾是伊利诺伊参议员选举的竞争对手。

台上的林肯

林肯与道格拉斯的辩论
1858年，亚伯拉罕·林肯（见第38—39页）接受了取代伊利诺伊强势民主党参议员斯蒂芬·A. 道格拉斯（见第30—31页）的挑战。他们的七次公开辩论被记录成文字，在全国公开发表。虽然林肯平静合理的辩论常常使道格拉斯难堪，但他还是比道格拉斯少了四千票。尽管如此，他为自己树立了克制的反奴隶制温和派形象。

四人竞争
看守者林肯挫败了其他三位候选人闯入白宫的企图——总统詹姆斯·布坎南通过窗户将布雷肯里奇往上拉，贝尔为正在开锁的道格拉斯放哨。

西、弗吉尼亚和肯塔基的南方居民，赢得了他们的支持。该党提名的总统候选人、田纳西人约翰·贝尔承诺遵守宪法，保护联邦。

恶毒的竞选活动开始了。根据传统选举精神，公开演讲者和政治报纸用地区语言和人身侮辱攻击和诋毁竞争对手。

道格拉斯周游全国，提醒公众对联邦分裂的危险保持警觉，但他也遇到了怀有敌意的群众，并且遭到醉酒指控。共和党人被称为非裔美国人平等和种族融合的倡导者。林肯的竞选搭档、皮肤黝黑的缅因参议员汉尼巴尔·哈姆林常常被说成黑白混血儿。约翰·布雷肯里奇被称为“叛国者”和“联邦破坏者”，贝尔则被描述成老年人和边缘地区的领导人。

林肯当选

虽然林肯以180票赢得了选举人多数票，但他的全国普选票不到40%，北方普选票只有54%。道格拉斯只赢得了新泽西和密苏里，而肯塔基、田纳西和弗吉尼亚则选择了约翰·贝尔。布雷肯里奇赢得了其余南方州，其中大多数州禁止林肯的名字出现在选票上。林肯赢了，但是这个国家有一个地区对他几乎没有任何支持。他将在四年时间里处于弱势地位，许多人认为他将被迫组建谨慎保守的政府。

虽然弗吉尼亚州、肯塔基州和田纳西州拒绝了民主党和共和党候选人，但是作为与自由州接壤的上南方州，它们意识到了自己面临的风险。在蓄奴共和国北部边界生活的奴隶，将受到来自对面的自由的诱惑。而且，如果爆发战争，上南方最有可能成为战场。

这些蓄奴州的大多数奴隶主希望保护联邦。他们相信，同与自由领土接壤的独立蓄奴州相比，联邦法律可以为奴隶制提供更加安全的保护。其中，许多州还发展了更具多样性的经济，降低了对棉花出口的依赖，与北方邻居存在广泛的联系，同时担心遭到南方腹地的敌视。

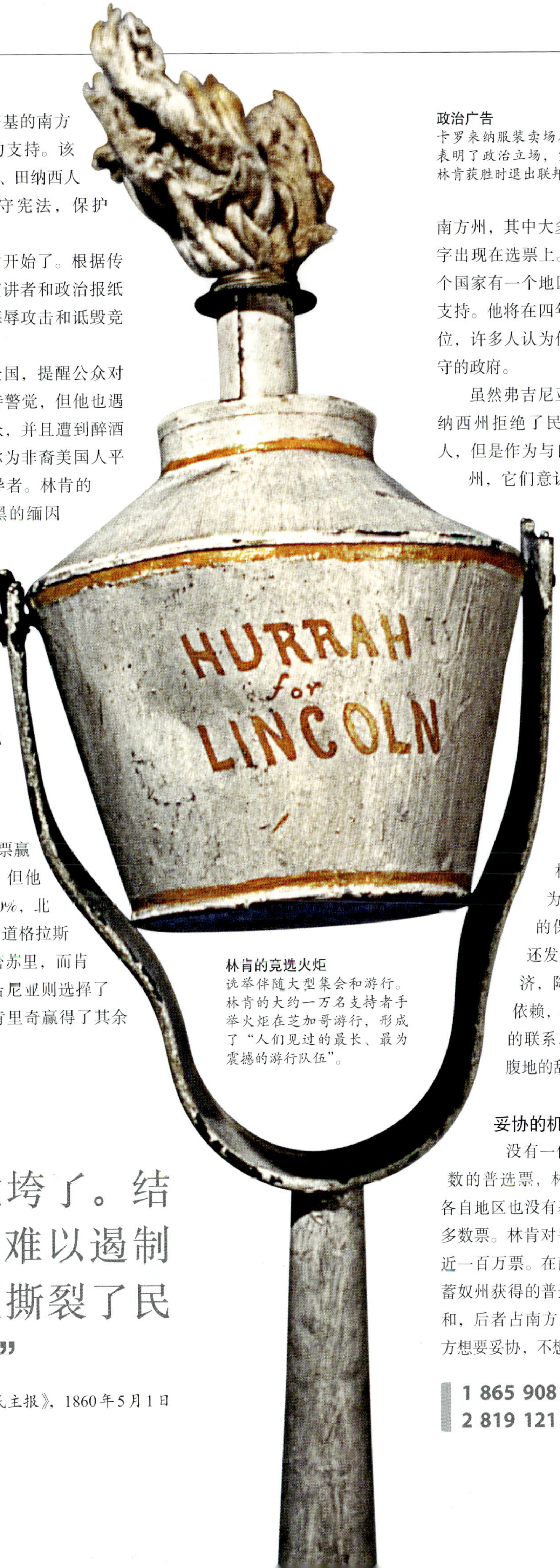

林肯的竞选火炬
选举伴随大型集会和游行。林肯的大约一万名支持者手举火炬在芝加哥游行，形成了“人们见过的最长、最为震撼的游行队伍”。

“民主党垮了。结束了。难以遏制的冲突撕裂了民主党。”

——《芝加哥民主报》，1860年5月1日

政治广告
卡罗来纳服装卖场在为服装打广告的同时表明了政治立场，宣称南卡罗来纳准备在林肯获胜时退出联邦。

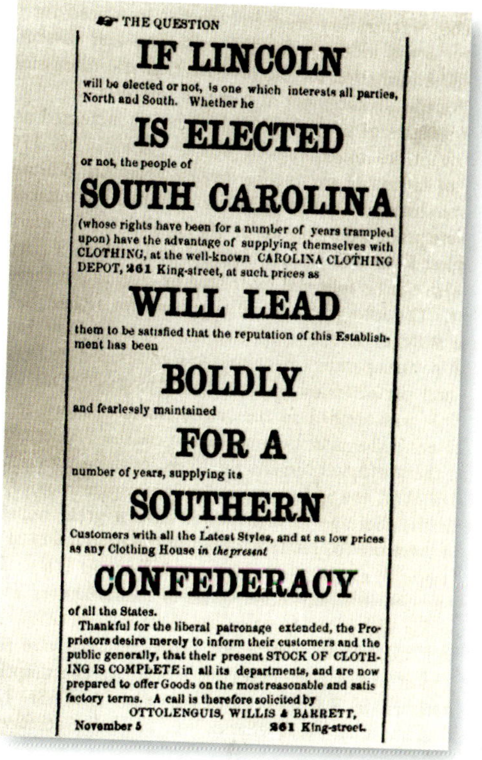

THE QUESTION

IF LINCOLN

will be elected or not, is one which interests all parties, North and South. Whether he

IS ELECTED

or not, the people of

SOUTH CAROLINA

(whose rights have been for a number of years trampled upon) have the advantage of supplying themselves with CLOTHING, at the well-known CAROLINA CLOTHING DEPOT, 261 King-street, at such prices as

WILL LEAD

them to be satisfied that the reputation of this Establishment has been

BOLDLY

and fearlessly maintained

FOR A

number of years, supplying its

SOUTHERN

Customers with all the Latest Styles, and at as low prices as any Clothing House *in the present*

CONFEDERACY

of all the States.

Thankful for the liberal patronage extended, the Proprietors desire merely to inform their customers and the public generally, that their present STOCK OF CLOTHING IS COMPLETE in all its departments, and are now prepared to offer Goods on the most reasonable and satis factory terms. A call is therefore solicited by

OTTOLENGUIS, WILLIS & BARRETT,

November 5 261 King-street.

妥协的机会？

没有一位候选人获得超过半数的普选票，林肯和布雷肯里奇在各自地区也没有获得远远超过一半的多数票。林肯对手的总票数比他多了近一百万票。在南方，布雷肯里奇在蓄奴州获得的普选票数低于对手的总和，后者占南方总票数的55%。上南方想要妥协，不想要冲突。

1 865 908 林肯的票数
2 819 121 林肯对手的票数

之后

国家分裂了。北方人内部发生分歧，他们中的大多数人反对奴隶制扩张。大多数南方白人没有奴隶，但贸易和亲缘纽带将他们与奴隶社会联系在一起。

退出和战争

林肯当选数日后，南卡罗来纳州通过一项法案，安排了退出会议。12月20日，该州切断了与美国的联系（见第46—47页）。

在当选总统之后和1861年3月4日上任之前的几个月里，林肯希望避免联邦分裂。可在上任第二天，他的书桌上就出现了一封来自萨姆特堡的急件（见第50—53页）。

林肯在华盛顿的就职典礼

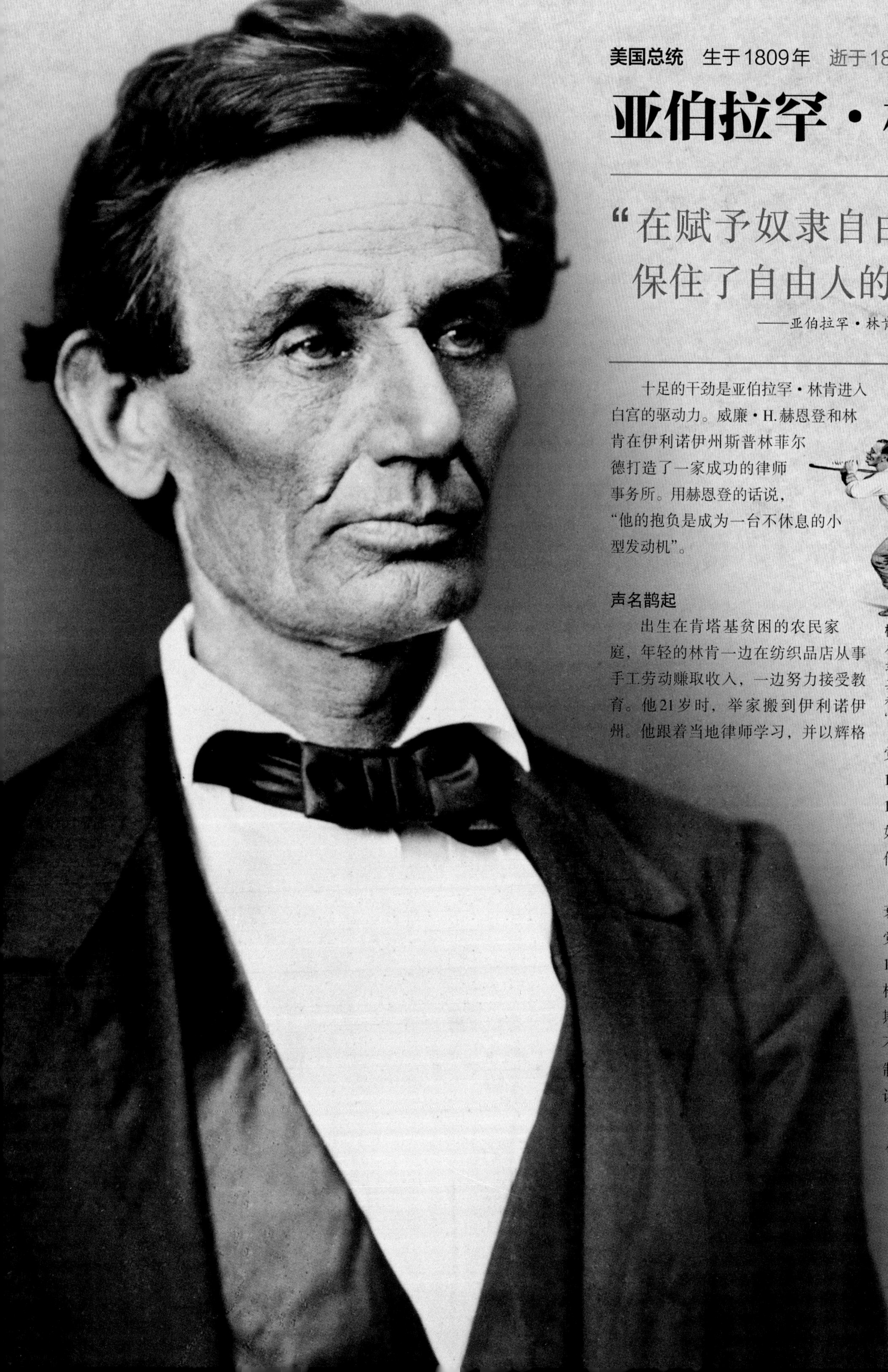

美国总统　生于1809年　逝于1865年

亚伯拉罕·林肯

“在赋予奴隶自由的同时，我们保住了自由人的自由……”

——亚伯拉罕·林肯向国会传达的信息，1862年12月1日

十足的干劲是亚伯拉罕·林肯进入白宫的驱动力。威廉·H.赫恩登和林肯在伊利诺伊州斯普林菲尔德打造了一家成功的律师事务所。用赫恩登的话说，“他的抱负是成为一台不休息的小型发动机”。

横木候选人

在这幅1860年的漫画中，林肯坐在由“奴隶制问题”和“共和党”举起的横木上，其中“共和党”由报纸编辑霍勒斯·格里利代表。漫画充分表现了林肯在偏远地区“劈木头”的青年时代。

声名鹊起

出生在肯塔基贫困的农民家庭，年轻的林肯一边在纺织品店从事手工劳动赚取收入，一边努力接受教育。他21岁时，举家搬到伊利诺伊州。他跟着当地律师学习，并以辉格党人的身份开始从事政治。1834年至1840年，他在伊利诺伊州议会工作。1842年，33岁的林肯娶了肯塔基富裕奴隶主的女儿玛丽·托德。几年后，他在美国众议院短暂工作。

19世纪50年代，林肯放弃了正在衰落的辉格党，加入了新成立的共和党，该党反对将奴隶制扩展到西部。1858年，他和民主党人斯蒂芬·A.道格拉斯竞选美国参议员。在与道格拉斯的七场辩论中，林肯指出奴隶制是不道德的，同时否认了干涉南方奴隶制的权利，因其受宪法保护。他只是认为不应该允许奴隶制向西部扩展。

虽然林肯输掉了参议院选举，但他与道格拉斯的辩论使他在全国出了名。在1860年5月芝加哥的共和党大

1860年的林肯

身高6英尺4英寸（1.93米）的林肯外表威严。他直到1860年当选之后才开始蓄须——据说，这是为了回应一个名叫格蕾丝·比德尔的女孩。比德尔给他写信，说“胡须”可以改善他的形象。

林肯故居遗址
这座小木屋被保存下来，用于纪念林肯在肯塔基州诺布溪农场的故居，他和家人曾于1811年至1816年住在这里。林肯家的木屋已被拆除，这座木屋是他们的朋友格拉赫的家。

会上，他在第三轮投票中赢得了总统提名。在竞选活动中，共和党人通过火炬游行、烧烤和野餐吸引支持者。11月，林肯在普选投票中赢得了除新泽西以外的所有北方州，当选总统。

选举结果产生了巨大影响。林肯拒绝扩展奴隶制的态度令南方激进政客无法接受。12月，南卡罗来纳退出联邦。林肯否认其退出的权利：在没有正当理由的情况下破坏联邦"完全是对蛮力的邪恶使用"。他精心准备了就职演说，希望避免上南方加入退出派。

"让我们相信，正义具有力量，让我们怀着这种信念，勇敢地将我们所理解的职责坚持到底。"

——亚伯拉罕·林肯在纽约铜业联盟的演讲，1860年2月27日

和解尝试

林肯1861年3月4日发表的演讲清晰而温和："不满的同胞们，关于内战的重大决定不是掌握在我手中，而是掌握在你们手中。政府不会指责你们……你们没有对天立誓破坏政府，而我却以最庄重的誓言来保存、保护和保卫政府。"

他的话没有任何作用。第二天，他收到了罗伯特·安德森少校的急件，称查尔斯顿市萨姆特堡即将发生一场危机。敌对威胁正在升级，并将在仅仅六周后引发战争。

平衡行为

一上任，林肯就需要在军事和政治要求之间做出平衡。废奴主义者希望立即解放奴隶，但是林肯知道，他需要维持马里兰、肯塔基和密苏里这些边缘州的忠诚。直到1862年秋，在取得安蒂特姆之战的胜利之后，他才觉得可以将战争目标从恢复联邦转变成终结奴隶制。1863年1月1日，他发布了《解放黑人奴隶宣言》，释放了所有邦联州的奴隶。

1864年，林肯任命尤利西斯·S.格兰特将军为联邦总司令。林肯发现，格兰特可以领导联邦获得胜利，尽管针对邦联将军罗伯特·E.李的攻势导致的伤亡威胁到了他的连任。威廉·T.谢尔曼将军9月对亚特兰大的占领拯救了总统，使他决定性地赢得了选举。林肯却并没有在生前看到国家统一。在1865年4月14日的受难日，他在华盛顿福特剧院被一名邦联拥护者射杀。

林肯的继任者们领导美国度过了重建岁月。他的第二次就职演说阐述了和解观念——"对任何人没有恶意，对所有人心怀慈悲，坚定站在正义一边，因为上帝让我们看到正义……包扎国家的伤口……"

在前线
1862年10月3日，林肯莅临乔治·B.麦克莱伦将军在马里兰州安蒂特姆的指挥部。前一个月，麦克莱伦在这里取得胜利。

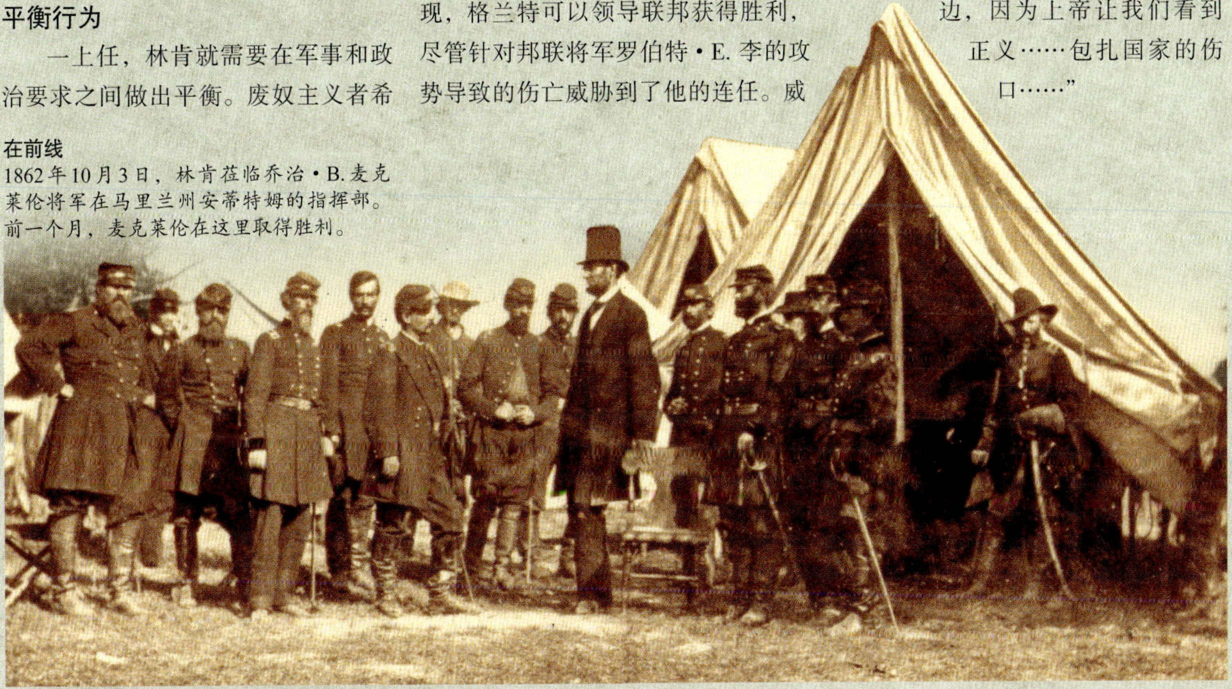

时间线

- **1809年2月12日** 出生在肯塔基仅有一个房间的小木屋里。他是托马斯和南希·林肯的第二个孩子。
- **1830年** 林肯一家搬到伊利诺伊。
- **1834年** 作为辉格党人被选入伊利诺伊州议会。开始学习法律。
- **1842年** 在伊利诺伊州斯普林菲尔德与玛丽·托德结婚。
- **1846年** 作为辉格党人当选美国众议员。
- **1856年** 组织了伊利诺伊的共和党。
- **1858年** 被提名为伊利诺伊共和党美国参议员候选人，与民主党人斯蒂芬·A.道格拉斯竞争。在伊利诺伊州各地的七次辩论中与道格拉斯较量，吸引了大量观众。在参议员选举中以微弱劣势输给道格拉斯。
- **1860年5月18日** 被提名为共和党总统候选人。
- **1860年11月6日** 当选为美国第16任总统，获得了近40%的普选票和303张选举人团票中的180张。
- **1860年12月20日** 南卡罗来纳退出联邦。不到两个月，密西西比、佛罗里达、亚拉巴马、佐治亚、路易斯安那和得克萨斯也退出了联邦。
- **1861年3月4日** 林肯在首都华盛顿发表了第一次就职演讲。
- **1861年4月12日** 邦联炮兵向查尔斯顿市萨姆特堡开火。南北战争开始。
- **1861年4月15日** 林肯召集75 000名志愿兵，准备恢复联邦。
- **1861年4月17日** 弗吉尼亚退出联邦，随后是北卡罗来纳、田纳西和阿肯色。
- **1862年2月20日** 林肯第三子、11岁的威利去世。他的妻子精神受到打击，再也没有完全恢复。
- **1863年1月1日** 发布《解放黑人奴隶宣言》。
- **1863年11月19日** 在国家烈士公墓献辞中发表了精心准备的演讲——葛底斯堡演讲。
- **1864年11月8日** 再次当选总统，获得55%的普选票和233张选举人团票中的212票。
- **1865年4月9日** 罗伯特·E.李将军在弗吉尼亚州阿波马托克斯县城率部投降。
- **1865年4月14日** 约翰·威尔克斯·布斯在福特剧院向总统开枪。林肯被葬在伊利诺伊州斯普林菲尔德附近的橡树岭公墓。

玛丽·托德·林肯

竞选纽扣

2

脱离联邦引发战争

1861年

当共和党人赢得1860年总统选举时，许多南方白人认为奴隶制将会受到威胁，一些南方州退出了联邦。大多数北方人将退出看作叛国，拒绝接受和平分裂——这种分歧最终导致了内战。

《南北战争的第一枪
1861年4月12日，萨姆特堡守军对邦联的轰炸进行了反击。这座位于南卡罗来纳州查尔斯顿港的联邦堡垒被视为对新邦联的侮辱。堡垒指挥官罗伯特·安德森少校（最左边）第二天同意撤出守军。

概述

联邦部队在巴尔的摩遇袭
马里兰州巴尔的摩支持退出联邦的情绪导致当地人在4月19日与从纽约前往华盛顿的部队发生冲突。在马里兰和特拉华，奴隶制是被允许的。林肯在该事件上的坚决回应使这两个州留在了联邦之中。

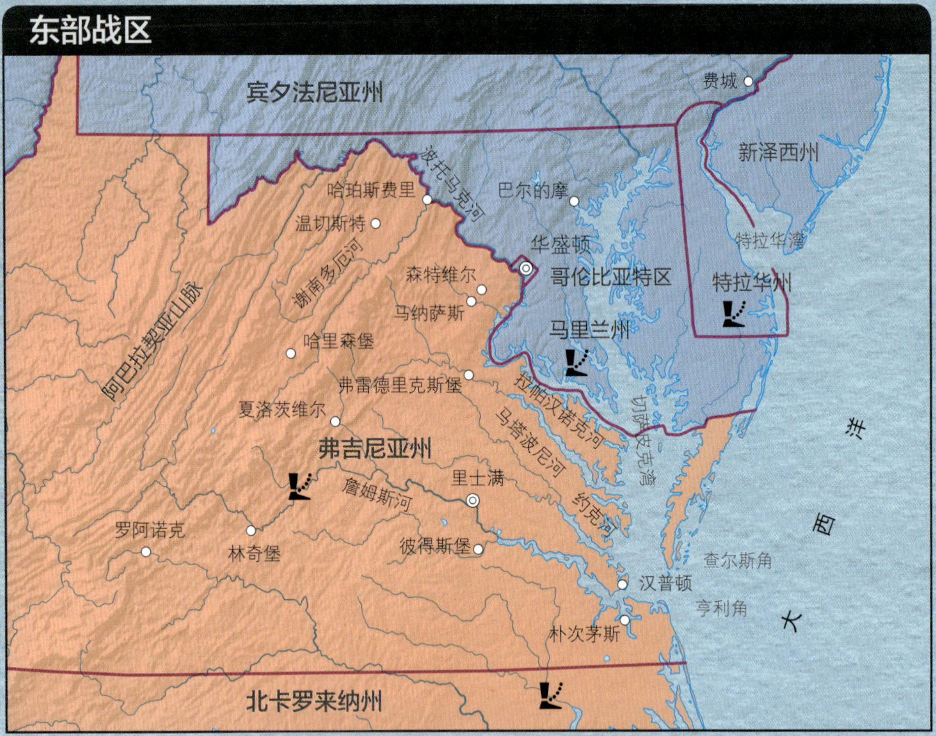

第一次主要战斗
首都华盛顿附近的马纳萨斯是第一次主要陆地战斗的发生地，联邦称该役为布尔溪之战。在这里，一辆被毁的货车挡住了联邦军队的撤退道路，引发了恐慌，使失败演变成了溃败。

南方的战争号召
这张1861年5月的邦联海报号召田纳西地方志愿者参与"扬基战争"，提出"为政府征召一个步兵连，作为州和邦联政府防御力量的一部分"。

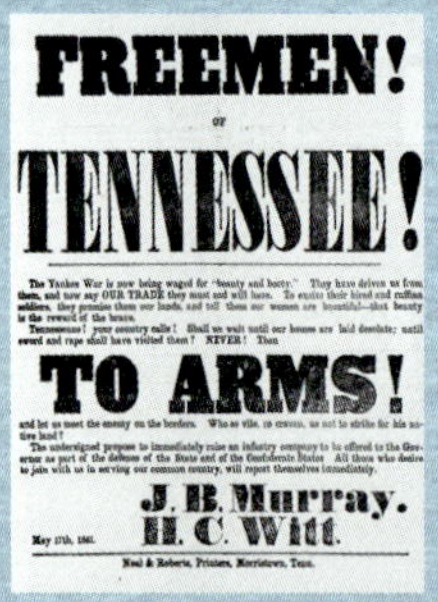
FREEMEN!
OF
TENNESSEE!
TO ARMS!
J. B. Murray.
H. C. Witt.

虽然人们为达成政治妥协做出了最后的努力，但在1861年的前几个月，北方和南方之间以及两个地区政治领导人之间的分裂仍在逐步加深。到了2月初，七个州已经退出联邦，并且采取了建立邦联的措施。总统亚伯拉罕·林肯仍然坚持认为没有动武的必要，但现实是，双方的立场日益坚定。在南方各地，退出的州开始接管联邦军事基地。不出所料，4月12日，在查尔斯顿港萨姆特堡，效忠于联邦的部队和南方部队之间的一次对峙演变成了暴力冲突。

由于战前的小规模武装部队被分成了南北两个部分，双方最初都无法发动大规模战役。双方开始组建志愿军，征兵宣传强调了对手的邪恶和己方有原则

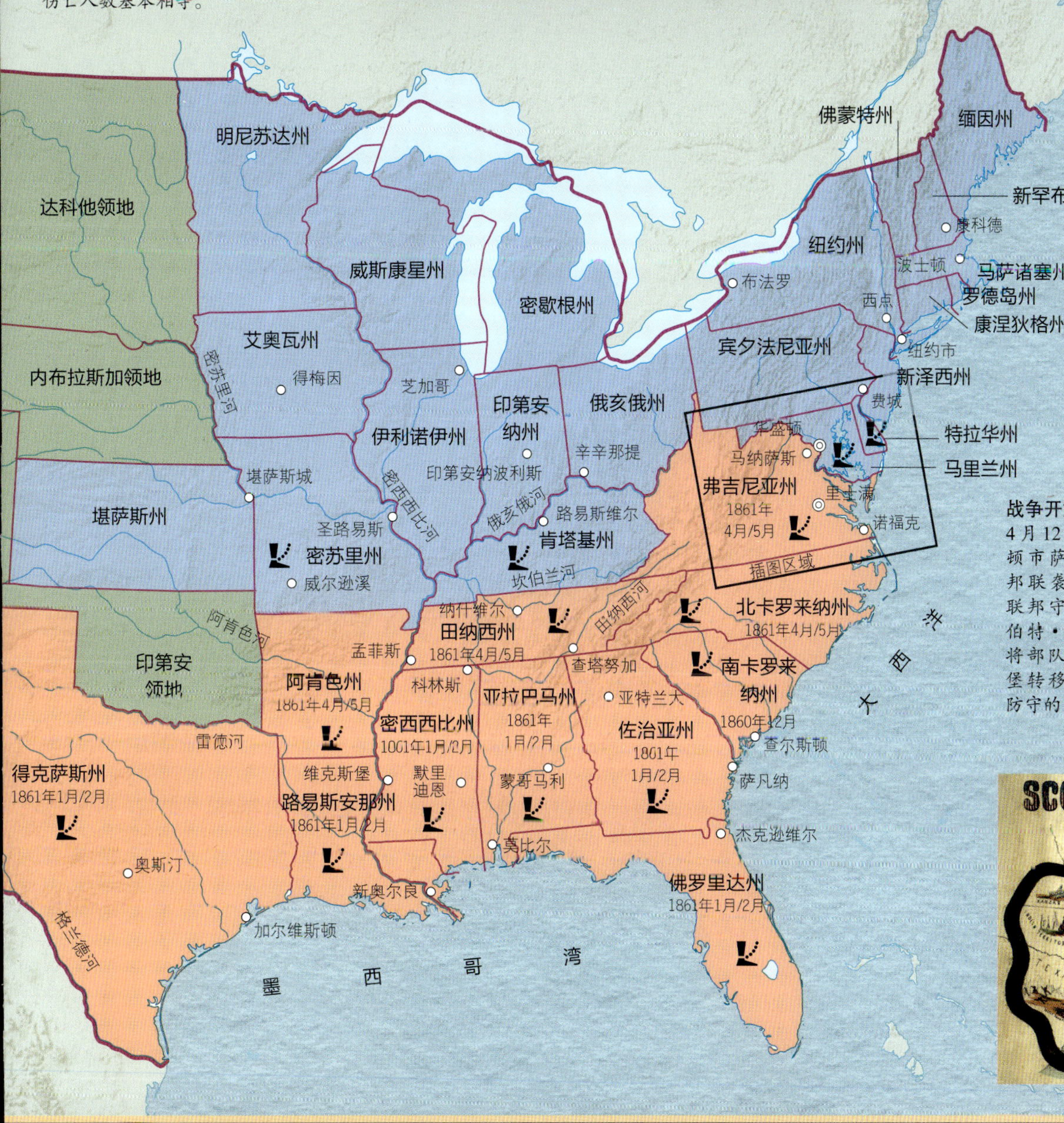

邦联在密苏里的胜利
8月10日发生在密苏里的威尔逊溪之战使南方在西部战区取得了一场胜利。虽然联邦军队人数远不及邦联，而且被迫撤退，但双方的战斗伤亡人数基本相等。

纽约的志愿兵
4月19日，当纽约第7步兵团在纽约市游行时，这座大都会的街道上出现了许多热情的群众。4月25日，该团抵达华盛顿，加强首都的防御。

战争开始
4月12日，查尔斯顿市萨姆特堡遭到邦联袭击。此前，联邦守军指挥官罗伯特·安德森少校将部队从莫尔特里堡转移到了更容易防守的萨姆特堡。

联邦战略
在联邦总司令温菲尔德·斯科特将军5月制定的战略中，海岸和密西西比河的控制权非常重要。该战略的意图是掐断邦联的生命线，被称为“蟒蛇计划”。

的愤怒，进一步加深了分歧。

战争的基础从一开始就是不对称的。一方面，南方具有优势。要想取胜，北方需要击败敌人，结束南方的分离状态；南方则只需要生存。另一方面，北方的优势很大——人口比南方多得多，在工业实力和金融资源上也具有压倒性优势。这些战略现实意味着不管最初的战斗结果如何，战争都不太可能迅速结束。一开始，南方将领的表现优于北方，邦联在陆地上暂时是安全的。不过，在海岸线和河流上，联邦的资源优势确保了更好的战果。

时间线1861年

下南方退出联邦 ■ 南方扣押联邦财产 ■ 邦联国会 ■ 林肯上任 ■ 萨姆特堡投降 ■ 林肯征召志愿兵 ■ 封锁南方 ■ 弗吉尼亚退出联邦 ■ 联邦在肯塔基的胜利 ■ 第一次布尔溪之战 ■ “特伦特”事件

1月

1月2日
南卡罗来纳部队占领查尔斯港约翰逊堡。

1月5日
亚拉巴马部队强行占领莫比尔的摩根堡和盖恩斯堡。

1月9日
密西西比退出联邦。一艘美国海军补给船在萨姆特堡遇袭。

1月10日
佛罗里达退出联邦。杰克逊堡、圣菲利普堡和巴吞鲁日兵工厂被路易斯安那州部队占领。

1月11日
亚拉巴马退出联邦。

1月19日
佐治亚退出联邦。

1月26日
路易斯安那退出联邦。

《 杰弗逊·戴维斯

2月

2月1日
通过州代表大会压倒性投票后，得克萨斯退出联邦。

2月4日
七个退出联邦的州派出代表，以美利坚联盟国临时国会的名义开会。

2月9日
杰弗逊·戴维斯被选为邦联临时总统。第二天，戴维斯才在电报中得知这个消息。

2月18日
戴维斯总统上任。

2月22日
候任总统林肯在费城演讲时宣布：“流血和战争是没有必要的。”

3月

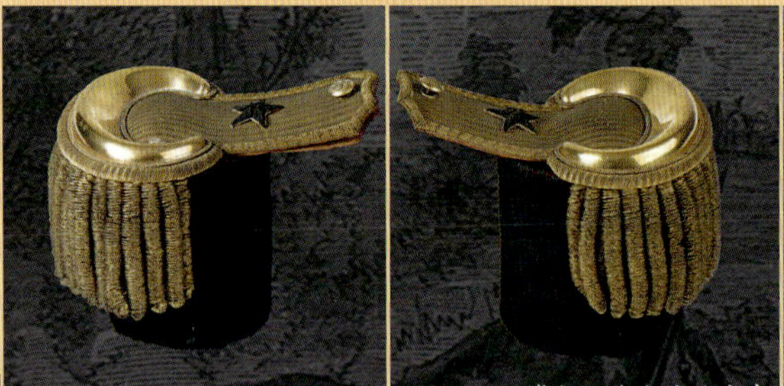

≈ P. G. T. 博勒加德准将的肩章

《 戴维斯总统的就职典礼

≫ 轰炸萨姆特堡

3月4日
亚伯拉罕·林肯成为美国第16任总统。

3月6日
杰弗逊·戴维斯发布征兵令，征召10万志愿兵加入邦联陆军。

3月31日
得克萨斯州布利斯堡的联邦守军向州部队投降。

4月

4月10日
P. G. T. 博勒加德准将受命迫使萨姆特堡投降。萨姆特堡四天后陷落。

4月15日
林肯总统征召75 000名志愿兵，镇压南方“叛乱”。

4月17日
弗吉尼亚州代表大会决定退出联邦，该州人民在5月做出了最终决定。弗吉尼亚在事实上加入了邦联。

4月19日
林肯总统宣布对南方实施封锁。

4月19日
支持脱离联邦的马里兰人在巴尔的摩与联邦部队发生冲突，导致了战争最初的伤亡。

4月27日
林肯中止了马里兰的人身保护令。两天后，该州投票反对退出联邦。

5月

5月6日
阿肯色州议会投票支持退出联邦。田纳西州的退出决定也以巨大优势获得议会通过，尽管还需要通过公投得到承认。

≫ 约翰牛（英国）和拿破仑三世注视着美国北方和南方的冲突。

5月10日
联邦部队在圣路易斯附近收缴了密苏里州民兵的武器。

5月13日
英国宣布保持中立。

5月20日
北卡罗来纳投票支持退出联邦。

5月24日
联邦部队占领弗吉尼亚州亚历山大。

5月30日
大西洋中队旗舰、联邦军舰“沃巴什”号离开纽约。

≫ 志愿兵划船离岸，想登上联邦军舰“沃巴什”号。

6月

6月3日
麦克莱伦少将领导的联邦部队在弗吉尼亚州菲利皮取得胜利。

6月10日
联邦军队在弗吉尼亚州贝塞尔教堂打了一场规模不大的败仗。

6月17日
布恩维尔之战。来自圣路易斯的联邦军队取得胜利，有助于控制密苏里州首府杰弗逊城。

“同胞们，所有国民，该冷静地思考……不满的同胞们，关于内战的重大决定不是掌握在我手中，而是掌握在你们手中。”

——亚伯拉罕·林肯，就职演讲，1861年3月4日

7月

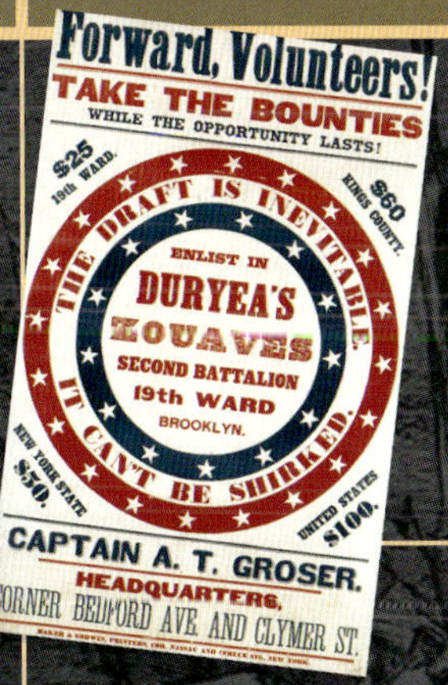

7月4日
在国会特别会议中，林肯谈到了联邦的不可分割性，号召40万志愿兵击败“国内敌人”。

7月5日
邦联军队在密苏里州西南部的迦太基小胜。

7月13日
联邦的一系列胜利以弗吉尼亚州卡里克福德的胜利告终。

7月21日
第一次布尔溪之战（马纳萨斯），联邦军队战败，在混乱中撤退。

7月26日
邦联部队迫使联邦士兵放弃新墨西哥州菲尔莫尔堡。

8月

8月2日
国会通过税收和关税法案，以便为联邦的战争提供资金支持。法案包括一项全国个人所得税规定，但从未得到实施。

« 征集联邦志愿兵的启事

8月10日
密苏里州威尔逊溪之战。联邦部队在激烈的遭遇战后撤退。

8月28日
在攻克邦联防御工事后，联邦部队在北卡罗来纳州哈特勒斯湾建立封锁基地。

︾ 第一次布尔溪之战

8月30日
密苏里联邦指挥官约翰·弗雷蒙少将发布了未经授权的宣言，宣布解放分离主义者手中的奴隶。

9月

9月3日
更多邦联部队被派到肯塔基，事实上终结了该州保持中立的打算。

︾ 邦联旗帜

9月6日
尤利西斯·S. 格兰特准将领导的联邦部队占领肯塔基州帕迪尤卡。

9月16日
肯塔基州坎伯兰河发生炮艇交火，联邦军舰“科内斯托加”号击沉两艘敌舰。

9月20日
经过短暂围攻，密苏里州莱克星顿被邦联部队占领。

10月

10月1日
戴维斯总统讨论始于弗吉尼亚的南方攻势。

10月4日
南方与一些印第安部落达成协议，一些印第安战士随后成为邦联士兵。

10月9日
邦联部队进攻佛罗里达州彭萨科拉湾圣罗莎岛上的联邦阵地，但是没有成功。

10月21日
联邦部队在弗吉尼亚州利斯堡附近的鲍尔布拉夫战败。

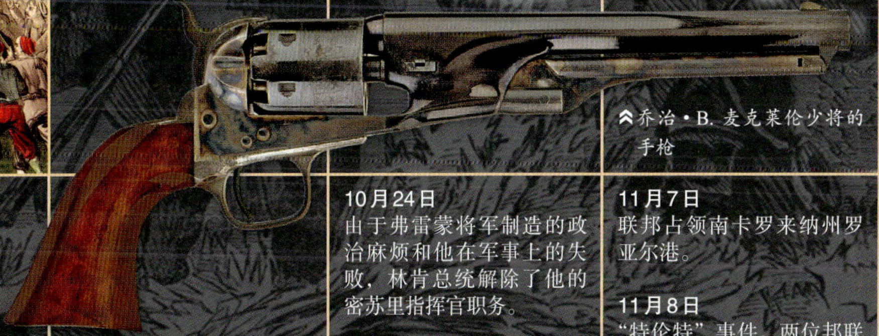

10月24日
由于弗雷蒙将军制造的政治麻烦和他在军事上的失败，林肯总统解除了他的密苏里指挥官职务。

11月

11月1日
乔治·麦克莱伦成为联邦总司令。

11月6日
南方举行选举。邦联总统戴维斯和副总统亚历山大·史蒂芬斯留任。

︾ “特伦特”事件

11月7日
密苏里州贝尔蒙特之战，联邦获胜。

︽ 乔治·B. 麦克莱伦少将的手枪

11月7日
联邦占领南卡罗来纳州罗亚尔港。

11月8日
“特伦特”事件。两位邦联外交官在英国轮船“特伦特”号上被捕，这使联邦和英国之间的关系变得更加紧张。

12月

12月3日
林肯总统向国会发表了国情咨文演讲。他的中心思想是“联邦必须得到保护”。

« 亚历山大·史蒂芬斯

12月26日
林肯政府同意释放在“特伦特”号上逮捕的邦联特使，并向英国做了部分道歉，终结了联邦和英国之间可能发生的对抗。

12月26日
在印第安领地，支持联邦的克里克印第安人在与邦联的冲突中战败，随后撤向堪萨斯。

联邦分裂

在下南方退出并组建邦联后，林肯采取了保护联邦的措施，同时坚持共和党的自由土壤原则。在包括弗吉尼亚在内的上南方，支持联邦的情绪仍然很强烈。混乱、遗憾和冲突使美国陆军军官团体发生分裂。

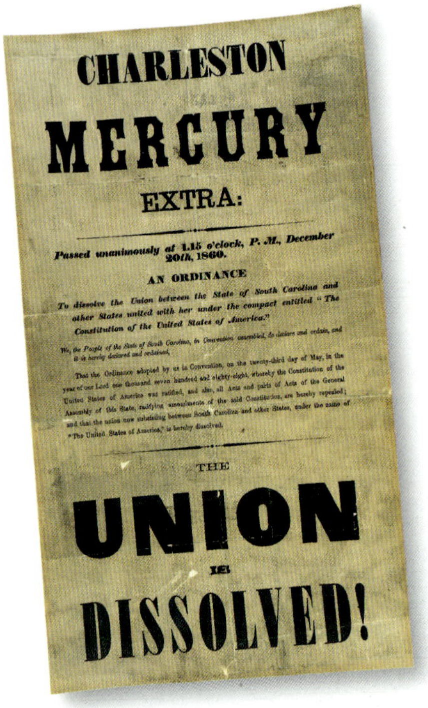
CHARLESTON
MERCURY
EXTRA:
Passed unanimously at 1.15 o'clock, P. M., December 20th, 1860.
AN ORDINANCE
To dissolve the Union between the State of South Carolina and other States united with her under the compact entitled "The Constitution of the United States of America."
We, the People of the State of South Carolina, in Convention assembled, do declare and ordain, and it is hereby declared and ordained,
That the Ordinance adopted by us in Convention, on the twenty-third day of May, in the year of our Lord one thousand seven hundred and eighty-eight, whereby the Constitution of the United States of America was ratified, and also, all Acts and parts of Acts of the General Assembly of this State, ratifying amendments of the said Constitution, are hereby repealed; and that the union now subsisting between South Carolina and other States, under the name of "The United States of America," is hereby dissolved.
THE
UNION
IS
DISSOLVED!

号外
《查尔斯顿水星报》是最先报道退出事件的报纸，在退出法令通过15分钟后出版。群众在看到该报的大字标题时欢呼雀跃。

之前

林肯是第一位仅依靠部分地区的支持当选的总统，他的支持票几乎完全来自北方。

自由土壤纲领

林肯不仅是在没有得到任何南方选举人团票的情况下获胜的（见第38—39页），而且采取了明确反对奴隶制的纲领，承诺阻止奴隶制进一步在美国领土扩张。共和党人意识到，在已经存在奴隶制的州，奴隶制受宪法保护。他们专注于阻止奴隶制扩展到还没有建州的领地上。

此前退出联邦的尝试

南卡罗来纳在1833年废止危机期间曾认真考虑过退出联邦（见第20—21页），由于缺少其他南方州的支持而没有行动。美墨战争带来的领地上的奴隶制问题曾再次引发南北紧张关系（见第20—21页），但是这种紧张也在1850年妥协案通过后缓和（见第22—23页）。

亚伯拉罕·林肯当选总统后不久，整个下南方（南卡罗来纳、密西西比、佛罗里达、亚拉巴马、佐治亚、路易斯安那和得克萨斯）通过州代表大会程序退出联邦，根据各州本身构成主权实体的原则，投票组建了新“国家”，叫作“美利坚联盟国”。新“国家”的副总统亚历山大·史蒂芬斯还宣布，政府的“基础和基石建立在一条重要原则之上：黑人和白人是不平等的，依附于上等种族是奴隶自然而合乎道德的生存状态”。

上南方的困境

新的邦联开始为战争做准备，但上南方各州的命运仍然悬而未决。弗吉尼亚、阿肯色和密苏里召开了代表大会，联邦主义者获得了多数票。北卡罗来纳和田纳西则选择不召开代表大会。马里兰、肯塔基和特拉华也处于摇摆状态，这些边缘州的奴隶制规模很小。虽然它们拒绝加入邦联，但是也明确表示，反对强迫下南方各州回归联邦。

在这种混乱局面下，在职总统詹姆斯·布坎南几乎毫无作为。在总统扮演跛脚鸭角色的时候，候任总统林肯试图支持南方的联邦主义情结，同时坚持共和党纲领中的自由土壤原则。

号召退出
林肯当选的消息传来时，大批群众聚集在萨凡纳市约翰逊广场，要求召开退出大会。南卡罗来纳于1860年12月20日首先退出联邦。

当林肯于1861年3月4日成为总统时，他面对一个棘手的政治难题：如何应对新成立的邦联对下南方联邦财产的扣押；之前布坎南并没有反对。此时，只有两个重要军事设施还被联邦控制着——南卡罗来纳州查尔斯顿市的萨姆特堡和佛罗里达州的皮肯斯堡。林肯既希望维持联邦对退出州的主权，又不想引发可能将上南方推向邦联的流血冲突。

当林肯在思考联邦政府如何守住两个受到威胁的堡垒时，上南方仍然在努力应对是否退出的问题。弗吉尼亚州发挥着尤为重要的作用，因为该州人口众多，经济资源丰富，在共和国历史上具有标志性意义。上南方和边缘州的议会进行了最后尝试，希望通过制定另一次地区间妥协来保护联邦，就像前人做过的那样。不过，温和派面对着双重挑战。一方面，总统的竞选纲领不允许奴隶制进一步扩展。另一方面，下南方的退出及其制造的分裂已经成为事实。当政客们在计划和争吵时，联邦军事机构也出现了分裂。大多数美国陆军军官来自西点军校，为确保地区平衡，该校委任状是根据国会选区分配的。大多数下南方军官立即辞职，前往邦联并为之战斗，尽管也有一些例外。相比之下，来自上南方的军官和他们所在的州一样，存在内部分裂和冲突。

> *1861年2月，在共和党人的努力下，国会通过了宪法第十三修正案，在已经存在奴隶制的州保护奴隶制，摆出和解姿态。这部修正案从未获得各州批准。*

陆军总司令温菲尔德·斯科特是老牌弗吉尼亚人，曾经作为师长在和英国的1812年战争中立下赫赫战功，并在1846年征服了墨西哥城。他倡导谨慎的和解，事实上得到了布坎南政府不作为政策的支持。

总统戴维斯的就职典礼
杰弗逊·戴维斯于1861年2月18日当选美利坚联盟国总统。典礼在亚拉巴马州蒙哥马利市的亚拉巴马州议会大厦举行。

邦联副总统（1812—1883）

亚历山大·汉密尔顿·史蒂芬斯

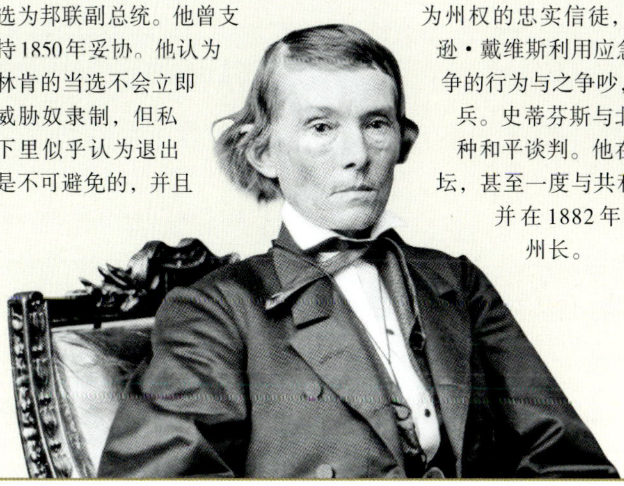

亚历山大·史蒂芬斯曾在美国国会长期担任佐治亚代表，具有联邦主义天性和辉格党背景，却被推选为邦联副总统。他曾支持1850年妥协。他认为林肯的当选不会立即威胁奴隶制，但私下里似乎认为退出是不可避免的，并且参与撰写了邦联宪法。1861年3月21日，史蒂芬斯发表了著名的“基石”演讲，宣布奴隶制是邦联的基础。作为州权的忠实信徒，他曾就杰弗逊·戴维斯利用应急权力发动战争的行为与之争吵，并且反对征兵。史蒂芬斯与北方进行了各种和平谈判。他在战后回归政坛，甚至一度与共和党人为伍，并在1882年当选佐治亚州长。

11

1861年5月末的邦联州数量。留在联邦的州有23个。

萨姆特堡问题

当林肯上任时，斯科特建议总统撤出萨姆特堡的联邦守军，避免直接军事对抗，但林肯首先效忠于联邦政府。斯科特遵从林肯的命令，再次为堡垒提供补给，尽管邦联宣称要以武力回应。为避免流血，林肯最初只是派事先声明的非武装船只运输非军事补给，但他不愿放弃这个据点。

从邦联角度看，联邦部队驻守在位于退出派发源地的查尔斯港，这事实本身就是对南方独立的嘲讽。双方已经走上了冲突的道路。此时，最重要的问题是上南方如何回应战争的爆发。

之后

战争始于查尔斯顿港萨姆特堡，当时邦联部队向联邦补给船开火，引起南北舆论哗然。

萨姆特堡投降

退出危机最终在萨姆特堡演变成暴力冲突。经过一天的轰炸，堡垒于4月13日被邦联占领（见第52—53页）。

邦联巩固势力

战争的爆发使上南方各州不得不做出抉择。其中，四个州——阿肯色、北卡罗来纳、田纳西和弗吉尼亚——选择和蓄奴兄弟们站在一起。

美利坚联盟国印章

北方公愤

邦联成功袭击美国军事设施的强烈标志意义使北方舆论发生转变。现在，就连大多数北方民主党人也做好了战争准备。正如编辑霍勒斯·格里利在《纽约论坛报》社论中所说，袭击前，坚定而激进的共和党人和其他一些人持有“随他们（邦联州）去吧”的想法。萨姆特堡袭击事件激发了人们的爱国主义情感，他们想向邦联报侮辱国旗之仇。

邦联总统　生于1808年　逝于1889年

杰弗逊·戴维斯

> “我没有丧失勇气，也不会逃避肩负的重任。”
>
> ——杰弗逊·戴维斯写给妻子的信，1861年2月20日

杰弗逊天资聪慧，拥有深厚、全面的军事知识。不过，他的个性和性格破坏了他与一些将领的关系，这是邦联最终战败的原因之一。

和北方总统亚伯拉罕·林肯相比，戴维斯的战前履历似乎更适合战时总司令的角色。林肯曾嘲笑自己担任民兵军官的短暂经历，戴维斯则在美墨战争中出色地领导了一个团。后来，戴维斯做过高效的改革派战争部长。他采用了线膛鸟铳和伴随这种重要改变的新型步兵战术。不过，在战争部，戴维斯与总指挥温菲尔德·斯科特的激烈争吵也反映了他的性格缺陷。早在西点军校，戴维斯喜欢争吵的性格就已经很明显了，他险些因为纪律问题被开除。这种性格还使他在1835年由于不服从命令而受到陆军军事法庭的审判。审判过后，戴维斯辞职，开始了政治生涯。

在作为战争部长加入总统皮尔斯的政府之前，戴维斯曾担任密西西比参议员，获得了南方激进分子的名声。他反对1850年妥协案，这是他在1851年密西西比州长选举中失败的原因之一。戴维斯于1857年进入参议院，选择了更加温和的路线。在林肯当选总统后各州纷纷退出联邦的那个冬天，他甚至表示支持最后的克里滕登妥协，该妥协旨在减少新蓄奴州的出现，但是没有被通过。

“杰夫看到大象”

“看到大象”是参加南北战争的士兵对经历实战的表述。在这张漫画中，戴维斯（驴子）意识到了联邦的真实军事力量。他的士兵手里拿着草叉。

新成立的邦联将戴维斯选为总统，希望他温和的形象能够获得上南方的支持。戴维斯出众的才能、对邦联的忠诚和货真价实的军事知识对邦联有帮助，尽管他的错误判断和性格削弱了他的贡献。他与最有能力的将军罗伯特·E. 李建立了紧密的关系，

参议员戴维斯

这张戴维斯的肖像是北方著名摄影师马修·布雷迪于1860年拍摄的。布雷迪捕捉了戴维斯清晰的面部特征和有些严肃的表情。

戴维斯和他的将军们
戴维斯站在中间，身穿军装。这幅画表现了他之前的从军经历和深度参与军事事务的倾向。

并且意识到，他需要将军事力量集中在强大的野战军方面，而不是用于防御邦联每平方英里的领土。他扩大了中央权力，动员了南方有限的经济资源，采取了征兵和征用物资等备受争议的措施。

戴维斯意识到，只有在决定性的胜利迹象出现后，国际援助才会到来，南方不能依靠英国和法国来赢得独立。事实证明，他甚至愿意为了南方事业而牺牲奴隶制。他在1864年支持李的提议，同意征召奴隶进入缺兵少将的邦联军队——同时承诺让他们获得自由。林肯具有在北方营造愤怒政治环境的头脑，而戴维斯冷淡、傲慢的态度和无法统一舆论的缺点则拖累了南方的作战。

有缺陷的领导力

更严重的是，戴维斯与一些将领关系不睦。早在第一次布尔溪之战（第一次马纳萨斯之战）时，戴维斯与约瑟夫·E. 约翰斯顿将军和P. G. T. 博勒加德将军的关系就开始恶化。两位将军的自负是主要原因，但戴维斯完全可以更好地处理这些问题。

瓦丽娜·戴维斯
戴维斯的妻子瓦丽娜·豪厄尔的微型肖像，此时她已经结婚四年，23岁。他们有五个孩子，其中两个是在战争中出生的。

人事管理上的失败在重要的西部战区产生了最为严重的后果。他在战争初期过于依赖阿尔伯特·西德尼·约翰斯顿将军的能力。更严重的是，他放任田纳西军团最高指挥部成为不作为的阴谋策源地：一些军长试图扳倒布拉克斯顿·布拉格将军。布拉格有灵活的组织能力，但他在战场上的表现不稳定，这在1862年的查普林山（佩里维尔）战役中得到体现。他的士兵和下属发自内心地讨厌他。1863年10月，矛盾达到顶点。戴维斯亲赴西部，试图解决问题。遗憾的是，戴维斯把布拉格留在指挥官的位置上，没有用被军队信任的将领取代他，也没有惩罚最不服从命令的军官。此后，危机持续恶化，直到布拉格被撤职。

战后

戴维斯度过了战争岁月和在门罗堡的两年囚禁时光。此后，他通过写作继续为南方事业辩护，也多次参与失败的创业活动。他拒绝寻求联邦政府的原谅，因此无法继续从事政治。他于1889年去世，葬礼极为隆重。

> “我恳求你们放下所有仇恨，实现我衷心希望的圆满——一个重新统一的国家。”
>
> ——杰弗逊·戴维斯最后的公开演讲，密西西比城，1888年

时间线

- **1808年6月3日** 出生在肯塔基中西部靠近田纳西边界的地方。
- **1824—1828年** 受训于西点军校，在33人的班级中排名第23位，加入步兵部队。
- **1835年2月** 在军事法庭受到抗令指控，被宣判无罪，但仍在5月辞去了在美国陆军的职务。
- **1835年6月** 与未来的总统扎卡里·泰勒的女儿莎拉·诺克斯·泰勒结婚。
- **1835年9月** 年轻的妻子在路易斯安那种植园去世——很可能是死于疟疾。戴维斯本人也病重。
- **1846年** 被选为第1密西西比志愿团上校。
- **1847年2月** 在获胜的布埃纳维斯塔之战中扮演了重要角色。
- **1847年8月** 密西西比州议会任命戴维斯为美国参议员。
- **1851年** 由于输给了支持1850年妥协的联邦主义者，戴维斯离开参议院，并在密西西比州长选举中失利。
- **1853—1857年** 在总统富兰克林·皮尔斯的政府中担任战争部长。
- **1857年** 回到参议院
- **1861年2月9日** 蒙哥马利退出大会将戴维斯推选为美利坚联盟国首位总统。
- **1862年3月** 戴维斯要求邦联国会通过征兵法案。
- **1862年6月** 约瑟夫·E. 约翰斯顿将军在七松严重受伤后，戴维斯选择由罗伯特·E. 李指挥后来的北弗吉尼亚军团。
- **1864年7月** 用约翰·贝尔·胡德接替约翰斯顿的邦联田纳西军团领导人职位——此次任命是一场灾难。
- **1865年3月** 签署一项法案，授权将奴隶征召为士兵。
- **1865—1867年** 被联邦当局以叛国罪名监禁。
- **1868年** 总统安德鲁·约翰逊在圣诞节发布赦免令，赦免了杰弗逊·戴维斯的待决叛国指控。
- **1881年** 出版《邦联政府的兴衰》，为南方退出联邦和他自己的行为辩护。
- **1886—1887年** 巡游南方，在许多“未竟的事业”纪念活动上受到热烈欢迎。
- **1889年12月6日** 在新奥尔良去世。

三代同堂，1885年

VOLUNTEERS WANTED!

AN ATTACK UPON WASHINGTON ANTICIPATED!!

THE COUNTRY TO THE RESCUE!

A REGIMENT FOR SERVICE

UNDER THE FLAG OF THE UNITED STATES

IS BEING FORMED IN JEFFERSON COUNTY.

NOW IS THE TIME TO BE ENROLLED!

Patriotism and love of Country alike demand a ready response from every man capable of bearing arms in this trying hour, to sustain not merely the existence of the Government, but to vindicate the honor of that Flag so ruthlessly torn by traitor hands from the walls of Sumter.

RECRUITING RENDEZVOUS

战争号召

当萨姆特堡袭击事件使北方舆论得到统一时，林肯发出了对志愿兵的征召。包括弗吉尼亚在内的重要上南方州加入邦联。联邦掌控了西弗吉尼亚和马里兰，密苏里和肯塔基则摇摆不定。

占领萨姆特堡
1860年12月26日，安德森的部队从查尔斯顿市莫尔特里堡秘密移动到更容易防御的萨姆特堡。

1861年4月12日凌晨4:30，南卡罗来纳州查尔斯顿港周围的邦联炮兵向萨姆特堡开火。萨姆特堡是一座建在港口小岛上的联邦堡垒。第二天下午，堡垒指挥官罗伯特·安德森少校开始进行投降谈判。自从去年12月南卡罗来纳退出以来，安德森一直坚守萨姆特堡的联邦据点，但联邦海军中队向堡垒提供新鲜补给这一行动最终引发了冲突。

当地邦联指挥官P. G. T. 博勒加德已经接到命令，要求对方立即撤出堡垒。安德森拒绝，战斗开始了。双方没有任何伤亡。邦联认为此袭击是对其主权必要而合理的防御，但是大多数北方人认为，这种针对美国部队的袭击是不道德的。

对国人的恳求
政府吸引新人加入军队，承诺发放赏金，并将他们分配到装备齐全的部队。爱国主义海报要求能够拿起武器的人“立即响应”，比如这张1861年的海报。

之前

林肯在北方的支持下当选总统，政党纲领以限制奴隶制为目标。随后，下南方迅速退出联邦。因此，战争几乎是不可避免的。

埋下战争的种子

共和党人甚至没有尝试在十个南方州争取选票，而下南方则认为，联邦政府对于奴隶制的任何法律限制都是为了对奴隶制进行更加严格的攻击。

妥协的限制因素

林肯出生于肯塔基，崇拜亨利·克莱，具有和解的本能，但他也坚持共和党的自由土壤原则（见第32—33页）。另一方面，邦联又毫不妥协。因此，某种形式的暴力冲突是无法避免的。

共和党在1860年大选中席卷了北方。民主党仍然是一股强大的政治力量，对奴隶制的反对远远没有共和党那么强烈。不过，大多数民主党人仍然忠于联邦，邦联在萨姆特对“老荣耀”（国旗）的攻击激发了他们的国家主义情绪。因此，公众强烈支持武力镇压退出者。

林肯的反应

4月15日，林肯发布宣言，征召75 000名志愿兵，服役期为90天。北方人纷纷踊跃报名，令联邦政府和州政府应接不暇，他们匆忙地组织和训练士兵，分配武器。公众的强烈支持证明，在南方退出联邦的那个冬天，林肯的谨慎策略是正确的。为了安抚南方民意，他只向安德森的部队提供了非军事物资。因此，就连北方民主党人也认为，邦联在萨姆特堡扮演了主动攻击者的角色。

查尔斯顿炮弹
在安德森少校的守军投降之前，邦联大炮向萨姆特堡发射了许多这样的炮弹。

> 罗伯特·安德森少校是肯塔基人，之前曾是奴隶主。作为顶级炮兵改革家，他有着出众的履历，曾参与美墨战争。

邦联扩张

在阿肯色、北卡罗来纳、田纳西和弗吉尼亚这些重要的上南方州，联邦大规模征兵的举动意味着战争。当被迫站队时，这四个州选择了邦联。

南方人的想法在《斯汤顿观察家报》中得到了总结。此前，这份弗吉尼亚报纸一直拥护联邦。在总统征召志愿兵的第二天，该报宣布：“在作出所有支持和平的宣言后，林肯总统选择了必然会引发冲突的道路，它将使整个南方团结起来，进行武装反抗。”

具有重要战略意义的弗吉尼亚于4月17日退出联邦，阿肯色、北卡罗来纳和田纳西也于次月退出。马里兰留在了联邦。此外，弗吉尼亚西部各县最贫穷的农民也支持联邦，他们大多数没有奴隶——这最终促使西弗吉尼亚州成立。

弗吉尼亚和田纳西的加入使邦联可以独立发展，但肯塔基也很有价值，该州人口众多，北部边界俄亥俄河可以充当对抗联邦进攻的防御屏障。同老自治领州（弗吉尼亚）相比，蓝草州（肯塔基）的奴隶制地位较弱，该州也没有在林肯征召志愿兵时立即退出联邦。相反，肯塔基继承了伟大的调解家亨利·克莱的风格，希望在联邦和邦联政府之间维持中立。

给“流血的堪萨斯”制造了许多麻烦的密苏里，命运同样悬而未决，尽管该州并没有肯塔基那样的战略意义。

邦联将军（1818—1893）

P. G. T. 博勒加德

皮埃尔·古斯塔夫·图唐·博勒加德出生于路易斯安那州圣伯纳德教区的种植园，他在战前的陆军中表现不凡，曾在墨西哥参与作战。他很有才华，将自己与拿破仑相提并论，萨姆特堡陷落后，他的自负进一步膨胀。博勒加德在第一次布尔溪（马纳萨斯）之战和夏洛之战中的表现时好时坏，但在1864年夏，他在百慕大亨德勒德和彼得斯堡表现得很好。

之后

在萨姆特堡陷落一周后的4月19日，南北战争的首批伤亡出现在马里兰州巴尔的摩。

1861年的莱克星顿

虽然马里兰留在了联邦，但巴尔的摩人支持邦联的情绪很强烈。当去往首都华盛顿的马萨诸塞第6团经过时，这里发生了骚乱，导致4名士兵和12名平民死亡。该事件常常被称为“1861年的莱克星顿”——马萨诸塞州莱克星顿是美国独立战争首次冲突的发生地。

巴尔的摩骚乱

亲历者　1861年4月12日

萨姆特堡

经过多年的激烈辩论和威胁，1861年4月12日，南北战争最初的炮声终于在南卡罗来纳州查尔斯顿港响起。当罗伯特·安德森少校拒绝向P. G. T. 博勒加德将军投降时，邦联炮兵向缺乏物资的堡垒开火。萨姆特堡于34小时后投降，南北战争开始了。

“到了上午11点，燃烧已经非常严重，变成了一场灾难。堡垒五分之一已经起火，风将大量浓烟吹进我们所有人躲藏的角落里。我们似乎无法逃离窒息的命运。一些人俯下身子，贴近地面，用手帕捂住嘴……每个人都很难受……此时的场面非常可怕。火焰的咆哮和爆裂声，大量旋转的浓烟，敌军炮弹的爆炸声，我们的炮弹在起火房间中的爆炸声，炮弹发射时的巨响，砖石向各个方向掉落的声音，这一切使堡垒变得极为混乱。最后，当建筑中只剩下熏黑的墙壁和燃烧的灰烬时，我们痛苦地意识到，我们遭受了极大的损失……下午12:48左右，旗杆顶部被击落，国旗掉了下来。”

——艾伯纳·道布尔迪，美国第1炮兵E连上尉，
《萨姆特堡和莫尔特里堡的回忆，1860—1861年》。
为防御萨姆特堡，道布尔迪下达了第一道开炮命令。

“感谢上帝！感谢上帝！这一天终于来了，战争开始了，我们要么胜利，要么灭亡。我们击败了拥有两千万人口的国家，我们令骄傲的星条旗蒙羞，这面旗帜之前从未向世界上的任何国家低头。我们让它在蒲葵和邦联旗帜面前屈辱地降了下来，我们迫使他们举起白旗，请求光荣的投降。星条旗胜利了70年，但在这个4月13日，它被小小的南卡罗来纳州羞辱了。在此，面对文明世界，我宣布，你们的独立受过鲜血的洗礼。你们的独立是在光荣的战场上赢得的。不管别人拥有怎样的武器，你们永远自由了。”

——弗朗西斯·威尔金森·皮肯斯，
南卡罗来纳州长，在查尔斯顿宾馆阳台上的讲话

萨姆特堡的轰炸
国会将萨姆特堡看作“具有耐久结构”的堡垒。不过，其60门大炮和85人的卫戍部队不足以抵挡3000枚邦联炮弹的密集攻击。堡垒的砖墙很快坍塌了。

之前

南方经济严重依赖于棉花出口，主要是出口到英国。战前，这为南方带来了大量硬通货。不过，棉花种植的主导地位（见第22—23页）抑制了南方的工业实力。

产量的提高

由于伊莱·惠特尼发明了将纤维和种子分开的轧棉机，南方的棉花产量在19世纪增长迅速，从1830年的72万包增长到1850年的285万包。到南北战争爆发时，棉花产量还在增长。此时，南方的奴隶种植园为世界提供了75%的商用棉花。

失败的外交

邦联希望"棉花为王"外交能够迫使英国出面干预，因为没有南方的棉花，英国纺织工厂就会闲置下来。他们低估了英国反奴隶制情绪的力量以及英国产业家在印度、埃及和阿根廷寻找其他棉花产地的能力。类似的，希望法国出面干预的想法也破灭了。

南方面临的挑战

邦联拥有广阔的领土面积，是敌人很难占领和征服的。同时，南方的战争目标仅仅是独立，因此比北方具有更大的内部统一性。北方则需要应对内部关于解放奴隶在战争中具有何种地位的问题。

南北战争是一场具有破坏性的长期战争，而且关系重大，涉及原有联邦的命运、联盟国的存在以及奴隶制的地位。因此，双方在这场战争中进行了大规模动员，集结发动战争所需要的人员、物资和技术资源。这是一个快速工业化的时代，出现了铁路、批量生产的武器装备以及相对较新的技术。虽然北方在这些资源上占有更大优势，但邦联的目标并不是毫无实现的希望。

资源丰富的敌人

19世纪，作为新时代工业革命标志的铁路和蒸汽机主要集中于北方各州，关于经济和人力资源的统计可以体现他们的优势。1860年，北方拥有美国大部分生产能力，包括97%的火器产量。北方共有11万家制造企业和130万产业工人。未来的邦联只有1.8万座工厂和11万工人。不过，这些南方工厂之中包括弗吉尼亚州里士满的卓德嘉钢铁厂，这是能够为邦联提供重型武器的少数工厂之一。战争期间，弥补这种工业失衡的任务落在了足智多谋的邦联军械总长乔西亚·戈加斯将军的肩上。联邦每平方英里的铁路密度是南方邦联的两倍。在美国这一年生产的470辆机车中，只有19辆是由未来的邦联州生产的。人口方面，联邦有2070万人，邦联只有910多万人，其中超过360万人是非裔美国人——大部分是奴隶，他们对白人奴隶主的忠诚并不可靠。在金融领域，战前南方银行业的总部不是在新奥尔良和里士满等南方大城

乔西亚·戈加斯将军

战争开始时，戈加斯是费城附近的法兰克福美国陆军兵工厂指挥官。他辞去职务，加入了邦联。

南方的魅力

对许多人来说，战前的南方生活安定而富裕——德国画家爱德华·拜尔在1855年对弗吉尼亚州塞勒姆的描绘中捕捉了这一特点。

制造力
匹兹堡南部莫农加西拉河岸边，浓烟从琼斯和劳林钢铁厂的烟囱中冒出。这样的工厂给了北方胜过南方的优势。

市，而是在纽约。

南方的优势

与北方丰富物质资源相对抗的是邦联巨大的面积，这是南方重要的地理优势。南方占据的领土面积大致与西欧相当，使其获得了军事史学家所说的“战略深度”。因此，防御领土的军队可以通过撤退，迫使强大的对手以守备部队和前哨的形式将力量分散在面积不断扩大的作战区域，保护脆弱的交通线，对抗游击队和正规军的小型分遣队。此外，南方原始的公路和铁路网也使后勤成了一切北方部队的噩梦。

邦联可以将美国独立战争时期英国人在美国广阔领土上遇到的困难看作令人鼓舞的因素。同时，他们也可以从当时英国政治意志的最终崩溃中吸取教训。美国独立战争期间，英国的内部分裂使美国人可以耗尽前统治者的精力，赢得独立。在南北战争中，虽然萨姆特堡的陷落统一了北方保护联邦的民意，但联邦的真正含义仍然是政治争论的焦点，即使在共和党人之中也是如此。涉及奴隶解放、征兵和征用物资等议题的联邦权力问题将成为北方党派争执的焦点，而邦联则统一在更加简单的主权独立目标之下。

> “军队……不得不向人数和资源具有压倒性优势的对手投降。”
>
> ——罗伯特·E. 李向北弗吉尼亚军团作告别演讲，1865年

之后

邦联的重要战略家和指挥官非常清楚联邦的资源优势。

争取速胜

当罗伯特·E. 李将军在1862年6月担任北弗吉尼亚军团指挥官时，他的主要目标之一就是迅速赢得战场上的胜利。他希望迅速瓦解敌人的士气，以免邦联在北方工业优势的长期压制下崩溃。

31 246 英里
北方纵横交错的铁路的长度。相比之下，南方只有9283英里铁路，不到北方总长度的30%。

游击战

南方的广阔面积成为游击活动的完美场所，尤其是在西部（见第224—225页）。这种游击战迫使大量联邦部队承担起占领和守备职责，成功阻碍了敌军行动。不过，游击队不仅袭击北方士兵，也袭击南方平民，成了有问题的军事工具。

就连奴隶人口也为南方提供了某种优势。基于奴隶制和棉花种植的经济使邦联可以动员的白人男性比例达到了前所未有的高度。由于维持国内基本经济运转所需要的符合入伍年龄的白人男性相对较少，因此这些人有大约四分之三成了士兵——其中五分之一在战争中牺牲。但联邦最终将生活在邦联的非裔美国人转变成了强大的获胜资源，将其中的许多人武装成了士兵。

潜在弱点

虽然邦联占有重要优势，但是北方更加先进的工业化状态、钢铁和煤炭等自然资源更大的供应量、更加强大的经济力量使之可以将战争维持更长的时间。同美国独立战争和1812年战争中的英国不同，北方无须跨越海洋就可以将军事力量施加到对手身上。

棉花为王？
一位南方参议员曾经宣称：“不，你不敢对棉花宣战。地球上的任何力量都不敢对棉花宣战。棉花就是王。”他错了。

联邦和邦联旗帜

旗帜是军队的标识和骄傲。今天留存下来的带有各州标志和其他标志的破旧旗帜，证实了地方志愿组织在整个南北战争中的重要性。

1 美国有色人种部队第84团的团旗（联邦） 红条上写有该团的名称、番号，并且详细列出了该部队参与的战斗。**2 “老荣耀”（联邦）** 这面制作于1824年的国旗是第一面被称为“老荣耀”的旗帜。当联邦部队1862年占领纳什维尔时，它最后一次被展开。**3 纽约第69步兵团侧翼标识（联邦）** 这面旗帜是邦联1862年12月13日在弗雷德里克斯堡缴获的。**4 联邦33星旗** 33星旗是南北战争之前的国旗。战争爆发时，国旗上的星星并没有减少，因为联邦政府认为退出是非法的。**5 联邦34星旗，**1861年7月4日被采用。当年早些时候，堪萨斯作为第34州并入联邦。**6 宾夕法尼亚第111团旗（联邦）** 这面团旗展示了秃鹰形象。在联邦部队中，秃鹰是著名的爱国主义标志。**7 邦联国旗** 1861年3月4日，邦联国会采用了这面旗帜的七星版本，由尼古拉·马歇尔设计，被称为“星杠旗”。当更多的州加入联邦时，国旗上的星星也在增多。**8 路易斯安那第1特别营旗（邦联）** 这个版本的邦联战旗由路易斯安那“惠特之虎”携带。**9 路易斯安那第25步兵团旗（邦联）** 绣有该团格言“信任和前进”。**10 华盛顿炮兵旗（邦联）** 这是新奥尔良华盛顿炮兵第5连的旗帜。**11 路易斯安那第24新月团标旗（邦联）** 这面标旗（连标旗）属于该团A连。**12 考恩的密西西比炮兵旗（邦联）** 1862年，厄尔·范多恩将军命令他所指挥的部队以这面旗帜为团旗。**13 韦尔之虎的旗帜（邦联）** 这面国旗由科尔普斯克里斯蒂的“韦尔之虎”使用，拥有13颗星，代表退出州以及拥有对立政府的密苏里和肯塔基。**14 邦联战旗** 由于邦联和联邦国旗在战场上可能相混淆，北弗吉尼亚军团率先使用了这面战旗，后来被南方部队普遍采用。

1 美国有色人种部队第84团

2 “老荣耀”

3 纽约第69步兵团

4 联邦33星旗

5 联邦34星旗

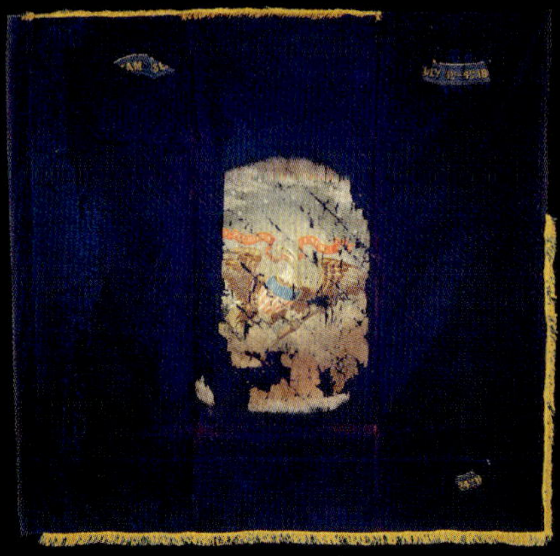
6 宾夕法尼亚第111团

7 邦联“星杠旗”

8 路易斯安那第1特别营

9 路易斯安那第25步兵团

10 华盛顿炮兵第5连

11 路易斯安那第24团的一个连

12 考恩的密西西比炮兵

13 得克萨斯韦尔之虎

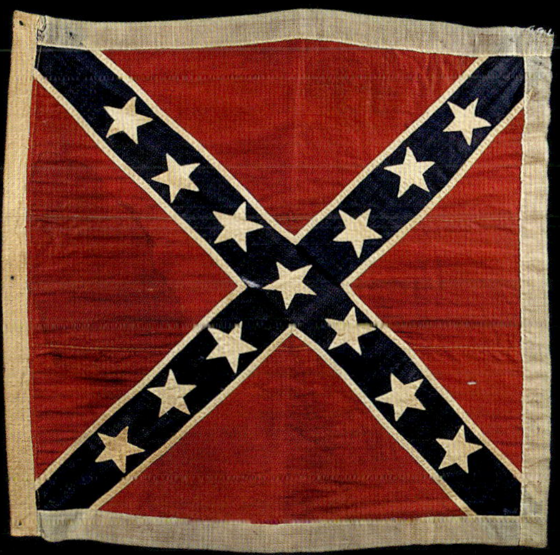

14 邦联战旗

招募军队

双方都有高涨的军事热情，志愿者纷纷入伍。所有人都相信，自己的阵营很快就会取得胜利。他们希望平民为正义而战的道德优势本身就可以压垮对手，使训练和纪律变得没有必要。

之前

北方和南方组建军队时不可避免的混乱和缺乏规划掩盖了北方压倒性的物质优势。

南方的机遇

虽然北方的资源比南方多得多（见第54—55页），但是令人侧目的工业和经济能力需要得到组织和动员，才能为军队所用——这为邦联提供了赢得独立的时机。

相同的军队模式

双方都将战前的美国陆军作为新建野战军的管理和战术模板。乔西亚·戈加斯等老兵用他们的专业知识帮助邦联动用了有限的资源。

中央权力

考虑到南方对州权的强烈依赖，邦联总统杰弗逊·戴维斯很难实施对军队效率至关重要的中央集权（见第48—49页）。

到了南北战争时代，美国独立战争已经成了遥远的回忆，而且很少有人参与过比较近的美墨战争（1846—1847年）。在那场战争中，温菲尔德·斯科特仅用1.1万人的军队就征服了墨西哥城。人们对战争的态度普遍带有浪漫色彩，这来自各种文化的影响。他们希望向国父和美国独立战争致敬。他们见过异域的战争画面，比如法属阿尔及利亚和墨西哥蒙特祖马大厅的画面。此外，他们还有长期的民兵传统：普通人团结在一起，在短暂而激烈的战斗中击败敌人，然后各自回家。

25%
辞职并加入邦联军队的美国陆军军官比例。

国家分裂

这些思想之中还存在强烈的地方主义倾向。南方人认为自己是尚武群体，比做生意的扬基佬更熟悉马匹和武器。北方人则相信自己是保卫宪法的自由人民，正在对抗由残暴奴隶主统治的社会，后者已被针对人类同胞的非法权力腐蚀。除了这些浪漫而可笑的战争观念，真实而强劲的爱国主义暗流也在激励着许多志愿兵。一名联邦士兵在信中解释，他之所以参军，是因为"我要履行简单的职责——对国家和我自己的职责……在这场保卫自由和正义、对抗奴隶制和错误的战争中……在需要时献出生命"。一名南方志愿兵的话反映了其他许多人的观点："我愿意放弃我的一切，只为进入第一旅的最前排，冲向入侵的敌人，他们用罪恶的铁蹄污染了我们祖国（弗吉尼亚）的神圣土地。"这种爱国主义将在漫长而艰难的战争中维持双方军队的战斗力，但往往也会使人忽视专业能力和纪律的重要性。双方军队很少关注职业军人战前的警告：部队需要通过训练和纪律来保持有效性，即将到来的冲突可能是漫长而残酷的。

弗吉尼亚第1步兵团
在退出联邦数周后，作为志愿部队的弗吉尼亚第1步兵团成立。在葛底斯堡之战中，超过半数士兵战死和受伤。

浪漫的思想

许多自称懂军事的人有着浪漫而不切实际的战争观念。志愿军官的军事知识多于普通志愿兵，比如联邦主义上校埃尔默·埃尔斯沃思，他对法国祖阿夫轻步兵团（北非，以训练有素的战斗精英著称）的战术解读反映了当时和未来步兵战术的军事发展，包括经过训练后可以迅速移动、分散和准确射击的部队阵形。不过，埃尔斯沃思并没有完全理解这些战术的演变。

缺少受过训练的军官

在西点军校和各州军校（最重要的是弗吉尼亚军校）受过正规培训并且符合入伍年龄的少数人在新军的组建过程中迅速崭露头角，但庞大的部队规模及民主的组织形式意味着大多数军官出身于平民。

联邦志愿军官（1837—1861）

埃尔默·伊弗雷姆·埃尔斯沃思

埃尔斯沃思出生于纽约州马尔他。他希望进入西点军校，然而未被录取。他在1859年移居芝加哥，成了著名的民兵军官，所领导的部队穿着法国祖阿夫步兵的艳丽装束。1860年，他进入亚伯拉罕·林肯的律师事务所，参与了未来总统在这一年的竞选活动。

战争爆发时，埃尔斯沃思征召了一个团，由纽约消防队员组成，被称为"消防祖阿夫"。1861年5月，他领导该团进入弗吉尼亚州亚历山大，却在降下旅馆的邦联旗帜时被旅馆老板杀死。在北方，埃尔斯沃思与林肯的关系使他的英年早逝显得非常重要。他被视为战争中的首批英雄之一。

出征——1861年4月19日
在托马斯·纳斯特的巨幅油画中，同城市民正在为纽约第7团欢呼，其中包括左边波尔布莱克公司入口处的萨姆特堡英雄罗伯特·安德森少校。

在征兵制出现以前，地方领导人通过个人影响力（有时甚至自掏腰包）组建部队。为了与民主实践保持一致，各个团还会推选自己的军官。因此，军中职务由许多与军事能力无关的因素决定，比如政治影响力、财富、社会地位和单纯的受欢迎程度。早在1861年9月，马萨诸塞第2团的军官怀尔德·德怀特就抱怨：“如今，我们的军队受到了平等和独立思想的侵蚀，这些思想已经覆盖了生活的方方面面。大家推选军官，然后指望他们安分守己！”战争早期，这种观点在军官之中非常罕见。

装备短缺

军队不仅需要解决培训和纪律问题，而且需要解决装备和物资短缺的问题。即使将民兵兵工厂和其他军事物资仓库计算在内，双方军队也很难有充足的基本物资。他们还需要创建维持长期作战所需要的后勤和行政机构。

尽管存在这些挑战，双方军队仍然有一个重要优势，那就是相信自己属于正义一方的爱国且充满动力的公民群体。经过训练和战场的洗礼，这些未经世面的新兵将成为强大的部队基石。

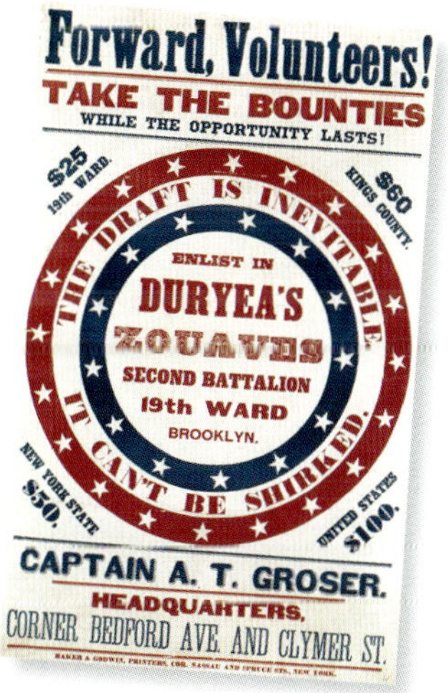

祖阿夫招募海报
艾布拉姆·杜里埃上校的祖阿夫步兵（纽约第5志愿团）是最著名的祖阿夫部队之一，以其在第二次布尔溪（马纳萨斯）之战中的防御作用著称。

之后

带有浪漫主义色彩的战争热情给了北方领导人迅速制定军事决策的压力。匆忙导致了北方的一次失败。

胜利的南方

仓促上阵导致了联邦在第一次布尔溪之战（第一次马纳萨斯之战）中的失败（见第60—61页）。从某种程度上说，此次战役违背了总司令温菲尔德·斯科特更加明智的判断。战争中的第一次重大战斗，同时体现了早期联邦和邦联军队的优势和劣势。双方的志愿兵展现了令人钦佩的战斗精神。虽然获胜的邦联也表现出了纪律、训练和组织上的缺陷，但他们的胜利提高了南方在外国人眼中的公信力。

布尔溪撤退
在战场上，联邦陆军极其混乱地向华盛顿周围的防御工事撤退。军用马车和围观者乘坐的马车堵住了他们的去路，许多人被俘。

之前

第一次布尔溪之战使美国陆军之前参与过的所有战斗相形见绌。凭借对新技术的使用，邦联获得了优势。

小型军队

在美国独立战争中的决定性战斗中，华盛顿在约克敦的部队人数不到1.7万。当温菲尔德·斯科特将军1847年占领墨西哥城时，他所领导的军队只有大约1.1万人。在第一次布尔溪之战中，联邦将军麦克道尔领导了3.5万人，他的对手有3万人。

铁路的发展

英国人入侵美洲殖民地时，还无法从铁路等工业化交通运输中获益。但作为新的技术形式，铁路可以服务于南北战争双方的防御目的。

乔治·B. 麦克莱伦

在第一次布尔溪之战之前不久，联邦指挥官乔治·B. 麦克莱伦在弗吉尼亚西部的几次小规模战斗中获胜，保住了重要的巴尔的摩和俄亥俄铁路，为西弗吉尼亚的成立奠定了基础。联邦在第一次布尔溪之战中惨败之后，麦克莱伦的成功自然使他成了麦克道尔的替代者。

第一次布尔溪之战

在南北战争之前的美国，真正的军事行动是很少的。除了夸张的图书插画，人们对于战争一无所知——1861年7月21日的第一次布尔溪之战（邦联称之为第一次马纳萨斯之战）揭开了南北战争的可怕序幕，成了残酷未来的预兆。

第一次布尔溪之战发生在弗吉尼亚马纳萨斯枢纽，一个重要的铁路交叉口。在邦联的广阔土地上，原始的公路网和高度分散的人口使军队很难在乡村生活，所以铁路是必不可少的。可以运输军队急需物资的铁路成了战略资产。奥兰治和亚历山大铁路与马纳萨斯山口铁路交会的马纳萨斯枢纽是重要的交通节点——向南通往弗吉尼亚中部，向西通往肥沃的谢南多厄河谷。

邦联派出了两支野战军，保护可能用到的行军线路——约瑟夫·E. 约翰斯顿将军的部队位于谢南多厄河谷北部，人数略少于1万，另有1.8万人在马纳萨斯，由P. G. T. 博勒加德将军领导。邦联领导人希望两个阵地之间的铁路可以使他们更快地转移增援部队，联邦军队在两个阵地之间则没有直接的铁路线。

线路优势

经历过南北战争时代的军事思想家和现代史学家将邦联的地理优势称为"内线"。如果在圆弧上画出连接两点的直线，这条直线比弧线要短得多。防御弧线的邦联在其领土上拥有"内线"优势，联邦则需要在圆弧外部的"外线"上行动。第一次布尔溪之战是邦联在防御部署上更具优势的第一个例子。

最终，联邦发现，对抗邦联内线优势的最佳途径是用优于对方的资源在邦联的整个防御边界上同时协调多点进攻。联邦1864年的攻势在一定程度上实现了这一目标，最终结束了战争。事实上，早在第一次布尔溪之战时，温菲尔德·斯科特将军就在外线尝试了这种协调战略。他命令谢南多厄河谷的罗伯特·帕特森少将向前推进，阻止约翰斯顿的部队向东增援博勒加德的部队。不过，帕特森是一个非常胆小的指挥官，连这个相对简单的目标也无法完成，这是联邦的不幸。邦联很好地利用了铁路，将部队

2000 邦联大致伤亡人数
3000 联邦大致伤亡人数

“拿出拼死的决心，我们必将获胜。为了弗吉尼亚人！”

——邦联陆军准将巴纳德·E. 比

将军的肩章
博勒加德和约翰斯顿将军在布尔溪共同承担指挥职责。战后，在约翰斯顿推荐下，博勒加德晋升为四星上将。

集中在布尔溪，阻止欧文·麦克道尔准将向马纳萨斯枢纽前进。

联邦的计划和弱点

麦克道尔之所以向博勒加德阵地发起进攻，部分原因是过于自信和过于焦急的北方政客施加的沉重政治压力。作为联邦指挥官，麦克道尔担心，“我们的大多数兵团十分缺乏经验。除了少数例外，其中最优秀的团也不具有非常稳定的表现”。虽然联邦军队人数较少（麦克道尔指挥着3.5万人），但他们是防御方——对于缺乏纪律、训练和经验的军队来说，这是一个很大的优势。不过，麦克道尔的作战计划也有优势。他命令两个师在布莱克本浅滩附近的邦联部队上游渡过布尔溪，试图包抄邦联大部队的左翼。

最初的冲突

双方的战斗表现都不尽如人意。麦克道尔的包抄移动由于组织不力和缺乏经验而受到延迟，邦联部队在左翼的积极防御则争取到了挫败联邦包抄企图的宝贵时间。

博勒加德起初还想发起邦联攻势，但混乱的命令和调度使许多人不知所措。联邦部队同样很难协调进攻，不能聚集力量占领一个阵地，而是由各部队（各个团）发起零星的进攻，这个问题将持续存在。尽管如此，当天前半部分的战斗是有利于联邦部队的，他们越过马修斯山，冲向亨利山，即将实现对邦联左翼的包抄。

> 大多数团的军官是由士兵推选的，这反映了杰克逊时代美国对等级制度和技术熟练度的怀疑。不过，志愿兵的热情表明，未来的冲突其实是“人的对抗”。

不过，由于各种延误和缺乏协调，邦联最终在亨利山部署了强大的防御阵地。战斗达到高潮。正是在这里，托马斯·J. 杰克逊准将对阵地的良好管理和重要防御使他获得了“石墙”的称号。

联邦准将麦克道尔
麦克道尔虽然是有能力的军事管理者，但是他不太能胜任高级作战指挥官的角色。他在布尔溪之战后担任了级别较低的职务，在1862年被解职。

联邦的混乱

约翰斯顿率邦联部队赶到这个重要地点，联邦方面继续在缺乏组织的进攻中浪费力量。两支联邦炮兵在山上占据了重要阵地，但其中一支被一个邦联团袭击。一名高级联邦军官将这个团误认为友军。这是因为南北战争早期各个团的军装五花八门——当时蓝色和灰色还没有成为标准的军装颜色。联邦步兵在支援上也表现不佳。

邦联俘虏亨利山上的两支联邦炮兵，这是战斗的转折点。最后，联邦试图在亨利山以西的钦岭包抄邦联军队，但是也失败了。在得到刚刚从谢南多厄河谷赶到的两个旅增援后，邦联部队在钦岭发起了反击。此时，联邦部队发生恐慌，在混乱中撤退。和他们一同逃离战场的还有华盛顿的联邦市民——这些亲临战场的观众本想在户外见证叛国者受到公正的惩罚。

北方志愿兵有许多优点，但缺乏经验和纪律的问题不容忽视。获胜的邦联部队也十分混乱——这也是缺少经验的结果。正因此，联邦部队才能安全撤回到华盛顿周围的防御阵地。

这场战役很好地预示了战争的开始，邦联总统杰弗逊·戴维斯在战斗结束前亲自来到了战场。事后，他发电报向里士满的邦联战争部宣告了胜利的消息。邦联活下来了。新生的“国家”没有在战争初期的沉重打击下覆灭。

邦联的公信力

南方邦联立即在国内外获得了公信力。不过，分离主义者既不能迫使联邦在第一次战斗后承认失败，也不能对支离破碎的联邦军队发起有效的追击，这预示了整场战争将漫长而令人痛苦。

双方军队都需要时间作调整。面对惨败，联邦将加倍努力。同时，邦联会变得非常自满，轻易认为这场战役证明了南方白人普遍比只会赚钱的扬基佬更加勇猛。

之后

失败惩罚了北方，邦联则认为更多胜利很快就会到来——事实证明，这是危险的想法。

北方的计划

北方人本以为道德优势会使他们轻松获胜，却发现自己被这种思维严重误导了。许多人意识到了加强纪律和组织的必要性。

被浪费的冬天

北方人开始动员大量物资，邦联却躺在胜利果实上休息。这几乎导致了1862年春天的灾难性失败，包括约翰斯顿在半岛战役受挫（见第116—117页）和田纳西大部分领土的丢失。

约瑟夫·E. 约翰斯顿将军

技术

观测气球

在林肯的要求下，联邦陆军气球部队于1861年夏成立。在观看了气球驾驶员撒迪厄斯·S. C. 洛的演示后，林肯希望用气球进行侦察，并与战场上的指挥官通信。麦克莱伦在半岛战役中将这项技术用于观测和绘图，当时的气球与军用电报相连。

亲历者　1861年7月21日

第一次遭遇战

联邦和邦联部队在布尔溪第一次相遇。两支没有经过考验的军队进行了混乱的战斗，华盛顿当地人在附近的山上观战。到了这一天黄昏，在增援部队的支持下，邦联获得优势，击溃了联邦防线。溃散的北方士兵疯狂后撤，却遭到围观者阻碍，这增加了他们的羞耻感。

“这个时代的政治对手不是用话语交锋，而是拿着武器面对面交战。任何一方的失败都将是深刻的屈辱，但南方的失败一定会使其独立宣言变成空洞的自夸……

“7月21日是决定新生邦联命运的星期日。这天早上，明亮的阳光照在双方部队所在的田野和树林上……我们看到联邦军官在坚决地阻止士兵逃亡，努力恢复秩序，但是没有效果；我们自己的努力也是一样。我们不断结成阵线，又不断瓦解。两千多人在同时叫喊……喊声与炮弹在头顶树木之中呼啸而过的声音混杂在一起。所有命令都淹没在混乱和喧哗中。”

——P. G. T. 博勒加德将军，《南北战争中的战役和将领》，1887年

“密集的子弹，实心弹和炸弹像冰雹一样向我们倾泻下来，撕裂了我们的阵形，将死亡和混乱播撒到每个角落……当我从树后探出头时，我看到一枚炮弹击中一个人的胸膛，将他炸成碎片……由于我们只能用步兵对抗他们的炮兵，上级下达了撤退命令……

“当我们逃到树林后面时，场面变得更加可怕了，因为辎重车和救护车与炮兵纠缠在一起，而马匹的猛冲又破坏了我们的步兵队列……当我们接近桥梁时，叛军对我们进行了毁灭性的攻击，像割草一样放倒我们的士兵，造成了比之前更大的混乱……”

——塞缪尔·J. 英格利希下士，罗德岛第2志愿团，
《一切为了联邦：伊莱沙·亨特·罗兹的南北战争日记和信件》，1995年

第一次布尔溪之战中的混战
这幅当时的版画展示了缺少铠甲保护的祖阿夫步兵与邦联黑马骑兵的对抗。几名国会成员目睹了这场战斗，他们后来就联邦糟糕的领导力提出意见。

之前

美墨战争中，美国军队以专业常备军为核心，增加了民间志愿兵部队。

常备军

扎卡里·泰勒1846年在墨西哥北部领导的军队由正规士兵组成，而温菲尔德·斯科特征服墨西哥城时依赖的是由常备军组成的核心部队。

165

以美国步兵战术的最快步伐“双倍速”，士兵每分钟前进的步数。

对北方来说，1860年美国陆军的1.6万人不能作为新建野战军的基础，因为这些部队需要保卫边疆。大约四分之一的军官辞职去了南方。相比之下，邦联则需要从头开始建立新军（见第58—59页）。

墨西哥训练场

温菲尔德·斯科特此时年纪太大，无法亲自出征，但南北战争中的许多指挥官（包括格兰特和李）在美墨战争中获得了宝贵的作战经验。

组织战斗

布尔溪之战后，联邦和邦联都意识到，战争不会经过一次大型战斗就结束。在动员过程中，双方都面临规模问题且专业人员短缺。麦克莱伦作为教官的才能使他为波托马克军团打上了自身个性的烙印。

布尔溪之战后，联邦部队不得不正视他们的组织缺陷。詹姆斯·B. 里基茨将军指出，在布尔溪，“战士们是世界上最优秀的，而且作战勇猛，但是军官不知道应该做什么，陷入了混乱”。由于感受到军官的无能，联邦成立了军官检查委员会，以裁撤最不合格的领导者。到了1862年3月，委员会已经开除了310位陆军军官。

邦联军队也在布尔溪之战后的冬天裁撤了能力较弱的军官，并对其他军官进行培训和组织，但他们对战争仍然持有过度浪漫的观点。战斗结束后不久，里士满《观察家报》宣布：“俄亥俄和宾夕法尼亚应该感到……令怯懦者和内疚者躁动不安的恐惧，因为复仇近在眼前……四个星期之内，我们的将领应该会以金钱和财产的形式向他们的城镇和村庄征收款项。”

热情的词藻不能制造出能够进攻北方的军队，这对邦联来说很遗憾。南方本应该在冬天通过征兵等措施动员资源，却等到了春天，此时邦联的好运已经开始消散了。

与此同时，在北方，75岁的总司令温菲尔德·斯科特在1861年11月退休以前帮助联邦制定了一项战争策略，被称为“蟒蛇计划”，包括海上封锁和占领密西西比河。这将在1862年春使联邦取得重大胜利，占领新奥尔良港口和田纳西的大部分领土。

> “我们将……组织和训练一支军队……然后走向胜利或者承受失败。”
>
> ——纽约第71团的乔西亚·马歇尔·法维尔在布尔溪之战后写下的日记

训练计划

在所有战区，双方都对士兵进行了训练和组织，效果不尽相同。在东部战区的联邦主力部队中，乔治·B. 麦克莱伦对军队进行了比较有体系的

训练中的炮兵班

瞄准、迅速开火和补充炮弹需要高标准的团队合作，这在顶着敌方火力的艰难战斗条件下尤其重要。

之后

温菲尔德·斯科特1861年末的退休使美国的战事在大小和规模上发生了前所未有的变化——一名新人正急于取代他的位置。

有缺陷的继任者

新的总司令是乔治·B. 麦克莱伦，他一直在计划取代年老但仍然思路清晰的前任。事实证明，麦克莱伦是一个有缺陷的领导人选，既缺少道德勇气，又傲慢自大。不过，他仍然是一个有天赋的组织者，他的后勤组织才能没有辜负他的铁路管理背景（见第66—67页）；围攻邦联军队的战略概念也是基本正确的，尽管未能恰当执行。

庞大的军队

斯科特的退休将使双方军队达到空前的规模，他们将在整个大陆上相互厮杀。未来的战斗将是大规模的对抗。例如，安蒂特姆的交战人数超过11.3万（见第132—133页），葛底斯堡的交战人数超过11.1万（见第180—183页）。

温菲尔德·斯科特的“蟒蛇计划”
斯科特建议通过渐进战略赢得战争。这一战略与蛇的挤压式攻击类似，基本思路是封锁南方的港口，然后在密西西比河上下游展开攻势，将南方一分为二。

训练。北方相对丰富的装备也成为他的优势。虽然麦克莱伦在将部队投入战斗时犹豫不决，但他组织军队的才能非常出色。他还在部队高级军官的选择上扮演了重要角色。他挑选的指挥官在他离开后仍然长期保持着影响力。西部的联邦军队不像麦克莱伦的东部军队那样注重仪容和纪律，但他们在组织和资源上仍优于邦联对手。

麦克莱伦对面的邦联军队没有得到同样系统的训练，但他们拥有许多弗吉尼亚军校的毕业生，这些人充实了正规下部队伍。和西部的邦联军队相比，这支后来成为北弗吉尼亚军团的军队还拥有大批西点军校军官。

在南北战争中，军队的训练以密集队形操练为主，通过这种形式从战场上的一个阵地移动到另一个阵地。极度严格的新式训练系统使部队可以保持组织形式，协调武器的发射。遗憾的是，关于如何使用地形以及判断哪种移动在哪些情况下最为有利，军官们几乎没有受过正规指导。即便如此，练兵场上的基础训练也比没有训练要好。而且，麦克莱伦的训练计划还包括打靶练习、模拟对战和行军训练。

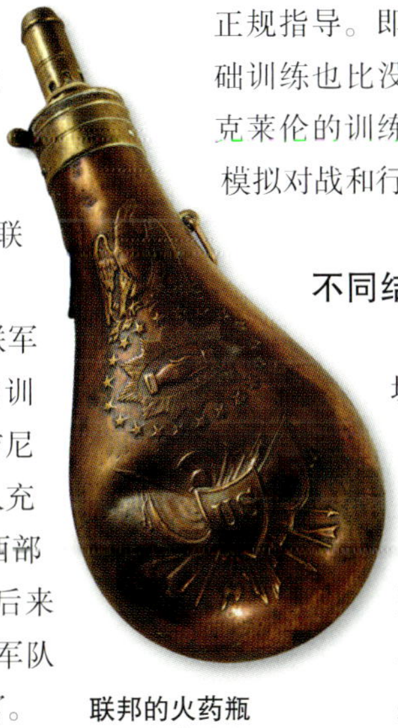

联邦的火药瓶
南北战争早期，人们仍然在使用填充火药粉的旧式燧发武器。

不同结果

联邦波托马克军团的战场表现证明，练兵场上的优秀表现不一定能转化成胜利。实际上，和训练计划相比，麦克莱伦谨慎的性格对波托马克军团的指挥文化产生了更大的影响。正如亚历山大·S. 韦布中校在钱瑟勒斯维尔之战结束后所说，麦克莱伦的犹豫使军队中的大多数将领变得“谨慎，愚蠢，没有任何魄力”。他们“推迟两万人的前进……以使与二三十个骑兵和一支炮队进行小规模战斗。他们认为敌人比他们更聪明、更勇敢、更迅速，这样的人不应该担任指挥官”。

韦布不应该把这次失败归咎于麦克莱伦的性格，但波托马克军团的确有过度防御的心态。在1864年夏天的陆路战役中，尤利西斯·S. 格兰特将军接过了这支军队的指挥权，然而这种心态问题依然存在。

联邦将军（1786—1866）

温菲尔德·斯科特

温菲尔德·斯科特于1808年成为军官，在1812年英美战争中领导了一个师。他在这场战争结束后帮助军队实现了职业化，并在1847年凭借精彩的韦拉克鲁斯战役征服了墨西哥城。此次胜利助美国获得了西南部的墨西哥领土，加利福尼亚和新墨西哥的奴隶制地位问题引发了政治辩论。南北战争爆发时，斯科特是总司令。然而他得了风湿和痛风，体重超过300磅（136公斤），已经不能上战场担任指挥官，于1861年11月1日辞职。

联邦总司令 生于1826年 逝于1885年

乔治·B. 麦克莱伦

> “我相信，（林肯）私下里看好我，而且……他一直深受我的影响。”
>
> ——麦克莱伦回忆他与林肯总统的关系

乔治·布林顿·麦克莱伦是波托马克军团之父，很有才能，尽管有点反复无常。他还成为北方一个重要少数派的政治旗手，这些人忠于联邦，但是认为将解放奴隶作为战争目标是缺乏成效的，而且违反宪法。

麦克莱伦聪明而早熟。1846年，19岁的他在西点军校完成了军事培训。他在班上59名毕业生中排在第二位，同学包括托马斯·“石墙”·杰克逊、乔治·皮克特以及接替他领导波托马克军团的安布罗斯·伯恩赛德。美墨战争在他毕业那年爆发，麦克莱伦在温菲尔德·斯科特的韦拉克鲁斯战役中担任工程军官。他拥有出色的战斗履历，获得两次名誉晋升。

美墨战争结束后，麦克莱伦被战争部长杰弗逊·戴维斯派去旁观克里米亚战争。他于1857年离开陆军，成为伊利诺伊中央铁路的领导人，此后一直在铁路行业工作。南北战争爆发后，他回归陆军，担任俄亥俄志愿军指挥官。麦克莱伦曾在1860年选举中投票支持斯蒂芬·道格拉斯。他对反奴隶制事业没有兴趣，但和道格拉斯一样强烈支持联邦。

总司令

联邦在第一次布尔溪之战中战败蒙羞。不久之后，麦克莱伦的部队在西弗吉尼亚取得了一系列引人注目的胜利。凭借这些胜利，他接任波托马克军团指挥官，随后在1861年斯科特退休后成了联邦陆军总司令。

麦克莱伦的组织才能为联邦恢复战争信心做出了很大贡献。最重要的是，他帮助欧文·麦克道尔的志愿兵恢复了信心，这些人刚刚在布尔溪受辱。受到惩罚的北方人亲眼看到了仓促开展军事行动的潜在缺点，因此非常愿意为麦克莱伦提供充足的时间，让他训练和准备军队。

总统的保护

麦克莱伦的时间是有限的，他对文职将领乃至总司令的专横态度使他没有交到太多朋友。林肯竭力为这位将军阻挡政治压力，教他认清政治现实，但麦克莱伦的自负使他无法成为林肯的好学生。共和党领导人对于这个直率的民主党

小拿破仑
傲慢而野心勃勃的麦克莱伦常常被称为“小拿破仑”。他是骑兵战术权威人物，他发明的马鞍在1859年被军队采用。

献给麦克莱伦的音乐
这首发行于1861年的爱国歌曲《万岁！祖国光荣的旗帜》是献给乔治·B. 麦克莱伦少将的。在职业生涯早期，麦克莱伦是很受欢迎的公众人物。

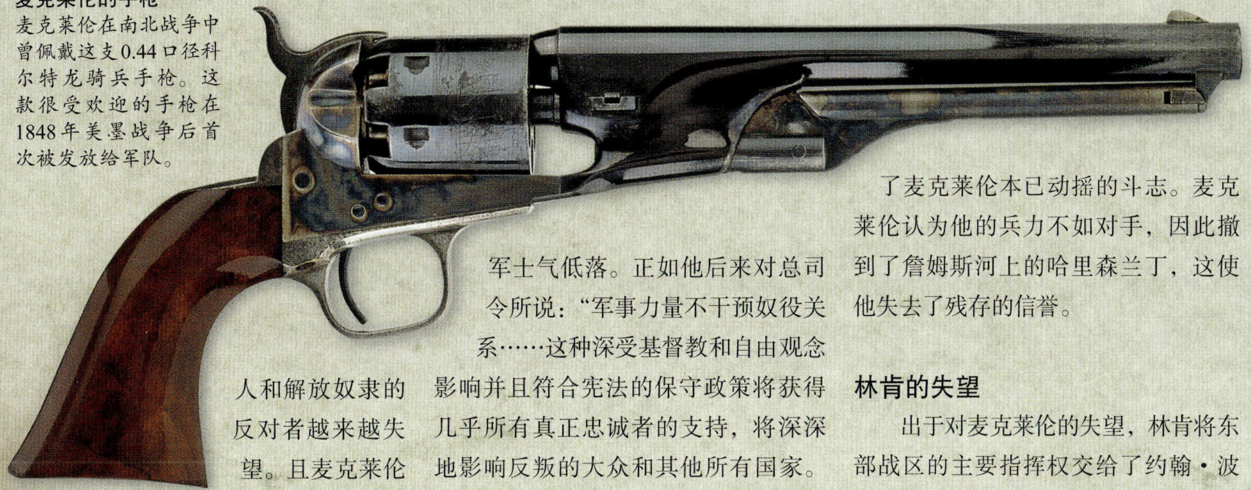

麦克莱伦的手枪
麦克莱伦在南北战争中曾佩戴这支0.44口径科尔特龙骑兵手枪。这款很受欢迎的手枪在1848年美墨战争后首次被发放给军队。

人和解放奴隶的反对者越来越失望。且麦克莱伦还没有在战场上赢得重大胜利，以洗刷布尔溪的耻辱记忆。此外，麦克莱伦还在身边聚集了持有类似政治和军事信仰的军官。这些坚定的联邦主义者反对将解放奴隶作为主要的战争目标，而且在执行军事事务时极为谨慎。联邦陆军尊重上级，在麦克莱伦被解除指挥职务后，这些军官在波托马克军团中仍然长期保持着影响力。

在麦克莱伦看来，通过摧毁奴隶制改变南方社会的“激进”目标会使南北战争成为残酷的革命斗争，使南方失去回归联邦的可能性，使联邦陆军士气低落。正如他后来对总司令所说：“军事力量不干预奴役关系……这种深受基督教和自由观念影响并且符合宪法的保守政策将获得几乎所有真正忠诚者的支持，将深深地影响反叛的大众和其他所有国家。我们甚至可以谦逊地认为，这能得到全能上帝的支持。”麦克莱伦关于政府和军事政策的观点有一定道理，但他本人作为战将的失职将使这些观点失去说服力。

“我开始觉得，他好像永远不会做好战斗准备！”

——林肯总统对秘书威廉·O.斯托达德说

半岛战役

1862年3月，麦克莱伦发动了针对邦联首都里士满的战役。经过长时间的拖延，军队终于向里士满东南方的半岛驶去。他的作战规划有许多优点，但他的移动过于谨慎，为邦联部队留出了准备时间。尽管如此，如果邦联司令约瑟夫·约翰斯顿5月31日没有在七松受伤，麦克莱伦很可能会将他最终拖入里士满围攻中，并且终结邦联的命运。

罗伯特·E.李接管了后来的北弗吉尼亚军团。他于6月25日至7月1日之间向麦克莱伦发动了一系列大胆的进攻，后来被称为七日之战。麦克莱伦的军队作战英勇，邦联军队伤亡惨重，但李的攻击摧毁了麦克莱伦本已动摇的斗志。麦克莱伦认为他的兵力不如对手，因此撤到了詹姆斯河上的哈里森兰丁，这使他失去了残存的信誉。

麦克莱伦的国际象棋
据说，麦克莱伦将战争看作国际象棋游戏，将部队部署到重要战术阵地上。问题是他缺少李和格兰特的进攻本能。

林肯的失望

出于对麦克莱伦的失望，林肯将东部战区的主要指挥权交给了约翰·波普将军，但波普很快在第二次布尔溪之战中被李击溃。林肯别无选择，只能重新让麦克莱伦整顿联邦陆军，对抗邦联对马里兰的进攻。虽然麦克莱伦很早就得知了李的作战计划，而且具有大约二比一的人数优势，但他还是没能在1862年9月17日的安蒂特姆（夏普斯堡）之战中摧毁李的军队，而是迫使李撤回了弗吉尼亚。

当时的安蒂特姆作战地图
安蒂特姆之战是南北战争中第一场发生在北方的战斗。麦克莱伦占尽优势，却仍然未能摧毁李的军队。

林肯利用安蒂特姆的“胜利”发布了《初步解放黑人奴隶宣言》（*Preliminary Emancipation Proclamation*）。他对麦克莱伦缺乏力量的军事行动终于失去了耐心，在11月5日解除了他的职务。随后，麦克莱伦在1864年代表民主党参加了总统竞选，试图用他的联邦主义信仰平衡一些北方民主党人激进的和平纲领。林肯压倒性获胜，麦克莱伦终于退出历史舞台。

时间线

- **1826年12月3日** 出生于费城，父亲是乔治·麦克莱伦，母亲是伊丽莎白·斯坦梅茨·布林顿。
- **1840年** 进入宾夕法尼亚大学。
- **1842—1846年** 在西点军校学习，在59人的班级中名列第二，加入很有声望的工程兵团。
- **1847年** 在美墨战争期间由于表现勇敢获得两次名誉晋升。
- **1853年** 麦克莱伦被派到华盛顿州喀斯喀特山脉进行测绘，为铺设横贯大洲的铁路做准备。
- **1855年** 以德拉菲尔德委员会成员的身份被派去旁观克里米亚战争。
- **1857年** 成为伊利诺伊中央铁路总工程师。
- **1860年** 与他之前的指挥官伦道夫·B.马尔西准将的女儿玛丽·埃伦·马尔西结婚。
- **1861年6—7月** 麦克莱伦在西弗吉尼亚领导了成功的战役。
- **1861年11月** 取代退休的温菲尔德·斯科特将军，成为总司令。
- **1862年3月** 麦克莱伦被解除了美国陆军总司令的职务，专注于指挥波托马克军团。
- **1862年3月17日** 波托马克军团驶向弗吉尼亚半岛尖端的门罗堡。半岛战役开始。
- **1862年4月** 由于邦联的欺骗和麦克莱伦自己的拖延，他向里士满的推进在约克敦受阻。
- **1862年5月31日—6月1日** 约翰斯顿在七松进攻麦克莱伦的部队并被击退。
- **1862年6月25—7月2日** 在七日之战中，李将麦克莱伦从里士满赶到了詹姆斯河。麦克莱伦使李遭受严重损失，但他失去了勇气。
- **1862年8月29—30日** 联邦在第二次布尔溪之战中战败。麦克莱伦被召回，重新组织遭受重创的波托马克军团。
- **1862年9月17日** 虽然麦克莱伦拥有巨大的人数优势，但他没能在安蒂特姆击败李。
- **1862年11月** 林肯终于失去了耐心，解除了麦克莱伦的职务。他将不再获得军队指挥权。
- **1863年10月** 麦克莱伦以民主党人的身份进入政坛。
- **1864年8月** 民主党提名麦克莱伦，倡导停战的和平纲领被麦克莱伦本人反对。
- **1864年11月** 麦克莱伦在总统选举中输给林肯。
- **1877年** 在新泽西州长选举中获胜。
- **1885年10月29日** 逝于新泽西州奥兰治。他的回忆录《麦克莱伦自己的故事》在他逝世后的1887年出版。

麦克莱伦和他在1864年选举中的竞选搭档乔治·H.彭德尔顿

战争资源

为了在北美发动大型工业化战争，联邦和邦联都需要建设必要的官僚体系和基础设施。这方面的成功在很大程度上是两位美国陆军老兵的功劳：北方是蒙哥马利·梅格斯，南方是乔西亚·戈加斯。

蒙哥马利·坎宁安·梅格斯
出生于南方的梅格斯从1836年起在美国陆军服役。在南北战争后修建阿灵顿国家公墓就是他的建议。

之前

参议员约翰·C. 卡尔霍恩于1817年至1825年出任总统詹姆斯·门罗的战争部长（见第20—21页）。他的改革使战前的美国陆军成了19世纪中叶美国最复杂的官僚组织。

适合小规模战争

在原始的基础设施和吝啬的国会的限制下，战前的陆军仍成功地为整个大陆边界的部队提供了物资和装备。武器存放在联邦和各州的兵工厂，比如哈珀斯费里兵工厂（见第34—35页）。南北战争开始时，双方都面临武器短缺，因为没人想过要为如此多的士兵准备库存。

战争开始时，和南方相比，北方具有明显的经济和工业优势。尽管如此——也许正是因为如此——联邦起初却由于自身的错误而处于不利境地。此外，北方还面临在敌方领土上为军队提供补给的后勤困难。

北方开局不利

在高效动员方面，北方最初的问题之一是林肯对战争部长的选择——他选择了战前在政坛长期名声不佳的西蒙·卡梅隆。对卡梅隆的任命是出于政治原因，上任后，他主持的战争部充斥着腐败和牟利现象。用国会调查委员会的话说，在卡梅隆的糟糕判断下形成的“公共政策系统必然会以牺牲公众利益为代价支持个人偏好，导致公共道德腐败，使公共财政支出被毁灭性地挥霍”。情况在1862年1月以后好转，林肯用前司法部长爱德温·斯坦顿取代了卡梅隆。斯坦顿带来了战争部急需的活力、效率和诚信。管理北方资源的另一个重要人物蒙哥马利·梅格斯是前美国陆军军官，在1861年5月成为军需局领导人。他的前任约瑟夫·E. 约翰斯顿离开联邦，加入了邦联。除了武器和食物，梅格斯的军需局还为军队提供其他物资，包括运输物资所需要的基础设施。战争期间，梅格斯监督了15亿美元的支出，约占联邦战时拨款的一半。

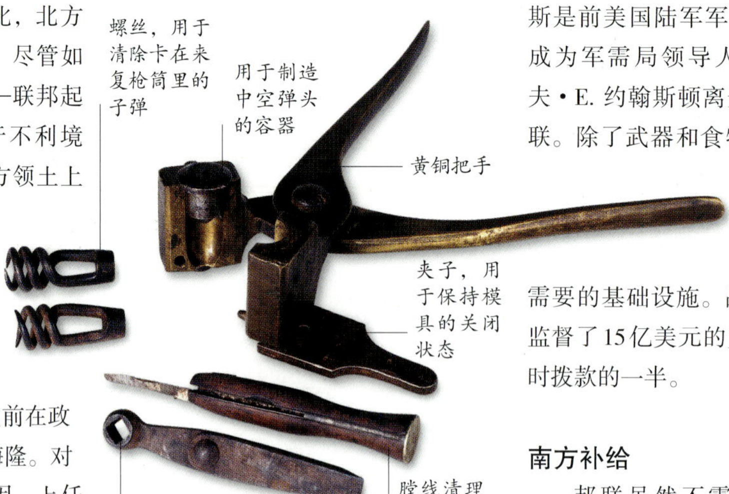

子弹模具和步兵工具
弹药用完后，铁匠或者士兵经常不得不在战场上收集用过的弹壳，将铅融化，现场制作新的子弹。

南方补给

邦联虽然不需要在漫长的战线上为军队提供补给，但在战争开始时，南方基本不具备开战所需要的工业能力。当乔西亚·戈加斯——另一位战前的美国陆军军官、美墨战争老兵——成为重要的军械局领导人时，他只能依靠弗吉尼亚州里士满的卓德嘉钢铁厂提供重型军械。里士满和北卡罗来纳州的费耶特维尔还有两个小型兵工厂，可以生产轻武器。

戈加斯凭借过人智慧找到了绕过这些困难的方法，包括突破封锁、内部搜寻和简单的拼凑。在战争开始后的第一年，当联邦对南方的封锁相对宽松时，他在欧洲购买了南方邦联需要的许多物资。在南方寻找生产军械的原材料时，戈加斯利用了各种资源，包括阿巴拉契亚山脉的石灰岩洞、夜壶、蒸馏锅、教堂钟以及被丢弃在战场上的武器。负责为南方军队提供食品和服装的人就远没有这么成功

> 乔西亚·戈加斯出生于宾夕法尼亚，不是南方人，但他娶了亚拉巴马前州长的女儿。这种联系促使他选择了邦联。

> “军队的移动能力取决于军需官的工作表现。”
>
> ——蒙哥马利·梅格斯，战争部年度报告，1862年

铁路战争
“豪普特将军”是燃烧木材的特制军用机车，名字来自工程师赫尔曼·豪普特。豪普特领导了建造和运行军用铁路的联邦机构。

了。军需总长亚伯拉罕·迈尔斯——最终在1863年8月被解职——和兵站总监卢修斯·B. 诺思拉普从未真正找到克服邦联基本劣势的方法，包括有限的铁路网。

差距扩大

在战争中，联邦从变得更加高效的补给系统中获得了优势，并且开始投入技术创新，比如连发式来复枪。相比之下，邦联随着领地的丢失和人口的不断消耗，补给形势也在恶化。日益高效的联邦海上封锁终结了海岸运输，对南方过长的陆地运输造成了更大的压力。封锁还使邦联无法从欧洲进口物资，购买设备，因此铁路网络也受到了影响。

虽然双方的工业差距日益扩大，但是归根结底，邦联之所以输掉战争，还是因为无法在战场上击败联邦军队。虽然邦联士兵的装备不如联邦士兵，但他们通常拥有足够的战斗武器。在1865年最后的阿波马托克斯战役中，李的部队之所以在阿米利亚县城饥肠辘辘，主要是因为一些口粮被运到了错误的方向。问题不在于物资稀缺，而是邦联组织不力。

西点铸炮厂
画家约翰·弗格森·韦尔是西点军校绘画教授的儿子，他于1864年开始绘制这幅油画。画中是纽约州科尔德斯普林的西点钢铁和大炮铸造厂。

卓德嘉钢铁厂
作为美国最大的铸造厂之一，卓德嘉是邦联的重要资产，据说在战争期间为南方生产了大约一半的大炮。

之后

随着时间的推移，在新式武器和交通运输系统的使用等方面，联邦的优势变得越来越明显。

更快的火力

一项重要创新是联邦骑兵使用金属子弹的后装式连发来复枪，其中最著名的是斯宾塞卡宾枪（见第149页）。之前的枪支有复杂的弹药填装过程，需要操作纸弹筒、推弹杆和火帽。有了新的枪支，士兵只需要拉动操纵杆就可以甩掉用完的弹壳，连续多次射击。

快速维修

交通运输创新包括北方的快速铁路维修和保护，谢尔曼在亚特兰大战役中用铁路运输补给的做法展示了这一点（见第292—293页）。在谢尔曼向大海进军后（见第296—297页），梅格斯还组织了海上补给。

之前

密苏里曾在战前煽动南北紧张关系，肯塔基州则是中庸和妥协的源头。

调解家克莱

肯塔基诞生了战前最伟大的调解家、参议员亨利·克莱，同样来自该州的参议员约翰·J.克里滕登在1861年试图协商另一次妥协。如果克莱在1844年赢得总统选举，他就会拒绝吸纳得克萨斯，并且很可能会阻止美墨战争。没有新领地上的奴隶制问题（见第22—23页），南北战争完全有可能不会发生。

密苏里和“流血的堪萨斯”

密苏里不仅是导致1820年密苏里妥协的奴隶制争议的中心，该州支持奴隶制的定居者还于19世纪50年代在“流血的堪萨斯”边界线上制造了许多地区暴力（见第30—31页），与自由土壤者发生冲突——一些自由土壤者来自新英格兰地区。在南北战争中，堪萨斯自由土壤者参加了密苏里州的战斗，而密苏里游击队则参与了跨境袭击。

面向新英格兰移民的援助公司的标牌

密苏里和肯塔基

密苏里虽然留在了联邦，却在战争中承受了最严重的暴力事件。更具战略重要性的肯塔基州起初试图保持中立，最终由于邦联的失策和林肯的政治灵活性进入了联邦阵营。

密苏里对地区暴力并不陌生。在19世纪50年代“流血的堪萨斯”事件中，密苏里州支持奴隶制的定居者在边界线上与自由土壤者进行了对抗，这是南北战争的序幕之一。不过，在参加南北战争的密苏里白人中，近四分之三的士兵在为联邦作战。

问题在于密苏里持有不同观点的要人和错综复杂的政治。该州州长克莱本·F.杰克逊是坚定的分离主义者，他动用了一切权力，希望将密苏里送入邦联的怀抱。反对他的是小弗朗西斯·P.布莱尔和美国陆军上尉纳撒尼尔·莱昂，前者来自具有政治影响力的布莱尔家族，后者是圣路易斯联邦兵工厂的领导人。精力充沛、咄咄逼人的莱昂警告杰克逊：“与其让密苏里州……对我的政府发号施令……我宁愿看到……州里的每个男人、女人和孩子死去，被埋葬。”一些密苏里人的反移民情绪使事情更加恶化，因为在圣路易斯，共和党和联邦得到的支持主要来自德裔定居者。

莱昂在事实上终结了杰克逊支持退出联邦的计划，他选择在1861年5月发动袭击，占领了圣路易斯附近的分离主义民兵营杰克逊堡。虽然民兵和平投降，但是城内随后爆发了冲突，而且很快带上种族主义色彩。莱昂的举动激怒了一些温和的联邦主义者，将他们推

肯塔基的克里滕登

参议员约翰·克里滕登做出了巨大努力，试图就蓄奴州的扩展问题达成妥协以避免战争——他还帮助自己的州避免了退出联邦的命运。

圣路易斯的愤怒

莱昂上尉占领分离主义者的杰克逊堡后，圣路易斯发生了骚乱。支持南方的人将莱昂匆忙招募的德裔民兵部队作为攻击目标，因为后者带有反奴隶制情绪。

向了分离主义阵营。莱昂迅速制服了杰克逊和他在州议会的盟友，但在战争结束之前，被称为“丛林伏击者”的小规模邦联游击队将使密苏里州不得安宁。

莱昂于1861年7月晋升为将军，在次月威尔逊溪之战的失败中牺牲。1862年3月，有规模的南方反抗力量在皮里奇遭到镇压。这使邦联游击队的抵抗失去了战略意义，但并不能为平民带来安慰，他们需要适应激烈而残酷的内战带来的混乱，而这在一定程度上是密苏里联邦领导者1861年的过激行动引发的。

反邦联漫画

在一幅1861年的漫画中，联邦正在向导致分裂的妖怪开炮。魔鬼代表了分离州——分裂的肯塔基就在妖怪的上方，被描绘成有两个躯干的生物。

之后

肯塔基加入联邦对于邦联是一个战略打击，但该州的联邦主义者对战争的不满与日俱增。

亨利堡和多纳尔森堡

田纳西河和坎伯兰河为联邦部队的前进提供了便捷的路线。1862年2月6日，尤利西斯·S. 格兰特率部队占领亨利堡。2月16日，他又接受了多纳尔森堡的投降（见第104—105页）。这是联邦在战争初期的重大军事胜利。

肯塔基的不满

虽然肯塔基对于联邦的早期作战非常重要，但是许多肯塔基人对林肯政府的幻想在逐渐破灭，因为他在反对奴隶制的道路上越走越远。在1864年的选举中（见第236—237页），肯塔基有6.1万人投票支持麦克莱伦。相比之下，出生于该州的林肯只获得了2.6万选票。

匡特里尔的袭击

威廉·匡特里尔是最具争议性的游击队“丛林伏击者”成员。战争期间，他在密苏里和堪萨斯行动，包括对密苏里州独立城和堪萨斯州劳伦斯的袭击（见第224—225页）。

肯塔基的分裂

从许多方面来看，肯塔基是典型的边缘州。作为林肯和戴维斯的出生地，该州的俄亥俄河北部边界

> “这意味着战争……我的军官会来接你，将你带出我的地盘。”
>
> ——莱昂上尉对杰克逊州长说，1861年6月12日

一直是北方自由土壤和南方蓄奴土壤之间具有标志意义的分界线。在哈里特·比彻·斯托著名的《汤姆叔叔的小屋》中，一位小说中的人物带着儿子渡过俄亥俄河，勇敢地奔向自由，将孩子从利欲熏心的奴隶贩子手中解救出来。该州对联邦的支持却是有限的。在1860年选举中，只有1364名肯塔基人投票给林肯，同时有91 000人选择了保守的联邦主义者道格拉斯和贝尔。

对于新成立的邦联来说，俄亥俄河是一条重要的天然军事边界。如果肯塔基不站在邦联一边，联邦便可以通过田纳西河和坎伯兰河进攻田纳西中部。两条河在边界地区呈南北走向，可以被联邦军队当作便捷的补给线。格兰特在1862年2月的亨利堡和多纳尔森堡战役中正是这样做的。

肯塔基地处北方，这使它在经济上与联邦存在联系。许多肯塔基人住在北方州，其中10万人在密苏里，6万人在伊利诺伊，6.8万人在印第安纳，1.5万人在俄亥俄，1.3万人在艾奥瓦。奴隶制在肯塔基经济中扮演着重要角色，但是和支持联邦的马里兰一样，该州对下南方“棉花为王”的国家主义几乎毫无热情。别忘了，该州最著名的人物、参议员亨利·克莱曾在1820年、1833年和1850年的三次妥协中拯救联邦。

> 密苏里残暴的游击战孕育了臭名昭著的詹姆斯兄弟（杰西和弗兰克），他们是来自克莱县的邦联“丛林伏击者”。

直到战争结束，肯塔基人内部一直界限分明。至少五分之二的肯塔基士兵在为邦联作战，包括林肯妻子的四个兄弟。被林肯长期视作政治英雄的亨利·克莱有四个孙子为南方作战，另外三个孙子为联邦作战。政治调解家、参议员克里滕登有一个儿子成了联邦将军，另一个儿子成了邦联将军。

战略之州

由于民众立场各不相同，肯塔基在萨姆特堡袭击事件后试图保持中立。到了1861年9月，肯塔基倒向一边。州长贝里亚·马戈芬同情邦联，愿意与之签订秘密协议，允许邦联士兵进入该州领土。

支持联邦和邦联的肯塔基人在紧张的中立期开始武装自己。林肯非常熟悉这个地区，他起初选择等待，迎合了家乡州远离战争的愿望，甚至允许邦联在此地购买物资。在这一年夏天的国会和议会选举中，联邦主义者取得了压倒性胜利，肯塔基终于宣布支持联邦。此前在1861年9月3日，邦联部队从田纳西穿越边界，进入肯塔基州哥伦布市。

将军之死

密苏里的纳撒尼尔·莱昂是勇敢而有攻击性的政治领导人。1861年8月，他在威尔逊溪以同样的风格进行了最后的战斗。他是首位在战斗中牺牲的联邦将军。

对南方实施封锁

联邦政府将对南方海岸线的封锁看作击败邦联战略的重要组成部分，在战争中的效果日益明显。虽然封锁削弱了南方的实力，但它本身并不能终结战争。

海上封锁在联邦总司令温菲尔德·斯科特的“蟒蛇计划”中是关键环节。斯科特希望通过封锁邦联的港口，重新确立联邦对密西西比河的控制权，以孤立和分割邦联。他希望通过这一战略逐渐施压，使南方重回联邦怀抱，避免大量流血。虽然这种设想受实际情况限制而未能实现，但在随后的战争中，提高封锁的有效性一直是联邦的重要目标。

联邦海军被贬低
在这幅漫画中，两艘联邦舰艇——其实是洗衣盆——试图挡住邦联汽船的去路。这幅画嘲讽了政府升级联邦舰队的企图。

海军的障碍

封锁可以限制军事物资的进口，从而影响邦联的作战，却也带来了两个巨大挑战：一方面，南方的海岸线很长；另一方面，联邦海军规模较小。南方邦联有3549英里（5712公里）海岸线，包括180个水湾。当林肯总统在萨姆特堡陷落后下令封锁南方时，联邦海军只有14艘可用舰艇。

南北战争开始时，封锁几乎阻止不了船只偷渡——偷渡在战争期间成了一个重要产业——但有利于在外交上孤立南方。英国政府最终宣布保持中立，但也尊重联邦在战时实施封锁的权利。随着联邦海军规模的扩大，其实施封锁的能力变得越来越强。此时，英国承认联邦海军有权检查进入邦联港口的船只并扣押禁运物品的态度就变得非常重要了。作为世界上重要的海上力量，英国希望为自己在未来战争中实施封锁设置合法的先例。因此，英国政府完全有理由承认联邦封锁的合法性，而且几乎没有理由为了这个问题承担与林肯政府开战的风险。

为了实施封锁，联邦迅速扩大了海军规模。到战争结束时，吉迪恩·威尔斯领导的海军部已经购买了418艘舰艇，并且制造了另外208艘舰艇。大多数舰艇用于加强封锁。联邦海军官兵人数也从大约1500人增长至5.8万人。虽然大部分海上力量只能为已经极度扩张的联邦陆军执行基本任务，但这

1149
在北方封锁南方期间，联邦俘军捕获的船只数量。

之前

美国海军既没有太多实施封锁的经验，也没有太多逃避封锁的经验。

之前的封锁
美墨战争期间，美国对墨西哥进行了封锁，但在之前美国与英国的两次战争中——美国独立战争和1812年英美战争——英国更强大的海军力量试图限制美国的国际贸易。

1812年英美战争
拿破仑战争期间，美国和欧洲的紧张关系主要涉及美国与交战国的贸易问题。1812年战争之所以发生，在很大程度上是因为英国试图封锁由法国控制的欧洲。1812年，尽管美国个别海军舰艇取得胜利，英国还是使美国贸易陷入停滞，几乎使美国破产。

对出口的影响
联邦战舰（右）追赶邦联偷渡船（左）。偷渡船在设计上追求速度，可以甩掉较大的联邦舰艇，但容量较小，携带能力受限，因此南方棉花出口量明显下降。

联邦海军将领塞缪尔·杜邦
杜邦在1861年11月取得了重大胜利，占领了南卡罗来纳州罗亚尔港，这是南部海岸最好的天然港口，为联邦封锁舰艇提供了重要基地。

仍然代表了美国海军力量前所未有的增长。舰艇的增加显然可以加强封锁，但是只有占领南方的港口才能可靠地限制邦联的运输。夜间出没的高速汽艇常常可以躲过联邦巡逻船。即使在封锁最为严密的1865年，大约一半的邦联偷渡船仍然完成了航行。

占领港口

封闭邦联各港口的陆海军联合行动成了战争的一个重要组成部分，联邦在布尔溪之战后最初的军事成功就包括对北卡罗来纳和南卡罗来纳港口的占领。这些登陆行动不仅关闭了邦联的沿海入口，而且为联邦舰艇提供了基地，使之可以在指定的作战地点附近补充燃料，获取物资，无须从遥远的北方基地把船开过来。联邦海军于1865年1月占领北卡罗来纳州的威尔明顿——这是邦联最后的港口。

关于封锁的有效性仍无定论。一些历史学家认为它为联邦“赢得”了战争，另一些人认为它的效果可以忽略不计。真正的答案很可能介于两者之间。

联邦的封锁本身不可能确保胜利，但对南方资源的最终枯竭起到了重要作用，其不断增强的有效性使邦联无法轻松进口军事物资（包括与铁路有关的物资），南方海岸运输的中止也为失修的铁路网络带来了更大的压力。

> “我们建议展开声势浩大的行动，从密西西比河一直打到入海口。”
>
> ——温菲尔德·斯科特将军写给乔治·B. 麦克莱伦的信件，1861年5月3日

联邦政客（1802—1878）

吉迪恩·威尔斯

作为康涅狄格重要的战前新闻编辑和政客，威尔斯在美墨战争期间曾在海军部工作。他形成了反奴隶制观点，反对1850年妥协案中备受争议的《逃亡奴隶法案》。1854年《堪萨斯-内布拉斯加法案》通过后，他加入了共和党。

作为南北战争期间的海军部长，他和副部长古斯塔夫斯·瓦萨·福克斯是积极有效的管理者。他们不仅监督了联邦海军的迅速扩张，而且在高级军官的选择上做出了明智的判断。

之后

封锁使美国短暂地成为重要的海上力量。不过，虽然美国海军拥有现代舰艇，但仍然比不上英国皇家海军。

英国的优秀舰队

美国海军的大规模扩张提升了战斗力，但其舰艇数量本身并不能使之与经常在全球海洋上巡航的英国皇家海军相匹敌。大多数联邦海军舰艇的设计相对简单，只能在南方海岸附近实施封锁。它们的武装程度不高，因为邦联偷渡船几乎不会携带武器。

战后复员

南北战争前，美国的目光集中于广阔的陆地边界而非海上贸易，这限制了为海军力量投资的意愿。封锁邦联的需要使海军资源短时激增，但在南北战争之后，联邦海军迅速进行了复员。直到19世纪最后十年的美西战争，美国才会成为重要的海上力量或参与海战。

年轻的新兵追随战舰

爱德华·莫兰1861年绘制的《联邦战舰“沃巴什”号从纽约驶向战场》捕捉了战争开始时入伍新兵追随等待他们的“沃巴什”号时的热情。作为1855年服役的螺旋桨巡航舰，“沃巴什”号在战前参与过军事行动，并在战争爆发时再次服役，是由海军少将赛拉斯·H.斯特林哈姆领导的大西洋封锁中队的旗舰。

争取欧洲盟友

许多邦联人认为，英国会出面支持他们。事实上，英国不愿意冒险与联邦开战，宣布了保持中立。邦联可以从欧洲获取重要的军事物资，包括被称为“商船袭击舰”的声名狼藉的舰艇。

英国和法国的参与
在这幅漫画中，杰弗逊·戴维斯用标有“亚拉巴马”的木棒攻击联邦士兵——“亚拉巴马”指的是在英国制造的邦联战舰。代表英国的约翰牛和拿破仑三世在一旁观战。

之前

南方白人严重误判了棉花对于英国经济的意义以及英国反奴隶制的长期重要性。

南方的财富和弱点

历史学家有时将内战前的南方形容为落后的奴隶社会，以便与工业化的北方进行对比。这不完全公平。毕竟，南方将棉花卖给英格兰北部的纺织品制造商，在英国的工业化过程中扮演了重要角色。战前，美国超过一半的出口收入来自南方（见第16—17页）。只是许多未来的邦联人没能意识到，对单一经济作物的过度依赖会使他们很容易受到替代货源的影响。

废奴运动

现代反奴隶制运动是从英国的贵格会开始的。19世纪30年代，英国通过英属西印度群岛的“补偿解放计划”废除了奴隶制。英国皇家海军投入了大量资源，在非洲海岸巡逻，打击奴隶贸易。邦联人低估了英国这种反奴隶制传统的重要性。

在相信“棉花为王”力量的邦联人看来，英国宝贵的纺织业依赖南方的棉花，英国必然会站在南方一边。南卡罗来纳人詹姆斯·哈蒙德1858年说过一句有名的话：如果英国三年没有棉花供应，“它就会低下头，带领整个文明世界去拯救南方”。因此，1861年，当战争爆发时，邦联人希望通过拒绝出口棉花向英国施压，认为这种经济压力可以迫使英国动用皇家海军的力量打破联邦封锁。

更有洞察力的邦联人意识到，他们不应该依靠国外力量赢得独立。战争第一年，李对过度寄希望于国外援助的想法表示不满，称“我们必须下决心独立作战”。

事实证明，由于战前的丰收，英国积累了大量棉花库存，邦联人的自我禁运也在促使英国工厂主寻找埃及和印度的替代货源。最后，最重要的是，在南方取得决定性胜利之前，英国政府不想为了南方的事业而与美国开战并多年交恶。

1861年5月13日，英国宣布中立，为邦联赋予了国际法中的交战国地位。不过，这与其说是英国代表南方出面干预，不如说是英国对于形势做出了务实的反应。南方的新地位为南方代理人带来了重要利益，比如有能力购买武器，并且使邦联对联邦商船的袭击具有合法性。事实证明，这些袭击对联邦舰队造成了毁灭性打击。

查尔斯·弗朗西斯·亚当斯
林肯总统将亚当斯任命为美国驻英国大使。他的主要任务是确保英国在战争中保持中立，努力限制英国向南方出售武器。

与英国的关系

北方人对英国的表态非常愤怒，但是从欧洲视角看，邦联组建的政府显然应该得到这种程度的国际承认。联邦宣布封锁南方的行为默认了邦联不仅仅是一小撮反叛者。法国皇帝拿破仑三世对南方的事业更加同情，因为他在墨西哥有所企图，但法国不会在没有英国参与的情况下单独行动。

当联邦军舰“圣贾辛托”号的查尔斯·威尔克斯上校扣押了乘坐英国船只“特伦特”号离开古巴的两名邦联外交官时，联邦政府和英国的摩擦达到了最危险的程度，引发了双方的口水战，英国甚至开始准备应对可能发生的战争，但是双方都不想开战。据说，林肯将“一次只打一场战争”作为政策指导。双方政府开始寻求妥协。最终，邦联外交官获释。华盛顿方面没有做出英国政府最初要求的完整道歉，只是宣布威尔克斯的行动没有得到授权。另一个阻止英国承认邦联的因素是英国反奴隶制情绪的长期影响力。虽然一些英国贵族对邦联存在好感，但英国是现代反奴隶制运动的发源地，已于1833年彻底废除了其领土内的奴隶制。当北方的战争目标日益向解放奴隶倾斜时，英国政府更加难以支持邦联政府，尤其是该政府的副总统还宣布奴隶制是邦联的基石。当英国政府还在为战争的大量伤亡而担心时，林肯《解放黑人奴隶宣言》的长远影响使英国的干预失去了可能性，因为战争已经变成了自由和奴隶制的明确对抗。

> “戴维斯和南方的其他领导人……成立了一个国家。”
>
> ——英国财政大臣W. E. 格莱斯顿，1862年10月

棉花饥荒
南方棉花出口的中断对英国工厂工人造成了毁灭性打击。没有纤维原料需要处理，他们失去了工作，只能依赖各种慈善组织提供的廉价食物。

南方的武器供应

英国和联邦政府的紧张关系还将持续，尤其是当邦联代理人在英国购买船只，并在其他港口将其改造成“商船袭击舰”，用于干扰和摧毁敌方商船时。不过，英国领导人在逐渐回应北方的控诉，老辣的美国驻伦敦公

关键时刻

"特伦特"事件

1861年11月8日，指挥联邦军舰"圣贾辛托"号的联邦上校查尔斯·威尔克斯登上从哈瓦那开往英国的英国汽船"特伦特"号，逮捕了邦联特使詹姆斯·默里·梅森和约翰·斯莱德尔。许多过度热情的美国反英人士将威尔克斯上校奉为英雄，英国人则对他违反中立权和侮辱英国国旗的做法感到愤怒。英国政府甚至向加拿大派出了8000名士兵，尽管英国武装部队并没有做好战争准备。

最终，大西洋两岸的冷静人士占了上风。联邦政府释放了特使，但是没有承认过失。

使查尔斯·弗朗西斯·亚当斯很好地维护了联邦政府的利益。到了最后，英国政府终于阻止了邦联对"莱尔德撞击舰"的采购。"莱尔德撞击舰"是英国利物浦制造的两艘铁甲战舰，可以给联邦封锁巡逻队带来巨大的损失。联邦政府甚至威胁说要为了这两艘船与英国开战。英国让步了，于1863年秋买下了这两艘船，供自己的海军使用。

> 当查尔斯·弗朗西斯·亚当斯在"特伦特"事件后会见维多利亚女王时，为缓和紧张氛围，他穿了长筒袜和带花边的衣服，而不是大多数美国公使穿着的共和党的黑色绒面呢服装。

南方发现，要想赢得独立，只能依靠自己的力量，不能像独立战争中的美国那样获得法国的援助。

拿破仑三世

拿破仑希望在新世界增强法国的影响力和开展贸易。为此，他希望与邦联正式结盟。

之后

林肯在安蒂特姆之战后发布的《初步解放黑人奴隶宣言》使邦联获得国际承认的希望化为泡影。

英国左右为难

短期来看，战争的血腥结果使英国政府感到担忧。出于人道主义原因，英国希望结束北美的流血冲突。长期来看，任何英国政府都很难站在奴隶制一边，反对自由。

邦联军舰"亚拉巴马"号

北方和英国的紧张关系持续到了战争结束后。考虑到被英国船厂制造的邦联"商船袭击舰"摧毁的联邦商船，这种紧张关系尤为明显。

马萨诸塞参议员查尔斯·萨姆纳战后说过一句很有名的话，指出为了弥补最著名的邦联商船袭击舰"亚拉巴马"号造成的损失，英国应该把加拿大领地送给美国。最终，英国只是支付了赔款。

"亚拉巴马"号制造于英国，在葡萄牙亚速尔群岛装备了武器，并在1862年开始服役。它在两年的职业生涯中从未去过邦联港口，而是在世界各地袭击联邦船只，捕获和摧毁了65艘联邦商船，没有导致双方任何人员死亡。1864年，这艘船在法国瑟堡附近与联邦军舰"基萨奇"号交火，被击沉（见第284—285页）。

5TH WISCONSIN
VOL. INF.

3

两军大战

1862年

在弗吉尼亚，邦联人顶住了敌人对首都里士满发动的攻势，并且转守为攻，短暂攻入了马里兰。在西部战区，从新奥尔良的陷落到对肯塔基的进攻失败，邦联人遭受了一系列灾难。

《《威廉斯堡之战》
这幅画选自战后近30年时间里制作的36幅南北战争版画合集，展示了威廉斯堡之战的战斗场面。1862年5月5日，联邦将军乔治·B. 麦克莱伦领导的大部队与约瑟夫·E. 约翰斯顿负责殿后的撤退部队相遇，被击败。

概述

第二次布尔溪之战
1862年8月末，联邦在马纳萨斯经历了战争中的第二次重大失败。北弗吉尼亚军团在第二次布尔溪之战中的胜利为李的邦联部队进攻马里兰铺平了道路。

联邦的失败
9月17日发生在夏普斯堡的安蒂特姆之战是美国历史上单日伤亡人数最多的战役。联邦将军乔治·麦克莱伦在此征求林肯的意见，但他没能阻止李的邦联部队撤出马里兰。

海上相持
世界上首次铁甲战舰之间的战斗发生在汉普顿罗兹。在1862年3月9日联邦军舰"莫尼特"号和邦联军舰"弗吉尼亚"号的对决中，双方给对方造成的损伤都不足以使自己获得胜利。

弗吉尼亚的血腥战役
在里士满以东的一系列战斗中，李赶走了威胁邦联首都的联邦军队。这些被称为七日之战的战事结束了半岛战役，导致两万多人死伤。

1862年的最初几个月，邦联似乎即将战败。联邦加紧了海军封锁，在3月将波托马克军团运送到了弗吉尼亚半岛。军团指挥官乔治·B. 麦克莱伦将军行动迟缓，过度谨慎，尽管他具备占领里士满的兵力优势。与此同时，在西部战区，联邦终于找到了一位擅长作战的将军，即尤利西斯·S. 格兰特。格兰特在多纳尔森堡和夏洛的胜利撕开了田纳西的防线。在南方，新奥尔良在4月的海军攻击中陷落。到了6月，密西西比大部分地区已被联邦控制。

不过，当夏天到来时，邦联人进行了反击。杰克逊在谢南多厄河谷的巧妙作战使联邦部队远离了里士满战场。接着，李接手了北弗吉尼亚军团，掌握了主动。他迫使麦克莱伦在七日之战中撤退，在第二次布尔溪（马纳萨斯）之战中赢得了重大胜利，并进攻马

联邦遭受攻击但取得了胜利
选自特拉维斯全景画，展示了布拉克斯顿·布拉格领导的邦联部队向田纳西撤退的情景。此前，他们于10月8日在佩里维尔打了一场硬仗。由于无法持续战斗，他们将肯塔基让给了联邦。

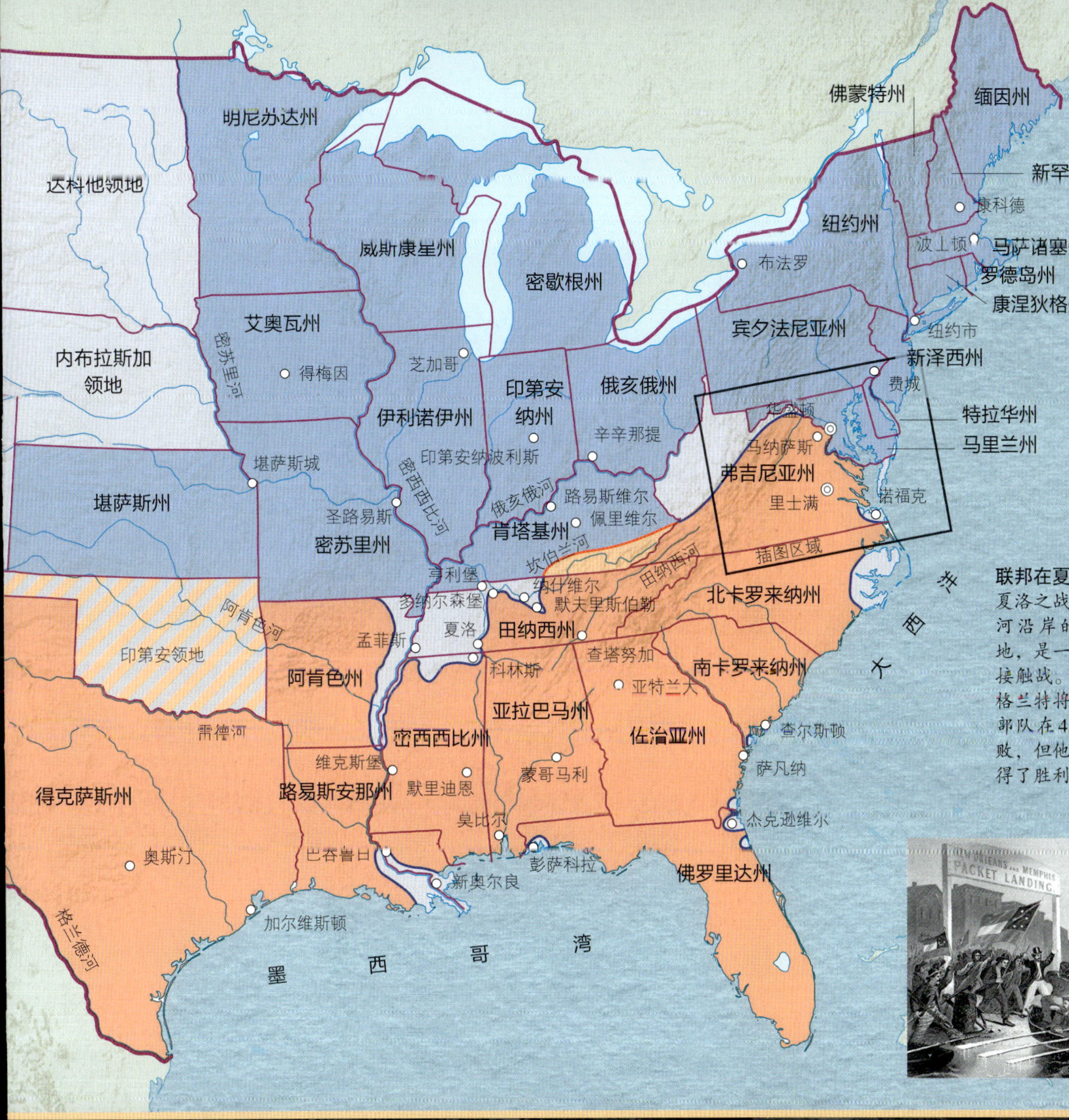

在田纳西河上行动的铁甲舰
在2月攻占邦联亨利堡和多纳尔森堡的初期阶段，联邦铁甲舰和木甲舰起到了重要作用。田纳西河上的亨利堡在海军轰炸后投降。坎伯兰河上的多纳尔森堡在严酷的冬季作战后投降。

联邦在夏洛获胜
夏洛之战发生在田纳西河沿岸的树林和沼泽地，是一场野蛮的两日接触战。尤利西斯·S.格兰特将军领导的联邦部队在4月6日险些战败，但他们于第二天赢得了胜利。

新奥尔良被占
1862年4月24—25日，联邦海军上将戴维·法拉格特领导的中队突破了新奥尔良的河流防线。在海军轰炸的威胁下，这座城市不情愿地投降了。图中，联邦水兵试图登陆，却遭遇了怀有敌意的当地群众。

里兰。同时，在遥远的西部，布拉克斯顿·布拉格将军进攻肯塔基。战局变得扑朔迷离。不过，在肯塔基和马里兰，邦联人没能得到他们所期待的民众支持，被迫撤退。在极为艰难的安蒂特姆（夏普斯堡）之战中，李逃脱了全军覆没的灾难。林肯觉得时机已经成熟，发布了《解放黑人奴隶宣言》，南方获得欧洲支持的希望彻底破灭了。邦联人却仍然可以与联邦军队抗衡。另一次向里士满进军的尝试以12月弗雷德里克斯堡的战败告终。在密西西比河上，维克斯堡顶住了联邦的进攻。这一年在田纳西州斯通斯河（默夫里斯伯勒）的激战中结束。双方皆损失惨重，没有明确的胜利者。

时间线1862年

亨利堡和多纳尔森堡 ■ 汉普顿罗兹 ■ 新奥尔良 ■ 密西西比河 ■ 谢南多厄河谷的杰克逊 ■ 麦克莱伦和波托马克军团 ■ 半岛战役 ■ 李和弗吉尼亚军团 ■ 七日之战 ■ 第二次布尔溪之战 ■ 安蒂特姆 ■ 邦联进攻肯塔基

1月

1月9日
戴维·法拉格特接手联邦西墨西哥湾封锁中队。

1月9日
爱德温·斯坦顿被林肯任命为战争部长，在战争中一直担任这一职位。

» 法拉格特的佩剑

1月19日
邦联部队在肯塔基州米尔斯普林斯之战中失利。

1月30日
作为全新设计的铁甲战舰，联邦军舰“莫尼特”号在纽约下水。

2月

2月6日
联邦部队占领田纳西河上的亨利堡。

2月8日
北卡罗来纳附近的罗阿诺克岛被安布罗斯·伯恩赛德准将的部队占领。

2月16日
邦联位于坎伯兰河上的多纳尔森堡向尤利西斯·S.格兰特准将投降。

2月25日
邦联放弃了田纳西州的纳什维尔，该市成了首个被联邦控制的邦联州府。

⌃ 带有弹孔的邦联腰带牌

3月

3月7—8日
联邦部队在阿肯色州皮里奇（埃尔克霍恩客栈）以少胜多，确保了联邦对于密苏里州的控制权。

3月8—9日
在汉普顿罗兹之战中，邦联铁甲舰“弗吉尼亚”号与联邦“莫尼特”号进行了对抗，这是铁甲战舰之间的首次对战。

⌄ 汉普顿罗兹之战

3月17日
麦克莱伦开始从海上将波托马克军团运送到弗吉尼亚半岛。

3月23日
邦联将军“石墙”·杰克逊在谢南多厄河谷克恩斯镇的战斗中受阻。

3月28日
通过新墨西哥向科罗拉多和加利福尼亚突进的邦联部队被击退。

4月

⌃ 围攻约克敦的联邦部队

4月4日
麦克莱伦开始围攻约克敦，开启半岛战役。

4月6—7日
夏洛之战中，在邦联发动奇袭后，格兰特艰难地赢得了胜利。

4月8日
邦联在密西西比河上的重要据点十号岛被联邦部队占领。

4月24—25日
法拉格特的西海岸封锁中队突破密西西比河上的邦联防线，占领新奥尔良。

5月

5月5日
在向里士满撤退时，邦联军队在威廉斯堡打了一场防御战。

5月8日
麦克道尔之战使杰克逊在谢南多厄河谷战役中取得首胜。

5月25日
杰克逊在谢南多厄河谷的胜利使林肯调回了向里士满进发的联邦部队。

5月31日—6月1日
邦联的反攻在七松（费尔奥克斯）被击退。

6月

⌄ 罗伯特·E.李将军

6月2日
邦联将军罗伯特·E.李接手北弗吉尼亚军团。

6月6日
联邦铁甲舰在密西西比河上的孟菲斯之战中取得压倒性胜利。

6月12—15日
邦联骑兵指挥官杰布·斯图尔特在侦察任务中围着麦克莱伦的波托马克军团转了一圈。

6月26日
李发动对波托马克军团的进攻，开启了七日之战。

« 联邦部队在谢南多厄河谷中前进

"李的军队人数众多且士气旺盛，我相信他会很好地利用这一点。他沉默寡言、神秘莫测、强大，就像一位天神。"

——约翰·H. 张伯伦中尉，弗吉尼亚炮兵，1862年8月15日，第二次布尔溪之战前

7月

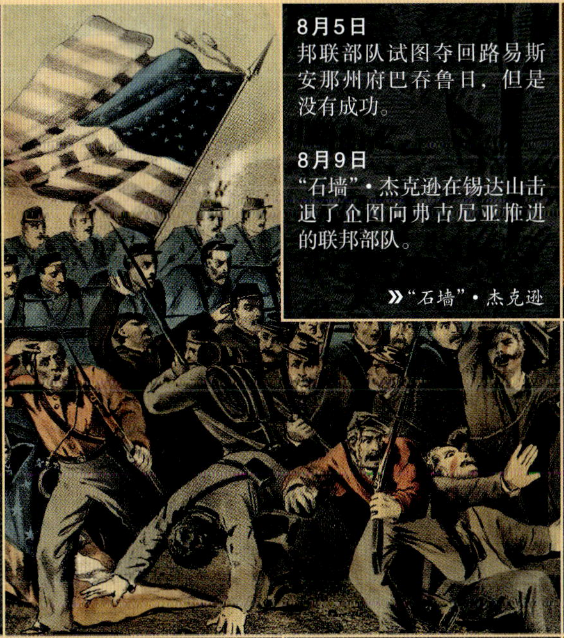

七日之战

7月1日
邦联对莫尔文山的正面进攻损失惨重，为七日之战画上了句号。

7月4日
邦联骑兵指挥官约翰·摩根发动了深入联邦肯塔基州的奇袭。

7月11日
林肯将亨利·哈莱克任命为联邦军队总司令。

7月15日
在维克斯堡的密西西比河上，邦联铁甲舰"阿肯色"号在联邦战舰中穿行而过。

8月

8月5日
邦联部队试图夺回路易斯安那州府巴吞鲁日，但是没有成功。

8月9日
"石墙"·杰克逊在锡达山击退了企图向弗吉尼亚推进的联邦部队。

"石墙"·杰克逊

8月28日
邦联将军布拉克斯顿·布拉格的密西西比军团开始进攻肯塔基。

8月29—30日
李的北弗吉尼亚军团在第二次布尔溪之战中击败联邦将军约翰·波普的弗吉尼亚军团。

联邦战鼓

9月

9月4日
李渡过波托马克河，进攻马里兰。

9月15日
哈珀斯费里的联邦守军向"石墙"·杰克逊投降。

死在安蒂特姆的邦联士兵。

9月17日
安蒂特姆之战导致了战争中的单日最高伤亡。此战过后，李撤回弗吉尼亚。

9月22日
林肯发布《初步解放黑人奴隶宣言》，在理论上释放了邦联占领州的奴隶。

10月

10月3—4日
联邦将军威廉·罗斯克兰斯在密西西比州科林斯的防御战中击败了厄尔·范多恩领导的邦联部队。

10月8日
布拉克斯顿·布拉格在佩里维尔之战中取得对联邦部队的战术胜利，但他无法占领肯塔基，撤回了田纳西。

伯恩赛德及其参谋

11月

11月7日
林肯解除麦克莱伦的职务，任命安布罗斯·伯恩赛德为波托马克军团指挥官。

11月14日
林肯同意了伯恩赛德向里士满进军的计划。

11月20日
布拉格被任命为新成立的田纳西军团的指挥官。

11月23日
哈莱克命令格兰特占领密西西比州维克斯堡的邦联据点。

12月

12月13日
伯恩赛德渡过拉帕汉诺克河，在进攻弗吉尼亚州邦联防线的弗雷德里克斯堡之战中受挫，伤亡惨重。

12月26—29日
威廉·谢尔曼少将指挥格兰特田纳西军团的一翼，进攻位于维克斯堡附近奇克索河口的邦联防线，没有成功。

12月31日
布拉格的田纳西军团进攻位于斯通斯河（默夫里斯伯勒）的联邦部队。经过激战，布拉格在1863年1月3日撤退。

弗雷德里克斯堡的柯克兰纪念雕像

灰衣士兵

邦联军队的士兵人数不占优势，而且缺乏物资，但他们成功地和联邦打了四年残酷的战争。正如罗伯特·E. 李将军所说：“他们在战斗中的勇气可以与任何时代任何军队的士兵比肩。”

邦联士兵相片
一名邦联士兵在奔赴战场之前拍摄的照片。大部分士兵的年龄在二十五岁左右，来自乡村，之前很可能没有离开过家。

之前

南北战争开始时，邦联方面只有少数人受过军事培训。新兵是志愿兵，通常由业余军事爱好者领导。

组建军队

起初，邦联军队主要由州民兵、之前已经存在的志愿连以及战争爆发后匆忙入伍的一年期志愿兵组成（见第58—59页）。当1861年春入伍的一年期志愿兵服役期满时，军队就会面临一场危机。1861年12月，邦联国会开出了激励条件，以吸引志愿兵延长服役期。他们可以获得60天的休假、一笔赏金以及加入新团和选举新军官的权利。

征兵制的采用

不过，将军们担心这些措施会打乱作战。1862年4月16日，邦联决定引入征兵制。18至35岁的白人男性必须服兵役，服役期限由一年改为三年。9月，年龄上限被调至45岁。最初，至少拥有20名奴隶的种植园主被豁免。此外，富人可以雇用别人代替自己上战场。许多人不是通过征兵制入伍的，而是自愿入伍的：在1862年参军的大约20万人中，一半以上的人是志愿兵。

大多数邦联士兵——超过总数的60%——是农场主和农场劳工，这一比例大体上反映了南方各州的社会结构。一些士兵还是孩子——通常担任号手或鼓手——但大多数人在18至29岁之间。和联邦部队相比，邦联士兵主要由同一民族组成，队伍中的新移民相对较少，而且几乎没有非裔美国人。

邦联士兵对己方事业的忠诚度和北方人相同——甚至更高。他们认为战争的目的是保护自己的家和所在州，保护自己的自由和生活方式。虽然只有三分之一的邦联士兵拥有奴隶或者来自蓄奴家庭，但是几乎所有人都认为，保留奴隶制对于他们的地位和安全至关重要。南方人往往持有一种错误观点，即认为和北方城市堕落的扬基佬相比，他们是天生的斗士。他们刻意培养了一种个人荣誉感，使他们不得不参加战斗。这种自我形象也导致了对战争的坚持。

休假
休假的士兵把武器留在营地，携带描述个人外貌、所在部队以及离开和返回日期的文件。

最初的热情消退后，许多邦联士兵开始觉得他们是为富人打仗的穷人。由于邦联担心奴隶在无人监管时反叛或逃跑，因此拥有至少20个奴隶的种植园主可以免除兵役，这使士兵们产生了很大的怨恨情绪。富人可以雇用别人代替自己服兵役，这被认为是不公平的，并且造成了逃避征兵的现象；这项规定最终被废除。不过，和北方军队相比，邦联军队实现了更大的平等主义，征兵制在社会各个阶层实施得更加公平，而将许多穷人吸引到联邦军队中的逐利动机在邦联军中则没有那么普遍。

邦联军官的军帽
灰色羊毛法式军帽是邦联士兵的标准军帽，几乎无法起到保护作用。宽边软帽在军队中也很常见。

军队生活

数千名新入伍的农场男孩在军营里集中，不良卫生习惯导致疾病暴发，而这只是军队生活令人不快的一个方面。亵渎神灵、酗酒、赌博和普遍的不道德使来自正统家庭的士兵感到震惊。许多人参军是为了保护某种缺乏明确定义的自由，但他们被严格的军纪限制，反而失去了言论和行动自由。不过，随着时间的推移，大多数人成功适应了军队生活的节奏。士兵所在的团成了他的家。在这里，他可以找到朋友，与并肩生活和战斗的人成为伙伴。这种男人之间的友谊是将军队维系成一个整体、使每个士兵忍受艰苦和战斗的纽带。操演、训练和战斗经历使他们完成了从平民到士兵的转变。

针线包
士兵携带着被称为“主妇”的针线包，里面有针线和纽扣。习惯被妇女照料的男性在进入军队后不得不学习一些重要技能，比如缝纫和烹饪。

缺乏必需品

邦联士兵几乎缺少一切物资。他们可以获得武器和弹药，水壶和锡杯，但是从食品到毛毯和靴子，任何物品都存在供应短缺。虽然邦联士兵的正规服装是灰色的，但是他们常常不得不凑合着穿由胡桃壳和铜溶液染色的土布军装。他们光脚行军，在显而易见的衣衫褴褛中产生奇怪的自豪感。没有铁锹，士兵就用锡杯挖掘散兵坑。他们用许多时间搜寻基本食物和服装，从占领的联邦商店偷窃外套、毛毯和靴子，或者从联邦战死者和战俘身上窃取。觅食的邦联士兵会洗劫农场，寻找食物或柴火，抢劫对象可能是他们这一边的平民。对必需品的寻找很容易演变成直接的犯罪，即盗窃钱财和贵重物品。

身份标识
双方军队都没有发放身份标签，因此士兵们将姓名或所属部队写在骨头（比如这些邦联骨牌）、金属、纸张甚至橡子上，以便在战死沙场时让别人识别自己的身份。

叛逃和伤亡

纪律被邦联指挥官看作长期存在的严重问题。南方士兵是坚定的战士，但他们对权威怀有根深蒂固的抗拒心理。准将级别以下的军官是推举产生的，这无疑导致了对较小过失的容忍。不过，更大的问题是行军时掉队和逃避作战。强硬的指挥官对最严重的过失实行严厉的惩罚，包括绞刑和烙刑。叛逃率却仍然很高：北弗吉尼亚军团有大约七分之一的人当了逃兵，原因包括对军队艰苦生活的失望以及对后方家人生活的担忧。这些人认为，面对艰苦和危险的升级，家人需要男人的帮助和保护。由于休假很少，士兵常常在没有得到许可时短期离队。驻守在家乡附近的士兵愿意为了看望家人而接受适度的惩罚。

邦联军队规模最大时有大约46万人，超过100万士兵曾在战争期间服役。其中，大约25万人在战斗中牺牲，或者死于疾病和艰苦条件。更多的人受了伤，只有四分之一的人在战争中毫发无损。战争后期，随着悲观情绪和伤亡人数的上升，宗教复兴力量席卷了邦联军营，叛逃现象达到了流行病的程度。坚定的老兵凭借视死如归的勇气和对所在团的自豪一直战斗到了最后。

人们常常认为邦联士兵服装不整，缺乏纪律。邦联的指挥官卡德默斯·威尔科克斯准将甚至称邦联部队"比武装暴徒强不了多少"。可邦联士兵在南北战争中的艰苦行军、普遍的忍耐力和在逆境中作战等成就是其他军队很难比拟的。

之后

战争结束后，174 223名邦联士兵向联邦投降，一些退伍士兵在很长时间里坚持抵制北方对南方的控制。

回家

格兰特和李于1865年在阿波马托克斯签定投降协议（见第316—317页），允许南方士兵回家，不追究他们的叛国罪。除了军官的手枪，他们需要交出其他武器，但可以保留自己的马匹。大多数士兵步行回家，穿得比乞丐好不了多少，而且需要在路上乞讨食物。

三K党

许多邦联战争老兵不愿意接受北方的统治，根据公民权利释放奴隶。保持联系的邦联老兵组成了三K党（见第342—343页），抵制联邦对南方的统治并恐吓非裔美国人。虽然三K党遭到镇压，但是白人联盟等其他武装团体继续反对黑人权利和共和主义，这种情况延续到了19世纪70年代。

"我们是一群肮脏而衣衫不整的人……但我们之中的许多人有真正的勇气和英雄气概。"

——佐治亚第2步兵团的西奥多·T. 福格尔，写给父母的信，1862年10月13日

邦联营地
夏天的邦联营地非常舒适，士兵们有的烹饪食物，有的玩牌，有的读书。非裔美国人充当仆人、厨子和劳工。

邦联军装

南方军装通常被染成灰色或灰胡桃色（棕色），剪裁和样式的简洁性比军服特征更加突出。许多北方人认为邦联军装根本不是军装。

1 子弹盒　属于华盛顿炮兵团的一名成员，该炮兵团是一支新奥尔良部队。**2 肩包**　士兵用来携带口粮。**3 樱桃木水壶**　邦联长期缺少金属，比如锡，因此士兵只能使用自制的水壶。**4 腰带牌**　一枚子弹穿过了这块亚拉巴马腰带牌。**5 通用腰带扣**　印有CS和CSA的黄铜扣是邦联士兵的标准配备。**6 小背包**　用于携带各种物品，主要是宿营装备。**7 佐治亚第4民兵团燕尾服**　一些州级部队保留了这种传统设计，通常被长礼服或紧身夹克取代。**8 平顶军帽**　属于华盛顿炮兵团的巴德兰上尉，沿袭了法国军官帽的样式，是邦联的标准军帽。帽顶可以根据佩戴者所属部队来染色，红色表示炮兵。**9 平顶军帽**　属于A. J. 查巴伦。**10** 和 **11 宽边软帽**　战争中的供应短缺意味着邦联士兵经常需要自己准备服装，这导致了装束的颜色和样式各种不同。**12 紧身夹克**　这件家纺夹克的红色绲边和V形袖章说明它的主人是炮兵中士。**13 战斗衫**　又叫长衬衫，充当正规军装的替代品，有许多不同的颜色和样式。**14 步兵制服外套**　这种样式比长礼服更便宜，也更容易制作。**15 灰胡桃军装**　邦联士兵被称为“灰胡桃”，因为他们用胡桃和铜的混合液为布料染色，制作黄棕色军装。**16 炮兵夹克和背心**　华盛顿炮兵团改用了正规邦联军装，因为最初的蓝色民兵外套与联邦军装非常相似。**17 华盛顿炮兵团军官制服裤子**　棕色裤子缝线上的红竖条说明其主人是炮兵。

1 华盛顿炮兵团子弹盒

2 肩包

3 木制水壶

4 带有弹孔的腰带牌

5 通用腰带扣

6 小背包

7 燕尾服

8 炮兵军官平顶军帽

9 平顶军帽

10 宽边软帽

11 宽边软帽

12 炮兵中士紧身夹克

13 战斗衫

14 步兵外套

15 灰胡桃军装

16 炮兵外套和背心

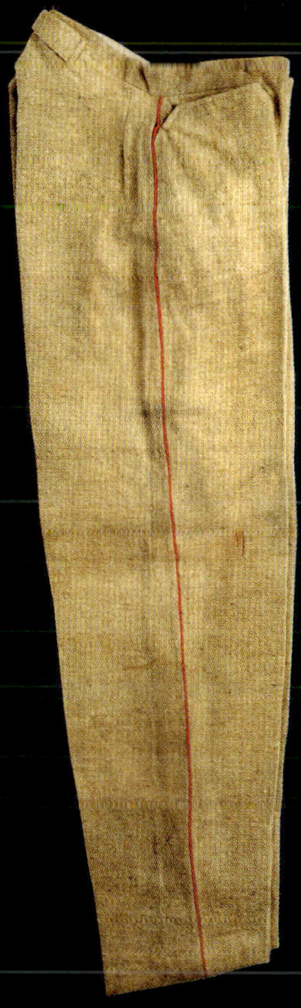
17 炮兵军官裤子

蓝衣士兵

联邦军队在南北战争中占人数优势，但这并没有使其士兵在战场上和战场外更加轻松。不管是为信条还是为工资而战，联邦部队都表现出了忍耐力和韧性，并且最终取得了胜利。

之前

虽然北方各州有大量人力可以使用，但也很难满足漫长的战争对士兵的需求。

志愿军

联邦军队最初完全由志愿兵组成。人们很快发现，90天的服役期是不够的。大多数新兵被要求签约三年，但是某些州也招募了两年期志愿兵。随着时间的推移，更多的人认识到军队生活的风险和艰苦，同时，由战争刺激的经济繁荣使人们很容易在社会上找到薪水丰厚的工作，参军的吸引力迅速下降。

征兵制

1863年，联邦为20至45岁的男性引入了征兵制。不过，被征召的人可以雇用别人代替自己参军。许多人出于各种原因被豁免，还有很多人为逃避征兵而消失。战争期间，联邦军队中只有5.1万人是被征召入伍的，顶替者则有11.8万人。

1864年，最早一批三年期志愿兵服役期满。为避免危机，政府为那些同意延长服役期的人提供了奖金和休假。大约20万老志愿兵留在了军中。军队还定期发放现金奖励，以吸引新兵。

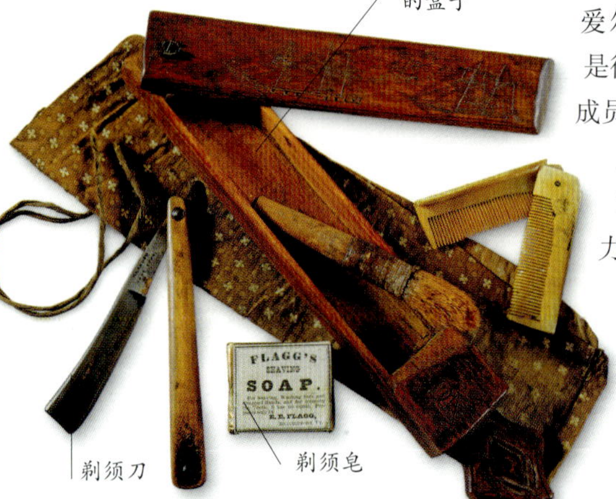

剃须设备
士兵通常携带直剃刀和肥皂，但是很少有人拥有上面这种成套的剃须工具。军规要求士兵每天洗脸，每周洗澡，但是这些规矩常常被忽视。

和士兵所在州的社会构成一样，联邦军队具有多样性。从民间职业来看，农场主和农场劳工是最大的群体，几乎占总人数的一半，而木匠、铁匠、鞋匠、机械工和印刷工等技术工人占总人数的大约四分之一。随着战争的进行，越来越多的新兵来自最贫穷的阶层，只有七分之一的联邦士兵是无技能劳动者。联邦士兵的平均年龄比南方略小，每五个士兵中有两人不到21岁。虽然征兵制的年龄下限是20岁，但是许多受雇代替别人入伍的士兵是喜欢冒险的十八九岁青年。更小的男孩做了鼓手或号手。从1864年起，官方禁止16岁以下的儿童参战。

联邦军官的平顶军帽
带有黑色遮阳板的法式蓝帽是联邦士兵的标配。正面的猎号标志属于步兵。

联邦军队的组成

最令人吃惊的是联邦部队的种族多样性。在联邦军队服役者中，大约四分之一的人是在国外出生的，这反映了19世纪40年代后北方各州较高的移民水平。最大的群体是德裔，其中大约20万人在战争期间为联邦服役。军队中的第二大移民群体是爱尔兰裔，有大约15万人参战。纽约第69步兵团（被称为“战斗的第69团”）是爱尔兰裔团，宾夕法尼亚第74团是德裔团。不过，这些移民群体的成员也在没有明确种族性质的团里服役。非裔美国人则不同。从1863年起，他们成了联邦战斗力量的一个重要组成部分——到战争结束时，黑人士兵占联邦军队总人数的10%——他们的部队是与其他部队相隔离的。

战斗原因

联邦士兵有不同参战动机。许多人对威胁美国完整性的反叛感到愤怒，在爱国主义的驱使下加入军队。反对奴隶制的理想主义没有那么常见。一些马萨诸塞团支持废奴主义，但整体上，联邦部队对解放奴隶并不关心，一些人甚至反对解放奴隶。

想冒险和经历战争的单纯愿望将许多年轻人吸引到了军队中，但物质考虑常常占据主导地位。志愿兵的赏金和代人参军的报酬对于普通工人来说是很大一笔财富。人们不难多次应征再逃避兵役，以获取赏金。即使不在系统中作弊，一次性赏金也可以使人感到非常富裕。战争后期，来到美国的移民常常在下船后直接入伍，一些人前往美国就是为了参军。

提升士气

对战友的忠诚以及对所在团、旅和兵团的认同是一个人与军队之间的

> “我希望且相信，我能获得承担和履行职责的力量。”
>
> ——列兵爱德华·伊兹，写给父亲的信，1863年4月

纽带，也是使他拥有战斗意愿的最重要因素。驯服下级并不容易，上级命令的实施伴随着严厉的肉体惩罚，联邦军队发展成了比较有纪律、训练有素的力量。从1862年起，联邦部队通常可以获得充足的物资和装备。北方工厂提供了标准军装和战靴，尽管有时质量不佳。正规食物配给中也含有比例较高的熏猪肉、牛肉、面包和豆子。然而，在艰苦的战斗中，士兵很容易变得衣衫不整，饥肠辘辘。即使补给系统没有瘫痪，士兵在行军途中也很难抵抗洗劫农场的诱惑，通常是在邦联领土上。行军需要忍耐力——背包很重，脚也很疼。即使是在物资充足的军营里，军队生活也同样枯燥而令人厌倦。疾病是严重威胁，尤其是在卫生条件改进之前的早期阶段。联邦士兵死于疾病的概率是八分之一，死于战斗的概率是十八分之一。

281 881

南北战争期间联邦伤兵人数的估计值。参与战争的联邦士兵有四分之一非死即伤。

幻灭和叛逃

战争最后几年，联邦部队的质量有所下降。从1861年开始作战的自豪（虽然厌倦了战争）的志愿兵常常鄙视从1863年起进入军队的唯利是图的“赏金领取者”和代人服役者——列兵弗兰克·威尔克森将他们称为“没有良心的怯懦的无赖”。叛逃率一直很高。对军队生活感到失望或者需要解决家中困难的人会偷偷溜走，为获得大笔赏金而参军的人更是特别容易消失。格兰特在1864年9月抱怨说：“我们通过这种途径得到的人手几乎全都跑了。”不过，在重要关头，联邦士兵一直表现得很坚强。蓝衣士兵的勇气和战斗精神是毋庸置疑的。

休息

曾在佛蒙特团担任乐手的南北战争老兵朱利安·斯科特在1881年绘制了士兵玩牌的场景，也呈现了战争早期军装的不同样式。

无名联邦士兵

纽约第8重炮兵团的这名年轻新兵穿着全套军装，身旁放着哈迪帽，抱着滑膛枪。18岁是最小参战年龄，但是许多志愿兵谎报了出生日期。

之后

南北战争期间，大约250万人在联邦军队中服役。其中，大约36万人死于战斗、艰苦条件和疾病。

复员

战争期间，人们没有考虑士兵回归民间生活的问题。服役期满并且没有延长服役期的士兵直接回家了。战争结束时，舆论要求士兵迅速复员。联邦士兵聚集在军营里，等待解散命令。在缓慢而冗长的复员程序完成之前，许多人已经逃走了。

老兵抚恤金

1865年之前，帮助残疾老兵以及烈士遗属的抚恤金制度已经建立起来。到了1904年，这一制度实际上覆盖了所有健在的南北战争老兵。20世纪50年代，仍然有人在领取南北战争抚恤金。

延续的职责

美国陆军人数迅速缩水，但他们在南北战争之后仍然担负着重要责任。南方在重建期间需要接受军事统治（见第340—345页），而军队在平原印第安人战争中的行动则持续到了19世纪80年代，许多南北战争老兵与美洲原住民进行了对抗。

1 民兵军官平顶军帽

2 步兵便帽

3 1858式礼帽

4 军官宽边软帽

5 祖阿夫圆帽

6 军官肩章

7 民兵长礼服

8 骑兵披肩大衣

联邦军装

战争早期，联邦志愿兵自豪地穿着各种颜色的军装，包括邦联军的灰色，导致一些不知情的友军向他们开火。后来，深蓝色长礼服和浅蓝色裤子成了联邦步兵的标准服装。

1 **民兵军官平顶军帽** 纽约州第23民兵团。2 **步兵便帽** 带有猎号标志。3 **1858式礼帽** 又称哈迪帽，是战前陆军军帽的标准样式。4 **军官宽边软帽** 流行于西部战区。5 **祖阿夫圆帽** 属于宾夕法尼亚第114志愿步兵团。战争双方都组建了祖阿夫部队，最初穿着鲜艳的军装。6 **军官肩章** 1832年，美国陆军对所有军官的肩章做了规定。人们用带子将肩章系在肩部。7 **民兵长礼服** 战争开始时，州民兵部队穿着各种不同颜色的军装。8 **披肩大衣** 供联邦骑兵在寒冷环境下使用。9 **子弹盒** 用于存储手枪弹药。10 **水壶** 外面包着棉毛布。湿润的棉毛布有助于隔温。11 **腰带牌** 带压纹的黄铜牌是联邦士兵的标配。12 **腰带套件** 供步兵使用，包括子弹盒、火帽袋和刀鞘。13 **腰带和火帽袋** 纽约第8步兵团。14 **紧身夹克** 及臀短式夹克主要由骑兵和炮兵穿着，但是这一件的白色绲边说明它属于步兵。15 **骑兵裤子** 这条蓝色羊毛裤的黄色绲边说明它属于骑兵。16 **长礼服** 长礼服的袖口和领子上带有兵种颜色，浅蓝色代表步兵。

9 子弹盒

10 水壶

11 腰带牌

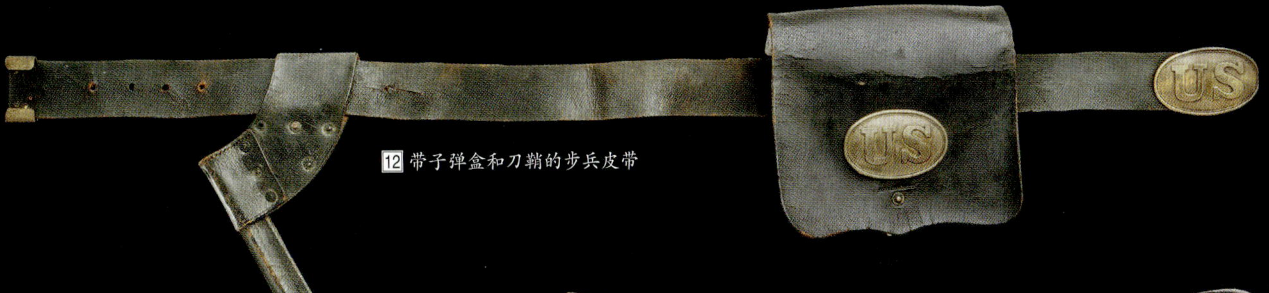

12 带子弹盒和刀鞘的步兵皮带

13 腰带和火帽袋

14 紧身夹克

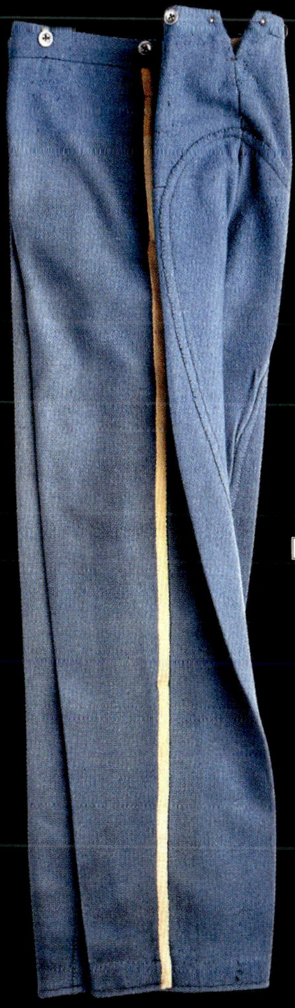

15 骑兵裤子

16 步兵长礼服

之前

南北战争的指挥官们采用的步兵战术源于欧洲传统。自从1700年左右燧发滑膛枪出现以来，这种传统战术一直很有效。

战斗训练

欧洲步兵被要求像受过严格训练的机器人一样战斗。防守时，他们站在开阔地上，用滑膛枪进行有组织的齐射。进攻时，他们装上刺刀，以密集的纵横队列在开阔地上稳步推进。在抵御骑兵冲锋时，步兵会组成方阵。

这些曾在拿破仑战争中得到使用的基本步兵战术被美国军校作为典范来研究，并在1846年至1848年的美墨战争中被美国步兵使用。

美墨战争

1854年至1856年克里米亚战争等后期欧洲战争表明，武器的改进会使步兵在传统的正面进攻中遭受巨大伤亡，尤其是当防御者位于野战工事之中时。这些教训在很大程度上被美国忽视了，不得不在南北战争中重新吸取。

步兵作战

南北战争中的步兵战术以现有技术、地形以及美国军官所熟知的欧洲战争传统为基础。军队未能根据步兵和炮兵防御火力的加强来调整战术，导致了严重伤亡。

南北战争开始时，步兵的武器五花八门，包括低精度旧式滑膛燧发鸟铳。到了战争第二年，双方的标准武器变成了线膛鸟铳——不是来自恩菲尔德兵工厂，就是来自斯普林菲尔德兵工厂。在激战中，迅速装弹和发射是步兵的重要技能。在开火之前，步兵需要取出含有米涅弹和火药的纸包子弹，用牙齿撕开，用推弹杆将火药和米涅弹推进枪筒，从盒子里取出火帽，放进击发装置。这种看似笨拙的前装武器实际上是战争中的一项重大进步。有经验的人可以一分钟三次发射斯普林菲尔德来复枪，其带槽枪筒提高了准确率，300至400码（274—366米）的有效射程是滑膛燧发枪的三倍。在压力下，士兵会犯错误，将推弹杆留在枪筒里，甚至忘记装入火药和米涅弹。不过，正确使用时线膛鸟铳是可靠的武器。在防守时，其射程和发射速度能给在开阔地上进行正面进攻的部队制造困难。

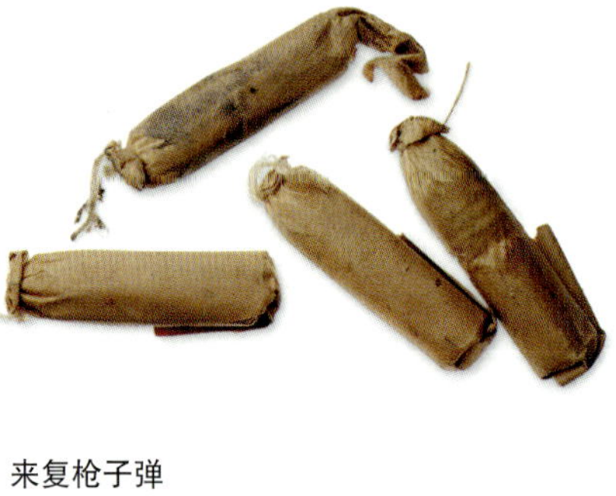

来复枪子弹

子弹由用纸包裹的米涅弹和火药组成。士兵需要在装弹前咬开子弹，这一过程会使脸被火药熏黑。南北战争期间，一些新型来复枪的纸包子弹被金属子弹取代。

阵线瓦解

北方和南方的将军们都相信，他们只能凭借受过训练、遵守纪律、自动遵守命令的大部队来赢得战斗胜利。W. J. 哈迪的《来复枪和轻步兵战术》等流行手册指出，进攻步兵应该以紧密的队列稳步推进，由军官维持严格的阵形，后面的人充当“队列官”，阻止胆小者偷偷溜走。在足够接近敌方阵地时，步兵会举着刺刀冲锋，将防御者吓跑，或者进行白刃战，常常是

刺刀冲锋
这幅温斯洛·霍默的插画展示了战争早期对敌方阵线的进攻。在背景左边，步兵以整齐的队列前进。在前景中，刺刀冲锋演变成了白刃战。

握着枪筒，将其当作棍棒使用。

虽然南北战争中的战斗有时和这种步兵进攻理念比较接近，在大多数情况下相去甚远。地形是一个阻碍因素。欧洲战术是为开阔地上的战斗设计的。在美国的荒野沼泽和树林中，更加松散的战斗形式是无法避免的。部队常常缺乏纪律，尤其是在战争早期。在遭遇战中，更常见的情况是，一方前进并开火，另一方从防御阵地向前冲锋并开火，随后是大混战。最重要的是，传统欧洲步兵进攻方式之所以面临危机，是因为炮兵的进步和线膛鸟铳的出现对进攻一方极为不利。

5
燧发鸟铳被线膛鸟铳取代时，火力的增长倍数。这提升了南北战争步兵的有效射程和射击速度。

防御优势

排着队并肩前进的人很容易被步兵齐射以及炮兵的霰弹和葡萄弹击中。减少伤亡的简单途径是采取更加松散的阵形，让士兵分散开，形成散兵线。相比之下，在被突破之前，防守者几乎不会受伤，尤其是当他们挖掘散兵坑或者躲在墙壁和河堤后面时。

士兵自己找到了保命的方法，他们利用掩体，用跪姿或俯卧姿势射击，用躺姿装弹。有经验的部队知道在火力密集时压低身子，在防御方齐射哑火时由己方压制火力掩护，发起短时冲锋。这种方法的劣势是，当部队“上了战场”，如果防御火力一直很猛烈，他们可能会滞留在那里，尤其是当他们判断取胜的可能性不大时。

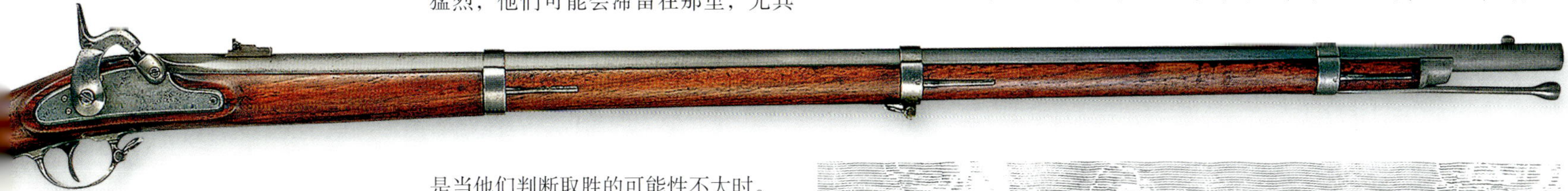

标配线膛鸟铳
斯普林菲尔德1861式击发线膛鸟铳是战争中的标准步兵武器。它有40英寸（101.6厘米）的枪筒，重9磅（4千克），其射程和准确率在部队中很受欢迎。

1864年，为了恢复正面进攻势头，联邦部队不得不以密集队形前进，枪支上没有预装火帽——避免停下来还击。联邦希望通过迅速而不间断的推进，在邦联防御阵地上打开一个缺口，他们有时的确成功了。不过，由于野战工事的日益精细和鹿砦（堆叠的树木所形成的障碍物）的保护，步兵正面进攻几乎不可能成功。

联邦在维克斯堡的战壕
在围攻过程中，部队挖掘了精密的战壕系统，以阻碍敌方进攻。虽然土垒很少像这里展示的那样整洁，但是进了战壕的士兵往往不愿意离开。

机动性的价值

如何打破防御火力占优势的僵局？答案在于机动性。部队可以绕到敌方防线的侧翼或后方，从意外的方向展开进攻，或者迫使敌人撤退。训练有素、能够迅速灵活行军的部队取得了一些惊人的胜利。不过，在1863年的葛底斯堡，即使是像罗伯特·E.李将军这样的机动大师也别无选择，只能发动臭名昭著的“皮克特冲锋”式正面进攻。南北战争后期的堑壕战遏制了正面进攻，使双方失去了机动的自由。从此，南北战争转变成了取决于消耗的战术对峙。

“我见过一些战斗画面——所有人排成一行，站在平坦的战场上作战……事实并非如此。”

——联邦列兵威廉·布里尔利，来自安蒂特姆的信件，1862年9月

之后

南北战争中正在发展的军事技术使步兵进攻在后来的50年里变得更加困难。

连发来复枪
淘汰线膛鸟铳的步兵武器是使用金属子弹的后装速射枪。到了战争结束时，连发来复枪在联邦军队中得到了广泛使用，尤其是斯宾塞来复枪。斯宾塞来复枪每分钟可以发射20次，而前装枪每分钟最多只能发射3次。在南北战争中得到试验性使用的加特林机枪每分钟可以发射200次，预示了自动武器时代的到来。

堑壕战
在南北战争之后的几十年间，炮兵的射程、射击速度和炮弹爆炸力得到了极大改进。这些武器上的进步以及保护战壕的铁丝网的使用导致了第一次世界大战中的堑壕战。当时，军队使用了同样的基本步兵战术，得到的是更高的伤亡率和更少的战果。

之前

1861年，当南北战争开始时，铁甲战舰在海军舰艇设计上尚属新鲜事物。不出所料，联邦和邦联都想加以使用。

克里米亚战争期间，法国和英国海军在一些战舰的木制船身上覆盖了铁板，称为装甲。这项实验被认为是成功的。1859年，法国铁甲战舰“荣耀”号下水。第二年，英国也推出了自己的装甲战舰“勇士”号。

美国的发展

邦联看到了用铁甲舰挑战联邦海军优势的可能性。战争伊始，他们就占领了诺福克海军造船厂，得到了联邦汽帆两用巡航舰“梅里马克”号被烧焦的船体。这艘船被抢救下来，并被改造成蒸汽驱动的邦联铁甲舰“弗吉尼亚”号，在吃水线以上装有4英寸（10厘米）厚的铁板装甲。与此同时，联邦迅速而及时地制造了更完备的全金属军舰“莫尼特”号，它第一次出动就遇到了“弗吉尼亚”号。

10

邦联军舰“弗吉尼亚”号携带的大炮数量——前后两门7英寸线膛炮，侧舷六门9英寸滑膛达尔格伦炮，以及两门6.4英寸线膛炮。

铁甲舰之战
联邦军舰“莫尼特”号（左）和邦联军舰“弗吉尼亚”号（右）近距离交火。“弗吉尼亚”号表面严重受损，但两艘船携带的武器都不足以给对方造成决定性破坏。

汉普顿罗兹之战

1862年3月，联邦军舰“莫尼特”号和邦联军舰“弗吉尼亚”号进行了全球蒸汽铁甲战舰之间的首次交锋。此次遭遇战陷入了僵局，没有改变南北战争中的海军力量对比，但它标志着海战技术划时代的进步。

联邦海军的封锁切断了里士满经詹姆斯河进行的国际贸易。邦联急于打破封锁。1862年3月8日，邦联铁甲舰“弗吉尼亚”号驶离诺福克海军造船厂，前去挑战汉普顿罗兹的联邦封锁力量。詹姆斯河在汉普顿罗兹汇入切萨皮克湾。对于执行封锁任务的联邦战舰船员来说，这艘带倾斜铁板装甲、难看、移动缓慢的战舰看上去很可怕。“弗吉尼亚”号船长、61岁的富兰克林·布坎南有许多大炮，但他想使用的主要武器是安装在船头的钢铁撞角。当“弗吉尼亚”号驶向联邦单桅军舰“坎伯兰”号时，联邦战舰的炮弹被“弗吉尼亚”号的金属板弹了回去。撞角刺入了“坎伯兰”号的木制船壳，使之沉入海底——几乎把“弗吉尼亚”号也拖了下去。还好，撞角折断了，这对布坎南及船员来说是一件幸事。“弗吉尼亚”号将注意力转向了联邦巡航舰“国会”号。看到“坎伯兰”号的命运，“国会”号舰长将船搁浅，以免受到邦联铁甲舰的撞击。该巡航舰成了“弗吉尼亚”号和邦联中队其他舰艇的活靶子。在轰炸下，无助的“国会”号降下旗帜，这是海战中具有悠久历史的投降信号，但岸上的联邦士兵并不知道这种传统，在舰艇组织投降事宜时开了火，使布坎南左腿严重受伤。出于报复，他下令向“国会”号发射红热弹，使之起火——第二天凌晨，这艘船终于爆炸了。另一艘联邦巡航舰“明尼苏达”号也搁浅了，并被当作下

盖茨比·阿普·罗杰·琼斯
作为有威尔士血统的弗吉尼亚人，盖茨比·阿普·罗杰·琼斯辞去了美国海军的职务，加入邦联。他在汉普顿罗兹接过了邦联军舰“弗吉尼亚”号的指挥权。

技术

联邦军舰“莫尼特”号

联邦军舰“莫尼特”号的设计是由出生在瑞典的工程师约翰·埃里克森提交给美国海军铁甲舰委员会的。这种半浸式金属艇拥有装甲甲板，安装了旋转炮塔和小型驾驶室，带有两门11英寸（280毫米）滑膛达尔格伦炮（下图），具有膨胀的外形，可以使用更多爆炸性推进剂，不会有大炮爆炸的危险。蒸汽发动机驱动着同样由埃里克森设计的船用螺旋桨。“莫尼特”号在水中比较隐蔽，很难被击中，但这降低了适航性。其部件是在不同铸造厂制造的。“莫尼特”号于1862年1月30日下水。

之后

邦联未能打破封锁。接下来的两个月，“弗吉尼亚”号偶尔驶入汉普顿罗兹，但激烈对决再也没有出现。

5月，向前推进的联邦陆军部队缴获了“弗吉尼亚”号，将其击沉。1862年12月31日，在北卡罗来纳州哈特勒斯角附近，一直不适合海上航行的“莫尼特”号在大西洋的狂风中沉没。不过，它的设计孕育了一系列被称为“莫尼特”的战舰，用于近海战和河流战。直到20世纪30年代，“莫尼特”式舰艇还在服役。撞角和旋转炮塔很快被采纳为战舰的标准装备。

战争中的装甲舰艇

铁甲舰和“莫尼特”式舰艇在随后的海军行动中扮演了重要角色，包括密西西比河控制权争夺战（见第96—101页，第190—193页）以及莫比尔湾之战（见第286—第287页）。

实心弹

击中邦联军舰“弗吉尼亚”号倾斜的铁板装甲后被压扁的实心弹——这是汉普顿罗兹之战的纪念物。联邦方面仍然用“弗吉尼亚”号最初的名字“梅里马克”号来称呼它。

一个摧毁目标。不过，随着夜晚的到来，“弗吉尼亚”号撤离战场，接受维修。联邦海军损失了两艘战舰和超过230名水兵的生命。

“我和部下都被烟雾和火药熏得漆黑。”

——联邦上尉塞缪尔·格林，在联邦军舰“莫尼特”号上

联邦军舰“莫尼特”号参战

第二天上午，“弗吉尼亚”号重新出现，由盖茨比·阿普·罗杰·琼斯指挥，代替受伤的布坎南。琼斯吃惊地发现，“弗吉尼亚”号和搁浅的“明尼苏达”号之间横着一个外形奇怪的金属物体。这就是联邦铁甲舰“莫尼特”号。这艘船从纽约向南匆匆赶来，在夜间抢占了位置。“莫尼特”号经历了惊险的航行，几乎在波涛汹涌的海上沉没。由舰长约翰·沃登率领的59名官兵已经精疲力竭、饥肠辘辘。沃登立即下达了攻击“弗吉尼亚”号的命令。

两艘船接近到保持直射距离，开始交火。“莫尼特”号的装甲挡住了“弗吉尼亚”号大炮的轰击，但“莫尼特”号的火力也没有对“弗吉尼亚”号的铁板造成更大的影响。在狭小局促、浓烟滚滚的环境下，“莫尼特”号炮手在新式炮塔的操作上出了问题。最终，炮塔只能保持旋转状态，在大炮扫过目标时开火。在硝烟中，双方船员的视力受到限制。两艘船几乎是一边凭借猜测围着对方转圈，一边发射炮弹。“莫尼特”号船体较小，速度较快，平坦的底部在浅水中占优势。“弗吉尼亚”号一度搁浅，又摆脱束缚，战斗也在继续。

最后的冲突

“弗吉尼亚”号试图撞毁“莫尼特”号，但后者逃进了浅水区。当战斗似乎不会出现结果时，一枚邦联炸弹碰巧在“莫尼特”号驾驶室的观察缝中爆炸。沃登面部受伤，失去了视力。在他将指挥权转给大副塞缪尔·格林之前，出现了一些混乱。在此期间，“弗吉尼亚”号的盖茨比·阿普·罗杰·琼斯认为“莫尼特”号已经放弃战斗并撤退，因此宣布获胜。准备继续战斗的格林看到“弗吉尼亚”号离去，也宣布获胜。

“莫尼特”号指挥官

1861年1月，约翰·沃登以上尉身份担任联邦军舰“莫尼特”号的指挥官。他后来从汉普顿罗兹的伤病中恢复过来，并在1886年以少将军衔从海军退役。

之前

在南北战争之前，新奥尔良的贸易迅速发展，日益繁荣，在密西西比河上也占有重要的战略位置。

多重联邦威胁

虽然新奥尔良对邦联非常重要，但邦联还是放松了此地的防御，便于应对联邦对田纳西北部造成的威胁。尤利西斯·S. 格兰特正在向亨利堡和多纳尔森堡推进（见第104—105页）。邦联陆军和海军部队都被派往北方，包括河流防御舰队的八艘舰艇。

海上登陆

联邦凭借战争早期的两栖战经验，相信可以通过海上行动占领新奥尔良。在1861年8月的北卡罗来纳州哈特勒斯湾和同年11月的南卡罗来纳州罗亚尔港，联邦战舰用海军炮火征服了海岸堡垒。这意味着他们可以通过海军攻击和部队登陆攻下新奥尔良的河流堡垒。之前的这两次行动加强了联邦对南方港口的封锁（见第72—73页）。

新奥尔良的陷落

1862年4月，新奥尔良被联邦部队占领，使邦联遭受重挫。此前，在一次大胆的夜间海上行动中，戴维·法拉格特领导的联邦战舰强行穿过了邦联杰克逊堡和圣菲利普堡的炮火。

联邦袭击新奥尔良的计划始于1861年至1862年的冬天。最初估计需要多达5万联邦士兵。到了1862年2月，主要任务落在戴维·法拉格特上校率领的联邦海军西海岸封锁中队头上。

法拉格特选择了纯海军行动，以突破新奥尔良仅有的重要防线杰克逊堡和圣菲利普堡。两座堡垒位于新奥尔良以南大约75英里（120公里）处的密西西比河两岸，设有大约126门大炮。传统观念认为，试图通过这两座堡垒的战舰会被炸飞。此外，联邦中队需要依赖各种铁甲舰和“棉甲舰”——以棉包为装甲的船只。3月，法拉格特的17艘舰艇通过了最初的障碍：位于密西西比河河口的沙堤。法拉格特的中队由他的旗舰“哈特福德”号，以及一些用于轰炸陆地的迫击炮纵帆船组成。接着，他用一个月的时间完成了准备。他侦察了邦联堡垒，以及由被击沉的船只残骸组成的路障——从一侧河岸延伸至另一侧，阻止船只沿河而上。

168 675

1850年人口普查中的新奥尔良人口。由此判断，它是美国第六大城市，也是邦联到当时为止最大的城市。

轰炸始于4月18日。数千颗炮弹向两座堡垒倾泻，但效果微乎其微。两座堡垒的反击火力同样缺乏效果。从未对迫击炮抱有太大信心的法拉格特很快决定执行他所偏爱的强制上溯计划。他的炮艇袭击成功地在船骸链中打开了一条适航通道。4月24日凌晨2点左右，联邦舰艇在夜幕掩盖下沿河而上，抵达船骸链，分为三队，法拉格特领导中间一队。凌晨3:40，大多数舰艇已经通过了船骸中的缺口。此时，月亮升起，将他们暴露在敌人的视野中。来自两座堡垒的炮弹像暴雨一样倾泻而下。法拉格特的舰艇开始还击，迫击炮纵帆船也加入战斗。此时，夜空被照亮，就像烟花表演一样。法拉格特的勇敢得到了回报，因为正像他预料的那样，陆地炮台在惊慌和混乱中胡乱开炮。联邦只有后队的三艘炮艇未能通过堡垒，一艘被炮火摧毁；另外两艘返航，没有试图冲过通道，因为天已

交战之前

去往新奥尔良的联邦迫击炮纵帆船甲板上的船员以及该船强大的25 000磅（11 340千克）大炮。

密西西比河上的混战
联邦在夜幕掩盖下穿越堡垒的行动引发了月光下的水战。你可以在画面左侧看到杰克逊堡，它正在向绕过河流弯道的联邦舰艇开火。

经亮了。这道障碍后方的邦联战舰只做出了零星的反击。他们的拖船将堆满燃烧木材的筏子推向联邦舰艇，使法拉格特的旗舰起火，但火被船员扑灭。

棉甲舰对阵炮艇

同一时间，由民用轮船改造而成的邦联棉甲舰“摩尔总督”号在上尉贝弗利·肯农的指挥下进行了大胆的攻击。它发现联邦军舰“伐楼拿”号落了单，便坚持不懈地追逐，船员在激烈交火中伤亡惨重。“摩尔总督”号用加固的船首两次撞击“伐楼拿”号。随后，邦联军舰“石墙杰克逊”号击沉了这艘联邦炮艇。“伐楼拿”号是联邦在此战中的唯一损失。“摩尔总督”号随后被几艘联邦战舰击中，并在失控状态下被船员破坏并沉没。

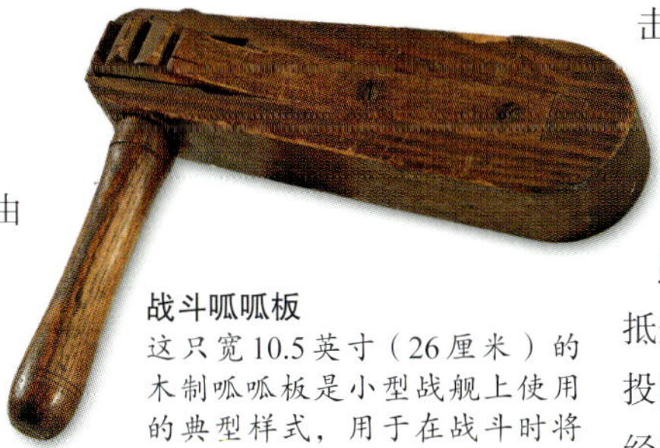

战斗呱呱板
这只宽10.5英寸（26厘米）的木制呱呱板是小型战舰上使用的典型样式，用于在战斗时将所有人手召集到战斗岗位上。

此次战斗中，外观最为奇特的船是邦联军舰“马纳萨斯”号，这艘雪茄形铁甲舰装有一个撞角和一门大炮。在一系列撞击进攻中，其曲线形装甲表现得很好。联邦侧轮汽船“密西西比”号和单桅帆船“布鲁克林”号均遭袭击，后者严重受损。“马纳萨斯”号最终搁浅并被摧毁。另一艘邦联铁甲舰“路易斯安那”号只发射了几枚炮弹——随后被摧毁，以免被俘获。

击溃南方海军部队以后，法拉格特已经打开了通往新奥尔良的道路。他于4月25日抵达该市，要求对方投降。此时，守军已经撤出，新奥尔良失去了防御，但邦联当局拒绝投降，而登陆并正式占领城市的联邦军官和水兵也受到了骚扰。法拉格特选择了明智的等待，以平息人们的愤怒。四天后，他的海军陆战队在新奥尔良主要公共建筑上升起了联邦旗帜。

同时，堡垒被邦联控制。不过，在4月29日联邦再次进行迫击炮轰炸后不久，杰克逊堡的守军发生了哗变。两座堡垒的指挥官约翰逊·邓肯将军认为投降的时间到了。因此，当本杰明·巴特勒将军的联邦部队于5月1日向新奥尔良进军时，他们没有受到阻挡，而是在没有进行任何战斗的情况下占领了城市。

之后

新奥尔良受到了联邦将军本杰明·巴特勒的军事统治。他控制敌对城市的粗暴手段引发了国际争议。

粗暴的占领

在这座被占领的城市，巴特勒对支持邦联的示威活动进行了镇压。报纸受到审查，在布道中表示同情邦联的教士遭到逮捕。当威廉·芒福德由于在城市投降时扯下联邦旗帜而被处以绞刑时，杰弗逊·戴维斯宣布巴特勒本人才是应当被绞死的罪犯。

此外，从联邦角度看，巴特勒激怒了国际舆论。法国政府谴责联邦将夏尔·埃德西克作为间谍逮捕的行为。最具破坏性的是巴特勒于1862年5月15日发布的通令。这份令称，任何侮辱联邦士兵的女性“将被……当成城市女人”——即妓女。巴特勒设法维持了秩序，改善了公共卫生，但他在1862年末被解除了墨西哥湾战区的领导职务。

本杰明·巴特勒

> “穿越堡垒是我经历过的最可怕的场面和事件。”
>
> ——戴维·法拉格特写给海军助理部长的信，1862年4月27日

不受欢迎的到来者
联邦获胜后，登岸并正式占领新奥尔良的水兵受到了愤怒群众的敌视。直到胜利一周后，联邦士兵才占领这座城市。

联邦海军上将 生于1801年 逝于1870年

戴维·法拉格特

“海军上将法拉格特有……真英雄的谦逊的温柔。”

——联邦海军部长吉迪恩·威尔斯的日记，1863年9月12日

作为美国南北战争中最伟大的海军英雄，戴维·法拉格特在战争爆发时即将迎来60岁生日。他很可能认为自己的海军生涯已经过了顶峰，眼看就要退休了。然而，战争再次使他大展身手，成为备受瞩目的名人。

法拉格特是西班牙移民的儿子。他的父亲是商船水手，曾在独立战争中为新国家战斗。不过，早年对法拉格特影响最大的人是美国海军军官戴维·波特。波特将小法拉格特带进了他的家，并让仅仅九岁的法拉格特以海军学校学员的身份加入海军——即使从当时的标准来看，这也是过早的。

联邦军舰“哈特福德”号
作为法拉格特在整个南北战争中的旗舰，“哈特福德”号是一艘新造的螺旋桨单桅帆船，由蒸汽和船帆共同推进，符合当时的惯例。武器包括20门9英寸（23厘米）达尔格伦炮。

小男孩很快在1812年英美战争中经历了战斗，当时波特的巡航舰“埃塞克斯”号在太平洋巡航，搜寻英国捕鲸船。12岁时，法拉格特接到了第一份命令，指挥一艘被捕船只进港。1814年3月，“埃塞克斯”号在智利瓦尔帕莱索遭两艘英国皇家海军舰艇围困。波特试图战斗，但是在24名船员已死、另有48名船员受伤的情况下，他被迫投降。法拉格特被俘后被释放，后续没有在战争中发挥作用。

从1815年起，和平时期的服役环境令所有职业水兵感到沮丧。晋升非常缓慢，展示能力的机会少之又少。法拉格特似乎错过了所有机会，甚至未能在1846年至1848年的美墨战争中参与重要行动。他在岸上履行管理职责，在弗吉尼亚州诺福克海军造船厂监督军械制造，并且筹建了加利福尼亚马雷岛海军造船厂。

战争爆发

当法拉格特在1861年4月背叛自己的南方出身，主动向联邦请缨时，人们没有理由相信他会成为出色将领。他在八个月的时间里没有得到重用，内心备受折磨，部分原因在于他的南方出身受到了怀疑。后来，海军部长吉迪恩·威尔斯选择由他指挥海军对新奥尔良的进攻。

法拉格特的新角色使他在1862年初成了西墨西哥湾封锁中队的负责人。他立即展现了出色的能力。虽然袭击新奥尔良的最初计划是海军支持下的陆地进攻，但法拉格特在很大程度上忽略了陆军的作用，他更喜欢独自完成任务。他进行了细致而从容的准备，然后对密西西比河防线发起坚

海军上将肖像
法拉格特身穿军礼服的棚拍肖像，1863年左右拍摄。法拉格特先后成为美国海军历史上的首位少将、中将和上将。

荣誉之剑
1864年4月23日，纽约的仰慕者向法拉格特赠送了这把镶有宝石的剑。剑身上刻着"……向英勇保卫国家的他表达感谢"。

决而积极的进攻。当他的旗舰"哈特福德"号起火时，他令人钦佩地保持镇静，鼓励船员将火势控制下来。

占领新奥尔良的大胆行动使法拉格特得到了名誉、晋升和国会的感谢。美国海军之前不设军官军衔，赋予了高级海军指挥官更加"民主"的悬旗表示职衔的资格。不过，法拉格特的海军少将军衔获得了广泛认可。

> "在做成这件事之前，你们这帮人就会遭殃。"
>
> ——法拉格特致邦联人

河流和海洋上的挫折

当法拉格特于1862年6月带领舰队沿密西西比河而上，抵达维克斯堡时，他发现这座堡垒高耸于河岸之上，海军大炮的轰炸不会产生任何明显的效果。

回到海上，法拉格特不知疲倦地为封锁湾区港口努力，但他在1863年1月遭受了双重打击，当时联邦军舰"哈特勒斯"号在得克萨斯州加尔维斯顿附近被邦联军舰"亚拉巴马"号击沉，而邦联军舰"佛罗里达"号也成功逃离了亚拉巴马州莫比尔港。在这两次事件中，法拉格特本人并没有在现场指挥行动。第二年春天，在哈得孙港，他在很大程度上掌握指挥权。除了远在北边的维克斯堡，哈得孙港是邦联在密西西比河上的最后一座堡垒。3月中旬，法拉格特计划派三艘舰艇驶过哈得孙港炮台，同时由联邦陆军发动牵制性地面进攻。不过，由于协调不力，法拉格特只能在没有陆军支持的情况下展开河流行动。邦联摧毁了法拉格特的五艘舰艇，只有联邦军舰"哈特福德"号和一艘炮艇驶过了炮台。虽然受到严重的挫折，但法拉格特还是利用残存的力量在随后的哈得孙港围攻战中拦截了沿雷德河而下的邦联物资，为陆军提供了帮助。

令人鼓舞的勇气

在纽约度过理所应当的休息期后，法拉格特于1864年接到了进攻亚拉巴马州莫比尔的任务。由于缺少兵力，无法通过陆海联合行动占领莫比尔市，法拉格特只能占领莫比尔湾和那里的舰艇。这本身也是一个宏大的目标，因为邦联防御者已经做好了准备。法拉格特的中队需要在摩根堡的炮火下穿过布有水雷（当时叫作鱼雷）的水道，对抗邦联舰艇，包括巨大的邦联铁甲舰"田纳西"号。

法拉格特似乎就是为这种行动而生的。用吉迪恩·威尔斯的话说，这需要法拉格特"天生的无畏的道德勇气"。当法拉格特的一艘前导舰艇被水雷击沉时，行动几乎要失败，但他喊出了有名的口号"让鱼雷去死吧，全速前进！"，随即率领中队通过了雷区。在随后艰难战胜邦联军舰"田纳西"号的海战中，他同样冲在最前。

莫比尔湾来之不易的胜利使法拉格特的名声达到了无与伦比的高度。虽然由于健康状况不佳，他在南北战争中没有继续发挥重要作用，但他在战后备受赞誉。他在林肯的葬礼上担任护柩人，被晋升为海军上将，带着一个中队跨越大西洋，在欧洲各国首都受到隆重接待。

1870年，在令人难忘的盛大葬礼后，法拉格特被安葬在纽约布朗克斯区伍德劳恩公墓。

莫比尔湾之战
1864年8月5日，当莫比尔湾的战斗正在激烈进行时，法拉格特站在联邦军舰"哈特福德"号的帆索上。他在战斗最激烈的时候爬上帆索，以便从硝烟上方观察形势。

时间线

- **1801年7月5日** 在田纳西河诺克斯维尔附近出生，取名詹姆斯·格拉斯哥·法拉格特。他的父亲豪尔赫·法拉格特出生于西班牙，是当地的渡船操作员。
- **1808年** 母亲去世后，法拉格特被海军军官戴维·波特收养。为纪念波特，他后来将名字中的詹姆斯改成了戴维。
- **1810年12月** 被任命为准尉，在波特领导的联邦巡航舰"埃塞克斯"号上服役。
- **1814年3月28日** 在1812年战争期间，"埃塞克斯"号在智利瓦尔帕莱索附近被俘获，法拉格特亦被俘。
- **1821年** 在参与地中海行动后，法拉格特晋升为尉官。他在1825年成为上尉，在1841年成为中校。
- **1823年9月** 与弗吉尼亚州诺福克的苏珊·C. 马钱特结婚。在诺福克定居，并在海军造船厂工作。
- **1843年12月** 在第一任妻子去世三年后，法拉格特与弗吉尼亚·洛娅尔结婚。他们有一个儿子。
- **1854—1858年** 在加利福尼亚马雷岛建立海军造船厂，作为西海岸的船只维修点。晋升为上校（1855年9月）。

1840年左右的法拉格特

- **1861年4月18日** 弗吉尼亚退出联邦第二天，选择忠于联邦的法拉格特离开诺福克，前往纽约。
- **1862年1月9日** 接过西墨西哥湾封锁中队指挥权，接到占领新奥尔良的命令。
- **1862年4月24—25日** 法拉格特的中队穿过密西西比河的炮火，打到新奥尔良。这项功绩使他晋升为少将，这是美国海军之前没有被授予过的军衔。
- **1862年6—7月** 法拉格特的中队参与了攻克维克斯堡的海军行动，但是没有成功。
- **1863年3月14日** 在密西西比河上的哈得孙堡，未能与地面部队进行有效协调。
- **1864年8月5日** 在法拉格特最著名的行动中，领导海军部队进入亚拉巴马海岸附近的莫比尔湾，摧毁邦联战舰中队。
- **1864年12月21日** 成为美国海军历史上第一位中将。
- **1866年7月26日** 成为美国首位海军上将——这一职衔是国会专为他设立的。
- **1870年8月14日** 在新罕布什尔死于中风。9月30日，接受隆重的国葬。

密西西比河上的行动

1862年，在对密西西比河控制权的争夺中，棉甲舰和“普克龟”等各色战舰参加了十号岛、普拉姆波因特本德和孟菲斯的战斗。此战为邦联带来了灾难，联邦方面也没有达成最终目标。

南北战争伊始，联邦总司令温菲尔德·斯科特提出的“蟒蛇计划”强调沿密西西比河向南推进，将邦联一分为二。不管联邦是否愿意实施这种进攻，他们都无法立即采取行动，必须先组建一支与陆军配合的联邦河流舰队，以攻克控制水道的邦联堡垒。为了打造一支河流铁甲炮艇分队，联邦找到了工程师和实业家詹姆斯·伊兹。伊兹根据伊利诺伊州开罗市海军建筑师塞缪尔·普克的设计从头制造了七艘舰艇。这些吃水较浅的船由船尾明轮驱动，被包裹在倾斜的铁制装甲里。它们的正式名称是城市级炮艇，绰号“普克龟”更加有名。这七艘铁甲舰组成了西部炮艇分队的核心，该分队最初由美国陆军指挥。相比之下，邦联则需要勉强将江轮改造成战舰，通常是以棉包为装甲，叫作“棉甲舰”，然后在船头添加撞角，并配备一两门大炮。

“普克龟”
联邦军舰“开罗”号是塞缪尔·普克为河流战设计的联邦城市级铁甲炮艇之一。它于1862年1月开始服役，最初配备16门大炮和250名船员。

十号岛

在沿密西西比河向南推进时，联邦部队需要攻克的第一个据点是十号岛，这是新马德里镇附近河流转弯处的坚固阵地。1862年3月初，约翰·波普少将新成立的密西西比军团穿越密苏里州，抵达了新马德里外围。由于无法抵挡联邦的围攻炮火，邦联人很快放弃了新马德里镇，但十号岛是一颗更硬的钉子。联邦河流分队的七艘铁甲舰和一组迫击炮纵帆船的大炮未能对岛上的防御产生决定性影响。波

> “……它们沿河而下，将恐怖撒向每一个负罪的灵魂。”
>
> ——“普克龟”号船员，1862年

之前

交战双方都意识到，密西西比河的控制权是一个重要战略目标。联邦占据了密西西比河和俄亥俄河交汇处的伊利诺伊州开罗市，邦联希望阻止其进一步南下。

邦联行动

1861年9月，利奥尼达斯·波尔克将军率邦联部队在肯塔基州占领了密西西比河上的哥伦布。他将其变成了堡垒，装备了143门对准河流的大炮，并用锁链挡住了河道。这个“西方直布罗陀”是联邦沿密西西比河向南推进的巨大障碍。

不过，在1862年2月多纳尔森堡陷落后（见第104—105页），由于补给线受到威胁，邦联无法驻守哥伦布，未经战斗便放弃了这里。部分守军和许多大炮被转移到哥伦布以南50英里（80公里）的十号岛。

联邦战略

1862年2月23日，西部战区的联邦指挥官亨利·哈莱克将军下令创建密西西比军团。这个军团有2.5万人，由约翰·波普少将领导，任务是配合河流舰队沿密西西比河南下。

孟菲斯之战
1862年6月6日，邦联棉甲舰“博勒加德”号在孟菲斯附近受到联邦军舰“莫纳克”号撞击。古代海军撞击战术的复兴是使用装甲汽船的一个意外结果。

詹姆斯·布坎南·伊兹
作为富有创造力的民间工程师和商人，伊兹帮助军方构想在密西西比河上组建联邦铁甲分队。七艘城市级军舰是在他的船厂建造的。

普的解决方案是绕过邦联据点，切断其经过田纳西的补给线。他挖掘了运河，将运兵船移动到岛屿下游，并在夜幕掩盖下让两艘铁甲舰溜过了炮台。他的部队穿过河流，来到田纳西河岸。岛上的守军受到包围，寡不敌众，在4月8日投降。

邦联的胜利

联邦炮艇与目的地孟菲斯之间的主要阻碍是皮洛堡，该堡垒于5月开始被联邦炮艇轰炸。急于加强孟菲斯防御的邦联派八艘棉甲撞击舰北上，严重削弱了新奥尔良的海军防御力量。5月10日，由詹姆斯·蒙哥马利指挥的棉甲舰在皮洛堡重创联邦分队，顶着联邦炮火撞沉了联邦铁甲舰“芒德城”号和“辛辛那提”号。

孟菲斯陷落

上述行动通常被称为普拉姆波因特本德之战，极大鼓舞了邦联士气，但是并没有逆转局势。皮洛堡还是陷落了。5月末，联邦占领了位于科林斯的重要铁路枢纽，使皮洛堡暴露在地面进攻之下。随后，邦联放弃了这座堡垒。

到了1862年6月，新奥尔良已经被法拉格特的舰队攻占。面对从田纳西向南推进的联邦军队，孟菲斯已经无力防守。6月6日，最后的河流战斗在从城市就能看见的范围内打响。在普拉姆波因特本德邦联撞击舰的启发下，联邦舰队也添加了九艘撞击舰——由宾夕法尼亚工程师查尔斯·埃利特用拖船改建，由平民江轮船员驾驶。蒙哥马利的棉甲撞击舰驶出河面，与联邦舰队相遇，受到了孟菲斯陡峭河岸上围观群众的欢迎。最终，它们被埃利特的撞击舰和剩余五艘联邦“普克龟”的炮火击溃，只有一艘邦联军舰逃脱。

维克斯堡屹立不倒

随着孟菲斯的陷落，阻碍联邦控制密西西比河的邦联堡垒只剩下了维克斯堡。6月末，法拉格特的舰队沿河而上，与河流舰队合力袭击维克斯堡，但是大炮几乎无法撼动坚决的守军。7月15日，邦联铁甲舰“阿肯色”号来到维克斯堡，在联邦舰队中穿过，击毁联邦铁甲舰“卡龙德莱特”号，在造成巨大伤亡后躲到了堡垒炮火的掩护下。此次英勇行动过后，联邦军舰承认目前无法攻克维克斯堡，于7月末撤退。

1
联邦在孟菲斯海战中的伤亡人数记录。死者是联邦撞击舰指挥官查尔斯·埃利特，他受了致命伤。邦联损失了大约180人。

之后

邦联未能阻挡联邦在密西西比河上的进攻，但联邦部队也难以取得更多进展。

袭击巴吞鲁日

7月末，在邦联铁甲舰“阿肯色”号和河流中队的支援下，约翰·C.布雷肯里奇领导的邦联部队试图夺回巴吞鲁日。布雷肯里奇于8月5日发动进攻，取得了一些胜利，但他的海军支援未出现，因为“阿肯色”号的发动机出了故障。暴露在联邦炮艇火力下的邦联部队只能撤退。

巴吞鲁日之战

1862年下半年，联邦将军格兰特对维克斯堡发动地面进攻的努力同样没有取得成功。直到1863年7月，位于维克斯堡的邦联堡垒才被攻克（见第190—193页）。

亲历者　1862年7月15日

邦联军舰“阿肯色”号冲破联邦舰队

配备十门大炮的邦联铁甲舰“阿肯色”号在很大程度上是邦联军自制的，它冲破了停泊在维克斯堡上游的大型联邦舰队。无畏的邦联人发动猛烈的炮击，摧毁了联邦铁甲舰“卡龙德莱特”号，并对其他舰艇造成了损伤。接着，“阿肯色”号勇敢地与联邦军舰擦肩而过，受到了维克斯堡市民的热烈欢迎。

“在密西西比河水流的帮助下，我们很快接近了联邦舰队——我们可以看到密密麻麻的桅杆和烟囱——左边是军舰、撞击舰、铁甲舰和其他炮艇，右边是普通江轮和炮击船。对于任何真正指挥撞击舰的人来说，谁也刻画不出比这更加真实的浩劫般的场面，而对面右岸散布在无数帐篷中的市民又加强了它的全景效果。我们还没有看到维克斯堡，但是除了船尾，我们可以在每个方向上看到敌人。乍一看，似乎有一整支海军前来阻止我们接近这座英雄城市——六七艘撞击舰，四五艘铁甲舰……

“当我们前进时，火线似乎变成了不断缩小的圆圈……落在身旁的飞弹制造的冲击波几乎没有停歇。由于我们已经被包围，除了前进别无选择，而十二磅的榴霰弹又不断落在防护甲板上，因此我来到下面，查看我们的密苏里乡下人操纵100磅哥伦布炮的情况。此时，我极为清晰地感觉到，我们驶进了真正的火山，‘阿肯色’号正在火山中心向周围的每个点迅速开火，无须担心击中友军或错过敌人……今天早上，每个角落的温度都有点高，敌人的炮弹不断在我们的装甲上找到薄弱点，他们的榴霰弹和米涅弹也穿过了我们的舷窗。不过，在120度的高温下，我们的人仍然在坚持工作……

“我们已经来到了敌人看似没完没了的战线的尽头，我们已经通过了火山的外层……当这一小群英雄聚集在我周围，表示友好的祝贺时，一颗很重的来复枪子弹在我们头顶低低掠过：这是对我们的告别礼……”

——艾萨克·N. 布朗上校，邦联军舰“阿肯色”号指挥官，
选自《南北战争中的战役和将领》，1888年。

交火
图中，勇敢的“阿肯色”号在密西西比河上的联邦舰艇中间开辟道路，同时进行近距离交火。这艘铁甲舰没有击沉敌方舰艇，却使联邦海军遭受了严重伤亡。

格兰特占领亨利堡和多纳尔森堡

1862年2月，尤利西斯·S.格兰特占领了坎伯兰河和田纳西河上的两座邦联堡垒，从此声名鹊起。两座堡垒的陷落使邦联遭受重挫，直接导致田纳西州府纳什维尔被联邦掌控。

轰炸亨利堡
富特率领的西部炮艇分队的铁甲舰和木甲舰仅仅凭借海军轰炸就化解了坎伯兰河上的亨利堡河岸炮台的抵抗。

之前

位于伊利诺伊州开罗市的联邦陆军和海军部队占据着有利位置，可以沿着密西西比河、田纳西河和坎伯兰河这三条河流攻入邦联领土。

两栖进攻

河流行动的前奏是建造七艘铁甲舰（见第100—101页），以创建西部炮艇分队。这些战舰于1862年1月完工。联邦将军亨利·W. 哈莱克仍然对行动感到犹豫，但他的下属尤利西斯·S. 格兰特准将急于投入战斗。格兰特曾于1861年11月针对密西西比河上的贝尔蒙特开展两栖行动。现在，他建议进攻田纳西河上的亨利堡。

攻击亨利堡的决定是在1862年1月底做出的。这座堡垒是在前一年建造的，位置不佳，不太可能长时间抵挡步兵袭击或海军炮火。袭击将是格兰特将军领导的两个陆军师——大约1.5万人——和安德鲁·H. 富特中校领导的四艘新型城市级铁甲舰和三艘木甲舰（木制装甲而非铁甲）的联合行动。两位指挥官反差很大，格兰特是以嗜酒著称的务实派，富特则是高尚的禁酒者，但他们组成了和谐的团队。格兰特承认，攻克堡垒是炮艇的事情，这促成了两人之间的良好关系。

亨利堡的陷落

2月5日，炮艇和运兵船沿田纳西河南下，虽遇到了水雷，但是没有受损。部队在距离亨利堡几英里处登陆。当他们还没有通过崎岖的道路抵达目标时，富特已经于2月6日发动海军袭击。大多数邦联士兵迅速撤往12英里（19公里）外坎伯兰河上的多纳尔森堡。炮兵坚守在炮台旁。然而两个小时后，堡垒变得千疮百孔，防守者只得投降。

现在，邦联西部军区指挥官阿尔伯特·西德尼·约翰斯顿将军不得不决定是否在多纳尔森堡御敌，以及凭借何种力量防御。亨利堡陷落后，他

> “除了立即无条件投降，我们不接受任何条件。”
>
> ——尤利西斯·S. 格兰特在多纳尔森堡回复巴克纳将军的谈判请求，1862年2月16日

将部队从肯塔基撤至纳什维尔，不过其中1.2万人被派去增援多纳尔森堡。堡垒指挥权掌握在约翰·弗洛伊德手中，他是战前布坎南政府备受争议的战争部长。

初袭多纳尔森堡

亨利堡陷落后，哈莱克将军的想法是守住战果。经过艰难行军，格兰特终于在2月14日抵达亨利堡，但他几乎立即启程前往多纳尔森堡。在那里，他得到了哈莱克派出的1万人的增援，这使他在堡垒守军面前获得了明显的人数优势——2.5万联邦士兵对1.6万邦联士兵。这个邦联据点不是传统意义上的堡垒，而是15英亩（6公顷）的营地，河流一侧由埋入崖壁的重炮组防御，陆地一侧由野战工事防御，利用了由长有树木的山坡和峡谷组成的崎岖地形。

对堡垒的首次攻打是由富特的分舰队发动的，但高处炮台向下发射的炮弹精准地击穿了舰艇甲板，将联邦船只一一破坏。随后，格兰特手下的师长约翰·麦克勒南德从陆地一侧领导了对堡垒的袭击，但是也被击退了。格兰特遂面临在冬季严酷天气下进行长期围攻战的不利前景。他的士兵在非常艰苦的条件下在邦联战壕对面安营扎寨，一些人没有外套和毯子，只能在冰冷的雨雪中睡在光秃秃的地面上。

詹姆斯·塔特尔
詹姆斯·塔特尔上校领导艾奥瓦第2团对多纳尔森堡进行了最后的进攻，将联邦旗帜插在了邦联工事上。

格兰特视察战场
1862年2月15日，格兰特骑着马在飘雪的多纳尔森堡巡视战场。大约2500名联邦士兵和1500名邦联士兵在此战中死伤。

突围战

邦联指挥官们已经认为他们的阵地必会失守。弗洛伊德决定突围，让他的部队在纳什维尔与阿尔伯特·S.约翰斯顿将军会合。在吉迪恩·皮洛准将领导下，大批守军集中到联邦右翼的麦克勒南德军前方。2月15日，他们喊着令人毛骨悚然的反叛口号发起攻击。此时，格兰特刚好离开了部队，在河流下游某处与富特商谈。由于没有人协调联邦的反击，麦克勒南德的部队被击退，伤亡惨重。内森·贝德福德·福里斯特上校领导的邦联骑兵在一系列包抄袭击中表现出色。在联邦这边，卢·华莱士准将（未来的《宾虚》作者）加强侧翼，守住了重要的山坡上的阵线。

完成突围的机会近在眼前，但皮洛对于部队的状况感到不安，撤回了战壕。格兰特来到战场，向动摇的军官们指出，如果他们自己的部队士气低落，那么后撤的邦联军更是如此。格兰特下令袭击邦联阵线中心，他认为那里的力量一定有所削弱，因为对方为侧翼突围输送了兵力。詹姆斯·塔特尔的艾奥瓦第2团适时地突破了邦联防线。同时，在右侧，华莱士夺回了当天早些时候失去的所有阵地。当晚，急于挽救己方部队的弗洛伊德和皮洛在夜幕掩盖下溜走了。福里斯特带着700骑兵突破联邦阵线，成功逃离。指挥权落到了准将西蒙·波利瓦尔·巴克纳手中。第二天上午，巴克纳请求谈判，但格兰特要求他“立即投降”。巴克纳别无选择，只能同意，带着超过1.2万邦联士兵成了俘虏。

之后

多纳尔森堡的失守动摇了邦联在西部战区的战略地位，导致了整个肯塔基和田纳西大部分地区的陷落。

邦联撤退

面对沿田纳西河而下的格兰特和比尔的俄亥俄军团的双重压力，阿尔伯特·约翰斯顿于2月23日放弃了纳什维尔，未经战斗便将田纳西州府让给了联邦。不久，邦联在密西西比河上的哥伦布据点也被放弃。撤退的邦联部队集中于密西西比州科林斯。他们从那里发动反击，引发匹兹堡兰丁的夏洛之战（见第106—107页）。

联邦在皮里奇的胜利

多纳尔森堡之战后不久，邦联在西部战区遭遇了另一场失败。在1862年3月6日至8日阿肯色北部的皮里奇之战中，塞缪尔·柯蒂斯准将领导的联邦部队以少胜多，决定性地战胜了厄尔·范多恩少将领导的邦联军队。

巴克纳将军的束腰外衣
少数邦联将军穿着这种样式的有褶束腰外衣，而不是通常的双襟长礼服。富有的巴克纳战前是格兰特的朋友，曾帮助他摆脱财务困境。

夏洛之战

1862年4月6日至7日在匹兹堡兰丁展开的战斗——通常以附近的夏洛教堂命名——是到此为止南北战争中最为血腥的战斗，导致大约2万人死伤。邦联在即将大获全胜时遭受了另一次毁灭性的挫折。

之前

占领多纳尔森堡后，联邦西田纳西军团向密西西比州科林斯进发。在那里，邦联人正在计划反击。

通往夏洛之路

1862年3月4日，作为多纳尔森堡的胜利者（见第104—105页），尤利西斯·S. 格兰特被亨利·W. 哈莱克解除了指挥权，因为哈莱克认为他忽视命令，缺乏效率。在林肯总统的施压下，这项决定被撤销。到了4月初，格兰特在田纳西河西岸的匹兹堡兰丁再次获得指挥权。哈莱克命令唐·卡洛斯·比尔的俄亥俄军团向前进发，与格兰特的六个师会合。

邦联将军阿尔伯特·S. 约翰斯顿和P. G. T. 博勒加德将部队集中于科林斯。在布拉克斯顿·布拉格1.5万人的增援下，他们准备在比尔到来之前击溃格兰特。

邦联将军（1803—1862）

阿尔伯特·S.约翰斯顿

约翰斯顿出生于肯塔基，曾作为得克萨斯陆军和美国陆军的将军对抗墨西哥。南北战争爆发时，他是加利福尼亚太平洋军区的指挥官。他冒着危险穿越西南部，加入邦联。他很受戴维斯总统钦佩，被授予四星上将军衔，任西部战区指挥官。虽然亨利堡和多纳尔森堡的陷落使他的声誉受损，但他在夏洛的死对于邦联事业仍然是一个打击。

格兰特在战斗开始前的自满应当受到谴责。联邦在匹兹堡兰丁的小溪和沼泽之间的营地没有野战工事的保护，卢·华莱士领导的一个联邦师驻扎在距离大部队5英里（8公里）远的地方，而格兰特的指挥部更远，位于萨凡纳。来自科林斯的4.2万邦联士兵行动缓慢，缺乏组织性，然而联邦指挥官们未能察觉即将到来的袭击。比尔的首批部队于4月5日抵达萨凡纳，却没有接到迅速前往匹兹堡兰丁的命令。

黎明的袭击

4月6日破晓时分，邦联发动了袭击，几乎完全出乎敌人的意料。主要遭受袭击的是威廉·T. 谢尔曼将军和本杰明·M. 普伦蒂斯将军领导的两个之前没有流过血的师。他们迅速组织起来的临时反抗为联邦部队赢得了时间，避免了溃败。格兰特上午8:30左右乘汽艇从萨凡纳来到现场，发现6英里（10公里）宽的战场上，己方处境令人绝望。许多没有经验的士兵脱离战斗，沿着河岸躲了起来。格兰特让谢尔曼控制右翼联邦防线，命令普伦蒂斯将军在后来被称为"蜂巢"的地方守住阵线中心。刚到下午，联邦左翼开始崩溃，一些部队的伤亡率超过了50%。邦联的损失也很大。当约翰斯顿将军骑马向前，督促疲惫的士兵争取胜利时，他受了伤，流血过多而亡。博勒加德接过了指挥权。

联邦发动猛攻

"蜂巢"的防守战在下午5:30左右结束，当时62门邦联野战炮向几千守军开火。此时，联邦增援部队正在到来，以帮助格兰特守住最后一条俯瞰深谷的山脊阵线。在夕阳的余晖中，面对集中的炮兵弹幕和来自河流炮艇的火力，博勒加德很快放弃进攻这个坚固阵地。

两支疲惫的军队经历了一夜的大

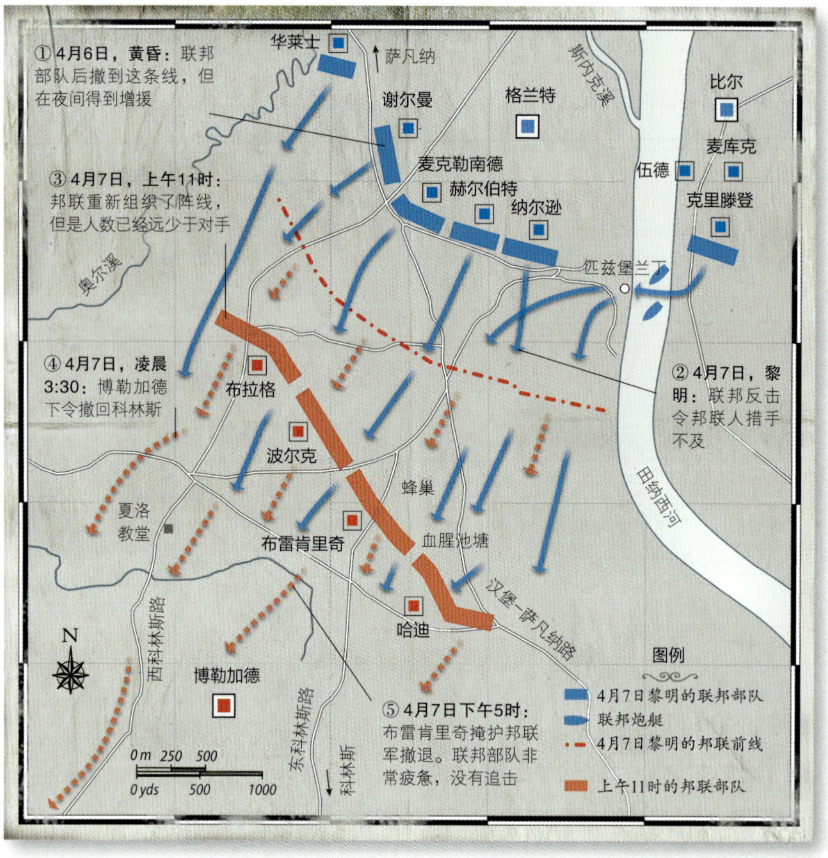

战斗第二天
第一天过后，许多邦联士兵从前线撤下，进入梦乡。第二天上午，联邦的猛攻使他们措手不及，将他们赶出了前一天占领的阵地。

雨和雷暴。在联邦这边，许多军官开始动摇，但是当他们询问格兰特是否准备撤退时，他回答道："不！我建议在白天进攻，教训他们。"比尔和华莱士的生力部队在夜晚陆续抵达。到了4月7日上午，联邦军队已经有了发动反击的人数优势。这一次，大吃一惊的是博勒加德。当联邦部队在前一天遍布尸体的战场上前进时，邦联部队混乱地败下阵来。经过上午一开始的激战，担心溃败的博勒加德下令全部撤退。

格兰特没有追击，但他在第二天派谢尔曼进行侦察，确定邦联是否正在重新集结，准备发动另一次进攻。这使谢尔曼与内森·贝德福德·福里斯特上校的骑兵在法伦蒂姆伯斯发生冲突，福里斯特受了重伤。此次小型冲突标志着战斗的结束。

之后

在夏洛之战中，联邦军队损失了超过1.3万人——包括死伤和俘虏——邦联则损失了不到1.1万人。过了一段时间，邦联战败的事实才被承认。

战斗的余波

尤利西斯·S. 格兰特遭到了北方媒体的严厉批评，一些报道夸大了联邦部队缺乏准备的情况。甚至有传言说，格兰特当时喝醉了。不过，林肯继续支持他，称"我不能没有这个人，他会打仗"。

此战过后，将格兰特降至副指挥官的哈莱克领导军队向科林斯谨慎推进。博勒加德没有应敌，而是在5月末向南撤至密西西比州图珀洛。为此，他被戴维斯总统解职。戴维斯任命布拉格取代他的位置。

联邦舰队参与了一系列密西西比河上的行动（见第100—101页），于6月6日占领了孟菲斯。四天后，格兰特恢复了联邦田纳西军团指挥官的职务，在孟菲斯建了指挥部。

步兵冲突
在夏洛之战中，邦联部队遭遇紧密排列的联邦步兵的火力。由于缺少防御准备，唯一的掩护是由树木和其他自然特征提供的。

亲历者　1862年4月6日

夏洛的“蜂巢”

在夏洛之战第一天，邦联发动了奇袭，迫使联邦军队撤向田纳西河。在混乱而残酷的战斗中，本杰明·普伦蒂斯将军的人坚守路边阵地，抵抗敌人的反复冲锋——榴霰弹和子弹在树木之间穿行而过的噪声使这个地方获得了“蜂巢”的外号。虽然这些联邦部队数小时后投降，但他们的抵抗为部队的重新组织提供了时间。第二天，格兰特得到增援的军队将邦联人赶出了被占领的阵地。

“哦！散布在这里的狂暴的愤怒啊！冒烟的大炮发出的炮弹正在联邦队伍中犁出深深的沟壑。我们如何描述葡萄弹和榴霰弹暴风雨般的声音？它们在人类密集的队伍中开辟出可怕的通道。这不可能……强大的军队正在抗争——为了国家的生死而拼命抗争。战斗变得越来越激烈……但可怕的是，胜利的天平对我们不利……战争之犬尖利而猛烈的吠叫使大地抽搐般地颤抖起来……混乱无处不在；勇敢的人们像下雨一样纷纷倒下。一切似乎都很黯淡——联邦军队似乎会被这股疯狂的叛国潮流压倒……古老的联邦旗帜似乎正在愤怒的暴风雨中倒下，但是凭借近乎超人的努力，我们遏制了这种趋势……夜幕降临……黑色的帘幕已经降下，在我们眼前遮住了可怕的场景。雨很快下了起来。黑暗，黑暗的夜晚降临于田纳西军团。许多勇敢的人在无声地安眠。他们结束了最后的战斗。可怕而凄凉的战争带来了令人绝望的结果……疲惫而几乎耗尽精力的第7团倒在地上休息，对于降落的雨水毫不在意……灾难性的战争用裹尸布裹住了许多备受母亲疼爱的孩子冰冷的身体。不久以后，孤独的小屋之中将会传来哭泣，哭泣所爱之人的离去，而他们现在正沉睡在田纳西河岸高高的橡树下。我们此后将会讲述今天倒下的第7团英雄们的故事，我们不会忘记他们。他们在这场巨大的悲剧中如此尽职尽责地履行了自己的义务，我们怎么能忘记他们呢？”

——丹尼尔·安布罗斯，伊利诺伊第7步兵团，《从夏洛到萨凡纳》，1868年；安布罗斯18岁入伍，参加了“蜂巢”战斗

阻止邦联人

出生于瑞典的画家图勒·德·图尔斯特鲁普创作了这幅描绘“蜂巢”战斗的版画。在投降之前，两个联邦师成功地在这条道路上守了七个小时。

杰克逊在谢南多厄河谷

邦联的谢南多厄河谷战役是一次牵制行动，使大批联邦部队留在该地区，无法支援麦克莱伦对里士满的进攻。杰克逊将军冒着很大的风险，通过迅速移动、出其不意和对手的无能赢得了胜利。

之前

到了1862年春，邦联的生存受到了一系列军事挫折的威胁。杰克逊在谢南多厄河谷的作战看上去即将成为另一次失败。

关系不睦

1861年10月，“石墙”·杰克逊将军被任命为邦联北弗吉尼亚军区指挥官，负责防御绵延150英里（240公里）的谢南多厄河谷。随后的冬天，他坚持在恶劣天气下作战的决定使部队几乎哗变。一些军官向政客投诉。经过一番艰难的劝说，他才没有辞职。

联邦的胜利

1862年年初，邦联在西部战区遭受的挫折包括新奥尔良的陷落（见第96—97页）以及亨利堡和多纳尔森堡的失守（见第104—105页）。在到了5月，联邦将军乔治·B. 麦克莱伦的波托马克军团已经登陆弗吉尼亚半岛，推进到了距离里士满不到几英里的地方（见第116—117页）。

联邦部队在1862年3月展开战役中的首次行动。他们的目标是消除河谷中杰克逊将军的小型军队带来的任何进攻威胁，从而使联邦部队从防守华盛顿的任务中脱身，前去进攻里士满。纳撒尼尔·班克斯少将领导军队渡过波托马克河，迫使人数严重处于劣势的杰克逊从温切斯特基地向南撤退。

35 000
联邦部队1862年3月在河谷的兵力

5000
邦联部队1862年3月在河谷的兵力

在追击邦联部队大约50英里（80公里）后，詹姆斯·希尔兹准将领导的一个联邦师失去了杰克逊的踪迹，认为他已经撤走了。当希尔兹撤回温切斯特时，杰克逊展开追击和反攻。希尔兹受了伤，将指挥权交给内森·金伯尔上校。金伯尔3月23日在克恩斯镇击败邦联部队。杰克逊在失去大约三分之一兵力后撤退，但是此次战斗的战略效果正是邦联所希望的。联邦指挥官惊异于杰克逊的进攻，他们加倍努力地想要摧毁他。只要杰克逊还在作战，联邦部队就不会从华盛顿转移到里士满。

杰克逊在战役中的成功取决于两个因素：移动速度和更好的情报。前者来自他对部队行军的严格要求，他们甚至被称为“双腿骑兵”。后者一方面来自当地人民，他们向杰克逊提供了敌人的移动信息；另一方面来自制图师杰迪戴亚·霍奇基斯，他绘制了准确的河谷地图。

邦联兵力扩充

在时任总统军事顾问的罗伯特·E. 李的支持下，杰克逊得到了理查德·S. 尤厄尔少将领导的一个派遣师的增援。杰克逊和尤厄尔达成有效的合作，两个人都性格古怪，但也都是作战凶猛的将军。

到了4月中，杰克逊再次行动了。他穿过蓝岭山脉，向里士满进发，随后乘火车返回河谷最南端的斯汤顿，使敌人彻底糊涂了。接着，他向西前进。在那里，约翰·C. 弗雷蒙少将领导的联邦军队正要穿越弗吉尼亚西部山脉，进入田纳西东部。杰克逊的部队于5月8日在小村庄麦克道尔击败了弗雷蒙的先头部队，使联邦将军纳撒尼尔·班克斯预料到了麻烦。他在斯特拉斯堡的主路对面占据了阵地，但杰克逊和尤厄尔通过艰难而迅速的行军绕过了他的侧翼。他们于5月22日在弗兰特

步兵战靴
平头钉鞋子是步兵的标准配备。这种鞋被称为布罗根（源自爱尔兰语brogue，意思是粗皮鞋）或杰弗逊短靴，钉子使皮制鞋底在战场上具有更强的抓地力。

关键时刻

温切斯特之战

1862年5月25日，杰克逊的1.6万邦联士兵向温切斯特进发，紧追班克斯手下7000名撤退的联邦士兵。虽然邦联部队由于行军和交火而疲惫不堪，但他们还是维持了势头，使班克斯无法组织防线。杰克逊的部队袭击了联邦右翼，同时尤厄尔的小部队向联邦左翼施加压力。在激战中，理查德·泰勒将军的路易斯安那旅发挥了重要作用。激战过后，联邦部队穿过城镇，撤向波托马克河。杰克逊的疲惫之师没有进行有力追击，但他们占领了温切斯特。

谢南多厄河谷
该河谷对邦联军队非常重要，因为它既提供了进攻华盛顿、马里兰和宾夕法尼亚的战略通道，也是邦联的重要食物来源。

向克罗斯基斯前进
画家爱德温·福布斯在1862年6月跟随联邦部队前往克罗斯基斯。这幅速描展示的是在树林中追赶杰克逊的弗雷蒙部队。

罗亚尔击败了一小股联邦部队，对班克斯的交通线造成了威胁。当班克斯的部队从斯特拉斯堡匆忙撤向温切斯特时，邦联人进攻了。凭借非凡的毅力，杰克逊和尤厄尔的疲惫之师持续作战，直到占领温切斯特。

联邦部队被牵制

总统林肯被迫做出了邦联所希望的过激反应。他命令欧文·麦克道尔兵团进入谢南多厄河谷，与弗雷蒙和班克斯共同开展行动，以围捕和摧毁杰克逊的军队。他们的总兵力为6万人，杰克逊只有1.7万人。杰克逊意识到了危险，他命令部队急行军，从哈珀斯费里附近后撤，赶在道路被联邦夹击行动切断之前通过斯特拉斯堡，控制了谢南多厄河南支上位于共和港的唯一幸存桥梁。邦联人在一周之内行军140英里（225公里），路上损失了数百名落伍士兵。现在，杰克逊和尤厄尔调转部队，迎击敌军。

弗雷蒙和希尔兹分别领导的两支联邦纵队向共和港进发。他们分布于河流两岸，邦联人控制着唯一的桥梁。尤厄尔师6月8日在克罗斯基斯与弗雷蒙的部队相遇，将其击退，尽管联邦占人数优势。第二天，希尔兹师的两个旅抵达共和港，差一点占领桥梁——并且差一点捉住杰克逊。杰克逊的部队进行了反击。在双方遭受严重损失后，联邦部队被迫退出战场。弗雷蒙和希尔兹都没有选择续战，谢南多厄河谷战役就此结束。

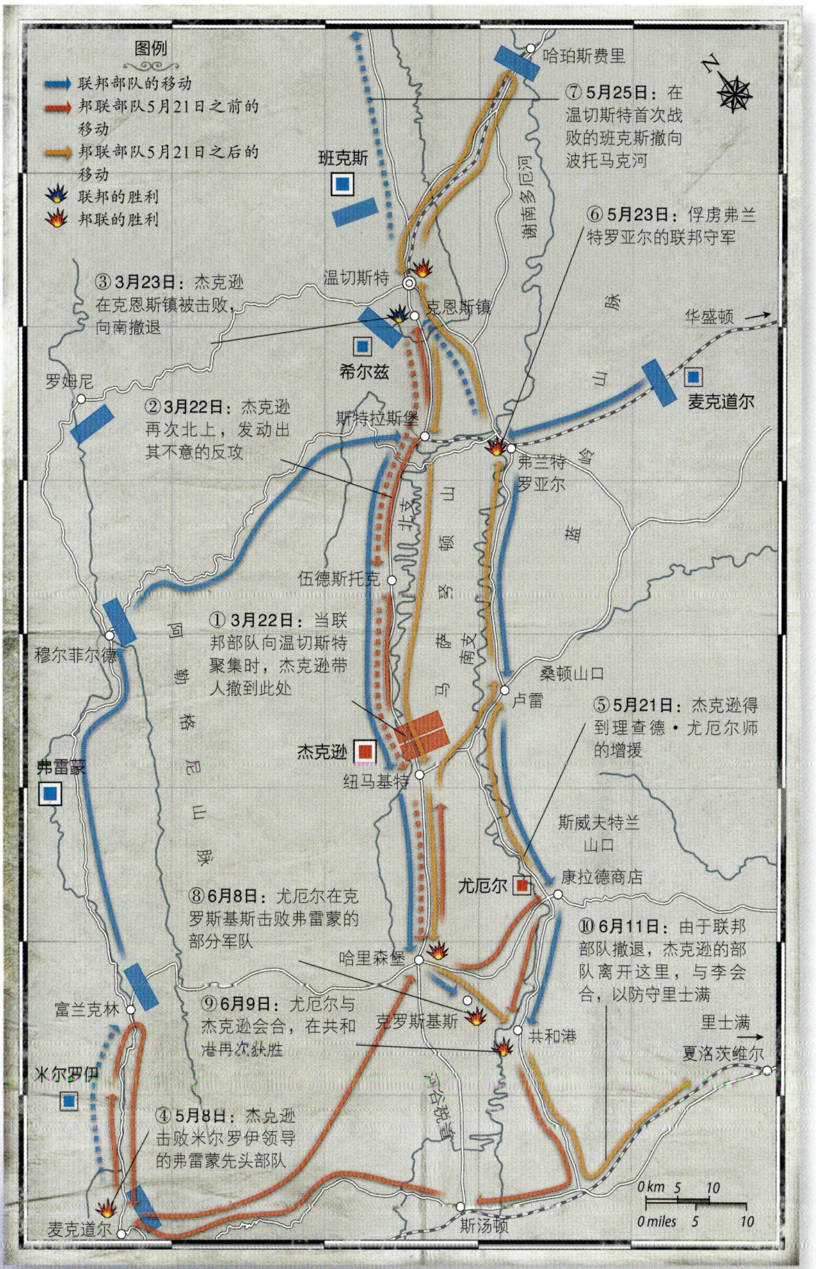

谢南多厄河谷战役
杰克逊部队在行军中取得的战果是惊人的。七周内行军路程约达650英里（1050公里），在数场小型战役中获胜，最重要的是，牵制了半岛战役中联邦急需的兵力，使其忙于在河谷中作战。

之后

当邦联在其他各地节节败退时，杰克逊在谢南多厄河谷的胜利极大鼓舞了士气。

杰克逊受到欢迎

1862年6月，在罗伯特·E. 李的指挥下，杰克逊走出河谷，在后来被称为七日之战的行动中对里士满前方的联邦军队右翼发动了奇袭（见第118—119页）。

命运的转折

谢南多厄河谷是1864年另外两场战役的战场（见第268—269页）。在第二场战役中，联邦将军菲利普·谢里丹使用了焦土战术，使该河谷对于邦联失去了作用。

邦联少将 生于1824年 逝于1863年

托马斯·J. 杰克逊

> “我的人有时没能占领阵地，但是从未失去阵地！”
>
> ——向赫罗斯·冯·博尔克少校说明，1862年12月13日

托马斯·乔纳森·杰克逊被广泛视作最优秀的战术家，但他缺少英雄式领导者通常具有的那种表现力。他笨拙而内向，难相处，不善表达，常常无法给人留下深刻印象。不过他胸有成竹，并将这种自信传达给了部下。

杰克逊是个孤儿，在弗吉尼亚乡村被亲戚养大，几乎没有受过正规教育。因此，他进入西点军校时落后于大多数同学。纯粹通过刻苦的努力，他以值得称赞的成绩毕业。当美国在1846年与墨西哥开战时，作为炮兵军官，他勇敢而坚决，对自己的判断足够自信，拒绝了他认为明显存在错误的命令，获得了上级的欣赏。不过，19世纪50年代当他在弗吉尼亚军校教学时，学生发现他的举止和外表很滑稽，讲课枯燥，惩罚又很过分。

该死的石墙

1861年4月，出于对家乡州的忠诚，杰克逊选择为邦联服役。他被授予某弗吉尼亚旅的指挥权，将手下的志愿兵转变成遵守纪律、士气高昂的部队，其质量在第一次布尔溪之战的战场上得到了展现。当他的步兵面对联邦猛攻坚守亨利豪斯山时，邦联将军巴纳德·E. 比喊道：“杰克逊像石墙一样站在那里！”作为对其决心的赞美，杰克逊此后一直被称为“石墙”。

接下来的冬天，在谢南多厄河谷，杰克逊将军的职业生涯看上去存在变数。在恶劣天气和严酷条件下，他似乎对急行军的部队漠不关心。他神秘而偏执，在下达行动命令时不作任何解释，这疏远了下级军官。当他们向邦联国会抱怨他的无能时，杰克逊提出

遗像
这幅1864年的油画是基于他在1863年去世前拍摄的最后一张照片绘制的，捕捉了杰克逊喜欢反思和奋发努力的性格。

杰克逊的纪念物品
这些物品属于杰克逊，包括便帽、他在受致命伤时使用的马刺、受伤后沾血的布以及名为《“石墙”·杰克逊的道路》的爱国主义歌单。

“上尉，我的信仰使我不管在战场上还是在睡榻上都一样感到安全。”

——杰克逊对约翰·D.英博顿上尉说，1861年7月24日

辞职，以示对政治干预的抗议。虽然他在劝说下留了下来，但他与其他军官的关系一直存在问题。

杰克逊的宗教信仰使他绝对相信自己的行动，将其看作天意的表现。他对在他眼中不符合最高标准的人极不宽容。他所实施的纪律是以严厉的惩罚为支撑的。

高超的军事能力

1862年的谢南多厄河谷战役使杰克逊成了邦联阵营里最受钦佩的将军，其声望既令敌人胆寒，又令己方深受鼓舞。此次战役表明，杰克逊对于军事战术想得很深。用他的话来说，他特别关注“小部队是如何在细节上击败大部队的”。他的原则是“迷惑、误导和奇袭敌人”，不打获胜机会不大的仗，调动“你自己的部队猛攻敌人最薄弱的部分”。杰克逊坚持这些原则，他可以在行军时督促部队表现出近乎超人的忍耐力，实现快速移动，不断消耗对手，使其按照他的意愿参与战斗。

杰克逊的多面性

在河谷战役后立即展开的七日之战中，杰克逊的表现明显欠缺指挥作战能力，反而突显了他那令人不安的怪癖。

在一个重要时刻，杰克逊将星期日当作神圣安息日的决定延缓了战斗准备。他的部队在进攻时移动得缓慢而犹豫，错过了决定性的机会。他还有在关键时刻睡觉的惊人习惯，这常常使指挥瘫痪。不过，他还是赢得了李的信任，仍然是李最喜爱的副手。

杰克逊在1862年8月的北弗吉尼亚战役中表现出色，这场战役在第二次布尔溪之战中达到顶峰。他随后通过轰炸并占领哈珀斯费里的行动展示了他作为前炮兵军官的能力。在安蒂特姆和弗雷德里克斯堡，他表现出了在无法灵活行军的局面下执行顽强战术的能力。他总是坚决行动，不顾个人安危，相信上帝会保护他免受伤害，直到上帝选择在某个时刻将他击倒。杰克逊没有在行军时优待自己的习惯，常常在各种天气条件下睡在地上。他选择的坐骑是一匹普通、结实的马，名叫“小栗马”，而不是擅长冲锋的战马。看到指挥官衣着朴素，和他们共同承担艰苦和风险，士兵们也更好地接受了自己的命运。

1863年5月，杰克逊带领李的大部队越过联邦正面，在钱瑟勒斯维尔开展毁灭性的侧翼奇袭。这极好地展示了他的能力。当这一天的战斗停歇时，他带着参谋越过己方阵线，进行侦察。当他们在月夜骑马返回时，紧张的邦联士兵认为他们是联邦骑兵，因此开了火。杰克逊身中三弹。他的左臂被截肢，这使李由衷地说：“他失去了左膀，但我失去了右臂。”起初，杰克逊看上去可以康复，但他患上了肺炎，八天后去世。

亨利豪斯山

一块标牌指示了杰克逊部在第一次布尔溪之战中的坚守地点。此次坚守使该旅及其指挥官获得了“石墙”的称号。

锡达山之战

画家爱德温·福布斯描绘了1862年8月9日战斗开始前宿营部队的情况。此战是北弗吉尼亚战役的一部分。对杰克逊来说，这是一场来之不易的胜利。

时间线

- **1824年1月21日** 以律师儿子的身份出生于弗吉尼亚州克拉克斯堡。七岁时，他的父母都去世了。他主要由刘易斯县杰克逊米尔的叔叔养大。
- **1842—1846年** 在西点军校学习，在59人的班级中以第17名的成绩毕业。
- **1846—1848年** 作为炮兵军官参加美墨战争，在韦拉克鲁斯、孔特雷拉斯、查普特佩克和墨西哥城的战斗中表现出色。他在战争开始时是少尉，在战争结束时晋升为少校。
- **1851年** 杰克逊从军队辞职，在莱克星顿的弗吉尼亚军校担任教员，皈依加尔文教。

1852年的杰克逊

- **1853年** 与埃莉诺·琼金结婚。埃莉诺一年后去世。之后，他在1857年与玛丽·莫里森结婚。
- **1861年4月** 南北战争开始时，杰克逊选择支持邦联，被授予步兵上校军衔。
- **1861年7月21日** 在7月3日晋升为准将后，杰克逊在领导弗吉尼亚第1旅参加第一次布尔溪之战时表现出色，获得了“石墙”的称号。
- **1861年10月7日** 被授予防御谢南多厄河谷的指挥权和少将军衔。
- **1862年3月23日** 在克恩斯镇之战中，杰克逊遭遇了军事生涯中的唯一一次战术失败。
- **1862年4—6月** 在河谷战役中智胜人数占优的联邦部队，在麦克道尔（5月8日）、弗兰特罗亚尔（5月23日）、温切斯特（5月25日）、克罗斯基斯（6月8日）和共和港（6月9日）获得胜利。
- **1862年6月25日—7月1日** 在李领导下，七日之战中表现不佳，但这仍然是一场有他参与的邦联胜利。
- **1862年8月9日** 杰克逊在锡达山通过来之不易的胜利阻挡了联邦进攻。
- **1862年8月29日—9月1日** 在第二次布尔溪之战的邦联重大胜利中发挥了突出作用。
- **1862年9月15—17日** 杰克逊占领哈珀斯费里，俘虏12 500人；接着，在令人绝望的安蒂特姆防御战中为李提供支持。
- **1862年12月13日** 在晋升为指挥第2兵团的主将（10月10日）后，杰克逊协助李在弗雷德里克斯堡取得了压倒性的防御胜利。
- **1863年5月2日** 在钱瑟勒斯维尔实施了勇敢的包抄行动，但是随后被己方火力打伤，左臂被迫截肢。
- **1863年5月10日** 死于术后肺炎。

1 1822式斯普林菲尔德滑膛枪

2 密西西比来复枪

3 恩菲尔德线膛鸟铳

4 霍尔来复枪

来复枪和滑膛枪

步兵武器在南北战争中发生变化。大多数武器是和现代枪支类似的击发线膛武器，而不是无膛线的燧发滑膛枪。不过，和现代后装式枪支不同，大多数武器为前装式。

5 火帽

1 1822式斯普林菲尔德滑膛枪（邦联和联邦） 双方都使用了旧式枪支，比如这种在马萨诸塞州斯普林菲尔德兵工厂制造的1822式武器。燧发系统转变成了更加现代化的击发系统。**2 1841式密西西比来复枪（邦联和联邦）** 精准的0.54口径击发来复枪，常常被邦联军士、散兵和一等射手携带。**3 1853式恩菲尔德线膛鸟铳（邦联和联邦）** 这种英国武器受到了双方的重用。它是除1861式武器之外使用最广泛的步兵武器。**4 1819式霍尔来复枪（邦联和联邦）** 首款为美国军队制造的击发火器，于1811年申请专利。一些流传下来的枪支得到了双方的使用。**5 火帽** 南北战争中的大多数武器使用这些填装爆炸性雷汞的黄铜帽点火。它们使前装式武器可以在任意天气下可靠射击。**6 费耶特维尔线膛鸟铳（邦联）** 这款武器是在北卡罗来纳利用夺取自哈珀斯费里的机器制造的，它的配件用黄铜取代了稀缺的钢铁。**7 里士满线膛鸟铳（邦联）** 基于1855式斯普林菲尔德线膛鸟铳改进，但是用了英国恩菲尔德枪筒，是邦联生产数量最多的来复枪。**8 托尔来复枪（邦联和联邦）** 英国伯明翰生产的恩菲尔德式武器被称为托尔滑膛枪或来复枪。**9 洛伦兹来复枪（邦联和联邦）** 被双方广泛进口的0.54口径奥地利火器。这个样品由弗吉尼亚第2步兵团使用。**10 巴奈特来复枪（邦联）** 英国制造商巴奈特父子公司制造的恩菲尔德变体。**11 来复枪套** 由布料制成，是保持来复枪清洁干燥的重要配件。**12 刺刀** 比枪刺更加罕见，在与敌人进行白刃战时是一种致命武器，可以绑在来复枪末端，或者单独使用。**13 恩菲尔德1853式枪刺和剑鞘** 套在来复枪筒上的枪刺。

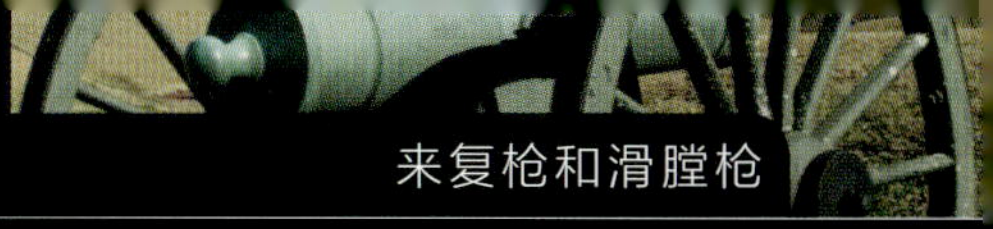

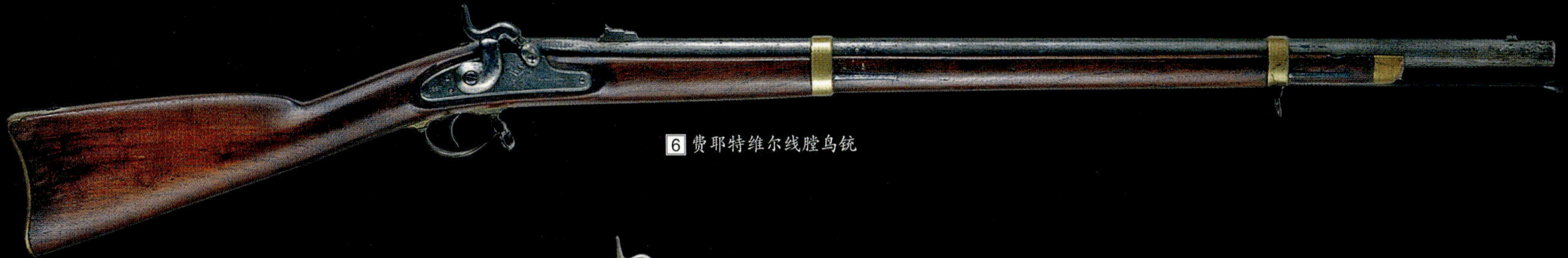

6 费耶特维尔线膛鸟铳

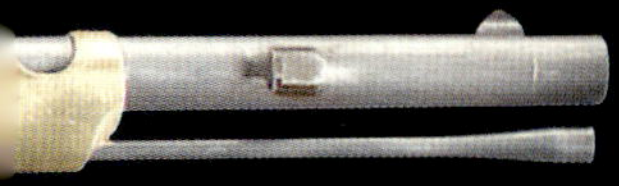

7 里士满线膛鸟铳

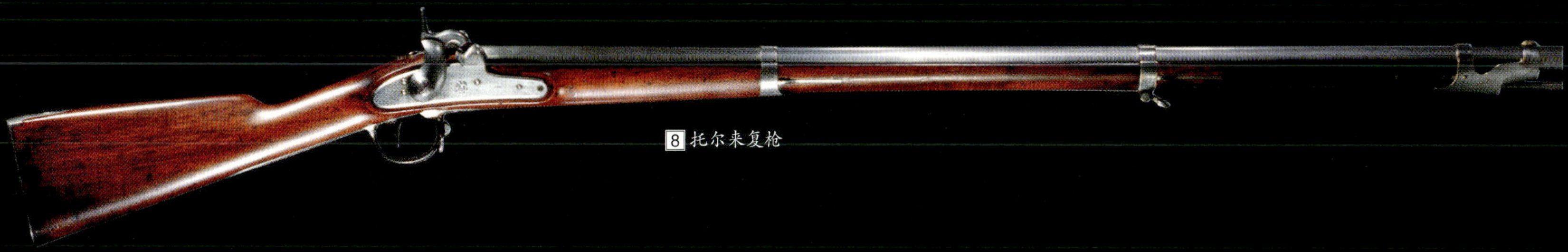

8 托尔来复枪

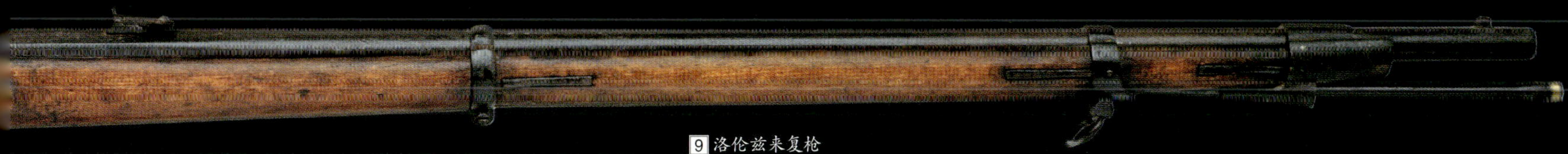

9 洛伦兹来复枪

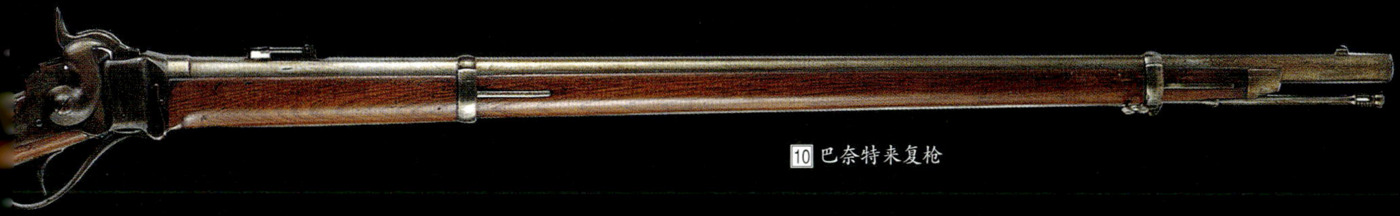

10 巴奈特来复枪

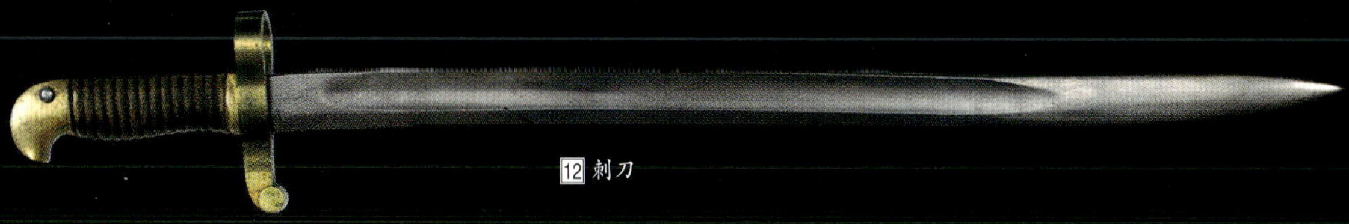

12 刺刀

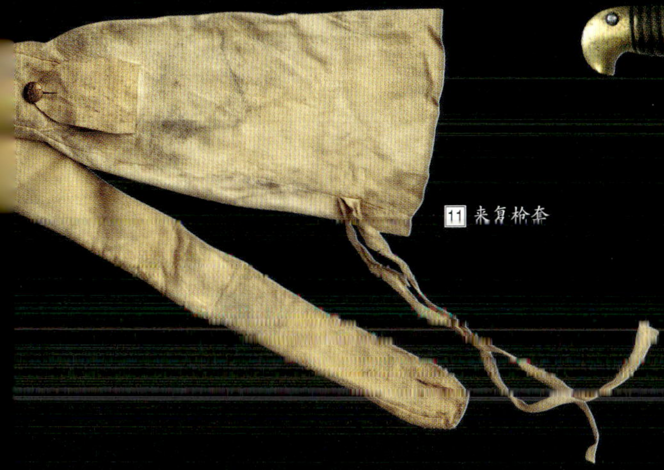

11 来复枪套

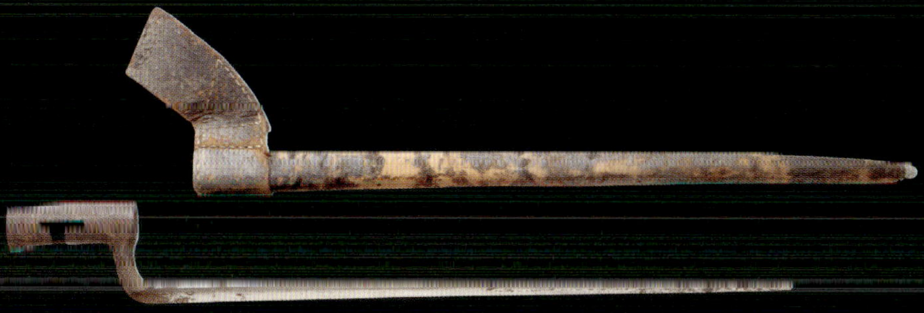

13 枪刺和剑鞘

之前

双方最高领导人都认为，1862年初，自己的指挥官在弗吉尼亚的对峙中表现得过于消极。

南方的矛盾

1862年3月，邦联将军约瑟夫·E.约翰斯顿从布尔溪撤军（见第60—61页）。此次撤退以及许多物资的销毁都未经总统戴维斯批准。约翰斯顿的固执惹恼了戴维斯。3月13日，李将军成了戴维斯的军事顾问。

22

麦克莱伦将军致总统林肯的一封信的页数。他在信中拒绝了在1862年对里士满实施陆地进攻的建议。

麦克莱伦的坚决

林肯反复强调要攻破华盛顿和里士满之间的邦联防线。领导波托马克军团的乔治·B.麦克莱伦将军却制订了自己的计划，准备从侧翼包抄邦联防线，占领里士满。

半岛战役

在一位积极进攻的联邦指挥官的领导下，弗吉尼亚半岛的海上登陆可能会是袭击邦联首都里士满的大胆而有想法的方式。然而，乔治·B.麦克莱伦将军的犹豫和过度谨慎使作战变得缓慢且失败。

波托马克军团

1862年5月，麦克莱伦在里士满附近的帕芒基河沿岸为12万多人的军队建造了巨大的营地。在这幅来自詹姆斯·霍普的全景画的前景中，麦克莱伦正在骑马前行。

弗吉尼亚半岛是从里士满向东延伸的狭长陆地，位于北部的约克河和南部的詹姆斯河之间。最初，麦克莱伦将军急于利用联邦对海洋的控制权，将部队从华盛顿沿着波托马克河运送到切萨皮克湾，在拉帕汉诺克河边上的厄班纳登陆。在绕过华盛顿以南的马纳萨斯邦联军队后，他可以相对轻松地接近邦联首都。不过，1862年3月南方将军约瑟夫·约翰斯顿撤退到拉帕汉诺克河以南，阻止了他的计划。因此，联邦波托马克军团转而在弗吉尼亚半岛尖端的门罗堡登陆。到了4月4日，麦克莱伦指挥近6万人的部队，开始从半岛向里士满进发，另有数千人正在赶来。前方位于沃威克河边上的约克敦，仅有大约1.4万名邦联士兵驻扎。在华盛顿，林肯担心麦克莱伦的行动使首都暴露在奇袭之下，因此催促这位将军迅速行动，立即袭击沃威克河防线，但麦克莱伦认为这种军事思想很天真。约翰斯顿后来评论道：“除了麦克莱伦，没有人会对进攻产生疑虑。”

约克敦的炮兵

1862年4月至5月的约克敦之战在很大程度上是一场炮兵对决。麦克莱伦相信他的大炮优于对方，且不愿意在没有事先侦察的情况下进攻邦联工事。

约翰斯顿的反击

麦克莱伦一直在高估邦联兵力，总是觉得己方兵力不足。林肯后来决定留部分兵力守卫华盛顿并在谢南多厄河谷对抗杰克逊，这使麦克莱伦更加相信自己缺少资源。另一边，邦联将军约翰斯顿同样相信他的军队处于劣势，但他的想法更加合理。4月中旬，约翰斯顿接过约克敦的指挥权，计划放弃半岛，将兵力集中于里士满前方。5月3日，邦联放弃约克敦和沃威克防线。约翰斯顿的部队通过巧妙移动避开了与敌人的接触，这支约有5万人的部队撤向里士满。部分部队被要求在威廉斯堡展开防御战。5月5日，这种防御逆转了联邦追兵的势头。激烈的遭遇战带给双方的损失几乎和第一次布尔溪之战一样大，尽管参战人数要少得多。

谨慎的策略

麦克莱伦沿着泥泞的道路慢吞吞地在半岛上前进。他的军队从威廉斯堡出发，两个星期前进了50英里（80公里），然后在里士满附近的帕芒基河和奇克哈默尼河之间扎营。麦克莱伦要求增援。林肯拒绝向海路派出任何部队，而是命令欧文·麦克道尔超过4万人的兵团从弗雷德里克斯堡走陆地，与波托马克军团会合。不过，由于杰克逊5月25日在谢南多厄河谷温切斯特取胜，行动被取消，这使麦克莱伦非常愤怒。与此同时，邦联人警

邦联将军（1807—1891）

约瑟夫·E.约翰斯顿

1861年4月，弗吉尼亚人约瑟夫·埃格尔斯顿·约翰斯顿辞去美国陆军军需总长的职务，开始为邦联服役。虽然他被戴维斯授予四星上将军衔，但他一直与这位邦联总统不和。当他1862年5月在七松负伤时，戴维斯用罗伯特·E.李取代了他。康复后，约翰斯顿在西部战区承担了一系列指挥职责。他的谨慎态度不断惹怒戴维斯，但他实施撤退的能力值得称赞。战争结束后，他于1878年当选为国会议员。

“您也许可以找到比我走得快的人，总统先生，但您很可能找不到太多比我走得远的人。”

——乔治·B. 麦克莱伦将军，被解除指挥权后写给林肯的信，1862年11月

之后

约翰斯顿将军5月31日在七松受伤后，李将军接过部队指挥权，并将其更名为北弗吉尼亚军团。

李的战略

虽然双方伤亡惨重——超过4000名联邦士兵和5500名邦联士兵死伤——但是七松之战并没有取得决定性结果，波托马克军团仍然威胁着里士满。李接过指挥权后的第一步行动是加强城市周围的防御工事——许多人认为他会采取防御姿态。不过，李命令“石墙”·杰克逊将军率领谢南多厄河谷的军队（见第110—111页）与他会合，开始计划袭击联邦右翼，这将开启七日之战（见第118—119页）。

麦克莱伦惊慌失措

麦克莱伦被疟疾击倒，在战斗中无法行动。虽然他声称获得了胜利，但是军队的严重伤亡使他失去了信心。他找了许多理由，推迟对里士满的进攻。他相信他要对抗“兵力远多于己方的军队”，这与事实不符。

惕地观察着局势。包括两艘铁甲舰在内的联邦海军中队沿詹姆斯河向里士满靠近，使市民陷入恐慌。

为首都而战

当邦联人计划放弃里士满时，5月15日，德鲁里布拉夫的河岸炮台和水下障碍物共同阻挡了联邦中队的前进。尽管逃过一劫，里士满的防守也禁不起联邦攻城炮的持续轰炸。此时，联邦正在将大炮运往前线。邦联必须通过进攻击退麦克莱伦的军队。

联邦工程师在奇克哈默尼河上架设了桥梁，在麦克莱伦十万大军中占大约三分之一的两个兵团已经过河。约翰斯顿计划在其余联邦部队留在河流北岸时孤立和击败这两个兵团。对于人数不如对手的军队来说，这个计划并不坏，因为原则上说，邦联可以掌握局部优势。此战被称为费尔奥克斯之战或七松之战，战斗前夕的大雨使河水变成狂怒的激流。南方人在5月31日上午的进攻很混乱。杂乱和相互矛盾的命令使各部队在前进时相互阻挡。联邦士兵虽然被击退，但在下午晚些时候，增援部队通过摇晃的格雷普韦恩桥从上涨河流的另一边赶到。到前方观战的约翰斯顿受了重伤，被抬下战场，指挥权暂时被移交给了古斯塔夫斯·史密斯。第二天，战斗继续进行，由于史密斯焦虑得失去了斗志，邦联部队没能对敌人造成进一步影响。

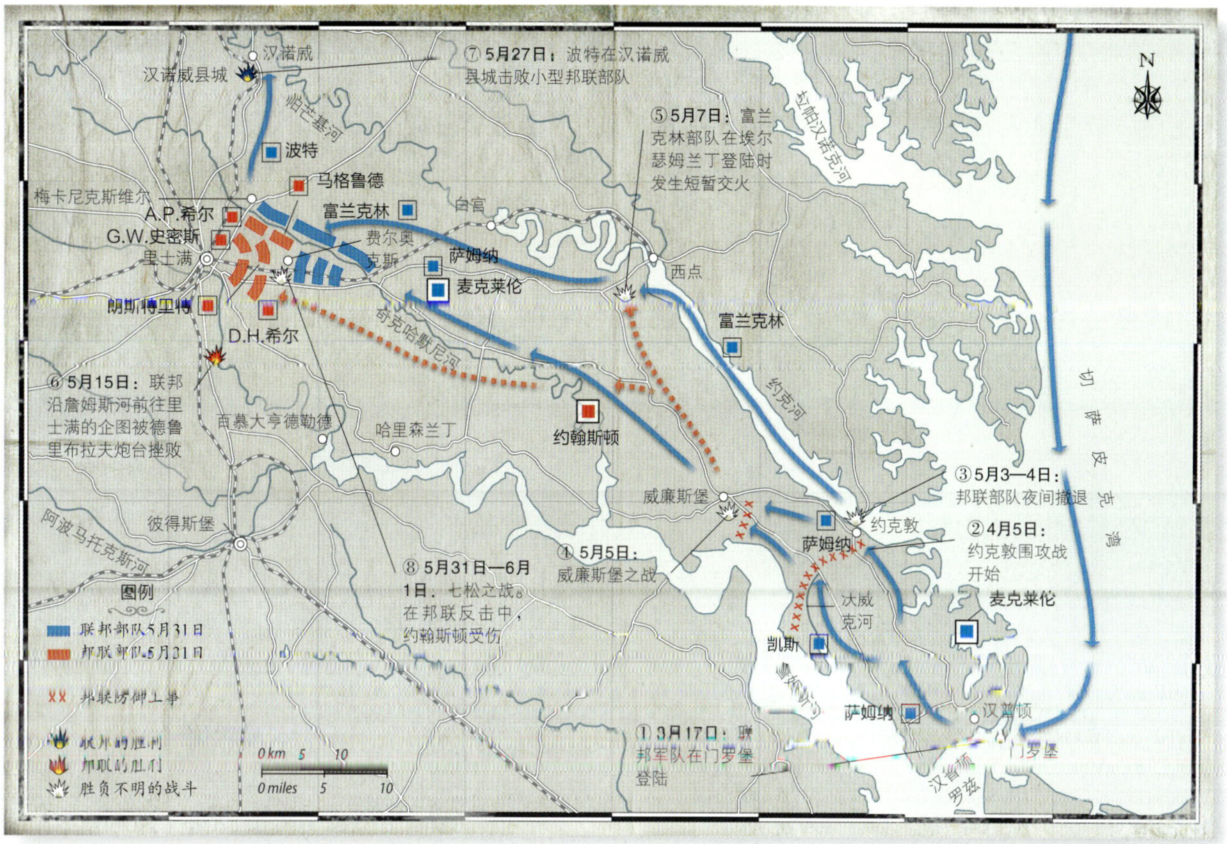

从联邦首都到七松之战

麦克莱伦在约克敦耽搁了一个月，然后在约翰斯顿撤向里士满时缓慢行军。约翰斯顿在七松受伤之后，李接管了邦联部队。

莫尔文山
莫尔文山阵地由强大的联邦炮兵防守，正面进攻使邦联部队伤亡惨重。D. H. 希尔将军后来在提到此战时表示："这不是战争——而是谋杀。"

之前

在1862年春的半岛战役中，联邦波托马克军团距离邦联首都里士满只有一步之遥。

斯图尔特的骑行

李在6月被任命为邦联北弗吉尼亚军团指挥官，他怀疑联邦右翼疏于防守，命令骑兵指挥官杰布·斯图尔特执行侦察。6月12日至16日，斯图尔特带着1200人绕着联邦军队骑行了100英里（160公里），带回消息说，奇克哈默尼河以北的确缺乏保护。

李召唤杰克逊

李命令"石墙"·杰克逊将军从谢南多厄河谷向里士满进发。当时，经过极为成功但令人疲惫的战役（见第110—111页），杰克逊的军队正在休息。杰克逊及时赶到，参与了李的进攻。

七日之战

1862年6月25日至7月1日，罗伯特·E. 李领导北弗吉尼亚军团进行了一场持续七日的进攻，将波托马克军团从里士满附近击退。此次战斗伤亡惨重，并且执行不力，却是邦联的一场重大战略胜利。

李的进攻始于一场虚惊。他投入大约5.4万人参与进攻，只在里士满前方的防线留下极少部队，寄希望于谨慎的乔治·麦克莱伦将军不会发动进攻。不过，在6月25日，即邦联计划发动进攻的前一天，联邦部队在奥克格罗夫对守军进行了试探。令李感到宽慰的是，这只是一次小规模行动，尽管它所引发的小规模冲突后来被视为七日之战的开始。

邦联进攻始于6月26日，既不准时，也不符合计划。李计划上午开始战斗，由杰克逊将军从后方袭击联邦右翼几个暴露的兵团。A. P. 希尔将军、D. H. 希尔将军和詹姆斯·朗斯特里特将军将在杰克逊之后加入战斗。不过，杰克逊意外地按兵不动。到了下午晚些时候，A. P. 希尔不想等待他的行动了，独自对比弗丹溪的北方战壕发动了袭击。邦联人被击退，伤亡惨重。对此次战术胜利，麦克莱伦的反

列兵爱德温·弗朗西斯·杰米森
在路易斯安那第2步兵团服役期间，只有17岁的邦联列兵杰米森在袭击莫尔文山时死于炮火。他的肖像是令人心酸的战争纪念品。

“将军勇敢的灵魂几乎被可怕而无用的牺牲击溃。”

——理查德·尤厄尔少将手下的莫克斯利·索雷尔上尉在莫尔文山之战结束后说道

应是命令部队从之前坚守的阵地撤向后方地势更高的阵地。他仍然相信他会遭到兵力优于自己的邦联部队袭击，因此开始将补给基地转移到詹姆斯河。李决心继续进攻。

李在盖恩斯米尔的胜利

第二天，在追击撤退的敌军时，李冲到了联邦军队位于盖恩斯米尔的新防线。部下之间的协调再次失败，A. P. 希尔师在下午的大部分时间里单独作战，伤亡惨重。当天晚些时候，约翰·贝尔·胡德准将顽强的得克萨斯旅冲进了联邦部队中心。在此次冲锋中，除胡德外的所有军官非死即伤。联邦部队后撤。邦联获胜，但失去了大约9千人。当这场残酷无情的对抗在联邦右翼进行时，大部分联邦部队无所作为，超过6万人被排除在战斗之外。

5400

1862年7月1日莫尔文山之战南方伤亡人数。邦联在七日之战中共损失20 204名士兵，联邦军队损失了15 855人。

麦克莱伦的愤怒

盖恩斯米尔一战后，麦克莱伦失去了勇气。虽然兵力占优，但他还是撤向詹姆斯河边上的哈里森兰丁。他相信，他正在将部队从即将到来的毁灭中解救出来。他向华盛顿发出了愤怒的电报，将此次惨败归咎于政府。

李无情地追击对手，试图发动决定性一击，但始终未能如愿。他信心满满地命令部队协调移动，包抄和围困联邦部队。事实证明，这超出了下属的能力。杰克逊一反常态地行动迟缓，罕见地未能表现出他在谢南多厄河谷战役中的速度和坚决。6月29日，在萨维奇车站，由于杰克逊渡过奇克哈默尼河的速度太慢，联邦后卫部队逃脱了被毁灭的命运。第二天，当波托马克军团在怀特奥克沼泽和格伦代尔之间狭窄的道路上艰难前行时，李看到了绝好的机会。邦联指挥官决定将所有力量投入到这场最后的战斗中，但他的师不是迷了路，就是被挡在堵塞的道路上。李命令杰克逊从北部越过怀特奥克沼泽发动袭击，但后者未能参战，尽管他可以在阵地上听到战斗枪声。只有朗斯特里特和A. P. 希尔领导的两个师袭击了“扬基佬”，后者虽然未能形成像样的防线，但是仍然进行了激烈抵抗。双方伤亡巨大，战斗没有取得决定性结果。

荣誉勋章

1862年，联邦陆军为突出的勇敢行为设立了荣誉勋章。这枚勋章被颁发给丹尼尔·巴特菲尔德准将，奖励他在盖恩斯米尔“出众的英勇”。

血溅莫尔文山

与此同时，麦克莱伦离开陆地，撤到安全的联邦铁甲舰“加莱纳”号上，将实际指挥权交给了菲茨·约翰·波特准将。后撤的波托马克军团主力集中于莫尔文山强大的防御阵地上。它的侧面是深谷，部队只能从正面进攻，爬上山坡，然后穿越平坦的开阔地。联邦炮兵架好大炮，等待敌人出现。李猜测联邦士兵失去了士气，在压力下已经崩溃。他制订了一个计划，让炮兵在联邦防线上为步兵打开缺口，然而进展并不顺利。邦联无法将足够多的大炮移动到前方，在炮兵对决中的表现也很糟糕。接着，李的步兵进攻零星地展开了，士兵们一个个地向前冲锋，被榴霰弹、霰弹和葡萄弹击倒。少数冲至联邦阵前的部队被对方击退。第二天，麦克莱伦再次命令联邦撤退，李没有追击，战斗就此结束。

联邦伤亡

在6月27日的盖恩斯米尔之战中，联邦死伤数千人。许多伤员乘平车通过铁路被转移到萨维奇车站。当邦联于6月29日袭击该地时，医院被放弃，伤员被俘虏。

之后

七日之战使联邦军队后撤20英里（32公里），解除了对里士满的威胁，确保麦克莱伦的战役以失败告终。

邦联战略

李在七日之战中没有表现出纯熟的领导力。他承认：“我们的胜利不像我们希望的那样伟大和彻底。”不过，他建立了对联邦军队的士气优势，希望能够保持主动权。军队完成休整时，他立即向里士满以北进军。

李寄希望于麦克莱伦继续按兵不动，事实的确如此。在海军炮火的保护下，波托马克军团在哈里森兰丁挖掘防御战壕。麦克莱伦继续要求增援，并没有继续进攻。8月，他不情愿地奉命率波托马克军团乘船回华盛顿，支援北弗吉尼亚的战斗（见第120—121页）。

9英里

半岛战役中麦克莱伦的波托马克军团与里士满之间的最近距离。

哈里森兰丁

位于布尔溪的部队

爱德温·福布斯的速描展示了朗斯特里特领导的邦联军队右翼在硝烟中向麦克道尔将军所率兵团推进。福布斯是为弗兰克·莱斯利的杂志工作的画家兼记者。

之前

麦克莱伦将军的波托马克军团在七日之战中战败后，林肯总统在北弗吉尼亚发动了新的联邦攻势。

联邦弗吉尼亚军团

在1862年6月末七日之战进行之时（见第118—119页），联邦弗吉尼亚军团成立了。以进攻性著称的指挥官约翰·波普将军从西部战区被召回，领导这支新军从华盛顿南下。7月末，麦克莱伦被要求将军队从半岛撤回，以防守华盛顿，增援波普的军队。

邦联活动

邦联将军罗伯特·E. 李进行了休整，重组了北弗吉尼亚军团，将其分成两个兵团，由“石墙”·杰克逊（见第112—113页）和詹姆斯·朗斯特里特（见第186—187页）领导。李警惕地观察着麦克莱伦的军队，后者驻扎在距离里士满很近的地方。同时，李派杰克逊干扰波普对北弗吉尼亚的入侵。看到麦克莱伦按兵不动，李考虑亲自发动进攻。

第二次布尔溪之战

在1862年夏天的战役中，北弗吉尼亚军团获得了优势。联邦部队似乎缺少与李和杰克逊匹敌的指挥官。如果邦联在马纳萨斯枢纽附近的第二次冲突中获胜，那么他们可以再次威胁华盛顿。

战役开始于1862年7月中旬，“石墙”·杰克逊将军向里士满西北部位于戈登斯维尔的铁路枢纽进发，因为约翰·波普将军领导的联邦弗吉尼亚军团的前进使该枢纽受到了威胁。在A. P. 希尔将军一个师的支援下，杰克逊开始进攻联邦军队中心，希望通过快速移动占据上风。

李的大胆进攻

8月9日，杰克逊的部队在锡达山附近的山脊上与纳撒尼尔·班克斯少将占据有力防守位置的联邦部队相遇。战斗开始时，许多邦联纵队还在整列整列地行军。联邦的反击使杰克逊的一些部队溃逃，但他亲自重整部队。在希尔师的帮助下，邦联占了上风。他们并没有对敌人造成决定性打击。更强大的联邦部队到来后，杰克逊撤向戈登斯维尔。

到了8月中旬，李正确评估了战略局势。尽管乔治·麦克莱伦将军不愿意支持他的竞争对手波普将军，但波托马克军团还是从半岛撤回，支援北弗吉尼亚的联邦攻势。在这些增援到来之前，邦联人短暂占据了主动权。李在里士满前方留下一支小部队，带走北弗吉尼亚军团主力，在戈登斯维尔与杰克逊会合。在波普的军队后撤并越过拉帕汉诺克河时，邦联人发动了大胆的进攻。面对占优势的敌人——邦联约有55 000人，对方约有75 000人——李将兵力分散，寄希望于波普不会进攻。8月25日，杰克逊领导超过2.4万人的兵团向西北进发，渡过拉帕汉诺克河，绕过波普军右翼。接着，他向东穿过布尔溪山的撒罗费尔山口，沿铁路线向马纳萨斯前进。他的士兵在两天时间里行军50英里（80公里），占领了布里斯托车站，摧毁火车，破坏铁轨，然后冲向弗吉尼亚军团主要补给基地马纳萨斯枢纽。邦联人尽情享用了熏肉和罐装龙虾，同时杰克逊用联邦马匹、火炮和弹药为军队补充了物资。

16 000

1862年8月27日至9月1日五天战斗中的联邦伤亡人数估计值——几乎是邦联伤亡人数的两倍。

抓住优势

波普吃惊地在他的后方发现了邦联部队的踪迹，但他们的阵地并不稳固，波普看到了获胜的机会。当波托马克军团赶到后，波普希望围困并歼灭杰克逊的部队。

8月27日，杰克逊从马纳萨斯枢纽撤退，在1861年布尔溪战场附近的格罗夫顿山脊上占据了防御阵地。他知道，如果被发现，他无法长期抵抗波

杰克逊的反抗和朗斯特里特的进攻
8月29日下午，杰克逊在斯托尼岭对抗联邦发动的所有进攻。第二天，朗斯特里特对联邦左翼发动了迟到的进攻，扭转了战局。

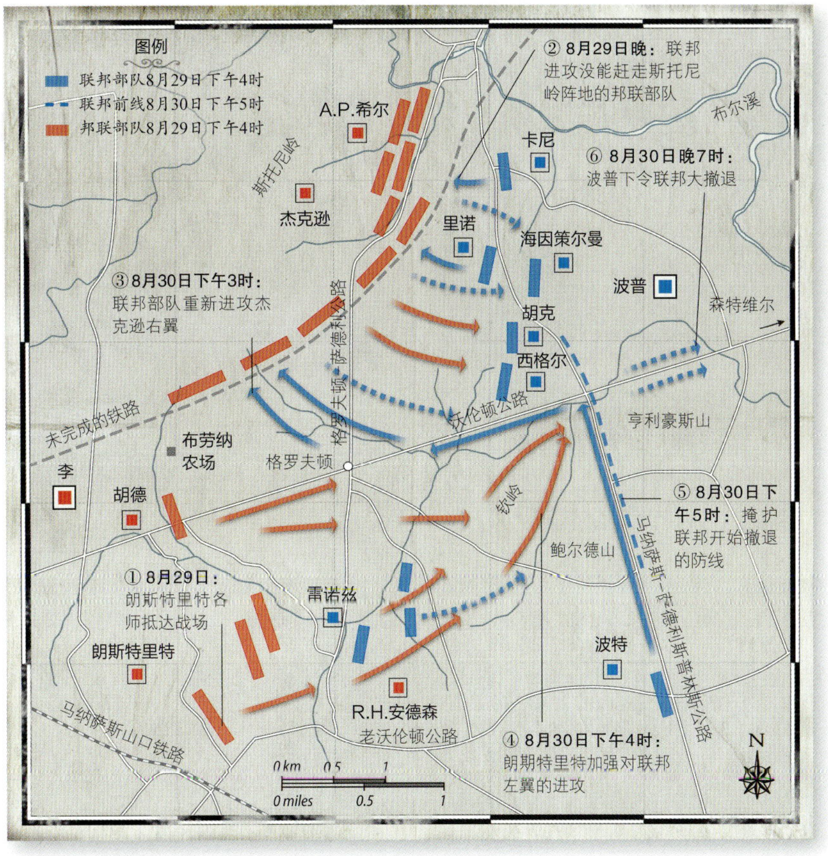

普得到增援的军队。朗斯特里特兵团的邦联支援部队正在赶到，李也在其中，但当战斗真正开始时，杰克逊仍然在孤军作战。

波普的侦察兵没能发现杰克逊的位置。8月28日下午，一支联邦纵队不知不觉地从沃伦顿公路进入了邦联山脊大炮的攻击范围内。杰克逊无法放过侧翼攻击的机会，下令开火。很快，双方步兵在布劳纳农场周围展开近身战。联邦准将约翰·吉本的黑帽旅表现出色，在一场战斗中一些团损失了70%的兵力。联邦部队入夜后撤退。

第二天，8月29日，波普匆忙率大军向杰克逊施压，认为这位邦联将军会撤离。不过，他的如意算盘打错了。联邦纵队对邦联守军发动零散的进攻，后者进行了激烈的反击。最激烈的战斗在联邦少将菲利普·卡尼的师与A. P. 希尔之间展开，后者守卫着邦联左翼的铁路路堑。卡尼几乎就要获胜，对方的反击却使联邦军队退缩了。

当天最令人吃惊的是没有参战的士兵的数量。在联邦这边，波普指挥的两个兵团由于混乱的命令而没有参战，麦克莱伦的波托马克军团后援部队也退缩不前。朗斯特里特兵团上午抵达杰克逊右翼，但是当李命令他加入战斗时，朗斯特里特提出异议，李也没有坚持。

8月30日上午，联邦部队带着加倍的愤怒继续进攻。波普相信，他在进攻的是即将战败的南方部队。不过，朗斯特里特已经做好了准备。他将炮兵部署在右翼居高临下的位置上，用致命火力放倒一排排前进的联邦士兵。当敌人的进攻势头减退时，朗斯特里特命令五个师冲向波普的军队。

最后的遭遇战

波普似乎会被彻底击溃，但在军队混乱地后撤时，这位将军成功组织了防线，阻止了邦联的冲锋，使军队在入夜后有秩序地撤向森特维尔。第二天，杰克逊受命进行另一次包抄行军，试图切断波普与华盛顿之间的道路，但邦联士兵太累了。在尚蒂利，他们在暴风雨中与联邦后卫部队打了一仗，卡尼在此战中身亡。随后，邦联取消了追击。波普的军队虽然战败，但是并没有被摧毁。

“士兵被抬下战场……直到躺满几英亩的土地。”

——克拉拉·巴顿，她曾在第二次布尔溪之战后照料伤员

双重战场
亨利豪斯山是第一次和第二次布尔溪之战的战斗地点，现在是马纳萨斯国家战场公园的一部分。

联邦少将（1822—1892）

约翰·波普

约翰·波普出生于肯塔基，在工兵部队有所成就。在南北战争中，他负责指挥一个伊利诺伊旅，随后在1862年春领导密西西比军团在新马德里获胜。被调到弗吉尼亚军团后，他认为他们比不上西部的联邦士兵，因而冒犯了这支新军。在第二次布尔溪之战中失败后，他被派去对抗苏人，军队并不怀念他。波普在战后的军队中表现出色。

之后

在第二次布尔溪之战中战败后，波普撤向华盛顿外围。军官们立即开始相互指责，以寻找替罪羊。

麦克莱伦的阻挠
林肯总统相信，麦克莱伦难辞其咎，他希望波普战败，故意拖延增援部队的进程。

波普的厄运
林肯还不情愿地承认，当士气最低落时，麦克莱伦是指挥华盛顿守军的最佳人选。当波普被贬职，去对抗明尼苏达的印第安人时，麦克莱伦被允许将弗吉尼亚军团并入他的波托马克军团。士兵和平民欣慰而热情地对此次任命表示欢迎。

麦克莱伦在弗雷德里克市

亲历者　1862年8月30日

朗斯特里特在第二次布尔溪之战中的侧翼进攻

前两天，“石墙”•杰克逊在战斗中首当其冲。詹姆斯•朗斯特里特带着他的兵团赶到，支援杰克逊的右翼，但他一直等到第三天下午才发动反击。反击立即产生了效果。联邦指挥官约翰•波普完全误读了朗斯特里特的意图，被迫下令撤退。

“我获得了很好的机会，预定的牵制变成了进攻。我的整个阵线发起冲锋。士兵们跳起来，保持老兵特有的稳健和坚定向前移动。炮兵继续向混乱的敌群开火，击溃了这一部分敌军。因此，我的攻击针对的是我面前的部队……进攻纵队稳步向前推进。敌人刚一站稳脚跟，就立即被迫后退……战斗持续到晚上10点，当时彻底的黑暗阻止了我们的前进。敌人在天亮前逃到了布尔溪对岸。”

——詹姆斯•朗斯特里特中将，1862年10月10日的报告，
选自《邦联官方战争记录》

“我们离蓝军很近，可以看到他们在动摇，然后停止前进，后又逃回掩护范围。这完全取决于约翰•波普。他的军队没有获得喘息之机。朗斯特里特发动了他领导的每一个人，督促他们进攻。不久，所有人都参与了激烈的战斗。平缓的山脊与公路垂直，步兵和炮兵在这些山脊上疯狂地追击敌人。炮兵拼命冲向最近的山脊，将拖车置于前方，发射几轮炮弹，直到敌人离开射击范围，然后再次奔向下一座山脊。这种追击持续进行，直到黑暗阻止了我们的行动……双方损失惨重。唉！在这种大规模战斗结束后，我们总是需要统计阵亡名单。特别是在马纳萨斯，有一些灿烂而年轻的生命为了我们的事业和家园而牺牲……朗斯特里特在战斗中表现出了最好的一面。他炉火纯青的部队管理能力在这一天充分得到展现，他用高超的技巧调动了大批士兵，而且没有一丝混乱。”

——G. 莫克斯利•索雷尔，朗斯特里特的首席参谋，
选自《在朗斯特里特右边：邦联参谋的回忆》，1905年

最后一战之前的联邦军队
这些联邦部队被匆忙地重新部署，以挫败朗斯特里特的侧翼进攻，他们抵挡了足够长的时间，使波普能够以良好的秩序撤退。你可以在联邦画家爱德温•福布斯这幅速描的前景中看到他们。

邦联总司令 生于1807年 逝于1870年

罗伯特·E. 李

“他让人产生的感觉是爱，不是敬畏和恐惧。”

——朗将军描述李和士兵的关系，1864年左右

罗伯特·爱德华·李具有南方人理想的自我形象——彬彬有礼，值得尊敬，有头脑的领导人，通过高超的作战能力和精神在极其不利的条件下获胜。李的实际军事表现并没有这么优秀，但他的出色能力和高尚品行是不容置疑的。李首先是一个弗吉尼亚人，作为独立战争英雄亨利·李之子，在享有特权的弗吉尼亚第一家庭中长大。他的童年过得并不轻松。11岁时，他的父亲去世了，这使家庭陷入可怕的财务困境。后来的婚姻使他与乔治·华盛顿的血统产生了间接联系，确保了他作为弗吉尼亚拥有土地的特权阶级的地位。在当时的社会环境中，人们认为奴隶制虽然是令人遗憾甚至应当被谴责的，但暂时是必要的。李本人也持这样的观点。

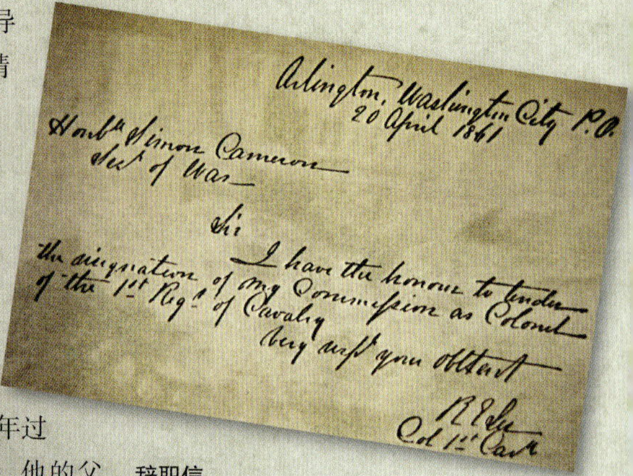
Arlington, Washington City P.O.
20 April 1861
Honble Simon Cameron
Secy of War
Sir
I have the honour to tender the resignation of my Commission as Colonel of the 1st Regt of Cavalry
Very resp. your obdt servt
R E Lee
Col 1st Cavy

辞职信
1861年4月20日，李向温菲尔德·斯科特将军写信，遗憾地从美国陆军辞职，以便为家乡弗吉尼亚服役。

军事生涯早期

从西点军校毕业后，在南北战争之前，李先后在工程部队和骑兵部队服役。他在1847年至1848年的美墨战争中担任参谋，对有准备的防线展开富有想法的包抄，在压力下保持冷静，这使他获得了指挥官温菲尔德·斯科特将军的赞赏。50岁以后，李在军事上停滞不前，他最为关心的是妻子的健康和他们那座阿灵顿宫的财务状况。

他在因为这些问题延期休假时，受命镇压1859年废奴主义者约翰·布朗在哈珀斯费里的叛乱。1861年南北战争的到来使李成为对双方来说都有价值的人才。这一年开始时，李还是

南方绅士
约翰·亚当斯·埃尔德1864年为李绘制的肖像表现了一种绅士风度，掩盖了他的赌徒性情——李喜欢冒险，偏爱进攻型战术。他的礼貌使他有时过度容忍无能的下属。

投降的将军
在阿波马托克斯投降一个星期后，马修·布雷迪为李拍摄了照片。左边是他的长子卡斯蒂斯，右边是助手沃尔特·泰勒。

一名中校。当弗吉尼亚退出联邦时，他立即选择了南方，因为他对州的忠诚超过了对联邦的。他的首次战场指挥经历在弗吉尼亚西部以失败告终，守卫卡罗来纳和佐治亚海岸免受联邦袭击的努力也受到阻碍。

顾问和将军

尽管遭遇这些挫折，李还是获得了邦联总统杰弗逊·戴维斯的尊重。戴维斯将他留用为个人军事顾问。利用他的工程背景，李组织邦联部队挖掘宽广的工事，防卫里士满。到了1862年春，他断定，面对占据物质优势的敌人，邦联唯一的获胜希望是进攻。在约瑟夫·约翰斯顿受伤后，李获得了北弗吉尼亚军团的指挥权，在被称为七日之战的快速行动中攻击了迟钝的乔治·麦克莱伦将军。李仍然是缺乏经验的战场指挥官，但他成功地将联邦部队从里士满附近击退。此后，他的地位基本上已不可撼动，可以实施自己的进攻型战略。

> “参与延续奴隶制的战争这么长时间以后，我现在对奴隶制的废除感到高兴。”
>
> ——李对约翰·莱本说，1870年3月1日

胜利和致命失误

李不断尝试冒险。在最有天赋的下属“石墙”·杰克逊的支持下，他大胆调兵，在第二次布尔溪之战和钱瑟勒斯维尔之战中取得了出色的进攻胜利。然而，他在1862年9月缺乏考虑的马里兰进攻行动中分兵作战，几乎造成邦联的灾难。李决定不撤回弗吉尼亚，而是坚守阵地，在安蒂特姆用疲惫之师与兵力占优的敌军作战。对于不像麦克莱伦那样谨慎的对手来说，这种赌博将是一个机遇。安蒂特姆之战展示了李在防御战中的能力和坚决，此战和随后弗雷德里克斯堡的胜利共同支持了他追求进攻式防御策略的信念。1863年6月，李宿命般地进攻宾夕法尼亚。在葛底斯堡，地形对他不利，他只能下令进行徒劳的正面进攻。葛底斯堡之战结束后，李请辞，但总统杰弗逊·戴维斯离不开他。1864和1865年，他在与尤利西斯·S.格兰特的艰苦战役中被迫采取守势，表现了毅力和高超的战术。当继续战斗变得徒劳时，他选择在阿波马托克斯有尊严地投降。

战后，李被排除在大赦范围之外。阿灵顿宫被没收，未被返还。尽管如此，李从未失去和解精神。去世后，他的声望仍然很高，尤其是在崇拜他的南方仰慕者中。

李的战地帐篷内部
李的遗物备受重视。他的战地帐篷被保留下来，里面有他的战靴、马鞍、帽子，以及他的厨具箱、各种盘子、餐具和烹饪用具。

时间线

- **1807年1月19日** 出生于弗吉尼亚州威斯特摩兰县，是弗吉尼亚州长亨利·李少将六个孩子中的一个。
- **1829年** 以班上第二名的成绩毕业于西点军校，选择在工程部队服役。
- **1831年6月30日** 与乔治·华盛顿继孙之女玛丽·卡斯蒂斯结婚。住在阿灵顿宫卡斯蒂斯大宅。
- **1847—1848年** 美墨战争中，李担任温菲尔德·斯科特将军的参谋，在塞罗戈多和丘鲁武斯科表现出色。
- **1852年** 被任命为西点军校校长。
- **1855年** 转到骑兵部队，作为中校在西部边境服役。
- **1859年10月** 在休探亲假期间，李领导部队在哈珀斯费里联邦兵工厂成功镇压布朗领导的废奴主义者。
- **1861年3月** 晋升为上校，领导美国第一骑兵团。
- **1861年4月** 南北战争爆发时，李拒绝了指挥联邦部队的邀请；他辞去职务，为弗吉尼亚服役。
- **1861年5月** 联邦部队占领阿灵顿宫；李晋升为邦联军队准将。
- **1862年6月1日—7月1日** 接手北弗吉尼亚军团，在七日之战中击败联邦波托马克军团。

被联邦部队占领的阿灵顿宫

- **1862年8—9月** 在8月29至30日第二次布尔溪之战中获胜后，李进攻马里兰，他的军队在安蒂特姆几乎被摧毁（9月17日），随后撤退。
- **1862年12月—1863年7月** 在弗雷德里克斯堡（1862年12月13日）和钱瑟勒斯维尔（1863年5月2—4日）获胜后，再次进攻北方，在葛底斯堡被决定性击败（1863年7月1—3日）。
- **1864年5—6月** 在怀尔德尼斯（5月5—7日）、斯波齐尔韦尼亚（5月7—20日）和科尔德哈伯（6月3日）进行了孤注一掷的战斗。
- **1865年2月6日** 被任命为邦联陆军总司令，同时仍然指挥北弗吉尼亚军团。
- **1865年4月9日** 在弗吉尼亚州阿波马托克斯县城率军向格兰特投降。
- **1865年8月** 接受弗吉尼亚州莱克星顿市华盛顿学院院长一职。
- **1870年10月12日** 去世后被葬于他在莱克星顿建造的学教堂。

李进攻马里兰

邦联1862年9月对马里兰的进攻是一场赌博，所依据的是联邦军队缺乏组织性、不堪一击这一错误估计。虽然李通过进攻打击了北方，但他的北弗吉尼亚军团却面临潜在的灾难。

骑着特拉弗勒的李

李将军非常喜爱灰色牡马特拉弗勒，它是他从1861年秋开始使用的坐骑。不过，在进入马里兰后的大部分时间里，李都因为手部骨折不能骑马。

之前

第二次布尔溪之战的胜利（见第120—123页）使邦联将军罗伯特·E. 李面临一个重要决定：胜利之后如何行动。

向前推进

被李击败的联邦部队已经撤入了华盛顿防线。李选择进攻北方。在每条战线上，邦联人都做好了行动的准备。在阿肯色，邦联的托马斯·欣德曼将军正准备夺回密苏里。在密西西比，厄尔·范多恩和斯特林·普赖斯正在聚集力量，准备对尤利西斯·S. 格兰特的田纳西军团发起可能的攻势。1862年9月3日，就在第二次布尔溪之战结束三天后，李在写给总统杰弗逊·戴维斯的信中说道：“目前似乎是邦联陆军进入马里兰的有利时机。”

9月4日，罗伯特·E. 李将军的先头部队开始渡过波托马克河。他敏锐地意识到，他的士兵身体状况很糟糕，写信向总统戴维斯说明：“部队缺少战争物资，运输环节薄弱，坐骑大为减少，士兵的服装供应很糟糕，数千人没有鞋子。”李相信，华盛顿附近的联邦部队在第二次布尔溪之战后同样“士气极其低落，处于混乱状态”，他们目前的指挥官、谨慎的乔治·麦克莱伦将军至少四个星期都会留在阵地里。李在马里兰的出现可能会促使北方人反对战争的继续。至少，这会使联邦军队处于守势。李认为联邦陆军士气低落，同时也对己方部队的士气感到担忧。

联邦传信官

联邦传信队在跟踪入侵的敌人方面发挥了重要作用。他们收集情报，勘测战场，发送信息。

缩水的部队

许多邦联士兵由于夏天的胜利而心情愉快，他们怀着热情进入马里兰；另一些人对光脚饿肚子的生活感到厌倦，不愿意进入邦联范围以外的地方。虽然李宣称要对“落伍者”实行严格的惩罚措施，但还是有数千人当了逃兵。邦联人希望马里兰人踊跃参军，这种希望很快化为泡影。愿意为邦联事业而战的人已经在战争早期去了南方。除了奴隶主以外，当地人没有将入侵军队当作解放者来欢迎。大多数平民将他们拒之门外。当地人震惊而畏怯地观察着衣衫褴褛的军队。马里兰女性玛丽·米切尔描述了他们脸上显现的“瘦削和饥饿”，写道：“我似乎无法相信他们具有行军和作战的能力。”最初，李希望马里兰肥沃的土地可以提供食物和草料。现实是，他的部队以生玉米为食，因而饱受折磨。

南山之战

9月14日，邦联部队在山口抵御更加强大的联邦部队，为李赢得了集中军队的宝贵时间。

各个击破 如果将领把军队分开，在不利局面下，敌人有可能分别攻击和摧毁每个部分。

联邦迎战

李认为，当他进入马里兰后，受到威胁的守军会撤退，以免被俘。可尽管遭到麦克莱伦的抗议，总司令亨利·哈莱克将军还是命令哈珀斯费里的联邦军队坚守阵地。9月9日，“石墙”·杰克逊将军率领邦联大部队过河，准备占领哈珀斯费里。詹姆斯·朗斯特里特将军被派往布恩斯伯勒保护杰克逊，以免联邦部队通过南山的山口发动袭击。不过，在接到联邦纵队正在向他进发的错误报告后，他转而前往黑格斯敦。山口的防御主要交给了D. H. 希尔将军的一个师，由杰布·斯图尔特将军的骑兵协助。分兵的李面临着被“各个击破”的风险，但他再次将赌注压在了麦克莱伦的按兵不动上。将部队分散开的李将会发现，他误算了联邦军队的状态。

第二次布尔溪之战后，弗吉尼亚军团并入波托马克军团，士气明显回升。士兵们欢迎麦克莱伦，将他看作救星。在林肯总统“摧毁叛军”的命令下，麦克莱伦率领超过7万恢复活力

> “在我看来，这些士兵不是血肉之躯，而是由石头和钢铁打造的。”
>
> ——马里兰的伊丽莎白·K. 霍华德对南方人的描述，1862年9月

的士兵离开华盛顿，追击李的部队。

联邦的幸运

9月13日，麦克莱伦的部队进入弗雷德里克。不久前，北弗吉尼亚军团刚刚离开这里。接着，麦克莱伦交了一次好运。9月9日分发到所有邦联指挥官手中的一份李将军的“特别命令191号”在城镇外的田野中被发现，转交给麦克莱伦的参谋，它详细陈述了李所率部队的位置。麦克莱伦欣喜若狂，宣布：“如果我不能凭借这份文件痛击博比·李，那么我甘愿回家。”9月13日夜，联邦部队向南山进发。一旦通过山口，他们就可以在李的军队集中或逃跑前发动袭击。当时，朗斯特里特正在从黑格斯敦返回的路上，山口的邦联守军兵力薄弱。激战进行到9月14日。少数邦联士兵面对12万联邦士兵抵抗了数小时，最后还是没能守住克兰普顿山口。不过，联邦行动得太晚了。D. H. 希尔的师当天一直坚守特纳山口和福克斯山口，牵制了麦克莱伦的军队，足以使李成功撤退。9月15日，麦克莱伦命令部队撤向安蒂特姆溪和波托马克河之间的夏普斯堡镇。

120 000

麦克莱伦将军估计李在马里兰战役中的兵力。邦联部队的实际人数大约从未超过5.5万。

占领哈珀斯费里

与此同时，杰克逊正在威胁哈珀斯费里。这座兵工厂由狄克逊·迈尔斯上校领导的1.1万联邦新兵守卫。占据高地的邦联人布置好炮兵，开始恣意进攻。哈珀斯费里在9月15日投降。杰克逊占领了军事仓库，俘虏了1.1万人。杰克逊留下A. P. 希尔的人驻守，前去与夏普斯堡的李会合。他于9月16日赶到，发现李在与安蒂特姆溪对岸的麦克莱伦交火。双方的大炮对轰了一整天。黑夜降临时，战线上下又传来小规模激战的声音，预示着即将到来的大战。

联邦在哈珀斯费里的损失

邦联1862年9月15日对哈珀斯费里联邦兵工厂的占领使铁路桥变成废墟，大量宝贵的战争物资被邦联夺取。

之后

李决定在夏普斯堡作战（见第132—133页），而不是越过波托马克河，撤到弗吉尼亚，这显示了他对部队优越作战能力的信心。

乔治·布林顿·麦克莱伦

李聚集部队

虽然李对杰克逊在哈珀斯费里获胜的消息感到振奋，但他不愿意承认他的马里兰战役失败了。与此同时，麦克莱伦保持一贯的谨慎。9月15日，他的波托马克军团已经开始赶到安蒂特姆溪，但他没有打扰对岸的李。第二天，麦克莱伦的大约6万人与2.5万邦联士兵对峙。到了9月17日，他做好了准备，但李已经聚集起大多数部队，联邦错过了取得决定性胜利的机会。

野战炮

在战争中，由铸铁或锻铁制造的现代线膛炮得到使用。最常见的大炮却是所谓的拿破仑加农炮。这是一种黄铜滑膛炮，可以发射球形实心弹、榴霰弹和霰弹。大炮和拖车通常由六匹马牵引。弹药通过弹药箱运输，也是由拖车和六匹马组成的团队牵引。由上尉指挥的联邦炮兵连由六门大炮组成。每门大炮由一名中士和另外七个人操作。

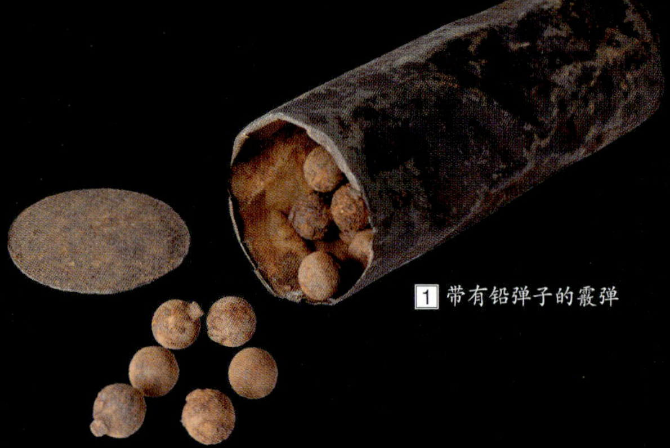

1 带有铅弹子的霰弹

1 霰弹用于近距离向步兵射击　锡罐中装有铅弹和锯末。离开炮口时，外壳会解体，致命的炮弹会以扇形散开。2 十二磅实心弹　不含炸药，用于对抗步兵和骑兵，但其破坏力在面对敌方工事或炮队时是最有效的。炮弹由铁箍系在木壳上，壳上连着装有推进药的袋子。3 榴霰弹是一种空心球，含炸药和铁弹。发射后，通常在敌方阵线上方爆炸，铁弹和弹壳碎片倾泻而下。4 线膛炮的炸弹具有各种圆柱形状，这取决于炮筒的膛线。5 拖车是由马牵引的双轮车。野战炮连在拖车后方。弹药箱上可以坐三名炮手。6 双筒望远镜常常用于确定大炮的射击范围。7 这个黄铜瞄准器配有水平仪，用于在发射前确定大炮处于水平位置。安装在炮尾，与炮口上的瞄准仪对齐。8 这包纸引信是在宾夕法尼亚州法兰克福的联邦兵工厂制造的。联邦引信都在此制造，以确保一致性。9 这个纸引信可以切成理想长度。当大炮发射时，引信被插在引信塞里。10 这个木制引信塞被插在弹头或空壳弹内部。11 四分仪和摩擦火帽用于大炮的瞄准和发射。四分仪被放在炮口，以确定抬升角度。连在长系带上的摩擦火帽被插在火门里，可点燃下面的火药。12 用白镴制造的博尔曼引信被拧进弹头。盘面的刻度表示四分之一秒。炮手将盘面调至预定时间，以设置引信。13 豪斯钟摆是底部带有重物的黄铜瞄准器，挂在支架上，可以摆动。这样一来，瞄准器可以保持垂直。它与炮口上的锋状准星对齐。14 炮手戴着拇指套将大拇指按在大炮的火门上，以便在填装炮弹时消除火花。15 拿破仑加农炮是战争中最常见的滑膛炮，双方都在制造和使用。其正式名称是1857式榴弹炮。这种黄铜炮最初是1853年在法国制造的，被人以皇帝拿破仑三世的名字命名。

2 十二磅实心弹

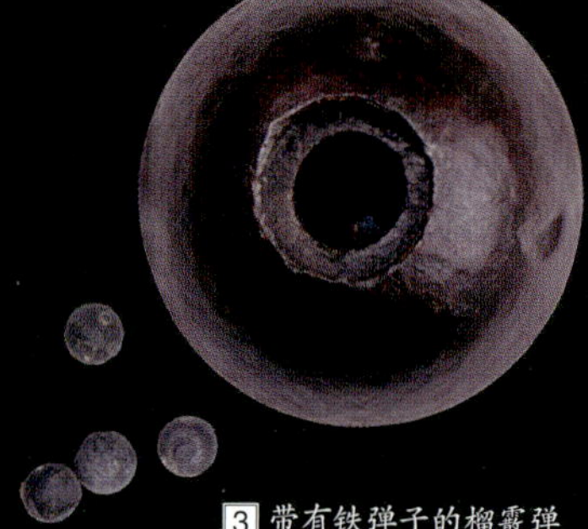

3 带有铁弹子的榴霰弹

4 线膛炮的炸弹

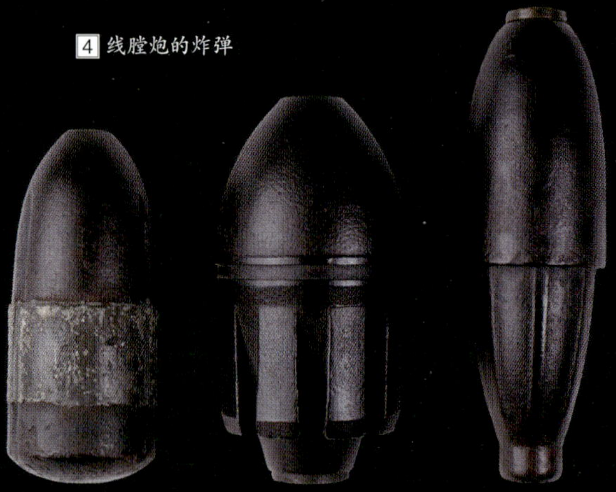

5 拖车和弹药箱

6 双筒望远镜和包装

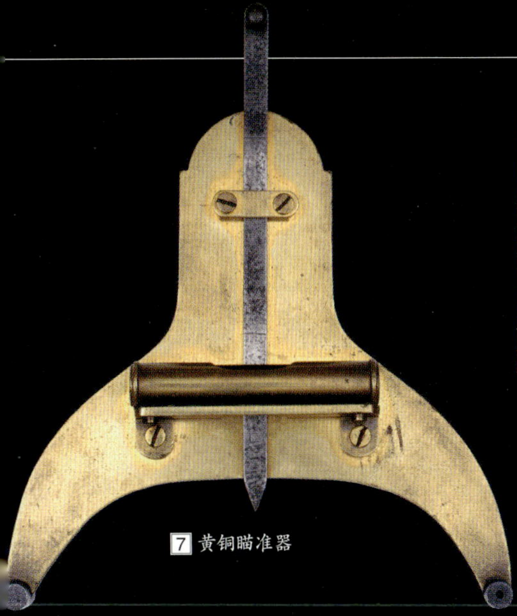

7 黄铜瞄准器

8 纸引信包

9 纸引信

10 木制引信塞

11 四分仪和摩擦火帽

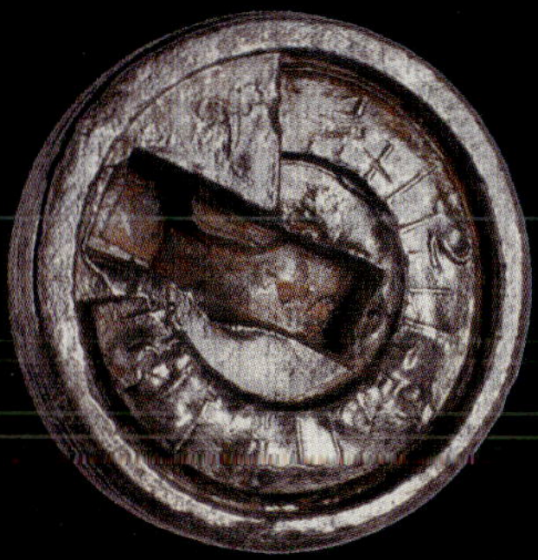

12 博尔曼引信

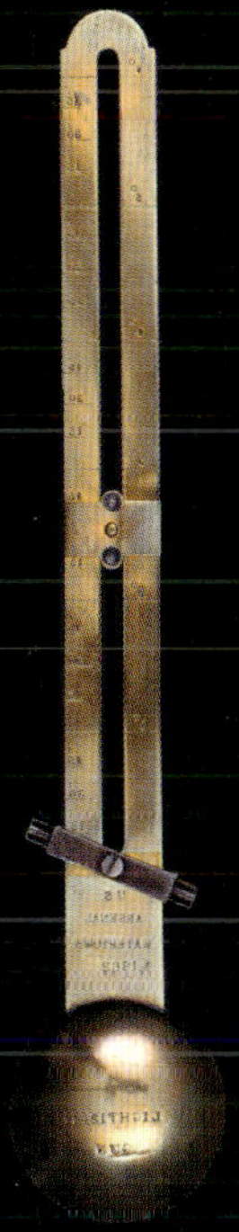

13 豪斯钟摆瞄准器

14 炮兵的拇指套

15 拿破仑加农炮

之前

到了19世纪中叶，情报已经被视为战争中的重要元素。当南北战争爆发时，双方都没有情报组织。

拿破仑的信息收集

南北战争的将军们研究了1803年至1815年的拿破仑战争，知道法国皇帝拿破仑对情报的重视。通过国外报纸、战俘审讯和秘密特工等渠道收集的信息得到参谋的筛选和整理，建立起关于敌方力量、行动和意图的整体画面。他们对书面信息加密，并派秘密警察跟踪敌方间谍，以对抗敌人的信息收集行动。

美国情报

美国没有此类系统。传信队是美国陆军1860年的一项创新，此时尚处于起步阶段。战争早期，情报战和反情报战缺少计划性。私人侦探艾伦·平克顿是联邦的重要人物，他的密探充当了最初的特工。当弗吉尼亚人仍然可以自由出入华盛顿时，弗吉尼亚州长约翰·莱彻在联邦首都建立了间谍网络。

间谍活动与情报

由于邦联和联邦的支持者不容易分辨，安全措施又很松散，南北战争为间谍活动创造了理想条件。然而，从秘密源头获取的信息不一定能够转化成对敌方部署和意图的准确理解。

南北战争中的信息来源多种多样，一些很传统，一些很新颖。例如，伴随骑兵侦察，出现了气球观测。关于气球的构想是源自18世纪90年代的法国，1861年在联邦支持者撒迪厄斯·洛的倡导下复兴。对书面通信的截获由来已久，但在战争期间，电报窃听也变得很常见，这提高了用密码保证信息安全的需求。

敌后未经审查的报纸是信息的一个主要来源。记者常常鲁莽地透露部队的移动和规划细节，尽管有时也会刊载虚假文章，混淆敌方视听。当战斗发生在未被探索的地区时，制图是一项重要情报活动。邦联人主要在自己的土地上作战，可以依靠当地人透露联邦部队的最新动向。对于北方人来说，奴隶和前奴隶是宝贵的信息来源——统称为“黑色急件”。在死伤敌人身上或者直接在田野里找到的文件——比如李在马里兰战役中遇到的情况——都可能对作战有帮助。

信息传递

在各式各样的信息源中，秘密特工和间谍占有一席之地。双方的安全意识出奇的松懈：军官会带领好奇的陌生人参观他们的阵地，并且公开谈论计划和命令。因此，人脉很广的华盛顿社交名媛罗丝·奥尼尔·格林豪轻松获得了一些军事情报，并传递给邦联指挥官。她在1861年8月被捕，这是艾伦·平克顿反间谍侦察在南北战争早期的一次胜利。另一名邦联间谍是弗吉尼亚州马丁斯堡的贝莱·博伊德，她在1862年的谢南多厄河谷战役中向“石墙”·杰克逊提供了信息，后来被举报和逮捕。

联邦这边，伊丽莎白·范卢在邦联首都里士满运作了一个成功的间谍网络。她最有用的联系人之一是获得自由的奴隶玛丽·鲍泽——杰弗逊·戴维斯妻子的仆人。联邦和邦联都组织了秘密渠道，用于传送信息，转移支持者、密探和逃跑的囚犯。

邦联密码筒
这台密码机是在里士满缴获的，邦联用它为信息加密。它使用了26个字母的矩阵，每行取一个字母，来代替信息中的一个字母。这种密码会被联邦轻松破解。

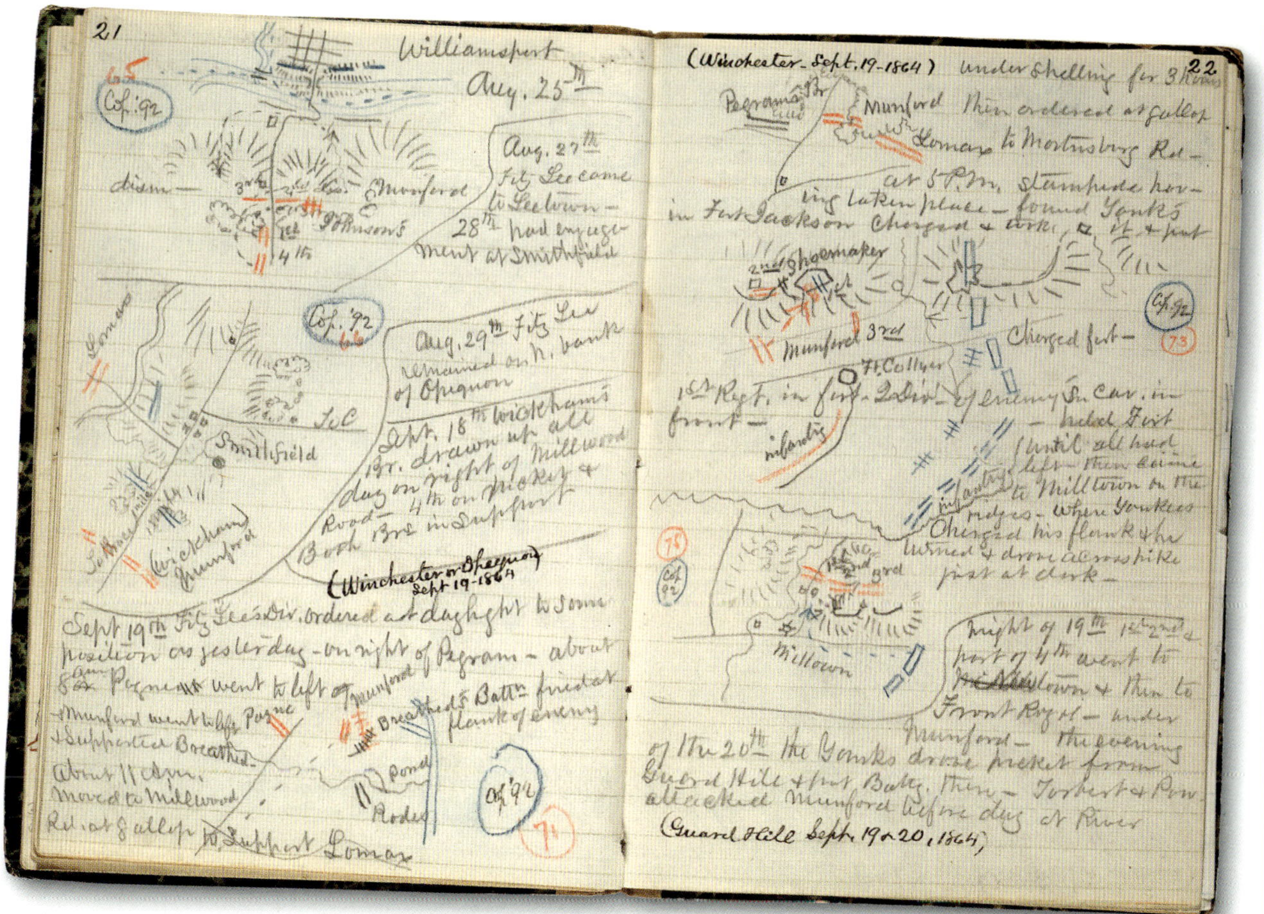

制图者的速描本

这幅带有注释的地形和军事移动草图是由杰迪戴亚·霍奇基斯绘制的。作为邦联制图师，他绘制了谢南多厄河谷的首批详细地图。

> “战争期间，你为我提供了来自里士满的最宝贵的信息。”
>
> ——林肯总统对伊丽莎白·范卢说

间谍被捕后，性别常常决定他们的待遇。女性通常会在短暂监禁后获释：格林豪被关了九个月，博伊德是两个月。男性间谍会受到更加严格的处置。1861年被平克顿派往南方的联邦密探蒂莫西·韦伯斯特被逮捕和审判，并于次年被邦联处以绞刑。就连没穿军装的侦察骑兵被捕后也会被处决。

解读数据

成功的情报战取决于分析和解读信息的能力。除了运作间谍和反间谍网络，平克顿还以平民身份被乔治·B. 麦克莱伦将军聘为波托马克军团情报工作。轻率的解读意味着他常常过高估计邦联军队力量，而过度谨慎的麦克莱伦将军又很容易相信这种估计。

直到1863年1月约瑟夫·胡克将军接过波托马克军团指挥权，有组织的军事侦察系统才被建立起来。胡克命令乔治·H. 夏普上校组建了一支部队，后来成为军事信息局。夏普的组织是向职业化迈出的重要一步。在后来的1864年，在尤利西斯·S. 格兰特指挥下，该组织又得到了进一步发展。

邦联从未实现同等水平。其“秘密战争”主要是在国外进行的。特工们在欧洲违反中立法律，购买武器和船只，扮演了重要角色。1864年，邦联在加拿大组建了一支部队，以跨越边境进入北方并采取行动。支持者的蓄意破坏远远没有实现使西北各州脱离联邦的目标。

反叛者罗丝

照片中是被监禁在华盛顿旧国会大厦监狱的邦联间谍罗丝·奥尼尔·格林豪和她最小的女儿。她于1862年夏天获释。随后，她去欧洲旅行，被当作名人受到欢迎。

之后

地下工作的记录在战争结束时被销毁，甚至不给历史学家留下追根究底的可能性。

林肯遇刺

1865年里士满陷落前（见第314—315页），在国务卿朱达·P. 本杰明的命令下，邦联秘密文件被焚毁。关于这些文件的内容人们有很多猜测，因为邦联秘密活动与林肯总统遇刺可能存在联系（见第320—321页）。刺杀他的约翰·威尔克斯·布斯曾在加拿大与邦联秘密特工见面。一种理论认为，布斯接到了劫持总统的命令，而非刺杀总统。

战后荣誉

战后，为联邦从事间谍工作的个人受到表彰。虽然人们意识到了这种工作的价值，但是直到二十年后，美国陆军军事情报处才成立。直到1903年，陆军才将情报团纳入参谋队伍。

联邦间谍勋章

间谍女演员

据说，女演员波琳·库什曼是联邦间谍，她将收集到的信息藏在鞋子里。战后，她穿着名誉少校的军装发表关于个人功绩的演讲。

之前

第二次布尔溪之战中的失败使联邦部队士气低落。当乔治·麦克莱伦被任命为波托马克军团指挥官时，士气有所回升。

邦联阵地

罗伯特·E. 李的马里兰战役开局顺利，“石墙”·杰克逊将军占领了哈珀斯费里的联邦兵工厂（见第126—127页）。李的军队与麦克莱伦兵力占优的波托马克军团在夏普斯堡相遇。李占据了俯视安蒂特姆溪的防御阵地。他分散的部队陆续赶到。到了9月16日傍晚，他只有2.5万人。李将阵线左翼的指挥权交给杰克逊，右翼指挥权交给詹姆斯·朗斯特里特，两翼在邓克教堂会师。

联邦战略

麦克莱伦在安蒂特姆溪对面的部队有大约7.5万人。9月16日晚，他开始让约瑟夫·胡克的兵团渡过溪流，向李的左翼移动。最初的小规模冲突使邦联人得以确定联邦第二天上午的主要进攻方向。

安蒂特姆之战

1862年9月17日是美国历史上战斗伤亡人数最多的一天。邦联不顾一切的防守和联邦部队坚决而反复的进攻导致22 700人死伤。虽然联邦将军乔治·B. 麦克莱伦兵力占优，但他没能摧毁邦联军。

9月17日黎明，当约瑟夫·胡克的军队向黑格斯敦峰进发，试图重创罗伯特·E. 李将军所率部队的左翼时，邦联人的前景非常黯淡。联邦部队以令人畏惧的气势前进，他们装备精良，服装整齐，与衣衫褴褛的邦联军形成了鲜明对比。由于没有工事掩护，士兵们只能在开阔地作战，或者利用树木和地形躲避像暴风雨一样突然袭来的炮兵和步兵火力。激烈的战斗在科恩菲尔德和韦斯特伍兹展开——这些阵地不断以生命为代价被丢失和夺回。

韦斯特伍兹争夺战

据说约翰·贝尔·胡德准将的得克萨斯士兵因为早餐被打断而感到愤怒，他们以64%的伤亡率从联邦铁旅手中夺回韦斯特伍兹，其中得克萨斯第1步兵团的伤亡率高达82%。少将爱德温·萨姆纳派出的一个联邦师从韦斯特伍兹外围侧面发动反击，在半小时里失去了超过两千人。

联邦将军

爱德温·沃斯·萨姆纳在安蒂特姆指挥了一个兵团，并受到批评。据说，他的错误导致一个师在韦斯特伍兹被摧毁。

李坚守阵地

麦克莱伦躲在安蒂特姆溪对面安全的菲利普普赖庄园里，远离野蛮的战场，没能协调各兵团的行动。因此，当邦联人的左翼承受一次又一次暴风雨般的冲击时——一度失去邓克教堂，又将其夺回——他们的右翼和中部没有感受到压力。上午，又有两个师前来与李会合，但他的兵力仍然不及麦克莱伦的一半。他将部队从中部和右翼调至左翼增援。到了上午10

北望战场
佛蒙特第2步兵团上尉詹姆斯·霍普在安蒂特姆因身体不适未参加行动，但他绘制了战场速描。他后来据此绘制了一系列壁画。左边燃烧的农场房屋是在邦联将军D. H. 希尔的命令下点燃的。

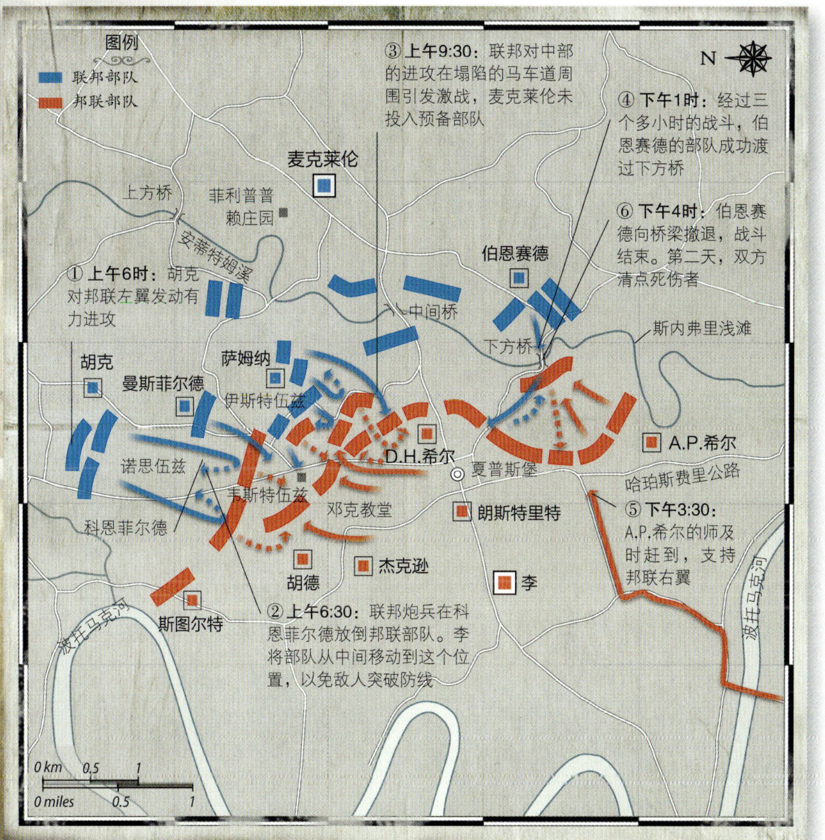

三个阶段的战斗
黎明时，战斗始于联邦右翼，随后转向中间，并在下午转向联邦左翼，当时伯恩赛德的部队终于渡过了安蒂特姆溪。

点左右，他已使联邦部队止步不前。

守住塌陷的公路

直到上午9:30，一个联邦师才开始袭击邦联军队中部——由少将D. H. 希尔率领2500人防守。人数处于劣势的邦联步兵守住塌陷的马车道，反击一轮轮联邦进攻，造成敌方约3000人伤亡。当侧翼暴露在扫过整个阵线的纵向火力下时，希尔的部队被迫撤退。这条路后来被称为血腥车道。即便到了此时，联邦部队还是无法突破防线；可以投入战斗的整整两个兵团在溪流对面无所事事。

在麦克莱伦最初的作战计划中，当联邦对左翼发动主攻时，少将安布罗斯·伯恩赛德负责牵制邦联右翼。不过，伯恩赛德直到上午10点才开始行动，并选择在下方桥对面让各师进餐，该桥后来被人以他的名字命名。在邦联这边，伯恩赛德桥被罗伯特·图姆斯准将指挥的佐治亚一等射手和炮兵的火力覆盖。联邦部队花了三个小时才打过桥去。即便如此，他们也没能对成功加以利用。

38 000
最终在安蒂特姆参战的邦联士兵数量。两周前，李带着5.5万人的军队进攻马里兰。

战争现实
亚历山大·加德纳在战斗结束后拍摄了邓克教堂附近的邦联士兵尸体。这种影像使不习惯战争照片的公众感到震惊。

麦克莱伦的愚蠢

联邦的运气到下午似乎好转，李即将面临一场灾难。联邦部队终于在李右侧的斯内弗里浅滩找到了一条通道；他们不仅即将击穿他的右翼，而且将切断他撤向波托马克河的唯一通道。如果麦克莱伦此刻投入所有力量，他一定会赢得这一天的胜利。然而，一贯谨慎的他坚持保留预备部队——这两万人未发射一枚子弹。

A. P. 希尔从哈珀斯费里急行军而来的一个师终于到了，解救了李。该师在邦联侧翼的意外出现使伯恩赛德谨慎地撤回对岸。下午晚些时候，战斗停止了。麦克莱伦完全有理由在第二天继续进攻，但他没有。经过一些小规模冲突，邦联部队未受干扰地撤至波托马克河，并且进入河流对岸的弗吉尼亚。

之后

安蒂特姆的胜利巩固了林肯总统的政治地位——他在仅仅几天后的9月22日发布了《初步解放黑人奴隶宣言》。

林肯的时机

林肯曾准备在夏天宣布解放邦联奴隶（见第160—161页），但有人说在军队受挫时这样做可能带有绝望的味道。现在，他看到了机会。

麦克莱伦的迟钝

总统10月初莅临麦克莱伦的军营，催促他追击波托马克河对面的李。麦克莱伦行动迟缓，令林肯无法忍受。

安蒂特姆之战后的林肯和麦克莱伦

亲历者　1862年9月17日

安蒂特姆的伯恩赛德桥

安布罗斯·伯恩赛德将军指挥联邦左翼的第9兵团。他派部队通过安蒂特姆溪上的一座狭窄石桥，但是这座桥上方有一座长有树木的高崖，为对面邦联阵线中的佐治亚一等射手提供了极好的掩护。当天晚些时候，他们在附近浅滩发现了另一个过河点，但是已经太迟了。邦联增援部队不久后赶到，将联邦部队赶回桥梁附近。

“每个人立即静了下来，因为每个人都感到，就是‘现在’了。就在我们出发时，我有点吃惊地发现，一位军官取出怀表查看时间，仿佛小溪对面要进行的是一场需要他按时出席的商务约会。

“当我们抵达山脊时，沿溪流排列的树木完全挡住了战斗场面，我们是被部署在树木后面的散兵。我们在那里坐了两个小时。这段时间，兵团的其他人一直在石桥上前进，进入小溪另一边的阵地。接着，我们被命令蹚过在桥梁下游发现的浅滩……一个人在溪流中间被击中……

“听到命令，我们向围栏冲去。当我们越过第二道围栏时，阵线已变得非常混乱，因此我们向前方几英尺处的低矮的土丘冲去，然后躺在犁沟之中，通过爬行重新组织队形……不久，我听到一个人对重重躺在他身上的战友发出了诅咒。他在咒骂一个死人。

“当距离变短时，射击变得更加猛烈，局面令人极为绝望和愤怒。人性受到了拷问，发出了我所听到过的最强烈、最可怕的咒骂。这一天，战斗的喜悦显然不在我们这边……我只记得，当我们起身冲锋时，长期被压抑的所有火力都被释放出来。刹那间，空气中充斥着子弹的呼啸声和葡萄弹的飞驰声……整个世界瞬间变得有点发红。”

——列兵戴维·L.汤普森，纽约第9志愿团，
选自为《世纪杂志》撰写的文章，1887年。汤普森在此战后被俘，
被送至弗吉尼亚州里士满的战俘营，但他很快通过战俘交换被假释

越过桥梁
在这里，伯恩赛德的部队终于越过桥梁，准备进攻。面对敌人精准的火力，他们花了三个小时才过河。这种代价昂贵的延迟是人数远远占优的联邦军队未能击败邦联部队的原因之一。

伯恩赛德和他的参谋班子
来自马修·布雷迪工作室的亚历山大·加德纳在1862年11月弗雷德里克斯堡之战发生前拍摄了这张有伯恩赛德（中间，坐姿）的照片。

伯恩赛德发动进攻

获得波托马克军团指挥权后，联邦将军安布罗斯·伯恩赛德发动了快速攻势，希望占领里士满，打邦联部队一个措手不及。但在弗雷德里克斯堡，在南北战争最为一边倒的战斗中，此次行动以联邦的战败告终。

之前

安蒂特姆之战后，林肯认定麦克莱伦的波托马克军团应该进入弗吉尼亚追击邦联部队，击败对方。

北军的推进

李将军在安蒂特姆之战后的第一个想法也是恢复进攻态势（见第132—133页），不过北弗吉尼亚军团的糟糕状况使他决定休整。与此同时，在林肯的催促下，麦克莱伦将军开始不情愿地在1862年10月末率领军队渡过波托马克河。

由于麦克莱伦行动迟缓，缺乏进攻精神，且对政府有不服从的态度，林肯被激怒了，于11月7日开除麦克莱伦，让安布罗斯·伯恩赛德少将取代他的位置。

安布罗斯·伯恩赛德少将并不急于指挥波托马克军团，他觉得他缺乏军队指挥官所需要的能力。即便如此，他还是在接受委任后的几天之内响应了林肯的进攻要求，计划占领邦联首都里士满。他想迅速移动部队，在弗雷德里克斯堡出其不意地渡过拉帕汉诺克河，在罗伯特·E. 李将军做出反应之前扑向里士满。林肯更希望和李的军队战斗，而不是绕过他，但仍批准了这项计划。

伯恩赛德将部队的机动性执行得很好。11月15日，他的12万大军组织成三个“大师”，开始了令邦联人意想不到的行军。两天之内，联邦部队涌进法尔茅斯，隔着拉帕汉诺克河，与弗雷德里克斯堡相望。伯恩赛德和里士满之间已没有其他屏障，只有400英尺（122米）宽的河水是作战计划中首先要克服的障碍。运送浮筒的紧急命令已经下达，但是浮桥架设还是被延迟了。

为李提供时间

伯恩赛德不愿意派军队涉水过河，因为他预计上涨的水位可能会使浅滩无法通行，他不想带着部分军队被阻拦在河流对岸。所以，他选择等待浮筒，这为李提供了集合部队的时间。当所有架桥设备在月底到位时，李军的两部分——詹姆斯·朗斯特里特将军和“石墙”·杰克逊将军的兵团——已经在河对岸准备应战。漫长的拖延使双方都有足够的时间部署阵地。伯恩赛德将炮兵安置在东部俯视弗雷德里克斯堡的斯塔福德高地——面对如此强大的火力，就连李也不可能考虑进攻。

> **900**
> 罗伯特·E. 李将军在报告中称，他在弗雷德里克斯堡之战结束后俘虏了900名敌军。

在河流对面，朗斯特里特占据了城镇后方的玛丽高地，沿着山脊底部集结了大量炮兵和步兵，而杰克逊则将部队分散在下游朗斯特里特的右侧。李可以在附近山顶上看到战场全景。总体来看，邦联部队分布在河谷西侧8英里（13公里）长的山脊上。如此有准备的防线由超过7万人把守，其中许多人可以清晰看到下面的平原，对其发动正面进攻不太可能获胜。不过，伯恩赛德已下定作战的决心，不会将行动取消。12月11日上午，在河流上架设桥梁的行动开始了。

虽然来自斯塔福德高地的联邦炮

火使邦联部队无法进入开阔地并过河，但已被弗雷德里克斯堡市民遗弃的建筑为密西西比旅的一等射手提供了很好的掩护。北方工程师很难在他们的火力下完成浮桥的搭建。虽然联邦炮兵将城镇大部分建筑炸成废墟，但是直到联邦的先头部队乘船过河，这些邦联神枪手才被击退。

11% 死伤和被俘的联邦士兵比例

7.4% 死伤和被俘的邦联士兵比例

伯恩赛德的前进

联邦军大部队于12月12日开始过桥，许多士兵洗劫了被弗吉尼亚人遗弃的房屋。战斗在12月13日打响。伯恩赛德把最大的希望寄托在威廉·富兰克林少将身上，他的“大师”已在弗雷德里克斯堡以南过河。伯恩赛德认为富兰克林前方的邦联右翼防守薄弱，但杰克逊已将兵力聚集在普罗斯佩克特山周围。当某位邦联军官表达对于现状的焦虑时，杰克逊让他牢牢守在自己的位置上。事实证明他是对的，因为对他占据有利位置的步兵和大炮发动了正面进攻的联邦部队被有组织地击退。富兰克林一开始就被邦联骑炮兵的侧翼进攻震慑到了，谨慎地将大量兵力留在后方阵地里。

乔治·米德少将率部队从无防守的森林河谷冲入邦联军队，突破了防线。由于富兰克林没能前去支援，米德的部队很快被击退，且伤亡惨重。不过，杰克逊一侧发生的一切都无法与朗斯特里特兵团在玛丽高地展开的可怕屠杀相提并论。联邦各旅穿越开阔地，向山上发起正面进攻，遭到朗斯特里特炮兵的横扫。接着，他们遇到了2000名北卡罗来纳和佐治亚步兵在一道石墙后面组成的防线。在托马斯·科布将军的领导下，邦联步兵保持很快的发射速度。前进的联邦队列被击溃，大多数人在距离石墙不到300英尺（90米）的地方倒下或逃跑了。截至傍晚，联邦军队伤亡12 700人，邦联只损失了5400人。12月15日，伯恩赛德撤回河流对岸。

技术

浮筒

军队对浮桥的使用可以追溯到古代，波斯统治者薛西斯一世曾在公元前480年架设了一座跨越赫勒斯滂海峡的著名浮桥。最初，人们在一排泊船上铺设木板，作为简易浮桥。到了19世纪，军队工程师已经有了专门制造的平底浮筒，作为标准装备的一部分。浮筒底部装有车轮，便于移动。浮筒被绳索系在一起，上面铺设木条，形成道路。

> “幸好战争如此可怕，否则我们会深陷其中。”
>
> ——罗伯特·E.李在弗雷德里克斯堡之战中对詹姆斯·朗斯特里特说

驻守石墙后方
在玛丽高地脚下的电报路上，邦联步兵轮流装弹，从石墙后方开火。北军在开阔地上反复发动进攻，但是未能接近这条下陷的公路。

之后

弗雷德里克斯堡的屠杀引发了南方的欢呼和北方的惊恐。林肯受到严厉批评，反战情绪在联邦军队中高涨。

伯恩赛德希望破灭

安布罗斯·伯恩赛德梦想用另一次跨越拉帕汉诺克河的行动包抄李，挽回自己的名誉。在1863年1月实施计划时，他的军队陷在了泥泞的道路中。这次“泥地行军”被取消后，伯恩赛德命运已定。1月26日，他被“战斗之乔”胡克少将取代。

士兵的勇敢

弗雷德里克斯堡之战17年后，一个故事浮出水面，讲述了“玛丽高地天使”邦联士兵理查德·柯克兰冒着生命危险给联邦伤兵送水的事迹。现在，弗雷德里克斯堡石墙前立起一座雕像，纪念柯克兰的无私行为。

弗雷德里克斯堡的柯克兰纪念雕像

弗雷德里克斯堡之战

1862年12月13日，联邦将军伯恩赛德下令对弗雷德里克斯堡西部被称为玛丽高地的山峰发动一系列进攻。朗斯特里特将军及其邦联第1兵团位于山脚一堵石墙后方，穿越开阔地向前推进的联邦部队很容易成为他们的靶子。这幅油画由联邦中尉弗雷德里克·卡瓦达绘制，从联邦阵线后方展示了此次行动。画面上，士兵们纷纷被击倒。

之前

美国在美墨战争中获胜后，领土向西扩张。除得克萨斯的并入，还增加了加利福尼亚、新墨西哥和犹他的土地。

淘金热

加利福尼亚在1850年建州，犹他和新墨西哥则作为领地被吸收进美国。这些人口稀少的地区在贵金属被发现后具有了经济重要性。加利福尼亚淘金热始于1848年。19世纪50年代末，人们在犹他西部康斯托克洛德和堪萨斯西部一些地点发现了金银。这些地区在1861年初被组合成内华达和科罗拉多领地。

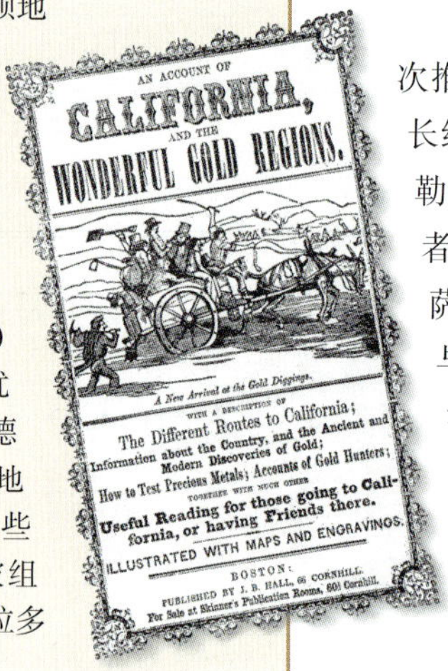

加利福尼亚广告

分裂美国

新的州和领地的创建是一个令人担忧的政治问题，影响着“蓄奴州”和“自由州”之间的平衡（见第22—23页）。1861年，得克萨斯成了首批加入邦联的州之一，加利福尼亚、新墨西哥、犹他、内华达和科罗拉多则全部留在联邦。

大西部

南北战争时期，美国西部边区是一个荒凉的地方，散落着孤零零的堡垒、淘金者、定居者的马车队，常常还有充满敌意的美洲原住民。邦联人决定将战争向西扩展，希望从联邦手中夺取科罗拉多和加利福尼亚的金矿和银矿。

邦联从得克萨斯向西的第一次推进是在战争早期由激进的营长约翰·R. 贝勒中校发动的。贝勒曾做过政客和印第安人对抗者，他受命带着250多人的得克萨斯志愿骑兵支队，夺取该州与新墨西哥接壤的西部边界上没有设防的堡垒。他将上级命令解读为进入新墨西哥的许可，在潜在的联邦反击发生之前先发制人。贝勒认为菲尔莫尔堡的联邦陆军卫戍部队对其行动构成威胁，于是在1861年7月23日发动袭击。守军指挥官艾萨克·林德少校带着部队离开堡垒，迎战贝勒。7月25日，贝勒的得克萨斯部队及其盟友击退了联邦步兵和骑兵，将其赶回菲尔莫尔堡。夜间，联邦指挥官林德率军撤离菲尔莫尔堡，后在圣奥古斯丁斯普林斯率部队投降。贝勒宣布新墨西哥南部为邦联亚利桑那领地。

贝勒缺少资源，既不能与敌对的阿帕奇人作战，也不能抵挡北军的反击。当另一支南方部队在1862年初被派到邦联亚利桑那时，其意图不是防御，而是进攻。

邦联指挥官

出生于路易斯安那的亨利·H. 西布利曾是美国陆军职业军官，后来选择加入邦联。邦联失败后，他再也没有获得重要指挥权。

邦联向西推进

亨利·H. 西布利准将制订了雄心勃勃的计划，他要以邦联亚利桑那为跳板，进入拥有丰富金银资源的科罗拉多州和加利福尼亚州。他带着来自得克萨斯的三个骑兵团，沿格兰德河而上，最远到达克雷格堡，在路上吸纳了贝勒的大部分士兵。克雷格堡是联邦据点，由爱德华·坎比上校指挥，不仅有正规军，还有新墨西哥志愿兵的支持。西布利兵力太弱，无法占领堡垒，试图绕道而过，但坎比出动军队，在巴尔韦德附近的浅滩挡住西布利的去路。两军在2月21日开战。最终，坎比及其部队被迫退回堡垒。西布利继续向北推进，于3月10日抵达圣菲。

西布利接下来要应对的是由约翰·斯洛上校领导的来自科罗拉多的联邦部队，他们已与尤宁堡的北军卫戍部队会合。此次战役中最重要的战斗发生在桑格雷-德克里斯托山脉的

> “高温和缺水让兵马饱受煎熬。”
>
> ——联邦少校艾萨克·林德，圣奥古斯丁斯普林斯投降后的报告，1861年8月7日

不利环境

邦联人低估了在西南部人烟稀少的原始地表上行军的困难，比如图中圣菲附近的平顶山地带。在山间和沙漠中，军队几乎不可能就地获得生存资源。

格洛列塔山口。3月26日，从尤宁堡向南推进的北军先头部队与从圣菲向北推进的邦联骑兵前哨分队相遇。在最初的小规模冲突后，双方派出增援部队，准备于3月28日开战。双方都在进攻，因为都认为对方会采取守势。虽然邦联人的伤亡和敌人相当，但他们在激战后占领了阵地。不过，一支实施包抄袭击的联邦分遣队出现在邦联军后方，并且奇袭了几乎没有设防的补给车队。南方马车和物资被毁，骡马被赶走。

军事配给
双方在西南部的士兵可以获得军队发放的标准配给，包括糖、烟草、咖啡和被称为“主妇”的针线包。

加利福尼亚发动反击

缺少物资的西布利无法继续前进，先是退回阿尔伯克基，4月中开始向得克萨斯撤退。此时，另一支联邦部队登场了。詹姆斯·H. 卡尔顿上校的加利福尼亚志愿兵正在向东行军，准备参加亚利桑那和新墨西哥的战斗。

1862年3月，加利福尼亚人在斯塔尼克斯车站与邦联人相遇——一场小规模冲突使兵力极弱的邦联军队撤向图森。接着，加利福尼亚人在皮卡乔山口的战斗中获胜，并在5月将邦联军赶出图森。邦联军队撤进得克萨斯，已经成为准将的卡尔顿被任命为新墨西哥军区负责人。邦联亚利桑那领地名存实亡。

之后

许多美洲原住民部落利用战争再次努力争取自由。在西南部，阿帕奇战争再次升温。

阿帕奇领导人杰罗尼莫（右三）

坚强的战士

新墨西哥联邦将军詹姆斯·H. 卡尔顿发现，美洲原住民是比邦联人更加厉害的对手。在1864年的奥多比韦尔斯之战中，基特·卡尔森上校领导的联邦部队差点被平原阿帕奇部落、基奥瓦部落和科曼奇部落击败。传奇的阿帕奇领导人杰罗尼莫成功将抵抗坚持到1886年，直到他和一小群追随者最终投降。

占领西部

西部大部分地区在战争后半段被联邦牢牢掌控。内华达于1864年10月成为联邦州。后来建州的还有1876年的科罗拉多、1896年的犹他，以及1912年的亚利桑那和新墨西哥。

之前

肯塔基内部既有邦联支持者，又有联邦支持者。最初该州选择中立，但它很快被卷入战争，这也许是无法避免的。

肯塔基争夺战

1861年9月3日，邦联指挥官利奥尼达斯·波尔克进入肯塔基，占领密西西比河边上的哥伦布。接着，联邦占领了帕迪尤卡和史密斯兰。州议会主张对南方入侵者开战，邦联支持者则组建了替代政府，并被邦联承认。

联邦部队占领了该州大部，邦联军队控制着西南部。冲突在多纳尔森堡（见第104—105页）和夏洛（见第106—107页）爆发。联邦的两次胜利迫使邦联撤出肯塔基大部分地区——他们最后的阵地在1862年6月失守。但约翰·H. 摩根将军的骑兵部队在7月横扫肯塔基，袭击了一些城镇，吸引了新兵加入，令邦联备受鼓舞。

约翰·H. 摩根将军

布拉格进攻肯塔基

1862年下半年，邦联人试图在西部战区夺取主动权，发动了对肯塔基的大胆进攻。可邦联指挥官布拉克斯顿·布拉格先是被赶出肯塔基，随后又在血腥的斯通斯河（默夫里斯伯勒）之战中被迫让出阵地。

1862年夏，邦联在西部战区迎来一场灾难。他们失去了纳什维尔和西田纳西，尽管仍然守着维克斯堡，使联邦无法控制密西西比河。当唐·卡洛斯·比尔少将领导的联邦部队向查塔努加缓慢推进时，布拉克斯顿·布拉格将军正在密西西比州图珀洛努力恢复战败军队的纪律和士气。在严峻形势下，7月，邦联将军约翰·H. 摩根的骑兵对肯塔基的袭击像希望之光一样照亮天空。

此次袭击使人觉得蓝草州可能是联邦的弱点，有大量急于加入邦联队伍的南方支持者。7月末和8月初，布拉格通过铁路将密西西比军团转移到查塔努加——他选择迂回路线，一次派出一个师。这种机动与比尔的艰难行军形成了对比，后者的补给线受到了摩根和内森·贝德福德·福里斯特所率邦联骑兵的干扰。

进攻肯塔基

驻扎在查塔努加的布拉格与东田纳西军团指挥官艾德蒙·卡比·史密斯少将制订了一项计划。史密斯从诺克斯维尔向北移动，夺回坎伯兰山口，与进攻肯塔基的布拉格会合。不过，史密斯随后认为这座山口的防守非常坚固，无法通过进攻夺取。因此，在没有与布拉格商量的情况下，他选择绕道而行。史密斯选择了一条没有阻

邦联鲍伊猎刀

鲍伊猎刀很可能是雷津·鲍伊（吉姆·鲍伊的兄弟）为牛仔设计的，用于捕杀动物和剥皮，是标准的邦联武器。这把刀是在佩里维尔战场发现的。

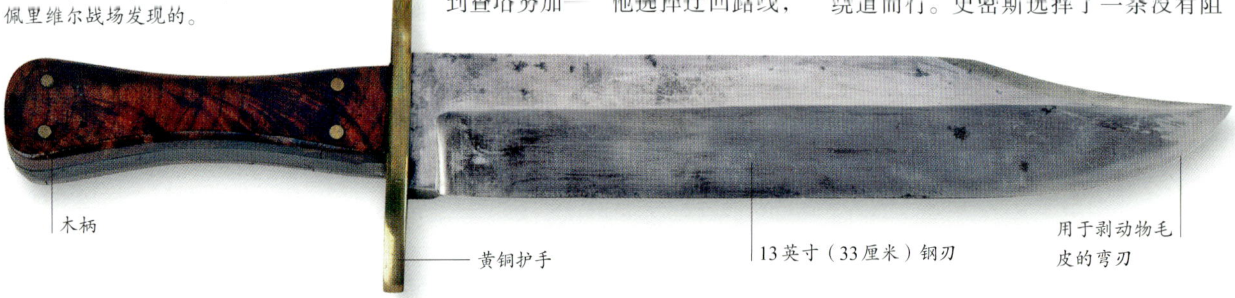

佩里维尔之战后邦联撤退
威廉·特拉维斯全景画的局部，前景展示了遭受重创但获胜的联邦部队，远处是撤退的布拉格。特拉维斯跟随坎伯兰军团，常常当场绘制速描。

碍的路线，于8月30日击溃里士满的联邦部队前往肯塔基。急于追赶他的布拉克斯顿·布拉格于8月28日离开查塔努加，进入肯塔基。在向路易斯维尔进发时，布拉格被曼福德维尔的联邦守军拖延，这支部队守了三天才投降。这为比尔提供了赶回去防守肯塔基的时间。

和李对马里兰的进攻类似，邦联的进攻所依据的假设是，当地人会将他们当作解放者来迎接。布拉格携带了可以武装数千名肯塔基志愿兵的来复枪。与他同行的还有该州邦联州长理查德·霍斯，后者将于10月4日在州府法兰克福就职。志愿兵却一直没有出现。显然，该州对南方的热情被夸大了。

孤儿旅 邦联第1肯塔基旅的绰号，可能是因为该旅被迫离开了家乡州。

佩里维尔之战

与此同时，在林肯的催促下，比尔已于10月1日从路易斯维尔赶来。霍斯在法兰克福的就职典礼被破坏，因为该市遭到了联邦进攻。此时，南军应该集中力量，但布拉格的军队驻扎在巴兹敦，而史密斯则位于大约60英里（97公里）以外的莱克星顿。此役的关键战事是在二人会合之前进行的。

布拉格赶到法兰克福出席就职典礼，将留在巴兹敦的军队交给利奥尼达斯·波尔克将军指挥。10月7日，面对向他开来的比尔军三路纵队，波尔克撤向查普林河边上的佩里维尔。肯塔基刚刚遭遇干旱，行军的联邦部队急需饮水——而水源掌握在邦联手中。在口渴的强烈刺激下，菲利普·谢里丹准将领导的一个联邦师在10月8日上午的激战中控制了一条小溪。布拉格迟钝地意识到大战已经开始，终于在上午晚些时候返回，接过了指挥权。

10月8日下午，邦联的勇猛冲锋几乎击溃了联邦左翼，但联邦右翼已占据佩里维尔的街道。夜幕降临时，布拉格谨慎地撤回了部队。如果第二天战事继续，他们将面对人数占优的联邦对手。

布拉格终于与史密斯会合，两位邦联指挥官对于下一步行动展开激烈辩论。一旦北方发动反攻，布拉格和史密斯的部队都没有占领肯塔基州所需要的兵力和后勤组织。布拉格在反对声中决定放弃进攻，撤回田纳西。几乎同时，厄尔·范多恩少将的邦联军队在第二次科林斯之战中失败，李也在安蒂特姆之战后撤出马里兰。邦联的前景看上去非常黯淡。

在斯通斯河谷

布拉格的决定受到了批评，但他保住了职位。比尔没有这么幸运，他被威廉·S.罗斯克兰斯少将取代，后者领导的军队很快被称为坎伯兰军团。布拉格和史密斯最终来到田纳西州斯通斯河谷中的默夫里斯伯勒，他们的军队组成田纳西军团，由布拉格指挥。

12月26日，罗斯克兰斯离开纳什维尔，迎战布拉格，回应林肯的持续施压。到了12月30日，他在斯通斯河遇到了邦联人。当晚，两军乐队奏起了音乐，帮助部队提升士气。邦联田纳西第1步兵团的山姆·西伊说："在寂静的冬夜，（乐队的）旋律传得很远。我们这边的演奏一停，就可以听到远处对方军乐队的声音。最后，一个乐队开始演奏《家乡，甜蜜的家乡》。仿佛是不约而同地，所有其他旋律都停了，在听力所及范围内，两军的乐队都加入了副歌的演奏。"

第二天上午，真正的战斗取代了前一夜的乐队对决。邦联人黎明时发动进攻，还在吃早餐的联邦士兵毫无防备。惊慌的联邦右翼后撤3英里（4.8公里）。要是没有谢里丹组织的抵抗，他们就会被彻底击溃。谢里丹在阵地上坚守四个小时，他的师伤亡惨重。联邦围绕被称为"圆形森林"的地方建立了稳定的防线。夜幕降临时，布拉格感觉自己已经打了一场大胜仗，但联邦指挥官决定继续战斗。接下来的两天，布拉格没能继续前进。到了1月2日下午，他不得不命令约翰·C.布雷肯里奇少将领导肯塔基"孤儿"旅发动近乎自杀式的进攻。第二天，布拉格决定撤退，将阵地让给罗斯克兰斯。联邦方面有43 400人参战，损失13 249人。邦联方面有37 712人参战，损失10 266人。

"输掉肯塔基几乎等于输掉全局。"

——总统林肯写给参议员奥维尔·布朗宁的信，1861年9月

屠宰场
谢里丹四个小时坚持抵抗邦联人的地点被称为"屠宰场"，因为这里是斯通斯河之战第一天的血腥现场。

威廉·S.罗斯克兰斯将军
作为坎伯兰军团的指挥官，罗斯克兰斯在斯通斯河之战中展现了坚决的领导力，在第一天的灾难性战斗后拒绝撤退。

之后

斯通斯河之战后，布拉克斯顿·布拉格将军遭遇严厉批评和令人不快的内部争斗。肯塔基州成了游击战的战场。

下级反叛

当罗斯克兰斯将默夫里斯伯勒转变成坚不可摧的基地时，布拉格正面对波尔克组织的下级军官反叛。总统杰弗逊·戴维斯将约瑟夫·E.约翰斯顿提拔为战区司令，希望他解除布拉格的职务，可约翰斯顿将布拉格留在了指挥岗位上。

被践踏的肯塔基

虽然邦联没有试图再次进攻肯塔基，但该州一直是骑兵袭击的目标——包括约翰·H.摩根1862年12月和1863年7月的袭击，以及内森·贝德福德·福里斯特1864年春的袭击。为应对该州的游击战，联邦少将斯蒂芬·伯布里奇于1864年7月实行军事统治。他的严厉统治为他赢得了"肯塔基屠夫"的绰号。

邦联将军 生于1817年 逝于1876年

布拉克斯顿·布拉格

"全军没有一个士兵爱戴或尊重他。"

——列兵山姆·沃特金斯在回忆录中对于布拉格的描述，1882年

1862年至1863年，布拉克斯顿·布拉格是西部战区最突出的邦联将军。在一些方面，他与"石墙"·杰克逊很相似——两个人都是严格的纪律实施者，喜欢争吵，不善交流，与下属关系不睦。二者的重要差异在于，布拉格的性格缺陷没有被战场上的出色胜利抵消。从军事生涯一开始，他就表现出了易怒、喜欢争吵、严格执行纪律的特点。他一丝不苟地执行军事程序，尽管他自己常常顶撞级别更高的权威人物。

布拉格在1846年至1848年的美墨战争中担任炮兵军官，证明了自己的勇气和坚定。不过，据说由于疏远下属，他曾两次险些命丧己方士兵手中。作为邦联事业的热情支持者，布拉格对1861年萨姆特堡被炮击表示欢迎。他写道："只有用大棒敲打狗头，它们才会有所感觉。"

将军的负担

布拉克斯顿·布拉格将军在南北战争中憔悴的面容泄露了他承受的压力和偏头痛的折磨。

密西西比战役

南北战争第一年，布拉格被分配到大后方的墨西哥湾沿岸地区。1862年春，他抓住机会，率队加入密西西比州科林斯前线的部队。在4月的夏洛之战中，他的军队对联邦防线展开坚决的进攻，给人留下了深刻印象。然而，他缺少灵活性和军事才华，在零星的正面进攻中过于轻易地消耗了士兵们的生命。尽管如此，布拉格还是在战斗中脱颖而出，名声并未受损。

总统杰弗逊·戴维斯自从与布拉格在美墨战争中共事以来一直很钦佩他。戴维斯正确认识到，严明的纪律可以使志愿兵强硬起来，成为有效的战斗力量。但在将西部战区高级指挥权交给布拉格时，戴维斯没能考虑到

1

之前

在欧洲战争中，骑兵很受重视，是具有决定性影响、地位很高的兵种。相比之下，美国陆军则忽视了骑兵。

对骑兵的态度

美国陆军直到1855年才建立最早的两个拥有“骑兵”称号的团。1861年，和这两个团同时存在的还有三支马上部队：两支龙骑兵（骑兵的一种）和一支骑马步兵。联邦政府对骑兵有偏见：耗费钱财，华而不实。

在欧洲，步兵和炮兵火力的进步对骑兵的传统角色形成威胁。1854年克里米亚战争中灾难性的轻骑旅冲锋清晰表明了这一点。

法式筒状军帽，又叫骑兵帽

南北战争中的骑兵

最初被忽视的骑兵，在南北战争中成为重要兵种。不管是参与对敌方领土的长距离突袭、执行侦察任务，还是下马用来复枪和卡宾枪战斗，骑兵都在反复证明自己的价值。

和北方人相比，南方人更加习惯于将马匹当作交通工具，因此他们从战争一开始就使用了骑兵。骑兵的冲锋形象对于自称“贵族”的邦联人很有吸引力，自带马匹入伍的志愿兵组建了骑兵团。杰布·斯图尔特将军的弗吉尼亚第1骑兵团1861年7月在布尔溪的出色表现也激发了联邦对骑兵部队的热情。联邦政府迅速确保了马匹和装备的集中供应。支持联邦事业的志愿兵通常不是熟练的骑手，需要接受基本的骑马训练。南方继续依赖自己提供马匹的骑手——如果马死亡，他们需要回家再找一匹马，或者转为步兵。随着战争的继续，俘虏或盗窃马匹对于邦联骑兵来说变得非常重要，因为联邦控制着密苏里、肯塔基、田纳西和西弗吉尼亚的马匹资源。

实用武器

双方的骑兵都没有采用鲜艳的欧式军装，尽管偶尔也用一些华丽的装饰，比如杰布·斯图尔特戴在帽子上的孔雀羽毛。马刀是传统意义上的骑兵武器，但在南北战争中，马刀基本上

燕尾状军旗

这面旗帜属于佛蒙特第1志愿骑兵团。该团组建于1861年11月，为联邦战斗，在葛底斯堡之战一次考虑不周的冲锋中损失惨重。

扎卡里·泰勒和布拉克斯顿·布拉格
在1846年的美墨战争中，扎卡里·泰勒将军（当中）在沃尔纳特斯普林斯扎营。站在泰勒左手边的第三个人就是布拉格，他曾在布朗堡、蒙特雷和布埃纳维斯塔为泰勒效力。

这个角色需要具备的其他素质。

失败的领导

在对肯塔基的大胆进攻以及随后在田纳西的战斗中，布拉格暴露了两个严重问题：一是勇气的丧失，当周围的人认为他应该坚守阵地或者积极前进时，他不断撤退；另一个问题是他长期无法与其他将军合作，并且长期无法与下属建立相互信任和尊重的关系。

1863年，在斯通斯河之战结束后，布拉格的坏脾气和责备他人的习惯使他的指挥权几乎名存实亡。他与团级和师级将军争吵，后者计划将他赶走。有时，他的愤怒是有道理的——比如对波尔克中将的军事能力。具有政治人脉的波尔克对命令的抵抗显然是目无领导的表现。然而，在田纳西陆军的军事效率受到影响方面，布拉格显然无法回避责任。虽然下属几乎叛变，但是布拉格还是在1863年的大部分时间里掌握着指挥权。

短暂的留任

布拉格在奇克莫加以沉重的代价取得胜利，暂时获得了很高的声望。他开除了波尔克和其他一些不服管束的下属。但他在战事结束后对战败联邦部队的追击过于缓慢，受到了批评，这使他继续改善声誉的希望化为泡影。他本人从未建立起坚定的自信。当联邦在11月发起反击，将他的军队赶下查塔努加外围的高地后，布拉格难以忍受心理和身体压力，他恳求交出指挥权。他作为规划者和管理者的才能以及他训练部队的能力是毋庸置疑的，但他缺少作战将军所需要的内在力量和果决。

> “我相信，只要目前的指挥官在任，那么除了上帝出手，没有人能拯救我们。”
>
> ——詹姆斯·朗斯特里特，一封指责布拉格的信件，1863年9月26日

地位标志
南北战争期间，军官的佩剑是军衔的标志。布拉克斯顿·布拉格的佩剑和剑鞘目前藏于新奥尔良联盟国纪念堂。

时间线

- **1817年3月22日** 出生于北卡罗来纳州沃伦顿一个木匠家庭。
- **1837年** 以班级第五名的成绩毕业于西点军校，被授予炮兵少尉军衔。
- **1846—1848年** 美墨战争中在扎卡里·泰勒手下服役。
- **1855年** 从陆军辞职，在路易斯安那州蒂博多买下一个甘蔗种植园。
- **1861年3月7日** 随着南北战争的临近，布拉格被任命为邦联陆军准将。他被派往佛罗里达州彭萨科拉，并在9月12日晋升为少将。
- **1862年4月6—7日** 作为阿尔伯特·约翰斯顿的下属，布拉格参与了夏洛之战，并因表现积极被提升为四星上将。
- **1862年6月** 被任命为密西西比军团指挥官。
- **1862年8—10月** 布拉格对肯塔基的入侵以失败告终，这使他的名誉受损。
- **1862年11月20日** 布拉格被任命为新成立的田纳西军团指挥官。
- **1862年12月31日—1863年1月2日** 在斯通斯河之战中，布拉格在三天的战斗后做出了撤退决定。他受到了严厉批评，但是仍然保留了职位。
- **1863年9月19—20日** 在奇克莫加以巨大代价赢得了胜利，但是由于向查塔努加追击过慢而受到指责。
- **1863年11月29日** 在卢考特山（11月24日）和传教士岭（11月25日）战败后，布拉格请求交出田纳西军团指挥权。
- **1864年2月** 被任命为戴维斯总统的军事顾问，这实际上是一个行政岗位。
- **1865年1月15日** 作为北卡罗来纳军区指挥官，布拉格被指控对费希尔堡的陷落负有责任。
- **1865年3月19—21日** 在失败的本顿维尔之战中作为下级指挥官回到战场，这也是西部战区最后的战斗。
- **1865—1874年** 靠各种平民工作谋生，包括在墨西哥湾、科罗拉多和圣菲铁路担任首席工程师。
- **1876年9月27日** 在得克萨斯州加尔维斯顿的街道上突然去世。

布拉格的墓碑，亚拉巴马州莫比尔市

骑兵作战
联邦骑兵指挥官菲利普·谢里丹受命摧毁肥沃的谢南多厄河谷，在1864年9月19日进入温切斯特。他的军队有3.9万人，是邦联部队的两倍多。在随后的战斗中，谢里丹指挥三个势不可挡的骑兵师在贝里维尔公路上呼啸而过，将邦联部队击溃。一位亲历者回忆："敌人的阵线被冲得七零八落。"

骑兵装备

虽然南北战争中的骑兵部队仍然配备马刀和其他传统骑兵武器，但是双方对火器的依赖日益增强。骑兵常常下马作战，也在马背上使用新式多发后装卡宾枪。

1 **莫尔斯卡宾枪（邦联）** 南卡罗来纳州格林维尔的州立军工厂生产了大约1000支莫尔斯卡宾枪。2 **亨利来复枪（联邦）** 可以容纳15发0.44口径边缘发火弹。联邦军队很欣赏它的射击速度，因此购买了这种武器。3 **斯宾塞卡宾枪（联邦）** 1863年下半年首次发放。联邦政府购买了超过9.5万支斯宾塞卡宾枪。4 **塔普利卡宾枪（邦联）** 北卡罗来纳州格林斯伯勒在1863至1864年制造了几百支这种0.52口径后装枪。5 **卡宾枪背带** 方便骑兵携带武器。6 **1840式马刀（联邦和邦联）** 由于刀片沉重，这种马刀被称为“断腕老手”。虽然它在1858年停产，但其供应量比后来的1860式马刀更加充足。7 **马刀和刀鞘（邦联）** 这把“断腕老手”由少尉P. P. 布鲁尔佩戴。8 **龙骑兵手枪** 这种沉重的单发武器在战争开始时即趋于过时。9 **长矛（联邦）** 宾夕法尼亚第6骑兵团以使用15英尺（4.6米）长矛为标志，在1863年换成卡宾枪。10 **笼头** 由皮革和黄铜制成。11 **麦克莱伦马鞍** 这副马鞍由邦联上尉E. M. 哈德森使用，是后来的联邦将军乔治·B. 麦克莱伦战前的设计。12 **鞍囊** 皮包有一个搭扣，可以扣在马鞍后面。13 **西式马刺** 齿轮状青铜马刺，由邦联上尉E. M. 哈德森佩戴。14 **天鹅颈马刺** 这种马刺以其形状得名。15 **统一手套，弗吉尼亚第6骑兵团（邦联）** 骑兵的皮革骑行手套。

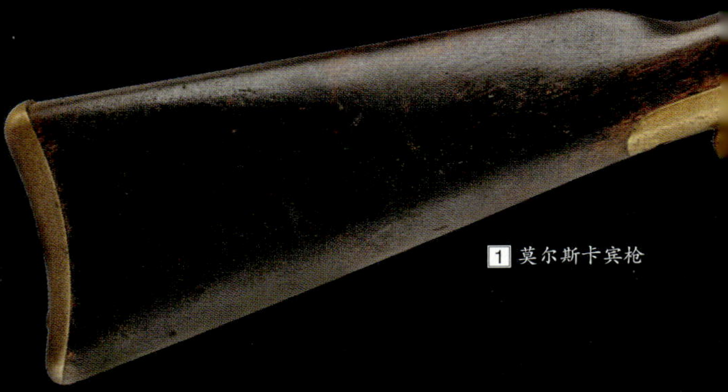
1 莫尔斯卡宾枪

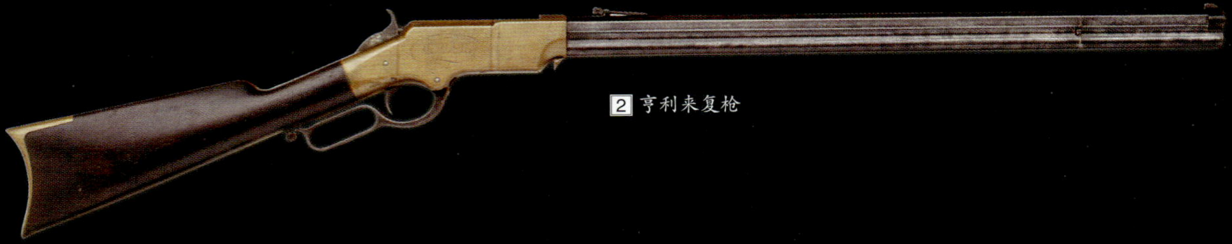
2 亨利来复枪

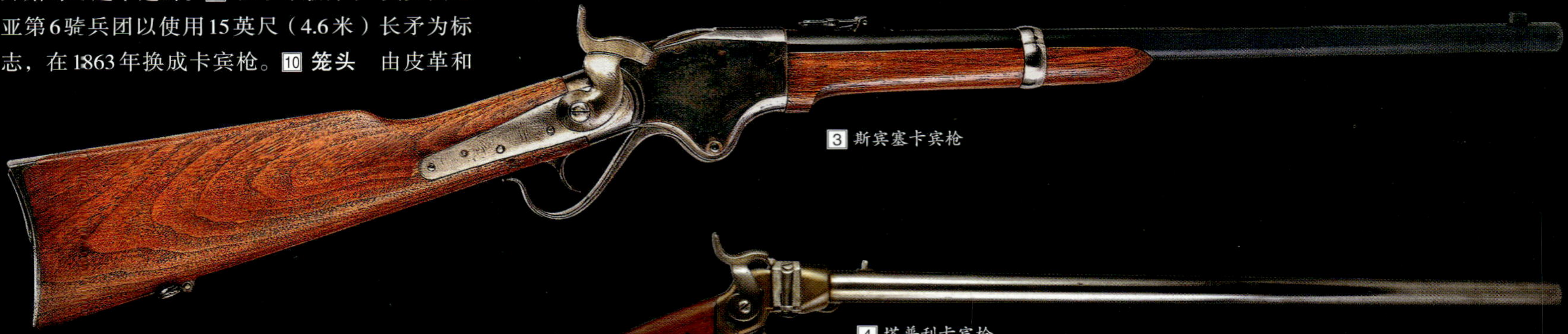
3 斯宾塞卡宾枪

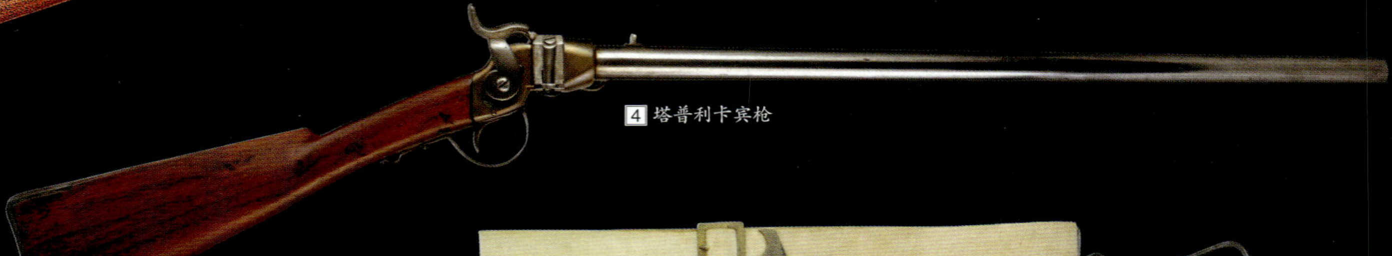
4 塔普利卡宾枪

5 卡宾枪背带

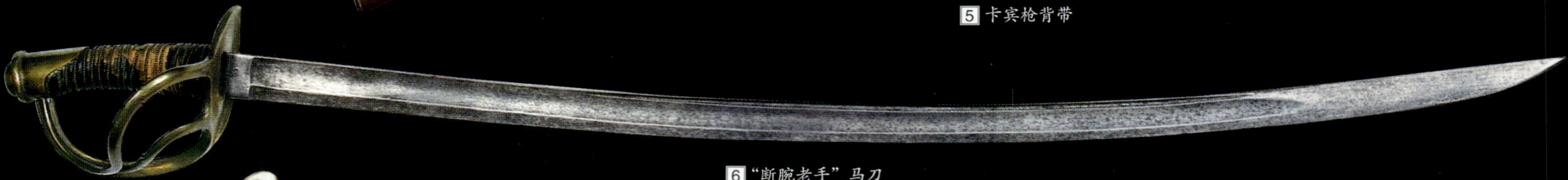
6 “断腕老手”马刀

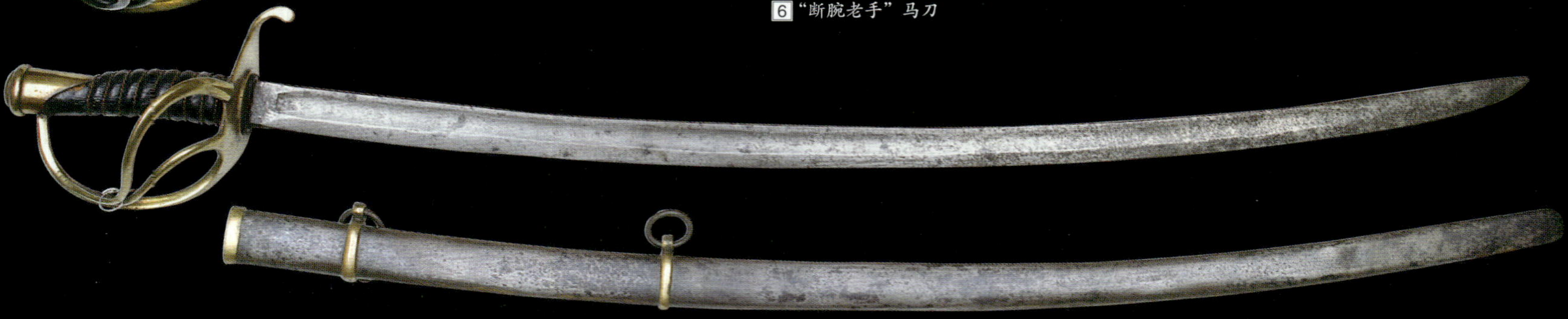
7 马刀和刀鞘

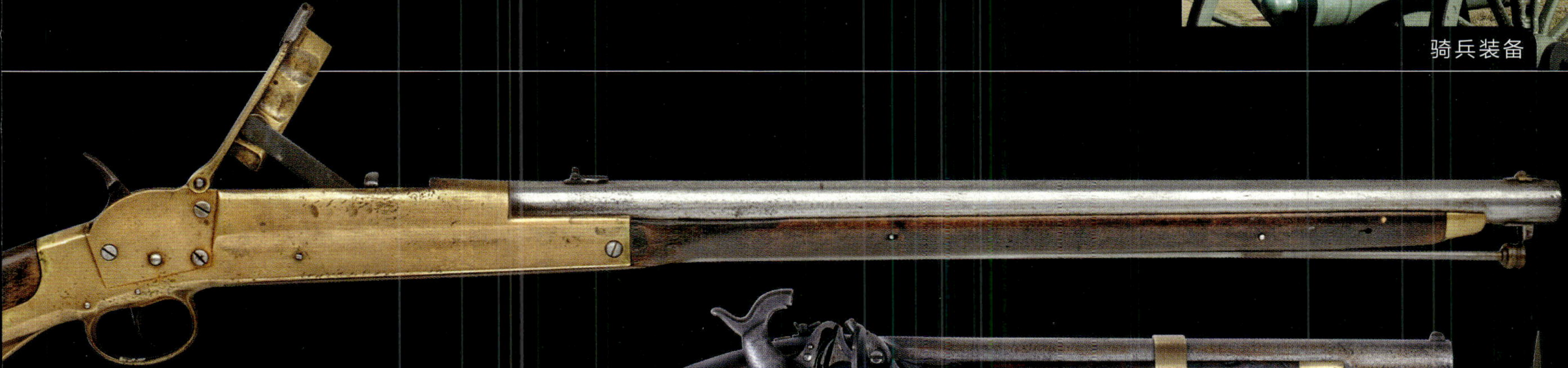

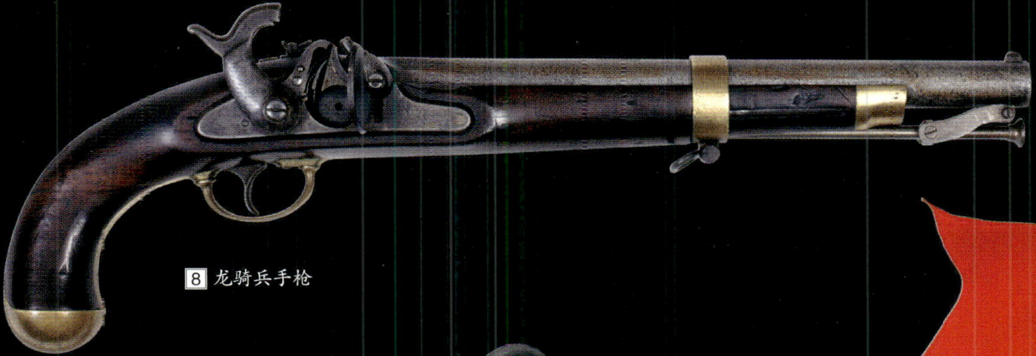

8 龙骑兵手枪

9 长矛

10 笼头

11 马鞍

12 鞍囊

13 西式马刺

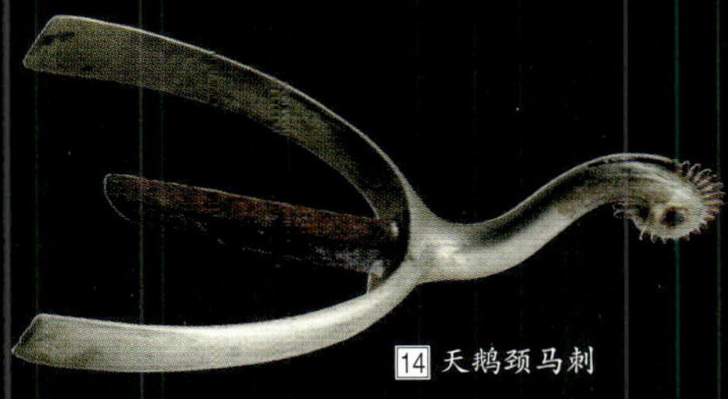

14 天鹅颈马刺

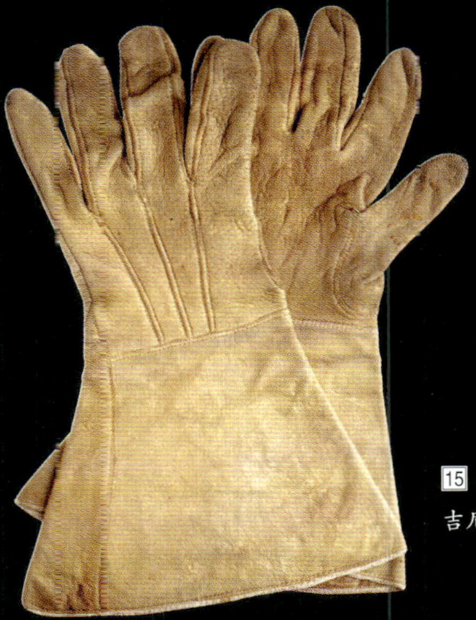

15 骑行手套，弗吉尼亚第6骑兵团

4

联邦收紧钳制

1863年

双方都在应对使战争性质发生改变的新情况。当邦联在军事行动上达到顶点时，北方凭借合理的政治和军事领导方式，在战场内外赢得了关键胜利，为联邦的最终胜利铺平了道路。

《冒着密西西比河上的炮火

这幅柯里尔和艾维斯的版画是在维克斯堡之战结束后不久创作的，展示了海军上将戴维·波特的舰队在维克斯堡陡岸下被邦联轰炸的情景——波特的联邦军舰“本顿”号是领头舰。虽然邦联炮火持续了三个小时，但是联邦只损失了一艘舰艇，舰队按照计划与城市下游的尤利西斯·S. 格兰特会合。

概述

进军北方
李的军队渡过波托马克河，进入北方。由于总统选举将在秋季进行，李和戴维斯总统觉得邦联在北方土地上的胜利也许可以带来极大的政治红利。

汉考克在葛底斯堡
7月1日，凭借顽强的抵抗，温菲尔德·斯科特·汉考克将军在第一天的战斗结束时建立了一条稳固的联邦防线。在F. D. 布里斯科1885年绘制的巨幅壁画中，汉考克出现在战场上。

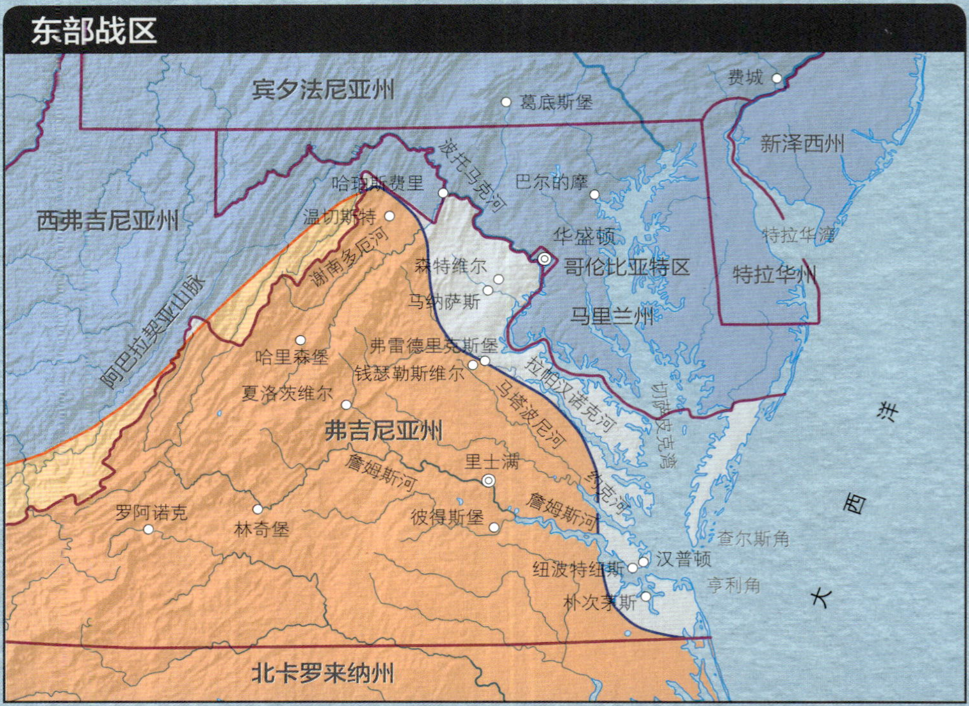

李在钱瑟勒斯维尔
这幅罗伯特·E. 李的肖像由出生在法国的画家L. M. D. 纪尧姆绘制，他为许多邦联将领绘制了肖像。钱瑟勒斯维尔之战被视作李最伟大的胜利之一。

杰克逊之死
钱瑟勒斯维尔之战中，在渐浓的夜色中，邦联将军"石墙"·杰克逊被自己的士兵意外射伤，不久后去世。这使李失去了最有才能的副手。此事件也成了南北战争历史上的一个重要时刻。

随着林肯总统在1863年第一天发布《解放黑人奴隶宣言》，战争的性质发生了决定性的改变。奴隶制的扩展是战争的主要原因之一，从此时开始，联邦的胜利意味着奴隶制的有效废除。黑人士兵的动员也将使联邦实力大增。经历了前几个月的失望和指挥权变更之后，联邦开始真正有效地部署力量，林肯终于找到了具备管理能力和冷酷攻击性，并能将这种力量施加到对手身上的指挥官。

到目前为止，邦联的大多数胜利是在东部战区取得的，在其他地区显然面临着压力。联邦的封锁变得越来越严格，联邦部队正在密西西比河上下游稳步推进。到了年末，经过一系列绝非一边倒的大规模战

1863

林肯及其内阁
在首都华盛顿，林肯总统于1月1日发布了《解放黑人奴隶宣言》。这份文件指明了它所适用的州和区域。图中，林肯正在向内阁介绍宣言草案。

纽约征兵暴动
1863年7月的暴动始于对北方征兵法律豁免富人这一规定的抗议。包括许多爱尔兰人在内的暴动者也把矛头指向黑人和废奴主义者，担心黑人地位的上升会威胁到贫困白人的工作。

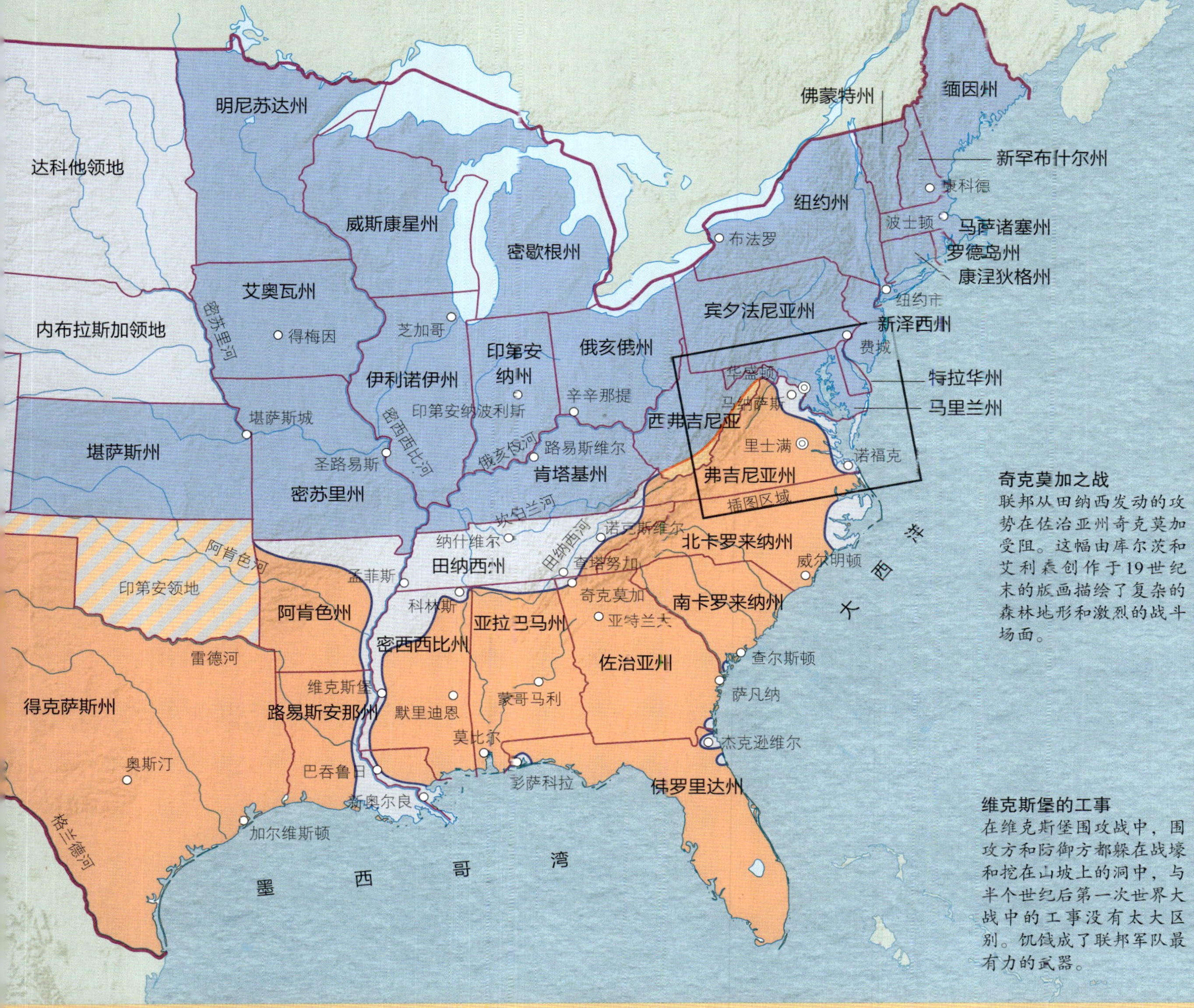

奇克莫加之战
联邦从田纳西发动的攻势在佐治亚州奇克莫加受阻。这幅由库尔茨和艾利森创作于19世纪末的版画描绘了复杂的森林地形和激烈的战斗场面。

维克斯堡的工事
在维克斯堡围攻战中，围攻方和防御方都躲在战壕和挖在山坡上的洞中，与半个世纪后第一次世界大战中的工事没有太大区别。饥饿成了联邦军队最有力的武器。

斗，联邦显然在两个主要战区获得了主动权。南方腹地门户大开，李在弗吉尼亚的军队只能在困难重重的情况下投入更多战斗。

主导20世纪工业化战争的特征日益明显——通过铁路实现战略移动并为大部队运输补给，战斗方式主要是在炮兵猛烈轰炸下的堑壕战。

北方仍然存在弱点。征兵暴动体现了紧张的社会和种族关系，但邦联的大后方问题更大，物价飞涨和食物短缺。1864年南方的前景日益黯淡。

时间线 1863 年

《解放黑人奴隶宣言》■ 阿肯色、密西西比和路易斯安那的河流行动 ■ 钱瑟勒斯维尔之战 ■ 维克斯堡围攻战 ■ 卡姆比河突袭 ■ 葛底斯堡 ■ 奇克莫加战役 ■ 查塔努加战役 ■ 葛底斯堡演讲

1月

起草《解放黑人奴隶宣言》时用的墨水瓶

1月1日
林肯总统发布《解放黑人奴隶宣言》最终版，宣布释放退出州的所有奴隶。

1月3日
始于1862年12月31日的田纳西州斯通斯河（默夫里斯伯勒）之战结束，双方胜负不明。布拉克斯顿·布拉格将军的邦联部队撤退。

联邦海军望远镜

1月11日
邦联军舰“亚拉巴马”号在得克萨斯州加尔维斯顿附近击沉联邦军舰“哈特勒斯”号。阿肯色州欣德曼堡被联邦部队占领。

1月26日
约瑟夫·胡克将军被任命为联邦波托马克军团指挥官，取代安布罗斯·伯恩赛德将军。

约瑟夫·胡克

2月

2月1日
联邦部队占领田纳西州富兰克林。

2月3—20日
阿肯色州亚祖河上的行动。联邦部队试图利用密西西比州维克斯堡北部和西部的河流系统接近该城市，但是未能成功。

2月5日
英国宣布不会在南北双方之间进行斡旋。

3月

3月3日
联邦国会通过征兵法案，但其对征兵的促进作用没有支持者想象的那么大。

联邦炮艇悄然驶过维克斯堡

3月5日
邦联部队占领田纳西州富兰克林。

3月14日
海军上将戴维·G. 法拉格特的部分联邦战舰成功通过路易斯安那州哈得孙堡，此后将在密西西比河中部占优势。

4月

4月7日
海军上将塞缪尔·F. 杜邦领导联邦海军进攻南卡罗来纳州查尔斯顿港，但是没有成功。

4月16—17日
联邦炮艇和运输船在大胆的夜间行动中驶过维克斯堡。同时，尤利西斯·S. 格兰特将军的军队向南部的哈德泰姆斯集中。

4月17日
本杰明·格里尔森上校领导联邦骑兵从拉格兰奇出发，在三个星期的奔袭中穿过密西西比州和路易斯安那州，来到巴吞鲁日，将邦联将军们的注意力从对维克斯堡日益明显的威胁上移开。

5月

5月1日
邦联国会决定惩罚被俘的领导黑人部队的联邦白人军官。

5月1日
吉布森港之战。格兰特的部队在密西西比河东岸击败邦联部队。

5月1—6日
钱瑟勒斯维尔之战。罗伯特·E. 李将军以智取胜，以少胜多，击败了胡克的联邦军队。“石墙”·杰克逊受了致命伤。

钱瑟勒斯维尔之战

5月6—17日
大布莱克河战役。格兰特击败了约瑟夫·E. 约翰斯顿将军和约翰·C. 彭伯顿将军领导的部队。彭伯顿撤到维克斯堡。

5月19日
格兰特的部队开始围攻维克斯堡。

6月

哈里特·塔布曼

6月1—2日
哈里特·塔布曼帮助联邦部队在南卡罗来纳成功突袭卡姆比河。

6月3日
李的北弗吉尼亚军团主力离开弗雷德里克斯堡地区，葛底斯堡战役拉开序幕。

“但是这场战争没完没了，不断有人死去，代价越来越高……我们漂浮在血海里……我希望这是最后的战斗。”

——罗伯特·E. 李将军，葛底斯堡之战，1863年7月2日

7月

7月1日
布拉格的邦联部队从塔拉霍马撤向田纳西州查塔努加。

葛底斯堡之战

7月1—3日
葛底斯堡之战。邦联部队被彻底击败，被迫撤退。

7月4日
邦联部队让出维克斯堡。

8月

8月8日
李向戴维斯总统提交辞呈，被戴维斯拒绝。

8月16日
威廉·S. 罗斯克兰斯的联邦坎伯兰军团开始从塔拉霍马向前推进，袭击布拉格在查塔努加附近的田纳西军团。

8月17日
联邦炮队开始对南卡罗来纳海岸查尔斯顿港的萨姆特堡进行大规模轰炸。

9月

9月2日
安布罗斯·伯恩赛德的联邦俄亥俄军团占领田纳西州诺克斯维尔。

9月5日
英国政府扣押两艘为邦联海军制造的“莱尔德撞击舰”。

9月7日
联邦部队在向田纳西进发的过程中进入查塔努加。

9月19—20日
奇克莫加之战。布拉格的邦联部队击败了罗斯克兰斯领导的坎伯兰军团，结束了联邦在佐治亚州奇克莫加的战斗。

奇克莫加战役

10月

10月2日
罗斯克兰斯领导的联邦坎伯兰军团缺少补给，在查塔努加遭到围攻。

向瞭望点攀爬查塔努加山地

10月5日
邦联潜艇“戴维”号在南卡罗来纳州查尔斯顿附近击中了联邦军舰“纽艾恩赛兹”号。

10月17日
格兰特被任命为西部战区所有联邦军队的指挥官。他任命乔治·托马斯接替罗斯克兰斯的职务。

尤利西斯·S. 格兰特

11月

11月4日
邦联将部队派往诺克斯维尔地区，这削弱了他们在查塔努加附近的力量。

双方使用的拿破仑加农炮

11月19日
林肯总统在国家纪念公墓落成典礼上发表《葛底斯堡演讲》。

11月28日
在佐治亚州多尔顿，布拉克斯顿·布拉格用电报向戴维斯总统发出辞职报告。

12月

12月3日
当联邦增援部队接近诺克斯维尔时，朗斯特里特放弃了围攻。

12月8日
林肯总统在向国会发表的年度报告中概括了南方战后重建的规划。大多数邦联人将被赦免，重新获得除奴隶以外的所有财产。

12月16日
约瑟夫·E. 约翰斯顿将军被任命为邦联田纳西军团指挥官，由利奥尼达斯·波尔克将军领导密西西比军团。

初次宣读 1862年7月22日
这幅画是美国国会大厦保存的弗朗西斯·卡彭特的《林肯总统初次宣读解放黑人奴隶宣言》的复制品，描绘了林肯向内阁介绍这份重要文件的情景。

《解放黑人奴隶宣言》

1863年元旦的《解放黑人奴隶宣言》改变了南北战争的性质和联邦的战争目的。在此之前，对北方来说，战争是为了保护联邦，将反叛州恢复到战前状态。现在，这场战争也成了自由之战。

之前

1862年6月，林肯总统完成了《初步解放黑人奴隶宣言》的起草，解放了反叛州的奴隶。他于7月向内阁宣读了这份宣言。

错误的时刻

内阁全体成员一致同意文件精神。不过，国务卿威廉·H. 苏华德指出，在乔治·B. 麦克莱伦将军从弗吉尼亚半岛撤退的时候发布宣言会被看作"我们在撤退时最后的叫嚣"。林肯决定将此事推迟到北方取得决定性胜利时。

初步宣言

1862年9月的安蒂特姆之战提供了林肯所需要的"胜利"。虽然邦联将军罗伯特·E. 李在战术上没有失败，但他被迫放弃了对马里兰的入侵，撤回弗吉尼亚。9月22日，林肯发布《初步解放黑人奴隶宣言》。反叛州需要在100天内回归联邦，并且通过某种形式逐渐或立即解放奴隶。否则，邦联的奴隶将获得"永远的自由"。

林肯1862年9月发布的《初步解放黑人奴隶宣言》为邦联州提供了回归联邦并且至少暂时保留奴隶制的机会。不过，这种诱惑没有使任何反叛州回到联邦的怀抱。在未被征服的南方各地，这份宣言被视为不会真正改变战争形势的徒劳措施。

南方人很清楚，奴隶对于南方的事业非常重要，他们可以在农场和种植园劳动，并且可以建造战壕和工事。1861年11月，《蒙哥马利广告》宣称："和北方相比，南方的奴隶制度本身可以使南方将更大比例的白人群体投入战场……奴隶制是南方的靠山。"

行动的需要

林肯也知道这一点。战争第一年，当联邦在东部遭受军事挫折时，他急于做一些事情，以便对邦联事业产生重大而明显的影响。此时，北方公众信心低落，来自共和党强大废奴集团的压力也在增强，而在大西洋对岸，英国和法国的表现也令人不安，似乎很快就会承认邦联的独立。所有这些因素，加上林肯自己反对奴隶制的倾向，使总统不得不果断采取行动——毕竟，他在1860年将限制奴隶制在美国境内扩展作为竞选纲领。

联邦将军们此前已经在各地做出解放黑奴的尝试，这对总统所发布政策的政治效果和长期道德价值构成了威胁。1861年8月，联邦将军约翰·C. 弗雷蒙试图通过简单的军事宣言解放密苏里的所有奴隶。1862年5月，戴维·亨特将军对佛罗里达、佐治亚和南卡罗来纳的奴隶做了同样的承诺。

> **第二条第2款** 林肯总统根据美国宪法的这一条款，利用他作为美国陆军和海军总司令的权力发布了《解放黑人奴隶宣言》。

埃克特的墨水瓶
林肯喜欢在战争部电报室这等消息边工作。在这里，他用托马斯·埃克特少校的书桌和墨水瓶开始起草《解放黑人奴隶宣言》。

精心准备

林肯承认这些解放黑奴的军事行为具有良好的意图，但他不得不推翻两位将军的命令。愿意将解放奴隶看作另一个联邦战争目标的北方人太少了，不成熟的解放或部分解放将会迫使一个或多个边缘州退出联邦，尤其是密苏里，该州仍然处于摇摆状态。支持奴隶制的首席法官罗杰·塔尼领导着最高法院，这是另一个潜在问题。塔尼有权判定轻率的解放宣言违宪，从而为政府造成巨大的障碍。

林肯在行动之前需要考虑许多事情。他的犹豫和明显的犹豫激怒了国会的一些共和党成员。他们宣布，如果总统继续闪烁其词，他们将不得不亲自行动。他们已经通过了几部《充公法案》，允许联邦将军没收和使用反叛者的财产，包括奴隶。

虽然压力不断增加，但林肯仍然决定等待正式发布政策的合适时机。他相信，只有身为总统的他才能通过符合宪法的战争力量实现黑奴的解放。他后来解释："我感觉，通过对国家的保护，这些原本违宪的措施将成为保护宪法不可缺少的条件，从而有可能变得合法。"林肯仔细选择了时机，在1862年9月发布了初步宣言，从而为发布解放宣言最终版做好了准备，后者于1863年1月1日正式生效。准确地说，最终版宣言只是解放了反叛州的奴隶，并没有涉及边缘州和联邦占领的邦联区域。南方战线大后方的奴隶需要等待联邦军队的到来，才能得到解放。实际上，得克萨斯和南佐治亚的许多地区的奴隶，直到战争结束很久以后才得知林肯的宣言。

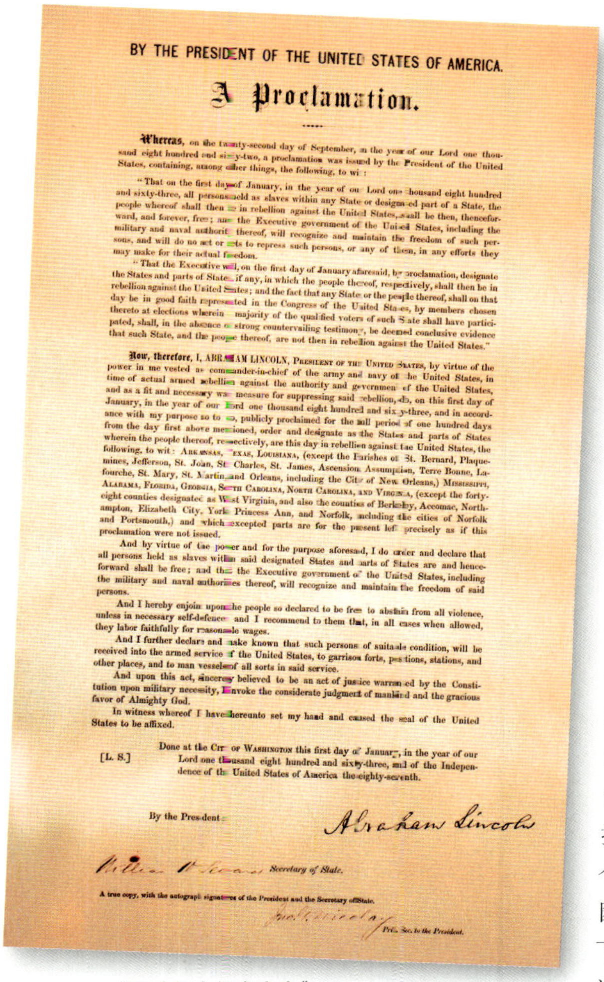

BY THE PRESIDENT OF THE UNITED STATES OF AMERICA.

A Proclamation.

Whereas, on the twenty-second day of September, in the year of our Lord one thousand eight hundred and sixty-two, a proclamation was issued by the President of the United States, containing, among other things, the following, to wit:

"That on the first day of January, in the year of our Lord one thousand eight hundred and sixty-three, all persons held as slaves within any State or designated part of a State, the people whereof shall then be in rebellion against the United States, shall be then, thenceforward, and forever, free; and the Executive government of the United States, including the military and naval authority thereof, will recognize and maintain the freedom of such persons, and will do no act or acts to repress such persons, or any of them, in any efforts they may make for their actual freedom.

"That the Executive will, on the first day of January aforesaid, by proclamation, designate the States and parts of States, if any, in which the people thereof, respectively, shall then be in rebellion against the United States; and the fact that any State or the people thereof, shall on that day be in good faith represented in the Congress of the United States, by members chosen thereto at elections wherein a majority of the qualified voters of such State shall have participated, shall, in the absence of strong countervailing testimony, be deemed conclusive evidence that such State, and the people thereof, are not then in rebellion against the United States."

Now, therefore, I, ABRAHAM LINCOLN, PRESIDENT OF THE UNITED STATES, by virtue of the power in me vested as commander-in-chief of the army and navy of the United States, in time of actual armed rebellion against the authority and government of the United States, and as a fit and necessary war measure for suppressing said rebellion, do, on this first day of January, in the year of our Lord one thousand eight hundred and sixty-three, and in accordance with my purpose so to do, publicly proclaimed for the full period of one hundred days from the day first above mentioned, order and designate as the States and parts of States wherein the people thereof, respectively, are this day in rebellion against the United States, the following, to wit: ARKANSAS, TEXAS, LOUISIANA, (except the Parishes of St. Bernard, Plaquemines, Jefferson, St. John, St. Charles, St. James, Ascension, Assumption, Terre Bonne, Lafourche, St. Mary, St. Martin, and Orleans, including the City of New Orleans,) MISSISSIPPI, ALABAMA, FLORIDA, GEORGIA, SOUTH CAROLINA, NORTH CAROLINA, AND VIRGINIA, (except the forty-eight counties designated as West Virginia, and also the counties of Berkeley, Accomac, Northampton, Elizabeth City, York, Princess Ann, and Norfolk, including the cities of Norfolk and Portsmouth,) and which excepted parts are for the present left precisely as if this proclamation were not issued.

And by virtue of the power and for the purpose aforesaid, I do order and declare that all persons held as slaves within said designated States and parts of States are and henceforward shall be free; and that the Executive government of the United States, including the military and naval authorities thereof, will recognize and maintain the freedom of said persons.

And I hereby enjoin upon the people so declared to be free to abstain from all violence, unless in necessary self-defence; and I recommend to them that, in all cases when allowed, they labor faithfully for reasonable wages.

And I further declare and make known that such persons of suitable condition, will be received into the armed service of the United States, to garrison forts, positions, stations, and other places, and to man vessels of all sorts in said service.

And upon this act, sincerely believed to be an act of justice warranted by the Constitution upon military necessity, I invoke the considerate judgment of mankind and the gracious favor of Almighty God.

In witness whereof I have hereunto set my hand and caused the seal of the United States to be affixed.

[L. S.] Done at the CITY OF WASHINGTON this first day of January, in the year of our Lord one thousand eight hundred and sixty-three, and of the Independence of the United States of America the eighty-seventh.

By the President: Abraham Lincoln

Secretary of State.

A true copy, with the autograph signatures of the President and the Secretary of State.

Priv. Sec. to the President.

《解放黑人奴隶宣言》
宣言宣布反叛州内部"所有被当作奴隶的人现在和以后都将获得自由"，"责令（获得自由的奴隶）……避免使用暴力，除非出于必要的自我防御；并且……忠实地为合理的工资劳动"。

不过，在联邦战线附近，甚至距离联邦部队很远的地区，奴隶已被释放的消息在奴隶社区迅速传播。在某种程度上，奴隶已经把命运掌握在了自己手中，他们从战争开始时起就一直在逃离奴役，奔向自由，尤其是在弗吉尼亚、田纳西和路易斯安那。在这些地区，联邦军队占领了大片反叛者的领地。带着"解放日"已经来临、他们已获得自由的信念、感觉或单纯的想法，奴隶们零零散散或成群结队地离开了。许多人直接投奔联邦军队，承担起了做饭、照顾伤兵和照料马匹的工作。

终获自由

北方的自由黑人社区对于《解放黑人奴隶宣言》的反应十分激烈。当一家当地报纸登出这份宣言时，首都华盛顿的非洲卫理公会牧师亨利·特纳就在现场："我沿着宾夕法尼亚大道奔跑，就像在为我的生命奔跑一样。当人们看到我拿着报纸走进来时，他们发出了震耳欲聋的欢呼。"凭借这种发自内心的热情，数千黑人志愿者加入了联邦陆军。最终版的解放宣言包含了将前奴隶征入陆军和海军的条款，为美国有色人种部队的成立奠定了基础。许多州此前已将自由黑人公民招入单独的团。现在，刚刚被解放的奴隶也可以参军了。

在北方民主党内部，尤其是在1860年投票反对林肯的地区，许多白人对于新的战争措施感到不快。"铜头蛇"（反对战争的北方民主党人）日益活跃，报纸编辑批评政府放弃了对联邦的保护，反而接受对奴隶的解放。一个从这样的地区征兵组建的联邦团在听到消息后解散，几乎只剩下一个人。不过，在忠诚州的大部分地区，舆论保持着谨慎的乐观，认为解放黑奴可能会加快战争的结束。

躲藏
在《弗吉尼亚迪斯默尔沼泽中的逃亡奴隶》（1888）中，画家戴维·克罗宁描绘了弗吉尼亚和北卡罗来纳边界上最受喜爱的避难所，数百名奴隶在这里躲了起来。

之后

在欧洲，英国首相帕默斯顿和法国皇帝拿破仑三世一直在谨慎地同情邦联人。

欧洲退缩

《解放黑人奴隶宣言》和南方将军罗伯特·E. 李撤出马里兰的消息改变了帕默斯顿和英国内阁的想法。他们推迟了承认邦联独立并在交战双方之间进行斡旋的计划。已于1833年释放奴隶的大英帝国在道德上无法支持蓄奴共和国，反对为释放奴隶而抗争的国家。法国采取了和英国相同的态度。

英国首相帕默斯顿

战争中的非裔美国人

非裔美国人在战争中的处境差别很大，这取决于他们的生活地点、社会经济地位以及是否拥有自由身份。不管怎样，战争改变了他们的生活，使他们走上了和白人平等的道路。

联邦关于反叛州奴隶和逃亡奴隶的政策在果断积极的措施和懒散的不作为或忽视之间摇摆。总体而言，政府在连贯政策的实施上表现迟缓。联邦陆军、联邦财政部、各慈善组织、总统以及国会，对于如何对待大量自由人（获释奴隶）和即将自由的人持不同建议，常常互相冲突。最终权力落在指定区域的军官手中。早在1861年夏，联邦指挥官就接触了逃到他们治下寻求庇护的大量奴隶。

“违禁品”营地的恐怖

这些早期逃离奴役的人被称为“战时违禁品”，这个词语是由弗吉尼亚门罗堡的指挥官本杰明·巴特勒准将发明的，意味着不需要将奴隶作为联邦法律中的逃亡者退还给其主人。不过，前奴隶的命运在不同战区差别很大。

许多前奴隶被聚集起来，安置在专门的“违禁品营”里。营地的卫生条件很糟糕，医疗护理条件更差，死亡率高达25%。虽然有善意的传教士提供精神和教育指导，但是营地里的生活还是很悲惨。

1861年至1863年，营地的黑人跟随联邦军队移动。随着时间的推移，联邦军官们让大量“违禁品”派上了用场，他们的状况也稍有改善。男人成了装卸工人、拓荒者、战壕挖掘工、卡车司机和私人佣工，女人为士兵做饭洗衣。他们做的这些工作和奴隶为邦联军队所做的工作是相同的，但他们至少可以领到“工资”，尽管可能只是房间、食物和衣服。雇工的家人住在当地营地里，或者在联邦警戒线边缘危险地游荡。

联邦主义者的工资奴役

一些废弃的种植园被联邦主义者没收并恢复运转，这里的奴隶要稍微幸运一些。战争早期，联邦陆军占领了南方最好的一些种植园区域：查尔斯顿附近的海岛、南路易斯安那，以及密西西比河谷的富饶土地。种植园主逃往邦联战线后方的安全地带，对土地和奴隶弃之不顾。

北方民间企业家意识到了管理种植园的潜在利益，对联邦政府的邀请做出了积极回应。理论上，政府将获得棉花、蔗糖和其他大宗作物的大部分销售份额，前奴隶将获得合理的工资。实际上，种植园管理者和当地联邦军官合谋，瓜分了大部分利润，常常只向劳工支付能够保障其继续工作的工资。在“扣除”食物、住房和服装费用后，大多数劳工几乎没有剩余工资，因此他们的境况实际接近奴隶。由于当地军事法律禁止黑人无业，许多人被迫回到棉花和甘蔗田里，否则他们就要面临监禁。

到了战争期间最后18个月，由于北方废奴主义者和传教士对联邦占领的南方区域存在“工资奴役”感到愤怒，迫于压力，国会和联邦陆军开始改变政策。土地是关键问题。

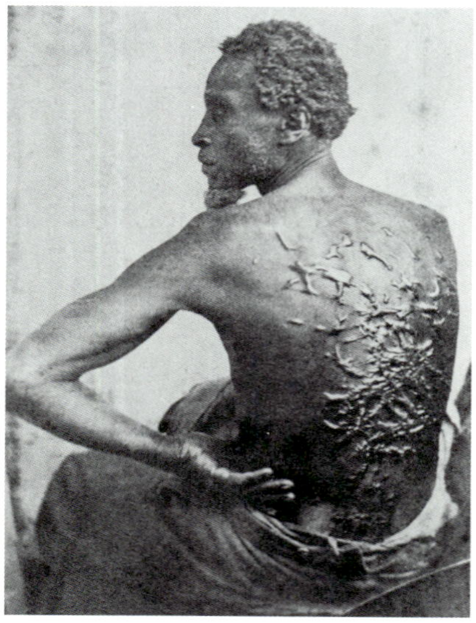

永远的伤疤

不管奴隶来到北方后受到了多么糟糕的待遇，都无法与奴隶主施加的暴行和虐待相比。照片中的奴隶逃到北方并加入了联邦陆军。

« 之前

成立于1818年的美国殖民协会一直在努力将获释奴隶和北方自由黑人送往国外，尤其是利比里亚。

利比里亚首任总统约瑟夫·罗伯茨

殖民

除了奴隶主，一些废奴主义者也认为，黑人和白人最终无法在美国共存。唯一成功的殖民地是西非的利比里亚，它于1847年成为独立国家。在发布《解放黑人奴隶宣言》（见第160—161页）之前，林肯本人也是著名的殖民支持者，他在战争期间支持了多项计划，其中大多数以移民的悲剧收场。

北方黑人的权利

战前，只有马萨诸塞在法律上赋予黑人公民完整的选举权。其他一些新英格兰州赋予黑人男性选举权。在纽约，财产达到250美元的人可以投票。在俄亥俄，要想获得投票权，公民必须要有一半的白人血统。其他各州则不允许黑人投票。

战争期间，公民权利方面取得了一些进展。在费城和华盛顿，黑人可以和白人同乘有轨电车。1864年，黑人可以作为证人和律师出现在联邦法庭上。更多改革需要等待第十四修正案的颁布（见第338—341页）。

南方的女性奴隶
这幅温斯洛·霍默绘制于1866年的油画名为《安德森维尔附近》或《被俘的解放者》。画面中，一名黑人女性目睹前来解放她的联邦士兵被送往安德森维尔监狱。

通过各项立法，在扬基将军们的监督下，联邦占领的近20%前邦联土地被提供给非裔美国人。著名废奴主义者温德尔·菲利普斯写道："没收南方的土地，交给黑人和为之战斗的白人；相当于种下一颗联邦的橡子，它一定会长成一棵橡树。"不过，自由人在战后是否可以继续拥有他们分到的土地呢？这个问题并没有得到解决。

邦联黑人

邦联控制下的大多数黑人是奴隶。在胁迫或建议下，他们继续留在种植园或农场里，直到被联邦部队释放。我们很难判断有多少人希望和主人在一起，有多少人希望在军队中充当仆人、卡车司机或劳工，有多少人希望留在家乡继续做种田人和家庭仆人。邦联入伍军人通常都不是奴隶主，因此他们没有带着奴隶共同参战。然而，相当一部分军官的确会带一名奴隶，尤其是在战争早期。随着战争的持续，这种情况大为减少。作为一种制度，奴隶制在《解放黑人奴隶宣言》发布后被不可逆转地削弱了。到了战争最后一年，许多奴隶——甚至包括南方未被征服地区的奴隶——拒绝工作，或者没有工作压力，因为大多数白人已经离开家乡。到了1864年黑人监工已经变得常见，他们和白人女性均无法维持纪律。随着奴隶制的解体，邦联残存的经济力量也开始衰退。

180 000
在战争中为自由而战的非裔美国人数量。大约三分之一的人死去。

之后

随着邦联陆军失去越来越多的战士，征召奴隶入伍的想法最终被里士满邦联国会接受。

提议被拒

一些邦联将领在战争的不同阶段建议里士满政府为奴隶提供自由，以换取他们为军队服役，这些将领包括理查德·尤厄尔、帕特里克·克利伯恩以及后来的罗伯特·E. 李。就连戴维斯总统也在1864年11月提出议案，建议解放入伍的奴隶。国会却拒绝考虑这种提案。

国会接受黑人士兵

到了1865年2月，面对即将到来的失败以及李和戴维斯的强烈支持，国会不情愿地同意为参战奴隶提供有条件的解放。在里士满市陷落（见第314—315页）前，一些邦联黑人士兵组成的连队在里士满街头接受训练，但是人数太少，国会的批准又太晚。

相对自由
逃亡奴隶被安置在联邦陆军移动的营地里，男性和女性奴隶都在为官兵工作。对许多奴隶来说，远离种植园的生活很艰难。

自由之路

南北战争早期，从邦联逃到联邦的奴隶被称为“违禁品”。数千名前奴隶为联邦事业工作，只获得少量工资。其他奴隶接管了他们之前所在的种植园。

“1862年夏，自由人开始从马里兰和弗吉尼亚赶往华盛顿。他们怀着巨大的希望，背负着所有个人物品。他们摆脱了奴隶制的束缚，摆脱了落后的种植园地区，来到首都寻找自由，其中很多人即使在找到自由时也不知道自由是什么。虽然许多好友伸出了援手，但北方并不温暖热情。人们每说出一个善良的词语，就会说出两个严厉的词语。空气中弥漫着一种排斥氛围，奴隶积极愉悦的自由梦想幻灭了——在现实这个严厉务实的母亲面前，他们悲伤地改变了梦想。”

——伊丽莎白·霍布斯·凯克利（1808—1907），她曾是奴隶，后在首都华盛顿成为一名成功的裁缝，选自她的回忆录《幕后》，1868年

“我们照顾自己的最佳途径是拥有土地，通过我们自己的劳动——通过妇女、儿童和老人的劳动——翻土和耕种。我们很快就能自给自足，拥有盈余。为帮助政府，年轻人应该为政府服役，以他们希望的方式服务……我们希望被安置在土地上，直到我们能够购买土地，使之成为我们自己的土地。”

——在非裔美国牧师和教会主管与战争部长爱德温·M.斯坦顿和威廉·T.谢尔曼少将的会议上，加里森·弗雷泽教士的讲话，佐治亚州萨凡纳，1865年1月12日

占领种植园

在1861年联邦部队占领南卡罗来纳州希尔顿黑德岛后，数百名逃亡奴隶被聚集在那里。部队在米切尔维尔为他们建立了一个社区，一些人开始收获和加工棉花，为自己谋利。

废奴主义者和社会活动家 生于1820年左右 逝于1913年

哈里特·塔布曼

"上帝不会让林肯先生击败南方，直到他做了正确的事情。"

——哈里特·塔布曼关于林肯最初不愿意解放奴隶的评论，1862年

和许多奴隶一样，塔布曼的具体出生日期已经无从考证。可以肯定的是，她以阿拉明塔·"明蒂"·罗斯的名字出生在马里兰州多切斯特县的种植园。她常因在错误的时间出现在错误的地点而遭到主人爱德华·布罗德斯的毒打。布罗德斯很讨厌她，常常把她租给其他虐待奴隶的邻居。她有强烈的自立意识，在面对体罚时变得无所畏惧。

一天，当"明蒂"到当地一家纺织品店跑腿时，另一个种植园的监工要求她帮忙控制一名逃跑的奴隶。塔布曼拒绝了。那名奴隶挣脱束缚，跑出了商店。监工试图阻止奴隶，将柜台上一个两磅重的金属砝码扔了出去。砝码击中了"明蒂"的额头，使她头骨骨折。在接下来的人生中，她被严重的头痛、癫痫和没人能叫醒的深度睡眠困扰。她宣称，她在发病时和上帝交流，得知了上帝对她的安排。因此，肉体的勇敢被信仰增强，这种精神在她未来的工作中一直支撑着她。

塔布曼的坚定决心
凭借坚定的决心和无所畏惧的精神，塔布曼护送超过300名奴隶获得了自由——包括她的大部分家人。她后来自豪地指出，在她的旅途中，她"从未丢下一个旅客"。

1844年，她与自由人约翰·塔布曼结婚，并且使用了母亲的名字哈里特。她在1849年逃离奴役，决心带尽可能多的亲戚朋友走向自由。

塔布曼的赞美诗
在"地下铁路"，塔布曼通过唱赞美诗提醒奴隶立即离开。严重磨损的赞美诗上用铅笔写着她的名字。

自由之路

马里兰东岸距离宾夕法尼亚只有90英里（145公里）。凭借关于家乡州沼泽、河口和森林的丰富知识，塔布曼带着数百名奴隶穿越边境，沿着"地下铁路"进入自由的北方。她主要在夜间行动，尤其是在冬季。她的事迹很快在约翰·布朗等废奴主义者之中传开。布朗称她为"塔布曼将军"。布朗在规划对哈珀斯费里的著名袭击时，也许和塔布曼进行过商议。当《逃亡奴隶法案》通过时，下北方州也不安全了，塔布曼常常将"旅客"送到很远的北方，最远送到加拿大。对于在后来的战前阶段因她而获得自由的许多前奴隶来说，她就像摩西一样。

南北战争爆发时，塔布曼对于废除奴隶制的前景非常兴奋。不过，林肯总统公开谴责了联邦将军戴维·亨特在南卡罗来纳州罗亚尔港地区废除当地奴隶制的做法，他的反奴隶制立场似乎逆转了。对

地下铁路
小群奴隶沿着"地下铁路"被秘密转移到北方，中途在安全房屋或间接路径上的"车站"停歇。逃亡者在反奴隶制同情者的帮助下逃避抓捕。

此，塔布曼很失望。在和一群东北部废奴主义者跟随联邦军队占领南卡罗来纳沿岸岛屿时，她结识了亨特。在那里，她成了不可缺少的护士，以及逃到亨特战线后方安全地带的奴隶和军官之间的协调人。

塔布曼用被蛇咬伤的比喻来说明废除奴隶制的必要性："你请医生切割伤口，但是蛇还在那里盘着。当医生做手术时，它再次咬伤了你。医生又对这个伤口做手术。这时蛇跳起来，再次咬伤了你。它会不断咬你，直到你杀了它为止。"

联邦顾问

《解放黑人奴隶宣言》发布后，塔布曼加倍努力地在南卡罗来纳沿海地区为联邦事业工作，指引一群联邦侦察兵穿越该地区复杂的水道、岛屿和湿地系统。侦察结果为联邦指挥官带来了宝贵的当地知识，战争部长爱德温·斯坦顿对她的工作表示了官方支持。1863年7月，根据她在侦察旅行中收集的信息，塔布曼帮助詹姆斯·蒙哥马利上校突袭了卡姆比河种植园。她指引联邦汽艇避开邦联鱼雷，到达安全的登陆区域。上岸后，联邦部队烧毁了一些种植园和桥梁，没收了数千美元的物资，解放了超过700名奴隶。邦联士兵很晚才赶到，没能阻止联邦部队的破坏，也没能阻止逃亡奴隶挤上联邦汽艇。其中许多奴隶后来加入了正在组建的黑人团。

终生人道主义者

几周后，塔布曼跟随马萨诸塞第54团来到瓦格纳堡。据说，她为罗伯特·古尔德·肖上校准备了最后一顿饭。在接下来的战争岁月里，她无偿为加紧包围南卡罗来纳州查尔斯顿的联邦部队工作，帮助逃亡奴隶，对邦联领土进行深入侦察，并就自由人的需要向联邦军官提建议。战争快结束时，她在弗吉尼亚担任志愿护士。最后，李投降后，她回到了纽约。

塔布曼在南北战争期间不曾享有官员的地位，尽管她对北方事业的贡献在华盛顿为人熟知。她在战争之前和战争期间的所有牺牲没有获得报酬。直到1899年，她才获得养老金。

塔布曼用于零活赚到的很大一部分微薄收入供养年老父母和收留在家中的前奴隶。朋友和仰慕者对她所忍受的贫困感到愤怒，定期筹集资金支持她。她还通过出版传记获得了版税。

晚年的塔布曼发现了一项新事业：妇女选举权运动。当一名白人女性问她女性是否应该投票时，她回答道："我遭受的痛苦足以让我赞成。"妇女选举权倡导者苏珊·B.安东尼和埃米莉·豪兰将塔布曼看作同事和朋友。1903年，她捐出了她所拥有的土地，创建老年人和贫困黑人之家。哈里特·塔布曼老人之家最终于1908年6月23日成立。将近五年以后，塔布曼以居民身份在这里去世。

> "这是美国历史上唯一由女性领导突袭的军事行动……"
>
> ——战争部长爱德温·M.斯坦顿谈卡姆比河突袭

时间线

- **1820年左右** 以阿拉明塔·"明蒂"·罗斯的名字出生在马里兰州多切斯特县，父母是奴隶本·罗斯和哈里特·"里特"·格林。
- **1834年** 被铁砝码击中头部，这对她后来的人生产生了严重影响。
- **1844年** 与自由人约翰·塔布曼结婚。开始使用"哈里特"这个名字。
- **1849年** 在秋末听到自己可能被出售的传言后逃离奴役。
- **1850年** 《逃亡奴隶法案》通过。塔布曼将侄子和侄子的两个孩子送到自由的北方。
- **1851—1852年** 将其他奴隶从马里兰东岸送到自由地区，包括她的兄弟摩西。她的丈夫约翰已经再婚，拒绝搬到北方。
- **1854—1860年** 多次前往东海岸，亲自带领数百人获得自由。这一时期，她开始受到废奴主义领导者的关注。
- **1858年** 在加拿大安大略省圣凯瑟琳斯的家中见到约翰·布朗。商议但没有参与哈珀斯费里袭击事件。
- **1859年** 在新英格兰就她在"地下铁路"上的工作发表演讲。
- **1862—1865年** 在南卡罗来纳州希尔顿黑德，以非官方身份为联邦部队工作，充当护士、厨师和侦察兵，做出了宝贵贡献。
- **1863年** 于6月2日和詹姆斯·蒙哥马利上校共同领导了卡姆比河突袭，解放了700名奴隶，烧毁了重要的邦联物资。
- **1865年** 在弗吉尼亚州门罗堡护理伤兵。
- **1869年** 和南北战争老兵纳尔逊·戴维斯结婚。
- **1870—1890年** 在纽约州奥本耕种小块土地，做各种小生意，其中大多数没有发展起来。支持前奴隶和贫民。
- **1888年** 纳尔逊·戴维斯去世。
- **19世纪90年代** 积极参与选举权运动，出席黑人和白人选举权会议；在20世纪前几年继续参与这类活动。

塔布曼（左一）和家人

- **1896年** 购买与个人土地相邻的25英亩（10公顷）土地，以建立老年人和非裔美国病人之家。
- **1908年** 哈里特·塔布曼老人之家由非洲人美以美锡安会揭幕。
- **1913年** 3月10日，在91岁高龄去世。被葬在纽约州奥本市福特希尔公墓。

之前

战争开始时，不管是南方还是北方，大多数白人认为，允许非裔美国人成为士兵是不合适甚至不安全的。

《解放黑人奴隶宣言》

《解放黑人奴隶宣言》批准了黑人团的组建（见第160—161页）。对林肯来说，征召黑人士兵是一项有助于保护联邦的实用措施，但他担心边缘州的反应，因为这些州的大多数白人公民讨厌武装黑人的想法。

各州征召黑人团

联邦国会1862年通过《充公法案》后，马萨诸塞、康涅狄格以及路易斯安那和南卡罗来纳占领区的军政府开始组建黑人团。各地黑人对征兵活动的反应不尽相同。在新英格兰各州，自由黑人曾于1861年试图参军时被拒。现在，这些人对入伍有所顾虑。在南方占领区，被释放的黑人纷纷入伍，他们对有稳定收入的前景感到激动，并且想教训他们的前主人。

黑人部队的作用

最初对许多北方人来说，黑人入伍的想法是令人厌恶的。到1863年中期，各州的黑人团开始参与作战，美国有色人种军团也在组建中。到战争结束时，非裔美国人已经成了联邦军队的重要组成部分。

除了战斗时的风险和军旅生活中的危险因素，黑人士兵还面临其他困难。邦联人对黑人成为联邦士兵的前景反应强烈。总统戴维斯·杰弗逊于1862年12月发布宣言，要求战场上的所有邦联军官将俘虏的联邦黑人士兵及白人军官交给州当局而非邦联当局处置。在这种安排下，任何战俘都会因反叛罪或煽动反叛罪被判处死刑。1863年5月1日，邦联国会进一步通过了联合决议，授权戴维斯允许军队处死战俘中领导黑人部队的白人军官，并将黑人士兵重新卖为奴隶。

178 895

加入美国有色人种部队的人数。其中，至少9.4万人来自南方州，8万人来自北方州和领地，其余士兵出身不明。

林肯对此发出严厉警告：南方每处死一名联邦军官，北方会立刻处死一名邦联军官。我们找不到叛军当局处决白人军官的记录，但被俘黑人士兵重新沦为奴隶的证据很明确。此外，面对联邦黑人士兵时，南方士兵常常会撕下遵守战争规则的伪装。野蛮行径并不罕见。最臭名昭著的事件发生在皮洛堡，这是联邦在密西西比河田纳西一侧的要塞。1864年4月12日下午，由内森·贝德福德·福里斯特中将指

巴特勒奖章，1864年
由本杰明·巴特勒少将设立于1864年，以表彰非裔美国士兵的勇敢。这是唯一向黑人士兵颁发的奖章，上面写着："他们将用刀剑获得自由。"

美国有色人种步兵第107团
虽然黑人士兵为国家而战，但他们并不是美国公民。弗雷德里克·道格拉斯说，通过拿起武器，"没有人能否认（他们已经）赢得了公民权"。

米利肯本德之战
1863年6月7日，一支小型联邦部队在路易斯安那州米利肯本德受到1500名得克萨斯人的袭击。非裔美国人当天的英勇作战使他们赢得了更多尊重，为黑人入伍铺平了道路。

挥的邦联骑兵“用火器、刺刀和宝剑残忍屠杀了”数百名准备投降的黑人士兵。作为回应，联邦黑人志愿兵将“记住皮洛堡”作为战斗口号，有时对邦联俘虏也会采取过激行为。

不管是在著名的马萨诸塞第54团等州级团，还是在美国有色人种部队的166个团之中，黑人团的士兵对联邦两个主要战争目标的排序都和白人士兵相反：他们首先是为解放黑人而战斗，其次是为保护联邦而战斗。正如弗雷德里克·道格拉斯所说：“监狱的铁门半开着。北方的一次勇敢冲锋会使其彻底打开，而我们的四百万兄弟姐妹将从里面冲出来，获得自由。”

白人的态度

首批黑人志愿兵被灌输了深刻的使命感，这使他们在面对己方军队制造的一系列挑战时能够保持坚定。首先，许多白人士兵不喜欢武装黑人的想法，一些人干脆拒绝与黑人为邻。伊利诺伊第100团的西奥多·阿普森写道：“我们的士兵似乎都不喜欢武装黑人的想法。小伙子们说，这是白人的战争，不关黑人的事。”较晚移民到北方的人有不同的看法。正像一名爱尔兰记者解释的那样：“在一年中的任何一天，我都愿意让黑人代替我受死。”

官方歧视

黑人在战场上表现出的勇敢抑制了种族成见和偏见。到战争结束时，大多数联邦白人士兵仍然在某种程度上歧视黑人战友，但是很少有人质疑他们的价值和对联邦事业的贡献。可黑人士兵仍然需要面对官僚化的歧视。

起初，黑人士兵每月可以领到12美元，和白人士兵相同。到了1863年6月，战争部宣布，从此以后，他们只能领到10美元，而且需要拿出3美元的服装费。1864年6月，虽然这种残酷的不平等得到纠正，但已对黑人士气造成了持久的破坏。

除了很少的例外，军队并不接受黑人军官，这一明显不公平的现象从未得到改善。在参与战争的所有黑人团中，只有32名黑人军官——大多数是牧师和军医。1863年末，费城开设了一所为黑人团培训候选军官的特别学校，但毕业生全都是白人。

日常工作

黑人团承担一些平凡的二线职责，比如挖掘战壕，清理树木，保卫铁路，保护交通线。1863年5月27日，黑人在对哈得孙港的袭击中表现勇猛。此时，黑人团的勇敢首次得到北方公众的关注，可黑人士兵还是没能获得与其人数成比例的行动机会。

黑人部队被要求参与弹坑之战等决定性行动，常常是在伤亡率可能很高的不利条件下。这一事实使军中的很多黑人感到不满，导致了随后的征兵困难。即便如此，到战争结束时，非裔美国人在联邦士兵中的比例还是达到了12%。

之后

虽然黑人留下了令人震撼的作战记录，但是对黑人士兵的歧视一直持续到了1865年，并在战后的美国陆军中持续存在。

最后的辉煌和最后的侮辱

联邦第25兵团几乎完全由黑人团组成。当邦联首都里士满1865年4月被占领时，该兵团获得了最先进入里士满的荣誉。次月，两支联邦军队在华盛顿大阅兵中进行胜利游行，其中没有一支黑人部队。

对胜利的贡献

到战争结束时，为联邦而战的黑人士兵达到了18.6万人，其中11.9万人曾经是奴隶。黑人士兵获得了21枚荣誉勋章，伤亡超过6.8万人，损失率惊人。

黑人老兵

> “黑人作为士兵能够做到的事情大大减轻了白人士兵的负担。”
>
> ——亚伯拉罕·林肯致伊利诺伊政客詹姆斯·C. 康克林，1863年8月26日

联邦军官（1812—1885）

马丁·德拉尼少校

作为美国陆军历史上第一位黑人校级军官，德拉尼在战前是废奴主义者，是被哈佛医学院最先录取的三名黑人之一。战争期间，他帮助美国有色人种部队招募了数千人。林肯1865年和德拉尼见面，对他有深刻印象，称他是“极为出色和聪明的人”。他在两周后被授予少校军衔，这是非裔美国人在战争期间获得的最高军衔。

54th MASS.

亲历者　1863年7月18日

进攻瓦格纳堡

瓦格纳堡是位于南卡罗来纳州莫里斯岛的战略要地，对查尔斯顿起重要保护作用。1863年7月，联邦部队试图占领该堡垒，进行了两场战斗，均以失败告终。首批非裔美国部队之一、罗伯特·古尔德·肖上校的马萨诸塞第54志愿步兵团在7月18日的进攻中担任先锋。

“过去一周，第54团在战斗中两次证明了自己……周六下午，在军官和士兵们的欢呼声中，我们向前行进，越过了炮队。我们不知道他们为什么欢呼，但答案很快揭晓。斯特朗将军骑马过来，我们停下脚步。你应该知道，我们在猜测我们接下来的任务……斯特朗将军问我们是否愿意跟随他进入瓦格纳堡。每个人都在说愿意——不管他带我们去哪儿，我们都愿意跟随。你们可能都知道，瓦格纳堡相当于叛军的塞瓦斯托波尔，但我们还是去了。我们冒着致命的火力越过壕沟，爬上护墙。不过，我们无法进入堡垒。我们在瓦格纳堡护墙上遇到了拿着刺刀的敌人——暴露在凶残的火力下，这些火力不仅来自堡垒的炮队，还来自我们的莫尼特炮舰和陆地炮队，因为它们的射击没有及时停下来。凡人无法承受这种火力，对瓦格纳堡的袭击失败了……第一次冲锋，第54团冲到了距离壕沟二十码的地方……旗手在护墙上牺牲。当旗手倒下时，肖上校抓住了旗杆。不到一分钟，上校本人也倒下了。当士兵看到勇敢的领导者倒下时，他们拼命想要把他抢回来，但不是被打倒，就是被震晕在下面的壕沟里……现在，我这里已经没有更多纸张了……所以，我不能在这封信里继续讲述了。”

——列兵詹姆斯·亨利·古丁，马萨诸塞第54志愿步兵团，
选自1863年7月20日的信件

瓦格纳堡的暴风雨
这张1890年的石版画对于肖上校领导马萨诸塞第54团发起的进攻进行了戏剧化的呈现。肖上校心脏中弹。在随后残酷的白刃战中，这个团表现得异常勇猛。

之前

在战前的岁月里，美国人口的大幅增长是由大规模移民推动的，移民大部分来自欧洲北部。

欧洲移民

来自爱尔兰、德国和斯堪的纳维亚的无数移民从故土扬帆起航，希望在美国获得新生活。这种现象始于19世纪30年代，此后到1861年人口一直稳步增长。几乎所有人都在北方大城市拥挤的少数族裔社区定居，或者利用联邦的赠地激励政策向边区迁移，利用土地上的产出勉强度日。

四八志士

由于1848年至1849年普鲁士民主革命失败而产生的政治移民被称为“四八志士”。当自由冲动被强力镇压时，他们逃离了当时属于德国的欧洲区域。在新的家园，他们形成了重要的政治影响力。许多人持有激进观点，大多数人在1860年支持林肯，所有人都憎恨奴隶制。

联邦将军（1824—1902）

弗朗茨·西格尔

在1848年革命失败以后，弗朗茨·西格尔离开德国。到了1860年，他已经成为密苏里州圣路易斯德裔社区的著名成员。当时他是教育工作者，以反对奴隶制著称。战争开始后，他努力为联邦部队招募德裔美国人。不过，他作为将军并不成功。他在1861年联邦于皮里奇（埃尔克霍恩客栈）的胜利中扮演了重要角色。后来，作为波托马克军团的团级指挥官和谢南多厄河谷的独立指挥官，他的表现是失败的。

军队中的移民

美国移民主要来自爱尔兰和德国。由于在南方定居的人相对较少，两个群体都聚集到了北方。许多人加入了“少数族裔”团。到了1863年，移民对北方事业的热情开始消退。

在1860年美国人口普查中，超过13%的人口是在国外出生的。其中大多数人生活在新英格兰和大西洋中部各州，其余所有人几乎都生活在旧西北部。不到10%的移民住在南方，这主要是因为他们无法与奴隶竞争。在纽约、费城、波士顿、匹兹堡、辛辛那提、芝加哥和密尔沃基，超过33%的人口出生在德国、爱尔兰和斯堪的纳维亚。

在退出事件发生前夕，纽约市是世界上第三大德语城市。在北方许多城市街道上，临街商店展示着德语招牌，人们只说德语——或者爱尔兰盖尔语。在中西部，一些乡村社区人口完全由挪威裔或瑞典裔组成。在南方，移民大多数生活在大城镇里。新奥尔良、里士满和查尔斯顿都有相当大的德裔和爱尔兰裔社区，但人口都不超过总人口的25%。

500万

1815年至1860年来到美国的欧洲移民数量。到了1860年，在出生于外国的人口中，四分之三是爱尔兰裔和德裔。

证明自身价值

当战争到来时，少数族裔像“土生土长的”英裔美国人一样支持己方事业。他们入伍不只是为了保护国旗、宪法和家园。北方德裔和爱尔兰裔特别希望以志愿兵的身份证明他们作为公民的价值。他们相信这样可以消除北方社会持续存在的本土主义反移民趋势。19世纪50年代，“一无所知党”于短时间里在全国范围内崛起，致力于对出生在国外的人发动政治战争。他们释放的情绪使美国少数族裔急于在战争中有所作为，以消除国内对外国人的恐惧。

到1861年末，在路德维格·布伦克准将的指挥下，一个完全由德裔士兵组成的师负责防守首都华盛顿，该师由来自纽约、俄亥俄和宾夕法尼亚的德裔美国人团组成。大约同一时间，爱尔兰裔组成了即将成名的爱尔兰旅和爱尔兰军团，前者由爱尔兰民族主义者托马斯·弗朗西斯·马尔指挥，后者由迈克尔·科科伦指挥。

大约70%的少数族裔士兵和美国本土士兵组成“混合团”，但人们的关注点很快落在少数族裔团上，因为其政治领导者夸口，和“美国农村少年”相比，他们天生具有军事才能。大多数德裔新兵在来到美国之前当过兵，甚至作为革命者参加过战斗，相当数量的爱尔兰裔也是如此，这对他们很有利。

第二次布尔溪之战中的德裔士兵

在第二次布尔溪之战中，在8月29日和30日，弗朗茨·西格尔第1兵团的德裔部队在斯托尼岭和亨利豪斯山参与激战，由于缺乏协调的进攻，没有取得成功。

少数族裔团的行动

到1862年末，德裔和爱尔兰裔团在北方公众眼中的形象已不相同。爱尔兰旅在安蒂特姆塌陷的马车道和弗雷德里克斯堡玛丽高地的英勇进攻使之以勇气著称，这种形象甚至一直延续到了今天。另一方面，由于战争补给不足，布伦克的德裔部队于1862年在谢南多厄河谷进行抢劫，被贴上了“黑森人”“德国佬”和“布伦克人”的标签，只能顶着对平民发动战争、在战场上表现不佳的污名作战。在克罗斯基斯和第二次布尔溪之战中，东部德裔团在糟糕的领导下仍然表现出良好的战斗精神，而联邦在西部的早期胜利则被轻视，比如弗朗茨·西格尔和许多德裔部队英勇参与的皮里奇之战。

到1863年夏天，对联邦战争的

多语种征兵海报

纽约意大利裔社区为加里波第警卫队提供了新兵，该部队更加正式的名称是纽约第39志愿步兵团，组建于1861年6月，一直服役到战争结束。

爱尔兰团旗

联邦爱尔兰旅最初由纽约团组成，后来加入了来自宾夕法尼亚和马萨诸塞的部队，包括第28马萨诸塞团，此处展示的正是这支波士顿团的旗帜。

愤怒和幻灭感开始在爱尔兰裔和德裔士兵及平民之间蔓延。爱尔兰旅人数缩水，只剩下老兵。新兵陆续逃离部队，他们对《解放黑人奴隶宣言》、各州征兵法律和家乡的经济困难感到不满，而且觉得他们在之前的战斗中被当成了炮灰。

不同反应

钱瑟勒斯维尔之战结束后，北方公众将联邦战败归咎于德裔第11兵团（其前身是布伦克师），这使德裔美国人痛苦地感受到本土主义的复兴。不公平的中伤和恶毒的嘲讽令他们感到愤怒，对参与战争产生了怀疑，开始转向内部，向自身和族群社区寻求同情和支持。德裔团的新兵源在枯竭，尽管大多数德裔部队仍然和之前一样参与作战，一直持续到战争结束，仍受德裔军官指挥，却已被非德裔应征者稀释。对于北方的少数族裔来说，在1863年夏天以后，一切都不同了。

最终，所有联邦士兵中有25%的人出生在海外，其中大多数出生在德国和爱尔兰，在非少数族裔团服役，作为这些部队的补充兵力。没有他们，北方的获胜难度将会大大增加。

主日弥撒

爱尔兰裔美国人对部队中的天主教神父表示欢迎。右图中，托马斯·穆尼神父在为纽约第69团做弥撒，迈克尔·科科伦上校站在他的右手边。

之后

美国的少数族裔社区在积极参战的同时仍然保留着自己的特性和政治利益。

纽约市征兵暴动

1863年7月末，联邦最大的城市发生了暴力事件。以爱尔兰裔美国人为主的市民对新的征兵法律感到愤怒，他们疯狂地焚烧、偷盗和私自行刑。直到刚刚结束葛底斯堡之战的联邦部队赶到（见第202—203页），暴动才被镇压。

弗雷蒙运动

西部德裔美国激进分子不满林肯的战争措施，支持约翰·C. 弗雷蒙在1864年取代林肯，成为共和党总统候选人。但他们将林肯赶下台的企图失败了（见第236—237页）。

钱瑟勒斯维尔之战

到了1863年初，联邦波托马克军团的兵力是邦联北弗吉尼亚军团的两倍之多。通过大胆分兵和向联邦侧翼的快速移动，罗伯特·E. 李将军在钱瑟勒斯维尔取得了意外胜利，尽管损失了许多人手。

之前

1862年，东部战区发生了一系列血腥战斗。联邦兵力不断增加，但几乎没有取得优势，这主要是因为领导者能力不足。

胡克改革联邦军队

在弗雷德里克斯堡战败后（见第136—137页），约瑟夫·胡克少将取代无能的伯恩赛德，成为波托马克军团指挥官。通过修改军装，确保口粮和工资及时分配，胡克恢复了士气。他还完善了军队组织，创立了军事情报部门，统一骑兵，分散炮兵。

约瑟夫·胡克少将

1863年春，约瑟夫·胡克少将为波托马克军团制订了宏大的行动计划。他要将13.4万人的部队分散，领导三个兵团穿过弗吉尼亚荒野的茂密树林，包围李将军的西侧。同时，约翰·塞奇威克少将和其余三个兵团在弗雷德里克斯堡吸引李将军的注意。

胡克的包抄部队于1863年4月末平安无事地开始了长途跋涉，成功渡过拉皮丹河和拉帕汉诺克河，只遇到了很小的抵抗。接着，胡克带领7万人向东穿越荒野，越过被当地人称为钱瑟勒斯维尔的大型庄园，进入弗雷德里克斯堡以西五英里的旷野。

战斗开始

李和副手"石墙"·杰克逊对威胁迅速做出了反应。5月1日，李留下朱巴尔·厄尔利将军和1.2万人观察塞奇威克的动向。同时，杰克逊和其余部队沿奥兰治木板路迎战胡克。在瑙安教堂附近，拉斐特·麦克劳斯将军的

将军的大行军

"石墙"·杰克逊带领3.3万人进行包抄行军。为了打击敌人，疲惫的士兵需要行军数英里。一名邦联士兵指出："我想，在和杰克逊的赛跑中，就连魔鬼也会被他甩在后面。"

师首先与乔治·米德所率联邦第5兵团的部分部队正面相遇。联邦一度击退麦克劳斯，随后邦联投入预备部队，联邦部队后撤，请求增援。

胡克对部队前进时遭遇的抵抗感到震惊。他失去了勇气，命令两个先头兵团撤至钱瑟勒斯维尔。5月1日夜晚，当联邦指挥官们对眼前局势感到难以置信时，李和杰克逊也几乎无法相信他们的好运。

当夜晚些时候，南军将领进行了商议。J. E. B. 斯图尔特将军的侦察骑兵发现，联邦右翼正"悬在空中"，因此杰克逊可率领他的3.3万人在5月2日上午出发，穿过密林，袭击缺乏保护的联邦侧翼。如果胡克在钱瑟勒斯

134 000
战役开始时胡克的波托马克军团兵力。

62 000
邦联北弗吉尼亚军团同一天的兵力。

维尔发起进攻，李将只有1.4万人与之相抗。

"逃跑的德国佬"

丹尼尔·西克尔斯的第3兵团驻扎在钱瑟勒斯维尔西侧名为黑泽尔格罗夫的山上，视野开阔。杰克逊的动向不久就被他们发现。胡克和西克尔斯将其误解为邦联的撤退。第11兵团指挥官奥利弗·奥蒂斯·霍华德驻扎在联邦阵线最右端——正是杰克逊的前进方向——也认为敌人在撤退。侦察兵报告敌人正在右侧树林中集结，但被霍华德忽视。

下午5时30分左右，随着夜幕降临，杰克逊的2.6万邦联士兵喊着口号

战场速写

南北战争时期的画家阿尔弗雷德·沃德为美国媒体绘制战争画面。画中，一名伤兵被抬下钱瑟勒斯维尔战场。霍华德将军设在道达尔客栈的指挥部就在附近。

联邦在钱瑟勒斯维尔的失败

在5月2日杰克逊通过快速行军包抄联邦右翼后，联邦军队在第二天的激战中被击溃。联邦指挥官约瑟夫·胡克失去了勇气，撤回拉帕汉诺克河对岸。

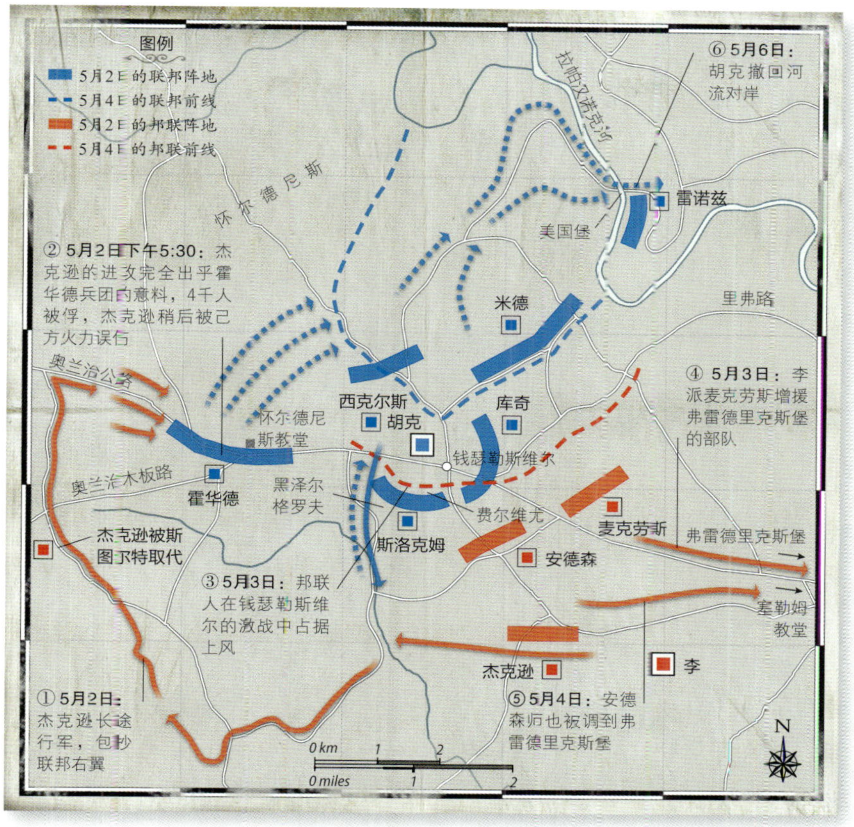

扑向第11兵团的8500人。联邦各团没有时间重新集结并做出反应，唯一的安全措施就是逃跑。在奥兰治公路前方，两次坚守行动推迟了南军的前进，包括卡尔·舒尔茨准将的全德裔第3师在怀尔德尼斯教堂进行的抵抗。他们被本土主义英裔美国人不公平地称为“逃跑的德国佬”。实际上，他们为联邦其他部队争取了反应时间。

李的巅峰时刻

杰克逊对攻击力的下降感到失望，在漆黑的树林中，他在前方进行侦察，以确定联邦部队的位置，却被自己人意外射中。斯图尔特接替了他的职务。

5月3日是晴朗的一天。当太阳从黑泽尔格罗夫的树林上方升起时，这片重要区域已经落入了邦联手中。南军炮兵控制了费尔维尤和钱瑟勒斯维尔的林间空地，对阵地上的联邦步兵和炮兵发起猛烈攻击。南军步兵对费尔维尤南部和北部树林中匆忙应战的联邦旅发起攻击。战争中最残酷的一部分战斗就发生在这里。胡克先是下令放弃费尔维尤，然后下令放弃钱瑟勒斯维尔。

虽然胡克可以指挥两个还未参战的兵团冲进斯图尔特部队的北翼，但他还是选择了撤退。几乎他的所有下属都承认，钱瑟勒斯维尔之战使北方失去了战争中的一大机遇。面对各种困难，李还是取得了战术胜利，造成敌军1.7万人伤亡，己方1.3万人伤亡——包括无人能替的杰克逊。

之后

东部战区的战略主动权落到邦联人手中。当联邦重新组织军队时，李的下一步重要行动是向葛底斯堡进发。

塞勒姆教堂

5月3日上午，在弗雷德里克斯堡，联邦少将塞奇威克指挥第6兵团对矢巴尔·厄尔利发起进攻。他们使厄尔利撤至玛丽高地，然后沿着奥兰治公路继续向西，朝李的后方前进。不过，卡德默斯·威尔科克斯准将的邦联旅在塞勒姆教堂的死守意外地阻止了塞奇威克的前进。第二天，邦联人对塞奇威克发动了一系列缺乏协调的进攻，塞奇威克依次将其击退，以相对较小的损失撤回到河流对岸。据说，对着疲惫而失败的各位师长，失去良机的罗伯特·E.李发了脾气。

“人民会怎么说呢？”

听到胡克撤至拉帕汉诺克河对岸的消息，林肯总统惊慌地对一名同僚说：“我的上帝，我的上帝，人民会怎么说呢？”东部战区的又一次战役没有取得任何成果。北方的士气迅速下降。

玛丽高地的死伤者

> “那一刻我相信我们的主将已经无计可施。”
>
> ——联邦第2兵团指挥官达留斯·库奇谈胡克失去勇气，1863年5月1日

亲历者　1863年5月10日

杰克逊之死

在钱瑟勒斯维尔之战中，“石墙”·杰克逊将军在战线前方侦察时被自己的士兵意外击中。他的左臂受了重伤，需要截肢，医生认为他可以康复。然而，他感染了肺炎，于八天后的5月10日去世。这使他的士兵和其他邦联将领感到悲伤和惊慌。

“他的意识开始衰退，并且开始神游。他常常像在战场上指挥部队时那样讲话，以他一贯的风格发布命令。接着，场景转换，他坐在餐桌前，和参谋们对话。有时，他与妻子和孩子在一起。有时，他在和战友们做祷告。他的神志偶尔会清醒一阵。有一次，当他清醒过来时，我建议他喝一些白兰地和水，但他拒绝了。他说：‘这只会拖延我的离去，没有任何好处。如果可能，我想保持头脑清醒，直到最后……’

“在去世前没多久，他在昏迷中喊道：‘命令A. P. 希尔做好行动准备！将步兵迅速移到前方！告诉霍克斯少校……’然后，他停下来，没有把这句话说完。很快，他那苍白的脸上浮现出难以形容的甜蜜微笑。他带着似乎有些轻松的表情平静地喊道：‘让我们渡过河流，在树荫下休息。’接着，他的灵魂奔向赋予他生命的上帝，没有痛苦，也没有一丝挣扎。”

——亨特·麦圭尔医生，杰克逊兵团医疗主任，
选自南方历史协会文件，里士满，1886年

“杰克逊将军去世的消息令我们备受打击。他的死是国家的灾难。我们之中表现最差的士兵也知道他的价值——我们爱戴他，哀悼他的离去……在这场革命的众多英雄中，没有人生前如此受人崇拜，没有人死后如此令人痛惜，没有人拥有像‘石墙’·杰克逊那样毫无瑕疵的性格。如果他能活到这场残酷战争结束的时候，感激的人民会将他一致推举为国家的最高统治者。”

——艾布拉姆·富尔克森上校，杰克逊曾经的学生，
选自他1863年5月18日写给妻子的信，弗吉尼亚军校档案

误伤
在通过奇袭击溃联邦第11兵团后，随着夜幕降临，杰克逊对缓慢的进攻失去耐心。他在邦联前线附近侦察时，被己方火力重伤。

李向北进军

邦联指挥部同意了李第二次进攻北方的战略。1863年6月中旬，北弗吉尼亚军团开始向宾夕法尼亚进发。联邦陆军起初措手不及，在布兰迪车站和温切斯特被邦联军击败。

钱瑟勒斯维尔之战结束后，南方获得了优势。邦联可以决定接下来袭击联邦的哪个地区，而不是仅仅对北军的前进做出反应。接下来的几周，在邦联首都里士满，将领们就下一步行动进行了激烈讨论。在前往弗雷德里克斯堡与罗伯特·E. 李将军会合的路上，詹姆斯·朗斯特里特将军向戴维斯总统提议，由他率两个师经铁路前往田纳西，袭击威廉·罗斯克兰斯少将的部队，缓解维克斯堡的压力。

邦联将军尤厄尔

虽然尤厄尔在第二次布尔溪之战中失去了一条腿，但他通过突袭温切斯特的联邦守军，证明了他没有辜负李的信任。

接着，战争部长詹姆斯·塞登提出了大胆的建议，让朗斯特里特直接前往密西西比，在维克斯堡袭击尤利西斯·S. 格兰特将军的后方。李在此时提出了再次进攻北方的有力观点。李建议，在西部局势恶化到无法挽回之前，他们应该抓住时机，向联邦发起战略上的致命一击。另一个急于进攻的理由是，此时北方的和平运动方兴未艾，北弗吉尼亚军团的兵力也还很强。

总司令的战略

李相信，在这个节点上，邦联在宾夕法尼亚或北马里兰的一次或多次胜利会加强“铜头蛇”的力量（“铜头蛇”是指反对南北战争、支持与南方签订和平协议的北方民主党人），林肯在下次竞选中将失去民主党的支持。此外，弗吉尼亚农民至少可以在一个季节的时间里免受战争之苦，邦联陆军也可以吃到北方土地上的食物，换换口味。邦联被国外势力承认的机会可能会再次出现。更何况，如果李和他的部队摧毁波托马克军团，占领华盛顿或巴尔的摩，南方与北方可能会直接实现和平。

实现南方独立的可能性终于近在眼前。当邦联内阁就李的建议进行投票时，只有来自得克萨斯的邮政管理局局长约翰·里根投了反对票。朗斯特里特对这个决定的明智性也存在一些疑虑，但他还是忠诚地听从总司令的命令。李在6月上半月进行休整，补充北弗吉尼亚军团的物资，接收了来自卡罗来纳和西弗吉尼亚的增援部队。6月中旬，成千上万的邦联士兵开始向北长途行军，他们先是调头向西，然后沿着谢南多厄河谷前进。

斯图尔特的震惊

就在北弗吉尼亚军团开始为北上做最后准备时，招摇的杰布·斯图尔特少将及其所率邦联骑兵被联邦骑兵奇袭。6月9日，在弗吉尼亚州库尔佩珀县布兰迪车站，由阿尔弗雷德·普莱曾顿将军领导的联邦骑兵大部队意外出现在斯图尔特部队的营地前。在一天的激战中，双方在不同时刻分别占了上风。最后，联邦骑兵将战场让给了南方人。从战术上说，此战是南北战争中规模最大的骑兵战，邦联取得了胜利。从战略上说，它的影响要大得多。

联邦骑兵从中获得了信心，相信他们现在可以和南方骑兵抗衡了。此后，他们将变得更具攻击性。斯图尔特在战斗中没有受伤，但他的自尊受到了打击。他要求李允许他对约瑟夫·胡克少将向东缓慢前进的军队进行侦察——斯图尔特的目标是获得关于联邦动向的更好情报，在这个过程中挽回自己的名声。

考验李的时刻

斯图尔特承诺与邦联大部队迅速会合后，李同意了他的请求。6月25日，

布兰迪车站附近的骑兵冲锋

1863年6月9日，超过1.9万骑兵在拉帕汉诺克河沿岸意外相遇，交战12小时。南方获得了胜利，但联邦对李进攻北方的行动已有所警觉。

之前

“石墙”·杰克逊去世后，李重新集结军队，为进攻行动做准备。与此同时，一次次的失败使联邦灰心丧气。

邦联的晋升

李急于重组北弗吉尼亚军团。他放弃了由两位兵团指挥官领导两翼的旧系统，建议将理查德·尤厄尔和A. P. 希尔晋升为兵团指挥官，由尤厄尔接管杰克逊之前的大部分部队。希尔负责领导其余部队以及从弗吉尼亚和卡罗来纳其他地区聚集起来的部队。朗斯特里特仍然指挥他原来的兵团，成了李的第一副手。

北方的沮丧

北方在1863年5月和6月几乎没有发生值得庆祝的事情。格兰特还没有拿下维克斯堡。对南卡罗来纳州查尔斯顿的首次进攻在4月7日以失败告终：8艘“莫尼特”式战舰在萨姆特堡被邦联军大炮击退。北方的“铜头蛇”（见第201页）遗憾地表示，邦联的独立近在眼前，与南方谈判的时候到了。

受损的莫尼特炮塔

李渡过波托马克河
6月中旬，李率领超过7.5万人的军队渡过波托马克河，进入马里兰。在这幅当时的插画中，李以四分之三侧面角度出现在前景，正与一名军官交谈。

> "在敌人前方投入势不可挡的兵力，碾压他们，不断取胜……在事实上摧毁波托马克军团。"
>
> ——李将军写给艾萨克·特林布尔少将的信，1863年

李突然发现，他失去了斯图尔特和最好的三个骑兵旅。留下来的骑兵足以使南方陆军远离联邦骑兵的侦察，但不足以为李的步兵提供快速侦察情报。时机不可能更糟糕——骑兵指挥官离开时，邦联步兵刚刚越过宾夕法尼亚州边界。在斯图尔特结束任务，回归大部队之前，李在行动上就像瞎子一样。另一边，约瑟夫·胡克不相信李会发动另一场大规模袭击。相反，他认为敌人只是想向西移动，包抄他的侧翼。为挫败敌人，胡克向林肯提出了迅速扑向里士满的建议。这样一来，邦联军队将被迫撤退以保护首都。

> **907**
> 1863年6月9日弗吉尼亚州布兰迪车站骑兵战斗中的联邦伤亡人数。邦联伤亡人数为523人。杰布·斯图尔特的指挥首次遭到批评。

林肯的回复很不客气："我想，你的目标不应该是里士满，而是李的军队。"他还说，邦联军队一定会分成向西、向北的两股，要求胡克在那时迅速进攻并击败敌人。他说："野兽必有纤细的部位。你不能攻击那里吗？"

然而，胡克将军选择违抗林肯的命令。他没有攻击李，而是谨慎地跟在李的后面，同时将邦联军队和华盛顿隔开。在这个过程中，邦联将军理查德·斯托德特·尤厄尔的兵团在6月13日至15日成功袭击并打垮了温切斯特的联邦守军，巧妙地俘虏了数千人，收获了许多大炮、马匹和补给，这使人想起了"石墙"·杰克逊前一年对哈珀斯费里的占领。在与林肯进一步争执后，胡克于1863年6月28日辞职。

通往葛底斯堡之路

联邦试图确定邦联军队的位置，但不断失败。总统感到绝望，电报线越来越热。宾夕法尼亚州长安德鲁·科廷焦躁地说邦联人已经进入了他的州，正在逼近首府哈里斯堡。波托马克军团在哪里？

林肯的耐心告罄，宾夕法尼亚边境各县的市民为邦联的占领做好了准备。北方人屏住了呼吸，所有人的目光都转向宾夕法尼亚中南部。

星杠旗
据说这面十一星的第一版邦联国旗是俄亥俄第93志愿团1863年在田纳西缴获的。

之后

虽然敌人即将到来，但是北方阵营仍然士气高涨。李的邦联军队也很振奋。

北方士气的恢复

在联邦陆军内部，当敌人抵达"家乡"领土的消息传来时，大多数士兵恢复斗志。在弗吉尼亚由于指挥官的无能而战败是一回事，在北方土地上迎战邦联部队则是另一回事。在新指挥官乔治·米德将军领导下，波托马克军团做好了击败邦联人的准备。正如一名军官在报告中所说："我之前从未见过他们如此坚定。"

不可战胜的南方人

当邦联人北上时，队伍中充满乐观情绪。南方人急于一战击败扬基佬。所有邦联营地里弥漫着一种必胜的氛围，这种信心来自战场上的接连胜利以及领导者罗伯特·E. 李的毫不动摇。

葛底斯堡之战

双方都不想在葛底斯堡打一场大仗，却仍在最初的冲突之后将部队投入到这个地区。前两天，南方部队没能对最初的人数优势加以利用。第三天的激烈战斗导致南军的灾难性失败。

之前

当罗伯特·E. 李进军北方时，他首先进入宾夕法尼亚。一开始，他几乎没有遇到联邦的抵抗。

命令和反悔

当理查德·尤厄尔将军的邦联军先头部队越过梅森-狄克逊线时，当地居民要么逃跑，要么试图隐藏财产，不让南方粮草征收队发现。此时，李命令尤厄尔分兵。一个师向约克进发，于6月末占领该市，但他们没能渡过萨斯奎汉纳河，因为联邦民兵烧毁了唯一的桥梁。另一支纵队沿坎伯兰河谷而上，从卡莱尔的方向袭击哈里斯堡，但在他们渡河之前，李召回了分散的军队，在卡什镇附近集中。联邦军队正在逼近，李希望做好准备。

林肯解除胡克职务

由于对李6月份最初的北上行动反应迟缓，指挥波托马克军团的联邦将军约瑟夫·胡克在亚伯拉罕·林肯眼中彻底失去信誉。6月28日，林肯让乔治·G. 米德少将取代了他。

联邦骑兵指挥官约翰·布福德准将的一个决定促成了此次战役。1863年6月末，他领导波托马克军团的一个师驻扎在宾夕法尼亚州葛底斯堡附近，听说了邦联部队正在朝他的方向迅速前进。同时，联邦步兵兵团正在从南方的马里兰赶来。意识到邦联人首先抵达葛底斯堡的危险，布福德在葛底斯堡以西的山岭上布阵，试图阻挡敌军，等待联邦部队集结，占据城镇南面的高地（公墓山、卡尔普山和公墓岭）。李本不打算在葛底斯堡开战，但布福德的阵地使他不得不在做好准备之前参与战斗。

雷诺兹将军之死

雷诺兹负责指挥波托马克军团左翼。他的死因存在争议。他可能死于南方枪击，也可能死于己方的误伤。

7月1日上午，亨利·赫思准将领导的南方部队撞上了沿钱伯斯堡公路驻守的布福德部，被迫部署阵地。虽然布福德的部队装备有后装卡宾枪，火力占优势，但他们还是在赫思部队的冲击下缓慢后退。到了上午10点左右，布福德疲惫的部队等到了约翰·雷诺兹少将领导的第1兵团的支援。雷诺兹的老兵与赫思和多尔西·潘德少将领导的邦联师激战。虽然雷诺兹在率领铁旅进入阵地时中弹身亡，铁旅伤亡惨重，但联邦部队在麦克弗森树林将南军击退，并

夺回东公墓山

7月2日，“路易斯安那老虎”占领了东公墓山上的联邦阵地。彼得·F. 罗瑟梅尔的《击退路易斯安那之虎》（1866年）展示了联邦部队冲上山岭，再次击退老虎旅的情景。

准备驻守城镇以西的山岭。

兵团对阵兵团

此时，有消息说，灰衣部队正从北方赶来。这是尤厄尔将军的第2兵团正在向联邦第1兵团的侧翼前进。在他们抵达之前，奥利弗·O. 霍华德领导的联邦第11兵团赶到了。这支部队从埃米茨堡急行军而来，虽然风尘仆仆，但立即进行了部署，支援第1兵团右翼。霍华德各旅部署得太靠前，而且把本已脆弱的防线拉得很长，很危险。当尤厄尔的各师抵达战场后，从西边来到前方的李将军抓住了机会。他命令尤厄尔和指挥第3兵团的A. P. 希尔将军展开大规模进攻。

四个邦联师从西边和北边呈半圆形进行包抄，将联邦第11兵团和第1兵团先后裹挟其中。到了下午晚些时候，两个兵团都沿着葛底斯堡的街道撤退，胜利的邦联人穷追不舍。蓝衣部队的存亡取决于公墓山高地，霍华德之前明智地在那里留下了预备部队。太阳开始西沉，这些部队准备迎接预料之中的邦联袭击。然而，这种袭击一直没有发生。李知道，其他联邦军队正在赶来的路上，现在是发动最后一击的时机。他转向尤厄尔，命令他“在可行的情况下”进攻高地。

尤厄尔知道部队已经筋疲力尽，而且对左侧出现联邦部队的消息感到担忧，认为进攻是不切实际的。战败的联邦第11和第1兵团逃到了公墓山，带着恐惧和伤情进行了重组。

联邦战鼓
鼓被用于战场通信。每个团都有几名鼓手，他们根据指挥官的命令击鼓，向士兵们发出信号。

“我想，从自然特征上说，这是我所见过的最强作战阵地。”

——温菲尔德·S. 汉考克中将，联邦陆军，1863年7月1日

第二天开始

波托马克军团指挥官乔治·G. 米德将军在午夜前赶到。他与第2兵团指挥官温菲尔德·S. 汉考克中将进行了商议，视察后认为阵地是安全的。到了7月2日早上，另外三个联邦兵团已在公墓山与友军会合。

李对前一天空洞的胜利感到失望，与将军们开会，考虑多种选择。他否定了詹姆斯·朗斯特里特中将提出的绕过敌军、在敌军和华盛顿之间重新部署的建议，决定从两面包围。朗斯特里特的第1兵团将用两个师和希尔兵团的第三个师进攻联邦南（左）翼。同时，尤厄尔佯攻公墓山和卡尔普山，欺骗敌人。

朗斯特里特两个师前进得很慢，指挥官拉斐特·麦克劳斯将军和约翰·贝尔·胡德将军因为前一夜的急行军而疲惫不堪。北军阵线末端小圆顶上的联邦通讯兵发现了他们最初的移动。为了选择一条新路线，朗斯特里特的步兵进行了折返行军，失去了宝贵的时间。当麦克劳斯和胡德下午4点左右开始冲锋时，丹尼尔·西克尔斯的联邦第3兵团已经前进到了埃米茨堡公路岭，挡住了他们的去路。如果西克尔斯没有出现在这里，李包抄米德左翼的计划完全有可能成功。

且战且退

一直到傍晚，朗斯特里特兵团还在进攻西克尔斯兵团。在皮奇奥查德、德弗尔登和惠特菲尔德，在第5和第6兵团各旅的支援下，西克尔斯的部队一边撤退一边反击，直到最终被迫放弃阵地。南端的战斗高潮发生在小圆顶，胡德手下又累又渴的亚拉巴马人和得克萨斯人进攻并且几乎俘虏了米德阵地的殿后部队。乔舒亚·L. 张伯伦上校及缅因第20团凭借在此山南坡的防御名声大振。此外，米德可能也会派出第6兵团主力夺回这座山。联邦人数和内部防线已经开始变化。

罗伯特·E. 李对7月2日发生的事情感到失望。当晚杰布·斯图尔特将军率领骑兵与邦联陆军会合时，只得到生硬的问候。他自豪地说

联邦将军（1815—1872）

乔治·戈登·米德

米德出生于西班牙，父母是美国人。他是职业陆军军官，曾做过工程师，参与过与塞米诺尔人的战斗和1846年至1848年的美墨战争。从南北战争一开始，他就在波托马克军团服役。他有“瞪大眼睛的老啮龟”的脾气和外表，有在葛底斯堡击败李的性格和战术能力，但由于没能在战事结束后追击李的撤退部队而受到批评。米德保住了波托马克军团指挥官的职位，直到战争结束，但在最后的战役中，他受到了联邦总指挥尤利西斯·S. 格兰特的严密监督。

邦联将军（1825—1875）

乔治·爱德华·皮克特

皮克特出生于弗吉尼亚，以班级最后一名的成绩毕业于西点军校，随后在西部边区服役，参加过美墨战争。作为邦联人，他曾在盖恩斯米尔作战，并在弗雷德里克斯堡担任师长。7月3日，他领导弗吉尼亚部队在葛底斯堡发起了重要的皮克特冲锋，尽管这项计划不是由他制订的。皮克特一直服役到战争结束，没有取得太多胜利。他用勇敢弥补战术知识的匮乏，受到下属和上级的喜爱。

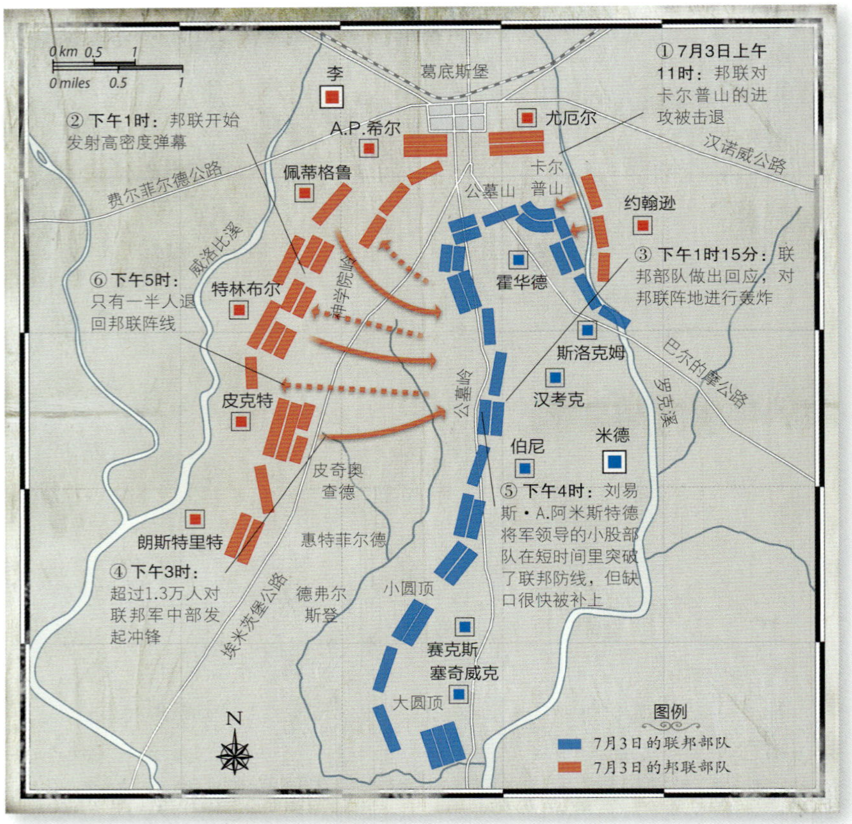

葛底斯堡的第三天
李决定在下午对联邦军中坚部队发动全面进攻，这决定了战斗结果。对公墓岭的进攻导致了邦联无法承受的伤亡。

» 他缴获了100辆联邦马车。“它们现在对我有什么用？”李回应道。

致命的错误

李在葛底斯堡战事第三天进攻联邦中坚部队的决定引发了长久的争论。他的判断可能受到了疲惫、腹泻和心脏病的影响。他觉得米德的防线已被前一天的侧翼增援削弱。他还相信他的军队可以完成他布置的所有任务。他决心拿下过去两天看上去近在眼前的决定性胜利。朗斯特里特仍然建议李停止交战，包抄联邦侧翼。李拒绝了。

与此同时，米德将军在7月2日午夜左右召开了作战会议。他听取了将军们的意见，决定留下来一决胜负。两军前两天都遭受了重大损失，但联邦陆军仍然占据高地。米德决定守住高地。

7月3日下午1时，神学院岭的150门邦联大炮发射了战争中最密集的弹幕。联邦大炮回击。两个小时里，炮弹爆炸的冲击波使大地都在颤动。炮声甚至传到遥远的匹兹堡。邦联军希望摧毁公墓岭的联邦阵地，但大部分邦联炮弹落在后方斜坡上，只影响了医院和预备炮队。接着，联邦的反击炮火突然停下来——炮手在冷却过热的大炮。朗斯特里特的炮兵首领认为他已经压制住了联邦炮兵。根据李的作战计划，他建议步兵开始进攻。

皮克特冲锋

当指挥弗吉尼亚生力师的乔治·皮克特将军请求前进时，朗斯特里特只能郁闷地点点头。A. P. 希尔兵团中由约翰斯顿·佩蒂格鲁将军和艾萨克·R. 特林布尔将军领导的两个人员不整的师也离开树林的保护，开始向1英里（1.6公里）外的联邦军中坚部队前进。南军战线伴着乐队的演奏和军旗的飘动向前移。面对这种近在眼前的大规模进攻，温菲尔德·S. 汉考克的联邦第2兵团产生了一种敬畏感。

160 000
两军在葛底斯堡部署的人数，邦联约为7万人，联邦约为9万人。包括牺牲者、伤兵和俘虏在内的减员人数约为5.1万人。

当敌人前进了大约三分之一的距离时，联邦炮兵发起猛攻，在灰军队伍中撕开了一些大口子。缺口被补上，邦联部队还在前进。当他们穿越埃米茨堡公路时，联邦步兵加入战

拿破仑榴弹炮
由法国设计的12磅（5.5千克）的1857式拿破仑榴弹炮的美制版本是战争中北方和南方使用最广泛的野战炮兵武器。

青铜滑膛炮
拿破仑炮的口径为4.62英寸（117毫米），可以发射实心弹、霰弹或带壳弹。

海绵

吊桶

刷子，用于在发射间隙清洁大炮

推弹器，用于将炸药和弹药塞进炮口

移动武器
木制车轮装有铁制轮圈，可提高耐用性。整体上，这种大炮相对较轻，只需要六匹马牵引，而不是通常的八匹马。

斗，发起了毁灭性的齐射。一些蓝衣军人呼喊着“弗雷德里克斯堡，弗雷德里克斯堡！”以纪念联邦去年12月刚刚遭遇的失败。现在，轮到他们获胜了。

影像记录
战斗结束后，摄影师来到葛底斯堡战场，记录了一些场景，比如死去的邦联神枪手。他的尸体被移动，摆放在德弗尔登的岩石中间。

撤退和战败

佩蒂格鲁和特林布尔下属大部分残缺部队在抵达公墓岭之前就解体了。少数部队与皮克特师的残余力量会合，大约200名南方士兵跳过石墙，将旗帜插在联邦阵地上，用枪杆和刺刀进行了白刃战。汉考克的几个团处于劣势，准备撤退，但增援部队及时赶到，支持了联邦战线，阻止了对方的突破。

皮克特手下的指挥官刘易斯·阿米斯特德准将把帽子挂在剑尖上，带领部下冲锋，不幸阵亡。几分钟前，他曾经的老朋友汉考克受了伤。跟随他的人不是死伤就是被俘。皮克特冲锋失败了。在硝烟中，幸存者艰难地回到神学院岭。李向一些人打招呼，哀叹道：“都是我的错。”

7月4日晚，北弗吉尼亚军团开始了漫长的撤退，目的地是弗吉尼亚州的安全地带。队伍在倾盆大雨中离去，向西迁回，穿过南山，抵达钱伯斯堡后转而向南，前往黑格斯敦和谢南多厄河谷，这也是他们出发时经过的地方。装满伤员的救护车在公路上排起了17英里（27公里）的长队。

米德的军队同样损失惨重。他的追击太谨慎了，这使林肯极为愤怒，因为林肯看到了在大守的波托马克河以北击溃李的又一次机会。

人力损失

联邦在葛底斯堡的伤亡稍多于2.3万人，这是联邦开战以来损失最大的一场战斗。邦联的损失估计在2.3万人到2.8万人之间。这种人力损失意味着李再也无法发动战略进攻了。有经验的军官的损失尤其令人惋惜。李试图摧毁波托马克军团的赌博反而削弱了邦联的力量。

之后

葛底斯堡之战结束后，邦联在战争中的命运几乎无法阻挡开始向下走。在1863年接下来的时间里，东部战区只发生了一些未分胜负的小规模战斗。

胜利和挫折

7月4日，在李开始从葛底斯堡撤退的同一天，维克斯堡的邦联部队投降了（见第190—195页）。联邦在西部战区的前景和东部的胜利不相上下。

在田纳西，联邦军队于1863年6月末发动进攻。布拉克斯顿·布拉格将军领导的邦联部队在9月初放弃了查塔努加，随后进行了反击，在奇克莫加获胜（见第210—213页）。之后，联邦军队在查塔努加遭到围攻（见第214—215页）。

格兰特被提拔

1863年10月17日，林肯将与领维克斯堡的英雄格兰特任命为西部战区总指挥（见第196—197页）。

葛底斯堡的救护车
波托马克军团救护队是双方第一个专门确保伤员被尽快撤出战场的医疗组织。

亲历者　1863年7月2日

小圆顶

葛底斯堡之战第二天，联邦防线从卡尔普山扩展到公墓山和公墓岭。小圆顶布满石块的山坡充当了联邦左翼阵地，缅因第20团是最后一道防线。面对邦联的反复进攻，这个缺少弹药、人员和精力的团举起了刺刀，开始拼命反击。

“当我们的130名官兵当场被击倒，只剩下178人，几乎组不成一条顽强的散兵线时，当每个人用完了带到战场上的60发子弹，幸存者在使用牺牲战友的子弹盒时，做决定的时候到了。我们是向后撤退，放弃整个葛底斯堡战场上至关重要的位置，还是向前冲锋，努力将敌人解决掉呢？张伯伦上校命令‘上刺刀’。几乎不等他说出‘冲锋’，整个团就向山下冲去，向敌人逼近，在每块岩石和每棵树后面寻找敌人。大多数敌人惊慌失措地放下武器投降了。

“一些人坚持战斗，直到死去。其他人‘像野牛群一样’逃跑了，就像奥兹上校本人说的那样。”

——H. S. 梅尔彻，缅因第20步兵团，
选自《南北战争中的战役和将领》，1888年

“我命令我的团向左绕过去，从岩架方向攻击联邦部队，对他们的阵线进行纵向射击……出现在敌人后方，将其赶下山。我的部队遵照命令，向敌人的阵地前进了大约一半距离。由于火力太猛，我的战线动摇了，就像一个人试图迎着强风走路一样，不得不缓慢而顽强地后退一点……我们将联邦部队赶出了坚固的防御阵地。他们五次集结，向我们冲锋。有两次，他们距离我们很近，我的一些士兵不得不使用刺刀，但他们的努力是徒劳的……缅因团冲向我的阵线，直接上来进行白刃战……没有比缅因第20团的士兵和勇猛的上校更难对付的战士了。这位上校的能力和坚持及其部队的巨大勇气保住了小圆顶，使波托马克军团远离了失败的命运。”

——邦联上校威廉·C. 奥兹，亚拉巴马第15步兵团，
选自《联邦和邦联之间的战争》，1905年

英勇的防御
小圆顶高650英尺（198米），在葛底斯堡之战中具有很大的战术意义。哈兹莱特的纽约炮队负责防守这座山，缅因第20团负责防守南坡。

快速晋升
朗斯特里特的照片，马修·布雷迪在战争期间拍摄。朗斯特里特在接受委任后四个月内从中校晋升为少将。李对他的信任无需明言，他亲切地称朗斯特里特为“我的老战马”。

邦联中将 生于1821年 逝于1904年

詹姆斯·朗斯特里特

> “我希望……看到我的……战友与联邦老兵并肩而行。”
>
> ——朗斯特里特在阵亡将士纪念日游行上的讲话，1902年

詹姆斯·朗斯特里特被罗伯特·E.李将军称为“老战马”，是南北战争中最出色的兵团指挥官之一。他在东部战区跟随李，在西部战区跟随布拉克斯顿·布拉格将军作战，在邦联的一些重大胜利中立功。

可爱的性格

1821年，詹姆斯·朗斯特里特出生在南卡罗来纳州埃奇菲尔德区一个棉农家庭。他生命里的前九年在父亲的种植园里度过。由于言行坚定与使徒彼得相似，他也被称作“皮特”。他的父亲于1833年去世，之后全家搬到了亚拉巴马。凭借其母亲在这个州的人脉，詹姆斯在1838年进入了西点军校。他在1842年靠毅力和好运勉强毕业（在56名学员中排在第54位）。虽然他学习成绩不佳，但他深受同学喜爱，包括乔治·皮克特，特别是后一年毕业的尤利西斯·S.格兰特。他首先被分配到密苏里州杰弗逊军营，在美国第4步兵团服役。这一时期，朗斯特里特向团长的女儿玛丽亚·路易莎·加兰求婚。两个人一起生活了40年，有10个孩子。

在1846年至1848年的美墨战争中，朗斯特里特两次获得名誉晋升。1847年，在查普特佩克，他在扛团旗时大腿中弹，将旗帜交给了乔治·皮克特中尉，后者将团旗插上了查普特佩克山山顶。美墨战争结束后，朗斯特里特在得克萨斯多个边境哨所服役，与更多人加深了友谊，这在南北战争中发挥了作用。

退出事件发生时，他对南方事业

奇袭查普特佩克
朗斯特里特参与的查普特佩克之战是美国在美墨战争中的获胜战役之一，以奇袭山顶城堡告终。图为根据詹姆斯·沃克的油画制作的石版画。

并不热心，却相信州权原则，认为自己不得不为亚拉巴马服务。此时，他的母亲仍然住在亚拉巴马，作为西点军校资深毕业生，他将获得很高的职位。1861年，他辞去了联邦职务。

有军事前途的人

朗斯特里特被召至邦联新首都里士满，并被授予邦联陆军中校军衔，负责指挥一个弗吉尼亚旅。他在1861年7月的第一次布尔溪之战中几乎没有参战，但在战斗结束后，他建议在敌人重新集结之前立即向华盛顿推进。这展示了他作为未来兵团指挥官的才能：作为作战级领导者，有着预测战术决策第二级和第三级效应的远见卓识。他在10月晋升为少将，负责指挥的师参与了1862年的半岛战役。

赢得李的信任

到了第二次布尔溪之战时，李将

奇克莫加战役
1863年9月18日，疲惫的朗斯特里特来到布拉克斯顿·布拉格位于佐治亚州奇克莫加溪的指挥部，接到准备次日战斗的命令。

军已经意识到“老皮特”是一个多么优秀的副手。当时，朗斯特里特负责指挥北弗吉尼亚军团的一半部队。不过，在进攻没有准备的约翰·波普将军和联邦弗吉尼亚军团时，朗斯特里特行动迟缓，使李感到失望。李曾于8月29日三次命令他前进。

当朗斯特里特终于在晚上6时30分发动进攻时，摧毁波普的最佳时机已经消失了。他在第二天对波普的左翼投入了手中所有兵力，弥补了过错。此次大规模进攻将波普击溃，自此朗斯特里特获得了这样的名声：善于发动缓慢而持续的进攻，这种进攻开始得很晚，但最终可以取得决定性胜利。这种描述可能会使朗斯特里特的一些人感到意外，因为他最擅长的是击退敌人考虑不周的进攻。1862年9月，他在安蒂特姆恰恰做到了这一点，利用地形保护了他的部队。在这一天结束时，他觉得如果有更多时间，就可以建造工事和炮兵“杀戮区”。在12月的弗雷德里克斯堡，他规划了炮兵和步兵的交叉火力区，部署了安全的阵地，使部队很容易躲在后面击退联邦的进攻。

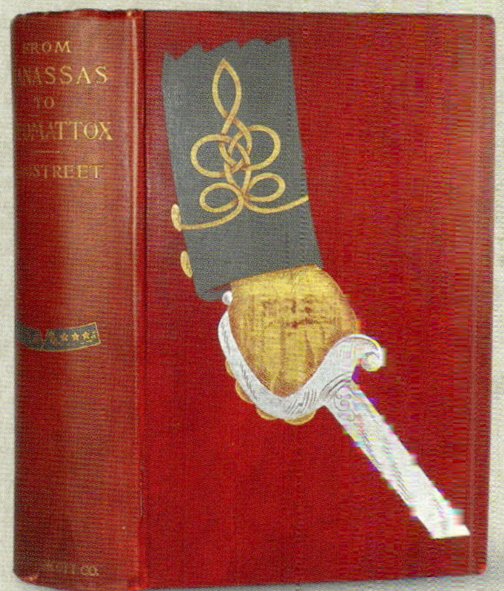

朗斯特里特的自传
在人生尽头，朗斯特里特写下了《从马纳萨斯到阿波马托克斯》。他在书中反驳了他对邦联在葛底斯堡战败负有重要责任的观点。

弗雷德里克斯堡之战结束后，朗斯特里特不断催促李开展“进攻–防御”战：向敌人发起进攻，然后在他们选择的位置进行战术防御。朗斯特里特指出，这样可以削弱联邦军队，使之产生厌战情绪，同时保存宝贵的南方人力。

错过的机会

正式指挥李手下第1兵团的朗斯特里特在执行分遣任务时错过了钱瑟勒斯维尔战役，当时他的两个师在弗吉尼亚州萨福克附近。虽然他收集了急需的物资，限制了联邦对弗吉尼亚南边的威胁，但他为错过的机会感到惋惜。他本可以派兵与李的军队或田纳西的布拉格会合。这两个地方的作战可能会对战争产生决定性影响。

在1863年7月的葛底斯堡，朗斯特里特很谨慎，推迟了7月2日和7月3日的进攻，这很可能是因为他认为李无理地拒绝了他提出的绕过联邦军队侧翼，在其与华盛顿之间重新部署的建议。他相信，对联邦军队中部的进攻一定会失败。此次进攻有时被称为朗斯特里特进攻，但更多时候被称为皮克特冲锋。

战争后期岁月

葛底斯堡之战结束后，朗斯特里特兵团的主力转移到了布拉格的田纳西军团。他率部队乘坐摇摇晃晃的火车走了775英里（1240公里），及时赶到了奇克莫加。他的侧翼从联邦战线的缺口冲了进去，取得了南方在西部战区的最大胜利。1863年11月，朗斯特里特独立领导部队参与了不幸的诺克斯维尔战役，此役对战争几乎没有影响，只是消耗了他的兵团，使一些下属反对他，并使布拉格在查塔努加失去了急需的部队。

1864年春，朗斯特里特率两个师返回北弗吉尼亚军团。在怀尔德尼斯之战中，朗斯特里特对联邦第2兵团发动了凶狠的反击。他用散兵战术弥补了人数劣势，几乎将敌人赶出了战场。朗斯特里特受了重伤，不得不在接下来的陆路战役中置身事外。他在10月回到了李的身边，参与了彼得斯堡围攻战，并且表现出色。1865年4月，他和李在阿波马托克斯投降。

战后，支持李的党派和新邦联人指责朗斯特里特在葛底斯堡的反抗和冷漠，认为这使南方失去了一场决定性的胜利。面对这些指责，朗斯特里特保持了沉默，直到出版《从马纳萨斯到阿波马托克斯》（1896年）一书。他在书中为自己的行为进行了有力的辩护，对备受尊重的李提出了批评。这种批评加上他与尤利西斯·S. 格兰特的长期友谊和转投共和党的行为使他在战争结束后长期被社会遗弃。在担任过各种公职后，他搬到了佐治亚州盖恩斯维尔，在那里遇到了第二任妻子，也在那里过世，被葬在当地的上维斯塔公墓。

> “在战斗中，当世界快分崩离析时，他仍像岩石一样坚定。”
>
> ——邦联参谋G. 莫克斯利·索雷尔评价朗斯特里特

时间线

- **1821年1月8日** 出生于南卡罗来纳州埃奇菲尔德区霍普韦尔，是棉花种植园主詹姆斯·朗斯特里特的第三子。
- **1842年** 毕业于西点军校，被分配到密苏里州杰弗逊军营第4步兵团。
- **1846年** 美墨战争爆发。6月担任连长。
- **1847年** 凭借在莫利诺德尔雷的表现晋升为名誉少校。在查普特佩克受伤。
- **1848年** 与玛丽亚·路易莎·加兰结婚。
- **1852年** 晋升为步兵上尉。
- **1859年** 被分配到新墨西哥领地任职。
- **1861年** 接受委任，成为联盟国临时陆军准将。在第一次布尔溪之战前，指挥部队在布莱克本浅滩作战（7月）。10月，晋升为少将。
- **1862年5—12月** 半岛战役期间在威廉斯堡参战，策划了邦联在第二次布尔溪之战中的胜利，在安蒂特姆指挥李军右翼。晋升为中将后，负责指挥第1兵团。在弗雷德里克斯堡的玛丽高地指挥防御。
- **1863年7—11月** 朗斯特里特在杰克逊死后成为李最喜爱的副手，与葛底斯堡灾难性的皮克特冲锋产生了宿命般的联系。在奇克莫加突破联邦防线。参与东田纳西战役，以对诺克斯维尔的失败围攻告终。
- **1864年5—10月** 返回弗吉尼亚，在怀尔德尼斯之战中指挥反击，受了重伤。在彼得斯堡围攻战期间康复，在詹姆斯河以北指挥第1兵团。
- **1865年4月9日** 与李和北弗吉尼亚军团在阿波马托克斯投降。
- **1868年** 加入共和党。
- **1875年** 在佐治亚州盖恩斯维尔购买帕克希尔农场，在此定居。
- **1880年** 被任命为驻奥斯曼土耳其公使。
- **1889年** 玛丽亚·路易莎·加兰·朗斯特里特去世。
- **1896年** 出版自传。
- **1897年** 在亚特兰大与34岁的海伦·多奇结婚。
- **1904年** 在83岁生日到来前两天于盖恩斯维尔过世。

葛底斯堡的朗斯特里特纪念雕像

皮克特冲锋，葛底斯堡

葛底斯堡之战第三天，乔治·皮克特的步兵针对联邦中坚部队发起的英勇而灾难性的冲锋决定了邦联的失败。近1.5万人在开阔地上前进，遭遇了无情的联邦炮兵和步兵火力，伤亡惨重。这幅著名的环形全景画描绘了此次冲锋，由法国画家保罗·菲利波托创作于1883年。

维克斯堡战役

截至1862年下半年，维克斯堡成了邦联在密西西比河上的最后一处重要堡垒。尤利西斯·S. 格兰特将军决心占领这座城市，但他首先需要缓慢而费力地将军队运送到阵地上。此战至关重要，将决定密西西比河的控制权由哪一方掌握。

在田纳西州孟菲斯整顿军队后，1862年秋，格兰特决定兵分两路，沿河而下，对邦联在密西西比河上的堡垒维克斯堡发动进攻。

维克斯堡港
汽艇使维克斯堡成了重要的贸易中心。作为控制密西西比河交通的邦联要塞，这座城市是联邦在西部战区的重要战略进攻目标。

威廉·特库姆塞·谢尔曼将军率领4万人沿密西西比河迅速南下。随后，格兰特自己沿陆路前进。然而，厄尔·范多恩和内森·贝德福德·福里斯特领导邦联骑兵发动的突袭严重破坏了格兰特的后勤和补给线，迫使联邦指挥官取消了前进计划。

谢尔曼一直没有收到计划有变的电报。约翰·C. 彭伯顿将军动员维克斯堡的邦联部队，正面迎战谢尔曼。12月29日，在奇克索长沼，谢尔曼指挥两万名士兵向陡峭的河岸发起进攻。联邦伤亡1800人，邦联只伤亡200人。格兰特没有再从北面发动进攻。他进行了一番思考。

城市北部和西部遍布沼泽和森林，还有一些长沼和溪流，可以使用的道路很少，不利于行军。维克斯堡本身由部署得当的重炮防守，可以摧毁任何沿河而下的联邦舰队。格兰特四次尝试挖掘运河，绕过城市向西，利用长沼将军队运送到南边，但倾盆大雨加剧了本已严重的后勤问题，使他以失败告终。接着，格兰特决定率部队沿河流西岸南下。戴维·波特的舰队将越过维克斯堡炮台，与下游部队会合，将其运送到城市以南的东岸。

这是一项大胆的计划，作为格兰特的左膀右臂，谢尔曼和詹姆斯·伯宰·麦克弗森有疑虑。他们建议格兰特到孟菲斯重新整顿。但格兰特知道，联邦和林肯都需要一场军事胜利。机不可失，时不再来——于是，他们在3月31日开始长途行军。

初步行动

1863年4月16日夜，波特的炮艇勇敢地冲过了维克斯堡。一艘运兵船被击沉。敌人共有68发炮弹击中了舰队，但湍急的河流和行动的突然性对波特有利。几天后的一个夜晚，波特舰队中大多数舰艇通过了维克斯堡。

> 为了进攻维克斯堡，格兰特在基地和哈德泰姆斯过河点之间修建了70英里（113公里）的木排路（用树干横铺成的道路）。

与此同时，格兰特率军由陆路抵达哈德泰姆斯的过河点，做好了过河准备。

理论上，彭伯顿仍然有可能争夺过河点，所以格兰特派出了一支干扰部队。他派本杰明·格里尔森准将领导一个联邦骑兵旅向南进发，深入密西西比州，摧毁给维克斯堡输送补给的铁路，迷惑彭伯顿，打乱邦联人的

格兰特前往维克斯堡的路线
维克斯堡战役并不简单。格兰特需要率部穿过密西西比河以西的沼泽地，然后击退城市以东的邦联部队，以便挖掘战壕，进行长期围攻。

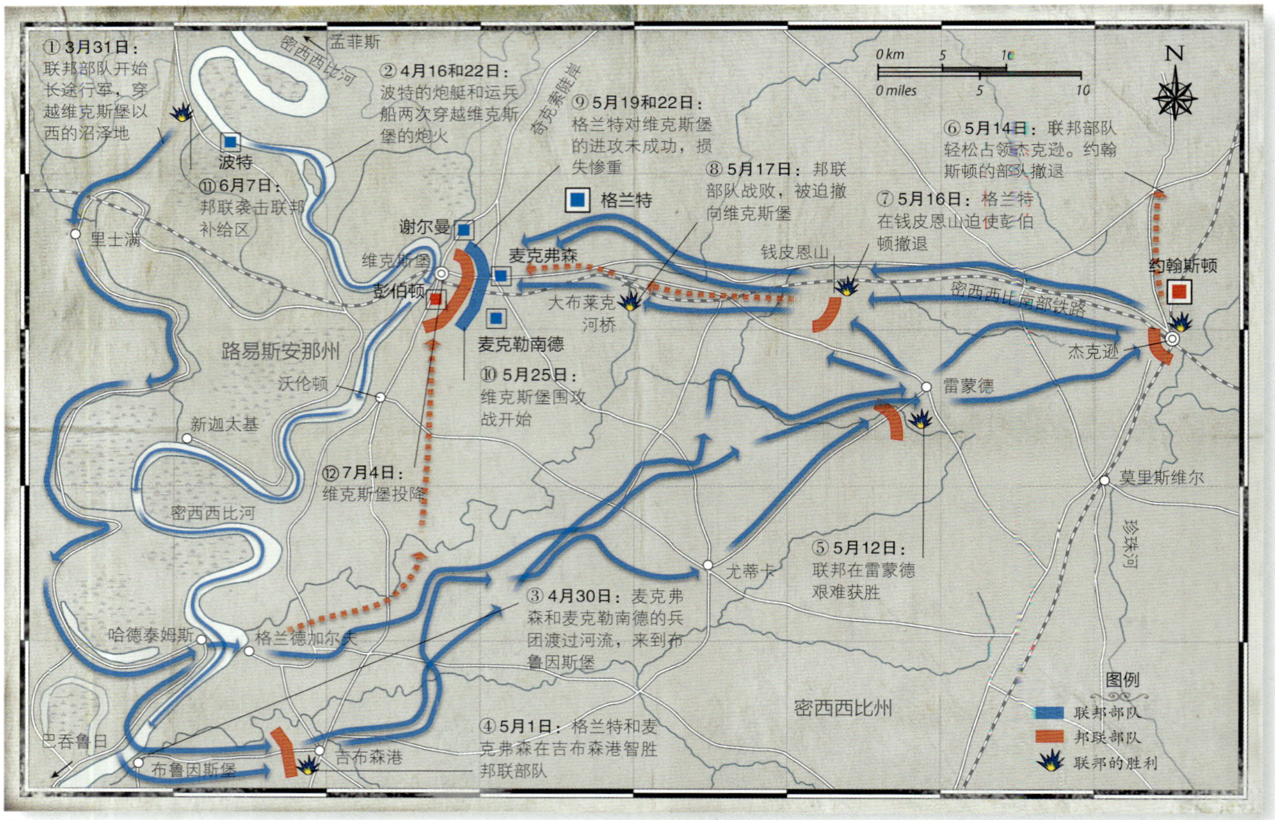

之前

1862年，联邦军队在田纳西陆地上和联邦河流舰队在密西西比河上取得的一系列胜利清除了邦联在这条河流上的大多数阵地。

南北战事

对新奥尔良的占领（见第96—97页）为南方来的联邦战舰打开了密西西比河通道。联邦河流部队在俄亥俄的战斗中也占了上风，并通过密西西比河从密苏里向南进军。1862年6月，他们在孟菲斯附近击败南方舰艇，随后抵达维克斯堡以北的亚祖河。在那里，他们与法拉格特从新奥尔良打过来的部分部队会合（见第100—101页）。

格兰特的最初胜利

1862年春，格兰特将军在田纳西北部发起亨利和多纳尔森战役并获胜（见第104—105页）。接着，他在夏洛差一点被击败（见第106—107页）。到了1862年秋，更多胜利确保了联邦对于孟菲斯和科林斯的占领。

驶过维克斯堡

4月16日至17日夜，海军上将波特率领12艘联邦炮艇和运兵船向南驶过维克斯堡，将补给运送到格兰特计划过河的位置。联邦只损失了一艘舰艇。

阵脚。袭击者向南骑行，前往杰克逊东部，最终向西行，在路易斯安那州巴吞鲁日与联邦部队会合。这项计策发挥了作用。

当格兰特将部队运送到河流的密西西比州一侧时，彭伯顿派大部分骑兵和整整一个师对行动可疑的格里尔森进行了徒劳的追踪。谢尔曼兵团也为此次行动提供掩护，做出再次向奇克索陡岸进军的姿态。格兰特的部队在脱离补给线的情况下在内陆迅速移动，以敌方土地上的产出为食。5月1日，他在吉布森港击败了一支小型邦联守军，然后转向东北，朝州府杰克逊前进。

邦联的混乱

在几天时间里，格兰特的大胆行动击碎了彭伯顿的信心。名义上的战区指挥官约瑟夫·E. 约翰斯顿同样感到吃惊。两个人都认为约翰斯顿可以用几个月的时间组建一支军队。加上彭伯顿的3.5万人，他们可以在人数相当的情况下选择时间和地点攻击敌人。格兰特剥夺了这个机会，对他们各个击破。彭伯顿认为他可能是第一个目标，因为对格兰特来说朝正北沿河而上更简单，这样他的侧翼会受到波特舰队的保护。然而格兰特却向东移动，远离了维克斯堡。

约翰·C. 彭伯顿将军

彭伯顿是北方人，于1861年选择为南方而战——他相信州权，他的妻子也来自弗吉尼亚。维克斯堡的失败防御是他在战争中仅有的重要表现。

联邦的胜利

里士满的战争部最终命令约翰斯顿将扩充中的部队集中到杰克逊，但谢尔曼和麦克弗森迅速移动的兵团抢先抵达该城市。联邦士兵于5月14日击败了驻扎在城市外围战壕里的大约6000名灰衣士兵，开始焚烧铁路站、工厂和兵工厂。附近的民宅也起了火。看着杰克逊冒烟的废墟，联邦士兵嘲讽其为“烟囱小镇”。这种对敌方基础设施和平民财产的摧毁为联邦未来在西部战区的行动开创了先例。

顽强的约翰斯顿催促彭伯顿迅速移动，与他剩余的6000人会合。5月16日，格兰特在杰克逊和维克斯堡之间的钱皮恩山猛攻彭伯顿的部队。邦联人占据了高地，但麦克弗森兵团对其左翼发起了持续进攻，使防御者动摇。彭伯顿的战术领导使局面变得更加糟糕。到了这一天结束时，邦联人已经开始全面撤退。这是格兰特军辉煌的战术胜利。

»

联邦海军上将（1813—1891）

戴维·狄克逊·波特

波特出生在一个优秀的海军家庭，从1829年起为美国海军服役。在南北战争中，作为法拉格特的下属，他最初完成的著名任务是帮助法拉格特计划和实施了对新奥尔良的占领以及随后的密西西比河行动。他在这些行动中的成就使他于1862年10月成为密西西比河流中队指挥官。在这个职位上，他对格兰特占领维克斯堡的行动做出了重要贡献。他后来领导联邦海军部队进行了1864年的雷德河远征，在陆地战役失败后成功组织了撤退。最后，在1865年，他成功领导了对北卡罗来纳州费希尔堡的袭击。

大布莱克河是从东部进入维克斯堡之前的最后一道天然屏障。如果格兰特的军队突破这道障碍，那么能够阻止他取得胜利的将只有城市周围强大的邦联战壕。

5月17日，急于证明自身勇气的约翰·A. 麦克勒南德兵团向坚固的邦联阵地发起了进攻。这也是抵达维克斯堡战壕之前的最后一道防线。进攻险遭失败，但约翰·C. 彭伯顿留下了一座本应烧掉的桥梁。邦联人被击溃，又损失了1750人。大布莱克河之战结束后，邦联军队只能撤回维克斯堡。当彭伯顿的士兵们垂头丧气地列队进入阵地时，这座南方要塞的平民对他们的状态感到震惊。一位目击者将其总结为“垂死挣扎的人性”。

围攻开始

格兰特察觉到敌人士气低落，于5月19日立即下令发动大规模进攻。联邦士兵充满信心地冲锋，但迎接他们的是防守严密的邦联军的枪林弹雨。惊异失措的格兰特于5月22日再次尝试进攻，在步兵冲锋之前进行了大规模炮兵轰炸。结果，由于麦克勒南德兵团最初占领的立足点没有得到利用，联邦遭受了更加严重的伤亡。彭伯顿的军队士气高涨，但他没能在联邦完成合围之前抓住机会撤出城市。

虽然这些失败令人沮丧，但是格兰特意识到，如果手下人没有试过直接进攻维克斯堡，他们可能不会接受随后的苦差。他指挥蓝衣军队驻扎下来，进行了五个星期的围攻。此时，他的军队已经壮大，超过7万人。对于被困在维克斯堡防御工事内的邦联人来说，持续的炮兵弹幕

“吹哨迪克”

在维克斯堡防御中，这种18磅（8千克）的大炮由于不同寻常的噪声而获得了“吹哨迪克”的绰号。炮筒方向可以调整，以便从维克斯堡的河岸上向下方河流中的目标开火。

围攻维克斯堡

联邦部队在坚不可摧的维克斯堡周围部署了围攻战线。超过200门联邦大炮每天炮击城市。波特的炮艇也不断从河上发射弹幕，直到居民无法忍受为止。

使他们神经紧张，食物的匮乏也在考验他们的身体承受力。

在温暖的6月，随着时间一周周地流逝，彭伯顿士兵的口粮缩减成了半份，随后缩减成了四分之一。被剥皮的老鼠和骡肉成了食物。平民放弃了住宅，在山坡上挖洞避难。

面对这些艰苦条件，维克斯堡的居民仍然无所畏惧。他们相信，约瑟夫·E. 约翰斯顿的援军很快就会从后方攻击格兰特，打破包围。“他随时可能到来，”维克斯堡报纸编辑写道，这些话被打印在旧墙纸的背面，“再坚持几天，我军就会打通路线，敌人会被赶走，包围会被解除。”约翰斯顿的军队就在城东，却被谢尔曼的七个联邦师阻挡。虽然几周时间里军队人数增

联邦掩体
联邦部队在维克斯堡使用了围攻战术，在南军战线下方建造战壕、掩体和隧道。此处，我们可以看到城镇东北部的“白宫”附近洛根所率联邦师的士兵。

长到了3万，但许多人是没有经验的士兵或未经考验的新兵。更糟糕的是，他们的指挥官不敢冒然进攻人数占优的扬基佬。

邦联人试图反击

6月末，来自愤怒的杰弗逊·戴维斯的巨大压力使约翰斯顿勉强用三个师对谢尔曼进行了试探，但是没有结果。6月初，理查德·泰勒将军曾指挥路易斯安那的邦联部队试过更加严肃的进攻。然而泰勒的兵力还不如约翰斯顿，他在维克斯堡北边的联邦补给站米利肯本德被彻底打败。

米利肯本德的守军包括刚刚接受训练的黑人团，他们与进攻者拼死搏斗。愤怒的邦联士兵一边呼喊“绝不手软”一边向前冲，成功俘虏了几十个敌人（一些人被卖为奴隶），随后被击退。

> “直到战争结束，格兰特是我的人，我也是他的人。”
>
> ——亚伯拉罕·林肯，维克斯堡陷落后

雪上加霜

在维克斯堡内部，当守军逐渐意识到约翰斯顿和泰勒不会来解救他们时，5月高涨的士气和体力一起消失了。格兰特向华盛顿发电报说：‘维克斯堡的陷落和大部分守军的被俘只是时间问题。”彭伯顿的士兵日益虚弱。到了6月末，接近半数士兵出现在病号名单上。

在和将军们商议后，邦联指挥官证实了突围一定会失败的猜测。不过，虽然机会渺茫，但他仍然决定坚持到底。他相信，战壕外会发生某件事情，把格兰特引开，或者迫使他解除包围。6月28日，彭伯顿收到了由一群士兵签名的信，称“如果你不能为我们提供食物，那么你最好让我们投降，尽管这种想法很可怕……”他知道，战斗结束了。信中威胁说，如果他不与格兰特将军见面，讨论投降事宜，部队就会发生兵变和解散。

7月3日，就在葛底斯堡的皮克特冲锋被击退的同一天，出生于宾夕法尼亚的南方将军约翰·C. 彭伯顿与前伊利诺伊皮匠尤利西斯·S. 格兰特见面，同意率部投降。格兰特希望制定与之前一样的“无条件投降”条款，但他很快意识到，向北押送3万战俘是该地区联邦后勤能力所无法承受的。因此，他有条件释放了彭伯顿麾下所有人，并且做好了和其中一些人再次战斗的准备。的确，超过一半的维克斯堡被俘守军违背了诺言，一些人在1863年晚些时候再次加入了邦联军队。

联邦欢庆胜利

1863年7月4日，联邦部队进城。一个士兵写道：“这是我所度过的最光荣的国庆日。”格兰特的获胜部队发自内心地感到自豪，同时对昔日的对手表现出了同情和克制，同饥饿的士兵和平民分享食物。一个观察联邦获胜部队的妇女发现这些人“身强体壮，营养充足”，她将他们与之前消瘦的城市守军进行了对比，认为与联邦军队对抗是盲目的。

围攻战的难民
在联邦河流炮艇的持续轰炸下，维克斯堡的许多平民放弃了住宅，在山坡上挖掘的洞穴里躲藏起来。有几名维克斯堡平民死于敌方行动。

邦联的损失，联邦的收获

在里士满，杰弗逊·戴维斯将损失主要归咎于彭伯顿，其次归咎于约翰斯顿。在华盛顿，亚伯拉罕·林肯满怀感激地说道：“父亲河（密西西比河）再次平静地流向大海。”

维克斯堡的陷落不可逆转地将邦联一分为二，截断了跨密西西比河地区的家畜、金属和粮食几乎无法运往河流以东的反叛州。格兰特缴获了邦联再也无法补充的宝贵的重炮，近3万人的投降对于缺少人手的南方来说是一个沉重打击。最重要的是，联邦部队现在可以集中精力和不断增长的兵力，对付最东边的邦联残余要塞。

之后

维克斯堡的陷落和同一时间葛底斯堡的战败几乎确定了南方的失败结局。不过，在1863年接下来的时间里，联邦并没有不断取得胜利。

畅通无阻

邦联在密西西比河上最后的哨所哈得孙港于7月9日陷落。此后，没有武装的联邦船只也可以从圣路易斯驶向大海了。

约翰斯顿开溜

约翰斯顿想引诱联邦部队正面进攻他在杰克逊部署的阵地。谢尔曼却开始包围约翰斯顿的军队。7月16日，约翰斯顿巧妙撤退，逃离了战场。

奇克莫加和查塔努加

接着，联邦部队开始进攻田纳西东部。他们占领了查塔努加，却于1863年9月在奇克莫加战败，随后遭到围攻（见第210—213页）。直到格兰特被任命为指挥官，他们才得救。

对邦联的同情经久不衰

维克斯堡的陷落是一种极大的耻辱。直到20世纪30年代，这里的市民才开始正式庆祝7月4日的国庆日。

29 495
在维克斯堡投降的邦联人数。双方在战役中各丢失了大约1万人，包括死者和伤者。

亲历者　1863年7月4日

维克斯堡投降

在对维克斯堡的两次进攻失败后，格兰特将军通过围攻战迫使这座城市投降。从5月25日起，居民遭受了来自城市周围联邦阵地和密西西比河炮艇的持续轰炸。由于补给被切断，口粮减少，守军被饥饿威胁。7月4日，邦联指挥官约翰·彭伯顿投降。

“挖掘工作每天都在取得进展。终于，我们挖到了可以直接将呼啸的炮弹送到城市中心的位置。城镇被恐怖笼罩，居民在地下挖掘洞穴，以躲避日夜降落在他们中间的炮弹。这种程度的持续炮击也许是前所未有的。战线前方和后方都不安全，城市每个角落都在联邦大炮射程范围内……在六周时间里，我们的炮队从未停止向这座倒霉的城市发射炮弹。食物变得稀缺，居民在狭窄的洞穴里变得羸弱而消瘦。最终，他们不再指望约翰斯顿解除包围，并且认为格兰特即将再次发动进攻，因此在A. J. 史密斯将军的师部前面挂起了白旗。”

——选自约翰·A. 贝林少校和托马斯·蒙哥马利上尉1880年出版的《俄亥俄第48老志愿步兵团史》

“我们眼前的景象多么令人悲伤啊：武器堆放在街道中间，人们眼含泪水，带着沮丧的表情走来走去；一些人三五成群地坐着，他们宁愿在战场上抛头颅洒热血，也不愿意交出对他们如此宝贵的枪支和军刀！……看上去很凄凉，一些人没有鞋子，一些人穿着破烂的衣服，但他们都可以继续战斗。

“当这种阴郁弥漫在邦联部队之中时，只要瞥一眼城市北边和东边的山峦，你就会看到正在向城市走来的强大敌人，他们佩带着闪亮的刺刀和马刀。”

——维克斯堡居民露西·麦克雷，选自她在投降日那天的日记，1863年7月4日

联邦战舰的到来
投降日那天，密西西比河沿岸的邦联炮台没了动静，海军上将戴维·狄克逊·波特的舰队驶进维克斯堡。旗帜飘扬的汽船受到了码头边一群兴高采烈的奴隶的欢迎。

联邦总司令 生于1822年 逝于1885年

尤利西斯·S. 格兰特

“我从不提倡战争，只是将它作为和平的手段。”

——选自尤利西斯·S. 格兰特的《个人回忆录》，1886年

在南北战争中的很长一段时间里，尤利西斯·S. 格兰特都是联邦陆军的顶级指挥官，领导联邦陆军在美国历史上最激烈的战争中取得了胜利。战后，他在1868年成为美国第18任总统，但他的政府一直被关于腐败、丑闻和不当行为的报道缠绕。

卑微的出身

1822年4月27日，海勒姆·尤利西斯·格兰特出生于俄亥俄州波因特普莱森特一座只有两个房间的小木屋里。这位未来的将军自小在父亲的农场里工作——不过，他此时已经有了更远大的抱负。在西点军校，他的名字被错误地写成了尤利西斯·辛普森·格兰特。后来，他一直保留着错误的中间名的首字母。他在马术方面表现出色，但他的学习成绩不是拔尖的，而且没有表现出优秀的军事头脑。最终，他在39人的班级中以第21名的成绩毕业。格兰特与教员的关系在他的早期军事经历中得到体现：没有很好地服从命令，常常与上级发生冲突。他还喜欢在感到“抑郁和沮丧”时过量饮酒。

“不公正”的战争

格兰特直言不讳地批评了美墨战争。他觉得美墨战争是不公正的，公开宣布“极其反对”这场战争。尽管如此，在查普特佩克之战中，他表现出了不凡的勇气和智谋，带着榴弹炮爬到了教堂钟塔上面，对下方敌人的一个营发动了毁灭性轰炸，使其投降。

格兰特在1848年与西点军校同学的妹妹朱莉娅·登特结婚。美墨战争结束后，他被派往加利福尼亚，因无法忍受孤单而在1854年辞职，回到东部和家人团聚。他做了许多生意，但是都没有起色。南北战争爆发时，格兰特是自家在伊利诺伊的皮革店的职员。他立即重新入伍，但是无法再次加入美国陆军，而是被任命为伊利诺伊第21步兵志愿团的指挥官。

凭借之前的军事经验，他很快晋升为准将，以田纳西为基地，领导部队在贝尔蒙特取得了早期胜利，随后占领了多纳尔森堡和亨利堡，并且要求对手无条件投降。当时，其他联邦将军正在遭受惨重的失败。格兰特的

在查普特佩克

图勒·德·图尔斯特鲁普的木版画展现了格兰特中尉在墨西哥城外争夺拉维罗妮卡和圣科斯梅堤道时从圣科斯梅钟塔向墨西哥守军发射炮弹的一幕。

顽强的斗士

联邦1864年6月在科尔德哈伯战败后，格兰特在指挥部外面拍摄了这张照片。凭借攻击性、坚决性、压力下的冷静和明确的目的性，他最终实现了“控制李的军队”这一目标。

马背上的格兰特
在这幅发表于1864年的石版画上，具有骑手天赋的格兰特正在率领部下奔赴战场。1864年，他成了联邦军队总司令，成了53.3万人的首领。

胜利使他晋升为少将。

1862年4月6日，格兰特的部队驻扎在田纳西河沿岸的夏洛，邦联部队发动了奇袭。第一天结束时，格兰特接近战败。他在第二天发动了反击。面对南军的猛烈进攻，靠他的坚决和人数优势，北军占了上风。在这场血腥对抗中，他的部队承受了灾难性损失。因此，一些人要求将格兰特撤职。但林肯总统做出了著名的回应："我不能放弃这个人——他会打仗。"

格兰特的下一个重要目标是密西西比州的维克斯堡。经过出色的战斗，他在1863年7月占领了这座邦联要塞，使联邦获得了在密西西比河上通航的自由，并在事实上将邦联一分为二。随后，他在田纳西的胜利证明了他作为指挥官的能力，巩固了他作为国家英雄的地位，尤其是同年晚些时候在查塔努加击败布拉克斯顿·布拉格的那次胜利。林肯将他召到华盛顿。1864年3月9日，格兰特被任命为联邦军队总司令。他还晋升为陆军中将，此前只有乔治·华盛顿拥有过这一头衔。

连击战术

最后，格兰特指挥联邦部队集中兵力，击败了邦联。对抗邦联陆军的策略很简单。他知道北方拥有更多的工业资源、人力和资金，并愿意为了获胜运用这些资源。"尽可能打击敌人""耗光他们的精力"，他说。

格兰特让谢尔曼负责西部，自己领导波托马克军团在主战场弗吉尼亚持续发动攻势。在陆路战役期间，他逐渐拖垮了罗伯特·E.李将军的部队。随后是彼得斯堡围攻战和里士满的陷落，这导致了1865年4月9日李在阿波马托克斯县城的投降。格兰特慷慨地允许邦联军官和士兵返回家乡。

从战士到政治家

邦联正式投降后，格兰特反对安德鲁·约翰逊总统对于南方的宽容立场。格兰特认为，他们应该像对待被征服国家一样对待南方，这使他得到了更加激进的北方民众的支持。格兰特在1868年赢得总统选举（并在1872年连任）。不过，他并不总是像人们期待的那样以政治家的方式行事。他接受私人礼物（没有意识到这是不恰当的），让朋友在内阁任职（他认为这是忠诚的表现），并且制定坦率的——但是最终导致灾难的——政策，使国家陷入萧条。格兰特政府的丑闻之一是"威士忌集团"，腐败官员盗窃了联邦政府超过300万美元税收。人们相信格兰特本人没有参与任何丑闻，但他的名声受到了影响。

格兰特卸任后，不良投资、诈骗和管理失误使他破产。为偿还债务，他写了回忆录。在格兰特1885年7月23日去世后，他的回忆录由马克·吐温出版，为格兰特的家庭带来了超过50万美元收入。

虽然格兰特在战争期间和担任总统期间引起过争议，但在今天，凭着在战争中的成就、忠诚和决心，他被看作一位伟大的美国人。每天都会有许多人参观纽约市曼哈顿上西区的格兰特墓，纪念他的功绩。

格兰特的双筒望远镜
这副已经褪色和磨损的双筒望远镜曾被格兰特用来跟踪部队在战场上的动向。

> "战争结束了——反叛者又成了我们的同胞。"
>
> ——在阿波马托克斯县城，格兰特在李投降后的发言，1865年4月9日

时间表

1843年的尤利西斯·S.格兰特

- 1822年4月27日 出生于俄亥俄州波因特普莱森特，父亲是皮匠和商人。
- 1839—1843年 在西点军校学习，在39人的班级中排名第21。他被分配到步兵部队。
- 1846—1847年 美墨战争期间，他在蒙特雷的炮火中和对查普特佩克的进攻中表现出了勇敢和主动性。
- 1848年 与西点军校朋友的妹妹朱莉娅·登特结婚。他们有四个孩子。
- 1854年4月 在加利福尼亚以上尉军衔服役时辞职，离开美国陆军。
- 1861年4月 南北战争爆发时，招募了一个志愿连，之后晋升为上校，随后晋升为准将。
- 1862年2月 攻打田纳西的亨利堡和多纳尔森堡并获胜，俘虏超过1.2万邦联士兵，从而晋升为少将。
- 1862年4月6—7日 在夏洛几乎被击溃，但还是挽回了局面。巨大的伤亡使他名誉受损。
- 1863年5—7月 在维克斯堡围困3万邦联士兵，在六个星期的围攻后迫使其投降。
- 1863年10—11月 在查塔努加接手被围攻的坎伯兰军团，在传教士岭取得著名的胜利（11月25日）。
- 1864年3月 格兰特晋升为联邦所有军队的总司令，获中将军衔。来到东部战区，领导部队对抗邦联主力——李的北弗吉尼亚军团。
- 1864年5—6月 在陆路战役中，领导联邦部队深入弗吉尼亚，在怀尔德尼斯、斯波齐尔韦尼亚和冷港与李交战。
- 1864年6月—1865年3月 在弗吉尼亚州彼得斯堡和里士满周围展开堑壕战，消耗邦联军防御。
- 1865年4月9日 在阿波马托克斯县城接受李将军投降，在事实上结束了战争。投降条款允许邦联士兵和军官返回家乡。
- 1869—1877年 担任两届总统。
- 1885年7月23日 患喉癌，在纽约州麦格雷戈山病故。

之前

战前的党派之争延续到战争期间，尤其是在北方。和民主党人相比，共和党人支持林肯政府战争措施的可能性更大。

政党路线

两个政党内部又进一步分成不同派系，伴随着战局对政治抱负的鼓舞和打击而此消彼长。北方民主党人分成了主战派和主和派。主战派民主党人通常支持对邦联的战争。主和派民主党人也被称为“铜头蛇”，他们坚决抵制共和党的战争措施，甚至被称为叛徒。共和党人有激进派和温和派之分。在如何对南方占领区进行更好的重建、如何对待获释奴隶、如何对待战俘方面，常常存在分歧。因此，战前的派系关系决定了大后方对战争的支持情况，尤其是在地方层面。

大后方

南北战争有两个战场：前线和大后方。虽然远离战斗的平民没有直接处于危险之中，但是战争对他们产生了深远的影响。反过来，通过提供或坚持政治、社会和经济支持，平民又影响着战争进程。

在南方，战争的要求加剧了战前的阶级差异。在亚拉巴马内陆和弗吉尼亚西部等白人阶层分化最为明显的邦联区域，对战争支持程度的差异也是最大的。最初，几乎所有阶级都对为独立而抗争充满热情。随着联邦陆军深入南方、邦联的战争条件变得更加苛刻，战前的阶级界线对南方的团结产生了影响。征兵和实物税——以商品、粮食的形式交税，甚至强制奴隶在邦联军中服役——对中下阶层的打击最大。对此，自耕农和贫困农民大声疾呼，称之为“富人通过穷人进行的战争”。

北方经济增长

财政部长萨蒙·P. 蔡斯及华尔街大亨杰伊·库克制定的合理财政政策，使最初面临危险的联邦经济出现了稳定的繁荣。1862年，财政部没钱了，需要迅速找到解决方案。蔡斯聘请库克推行联邦战争债券，受到了投资者的抢购。接着，他们引入了“绿背钞”（联邦发行的、由黄金支持的纸币），缓解了北方经济面临的压力。作为联邦传统收入来源，进口关税不断带来收益，美国历史上首项分级式全国个人所得税也是如此。

在金融专业人士的监督下，这些财政措施不仅确保了战争的资金支持，而且促成美国经济在19世纪接下来的时间里蒸蒸日上。总体而言，战争使北方经济的所有领域都在增长——包括农业、采矿业、交通运输网络、服务部门以及制造业。

战争债券 由政府发行的债券（证券），用于资助战争。政府鼓励公众购买战争债券，以示支持。

告别家乡和家人
联邦波托马克军团随军画家威廉·T. 特拉维斯绘制了这幅迷人的油画。一位军官在屋外与家人告别，准备为北方战斗。

五美元
邦联钞票常常印制精美，但通货膨胀不断侵蚀其票面价值。这张钞票右下角展示了出生于德国的财政部长克里斯托弗·梅明杰的形象。

南方通货膨胀

邦联的情况则完全不同。这个“国家”是从头开始建立的，因此没有初期贷方余额，资助战争的黄金储备也很少。在1861年3月，财政部长克里斯托弗·梅明杰请求邦联国会授权印制一百万美元纸钞。除了人民对于政府的信心，这些钞票并无其他支撑，几乎立即开始贬值。1861年下半年，一邦联美元的价值相当于最初的80美分，到了1865年只相当于1.5美分。整个战争期间，反叛方的货币一直在贬值，并且抑制了私人和公共贸易发展、税收以及债务的偿还。

为对抗通货膨胀，梅明杰考虑像蔡斯那样销售债券，但他缺少金融家的帮助，愿意冒险购买债券的投资者要少得多。邦联印制了更多纸钞，并对存在抵制情绪的人民强行征税。不过，邦联只有7%的收入是通过这种途径获得的。政府的大部分收入来自1863年3月开始强行征收的备受憎恨的实物税。在南方的许多地区，经济演变成了欧洲中世纪式的实物交易，官员和市民就构成税收的物品争论不休。

志愿援助协会

在炮击萨姆特堡之后不到几个月的时间里，联邦和邦联成立了近两万家地方援助协会。在战争的破坏下，许多协会衰败并消失了，尤其是在南方，但数千家协会仍在坚持。这些协会和国家级援助组织为战场上的士兵提供手工制作的服装、果酱和蜜饯、书写用具、报纸、《圣经》和书籍。

这些组织大多数由士兵的妻子和女儿在当地经营，目标是为战士们提供身体和精神上的安慰。他们常常通过展销会和义卖筹集资金，购买物品并寄给战士们。这些慈善活动是北方和南方社区生活中的亮点。在比较大的城市，数千人前去购买协会成员自制的商品。抽彩、慈善舞会和音乐表演也是筹集资金的常见途径。这些活动充满了爱国情怀、祝愿和宗教热情，人们始终把战争放在心上。尤其是在北方，战争造成的有形的影响很小，只有已参军男性的缺席表明生活发生了改变。

> “我出售家里的鸡蛋和黄油，一个月卖了200美元。听上去不错吧……但这是什么货币呢？是邦联货币。哎呀！”
>
> ——玛丽·切斯纳特，《迪克西的日记》，1864年5月19日

弹药工人
在《哈珀斯周报》的版画上，马萨诸塞州沃特顿兵工厂的工人正在填装子弹，其中包括许多女性工人。绘制者是年轻的温斯洛·霍默，后来以风景画著称。

打补丁
随着联邦封锁的加强，产出世界上大部分原棉的南方出现了产品短缺。人们需要不断给服装打补丁，比如这件连衣裙。

之后

在美国女性追求平等的运动中，南北战争是最重要的事件之一。当男人奔赴前线时，妇女在工厂、农田和商店里接替了他们的位置。

女性角色的丰富

在北方和南方，女性在女士援助协会的活动和在国家级组织里作为护士的工作使她们被公认为战争的重要贡献者。在这个过程中，她们扩大了人们所认为的“体面的”女性工作的范围。

没有遭到进攻和占领的北方地区的女性在战争中获益最大，在战后几十年里重新点燃了女权运动之火。南方女性往往受到财产损失和家人去世的冲击，不太容易在社会中获益，但她们在贫困面前变得坚定起来。弗吉尼亚州沃伦顿的一名女性写道：“在所有痛苦的考验中，我们仍然忠于南方——有时，我们会受到怜悯。”尽管如此，她们在丈夫离家时经营农场和种植园的经历，以及战争亲历者的身份仍然促进了旧南方性别障碍的瓦解。

厌战的人民

南北战争是“两个民主共和国”之间的民众之战。这意味着对于双方的作战来说，公众的情绪和军队的胜负一样重要。当漫长的血腥战争持续到第三年时，厌战情绪产生了严重的负面影响。

征兵是使南北战争成为人民战争的重要因素，但这并没有减轻双方对征兵的憎恨。在南方，人们对于征兵的愤怒日益增长。此外，将拥有至少20个奴隶的主人和监工排除在外的备受憎恨的“二十黑人法律”使事情变得更加复杂。大奴隶主可以选择不服兵役的权利激怒了许多贫困白人，他们开始质疑自己是富人及其财产的牺牲品。杰弗逊·戴维斯总统、罗伯特·E. 李将军以及南方最高指挥部的其他人不仅认为征兵是不幸而必要的，还认为豁免条款对于维持邦联经济至关重要。南方女性常常由于男性的缺席而沦落到贫困线上，她们不同意这种观点。1862年至1863年，她们在一些小镇和城市制造暴动。其中最著名的是1863年3月的里士满面包暴动。在此次暴动中，杰弗逊·戴维斯从上衣口袋里掏钱扔向暴民，试图安抚他们，但是没有效果，直到军队到来，混乱才停止。

北方征兵

在北方，继1862年的“民兵征召法”之后，1863年3月又出台了《登记法案》。和之前的法律不同，这项新措施不是在州层面，而是在国家层面正式实施的。它规定，20岁到45岁的所有北方男性都符合征兵条件。被征召的人可以用300美元的抵偿金雇用替代者，回避当前的征兵轮次。和邦联的大奴隶主条款类似，300美元的豁免条款引起北方城市贫民的强烈不满，引发了暴动，尤其是臭名昭著的1863年7月纽约市征兵暴动——使城市陷入了四天的混乱。城市部分地区被烧成废墟，数百自由黑人遇害，一座黑人孤儿院被毁，共和党人和废奴主义者的房屋遭到洗劫和破坏，直到刚刚结束葛底斯堡之战的联邦部队赶到，举着刺刀恢复了城市的秩序。

雇用替代者为自己战斗的北方人包括美国战后镀金时代的许多名人：约翰·D. 洛克菲勒、安德鲁·卡内基、J. P. 摩根以及未来总统“泰迪”·罗斯福的父亲老西奥多·罗斯福。

“播种和收获”
1863年5月，北方刊物《弗兰克·莱斯利新闻画报》登载了这两幅批评漫画，展示了南方妇女“煽动男人反抗”（左边），然后“感受到反抗的影响，制造了面包暴动”（右边）。

逃兵和“赏金收集者”

当战争持续到第三年时，南北大后方对征兵的抵制更加强烈。被征入陆军或海军的人常常抓住第一个可能的机会逃跑，尤其是在战争快结束时。更糟糕的是，名为“跳吃赏金”的黑市行当在北方发展起来，所利用的是州和联邦鼓励志愿兵而不是应征者入伍的激励政策。根据《登记法案》，如果某个区或城市可以提供一定数量的志愿兵，就不再需要征兵。

一些社区提供了吸引志愿兵的丰厚“赏金”，希望以此回避征兵。积极的犯罪活动开始了。一些人在某个区或团登记，然后“跳”到另一个地区重复这一过程。他们通过这种方式非法积累了一小笔财富，许多赏金收集者从未被抓到。

在1863年1月的信件中，马萨诸塞第2步兵团的查尔斯·费森登·摩尔斯少校提到了北方人民在战争中期的

行刑
1863年8月，急于遏制逃兵浪潮的联邦最高指挥部下令公开处决波托马克军团的五名逃兵。画家爱德温·福布斯捕捉了这一幕。

之前

1862年3月，邦联对18岁到35岁之间的所有男性实行义务兵役制。这是为了应对志愿兵数量的减少以及1861年入伍士兵服役期结束时邦联军即将面临的解体。

征兵和暴动

1862年9月，南方征兵制的覆盖面进一步扩大，年龄上限调整为45岁。随后的修正案甚至允许征召16岁男性入伍。大多数邦联公民憎恨这项措施，认为它是国家级政府对州权和个人权利不必要的侵犯。

联邦政府在1862年下半年也通过了征兵法律——即所谓的“民兵征召法”，要求各州将18岁到45岁的所有白人男性登记为有义务在州团服兵役并在联邦武装部队服役九个月的人。这部法律不得人心，在北方各地引发了暴动和抵制，导致亚伯拉罕·林肯总统暂时解除了联邦某些地区的人身保护令。

战斗过后
像1862年联邦轰炸弗雷德里克斯堡这样的事件必然会对人民的斗志造成影响。戴维·E.亨德森的油画展示了一个遭到破坏的家庭。

冷漠：“为生命和财产而战斗；这是叛军的感受……而我们的人民似乎表现得漠不关心。”人民的厌战和漠不关心逐渐成为林肯总统面临的一大难题。

“铜头蛇”民主党人

明尼苏达和艾奥瓦等一些联邦州更关心印第安人起义，而不是南方叛乱。另一些州很偏远，感受不到战争的影响和战士的牺牲。对他们来说，邦联的独立似乎不是很糟糕的前景。还有一些州则直接抵制联邦的战事，比如南俄亥俄、宾夕法尼亚、印第安纳和伊利诺伊，不仅反抗征兵法律，而且将反战的“铜头蛇”民主党人选入州和国家立法机构。

据说，这些民主党人在上衣翻领上佩戴铜币，作为身份标志，“铜头蛇”的外号由此而来。他们在全国民主党内是一个强大的少数派，短时间里甚至在一些州议会占据多数席位。

征兵法律和《解放黑人奴隶宣言》助长了他们的气焰，将数千追随者吸引到阵营中。

最直言不讳的“铜头蛇”之一、俄亥俄的克莱门特·L.瓦兰迪加姆宣称，战争“是为了摧毁我们的自由，建立专制统治……是为了解放黑人，奴役白人”。瓦兰迪加姆由于叛国罪被捕，却为自己受到的关注而欣喜。如果联邦没有取得1863年夏天的胜利，他可能会为林肯带来严重的政治困扰。事实上，在短暂的监禁过后，他于1863年秋被驱逐到了邦联。

民主党候选人
这幅1864年总统竞选期间的共和党漫画将民主党候选人乔治·麦克莱伦描绘成主和派民主党人，即“铜头蛇”——也是一种毒蛇的名字。

之后

到了1864年夏，前一年7月的葛底斯堡之战和联邦的其他胜利已在北方公众的记忆中消退，被僵持、大量流血和失败所取代。

士气起伏

林肯总统对胜利的需要至少和邦联总统杰弗逊·戴维斯一样强烈。林肯1864年11月的再次当选是由北方平民的战争感受决定的。威廉·T.谢尔曼将军9月占领了亚特兰大（见第292—293页），促进了北方情绪的逆转。到年底，谢尔曼向大海进军的行动（见第296—297页）已经推进到萨凡纳；而在弗吉尼亚，邦联将军罗伯特·E.李陷入了彼得斯堡围攻战（见第274—275页）。此时，南方士气锐减。在本已缺少人手的军队中，逃兵现象变得更加严重。

亲历者　1863年7月13—16日

纽约暴动

19世纪60年代，南北战争的战场不是暴力和死亡的唯一发生地。由于军队缺少新兵，国会通过了北方第一部征兵法案。1863年7月13至16日，暴徒涌上纽约市街道。暴乱的缘由是法案中的一项条款允许富人交纳300美元的抵偿金以回避兵役。

“征兵始于12日，星期六。这项政策非常愚蠢，政府认为联邦的胜利会使人们心甘情愿地服从法律……到了周一上午，群众聚集起来，抵制征兵。昨天，城市里一直在上演可怕的场面。警察被压制。很多人被打死，众多房屋被损毁和焚烧。有色人种避难所被焚烧，所有家具被妇女搬走，黑人在街道上被绞死！昨天晚上，火警铃一直在响。最后，由于上帝的仁慈，下起了倾盆大雨，人群被驱散，当局获得了整顿时间……我并不怀疑穷人憎恨三百美元条款的态度。”

——嫁给纽约法官的“联邦女士”玛丽亚·利迪格的日记

“我走到窗边，看到天空中的一道光亮……其他人也走过来，看愤怒的暴徒对房屋的恣意损毁……当我对愤怒者的行为感到惊讶时，一个醉汉在街上走过，他在这种环境下的言语表达了暴徒们的情绪。他说：‘穷人会被征召，奔赴战场，富人只要交钱就可以待在家里。这就是问题所在。’这种情绪是暴徒制造所有麻烦的根源……三十多人被棍棒和火器所伤。爱看热闹的男人、女人和孩子中了枪……一些人会康复，一些人会死去。他们都说自己不是参与者，只是旁观者。我为这些感到遗憾，但我不相信他们都是无辜的。”

——约翰·万斯·劳德戴尔的日记
劳德戴尔在纽约市获得医生资格，签约成为联邦陆军军医

纽约骚乱
在不公平的《登记法案》刺激下，愤怒的暴徒开始了疯狂的破坏，其中许多人是爱尔兰移民。他们洗劫建筑物，攻击平民，尤其是与他们竞争工作岗位的非裔美国人。

之前

到了1861年，医疗业从基于猜测、直觉和民间传统的职业转变成更加科学的职业。

现代医学

18世纪古老的“瘴气”和“体液失衡”思想让位于现代医学实践和理论。医生和护士所受的教育仍然良莠不齐。一些人要有大学学历，另一些人只需从经验中学习。诊断、开方、治疗甚至手术常常在病人家中进行，有时甚至是在餐桌上进行。正规医院很少，只存在于大城市。

战时治疗

战争时期，外科技术很粗糙，常见的有粗暴的截肢，从伤口里提取异物。手术前常常会进行麻醉——使用乙醚和氯仿——这对大多数伤兵来说是一件幸事。

医学和医疗服务

战争时期，伤病士兵得到的医疗护理很简单。细菌学和脓毒症理论还处于萌芽期，现代武器却可以造成致命伤。这种失衡连同军营中很高的感染风险导致了前所未有的死亡人数。

当战争开始时，联邦陆军医疗队由1名军医处处长、30名军医和83名助理军医组成，其中24人辞去职务，投奔邦联。这些人成了联邦和邦联医疗部门的骨干。到了战争结束时，北方雇用了近1.2万名医生，南方雇用了3237名医生。

这种扩充源于前所未有的冲突规模和伤兵人数。不是所有人都能胜任。许多人战前只是医科学生，或者在军医助理的岗位上学习。双方都降低了标准，以满足对医生的需求。民间承包商和志愿者帮助填补了军队医疗机构的空缺，尤其是在前两年。志愿护士和救援组织——比如北方的联邦卫生委员会和南方的伤兵救援协会——在重大战事结束后起到了重要作用。在南方，私宅常常成为临时医院，女性居住者为邦联士兵提供了比其他地方更加个性化的护理。

人员招募

1862年7月以后，每个联邦团都必须配有一名军医和两名助理军医，受旅和师的军医监督。担架手和战地卫生员——最初来自团和旅的乐队——缺乏培训，却在后来成了联邦医疗部门里的一个特别分支。邦联团需要配备一名军医和一名助理军医，指挥链与联邦类似。所有医生需要通过军事医疗委员会的特别考试，大型战事之后招募的平民医生除外。美国有色人种部队有单独的医疗部门，与联邦整体模式相符，但是对医生和护士的要求没有那么严格。因此，非裔伤病士兵的死亡率比白人高得多。

传染病

疾病致死人数是战场受伤致死人

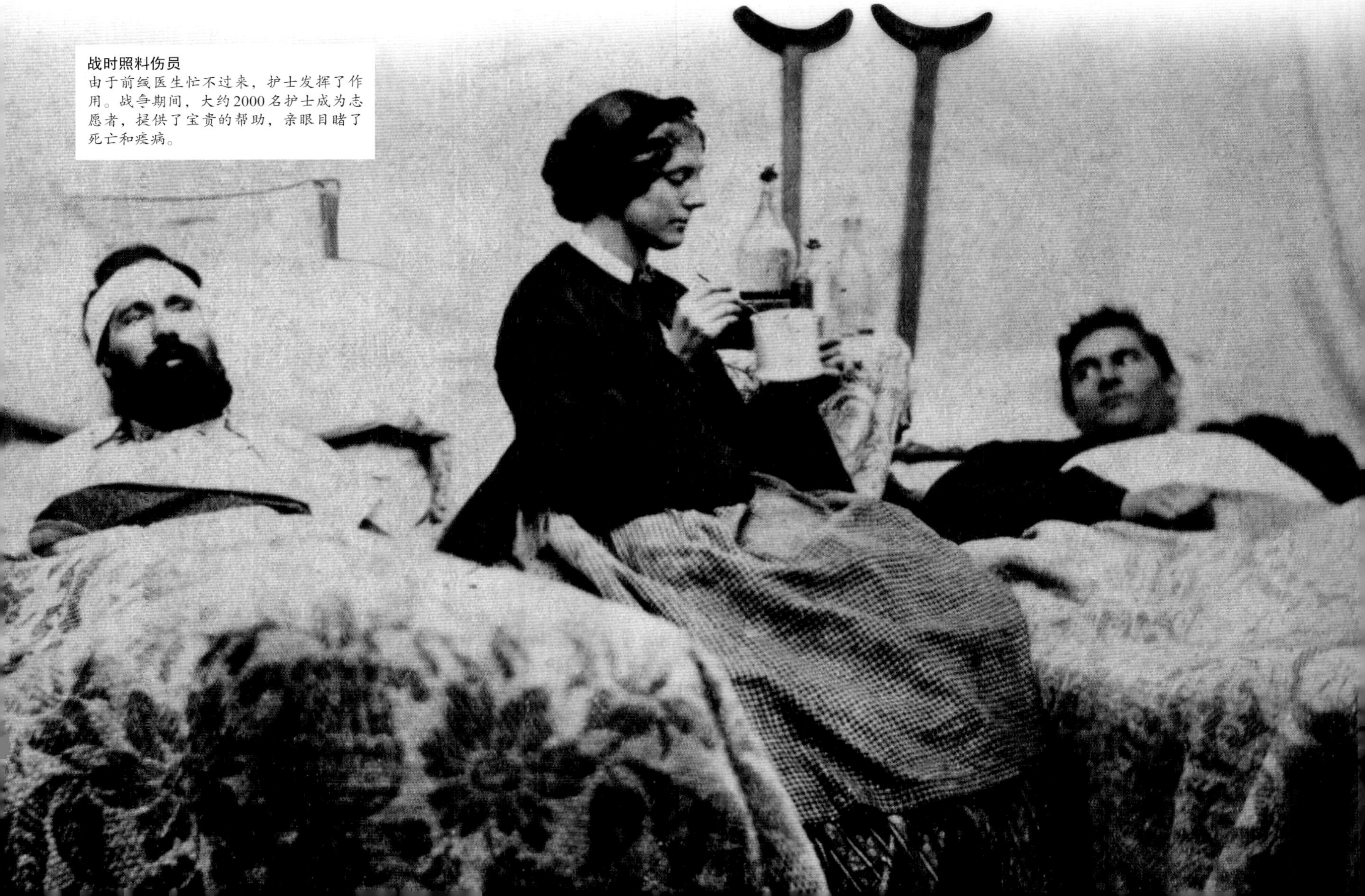

战时照料伤员

由于前线医生忙不过来，护士发挥了作用。战争期间，大约2000名护士成为志愿者，提供了宝贵的帮助，亲眼目睹了死亡和疾病。

首都华盛顿的联邦医院

战地医院是仓促搭建的，缺乏物资。正如诗人沃尔特·惠特曼所说："我假定你知道，我们在这里所说的战地医院仅仅是一组帐篷而已，没有地板，只有光秃秃的地面，这对病人来说是非常艰苦的住所。"

> "战争爆发时，医疗水平还停留在中世纪末期。"
>
> ——联邦军医处处长威廉·A. 哈蒙德

数的两倍。有的战役因为疾病而被取消。1862年5月，邦联将军P. G. T. 博勒加德将密西西比州科林斯市拱手让给了亨利·哈莱克将军的联邦部队，原因是他的部队有三分之一的人失去了作战能力。当联邦陆军于6月占领该市时，哈莱克以同样的原因取消了进军。

痢疾、腹泻、伤寒和疟疾在军营里肆虐，都是由卫生状况不佳造成的。麻疹、天花和普通感冒在人群中传播，肺炎在无防护的新兵中传播得很快。奎宁可以治疗疟疾，大多数军队定期接种天花疫苗，但是这两种疾病还是经常暴发。医生用鸦片、蓖麻油和泻盐对抗腹泻和痢疾。

在大多数情况下，治疗方法是卧床休息，但是战场上的士兵和接受严格初期训练的人很难做到。许多人开始将前几个月服役期称为"硬化"，因为他们要努力让自己和自身免疫系统适应军队生活。有数千人无法适应军队生活，在离开军营之前去世。

联邦军医W. W. 肯在讲述对伤员的照料时说："我们穿着沾了血和脓液的旧衣服，用没消毒的双手做手术……从没有消毒的、已经长毛的盒子里取出没有消毒的工具……使用之前擦掉脓液并且只用生水洗过的海绵。"

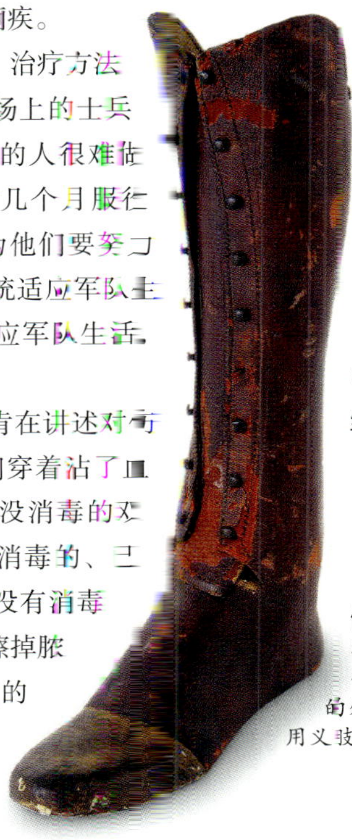

假肢

近三分之二在战场上受的伤都位于四肢，麻醉后截肢是常见的处理手段。幸运的截肢者可以使用义肢。

维持生存

虽然氯仿和威士忌可以缓解手术带来的疼痛，但无知导致的感染常常使最初熬过手术创伤的人死去。近四分之一的截肢会导致死亡。伤员撤离战场的速度至关重要。如果迅速得到处理，士兵的免疫系统和体力可以更好地应对手术冲击。在第二次布尔溪之战和钱瑟勒斯维尔之战等战事结束后，伤员要在战场上痛苦地躺上几天，有时甚至要躺上一个多星期，存活机率要小得多。波托马克军团医疗主任乔纳森·W. 莱特曼意识到迅速送伤员就医的必要性。为此，他创建了联邦救护队，由经过挑选和培训的担架兵、救护车司机和马匹组成，专门搭建了战地医院。这些改革成功挽救了数千联邦士兵的生命。邦联尝试了同样的想法，但是没能在全军范围内建立高效疏散系统。两军的体系都由三部分组成：紧挨前线的团级包扎处，师级战地医院（常常设在当地谷仓、住宅或教堂），城市里的正规军方医院（供需要长期康复的伤员使用，比如里士满著名的钦博拉索医院）。

老兵的生活

国会向战场上受伤的士兵划拨抚恤金——但他们首先需要证明自己的资格。没有明显伤口的老兵需要寻找战友为自己作证。

改革家和护士（1802—1887）

多萝西娅·迪克斯

多萝西娅·迪克斯出生于缅因州汉普登，她在南北战争之前是为精神病患者发声的改革家，在萨姆特堡遭到轰炸后立即成了军队志愿者。1861年6月，迪克斯被任命为联邦陆军女护士主管，在该岗位上一直服务到战争结束。在她坚定而明智的领导下，3000名护士在陆军医院照料众多伤兵。她对友军和敌军一视同仁。李撤离葛底斯堡时放弃了邦联伤员——这些人得到了迪克斯护士团队的护理。

之后

战后，医学发现和战场实践经验的结合为未来战争中存活率的提高奠定了基础。

医学先驱

南北战争中的医学先驱常常无法应对糟糕的卫生状况和感染。不过，医学正在发生变化。19世纪60年代，法国化学家和微生物学家路易·巴斯德证明了细菌理论——环境中的细菌会引发疾病——并且发现了对抗狂犬病和炭疽的疫苗。1865年，英国人约瑟夫·利斯特用石炭酸使一个11岁男孩腿骨开放性骨折的伤口免受感染。

发现抗生素

亚历山大·弗莱明于1928年意外发现了青霉素，永远改变了医疗实践的方向。第二次世界大战期间，无数患上疾病和术后并发症的士兵保住了生命。

医疗设备

南北战争时期，医学即将进入现代科学时代。人们越来越多地用麻醉剂缓解战地手术引起的恐惧，但抗菌技术和药物还没有得到使用。

1 **药箱** 军医携带各种麻醉药和止痛药，比如氯仿、乙醚和吗啡。随着联邦对南方封锁的加强，南方军医的医疗用品日益匮乏。2 **工具托盘** 盛放各式探针——用于定位伤口中的弹头和弹片。3 **军医的手术盒** 常常装着全套精密工具，木盒有衬布。4 **工具托盘** 一把链锯，用于在骨锯无法接触受伤位置的情况下切割骨头。5 **骨锯** 用于在截肢时切割腿和胳膊上较大的骨头。6 **环钻** 主要用于在头骨上钻洞，释放骨折导致的颅压。7 **把手** 军医将这些可拆卸把手连接到链锯上，便于操作链锯。8 **黑氏锯** 用于切开骨折点周围的颅骨。9 **骨钳** 用于在截肢后修理残肢上粗糙的骨骼边缘。10 **弹头提取器** 这些镊子是专门设计的，用于移除伤口中的弹头、弹片或其他物体。11 **骨剪** 用于移除断骨参差不齐的部分。12 **截肢刀** 用于在截肢时切割软组织，有各种尺寸。13 **解剖刀和柳叶刀** 切割和分割较小组织的重要工具。14 **手术锯** 炮火常常将士兵的胳膊和腿炸得粉碎，需要截肢。15 **袖珍手术包** 首位联邦陆军女军医玛丽·沃克的物品，内有各式剪刀、镊子和探针。

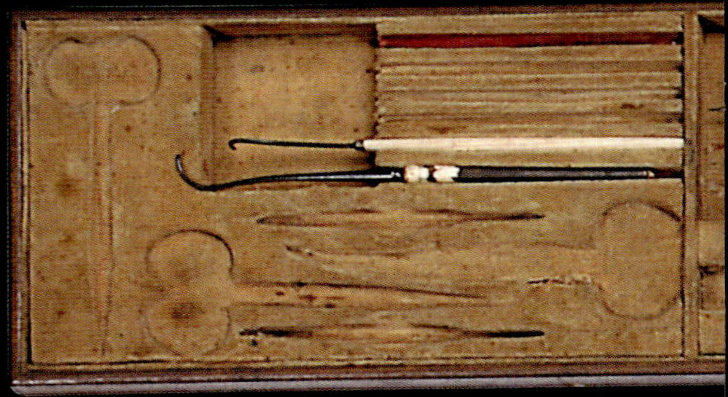

2 工具托盘

1 药箱

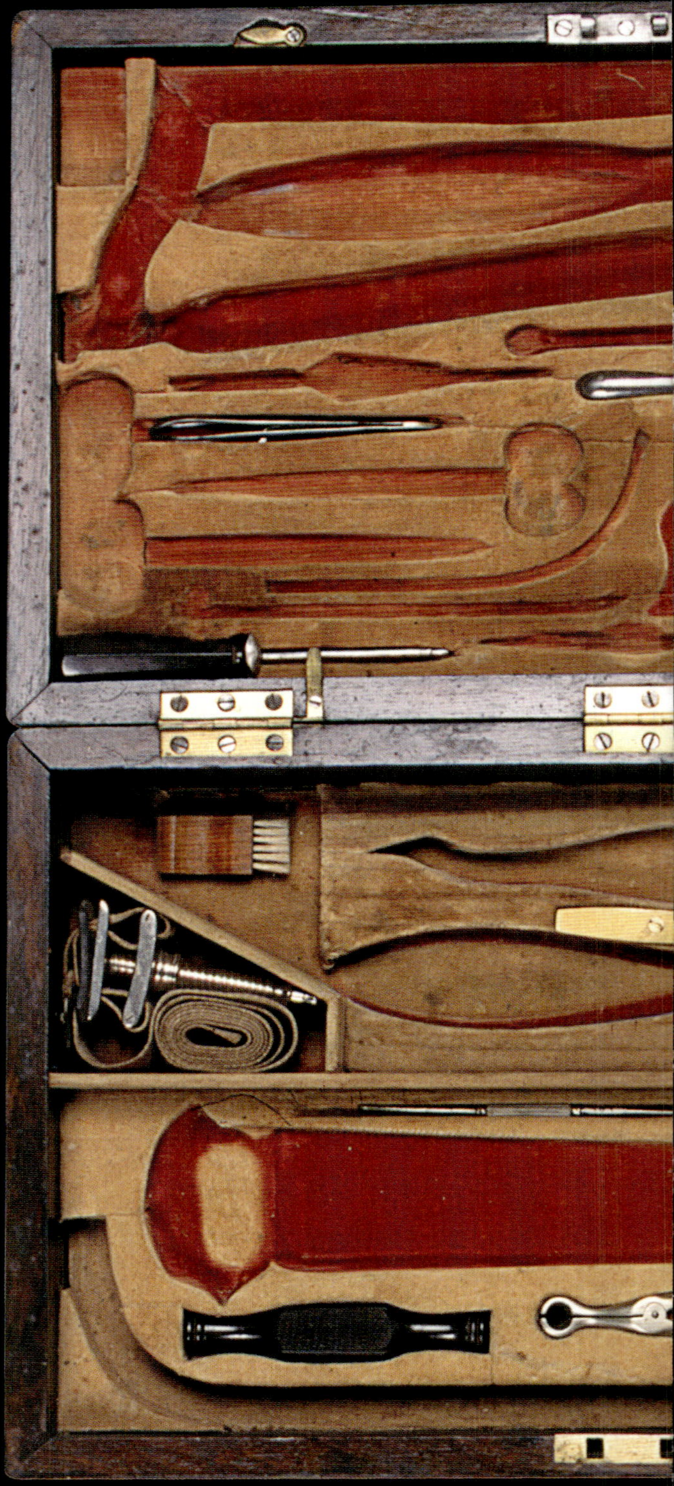

3 手术盒

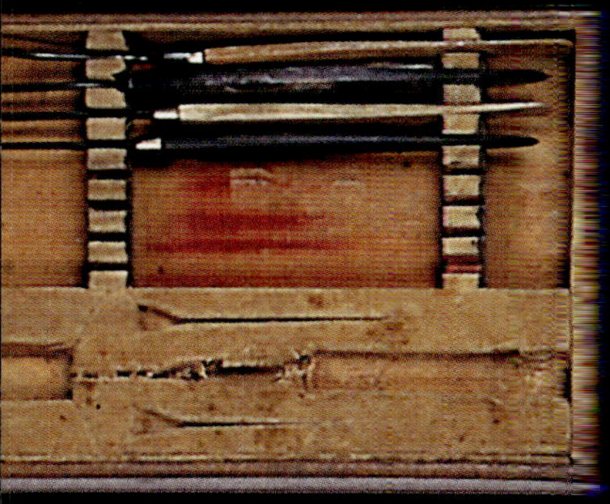

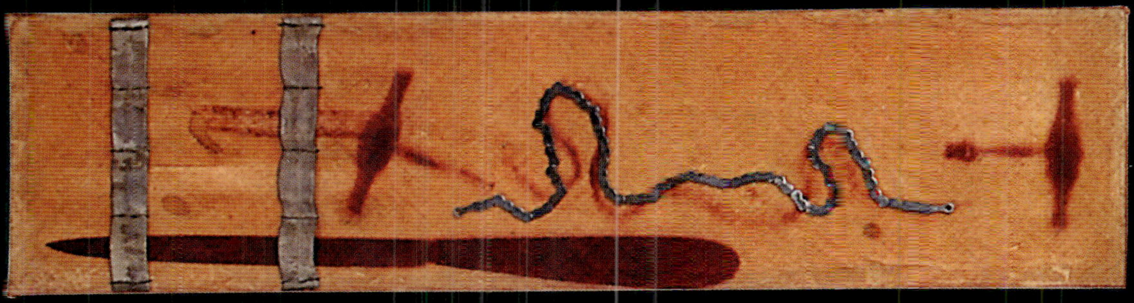

4 工具托盘

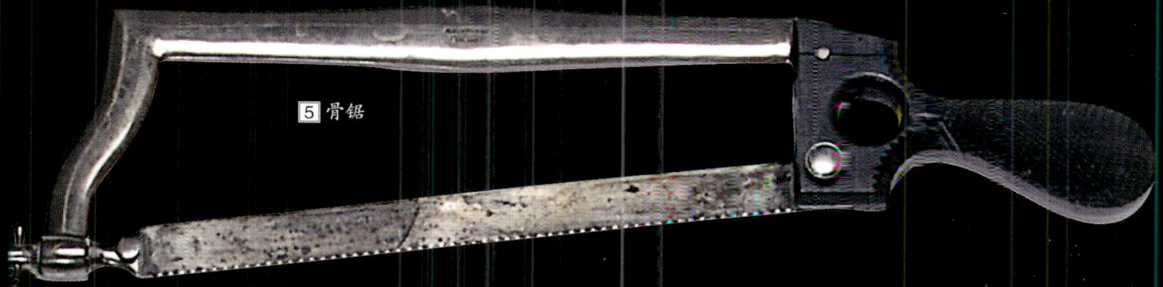

5 骨锯

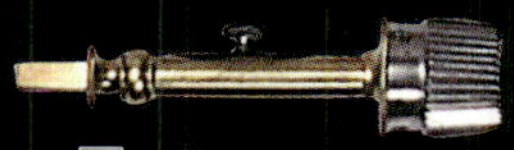

6 环钻

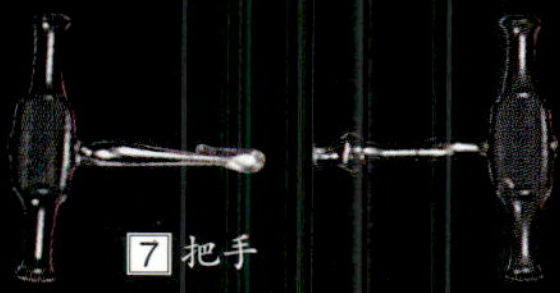

7 把手

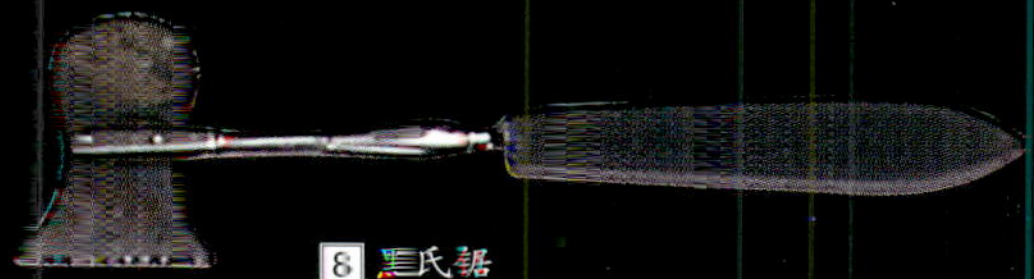

8 黑氏锯

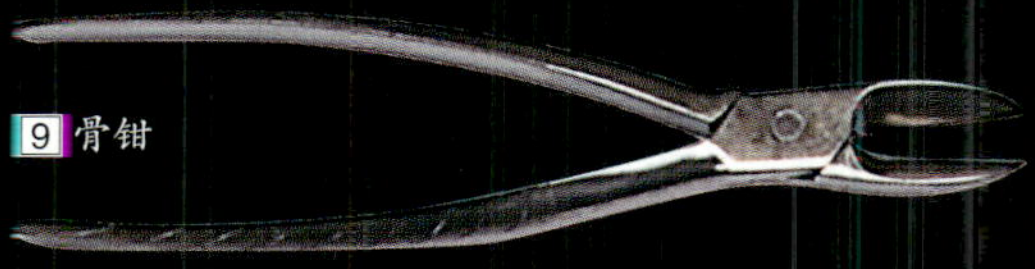

9 骨钳

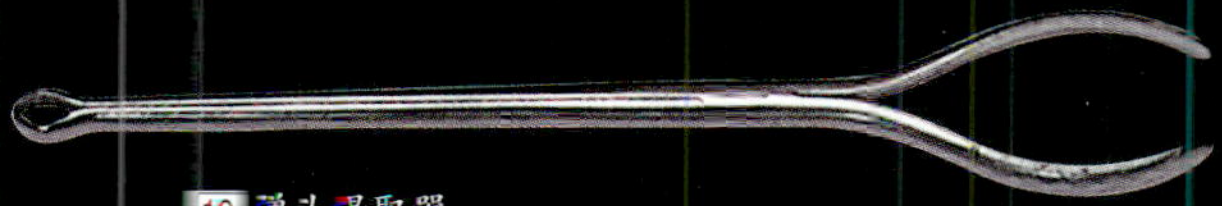

10 弹头提取器

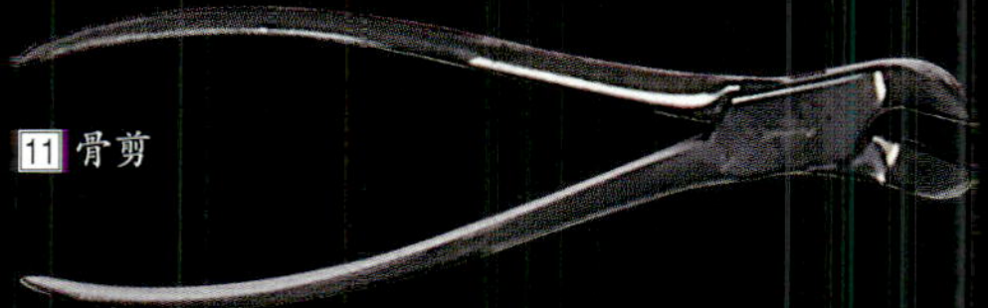

11 骨剪

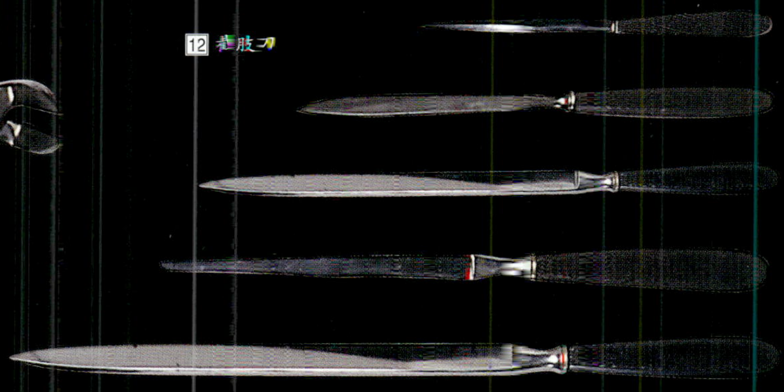

12 截肢刀

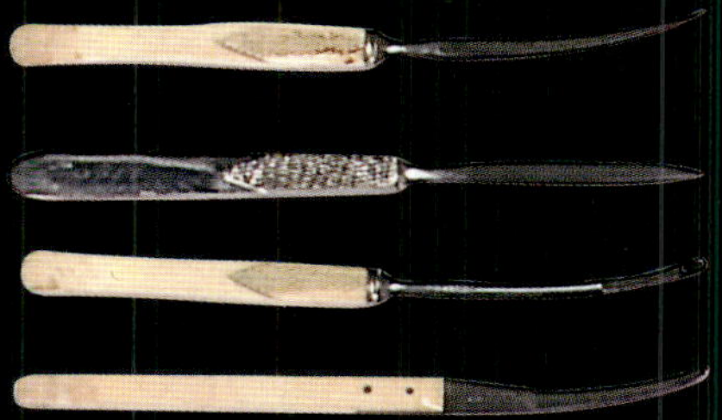

13 解剖刀和柳叶刀

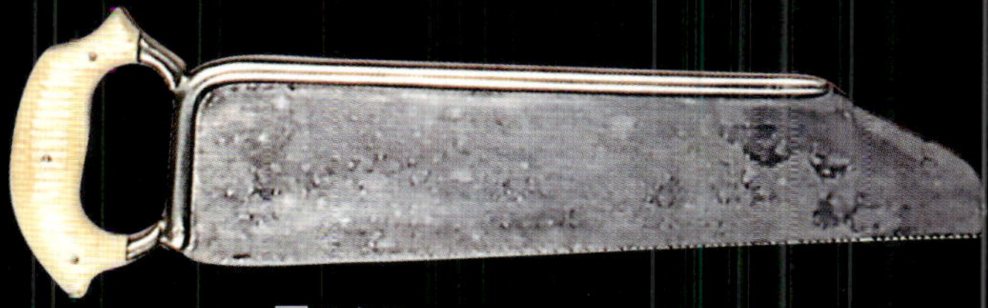

14 手术锯

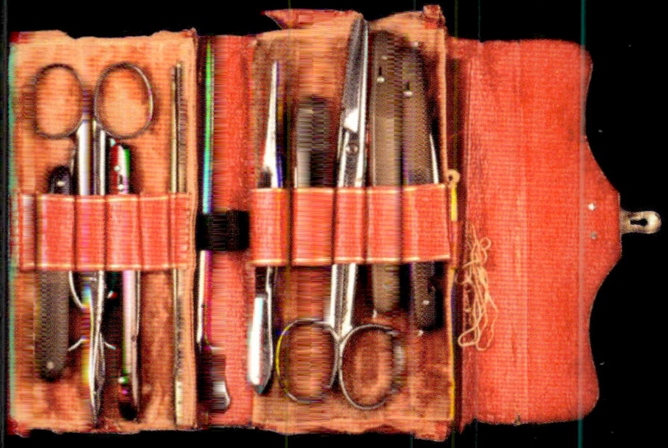

15 袖珍手术包

护士和人道主义者 生于1821年 逝于1912年

克拉拉·巴顿

“我父亲的爱国血液温暖地流淌在我的血管里。”

——克拉拉·巴顿，谈上战场的决定

克拉丽莎·哈洛·巴顿是南北战争时期最著名的女性之一，被称为“战地天使”。作为战后美国红十字会的创始人和首任主席，她的贡献在所有护士和战时女性改革家中最受瞩目。她在战争时期的努力挽救了无数生命。战争结束后，她代表失踪士兵所做的工作缓解了成千上万亲人的悲痛。

“除了跟随他们，我还能做什么？”

巴顿曾做过几年教师。1861年战争爆发时，她在华盛顿专利局工作。她很快意识到，组织混乱、人员不整的联邦医务部对即将发生的大规模伤亡完全没有准备。7月末第一次布尔溪之战结束时，华盛顿出现了大批伤员。此时，巴顿创办了一所民间机构，专门收集和分配能为伤员提供帮助的物品，并与具有相同目标的其他援助组织开展合作。

对她来说，这些工作还不够。她在一年时间里游说医务部和其他政府部门允许她跟随联邦波托马克军团，在现场护理伤员。最终，在马萨诸塞参议员亨利·威尔逊的强大政治助力下，巴顿被允许前去履行实际护理职责。由于道路泥泞，联邦纵队尾部的马车行驶速度慢，巴顿及其小型团队的行程被拖延。当他们赶到时，安蒂特姆之战正在进行之中。在战争中最血腥的那天，巴顿第一次在战场上顶着炮火救治伤兵。在臭名昭著的科恩菲尔德以北的波芬伯格农场，她在联邦战地医院旁边扎营。她见匆忙中医生试图用玉米壳敷士兵的伤口，知道医疗物资堵在了战线后方，立即献出了精心收集的所有物资。当夜幕降临，她还把灯笼给了军医，坚定地和他们并肩工作，为伤员送水，在附近农舍准备食物，为军医提供协助。有一次，她正跪在一名伤兵身边喂

不知疲倦的人道主义者
据说，克拉拉·巴顿小时候是一个腼腆的孩子。长大后，她成了自信而坚定的女性，就像这张1862年的照片所表现的那样。除了她作为护士和美国红十字会首任主席的成就，她还组织了自然灾害救援工作，维护非裔美国人和女性的权利。

他喝水，突然感觉袖子抖动起来，随后发现了一个弹孔。子弹穿过她的袖子，打死了她在照料的人。

战斗结束后，她继续工作，拒绝睡觉，只用很少的时间吃饭。几天后，她因为疲惫和伤寒而晕倒，在神志不清的状态下被带回华盛顿。巴顿很快康复，回到了前线。她跟随波托马克军团参加了许多大型战役，陆军医务部从1863年起全面动员，像巴顿这样的民间志愿者虽然仍然受到欢迎，却几乎无法为补充军队医疗系统提供更多帮助。1863年4月，她被允许跟随她的兄弟、马萨诸塞州兵团军需官戴维前往南卡罗来纳。

1864年夏，巴顿前往里士满之南的百慕大亨德勒德。在那里，本杰明·巴特勒的詹姆斯军团被封锁在战壕里。巴特勒被她的性格和奉献深深触动，任命她为部队前线医院所有护士的的负责人。

照料伤员

克拉拉·巴顿在战场上夜以继日地工作，帮助伤兵，尤其是在1862年安蒂特姆的血腥战斗之后。她的无私工作是许多流行版画的主题。

失踪士兵处

当战争接近尾声时，林肯总统得知她的无私奉献，任命她为失踪士兵处主管。大多数失踪者一直没有被找到，但巴顿的办公室成功找到了数百名士兵的遗体、坟墓，偶尔还会找到生还士兵。她安慰了北方的无数亲人，他们在等消息，想确定还未归来的丈夫、兄弟或儿子的命运。在巴顿的帮助下，人们在佐治亚州安德森维尔发现了近1.3万名联邦战俘的尸体，为他们立了墓碑。

“在这个时代真正的女英雄面前，在战地天使面前，麦克莱伦将军显得很渺小。”

——詹姆斯·邓恩医生，安蒂特姆军医，对克拉拉·巴顿的评价，1862年9月

美国红十字会

1870年，普法战争爆发后，巴顿在欧洲为伤病人员提供帮助。她主要在斯特拉斯堡和巴黎工作，对国际红十字会有了很多了解，成为该组织的热情支持者。回国后，面对制度和政府层面的强大阻力，她领导了创建美国红十字会的斗争。最终，在1881年，巴顿的坚持得到了回报，她宣誓成为美国红十字会首任主席。

她在该组织领导者的位置上一直做到1904年，在管理遭到批评后辞职——一些批评可能来自她为女性选举权运动所做的工作，她在这方面一直保持活跃，直到去世。巴顿退休后又度过了八年时光，90岁那年在马里兰州格伦埃科的家中去世。

时间线

- 1821年12月25日　克拉丽莎·哈洛·巴顿出生于马萨诸塞州牛津市，是五个孩子中最小的一个。
- 1832年　哥哥戴维在农场事故中受伤，11岁的她照料了戴维二年。
- 1838年　开始在马萨诸塞教书。
- 1854年　在新泽西州博登敦建立第一所免费学校，但校长职位被一名男性取代。
- 1854年　移居首都华盛顿，成为在专利局工作的第一位女性职员。
- 1861年7月　离开专利局，成立帮助华盛顿联邦伤兵的机构，募集来自全国的服装和其他捐赠品。
- 1862年8月13日　获得将医疗物资带到前线的许可，在锡达山之战结束几天后抵达弗吉尼亚。
- 1862年9月17日　在安蒂特姆战场护理伤员。回到华盛顿，从痢疾和伤寒中恢复过来，但是很快又与出征的波托马克军团会合。
- 1863年4月　前往南卡罗来纳。在7月亲历了瓦格纳堡围攻战。
- 1864年春　在弗雷德里克斯堡照料伤员，在移动战地医院与巴特勒将军的詹姆斯军团工作。
- 1865年　林肯总统任命她负责寻找失踪士兵。在臭名昭著的南方安德森维尔监狱，为确认死者的身份做出了宝贵的贡献。
- 1866年11月　开始题为《军队生活之工作和意外》的巡回演讲，讲述她的战争经历。
- 1869年　前往欧洲。在瑞士，她听说了《日内瓦公约》和国际红十字会。
- 1870—1871年　在普法战争中帮助伤兵，组织救援工作。
- 1873年　患着病回到美国。
- 1877年　前往华盛顿，倡议美国签署《日内瓦公约》，承认国际红十字会。
- 1881年　美国红十字会成立，巴顿为首任主席。
- 1898年　美西战争中，77岁的巴顿在古巴医院工作。
- 1904年　由于管理遭到批评，巴顿辞去红十字会主席职务。
- 1912年4月12日　在马里兰州格伦埃科去世。

安德森维尔墓地

巴顿参与了寻找战争中所有失踪者的任务。许多人由于营养不良和疾病死在佐治亚州安德森维尔地狱般的战俘营里。她在标记墓碑的工作中扮演了重要角色。

美国内战中的救护车

渡过田纳西河
在威廉·特拉维斯描绘坎伯兰军团功绩的史诗级全景画中，罗斯克兰斯的部队于1863年9月初在查塔努加以西渡过田纳西河。

奇克莫加战役

首都华盛顿提出复制葛底斯堡和维克斯堡胜利的要求，威廉·S. 罗斯克兰斯将军和坎伯兰军团开始进军，计划将邦联军赶出田纳西，进一步分割邦联。

被重新起用的安布罗斯·伯恩赛德将军指挥俄亥俄军团向东田纳西"首府"诺克斯维尔进发。1863年9月3日，他受到诺克斯维尔大多数市民的热情迎接，他们都是联邦支持者。同时，罗斯克兰斯8月中旬就开始行动了。在各种佯攻和欺骗的作用下，布拉克斯顿·布拉格将军不知道罗斯克兰斯的最终目的，因此后者前往查塔努加的最后几英里路几乎畅通无阻。

9月8日，邦联人撤出查塔努加。杰弗逊·戴维斯大为惊慌，他写道："我们的政治存在正处于最黑暗的时刻。"不过，戴维斯经历过类似的军事挫折，他决心再次扭转局面。布拉格撤至佐治亚北部，从约瑟夫·E. 约翰斯顿不活跃的军队里接收了两个师，使田纳西军团的兵力与罗斯克兰斯几乎持平。为使布拉格获得人数优势，戴维斯还向他派出了北弗吉尼亚军团中的朗斯特里特兵团主力。李提出抗议，说他需要依靠朗斯特里特对米德将军发起新的攻势。但戴维斯正确认识到，目前的决定性战场位于西部。

之前

罗斯克兰斯在斯通斯河险些战败（见第146—147页），之后用了1863年整个春季和初夏重建部队，使林肯非常愤怒。

塔拉霍马战役

罗斯克兰斯终于在6月末、7月初进军时，成功地将布拉格赶出了田纳西中南部，使查塔努加的重要铁路枢纽失去了保护。

在一周时间里，联邦部队以仅伤亡570人的代价将敌人击退近80英里（129公里）——此次行动被称为塔拉霍马战役。在继续前进之前，罗斯克兰斯停了下来，修理铁路和补充更多物资。

邦联进军
在阿尔弗雷德·沃德的画作中，在查塔努加之战第二天，邦联军穿过森林，向山上的联邦阵地推进。出生于英国的沃德是《哈珀斯周刊》杂志的战地记者兼画家。

冲突升级

9月9日，第一批经验丰富的朗斯特里特部队登上火车，在550英里（885公里）的旅程中穿越弗吉尼亚、卡罗来纳和佐治亚。从弗吉尼亚直接前往田纳西的路线不复存在，因为查塔努加已经落入联邦手中。这批1.2万多人的增援部队需要花九天时间才能从东部抵达布拉格所在地点，但他们到得很及时。

9月上旬，布拉格进行了一系列尝试，试图引诱罗斯克兰斯的陆军兵团前进。联邦指挥官曾三次上钩，完全有可能遭到痛击，然而布拉格的下属每次都没能准确执行他的命令。罗斯克兰斯变得谨慎起来，他将军队集中于西奇克莫加溪沿岸。布拉格决定从

34 000

奇克莫加之战估计伤亡总人数。布拉格损失了大约1.8万人，罗斯克兰斯损失了1.6万人——超过两军总人数的四分之一。

侧翼进行包抄，绕到罗斯克兰斯和他在查塔努加的基地之间。9月18日，朗斯特里特的首批部队赶到。经过一天零星的冲突，布拉格决定于次日全面进攻联邦军队。

奇克莫加之战

9月19日的太阳升起时，前一夜在距离很近的地方躺下休息的双方哨兵开始激烈交火。战斗愈演愈烈，尤其是在联邦左翼。那里树木茂密。布拉格试图在此包抄乔治·托马斯将军的兵团。双方派出一个又一个旅占领阵地，但是到了晚上仍未分出胜负。

当晚，托马斯命令部下挖掘战壕，罗斯克兰斯向他派出援军。同时，朗斯特里特两个师的主力与布拉格的军队会合。布拉格决定第二天将全军排成梯队重新开始战斗，采用由右到左稍微交错的顺序。利奥尼达斯·波尔克所在右翼率先行动。随后，朗斯特里特在左翼开始行动。

9月20日上午，波尔克的师对战壕中的守军发动了迟来的炮击，没有产生效果。布拉格对波尔克感到失望，取消了梯队进攻，命令朗斯特里特不遗余力发起进攻。布拉格和罗斯克兰斯都不知道，朗斯特里特的部队已经为这种局面做好了准备。朗斯特里特也许还记得，皮克特冲锋的一字队形没能突破敌方防线，因此他让各旅排成了纵列。

邦联将军（1806—1864）

利奥尼达斯·波尔克

波尔克1806年出生于北卡罗来纳。他上过西点军校，但也是神职人员，在圣公会做到了路易斯安那主教的位置。战争期间，这位“战斗主教”在西部战区是一位平庸但军衔很高的领导者，默默无闻地跟随布拉格参加了大多数战役。他受到了士兵的喜爱，尽管不一定受同事喜爱。他在派恩芒廷与其他军官商议事务时死于联邦炮火。

“右翼没有一个人有他那样的战斗力。”

——布拉格在梯队进攻中对朗斯特里特的评价，1863年9月20日

朗斯特里特于上午11时30分左右下令进攻。猛烈的火力所进攻的地点恰恰是罗斯克兰斯的一个师错误撤离的位置，这是他的不幸。这个错误在联邦阵线中留下了一个四分之一英里（402米）的缺口。朗斯特里特的老兵冲进去，摧毁了联邦右翼，迫使三分之一联邦军逃向查塔努加。指挥官罗斯克兰斯也撤离了，任留下来的军队自生自灭。

朗斯特里特此时嗅到了具有战略意义的胜利的味道，投入了最后的后备部队，同时恳求布拉格增援。然而，增援部队始终不见踪影，困惑的朗斯特里特还是向前冲去，遭遇了在霍斯舒岭负责殿后的托马斯兵团。朗斯特里特发动了一波又一波进攻，但托马斯每次都坚守阵地，他那勇敢而坚定的作战后来为他赢得了“奇克莫加磐石”的称号。

当落日的余晖洒在染血的战场上，托马斯终于带着疲惫的部队撤退了，在查塔努加与其他联邦部队会合。

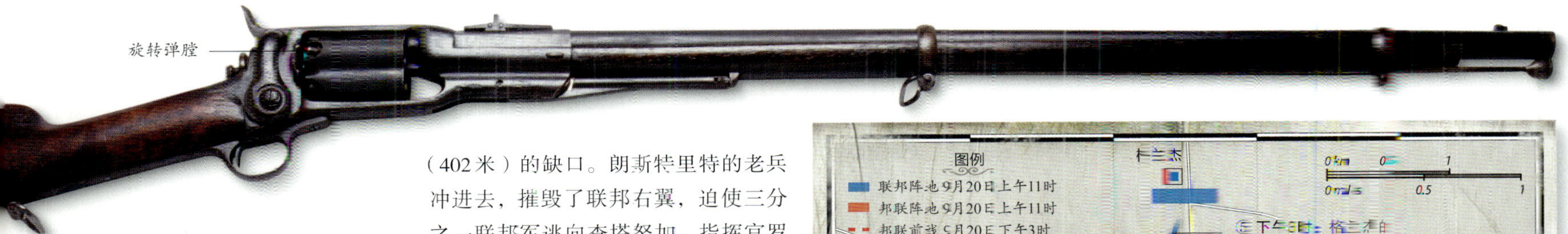

旋转弹膛

科尔特1853式旋转来复枪

这支来复枪由塞缪尔·柯尔特开发，有旋转弹膛，可以提高发射速度。第21俄亥俄志愿团在奇克莫加使用了这支枪。

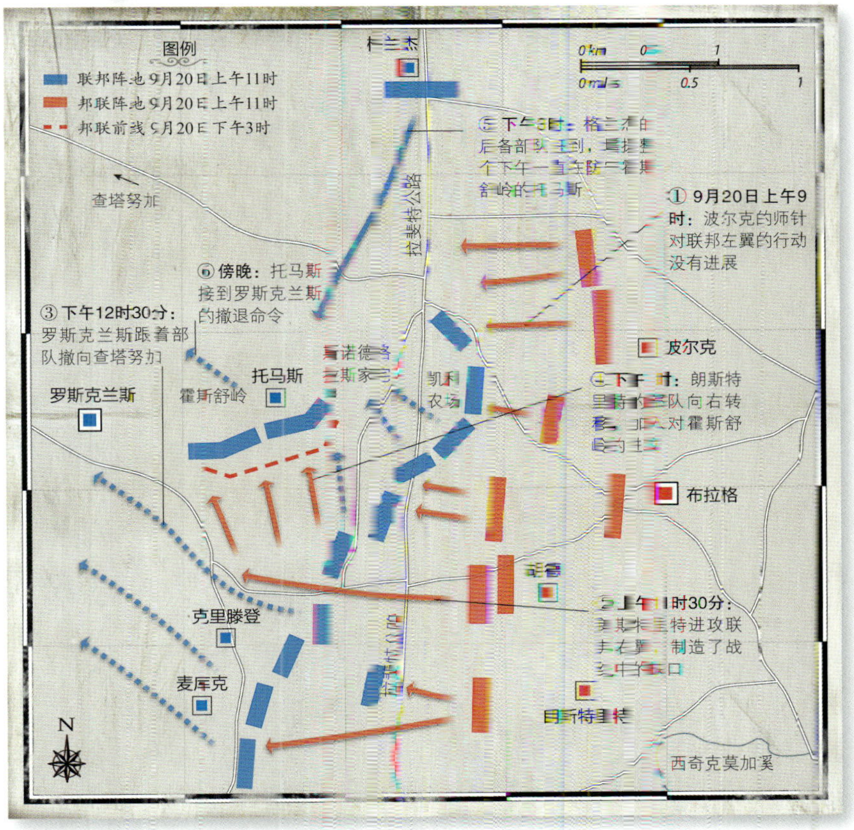

奇克莫加第二天

9月20日，战斗局势发生了变化。这一天，朗斯特里特的部队突破并击溃了联邦右翼。不过，乔治·托马斯的部队在霍斯舒岭勇敢地坚守到了傍晚，战斗也在此时结束。

之后

在奇克莫加之战中，邦联取得了损失惨重的战术胜利，暂时扭转了南北战争西部战区的局势。

惊愕的布拉格和罗斯克兰斯

罗斯克兰斯逃过了毁灭的命运，躲在查塔努加工事后面。朗斯特里特和内森·贝德福德·福里斯特建议布拉格在联邦部队重整旗鼓之前立即进攻，但邦联指挥官在胜利后的震惊和罗斯克兰斯失败后的震惊一样强烈。福里斯特对上级的谨守难以置信，问道：“他打仗是为了什么？”在几周时间里，奇克莫加的战略成果消失了，演变成了消耗性的查塔努加围攻战（见第214—215页），而邦联人的装备不适合围攻。至于罗斯克兰斯，林肯写道，他表现出“慌乱和震惊，就像脑袋被打晕的鸭子一样”。

查塔努加被围攻

奇克莫加之战后，罗斯克兰斯的军队处境奇特：占领南方城市，被邦联军队围攻。到了10月，联邦部队出现食物短缺。布拉格只留下了一条穿越坎伯兰山脉的危险的补给线。如果罗斯克兰斯投降，联邦的攻势将明显放缓。

奇克莫加磐石

当联邦军队在奇克莫加战败时，乔治·托马斯将军的部队掩护其他部队撤进查塔努加。他们坚守高地，直到日落，这使托马斯获得了“磐石”的称号。虽然他输掉了战斗，但他的奋力坚守使坎伯兰军团逃离了毁灭的命运。这幅画选自威廉·D. T. 特拉维斯战后绘制的33幅全景画，整套画作讲述了坎伯兰军团的故事。

卢考特山顶峰
对胡克将军的部队来说，从邦联手中夺取卢考特山绝非易事。他们占领的大部分区域崎岖陡峭，布满了岩石，一些区域还有茂密的树林。

查塔努加战役

联邦将军威廉·罗斯克兰斯的军队被围困在南方查塔努加镇，需要得到解救，否则北方可能会失去此前在1863年夏天获得的优势。负责新的密西西比军区的尤利西斯·S. 格兰特被派去处理这个问题。

10月中，林肯重组了联邦在西部战区的地理指挥结构。新的密西西比军区覆盖阿巴拉契亚山脉和密西西比河之间的所有领土，由尤利西斯·S. 格兰特领导。接到新任务的格兰特前往查塔努加，解除了罗斯克兰斯的职务，将乔治·托马斯任命为坎伯兰军团指挥官。

对于格兰特的到来，一位联邦军官写道：“我们开始看到进展。我们感到一切都是有计划的。”到了10月末，城市里的危机结束了，新的补给线得以建立，谢尔曼领导的1.7万生力军已经赶到。联邦士气得到恢复。反过来，他们的邦联对手虽然仍然占领着俯瞰联邦阵地的高地，但是人数再次处于劣势，并且指挥和士气都出了问题。

联邦在查塔努加的营地
进入城市后，士兵们在扎营时匆忙拆除了许多房屋，以获取柴火和遮蔽材料。在前景中，仍然贴着墙纸的木板组成了围墙的一部分。

卢考特山之战

格兰特准备将邦联军赶下高处的阵地，回归机动战。他的计划很简单：攻击两翼，在中部解决敌人。已被任命为第11和第12兵团指挥官的约瑟夫·胡克少将负责攻击布拉格驻扎在卢考特山上的南翼。托马斯及坎伯兰军团负责在传教士岭对面吸引布拉格的注意力。谢尔曼负责进攻隧道山的北翼。

11月24日，胡克和谢尔曼开始行动。胡克向卢考特山派出三个师。在薄雾的帮助下，他们以伤亡500人的代价赶走了南方守军。第二天上午，下方山谷中的联邦部队看到一面巨大的联邦旗帜在山上飘扬，这使他们备受鼓舞。在向目标行进的过程中，谢尔曼的部队被糟糕的侦察工作引向了错误的地点。他们没有气馁，在11月25日对帕特里克·C. 克利伯恩将军的邦联师发动了猛烈进攻，结果被一次次击退。克利伯恩领导着布拉格军队中最好的师，他的部队没有受到士气低迷的影响，坚守阵地，使谢尔曼的部队伤亡惨重。与此同时，格兰特变得越来越沮丧。在占领卢考特山之后，由于道路和桥梁被毁，胡克无法前进。现在，谢尔曼又停滞不前。

> **“饼干线”** 10月末新建立的查塔努加补给线，其名称来自充当军队主食的硬饼干。

传教士岭

下午2时，格兰特命令托马斯在传教士岭对邦联军中坚部队进行试探进攻，以便为谢尔曼减轻一些压力。格兰特准备进行有限进攻，托马斯却派出了四个师——2.3万人——径直向防守严密的山岭冲去。他们完全有可能重演邦联在葛底斯堡发动的皮克特冲锋的不幸。坎伯兰军团的士兵急于洗刷在奇克莫加的耻辱，冲过三道邦联战壕线，又沿着陡峭崎岖的山坡冲上了顶峰。他们缴获了布拉格的许多大炮，但守军逃往佐治亚北部。看到前进的攻势，指挥部的格兰特和托马斯大惊失色。愤怒的格兰特询问是谁下达了向山岭冲锋的命令，托马斯否认了自己的行为。如果这些人失败，托马斯的军事生涯会立刻终结。不过，他的部队获得了胜利。这一方面是因为山岭基地战壕中的南方士兵不清楚撤退前应该进行多少轮射击，一方面是因为邦联炮兵的位置不佳。

布拉格军队低迷的士气和他们的失败有着很大关系。战斗结束后，布拉格写信告诉戴维斯：“此次灾难没有挽回的余地。我想，让我在此留任指挥官一职肯定是错误的。”两军伤亡相对较轻，但结果是显而易见的：格兰特赢了，打开了进入亚特兰大和南方腹地的道路。

建立“饼干线”
联邦士兵在夜幕掩盖下乘坐平底船从查塔努加向下游漂去，赶走布朗斯渡口的邦联守军。接着，他们搭建了浮桥。这座桥成了新的补给线上的重要一环。

观战
出生于瑞典的图勒·德·图尔斯特鲁普创作了这幅油画，格兰特、托马斯和众参谋正在观看传教士岭上的战斗。

之前

虽然邦联人在奇克莫加获胜（见第210—211页），但他们处于混乱之中。与此同时，联邦领导人正在重整旗鼓，以求挽回战败的损失。

查塔努加的局势

布拉格在奇克莫加战役后丧失斗志，他的主要将领开始抗议，称他不适合担任指挥官。由于朗斯特里特不想亲自指挥军队，布拉格被留任，这使部队士气低落。

布拉格的部队控制了查塔努加以东的高地，联邦方面只能通过一条迂回的道路将物资运到城里，无法为被困的联邦军队提供足够的食物。林肯知道，他必须有所行动。他选择让刚刚在维克斯堡获胜（见第190—193页）的尤利西斯·S. 格兰特来化解危机。

之后

在奇克莫加的失败冲淡了葛底斯堡和维克斯堡的喜悦后，联邦在查塔努加的胜利坚定了北方的决心。

南北反应

南方本准备在下北方关键地区赢得选举的“铜头蛇”们此时产生了怀疑。在南方，9月的乐观被摧毁了。

邦联士气衰落

邦联人目前面临佐治亚北部被占领的可能。同时，约瑟夫·E. 约翰斯顿接管了布拉格的指挥权。

联邦少将　生于1816年　逝于1870年

乔治·H. 托马斯

“美国历史上最伟大的人物之一，美国最伟大的战争英雄之一。”

——尤利西斯·S. 格兰特对托马斯的评价，1870年

乔治·亨利·托马斯是南北战争中的联邦将军，其重要性仅次于格兰特和谢尔曼。他是坚决果断、能力很强的职业军人。托马斯出生在弗吉尼亚州南安普敦县，是九个孩子中的第五个，在中等规模的种植园里长大。

他从西点军校毕业，在42人的班级中排在第12位，其后在佛罗里达、路易斯安那和南卡罗来纳担任各种职务，直到1846年美墨战争爆发。战争期间，托马斯遇到了布拉克斯顿·布拉格。布拉格后来推荐他在西点军校担任炮兵和骑兵讲师。1855年至1860年，托马斯在著名的美国第2骑兵团担任军官，在得克萨斯对抗科曼奇人。

忠于联邦

当弗吉尼亚退出联邦时，人们认为托马斯很可能站在家乡州这边，他却选择忠于联邦军队。第一次布尔溪之战中，他在谢南多厄河谷接受罗伯特·帕特森少将指挥。接着，他被分配到肯塔基训练新志愿兵，并领导他们在1861年1月18日的米尔斯普林斯之战中获胜，为联邦保住了东肯塔基。作为奖励，他得以在唐·卡洛斯·比尔少将的俄亥俄军团担任师长。

中流砥柱

晋升少将的托马斯在夏洛之战中来迟一步，在1862年的科林斯战役中表现出色。当比尔在1862年秋没能及时阻止布拉克斯顿·布拉格对肯塔基的入侵时，托马斯得到了担任军团指挥官的机会，但他拒绝了。从此，他开启了默默尽忠和平稳的军事生涯。在1862年10月的佩里维尔，他是比尔名义上的副指挥官，但没能影响战斗进程。

在西部战区接下来的两场重要战役中，作为联邦军队的副指挥官，托马斯表现出色。在斯通斯河和奇克莫加，他守在后备阵地上，使其他部队得以集结或撤退。在奇克莫加战役之前的塔拉霍马战役中，托马斯领导

乔治·H. 托马斯将军
这位出生于弗吉尼亚的军官坚决果断、考虑周到，能力很强，却回避公众的关注，使他为西部战区最终胜利做出的杰出贡献也被淡化了。

托马斯的军事指挥部

这座位于斯诺德格拉斯山上的小木屋在奇克莫加之战的最后阶段成了托马斯的指挥部。他在此次战斗中指挥部队坚守，击退了邦联的一次次进攻。

> “（他）认为士兵的生命是一种神圣的托付，不能随意弃置不顾。”
>
> ——亨利·范内斯·博因顿中校，他曾于1863年在托马斯手下作战

了联邦的前进。在1863年11月的查塔努加，由他直接指挥的坎伯兰军团席卷了传教士岭的邦联工事，为尤利西斯·S.格兰特赢得了胜利。

在谢尔曼将军1864年的亚特兰大战役中，托马斯的坎伯兰军团占据核心地位。他领导的后勤、情报和参谋工作在对约瑟夫·E.约翰斯顿的进攻中具有重要意义。后来，在7月20日的皮奇特里溪，在邦联为亚特兰大解围的第一次尝试中，是托马斯阻止了约翰·贝尔·胡德。

当胡德向北移动，欲切断谢尔曼在田纳西的补给和交通线时，托马斯被派去阻止他。11月30日，在富兰克林，托马斯指挥约翰·M.斯科菲尔德击退了胡德的进攻，赢得了在纳什维尔集中所有可用部队的时间。为集结部队，托马斯等了很长时间，格兰特失去了耐心，开始向西移动，准备亲自干预，但托马斯控制了局面。当潮湿的地面干到足以成功发动进攻时，他在激烈的二日战斗中对胡德发起了袭击，几乎摧毁了邦联田纳西军团。此次胜利之后，托马斯有了“纳什维尔铁锤”的称号。

光荣榜

这份交给直系亲属的证书承认了坎伯兰军团牺牲者的贡献。六个南北战争中的场景展现了战争动员、战斗场面和亲属的悲伤。

回避政治

托马斯是重建阶段的重要将领，他获得了“获释奴隶之友”的名声。他拒绝晋升为中将，知道参议院必定会确认此次任命，赋予其政治色彩。为此，他在1870年中风去世前烧掉了个人文件。

时间线

- 1816年7月31日　出生于弗吉尼亚州南安普敦县一个小种植园里，家中有九个孩子。
- 1836年　进入西点军校。在校期间与威廉·特库姆塞·谢尔曼成了朋友。
- 1840年　从西点军校毕业，被授予少尉军衔，分配到第3炮兵团。
- 1841—1842年　在塞米诺尔战争中表现出色。
- 1843—1847年　被派往麦克亨利堡和新奥尔良等堡垒和军事设施。
- 1847年　美墨战争期间，在蒙特雷和布埃纳维斯塔参与作战，晋升为名誉少校。

[illegible]塔之战

- 1851—1853年　在西点军校担任骑兵和炮兵讲师，与弗朗西斯·卢克丽霞·凯洛格结婚。
- 1855年　在尤马堡服役，晋升为正规军少校。后来被派往得克萨斯第2骑兵团，在阿尔伯特·S.约翰斯顿上校和罗伯特·E.李中校手下服役。
- 1861年　在弗吉尼亚退出时选择忠于联邦。先后晋升为上校和准将。在谢南多厄河谷服役，随后被调到西部的肯塔基。
- 1862年1月　在米尔斯普林斯之战后晋升为少将——这是联邦在西部的第一次决定性胜利。
- 1863年1—10月　在斯通斯河之战结束后指挥第14兵团，领导塔拉霍马战役。接替罗斯克兰斯，成为坎伯兰军团指挥官。
- 1864年　领导坎伯兰军团参与谢尔曼向亚特兰大的进军。亚特兰大陷落后，阻止胡德进入田纳西，并在纳什维尔取得决定性胜利。
- 1865年　战争结束时，作为占领军指挥官留在田纳西。
- 1870年3月28日　于旧金山过世。他在最后几年担任了太平洋军区司令官。

华盛顿的托马斯纪念碑

战争中的铁路

铁路改变了战争模式。南北战争巨大的地理范围意味着铁路是快速运输兵力的唯一现实途径。陆军后勤再也不能仅仅依赖货车和公路。

之前

到1860年，美国有大约3万英里（48 280公里）铁轨，其中大部分为十几家著名公司所有。

北方的发展

新的发动机设计每年都在提升机车功率及载重能力。在北方，工业和人口中心需要快速运输，银行也想投资基础设施，因此出现了铁路的扩张和繁荣发展。

南方的铁路

南方的铁路主要用于将棉花等经济作物从种植园运输到沿河仓库和海港。不同线路的轨距常常不兼容，机车也短缺。大部分铁路不穿越州界和河流。

技术

铁轨优势

联邦的胜利显然建立在铁路之上。北方指挥官不仅可以用铁路将重炮运往和运出战斗区域，而且创造了移动式“铁路炮队”（上图）——即装在平车上的重炮，常常由装甲保护。和马拉炮车不同，铁路炮队可以在移动时射击。

北方的铁路技术和战略优势对其胜利至关重要。1864年，威廉·T. 谢尔曼将军之所以能够考虑向亚特兰大进军，完全是因为他拥有铁路优势，尽管邦联骑兵会对联邦铁路发动突袭。尤利西斯·S. 格兰特将军的彼得斯堡围攻战也高度依赖联邦军用铁路局的高效运行。

战争第一年，林肯政府就意识到了支配北方铁路的必要性。1862年1月31日通过的《铁路和电报法案》为林肯总统提供了将任何铁路国有化并强令其设备或人员为联邦服务的全部权力。战争部没有浪费时间，立即在2月成立了联邦军用铁路局，林肯将有铁路管理经验的丹尼尔·C. 麦卡勒姆任命为该部门领导。麦卡勒姆和联邦军用铁路局联系私营公司，协调了所有铁路需求。他们还修理和利用了被损毁的南方铁路，建立和运行军事线路。

21 276

1861年战争开始时联邦州的铁轨英里数（34 240公里），而邦联州只有9000英里（14 500公里）。

协助麦卡勒姆完成任务的官员中，最著名的是出生于德国的赫尔曼·豪普特，他是联邦军用铁路局在弗吉尼亚的建设维护主管。在1862年和1863年的大部分时间里，豪普特用铁路为多支联邦军队提供了物资。第二次布尔溪之战中，“石墙”·杰克逊将军摧毁了弗吉尼亚北部的一座重要桥梁，使联邦的补给工作暂时瘫痪。豪普特领导由铁路工人、工程师和逃亡奴隶组成的团队在两周时间里修好了桥梁，而他们只用了原木和小树。这一成就使林肯发出了感叹：“我见到了人类所见过的最了不起的建筑。豪普特造了一座桥……载货列车每个小时都从上面驶过。我敢说，绅士们，建那座桥只用了竹竿和玉米秆。”

克服困难

对南方来说，在邦联的短暂生命期内，建设和运行铁路的历史由最初的成功和后来的持续恶化构成。和林肯一样，杰弗逊·戴维斯总统意识到了铁路将会发挥的作用。1862年12月，邦联战争部将威廉·M. 沃德利上校任命为“邦联所有铁路”的主管。

在1863年下半年以前，在原材料和工厂长期匮乏的情况下，沃德利及其继任者弗雷德里克·W. 西姆斯对线路和设备进行了出色的修复。1861年7月，约瑟夫·E. 约翰斯顿将军在谢南多厄河谷通过铁路运送一支部队，及时参与了第一次布尔溪之战。1862年春，阿尔伯特·S. 约翰斯顿将军在夏洛之战前利用密西西比、路易斯安那和亚拉巴马的铁路集结军队。1862年7月，布拉克斯顿·布拉格将军在两周时间里通过铁路将3万多人从密西西比州调到查塔努加。这种迅速转移使布拉格得以在当年秋季进攻肯塔基。

一年后，许多重要铁路的终点站被联邦控制。1864年，更多车站被占领，包括亚特兰大的重要铁路枢纽。这在事实上削弱了南方使用铁路的能力，为联邦军队提供了更多调配部队并取得决定性胜利的机会。

移动迫击炮

1864年至1865年，联邦部队用这门装在列车上的13英寸（330毫米）迫击炮——绰号“独裁者”或“彼得斯堡快车”——在2.5英里（4公里）外对邦联把守的彼得斯堡镇进行了轰炸。

线路维修

1863年1月末斯通斯河之战结束后，联邦劳工在田纳西州默夫里斯伯勒附近的铁轨上工作。他们需要从纳什维尔新建一条铁路，来支持联邦陆军继续前进。

之后

到南北战争结束时，北方新建了4000英里（6440公里）铁路，南方只建设了400英里（644公里）铁路。

钢铁网络

联邦军用铁路的巨大网络覆盖了16条东部铁路和19条西部铁路。这些铁路上运行着419辆机车，牵引着6330节车厢。

铁路业在战争时期的发展为战后愿意将生计赌在这些“钢铁之马”上的企业家创造了投资机会。科尼利厄斯·范德比尔特、安德鲁·卡内基和安德鲁·梅隆等著名人物都对铁路进行了大量投资。其中，1869年完工的横贯大陆铁路将太平洋沿岸各州与美国其他地区联系了起来。

过桥

这台位于费城的诺里斯机车厂1862年为联邦军用铁路局制造的“萤火虫”号机车正驶过弗吉尼亚奥兰治和亚历山大铁路上的一座桥梁。

通信

南北战争期间，电报系统改变了指挥和控制程序。联邦和邦联都在越来越多地使用这种新技术，但北方可以更有效地驾驭它。旗语和灯光传信系统在战场上也被使用。

之前

在之前的战争中，指挥官依赖人力传递消息。到了南北战争爆发时，人们已经可以用有线电报发送消息了。

驿马快报

战前的电报技术

电报在1861年并不是新技术，人们从19世纪40年代就已开始使用。电报可以用特殊编码长距离发送消息。战争爆发时，美国已有超过5万英里（80 467公里）的电报线，并有1400个站点和1万名员工。著名的驿马快报成立于1860年4月，在东西海岸之间提供快速邮政服务。1861年秋完工的横贯大陆电报线迫使驿马快报停业。

和铁路类似，几乎所有电报基础设施和投资都分布在北方各州，只有大约10%分布在南方。不过，南方仅有的资源立即得到了使用。

线路维修
一名电报公司员工正在执行修理线路的重要任务。这项工作很危险，常常需要顶着敌人的炮火，或者在敌方游击战士的行动区域进行。

紧随联邦和邦联军队建立的还有电报系统。人们通过必要的电线杆和电报线与前线交流信息。远离战场的总司令可以直接控制军队的行动甚至战术，及时了解最新的重要进展。亚伯拉罕·林肯总统和杰弗逊·戴维斯总统都大量使用电报，以便与主要野战军的指挥官保持密切联系。指挥官则开发了密文和密码，以便发送和接收秘密消息。双方在战争期间都发展了窃听和密码破解能力，但是由此收集的信息很少带来决定性的军事成果。1861年10月，林肯政府成立了联邦军用电报部门。

联邦电报部门

联邦军用电报部门最初依赖民间公司，由军需部控制。电报服务由文职人员负责，其中大多数是战前主要电报公司的员工，还有相当多的女性。该部门本质上是民间组织，因此军人的领导导致了摩擦。乔治·米德少将常常批评该部门电报员漫不经心的态度，比如偶尔会在战役的重要时刻回家休息。到了1864年，该部门起用了足够多的受过培训的员工，以维持连续的服务。在围攻彼得斯堡时，

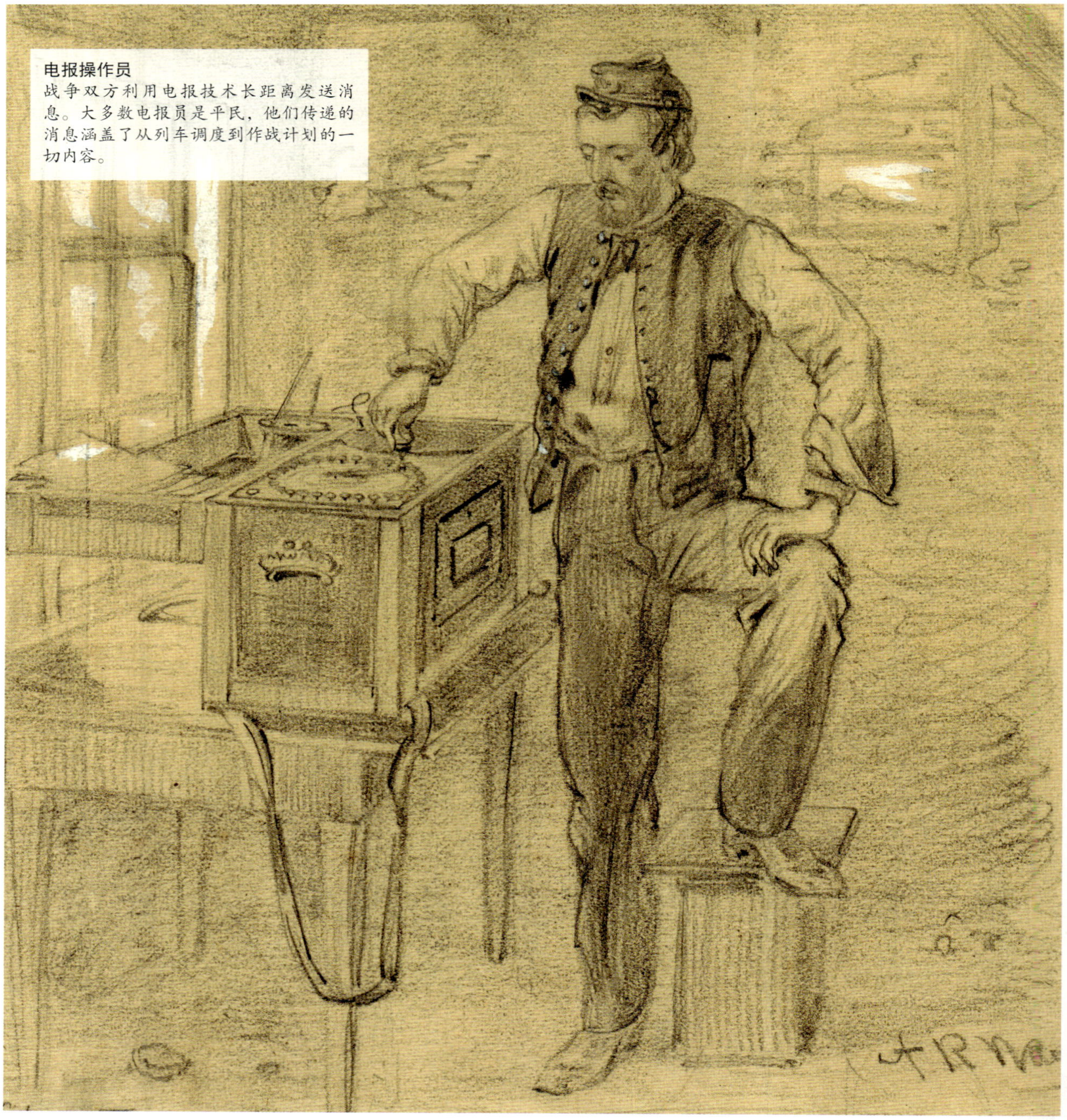

电报操作员
战争双方利用电报技术长距离发送消息。大多数电报员是平民，他们传递的消息涵盖了从列车调度到作战计划的一切内容。

夜灯
一名通信兵用煤油灯把在夜间传送信号，通过前后移动火把发送消息。他旁边一人在观察对方的回复。

尤利西斯·S.格兰特将军与首都华盛顿和在南方各地行动的下属之间的通信几乎没有断过。

邦联电报业务

战前，有两家民间公司在南方运营，其中之一就是美国电报公司。该公司南方分支的经理是威廉·S.莫里斯博士。1862年，邮政管理局局长约翰·H.里根任命莫里斯为“邦联代理人”，负责管理南方所有军用电报线路。莫里斯和里根分担职责。

15000
南北战争期间，北方在原有商业系统之上新建的电报线英里数（24000公里）。

战争前三年，通过电报，杰弗逊·戴维斯与主要将领保持着密切接触，尽管其中一些人不喜欢在莫里斯和里根的监视下通信。例如，P. G. T. 博勒加德围绕查尔斯顿防线建立了自己的电报系统。邦联的电报故障主要是由供应短缺和敌方突袭造成的。

当邦联的命运开始走下坡路时，南方电报操作员努力应对挑战，使线路保持运转。在谢尔曼将军向大海进军期间，佐治亚的代理人建议：“保证你们的办公室随时有人。如果需要撤退，请保持冷静，在撤退时集合操作员、设备和物资。”

战场上的信号

1856年，阿尔伯特·J.迈尔中尉创造了一种“摇摆”信号系统，先于电报得到使用。传信者站在平台上，前后摇摆一面旗帜（在夜间是火把），代表不同字母。到了1861年，这个系统被联邦陆军采纳，迈尔成了联邦通信兵的创始人。南北双方在军队各指挥层级安排了通信官，主要负责协调战场上和行军过程中的通信，因为电报在这种场合用处不大。在邦联，通信兵还在夜间充当偷渡者的向导，在主要港口的入口点燃火把，并且充当军事情报收集者，尤其是在弗吉尼亚。

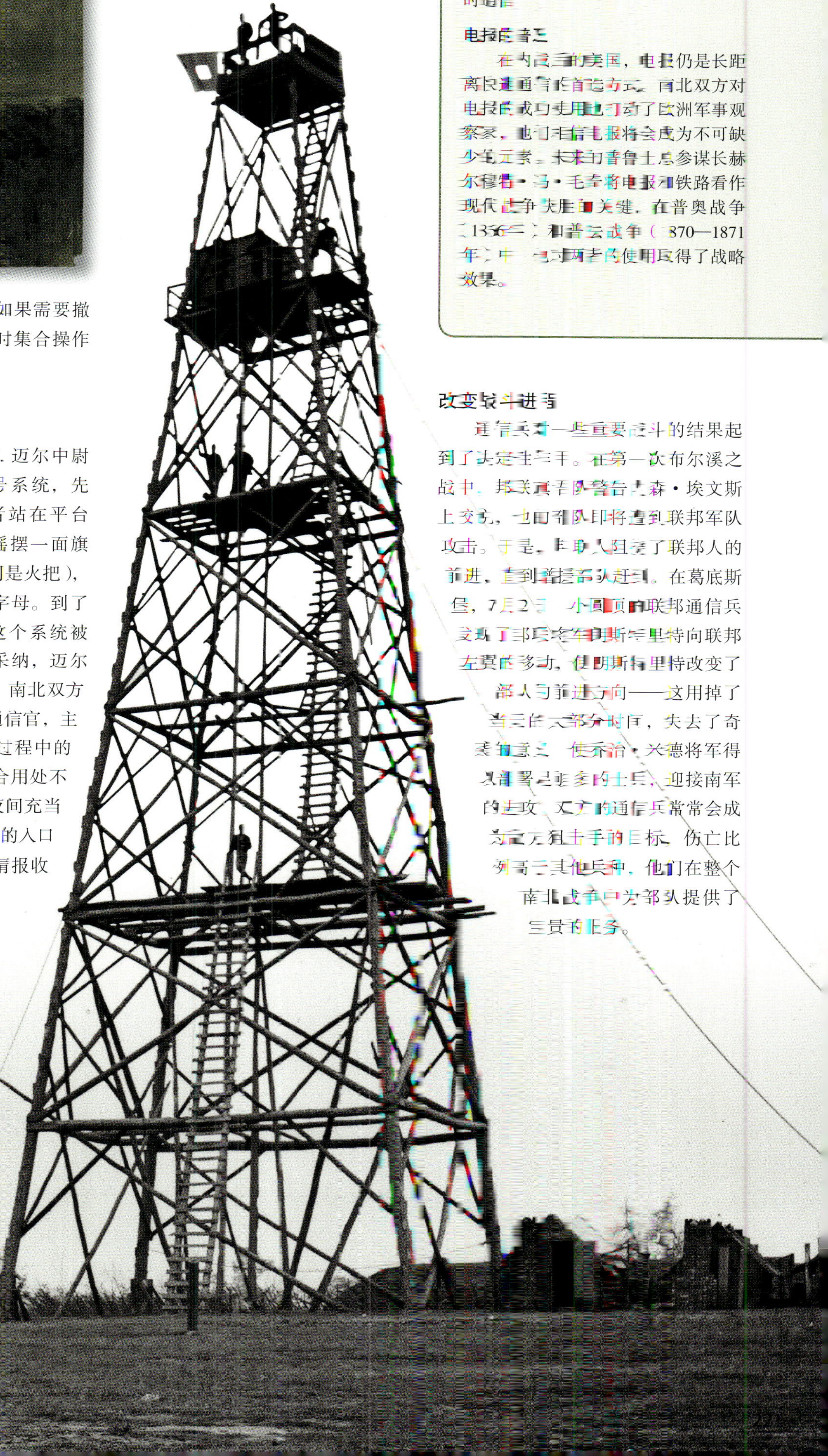

电报塔
弗吉尼亚州阿波马托克斯河附近联邦阵线左侧，在百慕大亨德勒德电报塔工作的通信兵。这些高塔用于发送短距离电报。

之后

未来战争开始依赖电报提供的即时通信

电报的普及

在内战后的美国，电报仍是长距离快速通信的首选方式。南北双方对电报的成功使用也打动了欧洲军事观察家，他们相信电报将会成为不可缺少的元素。未来的普鲁士总参谋长赫尔穆特·冯·毛奇将电报和铁路看作现代战争获胜的关键。在普奥战争（1866年）和普法战争（1870—1871年）中，他对两者的使用取得了战略效果。

改变战斗进程

通信兵对一些重要战斗的结果起到了决定性作用。在第一次布尔溪之战中，邦联通信兵警告内森·埃文斯上校说，他的部队即将遭到联邦军队攻击。于是，邦联人阻挡了联邦人的前进，直到增援部队赶到。在葛底斯堡，7月2日，小圆顶的联邦通信兵发现了邦联将军朗斯特里特向联邦左翼的移动，使朗斯特里特改变了部队的前进方向——这用掉了当天的大部分时间，失去了奇袭的意义，使乔治·米德将军得以部署更多的士兵，迎接南军的进攻。双方的通信兵常常会成为敌方狙击手的目标，伤亡比例高于其他兵种。他们在整个南北战争中为部队提供了宝贵的服务。

C. Schussele
Philada. 1862.

那个时代的伟大发明家

这幅美国发明家群像由克里斯蒂安·舒塞勒在1862年绘制，标题为《进步者》。一些人带来的科技进步改变了战争性质。枪支制造家塞缪尔·柯尔特站在左边第三个位置上，装甲舰"莫尼特"号设计者约翰·埃里克森出现在中间圆桌的右边。而画的中心留着白色长发、坐在主位上的人是电报发明者塞缪尔·摩尔斯。

夺回马车队
联邦骑兵夺回了莫斯比突击队抢走的马车队。游击队和游骑兵在敌人战线后方行动，将对地形的熟悉发挥到了极致。

《 之前

美国历史提供了许多成功的反叛和平叛案例，指导和鼓励着南北双方。

独立战争

在美国独立战争中，弗朗西斯·马里恩（著名的“沼泽之狐”）、托马斯·萨姆特和丹尼尔·摩根等非正规军战士领导部下对英国补给纵队和孤立前哨进行了反复而成功的“打完就跑式”袭击。

因此，游击式战争的先例得到确立，尤其是在南方。美国人在金斯芒廷和考彭斯通过有效的游击战术大败英国和保皇派正规部队的记忆长期存在于南方人的脑海中。同样，他们也没有忘记各种游击行动领导者的功绩。

墨西哥战争中的平叛经验

美墨战争（1846—1848年）期间，美国陆军正规部队进行了多次对游击队的打击和维稳行动，虽然没有形成惯例，但仍然为对抗非正规军的威胁提供了先例。关于如何应对武装反叛以及藏匿反叛分子的平民，温菲尔德·斯科特将军做出了一系列指示，有效消除了大部分墨方非正规军的抵抗。

游击队和游骑兵

除了正规战斗，南北战争还伴随着针对军事和民间目标的许多小规模突袭行动。这类行动常常与强盗行径没有区别，引发的报复更恶劣，成为战后很长时间里许多地区的痛苦记忆。

当联邦军队占领南方部分地区时，南方非正规军立即开始反抗。这些战士利用过往战争的记忆、对当地环境的熟悉以及对所有袭击位置和隐藏地点的了解，主要对孤立的守备部队和补给区域发动闪电突袭。他们很少穿军装，很容易消失在平民之中。

林肯政府起初建议对被捕的非正规军和包藏他们的平民保持容忍和友善，重建他们对联邦政府的忠诚和信任。

在晋升为波托马克军团领导者之前，乔治·B.麦克莱伦少将劝告西弗吉尼亚的所有部队“尽一切努力与人民和解，加深他们对联邦的感情”。他还说：“你们来到这里是为了保护，而不是毁灭。不要带走任何东西，不要破坏任何东西……尊重个人发表意见的权利。”

一名游击队员的面孔
阿尔弗雷德·沃德笔下的游击队员表情严厉，戴着宽边软帽，蓬头垢面暗示了他的生存状态。破坏联邦事业、保护南方自治的热情是他的动力。

总体而言，这些政策以及林肯赦免被判死刑的游击队战俘的倾向没有产生安抚地方非正规军的效果，反而使他们更加大胆，这是联邦的不幸。即使联邦守军重建被毁的南方基础设施，为穷人提供食物并管理瘫痪的市政机关，他们在当地群众中培养出来的好感也常常会被游击队驱散，因为游击队会对与联邦部队合作的平民施加恶毒的报复。

当联邦军官在弗吉尼亚、田纳西和密西西比部分地区与邦联军队展开拉锯战，占领、撤离并夺回一些地方时，遇到的情况尤其严重。正如本杰明·巴特勒将军1862年所说：“占领任何地方都是很残酷的，除非我们派武装部队坚守在那里。当我们占领一个地方时，好心人都会对我们表示善意和良好的祝愿；而当我们离去时，少数恶棍就会到来，虐待每一个没有对扬基佬怒目相待的人。”

洗劫劳伦斯

在1863年对劳伦斯的突袭中，匡特里尔的部下不仅烧毁了大多数建筑，杀死了男人，还抢劫了银行。袭击者中包括未来的逃犯科尔·扬格和弗兰克·詹姆斯。

血腥的密苏里

同样的问题在边缘州密苏里最为明显。该州既有极端分离主义飞地，又有支持联邦的社区，后者得到了忠于联邦的堪萨斯民兵和联邦占领部队的支持。在一场不是正规军事行动的小型内战中，双方都实施了极其野蛮的暴行。

1200

据说，截至1864年下半年，有1200名联邦士兵被约翰·莫斯比的游骑兵俘虏、打死或打伤，尽管莫斯比的部队从未超过400人。

臭名昭著的游击队领导人威廉·C. 匡特里尔手下一些人的姐妹和妻子在被联邦当局监禁时死去，愤怒的匡特里尔召集了他能找到的密苏里所有邦联游击组织，率领450人对堪萨斯州的自由土壤派城镇劳伦斯发动了报复性突袭。1863年8月21日，匡特里尔及其部下深入联邦领土，抵达了这座无人保护的小镇。他下令：“杀死每个男人，烧掉每座房子。”三小时后，182具成年男人和男孩的尸体躺在地上，185座房屋被夷为平地。联邦支持者没能追踪到许多参与者，而是报复性的杀死了更多平民，烧掉了更多民宅。在密苏里，南北战争是针对平民的战争。

应对邦联游击队的难度加大，联邦军官开始越来越多地用自己的方式解决问题。摧毁联邦财产的游击队员常常会被当场击毙，被捕的非正规军人常常“在试图逃跑时”被杀。不忠诚的平民被列入黑名单，其自由受到限制。

南方平民和非正规军人受到的对待越来越多地取决于当地联邦指挥官的判断。1862年下半年，战争部开始效仿这种做法，称所有南方游击队是“人类共同的敌人，不管在哪里发现他们，我们都应该追捕并击毙他们，无须承担职责”。

利伯守则

北方措施的强硬化有两个产物：一个联邦行为准则和一个新的邦联混合兵种。前者由法律专家弗朗西斯·利伯制定，被称为“利伯守则”，并以“第100号通令”的形式转变为联邦陆军准则。它将南方非正规军分为游骑兵、游击队、“叛逆者”和伏击者四类，并对如何处理每一种人提出了行动建议。利伯建议：游骑兵和游击队员当作战俘处置，另外两个群体无视战争规则，不穿军装，可以被严厉对待。这些官方原则认可了当地联邦军官的平叛工作，是政府第一次通过发布文件规定军队对非正规军和南方平民的处理办法。

第二个产物是1862年春正式成立的邦联游骑兵部队。杰弗逊·戴维斯和罗伯特·E. 李意识到在敌人战线后方独立行动并听从正规军命令的准军事部队的价值。其中最著名的是约翰·S. 莫斯比上校的弗吉尼亚游骑兵。它给北弗吉尼亚的联邦当局带来了巨大恐慌，这一地区甚至被称为“莫斯比邦联”。莫斯比反复袭击巴尔的摩和俄亥俄（B&O）铁路，攻击联邦马车队，杀掉了几千名履行守卫职责的联邦士兵。莫斯比的活动令尤利西斯·S. 格兰特极受困扰。1864年，他下令在未经审判的情况下将莫斯比的所有被捕部下绞死，违反了利伯守则的精神。

> “桀骜不驯的莫斯比再次上马，沿途制造惊愕和恐慌。”
>
> ——《里士满拦截者报》1864年10月18日

邦联骑兵军官（1833—1916）

约翰·S. 莫斯比

莫斯比在战争早期是传统骑兵，是杰布·斯图尔特的助手。作为精明的情报收集者，他很快出了名，给罗伯特·E. 李留下了深刻印象，因此被任命为弗吉尼亚骑兵第43营指挥官，该营很快被称为“莫斯比游骑兵”。作为出色的战术家，莫斯比熟悉北弗吉尼亚的所有小路和藏身之所，受到了部下和当地平民的喜爱，一些平民因为他的活动被联邦报复。他最大胆的事迹是捉住正在睡觉的联邦将军爱德温·斯托顿，一巴掌将他拍醒。莫斯比在战争中幸存，成了共和党人，与尤利西斯·S. 格兰特成了朋友。

之后

联邦强硬的反游击行动反映了格兰特和谢尔曼的命令。在一些地区，这些行动共同埋下了仇恨和犯罪的种子。

科尔·扬格，铁路强盗

从游击队员到逃犯

当邦联军队投降时，许多游击战士变成了罪犯，比如詹姆斯兄弟和科尔·扬格。另一些人加入了三K党（见第340—341页）。

持久的仇恨

南北战争结束很久以后，许多南方社区仍然对扬基佬怀有极大的仇恨。在非正规战争最激烈的地区，这种仇恨持续时间最长，阻碍了和解。

印第安领地和得克萨斯的行动

虽然西部各州和各领地的战斗很激烈，但是规模比东部小得多。联邦在这些地区没有取得压倒性胜利。

美洲原住民战士

南北战争中，来自印第安领地的美洲原住民部队有的为南方作战，有的为北方作战，导致部落割裂，相互对抗。这些部队以英勇无畏的马上枪战著称。

之前

得克萨斯和阿肯色宣布支持南方，而密苏里是战前许多冲突的焦点。其他领地的归属不尽相同。

印第安领地

印第安领地（现在的俄克拉何马）主要由东部美洲原住民部落占据，他们在19世纪30年代被迫迁移到这里。战争爆发时，各部落大多数站在邦联一边。他们相信，南方的独立是他们提高自主性的最佳机遇。

皮里奇之战

1862年3月7日，联邦军队在皮里奇击溃了人数占优的邦联部队。北阿肯色人常称之为西部的葛底斯堡之战。

皮里奇之战

同西部和东部战区相比，包括得克萨斯、阿肯色、印第安领地、密苏里和堪萨斯在内的跨密西西比地区并没有发生那么多正规战斗。不过，这一区域的军事情况影响着北方和南方的士气，从而影响政治局势。邦联在该地区的支配地位对亚伯拉罕·林肯来说意味着政治灾难，若联邦掌握控制权则可能阻碍甚至严重破坏反叛州的独立斗争。

28 700
在联邦或邦联军队服役的美洲原住民人数估计值。

皮里奇和普雷里格罗夫

联邦在皮里奇的胜利打开了征服阿肯色大部分地区的通道，挫败了邦联在跨密西西比地区的战略构想。1862年晚春，厄尔·范多恩将军被击溃的军队转移到密西西比河东侧。此时，阿肯色对联邦军队门户大开。在该州北部参与了最初的一些小规模冲突之后，联邦将军詹姆斯·G.布伦特向南推进。1862年12月7日，在普雷里格罗夫，他的小型军队击败了托马斯·C.欣德曼手下匆忙建立的邦联部队。

邦联的反应

杰弗逊·戴维斯对于密苏里和阿肯色的一系列失败非常失望，他在1863年春重组了跨密西西比军区的指挥结构，将总指挥权交给了艾德蒙·卡比·史密斯将军。然而，在史密斯聚集起足以挑战联邦人的兵力之前，联邦部队已经在向阿肯色首府小石城进发。

布伦特将军率领3000人于1863年4月进入印第安领地，在联邦1861年短暂占领过的吉布森堡重新建立了据点。部队重新配备武器，计划向小石城进军，这是以阿肯色首府为中心的钳形战略的一部分。不过，邦联人不会给他这个机会。在吉布森堡西南大约20英里（32公里）的邦联军前哨基地哈尼斯普林斯，道格拉斯·库珀准将集结了大约6000人的部队，只等另外3000人一到，就要对布伦特发动进攻。库珀的部队中只有75%的人有能用的火器，其中许多是旧式滑膛枪。而且，他们只有四门大炮。但得克萨斯骑兵以及库珀的查克托团和奇克索团士气高涨，做好了战斗准备。布伦特已经意识到两支邦联部队合兵的危险，于是在7月17日抢先对库珀发动了进攻。布伦特与对方的人数比例为一比二，他的部队由一个黑人团、一些联邦主义美洲原住民部队以及来自中西部的白人团组成。正如一位历史学家所说，这是“第一个彩虹联盟”。布伦特的部队几乎全部配备了斯普林菲尔德线膛鸟铳，并且有精良的炮兵。战斗前半段持续了四个小时，联邦军队的技术优势被邦联兵力和地形因素抵消了。到了中午，堪萨斯第1有色人种步兵团对邦联阵线中部的猛攻迫使缺少大炮的邦联炮兵撤退，库珀的其他部队也随之撤退。

詹姆斯·G.布伦特将军

作为战前著名的废奴主义者，布伦特在1861年帮助联邦征召了美洲原住民团，并于1862年10月带领他们在梅斯维尔取得胜利。

虽然哈尼斯普林斯之战是印第安领地上规模最大的战斗，但伤亡率很低——联邦损失了不到200人，邦联伤亡不超过600人。联邦的胜利几乎确保了对小石城的占领。大约七周后，9月10日，阿肯色首府在联邦的另一半钳制行动中陷落。阿肯色的四分之三区域已牢牢被北方掌握。

哈尼斯普林斯之战还在战争的敏感时刻展现了北方黑人部队的战斗力。布伦特在报告中高度赞扬了堪萨斯第1团。遗憾的是，这个团的事迹注定要湮没在历史中，不被北方公众关注，因为马萨诸塞第54团对南卡罗来纳州瓦格纳堡的进攻就发生在一天后。

萨宾帕斯之战

联邦在得克萨斯也发动了进攻，于1862年10月占领了重要港口加尔维斯顿，却在1863年1月1日奇迹般的邦联反攻中失守。在新奥尔良指挥联邦部队的本杰明·巴特勒少将决定夺回这座港口。

9月7日，4艘炮艇、19艘运兵船和5000名蓝衣士兵抵达萨宾帕斯附近，准备从海上接近加尔维斯顿。俯瞰河口的堡垒里只有47名南方炮手，他们在前几个月为了打发时间进行了射击练习，每门大炮都对准了得克萨斯海峡中的指定标靶。练习带来了回报。邦联指挥官耐心等待炮艇前进，在它们刚好经过标靶时突然命令六门大炮开火。联邦舰艇连续被炮弹直接命中，前两艘炮艇失去了行动能力，挡住了河道。

扬基佬没有在另外的地点实施步兵登陆，他们被猛烈的防御火力震慑住了。其余舰艇调转方向，驶回了新奥尔良。杰弗逊·戴维斯和邦联国会称赞萨宾帕斯之战是一次辉煌的胜利，通过宣扬它的意义来恢复南方低

特拉华侦察兵
绝大多数特拉华人在战争中支持联邦，充当军队的侦察兵。虽然他们最初来自东部，但是到了1860年，大多数特拉华人已经移居印第安领地。

迷的士气。他们给每名炮手颁发了一枚特别奖章，纪念他们英勇的防守。加尔维斯顿最终成了战争结束时唯一仍然处于邦联控制下的南方重要港口。

之后

得克萨斯大部分地区在战争结束时仍然由邦联占领。该州宝贵的东部地区生产棉花和粮食，将奴隶制一直维持到了1865年。

雷德河战役

林肯政府对萨宾帕斯的失败感到失望，决定夺回东得克萨斯，控制路易斯安那三角地区，因此授权军队1864年春进攻路易斯安那西北部。来自阿肯色和新奥尔良的两支联邦军队在什里夫波特会师，由于领导不力和邦联的坚决抵抗被迫撤退。

密苏里和印第安领地

两个地区在事实上被联邦部队占领，直到战争结束，尽管斯特林·普赖斯将军1864年对密苏里的突袭在短时间里将联邦部队赶走。不过，两个地区都爆发了激烈的游击战，使邻居和亲属反目为仇。

> “他们像老兵一样战斗……他们的战线没有缺口……据我所知，他们的冷静和勇敢从未被超越。”
>
> ——詹姆斯·G. 布伦特少将，对堪萨斯第1有色人种步兵团的评价

第二次加尔维斯顿之战
战斗中，联邦军舰“韦斯特菲尔德”号搁浅后被己方炸毁，以免为对方所用。由于爆炸发生得太快，乘坐救生艇逃离的伦肖舰长及船员身亡。

亲历者　1863年11月19日

葛底斯堡演讲

1863年11月19日，亚伯拉罕·林肯总统发表了简短的演讲——很快成了美国历史上最著名的演讲之一。这段在葛底斯堡国家公墓落成典礼上发表的两分钟的讲话，被称为葛底斯堡演讲。

“八十七年前，我们的祖先在这片大陆上建立了一个新国家，它以自由为构想，以所有人生而平等的观点为目标。现在，我们正在参与一场伟大的内战，它考验着这个国家或者任何具有同样构想和目标的国家能否长期存在。我们在这场战争的伟大战场上集会。我们来到这里，将这个战场的一部分作为为国家在此献出生命的人们的长眠之地。我们这样做完全是合适而恰当的。

“不过，从更大的意义上说，我们不能献出这片土地，我们不能将其神圣化。真正将它神圣化的是曾在这里战斗过的活着和死去的勇士，我们渺小的力量远远无法对其进行增减。世界几乎不会注意到或者长期铭记我们在这里的言论，但它永远不会忘记勇士们在这里的功绩。不如说，在这里，需要献身的是我们生者，我们应该献身于在此战斗过的人以崇高精神推进到目前这种状态的未完成的工作。在此，我们应该献身于留在我们面前的伟大任务——在光荣牺牲者的激励下，我们要更多地专注于令他们鞠躬尽瘁、死而后已的事业——我们在此下定决心，一定不能让逝者白白牺牲——这个在上帝保佑下的国家将获得自由的新生——属于人民、源于人民、为了人民的政府将不会从地球上消失。”

——亚伯拉罕·林肯，葛底斯堡国家公墓落成典礼，1863年11月19日

“此刻，亚伯拉罕·林肯是美国人民的偶像。他在葛底斯堡的一举一动都会迎来暴雨般的掌声。任何像我一样看到这个情景、听到这些掌声的人都会知道，他活在每个人心中。这不是冷淡、模糊、客套的礼节性回应——而是喜悦的疯狂倾泻……每个人都知道，眼前这个人生活中的每一个行为和心脏的每一次跳动都是真诚、真实而坦率的。”

——选自北方公共建筑总干事本杰明·布朗·弗伦奇的日记

不朽的演讲
在林肯讲话结束后，作为当天主讲人的雄辩家爱德华·埃弗雷特发表了两个小时的演讲。不过，随着时间的推移，总统（中间，视线向下，没戴帽子）的精彩发言变得更有意义。

5

格兰特、谢尔曼和总体战

1864年

联邦终于有了整体战略，给邦联施加了巨大压力。到了年末，弗吉尼亚和佐治亚大片地区沦为废墟，一支重要的邦联军队在纳什维尔被摧毁，另一支军队被死死围困在彼得斯堡的战壕中。

《决定性的战斗
1864年末，乔治·T. 托马斯的联邦部队据守着纳什维尔，约翰·贝尔·胡德的田纳西军团则在南边的高地上挖掘战壕。等来合适的时机的托马斯从城市的工事里一跃而出，在12月15日至16日为期两天的战斗中击溃了邦联人，在事实上终结了西部战区的战事。

概述

怀尔德尼斯战役
北弗吉尼亚的树林、河流和农场仍然是东部战区的战场，怀尔德尼斯和斯波齐尔韦尼亚见证了尤利西斯·S.格兰特和罗伯特·E.李最初的大规模冲突。

科尔德哈伯之战
联邦部队在1864年6月的科尔德哈伯之战中遭受了巨大损失。这场血腥战斗导致北方各州反战情绪高涨。

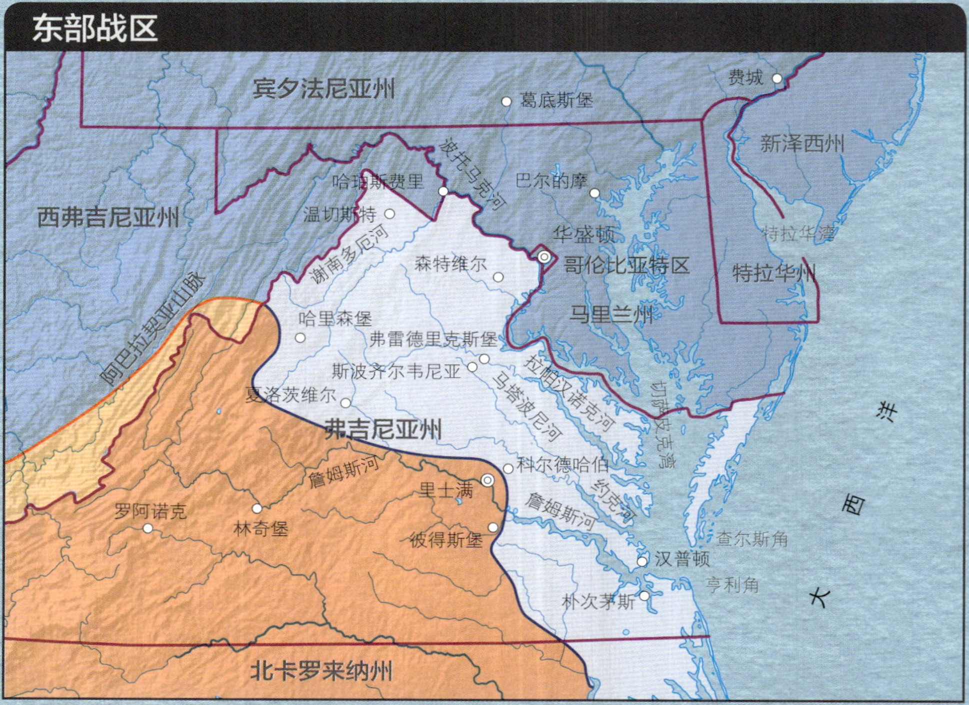

在詹姆斯河上架桥
由于无法将李引诱到开阔战场上，格兰特改变了战术。他让部队秘密撤离科尔德哈伯，渡过詹姆斯河，计划切断邦联通往彼得斯堡和里士满的补给线。

围攻彼得斯堡
6月，格兰特开始进攻彼得斯堡，这座城市是李的部队和邦联首都里士满的重要补给来源。随之而来的围攻持续了九个月。最终，李放弃了这座城市。

到了1864年，战争已经演变成了令人疲惫的无休止的争斗。当尤利西斯·S.格兰特于3月被提拔为联邦野战军总指挥时，北方终于有了击败邦联的整体战略。3月初，在从弗吉尼亚延伸到佐治亚的前线上，联邦各支军队几乎同时出动，春季战役开始了。战事的重心在弗吉尼亚。格兰特在弗吉尼亚建立了指挥部，开始应对罗伯特·E.李的北弗吉尼亚军团。六周时间里，他们在里士满以北的树林和田野里进行了一系列激烈但没有结果的战斗——包括怀尔德尼斯之战、斯波齐尔韦尼亚之战和科尔德哈伯之战。与此同时，威廉·T.谢尔曼将军与邦联另一支重要军队、约瑟夫·E.约翰斯顿将军的田纳西军团一决高下。经过三个月的战斗和机动，谢尔曼将邦联军赶到了亚特兰大。虽然约翰斯顿很快被具有攻击性的约翰·贝

林肯再次当选总统
联邦在亚特兰大和莫比尔[illegible]胜后，亚伯拉罕·林肯在[illegible]选举中令人信服地击败了民[illegible]对手乔治·麦克莱伦。林肯[illegible]了22个州，麦克莱伦赢得了[illegible]。

锡[illegible]溪之战
在[illegible]驰12英里（19公里）[illegible]召集部队后，菲[illegible]普·谢里[illegible]转了联邦在锡达溪之[illegible]中[illegible]命运。"谢[illegible]骑行"后来被写成不[illegible]的[illegible]篇，并[illegible]画[illegible]托马斯·布坎南·里[illegible]记录[illegible]画中

亚特兰大的[illegible]
经过四个[illegible]役，南方铁路[illegible]特兰大在9月被[illegible]曼占领。谢尔曼[illegible]并烧毁了城市，[illegible]再也无法为邦联[illegible]

[illegible]比尔[illegible]之战
[illegible]为邦联偷渡船和商船[illegible]在墨西哥湾沿岸[illegible]后的[illegible]风港，莫比尔[illegible]的[illegible]最终于8月5[illegible]海军上将戴维·[illegible]特舰队占领。

尔·胡德将军取代，但邦联[illegible]城市外围的进攻还是被击退了，亚特兰大于9月1日[illegible]入谢尔曼之手。年底之前，胡德的田纳西军团将在[illegible]兰克林和纳什维尔的战场上耗尽残余力量。夏去秋[illegible]，当格兰特在彼得斯堡战壕里缓慢消耗李的军队时，他那宏大计划的其他组成部分也在一一落实。海军上将戴维·法拉格特夺得莫比尔湾。菲利普·谢里[illegible]军清除了谢南多厄河谷的邦联部队，沿途[illegible]了"[illegible]联粮仓"。[illegible]尔曼很快就会发动横扫佐治亚的[illegible]，打[illegible]的意志。林肯在11月赢得连任，[illegible]上的[illegible]起到了不小的作用。战争的结束[illegible]。

时间线 1864 年

怀尔德尼斯战役 ■ 科尔德哈伯之战 ■ 河谷战役 ■ 彼得斯堡围攻战 ■ 弹坑之战 ■ 击沉邦联军舰“亚拉巴马”号 ■ 莫比尔湾之战 ■ 亚特兰大战役 ■ 富兰克林和纳什维尔 ■ 向大海进军

1月

1月
虽然几乎没有发生大规模战斗，但从弗吉尼亚到田纳西和密西西比，发生了许多小规模冲突。

1月20日
邦联对于联邦舰艇试图占领亚拉巴马州莫比尔湾的担忧变为现实，因为海军上将戴维·法拉格特进行了大规模侦察。

1月29—31日
五个月前开始的联邦对南卡罗来纳州查尔斯顿的轰炸加强，三天内发射了583发炮弹。

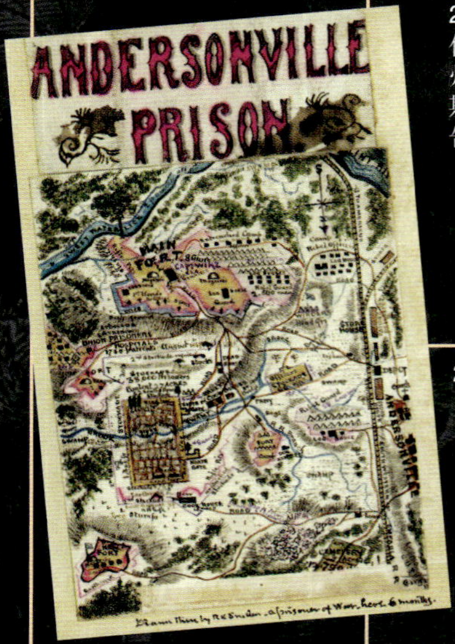

安德森维尔监狱设计图

2月

2月14—20日
威廉·T. 谢尔曼领导的袭击纵队从维克斯堡抵达密西西比州默里迪恩，在五天时间里摧毁了邦联铁路、补给站、仓库、兵工厂和医院。

格兰特被任命为总司令

2月17日
邦联潜艇“亨利”号在查尔斯顿港以外击沉了联邦战舰“胡萨托尼克”号，成了历史上第一艘击沉战舰的潜艇。

2月20日
作为发生在佛罗里达州的重要战事，奥拉斯蒂之战以联邦战败告终。

2月27日
佐治亚州安德森维尔（又叫萨姆特营）迎来了首批联邦战俘。

3月

3月1—2日
贾德森·基尔帕特里克将军领导联邦骑兵袭击弗吉尼亚州里士满，希望释放那里的战俘。他的部队被当地民兵打散。

3月9日
尤利西斯·S. 格兰特被任命为所有联邦军队的总司令。

3月10日
纳撒尼尔·班克斯将军沿路易斯安那州雷德河而上，开始为期两个月的陆海军联合远征，以挫败美国西部跨密西西比地区的邦联部队。

3月16日
邦联将军内森·贝德福德·福里斯特对联邦占领的田纳西和肯塔基发动了长达一个月的袭击。

4月

4月8—9日
曼斯菲尔德和普莱森特希尔的邦联军队坚决阻止了班克斯沿雷德河前往上游路易斯安那州什里夫波特的行动。

内森·贝德福德·福里斯特

4月12日
福里斯特领导的邦联部队占领密西西比河上的皮洛堡，屠杀了许多黑人守军。

4月20日
邦联部队和邦联铁甲撞击舰“阿尔伯马尔”号夺回北卡罗来纳州普利茅斯港口。

5月

5月
格兰特针对邦联各支军队的协调进攻开始了。

5月5—6日
在弗吉尼亚，格兰特和李在激烈的怀尔德尼斯之战中首次交锋。

5月7日
在佐治亚，谢尔曼遭遇了约瑟夫·E. 约翰斯顿将军的田纳西军团。

5月8—21日
在弗吉尼亚，5月12日的“血腥之角”争夺战是斯波齐尔韦尼亚之战中最激烈的战斗。

5月11日
菲利普·谢里丹将军领导联邦骑兵对里士满发动大规模袭击，在城市以北仅6英里（9.5公里）处的耶洛客栈与杰布·斯图尔特将军的邦联骑兵相遇。斯图尔特受了致命伤。

5月16日
在里士满以南的德鲁里布拉夫之战中，P. G. T. 博勒加德将军击退联邦将军本杰明·巴特勒，使之撤向百慕大亨德勒德半岛。

本杰明·巴特勒

6月

6月3日
在科尔德哈伯，李击退格兰特，但损失惨重。

6月8日
在巴尔的摩，林肯作为国家联邦党候选人参加总统竞选。

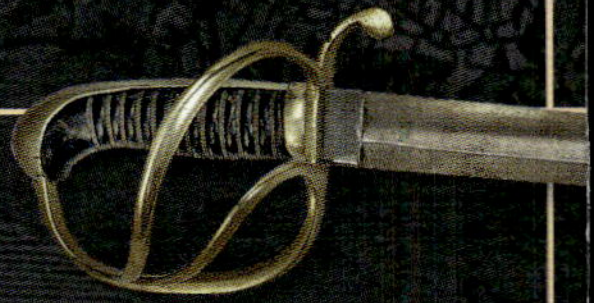

6月10日
在密西西比，福里斯特在布赖斯克罗斯罗兹以少胜多，打了一场漂亮的胜仗。

6月18日
在联邦试图占领弗吉尼亚州彼得斯堡铁路枢纽并失败后，格兰特和李开始了九个月的围攻战。

联邦海军帽

6月19日
在法国海岸外，联邦军舰“基萨奇”号击沉了邦联商船袭击舰“亚拉巴马”号。

6月27日
在佐治亚，约翰斯顿于肯纳索山阻击谢尔曼。

"我在春季战役开始之前应该不会再见到你了。我想说……我对你到目前为止所做的事是完全满意的。"

——林肯在1864年战役前夕对格兰特的最后指示

7月

7月11日
邦联将军朱巴尔·厄尔利领导小型河谷军团抵达首都华盛顿郊区，造成了首都的恐慌。

7月20—28日
约翰·贝尔·胡德替代约翰斯顿，成为田纳西军团指挥官，在皮奇特里溪、迪凯特和埃兹拉教堂发动了一系列血腥战斗，但是没能摧毁谢尔曼的部队。

7月30日
联邦部队在彼得斯堡邦联阵线下方引爆炸药，随后却在弹坑之战中被彻底击败。

在彼得斯堡放置火药桶

8月

8月5日
海军上将戴维·法拉格特最终领导18艘联邦战舰越过堡垒和雷区，赢得了莫比尔湾之战的胜利。

8月18—19日
联邦部队占领了弗吉尼亚州彼得斯堡南面通往南方的韦尔登铁路。

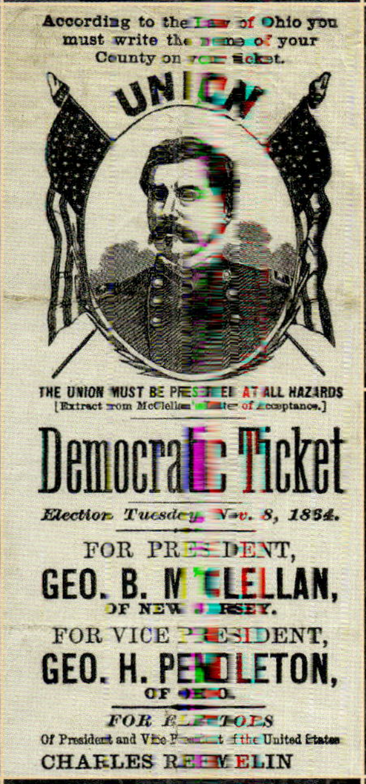

麦克莱伦的竞选名单

8月31日
乔治·麦克莱伦将军被倾向和平的民主党提名为总统候选人。

9月

9月1日
在琼斯伯勒战败后，胡德撤出亚特兰大，联邦部队很快占领了这座城市。

9月17日
弗雷蒙退出总统竞选，将竞争留给了林肯和麦克莱伦。

谢里丹的佩剑

9月19日
菲利普·谢里丹将军的谢南多厄军团在第三次温切斯特之战中击溃朱巴尔·厄尔利的邦联部队。

9月29—30日
格兰特在里士满—彼得斯堡战线两端同时发动进攻——北端是哈里森堡，西南端是皮布尔斯农场。

10月

10月
谢里丹在弗吉尼亚富饶的谢南多厄河谷焚烧谷仓和工厂，摧毁了"邦联粮仓"。

10月19日
在邦联发动奇袭后，谢里丹召集士气低落的部队，赢得了锡达溪之战的决定性胜利。

10月23日
对密苏里发动大规模袭击的邦联将军斯特林·普赖斯在堪萨斯城附近的韦斯特波特被击败。

普赖斯的袭击

10月27日
对于李被围困在彼得斯堡的军队来说，博伊顿木板路是一条重要补给路线。联邦试图切断这条线，但被邦联部队挫败。

11月

威廉·T·谢尔曼

11月8日
亚伯拉罕·林肯再次当选美国总统。

11月16日
在烧毁亚特兰大大部分地区后，谢尔曼开始"向大海进军"，在佐治亚留下一片废墟。

11月30日
胡德在试图执行向北穿过田纳西州及俄亥俄河的雄心勃勃的计划中，进攻了联邦在富兰克林的坚固阵地，损失了近三分之一步兵。

约翰·贝尔·胡德

12月

12月15—16日
在对纳什维尔南面的胡德阵地发起的一系列进攻中，乔治·托马斯将军的联邦部队压制了邦联田纳西军团，几乎将其摧毁。

12月21日
"向大海进军"的谢尔曼抵达并占领佐治亚州萨凡纳。

12月24—25日
近60艘联邦战舰对北卡罗来纳州威尔明顿外围的费希尔堡进行了轰炸，但巴特勒将军的进攻部队被邦联击退。此次惨败导致巴特勒被解除指挥权。

林肯获胜

1864年是选举年，亚伯拉罕·林肯需要让战争的天平永久性地偏向联邦一边，否则他就会面临选举的失败。当各政党对战争的看法存在分歧时，林肯寄希望于尤利西斯·S. 格兰特将军。

林肯的竞选徽章 受战争的限制，在1864年竞选活动中，压花铜牌、带框小照片和黄铜胸针并没有1860年选举时那么多。

1864年3月8日晚，在盛大的白宫接待会上，亚伯拉罕·林肯第一次见到了会议主宾尤利西斯·S. 格兰特将军。矮小、有点驼背，他的外表令人失望，除了蓝眼睛。对军官来说，眼睛总是可以透露将头撞向砖墙的决心。林肯对他的表情感到满意。

格兰特取得了一些胜利。这是林肯任命他为联邦军队总司令的原因。他们共同对如何赢得那一年的战争进行了规划。格兰特主张发动有协调的进攻，同时攻打南方的莫比尔和西南方的亚特兰大，切断罗伯特·E. 李将军的补给，并且对李本人发动三路进攻，一路进攻其正面，一路沿谢南多厄河谷而上，一路在里士满以南登陆，进攻其后方。

林肯的未来悬而未决

格兰特的计划成功与否关系重大。林肯要再次竞选，而他的党在政策上出现了分裂。强硬的激进共和党人认为林肯对战争管理不力，不能连任，因此改投激进民主党，即“铜头蛇”。这个新党派于5月下旬在俄亥俄州克利夫兰开会，将人气日盛的军人政客约翰·C. 弗雷蒙提名为总统候选人。仍然忠于林肯的共和党人意识到，为了获胜必须联合“主战派民主党人”，后者正在跨越党派边界，远离“铜头蛇”。他们成立了国家联邦党，于6月初在巴尔的摩开会。林肯得到提名，副总统、激进共和党人汉尼巴尔·哈姆林被排除在竞选名单之外，被田纳西军事总督、主战派民主党人的头面人物安德鲁·约翰逊取代。国家联邦党人希望新的竞选名单能够突显战争的国家性质。

> **“铜头蛇”** 反对与邦联作战的北方人，名称来自一种毒蛇，在俄亥俄河各州人数最多，这些地区与南方之间存在传统纽带。

麦克莱伦受到尊重

与此同时，林肯感到失败近在眼前。格兰特的战略未显成效。怀尔德尼斯、斯波齐尔韦尼亚和科尔德哈伯的死亡人数令民众震惊——而格兰特在彼得斯堡依然拿李毫无办法。仅仅带领1万邦联军的朱巴尔·厄尔利将军一度呈现杀进白宫的势头。广泛存在的失望情绪开始令“铜头蛇”的队伍不断壮大。1862年被林肯开除的乔治·B. 麦克莱伦将军在公众看来势头正盛。随着死亡人数的攀升，他的人

之前

1860年11月，亚伯拉罕·林肯当选第16任美国总统。他的选票完全来自北方，甚至没有出现在十个南方州的投票名单上。

寻找一位将军

1862年11月5日，林肯解除了乔治·麦克莱伦将军（见第66—67页）波托马克军团指挥官的职务。他对麦克莱伦的许多继任者感到不满意，最终注意到在维克斯堡出名的尤利西斯·S. 格兰特（见第196—197页）。

遗留下来的伟大任务

1863年1月1日，林肯发布了《解放黑人奴隶宣言》（见第160—161页），释放了十个邦联州的奴隶。虽然北方的伤亡人数和反战情绪不断上升，但林肯还是坚定地支持战争。他在葛底斯堡演讲（见第228—229页）中称之为“留在我们面前的伟大任务”。

气越来越高，似乎可以通过令南北双方都满意的方式结束战事。

8月，民主党人在芝加哥集会。主和派民主党人倡导对联邦有利的和平谈判，而“铜头蛇”宣称战争是彻底的失败，应该立即终止。为了缓和分歧，会议提名支持战争的温和派人物麦克莱伦为候选人，同时采用了受到麦克莱伦谴责的全面和平纲领。

反对麦克莱伦的报纸宣传
在左边，林肯代表“联邦与自由”，与自由劳工握手；在右边，麦克莱伦作为“联邦和奴隶制”的化身，与杰弗逊·戴维斯握手，背景是奴隶拍卖会。

两强之争

弗雷蒙认为民主党纲领无异于“保留奴隶制的联邦”，因而退出选举。对他来说，赢得战争比赢得总统的位置更重要。这就把竞争留给了林肯和麦克莱伦。在北方各地，竞选绶带和彩旗几乎和秋天的落叶一样鲜艳。人们佩戴候选人的徽章，大报和漫画支持一个候选人，谴责另一个候选人。在军营和战壕里，南北双方的士兵围着看满是污垢的报纸。根据军营和战壕的不同，威廉·T. 谢尔曼将军占领亚特兰大或菲利普·谢里丹将军扫荡谢南多厄河谷的消息会引发欢呼或咒骂。当格兰特规划的联邦胜利终于变成现实时，邦联的希望即将破碎。11月8日是选举日。计票结果显示，林肯赢得了超过40万票，在选举人团中确保了压倒性多数。士兵对他的支持率超过70%。总统和指挥官已经在秋天的空气中嗅到了胜利的味道。

> “上帝给了我们林肯和自由，并让我们为二者而战。”
>
> ——尤利西斯·S. 格兰特，维克斯堡之役期间的祝酒词，1863年2月22日

格兰特在白宫
彼得·罗瑟梅尔1867年的油画《林肯总统的共和党集会》描绘了林肯欢迎格兰特作为新的军队总司令来到华盛顿的招待会。这幅画现在仍然挂在白宫。

之后

林肯在1865年3月4日的第二次就职演说中强调，战败邦联的重建应该以国家和解为前提。

林肯遇刺

林肯总统在第二任期上只工作了四个月。4月14日，罗伯特·E. 李在阿波马托克斯向格兰特投降（见第316—317页）。几天后，林肯遇刺（见第320—321页）。八个月后，1865年12月18日，废除美国奴隶制的宪法第十三修正案（见第308—309）正式颁布。

林肯的第二次就职典礼

怀尔德尼斯的战斗
温斯洛·霍默的《怀尔德尼斯的冲突》（1864年）展示了树林中分散的战斗，一名士兵称之为“大规模游击”。

怀尔德尼斯战役

罗伯特·E.李将军和尤利西斯·S.格兰特将军之间的首次对决是在名为怀尔德尼斯的复杂交错的树林中进行的。随后，战斗在斯波齐尔韦尼亚县城附近的田野里再次打响，致命进攻持久的凶残性在战争中难得一见。

之前

1864年3月，林肯让尤利西斯·S.格兰特统领战场上的所有联邦军队。格兰特计划对西部的亚特兰大和东部的李同时发起进攻。

李与格兰特对决

格兰特将联邦目标从占领里士满改成了摧毁李的北弗吉尼亚军团，设立了波托马克军团指挥部。1864年初，波托马克军团在拉皮丹河驻扎。格兰特决定绕过邦联右翼的怀尔德尼斯，包抄河流对岸的邦联阵地。在一年前的钱瑟勒斯维尔之战（见第174—175页）中，李几乎在那里摧毁了波托马克军团。

1864年5月4日黎明前，尤利西斯·S.格兰特开始了针对罗伯特·E.李的进军。组成波托马克军团先头部队的近12万人、4300辆补给车和850辆救护车渡过拉皮丹河。李的北弗吉尼亚军团位于上游很远的地方，守在河对岸坚固的防线后面。

如果格兰特在李做出反应之前越过邦联右翼的怀尔德尼斯，他就可能将南军引入开阔地并将其摧毁。所以，蓝军各师整天都在昏暗的松树和橡树丛之间前行，四周布满了扎手绊脚的藤蔓。正如一位军官所说，这里是“幽暗的布满死亡阴影的地区”。许多老兵当晚露营时产生了不祥之感。惊慌的侦察兵报告说，一直在观察联邦陆军的李已经行动，沿着平行的奥兰治公路和奥兰治木板路迅速东移，向怀尔德尼斯前进。

怀尔德尼斯之战

在詹姆斯·朗斯特里特的第1兵团从另一个方向赶来之前，李只能用对手三分之一的兵力发动进攻。在5月5日上午，他冲向了一支仍在做迎敌部署的联邦军队。联邦古弗尼尔·沃伦的第5兵团试图在公路上阻击理查德·尤厄尔的第2兵团。3英里（4.8公里）以外，守在与奥兰治木板路相交

迈卡·詹金斯的佩剑
在朗斯特里特5月6日发动的混乱的侧翼进攻中，南卡罗来纳的迈卡·詹金斯将军被邦联友军误伤致死。

“来复枪不停地发射子弹……我们欢呼着，呻吟着，叫喊着，咒骂着，祈祷着”

——列兵西奥多·格里什，缅因第20步兵团，选自《军队生活》，1882年

的布罗克路上的一个联邦师受到了A. P. 希尔第3兵团的冲击。双方数千人很快连滚带爬地进入野蔷薇丛，跌跌撞撞地越过沟壑，试图形成整齐的战线。盘根错节的迷宫中，阵形和前进方向很快混乱起来。

混战持续了一整天。在指挥部，等待报告的格兰特不停地削木棍，一支接一支地吸雪茄烟。在树林中，枪声很快变成了震耳欲聋的杂音。士兵们呼喊着，盲目地搜寻着，直接朝着黑暗中喷火的地方射击——“用耳力瞄准”。弹雨穿透树木，将人一群群放倒。灌木丛里燃起失控的大火，将许多无助的伤员烧死，恐怖的尖叫声盖过了战斗的嘈杂。烟雾使太阳变成了阴惨的血红色。过了很久，夜幕终于降临，战斗停止了。疲惫的幸存者端着来复枪倒头便睡。

3750
两军在怀尔德尼斯之战中的大概死亡人数。其中被记录为“失踪”的数千人也可能死于战斗引发的灌木丛大火。

逃离大火
当火焰席卷灌木丛时，许多留在后方的伤员被搬到或爬到安全地带，也有许多无法移动的人被烧死。

5月6日一早，战斗继续，格兰特开始进攻。联邦右翼继续施压。接着，W. S. 汉考克的第2兵团在布罗克路冲进灌木丛，使A. P. 希尔参差不齐的防线解体，邦联军四散奔逃。

李亲自来到混乱的战场，召集部队，避免士兵全部逃散。只要他的参谋和一支炮队战败，军队就会面临灾难。此时，朗斯特里特的师终于沿着木板路赶到了。“我的孩子们，你们是谁？”李高声喊道。“得克萨斯男孩。”对方回答。“得州人永远向前！”将军挥舞着帽子喊道。眼中燃起奇异的光芒，他开始带领他们加入战斗。一些人用沾满泥土的手拉住了他的笼头，喊道：“后退，李将军！李到后面去！”约翰·格雷格准将的800得克萨斯人向前冲去，阻止了对方的猛攻，但是付出了可怕的代价。只有不到250名冲锋者全身而退。

邦联的还击

到了上午10点左右，朗斯特里特的一些士兵发现了通往南边的未完工铁路，暗中对汉考克进行了包抄，将他的一个旅围起来，直到联邦部队大规模撤退。在嘈杂和混乱中，一些邦联人看到一队人马穿过烟雾向他们冲来，发起了齐射。倒在地上的人之中有头部中弹的南卡罗来纳将军迈卡·詹金斯，以及李的“老战马”、颈部严重受伤的朗斯特里特本人。

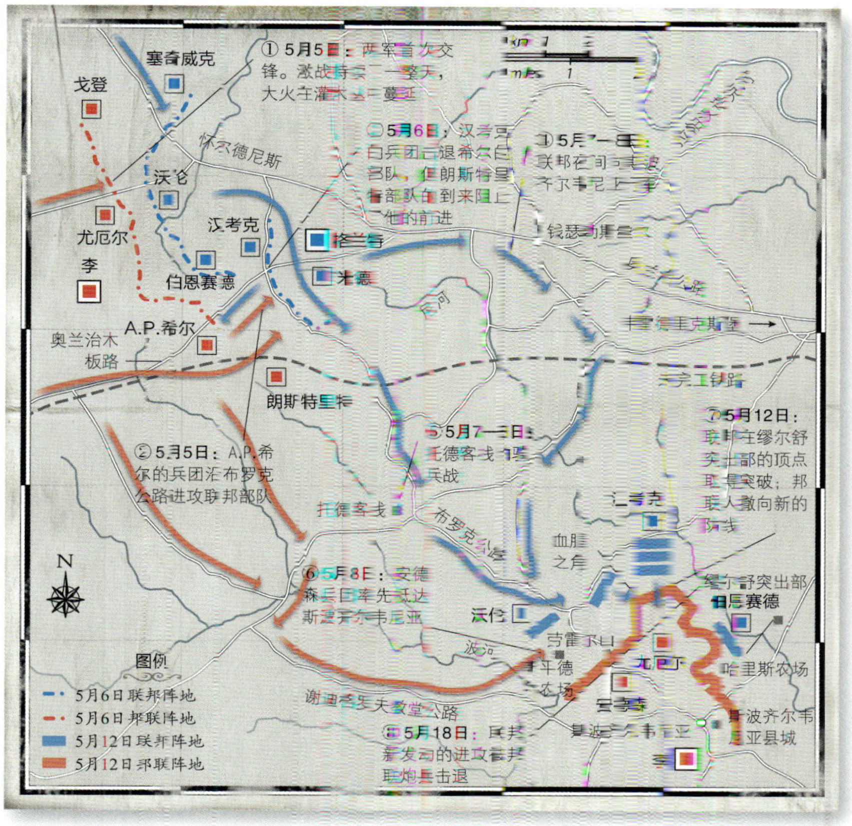

怀尔德尼斯和斯波特西尔韦尼亚县城
两军5月5日在树木茂密的怀尔德尼斯地区首次交锋。接着，在5月7日晚上，格兰特命令军队悄悄南下，前往斯波特西尔韦尼亚县城。不过，李手下设法在他之前抵达了那里。他们挖掘战壕，击退了联邦一系列猛攻。

南军的进攻因此停滞。他们在下午晚些时候重新开始进时，被部署在布罗克路沿线胸墙后面的联邦部队彻底击退。北边传来一阵枪声，那是约翰·B. 戈登的佐治亚人试图包抄联邦右翼。枪声随着夜幕的降临变弱，双方都无法取得突破。第二个可怕的夜晚降临在燃烧的、被子弹席卷过的怀尔德尼斯。格兰特取消了进攻，李开始挖掘战壕。

到了5月7日黎明，当两军躲在战壕里、战斗暂时停止时，格兰特做出了不撤退的决定。他的前任在面对挫折时常常撤退。他则计划向左边和南边悄悄移动，命令波托马克军团最高指挥部当晚攻打位于怀尔德尼斯战场东南大约10英里（16公里）处，被称为斯波特西尔韦尼亚县城的小村庄。那里的交叉路口控制着通往里士满的路线。

格兰特决心将部队部署在李和邦联首都之间。他知道，这是迫使敌人在开阔地作战的唯一途径。他不想看到李手下为数不多的老兵躲在胸墙后面。这意味着更多残酷而代价高昂的战斗。

残骸
在衣服、弹药盒、带孔水壶、腐烂的鞋子、被毁的胸墙和伤痕累累的树木旁边，有被匆匆埋葬在怀尔德尼斯多年的人的尸骨。

被击倒的橡树
一棵22英寸（56厘米）粗的橡树在枪林弹羽中被击倒——证明了“血腥之角”战斗的激烈程度。“血腥之角”原本是弗吉尼亚一片平静的草地。

格兰特希望在不被发现的情况下绕过李的右翼。他让汉考克的第2兵团驻守布罗克路，掩护大部队的行动。马车的重量和人员的疲惫使他们行动缓慢。当格兰特和参谋骑马穿过拥挤的人群时，无数满身尘土的士兵发出了一阵阵热烈的欢呼。他们终于不用在北弗吉尼亚军团面前撤退了。

李没有忽视格兰特的马车卷起的烟尘，他确定对方正在向斯波齐尔韦尼亚这个重要地点前进，命令取代朗斯特里特的理查德·安德森在黎明时分率领第1兵团动身。当晚的大火仍在燃烧，照亮了怀尔德尼斯，大部分老兵都无法忘记那个可怕的场景。由于无法让士兵们在那里露营，安德森早早动身了。这是一个幸运的开始。

李的回应

5月8日一整天，邦联骑兵展开激烈的阻击行动，拖延联邦部队的前进，使沿平行路线疾行的安德森部队抢在了前面，先于联邦先头部队几分钟抵达村庄，杰布·斯图尔特将军将他们部署在西部的高地。他们很快在一次次的零星进攻中击退对手。随着夜幕降临，越来越多的部队加入了战斗，跌跌撞撞地守在不断延长的战线上。正如格兰特担心的那样，李的部队躲在了工事里。

到了上午，一道强大的邦联工事呈弧形在树林和田野之中出现，前面是鹿砦（砍倒的树冠）和削尖的木桩。有1英里（1.6公里）突出的防线，被邦联人称为缪尔舒突出部，那里的工事令人震撼——以原木为框架并且填充了土壤的胸墙，上方有护头原木的射击口，以及向后延伸、为守军抵挡侧翼火力和交叉火力的结实的土护墙（拦截堤）。由于阵地是在夜间匆忙选择的，所有防御存在一个缺陷：格兰特的突破可以分割李的军队。

30 000
两军在斯波齐尔韦尼亚县城的伤亡总数。虽然联邦的损失（1.8万人死伤）更大，但李的部队规模要小得多，因此伤亡比例更大。

尝试突破

没能在机动性上超越对手的格兰特向李的防线发起了猛攻。针对劳雷尔山和斯平德尔农场邦联军的许多进攻缺乏协调，被残酷地击退。接着，5月10日晚上，埃默里·阿普顿上校悄悄将12个联邦团塞进一片茂密的三角形树林里。纵队从树林里奔涌而出，冲破了缪尔舒突出部。虽然他们最终被击退（进攻者抓到了一些战俘），但是当连绵的雨下起来时，这次短暂的成功使格兰特想出了一个计划：以汉考克的第2兵团为先锋，发动规模更大的类似进攻。攻击目标是缪尔舒突出部顶部。

邦联野战工事
李的士兵在土木胸墙前面部署了鹿砦——用砍倒的树制作的障碍物——和成排被削尖的木桩。

联邦的进攻

5月12日黎明，雨更大了，雾也很浓，守卫顶峰防线的邦联人没有听到无数双脚走路和踩水的声音，直到约两万联邦士兵出现在他们面前。如果李没有因为错误情报从缪尔舒突出部撤出22门大炮，如果守军的弹药没有因为下雨而受潮，对方的猛攻可能会被击退。

北方进攻者轻松越过了工事，似乎无处不在，他们杀死和俘虏了数千南方士兵。在这个危急时刻，李再次亲自骑马进入了混乱的战场。他头上

约翰·塞奇威克将军
联邦第6兵团指挥官约翰·塞奇威克对于匆忙躲避狙击手的士兵的批评很有名：“他们在这个距离连大象也打不着。”不久，他受了致命伤。

之后

当格兰特和李在斯波齐尔韦尼亚激烈交战时，一些次要行动也在弗吉尼亚其他地区展开了。

斯图尔特之死

1864年5月11日晚，李的骑兵首领杰布·斯图尔特在里士满去世，他在耶洛客栈与谢里丹的骑兵作战时受了致命伤（见第248—249页）。

河谷战败

四天后，5月15日，弗朗茨·西格尔的联邦军队在新市场之战（见第254—255页）中被约翰·C. 布雷肯里奇的邦联部队击败，推迟了格兰特发动谢南多厄河谷攻势的计划。

巴特勒被困

1864年5月5日，本杰明·巴特勒将军的詹姆斯军团在百慕大亨德勒德登陆，随后被P. G. T. 博勒加德的部队围困（见第254—255页）。

战利品
这幅1864年的画再现了汉考克5月12日对缪尔舒突出部的进攻——"战争中最伟大的胜利"。战斗很残酷，但汉考克的第2兵团成功俘虏了数千邦联人，包括两个将军。

"历史上一切战争都无法与此次争夺战相比。绝望、漫长、致命的战斗还在继续……"

——威尔斯·泰勒下士，宾夕法尼亚第110团，写给妻子的信，1864年5月17日

的帽子被吹走，银色的头发闪着光，再次设法召集溃散的士兵。喊声再次响起："李将军到后面去！李将军到后面去！"但是热血沸腾的指挥官对此毫不理睬，直到一名中士牢牢抓住他的笼头，让约翰·B. 戈登将军去组织一系列猛烈的反击。

邦联人以高昂的代价一码一码地夺回了缪尔舒突出部，但蓝衣士兵在胸墙外侧再次集结，准备继续进攻。李需要让疲惫的老兵遏制北军，同时匆忙建立新的防线。

"血腥之角"

邦联人坚守阵线，枪声响了几乎一整天。最激烈的战斗发生在被称为韦斯特角的一段600英尺（183米）长的工事上，其他任何战斗几乎都无法与之相比。枪炮声在大雨中响个不停。无数士兵在泥水和血水里打滚，吼叫着近距离开火，陷入了战斗狂热。护墙各处不断上演激烈的白刃战。

连续不断的射击持续了20多个小时，每次缓和都会被新的残酷的喧嚣取代。黑夜也没有使攻击停止，枪口的火舌变成了连绵的火墙。到了午夜，附近的树木被大量飞弹拦腰击断，倒在了地上。

到了凌晨4点，射击停止了。很快，枪声完全消失，因为幸存的南方人逃到了李刚刚完工的防线后方，放弃了缪尔舒突出部。黎明揭开了可怕的画面。碎裂的工事前出现了联邦士兵成堆的尸体，由于中弹太多而变得面目全非。在护墙中间，邦联人的尸体堆了好几层，伤者还在泥地里挣扎。韦斯特角很快获得了"血腥之角"的称号，这是可以理解的。

消耗性的僵持

5月12日的可怕事件过后，雨在下，两军在泥水中停滞不前，机动性完全受限，直到太阳终于再度出现。接着，格兰特发动了另一次进攻。5月18日拂晓，在暴风雨般的炮击过后，12个联邦旅越过遍布尸体的被放弃的缪尔舒突出部，向李密布大炮的最后防线冲去。邦联仅靠炮兵就粉碎了进攻，他们的步兵甚至没有举枪。

由于无法将李逐出工事，格兰特开始将部队向东转移，悄悄绕过李右翼的战壕。5月19日，为了弄清联邦陆军的动向，一支大型邦联部队出现在工事以外。阿尔索普农场和哈里斯农场血腥而没有结果的战斗是斯波齐尔韦尼亚县境附近最后的冲突。到了5月21日，格兰特的部队迅速向南边的北安娜河前进，但仍然想挡在李和里士满之间。

科霍恩迫击炮
这种便于运输的大炮有的重量只有296磅（134公斤），非常适合堑壕战。一些邦联人将沿弧形轨迹运动、无法预测落点的炮弹称为"士气摧毁者"。

C.S.A.

亲历者　1864年5月12日

在斯波齐尔韦尼亚的战壕里

在1864年5月8日至12日的斯波齐尔韦尼亚之战中，联邦将军温菲尔德·S.汉考克占领了被称为缪尔舒突出部的邦联战壕。不过，邦联人进行了反击，5月12日发生在缪尔舒突出部西北面的战斗导致了“血腥之角”的诞生。在最残酷的近距离战斗中，无数战士死去，斯波齐尔韦尼亚的土地被染红了。

“两边的步兵爬上工事，面对面射击；他们抓住对方的步枪，试图将其拉过胸墙；透过缝隙将刺刀刺向对方；连续不断的子弹将工事沿线的大树拦腰切断，死者和奄奄一息的人被拖到后方，为战壕里活着的战士腾出空间。冰冷的大雨下了起来，战斗人员所在的地方出现部分积水，与血液实现均匀的混合，这使战斗变得更加恐怖……站在这个可怕的战场上，我不相信人类的耳朵听到过更持久的枪炮轰鸣声，这声音来自激烈的战斗，从今天黎明一直持续到傍晚。”

——杰迪戴亚·霍奇基斯，邦联地形测量员，谈“血腥之角”，
选自《邦联军事史》，1899年

“任何人都无法描述场面的恐怖。几百个死人和将死之人横七竖八地相互堆叠在一起。到目前为止，上帝还没有把我带走，对此我非常感激。我甚至无法让你对这个死亡战场获得一丁点儿概念。你的周围到处都是明确无疑的证据，证明死神正在完成那最可怕的工作。不要为我担心。我们已经在每个地点赶走了敌人，但是，哦！多少生命因此而牺牲……我累得要死。我们的团消失了。我们分散得很厉害，几乎无法聚集起一打人来。我们的损失非常可怕。现在，我们在此似乎没有容身之地。不过，我们所有人都会找到足够多的事情去做……叛军战斗起来像魔鬼一样！我们真应该把他们从散兵壕里打出来。我们已经抓了几千战俘，打死了一个兵团的人，可他们仍然像之前那样坚强作战。”

——丹尼尔·霍尔特，纽约第121志愿步兵团助理军医，写给妻子的信，
选自《一个军医的南北战争》，1994年

短暂的胜利
汉考克将军（骑在马上）领导了对缪尔舒突出部邦联阵线势不可挡的进攻。但意外胜利使他的部队陷入混乱，进行随后数天的激战。

战争摄影

美国南北战争是第一场被照相机充分记录的战争。多亏了马修·布雷迪和亚历山大·加德纳等摄影师，这场战争留下了19世纪最感人、最令人难忘的画面。

小照片
这张照片展现了一个联邦士兵的形象。这种便宜的照片在士兵之中极为流行，可以用普通信封邮寄。

1858年1月，马修·布雷迪在首都华盛顿开了一家摄影工作室，聘请年轻的苏格兰人亚历山大·加德纳为经营者。在纽约操业的布雷迪是美国最著名的摄影师，常为那个时代的名人拍摄肖像。

从肖像到战场

人们可以在精致的安布罗版相片上看到自己的形象，可能是通过火棉胶湿版工艺制作、装在小盒子里的玻璃片，也可能是卡片式的——用底片冲印的相片，常被收集在皮革影集里。到南北战争爆发时，人像摄影行业已经很繁荣。只要是士兵搭帐篷的地方，摄影师就会搭建临时工作室。许多为士兵拍摄的肖像是锡版肖像。作为安布罗版相片的廉价替代品，锡版相片也是用火棉胶湿版工艺制作的，加之用黑铁薄片取代了玻璃片，比安布罗版相片更耐用，士兵可以放心地将其寄给心上人和家人。不管哪种形式，南北战争期间产生了数十万张小照片，其中许多流传了下来。虽然主人的身份早已湮没在历史中，但他们的形象保存至今，一些人优雅得体，一些人乐观，一些人趾高气扬地炫耀着佩剑或手枪——用一位历史学家的话说，所有人都在强调："我在这里。当我离开时，请记得我。"

南北战争不仅是第一场将参与者影像留下来的战争，而且是第一场将野战行动记录下来的战争。1861年，

1 000 000
战争期间制作的照片数量估计值，其中超过90%是人像。

之前

只有20年历史的摄影术在南北战争前夕吸引了大量爱好者。

湿版摄影
湿版摄影在19世纪50年代流行起来。涂有火棉胶（溴化物和碘化物的混合物）的玻璃板被浸在感光硝酸银溶液中，在相机中曝光。一些版本会生成单一正像，另一些会生成负像，可印出照片。

战争摄影
虽然有人在美墨战争（1847—1848年）期间拍摄了少量照片，但真正意义上的战争摄影是英国摄影师罗杰·芬东在克里米亚战争（1853—1856年）中用超过350张底片开创的。

画报
人们无法在期刊中复制相片——首先需要将画面刻在木版上。阿尔弗雷德·沃德等天才素描画师和雕刻师是《哈珀斯周刊》等流行杂志的中流砥柱，是他们将摄影作品呈现在公众眼前。

湿版照相机
南北战争时代的红木盒湿版照相机。在将感光玻璃板插入片夹后，将片夹插入相机后部，用调焦杆为镜头调焦。

摄影记录
亚历山大·加德纳的《战争摄影速写本》出版于1866年，带有解释文本，书中100张装裱好的照片定义了美国人眼中的此次冲突。

布雷迪决定从不同角度拍摄战争。他派出了摄影师团队，为所有接受采访的军队做报道。包括加德纳、蒂莫西·奥沙利文、乔治·巴纳德和詹姆斯·里基在内的大多数顶级摄影师都曾在某个时候为布雷迪工作。受雇于他的摄影师拍下的每张照片都被标记为“布雷迪拍摄”，这也许是因为他支付了上战场的昂贵费用。加德纳最终离开布雷迪，成立了自己的工作室，并且邀请奥沙利文等人加入。

野外工作

布雷迪对战争的报道不是独家的。其他摄影师也很活跃，包括受雇于政府的人。安德鲁·拉塞尔上尉为铁路建设兵团拍摄铁路、高架桥和补给站，也拍摄军队葬礼、炮台以及里士满被烧毁的废墟。另一些人受雇于联邦指挥部，负责拍摄地图和计划，用于分发给参谋。在南方，路易斯安那的A. D. 利特尔为邦联特工部门工作，在被占领的巴吞鲁日秘密记录联邦活动。他和其他一些南方摄影师——包括按报道范围被称为“邦联摄影师”的乔治·史密斯·库克——需要从纽约走私化学物品，将碘化物和溴化物标注为“奎宁”。

没有被政府雇用的人持商业合同和通行证，可以进入军区。其中，布雷迪的团队最为突出，他们常常和马拉式便携暗室同时出现，士兵们称之为“不知何物”马车。这些人两人一组，一个人设置三角架和照相机，另一个人在便携式暗室里混合化学物质，涂在玻璃或金属板上，使之感光。他们要在短短几分钟准备板子，拍摄画面，将曝光底板拿进暗室，在速干火棉胶溶液失去敏感性之前冲印相片。制作一张底片可能需要半个小时。火棉胶的感光性也存在局限。在阴天，良好的曝光可能需要20到30秒。摄影师如果不安装支架，就要举着相机拍摄画面。

虽然美国陆军医务部编辑了七卷战场重伤员的照片，但最令人难以忘怀的南北战争影像是几十张战死者的照片。当安蒂特姆邦联死者被砍破的、膨胀的尸体照片在布雷迪的纽约美术馆展出时，公众震惊了。“让那些想了解战争的人看看这一系列照片吧。”奥利弗·温德尔·霍姆斯说道。《纽约时报》指出：“虽然他没有将尸体带回来，摆在我们的后院里和街道上，但他做了与此非常接近的事情。”

“不知何物”马车
被联邦士兵称为“不知何物”马车的马拉式暗室被认为是马修·布雷迪引入的。根据一个老兵的说法，“这笨拙的神秘事物带来的新鲜感从未完全消失”。

将战争带回家

加德纳和奥沙利文共同创作的“死神的收获”系列照片展示了葛底斯堡湿漉漉的、遍布尸体的田野。托马斯·罗奇也拍摄了散布在彼得斯堡战壕里的邦联死者。这些照片满足了公众对于战争真实影像日益增长的需求。当以木版画形式打印出来的影像更多地出现在流行杂志上的时候，立体照片也匆匆面市。

战场摄影师看到了立体卡片的商业潜力，他们用立体照相机制作平行影像。将得到的蛋白相片印在纸板上，你就可以用立体镜看到对现实的三维模拟。在纽约安东尼公司的推广下，立体照片成了美国人在家中观看恐怖战争场面的主要途径。虽然这些照片只是对大屠杀最简单的摄影，但并不能减轻从未见过此类场面的人所受的冲击——影像包括安蒂特姆和葛底斯堡战场上的死者以及斯波特瑟尔韦尼亚和彼得斯堡泥泞战壕里的尸体。

聪明的摄影师偶尔还会设计场景，将来复枪放在死去的士兵身上，以增加戏剧性。这些影像对摄影史产生了持续的影响。除了亚伯拉罕·林肯、罗伯特·E. 李和战争中其他著名人物的肖像，牺牲者的形象也在美国人的记忆中获得神圣的地位。

马修·布雷迪
布雷迪是与南北战争摄影相关的最著名的人物，但他本人很少操作照相机，而是雇用了许多最有天赋的摄影师。

> “我必须去。我的双脚有灵魂，说‘去’，我就去了。”
>
> ——马修·布雷迪

之后

虽然南北战争的许多底片已失传，但留存下来的影像成为世界摄影遗产的一部分。

摄影师

战后，为照相馆、马车和设备投资10万美元的马修·布雷迪破产了，他卖掉了许多宝贵的底片。幸运的是，联邦政府在1875年购买了其中一组底片。亚历山大·加德纳记录了对林肯遇刺事件同谋者的审判和处决。蒂莫西·奥沙利文成了美国西部的著名摄影师。

网目凸版照相制版

19世纪80年代，网目照相雕刻术诞生。人们终于可以在书籍和期刊上复制照片。这使全世界的人得以看到南北战争时期最重要的照片。

马修·布雷迪在葛底斯堡

摄影师马修·布雷迪及其团队在战斗结束几天后来到葛底斯堡，此时死者已被埋葬。布雷迪选择了一系列具有煽动性的场景，照片中的景物见证了战斗中重要或悲剧性的时刻。在这张照片中，布雷迪本人凝视着田野对面的树林。在战斗第一天上午，约翰·F.雷诺兹将军在这里被狙击手射杀。

向里士满进军

1864年5月，在通往里士满的泥泞道路上，一次大规模联邦骑兵袭击在城市入口处被击退。同时，与尤利西斯·S. 格兰特将军的进攻行动相对抗的罗伯特·E. 李将军，在北安娜河南岸几乎成功围住了被分割的联邦军队。

1864年5月8日，当战斗在斯波齐尔韦尼亚打响时，菲利普·谢里丹将军的1万人骑兵团策马扬鞭，向50英里（80公里）外的里士满发起大规模突袭。三天后，当他们即将抵达城市外围防线时，邦联骑兵挡住了去路。

兵力只有谢里丹三分之一的杰布·斯图尔特将军沿着山岭匆忙进行了部署。山岭紧邻南边一个叫作耶洛客栈的破败不堪的旅馆。斯图尔特的人马已筋疲力尽，但他们还是打起精神抵抗了三个小时。当傍晚的暴风雨来临时，谢里丹的部队向山上冲去。斯图尔特沿着防线骑行，喊着鼓舞士气的话。在弗吉尼亚第1骑兵团附近，他被击中，受了重伤。“回去！回去！”他朝即将在敌人的进攻面前崩溃的部队喊道。“大丈夫宁死不屈！”不过，他们仍然无法守住防线，在几分钟后被赶下山岭。

作战椅
格兰特在南北战争期间使用了这把带有天鹅绒坐垫的结实的便携式坐椅——典型的19世纪军营椅。

通往里士满的道路打开了，谢里丹绕开城市的防线，向东移动。尽管邦联骑兵不断骚扰侧翼和后方，他仍抵达了詹姆斯军团所在的百慕大亨德勒德。他已经兑现了“打败杰布·斯图尔特”的誓言。受了重伤的斯图尔特被送到里士满。5月12日，斯波齐尔韦尼亚的“血腥之角”正在上演激烈战斗，斯图尔特不治身亡。

在北安娜河相遇

十天后，格兰特离开斯波齐尔韦尼亚，命令先头部队再次向里士满进发。猫鼠游戏再次上演，李一英里一英里地追逐着格兰特，士兵们冒着雨艰难前行。在5月22日夜幕降临之前，李的军队集中在北安娜河南岸后方，距离邦联首都21英里（34公里）。次日，格兰特抵达对岸。古弗尼尔·K. 沃伦将军的第5兵团蹚过杰里科米尔一处浅滩，当晚遭到A.P. 希尔一个师的攻击。经过激烈而血腥的战斗，沃伦击退了希尔的部队。

联邦的失败

第二天上午，温菲尔德·S. 汉考克将军的第2兵团在下游5英里（8公里）处渡过北安娜河，几乎没有遇到敌军。充满希望的谣言传开，说李又撤退了。然而，下午3点左右，一个联邦师在汉诺威路口附近被躲在战壕里的邦联部队袭击。一小时后，安布罗斯·伯恩赛德将军的第9兵团试图在奥克斯浅滩过河，却被邦联坚固的防线阻挡。

到了晚上，情况已经很明显了：北弗吉尼亚军团隐藏在联邦部队中间，藏身于倒V形的强大工事后面。工事顶点位于奥克斯浅滩，尾部由陡峭的河岸保护。

李虽然巧妙地分割了联邦军队，但他病得很重，无法组织进攻。格兰特无法将已经来到南岸的两翼合兵，因此撤到了河对岸。一天过去了，在5月26日晚，格兰特佯装西进，然后再次调转方向，率军向东南方移动。

4500
联邦和邦联在北安娜河的大概伤亡人数——没有发生大规模战斗。

之前

当格兰特和李的军队在怀尔德尼斯之战和残酷的斯波齐尔韦尼亚之战中激烈交锋时，另一些攻势在其他地方展开。

谢里丹的计划
4月5日，在西部战场追随格兰特的菲利普·谢里丹将军来到弗吉尼亚，负责指挥波托马克军团新成立的骑兵兵团。他制订了击败邦联骑兵首领杰布·斯图尔特的计划。

谢尔曼开始行动
5月7日，领导联邦第二大战略攻势的威廉·T. 谢尔曼将军开始了针对佐治亚西北部约瑟夫·E. 约翰斯顿将军的行动。在一周时间里，谢尔曼在洛基费斯岭智胜约翰斯顿，迫使其撤向雷萨卡。

北安娜河上的浮桥
就像阿尔弗雷德·沃德这幅铅笔画描绘的，1864年5月24日，联邦工程师在北安娜河流速较缓、可以涉水的地方建造了浮桥。

之后

当格兰特和谢尔曼在弗吉尼亚和佐治亚进攻邦联胸墙时，李选择了一位将领作为军队的“耳目”。

新的指挥官
作为杰布·斯图尔特的接班人，韦德·汉普顿将军很快就会在6月11日至12日的特雷维利安车站之战中与谢里丹打成平手。

韦德·汉普顿

在佐治亚
当格兰特在北安娜河与李交战时，约翰斯顿在纽霍普教堂和皮克特米尔的战斗中击退了谢尔曼的进攻（见第292—293页）。

李的防御
格兰特认定，没有地面保护的李军在强大冲击下会土崩瓦解。他计划在一个名为科尔德哈伯的交叉路口附近促成这一点（见第260—261页）。

格兰特的战争会议

1864年5月21日，斯波茨尔韦尼亚附近，在从马萨波纳克斯教堂搬出来的长椅上，格兰特召开了战争会议。雪茄的烟雾缭绕，他和将军们策划了针对李的下一步行动。

邦联少将 生于1833年 逝于1864年

杰布·斯图尔特

> “我对命运的唯一要求，是让我死在带领骑兵冲锋时。”
>
> ——杰布·斯图尔特，成为弗吉尼亚第1骑兵团上校时的感言，1861年

以羽毛帽、金色马刺、雪达犬和温顺的浣熊为个人特征，詹姆斯·尤厄尔·布朗·斯图尔特看上去更像是狩猎派对的领导人，而不是骑兵首领。他的随从中有一名班卓琴手、一支乐队以及普鲁士大力士赫罗斯·冯·博尔克少校。他很招摇，喜欢嬉戏胡闹，将自己装扮成弗吉尼亚骑士。

不过，在战斗中，斯图尔特对部下要求严格，对自己更加严格。他擅长收集关于敌军的宝贵情报，被罗伯特·E.李将军称为军队的“耳目”。

为李效力

斯图尔特是政客阿奇博尔德·斯图尔特和伊丽莎白·帕尼尔11个孩子中的一个。他起初在家接受教育，然后上了大学，后来进入西点军校，作为学员遇到了校长罗伯特·E.李。李注意到，这名来自佐治亚的年轻骑手在1854年毕业之前受到了多次记过处分。

1859年，在前线与印第安人战斗了五年的斯图尔特已经成为中尉。此时，他接到命令和李一起镇压突袭哈珀斯费里的约翰·布朗一伙。1862年6月，在半岛战役中临危受命的邦联指挥官李邀请斯图尔特为他收集情报。

作为骑兵将领，斯图尔特在第一次布尔溪之战中有过不凡的表现，掩护了约瑟夫·E.约翰斯顿将军从谢南多厄河谷赶去支援P. G. T. 博勒加德部队的行动。斯图尔特“绕麦克莱伦的骑行”不仅为李提供了让联邦军队远离里士满所需要的重要情报，而且为他自己赢得了早期的名声。他在此次骑行中只损失了一个人——威廉·拉塔内上尉，其葬礼画面经常出现在邦联人的客厅里。

堪称楷模的骑兵

斯图尔特在李手下表现得很好，最终成为北弗吉尼亚军团骑兵团首领。在第二次布尔溪之战中，他的部下突袭联邦指挥官约翰·波普的指挥部，洗劫了他的帐篷，带着35万美元扬长而去。一个月后，斯图尔特绕着麦克莱伦刚刚振作起来的部队进行了第二次骑行。

斯图尔特在钱瑟勒斯维尔大放异彩，当时“石墙”·杰克逊受了致命伤，他接过了军队第2兵团的指挥权。这位骑士领导步兵的能力也很出色，

杰布·斯图尔特
这张照片大概拍摄于1863与1864年之交的冬天。照片上，斯图尔特蓄着肉桂色的胡须，有一双蓝灰色的眼睛。据说，他的眼睛在战斗中会“闪出火光”。

盒装左轮手枪
斯图尔特的参谋长和最亲密的朋友、普鲁士军官赫罗斯·冯·博尔克少校在1863年5月给了他这把英制特兰特左轮手枪。

"他从未向我提供过错误信息……一想到他，我就要掉眼泪。"

——邦联将军罗伯特·E. 李，谈斯图尔特之死，1864年

率领数千人穿过茂密的树丛，发起了多次冲锋，从后方重创联邦部队。1863年6月9日，斯图尔特在弗吉尼亚州布兰迪车站遭到联邦奇袭。在南北战争规模最大的骑兵交锋中，斯图尔特的人勉强击退了联邦骑兵，但损失惨重。斯图尔特很恼火，他渡过波托马克河，发动了大胆的骑兵突袭。他缴获了许多补给马车，却失去了与李的联系，后者正在对北方进行第二次进攻。暂时失去"耳目"的李被卷入了葛底斯堡的战斗。

在斯波齐尔韦尼亚，斯图尔特实际上拯救了李的军队，因为他的部队拖住了联邦大军足够多的时间。随后，斯图尔特将赶来的邦联部队领到了村庄以西的战线上。他也许的确可以成为出色的步兵指挥官，只是从未获得机会。

斯波齐尔韦尼亚的战斗爆发几天后，斯图尔特的骑兵在里士满以北的耶洛客栈与人数占优的谢里丹部队展开战斗。当斯图尔特骑马进入激战区时，他的号手说："将军，我想你喜欢挨枪子儿。"斯图尔特说："我觉得没有危险。"不久，一名密歇根列兵在撤退之前朝一个向他们举枪的灰衣人开了一枪。斯图尔特坠马。

他被转移到他的连襟位于里士满的住所，在24小时后去世。他的送葬队伍穿过城市时，没有音乐，没有隆重的仪式，只有沉闷的炮声。首都外围，激战仍在继续。

环绕骑行
在这幅石版画上，戴着羽毛装饰帽的杰布·斯图尔特正带领骑兵进行侦察。此次1862年6月12日至15日的骑行被称为他的第一次"绕麦克莱伦的骑行"。

时间线

- 1833年2月6日 出生在弗吉尼亚州帕特里克县劳雷尔山的斯图尔特家。
- 1854年7月 毕业于西点军校，不久后前往西部前线，对抗阿帕奇人和夏延人。
- 1855年11月14日 在堪萨斯州赖利堡与菲利普·圣乔治·库克上校的女儿弗洛拉·库克结婚，很快晋升为中尉。
- 1859年10月18日 在哈珀斯费里兵工厂抓捕废奴主义者约翰·布朗及其同伙。
- 1861年5月14日 在弗吉尼亚退出联邦后，斯图尔特辞去美国陆军上尉职衔，成为弗吉尼亚第1骑兵团上校。
- 1861年7月21日 领导了第一次布尔溪之战中的一次重要冲锋，晋升为准将。
- 1862年6月12—15日 实施第一次"绕麦克莱伦的骑行"，带着1200名骑兵在三天时间里环绕波托马克军团一周，切断联邦补给线，焚烧马车，只损失了一个人。很快晋升为少将。

杰布·斯图尔特的外套

- 1862年10月10—12日 带领1800名骑兵实施第二次"绕麦克莱伦的骑行"，最远到达宾夕法尼亚州钱伯斯堡。
- 1863年5月3—6日 在钱瑟勒斯维尔之战中接替受伤的"石墙"·杰克逊指挥第2兵团，帮助邦联将胡克赶到了拉帕汉诺克河对岸。
- 1863年6月9日 领导部队在布兰迪车站进行战争中规模最大的骑兵作战。
- 1863年6月28日—7月3日 在波托马克河以北的突袭中，在罗克维尔附近缴获125辆联邦补给马车，调转方向，与李会合，在葛底斯堡之战中领导骑兵作战。
- 1864年5月7—8日 他的骑兵拖住前往斯波齐尔韦尼亚县城的敌人，使李的步兵得以进入阵地，挫败格兰特的作战计划。
- 1864年5月11日 斯图尔特在里士满以北仅仅6英里（约9.5公里）处的耶洛客栈拦截了谢里丹对首都的突袭，却被子弹击中，次日去世，年仅31岁。

1 0.38口径胡椒瓶

2 0.44科尔特1860陆军型

3 克尔

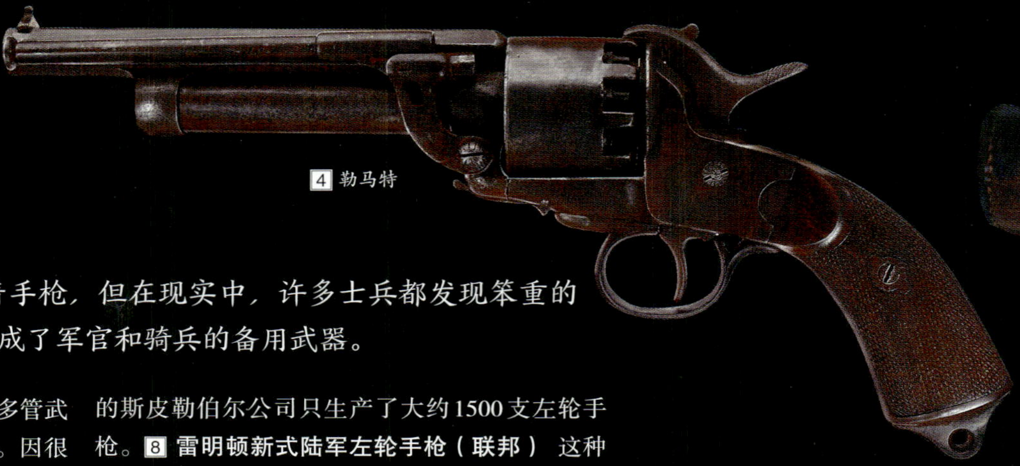

4 勒马特

手枪

南北战争的士兵在照片中常常握着手枪，但在现实中，许多士兵都发现笨重的手枪不方便使用和携带。手枪主要成了军官和骑兵的备用武器。

1 **0.38口径胡椒瓶手枪（邦联和联邦）** 多管武器从19世纪30年代流行到南北战争时期。因很像胡椒研磨器而得名。2 **科尔特1860陆军型左轮手枪（联邦）** 这种六发0.44口径左轮手枪是联邦士兵的主要佩枪。联邦政府订购了超过12.7万支。3 **克尔左轮手枪（邦联）** 克尔手枪由英国的伦敦军械公司制造，被邦联骑兵使用。4 **勒马特左轮手枪（邦联）** 它的独特功能是第二个滑膛枪管用于发射铅弹。勒马特手枪在杰布·斯图尔特等邦联高级军官之中很受欢迎。5 **丹斯兄弟左轮手枪（邦联）** 联邦的封锁迫使邦联提高武器产量。得克萨斯州哥伦比亚的丹斯兄弟公司根据科尔特龙骑兵手枪制造了325到500支左轮手枪。6 **史密斯韦森1式左轮手枪（联邦）** 1857年成立的史密斯韦森公司生产的第一款武器。它可以容纳七发0.22短边缘发火弹。7 **斯皮勒伯尔左轮手枪（邦联）** 基于惠特尼左轮手枪设计。由于劳工和物资短缺，佐治亚州亚特兰大的斯皮勒伯尔公司只生产了大约1500支左轮手枪。8 **雷明顿新式陆军左轮手枪（联邦）** 这种六发0.44口径左轮手枪在联邦士兵中的发放量仅次于科尔特手枪。9 **史密斯韦森老陆军2式（联邦）** 同1式相比，它装有更加强大的0.32口径子弹，是许多士兵私人购买的手枪。10 **0.44科尔特陆军左轮手枪** 装在当时的标配枪套里。11 **德林杰左轮手枪（邦联和联邦）** 这种便于隐藏且很有效率的武器可用于应急。它被称为“口袋手枪”。12 **勒福舍针发式左轮手枪（邦联和联邦）** 进口于法国，使用低动量子弹。战争后期，由于有了更多科尔特和雷明顿手枪，联邦放弃了这种手枪。13 **0.36科尔特1861海军型左轮手枪（联邦）** 制造于1861至1873年，设计与科尔特1860陆军型非常相似，但是枪管要短半英寸（12.7毫米）。14 **0.36口径弹模** 黄铜模具，用于生产手枪铅弹，一次可以制造九枚。

5 丹斯兄弟

6 0.22口径史密斯[illegible]陆军1式

8 0.4[illegible]雷明[illegible]陆[illegible]型

7 斯皮勒伯尔

9 [illegible]2口径史密斯[illegible]森老[illegible]军[illegible]式

10 皮套里的陆军科尔特手枪

11 [illegible]杰

12 勒福舍针发式

13 0.36科尔特1861海军型

14 0[illegible]6[illegible]模

之前

1864年5月，当尤利西斯·S. 格兰特针对李展开行动时，弗吉尼亚的其他战役也在进行。

巴特勒的詹姆斯军团

4月，一支超过3万人的新军在本杰明·巴特勒的领导下建成，任务是沿詹姆斯河而上，在里士满以南登陆，切断里士满–彼得斯堡铁路。

西格尔在河谷中的部队

5月2日，弗朗茨·西格尔将军开始沿谢南多厄河谷前进。两年前，“石墙”·杰克逊曾在这里击败他（见第110—111页）。西格尔计划切断通往里士满的铁路，同时阻止邦联增援部队与李会合。

邦联对手

4月，P. G. T. 博勒加德将军成了北卡罗来纳和弗吉尼亚詹姆斯河以南地区的部队指挥官。李命令约翰·C. 布雷肯里奇将军在谢南多厄河谷对抗西格尔。

邦联部队的胜利

当格兰特在东弗吉尼亚与李交战时，他在其他地区的战略失败了。邦联人将巴特勒将军围困在百慕大亨德勒德半岛上，并在纽马基特之战中将西格尔将军击溃，这场邦联的胜利是靠弗吉尼亚军校学员的冲锋取得的。

5月5日上午，联邦将军本杰明·巴特勒在阿波马托克斯河和詹姆斯河之间的百慕大亨德勒德登陆，他遇到了不可多得的机会。他的詹姆斯军团位于两座重要邦联城市之间，距离里士满15英里（24公里），距离彼得斯堡8英里（13公里），而这两座城市只能召集5000民兵为守军。而且，守军新指挥官P. G. T. 博勒加德还没有从查尔斯顿赶过来。

然而，巴特勒却错失良机。他派部队对里士满–彼得斯堡铁路进行了侦察，为了确保在新基地站稳脚跟，他浪费了过多的时间和精力。邦联人利用这段时间尽量从其他地区调动增援部队，博勒加德将军也到了，负责组织作战。

邦联将军布雷肯里奇

肯塔基人约翰·C. 布雷肯里奇曾经是美国副总统和总统候选人，在1860年输给了亚伯拉罕·林肯。他努力阻止战争发生，直到1861年9月加入南方阵营。

当巴特勒不慌不忙地对一个目标展开行动时，博勒加德打了他一个措手不及。5月16日，巴特勒进攻了德鲁里布拉夫的炮台，这里俯瞰詹姆斯河的一处弯道，很久以前就是联邦炮艇的眼中钉。在茂密、泥泞、有雾的松林中，博勒加德发动了一场激烈的战斗，几乎成功将巴特勒与基地的联系切断。在此次战斗中，简易胸墙外的尸体堆得很高。5月20日，博勒加德在韦尔博特姆教堂附近再次痛击巴特勒。之后，联邦将军便躲在百慕大亨德勒德的军营里。博勒加德凭借比对手少一半的兵力将巴特勒困住，围着半岛基地建立了一道工事。格兰特也不得不懊恼地承认，博勒加德“堵住了”巴特勒，就像把他堵在了瓶子里。

60%

弗莱彻·H. 阿彻的弗吉尼亚后备营在1864年6月9日的“老人和小伙之战”中死伤和被俘者的比例。

第一次彼得斯堡之战

6月，巴特勒再次犯错。他听说彼得斯堡防守空虚——博勒加德的大部队都在百慕大亨德勒德。于是，巴特勒袭击了这座城市，希望赢得早该得到的军事荣誉。6月9日，3400名步兵和1300名骑兵渡过阿波马托克斯河，接近迪莫克防线，即彼得斯堡的防御工事。当市内响起召集民兵拿起武器的警铃时，联邦步兵在守军胸墙和掩体前面却步，不敢发动进攻，撤回到安全的百慕大亨德勒德。

几英里外，巴特勒的骑兵正在奋战。他们沿着耶路撒冷木板路向迪莫克防线南部冲去，遭遇了弗吉尼亚后备营——由美墨战争老兵、退休上校弗莱彻·H. 阿彻领导的125名“银发老人和无须青年”，包括市议员、店主和十几岁的孩子，其中许多人只配了古老的滑膛枪。在著名的“老人和小伙之战”中，这支临时拼凑的部队在将近两个小时里击退了反复进攻的敌方。就连医院病人也帮助他们对抗联邦骑兵。最终，骑兵也撤回了百慕大亨德勒德。

百慕大亨德勒德行动

这张地图描绘的是百慕大亨德勒德半岛，巴特勒在此被博勒加德围困。彼得斯堡就在地图以外的左下角，里士满位于图片以外的左上角。

河谷失利

格兰特在谢南多厄河谷发动攻势的计划也被挫败。5月，弗朗茨·西格尔将军的军队先是被大雨耽搁，随后参加了纽马基特的战斗。河谷公路穿过这座宁静的小镇，向东穿过蓝岭山脉再向南进入李和格兰特的战场。李相信西格尔会从这条路线袭击他的侧翼。5月15日星期日，约翰·C. 布雷肯里奇将军试图阻止西格尔的行动。

炮火已经使纽马基特的许多居民藏进了地窖，但外面的动静变得更加可怕，持续的雷声与炮声齐鸣。为对抗西格尔的6000士兵，布雷肯里奇召集了4000人，包括来自“南方西点军校”弗吉尼亚军校的247名被淋湿的、瑟瑟发抖的后备队学员。他们在四天

"一张毯子就可以盖住三个人。他们被霰弹打烂了。"

——学员约翰·S.怀斯，谈战友在纽马基特牺牲

时间里行军70英里（112公里），从莱克星顿的学校来到此处。李已经习惯了更糟糕的运气，但只是祝布雷肯里奇好运："我相信你能把敌人赶走。"

西格尔的失败

战斗开始时，他的许多士兵还在河谷公路上，距离战场很远。在被大雨洗刷的许多泥泞的道路中，河谷公路是唯一的碎石路。当战斗在城外的牧场和土丘上反复上演时，联邦指挥官只能将士兵布置在一处山岭上，下方是当地布尚家族农场的田地和果园。他还在那里部署了18门大炮。

布雷肯里奇在夏洛和奇克莫加已经证明了自己是极为出色的战士，他领导邦联人沿着松软潮湿的山坡向上冲锋。不过，随着雨水倾泻在田地上，联邦大炮将进攻士兵放倒，南军队伍中出现了一个危险的缺口。在北军抓住机会之前，布雷肯里奇不得不命令学员们冲上去，堵住缺口——"让孩子们上，希望上帝原谅我。"

一排排学员穿得像出席阅兵式一样，越过被雨水冲刷成泥沼的耕地，甚至在泥泞中走丢了鞋子。在穿过绿色小麦田时，一些年轻人被霰弹（近距离使用的炮弹）打成了碎片。其他战士继续前进，只在枪手向他们齐射时有所犹豫。许多人倒下了，但是其他人继续向前。到了指定地点，他们累得跪了下来。

当联邦炮兵的反击陷入混乱时，西格尔的炮兵开始准备射击。这时，学员们一跃而起，向山上冲去。一名联邦军官记得，这是他在战争中见过的最"壮烈"的场面。邦联战线上的其他人也站起来，冲向山岭。使西格尔的部队沿着河谷公路仓皇撤退，一天一夜没有停步。格兰特发动谢南多厄河谷攻势的希望化为泡影。李的侧翼则安全了，布雷肯里奇带着小型部队向东移动，前去支援北弗吉尼亚军团。

近四分之一南方学员非死即伤。其他人作为英雄回到莱克星顿。"我们在可怕的游戏中还很年轻，"一个人回忆道，"但事实证明，我们是很优秀的学生。"

学员奖章
战争结束后，弗吉尼亚为每位在纽马基特战斗的学员颁发了铜质奖章——在战斗中牺牲或受了致命伤的学员，其奖章由直系亲属领取。

弗吉尼亚军校学员
本杰明·A.科隆纳是在纽马基特战斗过的学员之一。在这幅画中，他站在学员们冲锋的战场上，是在战争中幸存的邦联陆军上尉。

之后

西格尔与巴特勒的失败不仅使李得到布雷肯里奇和博勒加德的增援，而且为邦联创造了另一个军事优势。

彼得斯堡的防御

巴特勒在彼得斯堡的失败突袭使博勒加德加强了这座城市的防御，这正好在六周后格兰特大军对彼得斯堡的多次进攻中派上了用场（见第260—263页）。

新的河谷战役

另一次谢南多厄河谷战役开始于5月，联邦将军戴维·亨特烧了被称为"蜂巢"的弗吉尼亚军校，以回应纽马基特之战。李派朱巴尔·厄尔利将军对亨特宣战，导致了一整个夏天的战斗，高潮是谢里丹对厄尔利的胜利（见第258—259页）。

战俘

双方都没有做好处置大量战俘的准备。到了1864年，战俘都被关在临时监狱里。过度拥挤、饥饿、卫生条件不良和偶尔的虐待同时出现在北方监狱和南方监狱。

在1862年的战斗中，双方对被俘士兵的管理是粗暴的，有时就把他们关押在可以看到或听到战斗的地方，比如后方的等待区。幸运的俘虏很快就被释放，与相同军衔的敌方军人交换。到了1864年，被俘者只会进入战俘营。存在于战争前期的假释和交换协定在1863年瓦解了。1864年4月，格兰特将军拒绝继续交换战俘。

此后，等待被俘者的只有可怕的折磨，留在战场上的生存几率可能反而更大。战争期间，美国各地有超过150座战俘营。所有想得到的设施都派上了用场，包括监狱和拘留所、被改造的仓库、废弃的军营和工事以及像牛圈一样的围栏。南方和北方的共同点不是故意的虐待，而是官僚的无能和资源的极度匮乏：食住、卫生和医疗条件都很糟糕。无数人死在被关押期间。

不同的运气

战争早期，最著名的邦联战俘营是里士满利比监狱。这座阴森的三层砖房和曾经的船具厂住过大约12.5万联邦战俘，是战俘被送往南方各地战俘营之前的中转站。湿冷、腐臭的牢房可以容纳大约1000名犯人，但多达5000人聚集在老鼠成灾的走廊上。几乎所有战俘都是军官，是受过教育的人，后来写下了自己的经历。他们是幸运的，可以透过窗户栏杆向外张望，看到另一半人是怎样生活的。他们可以瞥见贝尔岛，那是詹姆斯河的急流中一块露出水面的岩石，是几乎没有任何设施的天然监狱。大约8000名军人聚集在那里，争夺3000顶帐篷和少数棚屋。位于密西西比河中部的伊利诺伊州罗克岛的条件也好不到哪里去，邦联战俘常常暴露在夏日的骄阳和冬天的严寒里。1864年，迅速传播的天花几乎清空了罗克岛的监狱。

马里兰州眺望角是北方的贝尔岛。这处深入切萨皮克湾的曾经的度假胜地，提供的帐篷只够一万人使用，但南方战俘的实际人数要多得多。在它作为监狱运行的两年时间里，多达3500人死亡，其中许多人死于受冻。

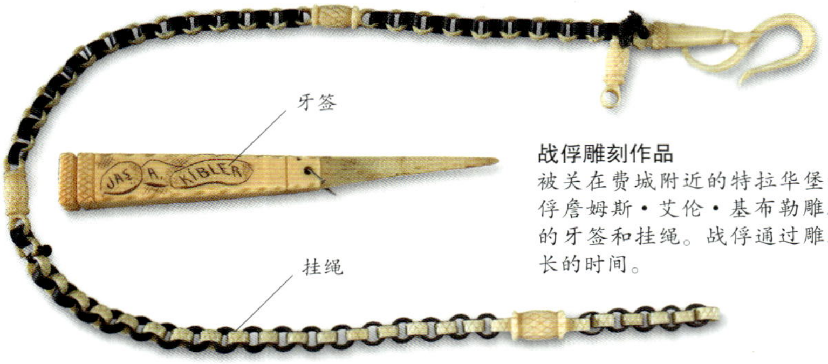

战俘雕刻作品
被关在费城附近的特拉华堡的邦联战俘詹姆斯·艾伦·基布勒雕刻了图中的牙签和挂绳。战俘通过雕刻打发漫长的时间。

极高的死亡率

大约2.6万被捕邦联人曾住在道格拉斯营——最初是训练营，位于芝加哥城外一小块潮湿低洼的草地上。这里有战争期间所有战俘营中最高的单月死亡率——1863年2月，营中3884人中有387人死亡。总体而言，道格拉斯营中有超过4000名战俘再也没有看到南方的家园，其中许多人被埋在芝加哥橡树林公墓的集体坟墓里。

联邦战俘营最高的总体死亡率出现在纽约州西部的埃尔迈拉，囚犯称之为“地狱迈拉”。1864年7月6日，400名南方囚犯被关进这座可以容纳5000人的前军营。但它根本容纳不下最高峰时的9500人。在纽约冰冷的冬天，许多人不得不睡在户外，没有毯子或其他任何遮蔽物。在埃尔迈拉监狱运行的12个月里，近3000人死亡，大多数人死于冻馁、疾病和营养不良。

死亡纪录
在南北战争期间运行的150座战俘营中，芝加哥道格拉斯营有单月最高死亡率，1863年2月的死亡率为10%。

人间地狱

安德森维尔又叫萨姆特营，是所有战俘营中最暗无天日的。1864年初，佐治亚西南部的松林被开辟成战俘营，计划容纳1万联邦战俘，但是这里的人数很快达到了3万。没有遮蔽物，囚犯在木桩上拉起破布，

安德森维尔监狱设计图
安德森维尔的记忆持续了很长时间。战后，许多老兵为遗址的保护做出了贡献。今天，这里是美国国家历史遗址，有一座国家公墓和国家战俘博物馆。

之前

战争爆发时，双方都没有管理大量战俘的机构和基础设施。

非正式安排

林肯反对战俘交换协议，认为这会使邦联获得合法性。战场指挥官根据假释和交换系统实施了非正式交换，以便将战俘数量控制在可以管理的水平。

迪克斯-希尔交换协定

1862年7月，双方就正式交换体系达成一致。该体系与联邦和邦联的谈判官员同名，叫作迪克斯-希尔交换协定。被交换的战俘军衔相同，同意在获释后回避兵役。交换体系很奏效，战俘营的人数开始迅速减少。

协定的崩溃

联邦军队招募黑人士兵后，原交换体系开始崩溃。邦联拒绝交换黑人士兵，威胁要将其按照逃亡奴隶处置。1863年5月，联邦政府中止了协定。很快，战俘人数膨胀到了无法管理的水平。

在地里打洞，以躲避毒辣的太阳。这里的小溪既是水源也是营地下水道。痢疾肆意传播，没有医疗设施，口粮也稀缺。近1.3万人死在那里，占监狱总战俘数的30%。安德森维尔成了南北战争中最臭名昭著的战俘营，但其罪恶之处是所有战俘营共有的。

超过40万人在战争中做过战俘，超过5.6万人在被拘押时死去。包括南北双方在内，战俘的最终死亡率大约为13%——是战场死亡率的两倍多。

利比监狱的食具
虽然利比监狱过度拥挤，但那里的联邦俘虏有相对较好的待遇。图中物品是纽约第93志愿团的约翰·S. 克罗克上校分得的。

“那情景比任何战场上的情景、任何伤员成群的情景更糟，比那些最血腥的场面还要糟。”

——沃尔特·惠特曼，谈被释放的联邦战俘，《典型的日子》，1882年

安德森维尔的集体坟墓
囚犯们将一具具狱友的尸体运进位于营外的集体坟墓。在安德森维尔，这是囚犯每天的工作。

之后

1865年，邦联改变了对被捕黑人士兵的态度，战俘交换重新开始，但再未达到之前的水平。

回家

战争结束后——有时再过数月——北方营地里的战俘宣誓效忠于联邦，便可拿到回家的火车通行证。

痛苦的遗产

在北方战后的出版物中，安德森维尔幸存者的画像和形象演化成了重建时期间的南北对立（见第338—339页）。一些幸存者此后一直被健康问题困扰。

亨利·维尔茨

罪犯或替罪羊

安德森维尔指挥官亨利·维尔茨在美国军事法庭受审判，并被认定“危害囚犯健康、谋杀囚犯生命”。他在1865年11月被处死，是唯一一个以战争罪被处决的监狱官。

亲历者　1864年5—7月

安德森维尔战俘营

1864年2月，佐治亚州安德森维尔——又叫萨姆特营——接收了第一批联邦囚犯。在战争剩余时间里，共有超过4.5万名联邦士兵在这座过度拥挤的监狱里受苦。遮蔽物、食物、药物的缺乏和卫生问题导致疾病猖獗，大约1.3万联邦战俘死亡。

1864年5月27日星期五

“在营地里，死神悄悄盯着每一个人……最初营地有三分之一似沼泽——是数千人的排泄物形成的泥浆，里面涌动蛆虫。这泥浆每天都在随着囚犯的生理需求堆积，也是唯一的解手地点。而唯一穿过营地的水源也流经这片大型污染区……我知道有3000人排队接水，队伍变长的速度和变短的速度一样快。我们从白天排到天黑，是的，甚至排到深夜……太阳的热量晒得人起泡，雨水将人淋透，没有一口新鲜空气。除了天穹，我们别无遮蔽物。空气中充满了难以忍受的、带着热气的恶臭，在有毒的阴沟里，腐臭的泥水由于死亡病菌的活动而不断翻腾。我们无法摆脱它——我们吃着它，喝着它，在它旁边睡觉。每个小时都有人死去，我们却痛苦得宁愿速死。”

1864年7月19日星期二

“精神失常的人无处不在。在短短几个月里，是的，通常是在短短几个星期里，拥有强大头脑、心灵和希望的人沦落成了傻瓜和疯子。今天他们认识你，将你看作朋友和同志；明天，他们就成了容易发怒和哭泣的孩子，或者胡言乱语的疯子。一些人乞求食物，另一些人问候妻子、母亲、孩子或其他亲属……对于仍然保持清晰头脑的人来说，这些日子的精神痛苦是最缓慢的拷打。”

——新泽西第1步兵团查尔斯·霍普金斯下士的日记，
他在安德森维尔被囚近十个月，恢复时间近一年

无法忍受的条件
在安德森维尔，饥饿的囚犯被关在没有遮蔽物的简易设施里，这里每天都在变得更加拥挤。到了1864年8月，3.3万囚犯生活在原本用于容纳1万人的区域。

科尔德哈伯之战

格兰特的行动再次被李的军队阻挡，后者在科尔德哈伯路口附近建造了7英里（11公里）长的野战工事——陆路战役到目前为止最令人畏惧的防线。格兰特认为，突破这道防线的唯一途径就是发动大规模进攻。

之前

在尤利西斯·S. 格兰特巧妙撤离北安娜河后（见第248—249页），两军朝东南方向继续进行着追击战。

霍氏工厂

罗伯特·E. 李将军在托托波托莫伊溪南岸建立了坚固阵地，北边是帕芒基河，南边是奇克哈默尼河。5月28日，他的侦察骑兵向东刺探格兰特的阵地，在名为霍氏工厂的当地铸造厂附近与联邦骑兵相遇。随后发生的五个小时的战斗成为南北战争中最血腥的骑兵战之一。

贝塞斯达教堂

5月30日，格兰特渡过托托波托莫伊溪，寻找李的右翼。两军步兵在贝塞斯达教堂交锋。骑兵部队在东边很远的奥尔德教堂战斗，邦联骑兵退到了一个叫作科尔德哈伯的交叉路口。格兰特认为李的步兵阵线牢不可破，也把目光投向了科尔德哈伯。一场大战正在成形。

技术

堑壕战

在1864年6月1日至6月12日近两个星期的时间里，在被枪炮扫射的平坦开阔地上，两军士兵在科尔德哈伯的交叉路口周围挖掘了复杂的堑壕。在防护矮墙后面，部队建造了供睡觉的防弹掩体，挖了生火的灶。他们用泥土填充笼子（柳条笼），用于减震——在彼得斯堡还会再次使用这一技术（如图）。雨水使战壕变成河流。在阳光下，士兵用上了刺刀的来复枪架起毛毯遮阳。

灰扑扑的小村庄科尔德哈伯坐落在平坦的郊外，只有缓慢的溪流切出的河谷带来了一点地形变化。五条公路从聚居区辐射出来，其中两条通往西南方，经奇克哈默尼河上的桥梁与8英里（13公里）外的里士满相连。

1864年6月1日，骑兵部队为了夺取这座村庄展开了战斗。随着太阳西斜，步兵赶到。当蓝衣部队占领交叉路口时，李的师陆续从北面赶来。格兰特的士兵也在沿着平行道路行军，但是一些人迷了路，迟迟没有出现。虽然李的阵线从北边的托托波托莫伊溪向奇克哈默尼河延伸了近7英里（11公里），先头部队仍想法成功堵住了通往里士满的道路。李的老兵在停止前进的地方挖掘战壕。格兰特的部队在对面排开。夜幕降临时，联邦指挥官下令朝南军阵线冲去。“瞄低，瞄准。”一位邦联将军喊道。几分钟时间里，邦联阵线上的枪口火舌燃成了一片。扬基佬纷纷倒地，只有一个师在溪谷的掩护下差点打开了一个缺口。这次功败垂成的突破让格兰特认为一次大型冲锋或许可以将北弗吉尼亚军团一分为二。因此，他下令6月2日发动大规模进攻。由于一些联邦部队还没有到位，他勉强将进攻推迟到了第二天上午。

6500

1864年6月3日科尔德哈伯之战第一个小时的冲锋中倒下的联邦士兵大概人数——在当天上午被派去进攻邦联工事的25 000人中，占比超过四分之一。

当晚，李的工程师加固了防线，补强弱点，设计了大范围锯齿形防线，形成火力集中区，并且标注了测量距离，使炮兵可以更好地估计射程。邦

科尔德哈伯之战

战后彩色石版画，由库尔茨和艾利森公司发布，以19世纪80年代流行的非写实浪漫笔调描绘了这场可怕的战斗。

科尔德哈伯的联邦炮队
在6月1日的战斗中，联邦第6兵团的炮手直抵邦联阵线，这被戏称为"炮队的冒犯"。

联人在斯波齐尔韦尼亚开始试验的战地工事在科尔德哈伯附近的平坦旷野上达到了完美状态。虽然雨水的拍打声持续不断，但是邦联士兵加固胸墙的不祥之声还是传到了在几百码外待命的联邦士兵的耳朵里。可怕的预感在队伍中蔓延。许多人把姓名条别在战袍上，方便埋葬他们的人识别身份。

战斗继续

6月3日凌晨4时30分，信号炮响起，大约2.5万名联邦士兵冲出工事，穿过泥泞的田野，大多数人没有时间研究邦联的胸墙。在近7英里（11公里）的战线上，邦联大炮和来复枪将里士满的窗户震得直响，战火点亮了黎明的天空。

一轮轮凶残的齐射将蓝军队伍撕裂。一排排士兵全体倒地，一些团完全瓦解了。在巨大的混乱中，弗朗西斯·巴洛将军的旅在纯粹的屠杀场面中短暂地占领了一段邦联工事。在一些地方，军官徒劳地催促幸存者前进，但仅几分钟后他们就被来复枪射倒。

格兰特及参谋们还不知道战场上的情况。巴洛短暂的胜利使他们下达了更多的进攻命令，导致将军们几乎造反。到了中午，格兰特终于终止了这场混乱。此时，他们才知道总体伤亡情况。一些邦联师没有伤亡报告，联邦部队则遭到毁灭性打击。有6500至7000人死在当天上午第一个小时的战斗里，其中大多数人是在致命的前十分钟里中弹的。

胸墙　迅速建造的临时工事，在战斗中用于防御。墙壁齐胸高，因而得名。

伤员被遗弃

凌乱的战场上散布着大量伤员。邦联炮手却仍然在射击。幸存者只能以刺刀和锡杯为挖掘工具，在他们躺倒的地方挖掘掩体。第二天，格兰特和李商议救治伤员的事情，他们已经在野外躺了超过24小时。格兰特拒绝正式停火，李对格兰特的动机有疑虑。死亡士兵在战场上躺了三天。在夜幕掩护下，一些士兵试图营救呻吟的战友，但两边的战线有时只隔着150英尺（45米），神枪手会对任何敢于抬起头的人扣动扳机。一些人尝试挖掘壕沟，试图挖到伤员的位置。最后，在6月7日晚上，格兰特请求正式停火，李同意了。此时，在战场上除了溃烂的尸体外，仍然活着的伤员已经很少了。掩埋死者的人得到了喘息。

联邦在科尔德哈伯被击退的消息给北方带来了双重打击。经过一个月的血腥进攻，格兰特的一些指挥官变得急躁起来。人们普遍谴责他是"屠夫"。格兰特从未对批评做出回应。不过，二十年后，当他撰写回忆录时，即将死于喉癌的格兰特表达了自己的真实感受："我一直为科尔德哈伯的最后一次进攻感到后悔。"

伯丹神枪手团大衣
以指挥官海勒姆·伯丹上校命名的美国第2志愿神枪手团是一个优秀的团。他们曾在科尔德哈伯作战，但是没有邦联神枪手那么成功。

"我从未见过比这更残忍的事。这不是战争，而是谋杀。"

——邦联将军伊万德·麦基弗·劳

之后

战场上不断传来的坏消息使北方各州对战争的支持低得令人沮丧。

林肯连任受到威胁

从科尔德哈伯传来的消息影响了共和党全国代表大会的气氛。此次大会于6月7—8日在巴尔的摩召开，提名林肯继续竞选总统。

谢尔曼受阻

在佐治亚，从一条坚固战壕撤向另一条战壕的约瑟夫·E. 约翰斯顿逃脱了谢尔曼的围攻，阻碍了联邦向亚特兰大的前进（见第292—293页）。

被击碎的信心

此次战败使波托马克军团的士兵丧失了勇气。几天后，他们甚至在进攻彼得斯堡外围防守薄弱的战壕时感到犹豫（见第262—263页）。

人们在科尔德哈伯之战一年后挖出阵亡者的遗骸

在詹姆斯河上架桥
1864年6月14日至6月17日，联邦工程师用101个浮筒架设了浮桥，横跨近半英里宽（800米）的詹姆斯河。

之前

两军在科尔德哈伯的战壕里对峙的僵局令格兰特和李无法忍受。

格兰特着眼南方

科尔德哈伯之战（见第260—261页）后，格兰特继续改进战略。他命谢里丹派出骑兵的一个分遣队摧毁里士满西部和西南部的铁路，引开李的骑兵，使对方暂时失去耳目。格兰特在计划一次巧妙的移动，目标是詹姆斯河另一侧、里士满以南20英里（32公里）的彼得斯堡铁路枢纽。

彼得斯堡的防御

该市由名为迪莫克防线的强大工事保护。防线名字来自1862年指导修建工事的军事工程师查尔斯·迪莫克。5月，负责守城的P. G. T. 博勒加德将军在百慕大亨德勒德困住了巴特勒的詹姆斯军团（见第254—255页）。他得以向李派出增援部队，但彼得斯堡因此失去了抵御奇袭的力量。

格兰特向彼得斯堡进军

明智地将联邦军队撤出科尔德哈伯之后，格兰特很快带着大部队和物资从2100英尺（640米）长的浮桥渡过詹姆斯河。然而，他的战地指挥官没能在李的军队赶到之前占领重要的彼得斯堡铁路枢纽。

首次进攻彼得斯堡
《弗兰克·莱斯利新闻画报》插画。1864年6月15日，联邦第18兵团占领了迪莫克防线的一个重要部位。然而胜利未被延续。

1864年6月12日，夜幕降临科尔德哈伯附近饱受蹂躏的战场，联邦士兵们悄悄动身了。到了大后方以后，他们组织成团，再集结成兵团。黎明时，李接到了令人震惊的消息：波托马克军团一夜之间消失了。格兰特决定破坏邦联补给线，尤其是在彼得斯堡交汇的五条铁路。为此他需要偷偷向南进军，渡过詹姆斯河，这条河的一些地方有几英里宽。

运兵壮举

当格兰特像一名下属说的那样表现得“机警、沉默、难以捉摸”时，威廉·F. 史密斯将军的第18兵团已向东北行军，登上了等在约克河上的运兵船。大多数步兵向南移动，来到詹姆斯河北岸，再被摆渡到对岸。其余部队——一个兵团和一个师，加上所有炮兵——通过在七个小时里搭建起来的浮桥过河。后面是5000辆马车、56 000匹骡马以及2800头牛。在三天时间里，浮桥上不间断地发出沉重的脚步声。

最初的进攻

史密斯的第18兵团首先赶到，于6月15日在锡蒂波因特下船，向彼得斯

堡行军10英里（16公里）。在迪莫克防线后面，博勒加德将军的邦联守军紧张地等待着。进攻在当天晚上开始。势不可挡的联邦部队取得了胜利，占领了迪莫克防线的许多部位，迫使博勒加德后退，寻找另一个可以防守的阵地。史密斯一度手握通往彼得斯堡的钥匙，却使之从手中滑落。他高估了对面的邦联兵力，没有乘胜进攻。博勒加德匆忙挖掘了第二道防线，他的士兵用刺刀和锡杯疯狂地挖土。与此同时，格兰特督促将军们“在敌人派出增援之前拿下彼得斯堡”。

李一时感到困惑。“我不知道格兰特的位置。”他在次日向里士满的上级报告。不过，正在抵御超过4万敌军的博勒加德认出了对面的蓝衣士兵来自波托马克军团。接到这个消息，李派出他的老兵迅速南下，前往彼得斯堡。

2500

1864年6月15日防守彼得斯堡的博勒加德部队人数估计值。许多人是民兵中的老人和小伙子。

博勒加德最辉煌的时刻

与此同时，格兰特来到了这座受到围困的城市，当晚下令发动另一次进攻。博勒加德仍然稳住了阵脚。这次进攻不太像样。米德将军也承认：“我们的人太累了。”

第二天，6月17日，战斗很激烈，但进攻是间歇性的。博勒加德遏制了联邦攻势。根据需要，他将为数不多的士兵从一个地点转移到另一个地点。到了6月18日拂晓，枪手们以致命的准确率展开了射击，击退了另一次进攻。当天下午，北弗吉尼亚军团先头部队赶到。博勒加德坚持了四天，造成敌军伤亡人数和他的手下一样多。联邦士兵的进攻被遏制，开始挖掘战壕。“格兰特对军队的施压达到了人类能够忍受的极限。”一名参谋私下抱怨。

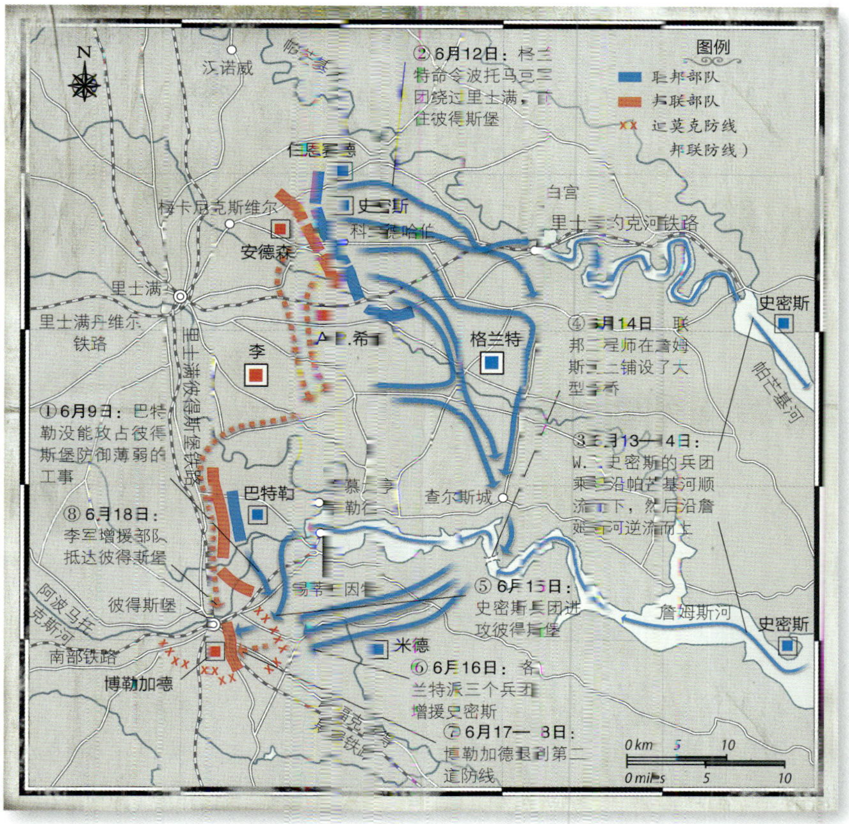

从科尔德哈伯到彼得斯堡

格兰特向彼得斯堡的进军是后勤的胜利。但经过数周的激战和急行军，波托马克军团的士兵非常疲惫，无法突破城市薄弱的防线。

错失良机

格兰特以高超的技巧将军队调动到了彼得斯堡。疲惫的士兵和下级指挥官却错失良机。看起来，格兰特只是将科尔德哈伯的战壕迷宫搬到了彼得斯堡。

从李的指挥部看到的彼得斯堡

《伦敦新闻画报》的画家描绘了李将军及其参谋看到的彼得斯堡和周围的全景。他们正在“用望远镜观察敌军动向”。

之后

格兰特希望避开漫长的彼得斯堡围攻战，但他没能在机会到来时拿下该市，这将使战争延续到下一年。

北方的幻灭

李的消耗战正在消磨北方的战斗意志。“铜头蛇”、主和派民主党人和其他失败主义群体正在获得支持。如果李可以坚持足够长的时间，11月的总统选举（见第236—237页）可能意味着停战。与此同时，格兰特不断将彼得斯堡战线（见第274—275页）向南、向西拓展，打算削弱李的防线，占领剩余铁路。

南方的胜利

6月10日，内森·贝德福德·福里斯特在密西西比州布赖斯克罗斯罗兹击溃了兵力两倍于己的部队（见第288—289页）。6月11日至12日，韦德·汉普顿在弗吉尼亚州特雷维利安车站击退了谢里丹的部队。6月27日，谢尔曼在亚特兰大外围的肯纳索山战败（见第292—293页），而朱巴尔·厄尔利则准备向华盛顿进军（见第268—269页）。总体而言，对联邦来说，这是一个让人对前景充满怀疑的夏天。

陆军补给基地

1862年半岛战役期间，士兵们坐在帕芒基河畔的坎伯兰兰丁联邦补给站上方。弗吉尼亚的感潮河段缓解了麦克莱伦将军和格兰特将军的后勤压力。

补给、交通运输和后勤

南北战争期间，军队对食物、服装、弹药和医疗补给的持续需求决定了一些最重要战役的性质和结果。从宏观战略到战场战术，后勤主导了一切。

弹药包
子弹通常装在包里，一包一发——比如这些英制恩菲尔德步枪的子弹——或者装在大箱里，一箱一千发。在马车无法到达的地方，由驮骡运输弹药箱。

1863年春，当一支联邦陆军——比如威廉·S. 罗斯克兰斯少将的坎伯兰军团——在尘土飞扬的公路上前进时，跋涉的步兵、马拉炮车和弹药车以及护卫队只是壮观的行军景象的一部分。

之前

南北战争是第一场铁路在其中扮演重要角色的大型战争。在海上，联邦的封锁是南方所面临的特别问题。

铁路优势

北方的铁轨里程数多得多（见第218—219页），在铁路方面占据优势。不过，南方的内部交通线更有利于在不同地点之间转移部队和物资。

蟒蛇计划

温菲尔德·斯科特将军的“蟒蛇计划”（见第64—65页）和联邦的封锁（见第72—73页）以切断南方的海外贸易和物资通道为目标。作为回应，南方偷渡船承担了各种货物的运输，从恩菲尔德来复枪和德国马刀到科尼亚克酒和药物。

马车队

行进中的军队后面跟着看似没有尽头的白篷马车队，每英里公路能有一百辆马车。如果排成一列纵队，这些马车可以绵延20甚至30英里（32—48公里），因为一支军队可能拥有多达3000辆马车。陆军步兵每人携带三天口粮和40发子弹，马车则载着成吨的备用食物、弹药、医疗物资、可能用到的行李，以及拉车动物的草料，可能还有上千袋粮食。

一辆覆盖帆布的陆军马车由六匹骡子牵引，每小时前进不到3英里（4.8公里）。马车很慢，却是一条重要的纽带，将每名士兵的背包和子弹盒与大后方的重要物资联系起来——包括咖啡、蔗糖、硬饼干、咸猪肉、豆子、帐篷、毛毯、外套、木柴、斧子、铲子、马鞍、笼头、挽具、子弹、绷带和棺材。

16 000
战前1860年美国陆军的官兵人数。一年后，这个数字膨胀到了18.6万。到了战争结束时，联邦陆军总人数超过了100万。

优势和问题

补给站建在铁路和汽船码头附近。北方很容易从农田和工厂收集物资，存放在补给站里。与之相比，南方受到了北方海军封锁、基础设施缺陷以及低效官僚制度的束缚，在收集物资并运输到所需地点方面面临更大的困难。战争中期，邦联田纳西军团的补给严重短缺。后勤政策使其无法使用田纳西的天然资源基地。当地食物被收集并转移到亚特兰大的邦联仓库，再通过火车运往彼得斯堡，以供应李的北弗吉尼亚军团。

到了1864年，联邦攻打彼得斯堡和亚特兰大铁路枢纽的战役具有完全不同的后勤形势。在彼得斯堡，尤利西斯·S. 格兰特背靠詹姆斯河，他将补给基地靠近指挥部。他在锡蒂波因特建立了补给站，战争物资在那里堆成了山。那里还有铁路、码头、医院、维修厂、铁匠铺，甚至还有每天产出多达10万条面包的烘焙坊。

10英里（16公里）之外，罗伯特·E. 李将军正在奋战，以保护彼得斯堡铁路的残余路线，弗吉尼亚南部和北卡罗来纳迅速萎缩的邦联资源基地正是通过这些路线向军队提供补给。

联邦将军（1815—1872）

亨利·哈莱克

亨利·哈莱克常常被称为“老智囊”，他写的《军事艺术元素》是19世纪50年代西点军校最受推崇的教科书之一。哈莱克是一流理论家，从1862年7月起担任联邦总司令，但他不适合做战场指挥官。他的才能更多地体现在管理、规划和后勤上。1864年，林肯总统用尤利西斯·S. 格兰特取代哈莱克的总司令职务，让他担任陆军参谋长。在这个位置上，“老智囊”用到了自己的专长，确保了联邦部队拥有获胜所需要的一切物资。

觅食
这幅当时的插画展示了谢尔曼将军1864年向大海进军期间，联邦士兵在佐治亚州米克索基德附近觅食的情景。谢尔曼的6.2万士兵征用了当地几乎所有农业资源。

之后

到了战争最后阶段，联邦陆军采用了焦土政策，以破坏邦联的补给网络。

焦土政策

1864年秋，谢里丹将军焚烧了谢南多厄河谷（见第268—269页）。不久，谢尔曼将军踏上了穿越佐治亚和卡罗来纳的征程（见第296—297页），摧毁了邦联中心地带，造成了大约1亿美元的损失

新的发展

机械化运输以及军用电报、信息传输和空中侦察的进步带来了一场军事后勤和通信的革命。

联邦马车队

南北战争期间，任何对敌方领土的大规模进攻都伴随着可怕的后勤问题。在1862年半岛战役中，乔治·麦克莱伦将军对波托马克军团进行了很好的组织、装备和补给。在这里，我们可以看到一支庞大的马车队正渡过弗吉尼亚半岛上的一条小溪。画家约翰·B. 巴切尔德为此次战役画了许多素描，联邦军官们证明了其石版画的准确性。

河谷战役

在争夺弗吉尼亚州战略要地谢南多厄河谷的最后对决中，曾短暂威胁到首都华盛顿的邦联将军朱巴尔·厄尔利被菲利普·谢里丹将军彻底击败。谢里丹制造了后来被称为“大焚烧”的事件，河谷的天空因此变暗。

1864年6月，在赢得谢南多厄河谷控制权后，朱巴尔·厄尔利计划率领河谷军团——曾由“石墙”·杰克逊指挥的第2兵团——进攻北方。

在敌人撤退后——一些人进入了西弗吉尼亚山区——厄尔利抓住这个机会缓解罗伯特·E. 李的压力，后者正在弗吉尼亚州彼得斯堡奋力对抗尤利西斯·S. 格兰特。厄尔利计划进军首都华盛顿，这样也许可以分散格兰特的一些兵力。厄尔利渡过波托马克河，在7月9日的莫诺卡西之战中轻松战胜了联邦部队。三天后，他的部队沿着罗克维尔公路向华盛顿进发。虽然驻防民兵人数是厄尔利军的两倍，但是市民的精神已经濒临崩溃。邦联

钱伯斯堡的废墟

为报复联邦对弗吉尼亚的破坏和拒付赔偿金的行为，邦联骑兵在1864年7月30日焚烧了宾夕法尼亚州钱伯斯堡的许多区域，导致数百座建筑被毁。

人距离首都很近，可以在营地看到国会大厦的圆顶。不过，联邦援军从彼得斯堡赶来后，厄尔利调转方向，不久再次渡过波托马克河。他已经引起了恐慌，削弱了格兰特在彼得斯堡战线上的兵力，并且摧毁了联邦铁路和电报站。

回到谢南多厄河谷，厄尔利继续打退零星的联邦进攻。7月24日，在第二次克恩斯镇之战中，厄尔利在“石墙”·杰克逊曾经战斗过的田野和农场击败了联邦部队。接着，他派约翰·A. 麦考斯兰领导骑兵再次渡过波托马克河。7月30日上午，骑兵进入宾夕法尼亚州钱伯斯堡县，索要10万美元等值的黄金，作为戴维·亨特将军上月焚烧弗吉尼亚住宅的赔偿。在对方表示无法赔偿后，麦考斯兰焚烧了这座小城。

联邦的回击

北方人被激怒了，包括格兰特将军，他找来了好斗的骑兵首领菲利普·谢里丹。“我要让谢里丹指挥这个战场上的所有部队，”格兰特宣布，“置敌人于死地。”

事实证明，这是一项重要决定。身材矮小的谢里丹被亲切地称为“小菲尔”，他在8月率领近4万人的谢南多厄军团进入河谷，在哈珀斯费里附近布阵。驻扎在温切斯特城外的厄尔利让人数少得可怜的部队来回行军，希望扬起的尘土会让对方以为他的部队非常强大。谢里丹耐心等待，于9月19日发起进攻。

第三次温切斯特之战是一场持续一天的血腥拉锯战，在起伏的田野上进行。虽然邦联人击退了多次联邦进攻，但是他们的侧翼在骑兵攻击下崩溃了。厄尔利伤亡近40%的部队从温切斯特的街道撤退，在以南15英里（24公里）的费希尔山挖掘战壕。

三天后，9月22日黄昏时分，谢里丹开始进攻费希尔山。不论前面是岩石、墙壁还是被放倒的树木，联邦士兵都按指挥官的命令“向前！克服一切障碍！前进，不要停，前进！”厄尔利的部队再次被包抄，损失了超过1000人。他们放弃了阵地，被敌人追赶至深夜。

付之一炬

接着，谢里丹将注意力转向周围一直为邦联军队提供补给的土地。格兰特曾命令他“将河谷变成荒地，就连飞过的乌鸦也要自带口粮”。火把分发出去，士兵开始点火。居民们永远不会忘记这场“大焚烧”。远近各处升起了巨大烟柱，所有的谷仓、马厩、磨坊、草堆和饲料都燃起来。大约2000座谷仓和120座磨坊，连同存放在那里的谷物和面粉，都被大火吞噬。无数畜栏、马车和农具被毁。牲畜被驱赶。曾经风景如画的数百平方英里农田被烧成焦土。邦联对此几乎无能为力。骑兵指挥官约翰·莫斯比的部队和其他人的游击活动只会招来报复。厄尔利的骑兵在10月9日的汤姆溪之战中被击退。乔治·阿姆斯特朗·卡斯特的骑兵用嘲讽的口气将邦联骑兵的狂奔称为“伍德斯托克赛马”，因为他们撤退了超过20英里（32公里）。

> “他直接绕到我们的侧翼进行猛攻，使我们溃不成军。”
>
> ——邦联将军约翰·B. 戈登，谈谢里丹在锡达溪获胜

之前

谢南多厄河谷的美丽曾经远近闻名，却被两年战争摧毁。

战略要地

于联邦，该河谷是里士满的潜在后门。于南方，它是“邦联粮仓”和进攻北方的天然路线。

邦联控制权

6月，在纽马基特之战（见第254—255页）后取代弗朗茨·西格尔的联邦将军戴维·亨特回到谢南多厄河谷，将许多建筑付之一炬，包括住宅，激怒了弗吉尼亚人。在6月17日至18日前往林奇堡的邦联补给站途中，他被朱巴尔·厄尔利将军击败，后者是新成立河谷军团的指挥官。亨特撤到西弗吉尼亚，将河谷让给了厄尔利。

卡斯特焚烧河谷
在战争画家阿尔弗雷德·沃德的速描中，乔治·卡斯特将军的师于1864年10月7日撤离东克拉山区，沿途焚烧农业资源。

惊醒，惊慌地向后方逃去。马车、物资、大约24门大炮和20面战旗被厄尔利的部队缴获。当赤脚、饥饿、衣衫褴褛的南方士兵停止战斗，开始抢夺战利品时，厄尔利取消了追击。“这已经是足够光荣的一天了！”他兴高采烈地说。

谢里丹的担忧越来越强烈，他赶到左翼，看到北方士兵踉踉跄跄地纷纷向后撤退。他下令调动温切斯特的生力军，然后沿着遍布士兵的河谷公路骑行，挥着帽子，咒骂着、劝诱着、示意着、鼓励着逃兵。“回去，孩子们！让他们下地狱，该死的！我们今晚要在锡达溪水泡咖啡！”他加快速度，几乎飞驰起来。跑了近12英里（16公里），继续喊着鼓励的话，挥舞着帽子。最终，军心稳定下来，士兵重新形成队列。到了下午4时30分，形势逆转了。潮水般的蓝衣军队势不可挡地卷土重来，夺回了军营。南军人在混乱中四散奔逃。当联邦骑兵猛攻侧翼时，逃跑的士兵把河谷公路挤得水泄不通，甚至压垮了一座小桥。邦联人的损失比他们之前的收获还要大，厄尔利的军队几乎不复存在。约翰·B. 戈登将军也承认：“当我们那天晚上离开战场时，邦联彻底退出了谢南多厄。”

锡达溪之战

谢里丹控制了河谷南部，他相信厄尔利已经撤退，于是动身前往华盛顿。然而厄尔利逃得并没有谢里丹想的遥远，而且没有丧失一丝勇气。面对一比四的兵力差距，他仍然想阻止谢里丹增援格兰特，并且计划对驻扎在锡达溪后方、温切斯特以南12英里（19公里）的联邦军队发动奇袭。

10月18日夜，当谢里丹回到温切斯特时，厄尔利的部队正沿着险峻的山路前行，计划包抄警戒不严的联邦左翼。19日黎明在南军的喊声和雷鸣般的炮声中到来。联邦士兵从睡梦中

费希尔山之战
柯里尔和艾维斯的石版画，描绘了1864年9月22日费希尔山之战中联邦骑兵将南方部队赶出战壕的一幕。

435 802
谢里丹的部队在河谷烧毁和占有的小麦，计量单位为蒲式耳。他们还烧毁和占有了77 176蒲式耳玉米和874蒲式耳面粉。（1蒲式耳约合36.4升）

之后

随着谢里丹在锡达溪取胜，南北战争最重要的战场之一已经听不到炮声了。

河谷不再是战场

在被争夺近三年后，谢南多厄河谷的邦联军队被清除，农业遭到破坏，不再具有战略重要性。联邦军事活动在很大程度上演变成对游击分子和行踪不定的邦联游击队领导人约翰·辛格尔顿·莫斯比及其部下的追逐。

军事和政治意义

谢里丹在温切斯特、费希尔山和锡达溪的胜利与法拉格特在莫比尔湾的胜利（见第286—287页）和谢尔曼对亚特兰大的占领（见第292—293页）支持了林肯总统的连任竞选（见第236—237页）。

军队的黄昏

锡达溪之战后，厄尔利失去士气的各师重新集结，于1864年至1865年冬在斯汤顿附近的谢南多厄河源地游荡。1865年3月2日，谢里丹在韦恩斯伯勒之战中最后一次击败了“老朱巴尔”厄尔利，俘虏1600人，缴获11门大炮，这基本上是邦联河谷军团剩余的全部家底。

邦联将军（18[illegible]—1894）
朱巴尔·安德森·厄尔利

朱巴尔先是傲慢、尖刻，不修边幅。他是西点军校毕业生，曾经退出陆军，从事乡村律师的工作。随着南北战争的爆发，这位弗吉尼亚本地人重新穿上军装，成为出色的旅长和师长，参加了第一次和第二次布尔溪之战、安蒂特姆之战、弗雷德里克斯堡之战、葛底斯堡之战以及其他重大战役。李因为朱巴尔的粗俗而称之为“一个糟糕的老朋友”，同时看好朱巴尔的狡猾、坚定和无畏精神。

联邦少将　生于1831年　逝于1888年

菲利普·谢里丹

> “他从不犹豫，不屈服于失败，像旋风一样迅捷。”
>
> ——A. F. 沃克，佛蒙特第11志愿团，评价河谷战役中的谢里丹

“小菲尔”谢里丹还没乐队的小鼓手长得高，他看上去完全不像会成为陆军上将的人。在同时代的人中，只有尤利西斯·S. 格兰特和威廉·T. 谢尔曼被授予这个高贵的军衔。不过，谢里丹像斗鸡一样好战。他还拥有格兰特本人最钦佩的“能吸引和影响他人的气质，这是我想拥有的——是为将者少有的品质”。士兵会对他的出现做出响应，聚集在他的麾下。

好斗的青年

菲利普·亨利·谢里丹在俄亥俄州萨默塞特长大。镇上的人说，他打败了所有男孩，有一次甚至把老师撵到了树上。不过，他差点因为身材被西点军校考试委员会拒之门外。胸膛很宽，但个子很矮——后来人们慷慨地估计他身高5英尺5英寸（1.65米）。又瘦又高的亚伯拉罕·林肯说谢里丹是“黝黑、结实的小伙子，上身很长，腿很短，脖子短得无法上吊，胳膊长得可以在不弯腰的情况下给脚踝挠痒痒”。不过，西点军校的学员需要注意——谢里丹不会轻易接受取笑。胳膊长是优秀剑客的特质。他曾在阅兵场上挥剑刺向轻视他的学员，因此受到停学处分。

无所畏惧的谢里丹
马修·布雷迪的谢里丹肖像捕捉了将军的战斗性格。平顶帽是他特别喜爱的。

胜利大行军
爱德华·麦克的进行曲，被“敬献给P. 谢里丹少将”。1864年河谷战役结束后，谢里丹成为广受尊敬的联邦将军。

迅速崛起的职业生涯

作为爱尔兰移民的儿子，谢里丹在南北战争中的惊人跃升无法像一些军官那样归结为家庭或政治人脉。而且，这名在西部前线服役的年轻中尉远离有影响力的人物，朋友也很少。战争爆发后，他凭表现赢得了晋升。虽然他最初的职位是圣路易斯军需官，但高效行动和天生的好战倾向很快为他赢得了密歇根第2骑兵团的上校职衔。接着，谢里丹参加了西部大多数大型遭遇战：佩里维尔、斯通斯河、奇克莫加、查塔努加。在查塔努加的胜利中，格兰特被他在传教士岭的冲锋撼动，邀请他前往东部，参加即将发生的与李将军的战役，并且任命他为波托马克军团骑兵首领。

谢里丹的马刀

谢里丹的战刀是带有装饰的1840式骑兵马刀，因为太重，得绰号“断腕老手”。镀金刀鞘上刻有他参加过的战斗的名称。

赞扬和争议

对钦佩者来说，谢里丹是格兰特的利器。从耶洛客栈到被彻底破坏的谢南多厄河谷，他把邦联人打得丢盔弃甲。他还在河谷取得了最重要的一场胜利：从温切斯特到锡达溪骑行10英里（16公里），沿途将遭到奇袭并丧失斗志的部队聚集起来，逆转了战局。当他一出现，数千人欢呼着聚集在他周围。乔治·阿姆斯特朗·卡斯特跑上来，双手抱住谢里丹的脖子，就像密歇根第2骑兵团的弗兰克·伯尔说的那样，“当着军队的面亲吻了他。‘小菲尔’是战争的强大化身”。谢里丹的骑行被一首同名诗歌纪念。谢里丹非常高兴，甚至将黑色坐骑黎恩济更名为温切斯特。

1865年4月，谢里丹在阿波马托克斯切断了李最后的逃跑路线。在格兰特看来，“谢里丹对李的追击表现了堪称完美的将才和战斗力”。一些军官对他的成功感到气愤，因为谢里丹不服从军事权威。1862年，他曾由于抗命指控被逮捕。三年后，在五岔口战场上，他武断地剥夺了古弗尼尔·K.沃伦将军的兵团指挥权，理由在事后看来是站不住脚的。不过，乔治·米德的参谋西奥多·莱曼在谈及大多数军官时不得不承认，“谢尔曼是最好的军事天才，而真正打起仗来，谢里丹是最出色的‘战场斗士’”。

以格兰特为首的许多人都羡慕这位战士的战地魅力。“勇敢的菲尔”本人则将其归结为他喜欢与部下并肩战斗。在斯通斯河之战中对抗邦联的反复进攻并损失三分之一兵力后，他把部队从饱受摧残的雪松林中带出来。谢里丹的帽子在混战中掉落了。此战之后，士兵把自己的帽子送给了他以示敬意。谢里丹不仅严格要求自己，对他人也从不留情面。他粗鲁、刻薄、好斗，对自己的参谋也是如此。在三岔口之战中击溃邦联骑兵时，他策马奔过战场，催促部队做出更大的努力：“打起精神，冲向他们！他们现在就要跑了！”即使一名士兵在他面前倒下，脖子冒血，谢里丹也称他没有受一点伤，并且命令他捡起步枪，行动起来。

战争结束后，谢里丹一如既往地桀骜不驯，继续在军队中施展才华。数年间，他在事实上成了西部印第安战争的负责人，他的对手包括“坐牛”和“疯马”。即使在44岁结婚后，他仍然在军中服役。

> “在我们国家乃至全世界，他都是一流的战士。”
>
> ——尤利西斯·S.格兰特对菲利普·谢里丹的评价

从1871年起，谢里丹投身于黄石地区的保护。他反对该地区受到任何开发。为确保这一点，他命令美国第1骑兵团对其进行保护，这项安排一直延续到1916年该地区被国家公园管理局接管。

最高军衔

1883年，谢里丹成为陆军总司令。1888年，他晋升为最高级别的美国陆军上将——相当于现在的四星上将；同年，他经历了多次心脏病发作，于不久后去世，被葬在阿灵顿国家公墓。

1864年河谷战役

在这幅素描中，虽然时间很晚了，但谢里丹仍然在帐篷外专心听当天的战斗报告。作为将军，他喜欢与部队近距离接触，喜欢“马鞍上的指挥部”。

时间线

- **1831年3月6日** 出生于纽约州奥尔巴尼，是爱尔兰移民约翰和玛丽·谢里丹六个孩子中的第三个。在俄亥俄州萨默塞特长大。
- **1853年6月** 毕业于西点军校，在52人的班级中排名第34，领步兵少尉军衔。
- **1861年3—5月** 随着战争的到来，先后晋升为中尉和上尉。担任各种军队职务，包括西南密苏里军团军需总长。
- **1862年5月27日** 由于抗命——拒绝为军队“偷盗”马匹——被捕。晋升为密歇根第2骑兵团上校。
- **1862年7月1日** 布恩维尔之战后，晋升为准将。
- **1862年12月31日** 斯通斯河之战后，晋升为少将。
- **1863年11月25日** 对传教士岭的进攻打动了格兰特。
- **1864年4月5日** 接手波托马克军团骑兵团。
- **1864年5月9—23日** 领导大规模骑兵突袭，在耶洛客栈与杰布·斯图尔特的部队交战。斯图尔特在战斗中受了致命伤。
- **1864年6月12日** 在破坏弗吉尼亚西部邦联补给线的突袭中，在特雷维利安车站被韦德·汉普顿将军击败。
- **1864年8月7日** 接手谢南多厄军团，执行格兰特下达的命令：摧毁河谷作为邦联粮仓的功能。
- **1864年10月19日** 从弗吉尼亚州温切斯特飞驰到锡达溪召集部队——这事迹被称为“谢里丹骑行”。
- **1865年4月9日** 在阿波马托克斯切断李的逃跑路线，迫使邦联军投降。
- **1867年3月** 被任命为第五军区总督，辖区为路易斯安那和得克萨斯，但在重建政策上与安德鲁·约翰逊总统发生冲突，很快被撤职。
- **1867年8月** 被任命为密苏里军区司令，负责针对拉科塔人和夏延人的行动。
- **1869年3月4日** 在格兰特担任总统时晋升中将。
- **1875年6月3日** 与小自己22岁的艾琳·洛克结婚。他们有四个孩子。
- **1883年11月1日** 接替谢尔曼，成为陆军上将。
- **1888年8月5日** 在马萨诸塞州南奎特因心脏病发作过世，终年57岁。

谢里丹和家人，1883年

亲历者　1864年10月19日

谢里丹骑行

锡达溪之战又叫贝尔格罗夫之战，于1864年10月19日发生在弗吉尼亚谢南多厄河谷。菲利普·谢里丹将军从温切斯特奔赴战场的骑行恢复了联邦气。战斗持续了不到一天，联邦军队就取得了胜利。邦联军的损失是毁灭性的

“大约9点钟，前景似乎一片暗淡。谢里丹将军不在，一部分士兵情绪很落，全军被赶出了锡达溪沿岸的阵地。大约10点钟，谢里丹将军在欢呼声来到灾难现场，这欢呼声比当日的炮声更加震耳欲聋。战局立刻被逆转了。兵开始组织起来，回到战斗中。战线立刻加强了，部队的精神和人数都大大观……战火纷飞，温切斯特的战场完全无法与之相比，这是我们这些葛底斯老兵所熟悉的……叛军部队只作了一次抵抗，向我们的英雄进行了一轮射击然后就极为混乱地逃跑了。天已经黑了。我们的小伙子不知不觉地进入敌军中，混在完全丧失斗志的纵队里……从未有一支大型军队像这样被击溃。”

——路易斯·N. 博德里，纽约第5骑兵团
选自《联邦牧师日记，写于1863年2月16日

“我亲爱的艾莉，哦，我们今天上午取得了怎样的胜利——昨天晚上又遭了怎样的失败！我几乎不知道怎样对你描述此事。我困得要死。只要想一想我在六十多个小时里只睡了一个小时，并且经历了最持久、最艰苦的作战…哦，我多么痛苦。谢天谢地 我安然无恙。我还有一颗子弹头作为纪念品。它中了我，卡在我的衣服上……这是我在战场上第一次失败。我尽力了。我用个旅对抗扬基佬的冲锋线，在白天把他们赶走，但他们又回来了，从各个方将我围住，当我带着剩余物资撤退时——可怜的我——可怜的我——我在上得到的——我在晚上全都失去了。”

——邦联将军克莱门特·安塞姆·埃文斯
写给妻子的信，1864年10月20

聚集联邦部队
谢里丹挥着帽子在马背上召集部下。据说，他喊道：“撤退个鬼！我们今晚就会回到军营里。”在一些画家后来的作品中，谢里丹手举着三角旗，比如图勒·德·图尔斯特鲁普这幅画。

之前

从1864年5月起，联邦波托马克军团和邦联北弗吉尼亚军团一直在詹姆斯河以北作战。

堑壕战

邦联部队坚守在构造巧妙的工事后面，联邦部队反复发动攻击。在里士满－彼得斯堡战场，邦联高超的战地工事技术与联邦军队的作战水平难分伯仲。僵局出现了。

88 000

从怀尔德尼斯到科尔德哈伯的六周战斗中两军损失的总人数估计值——包括死者、伤者、俘虏和失踪者。

补给线

无法在正面作战中击败李的格兰特改变了战略，试图切断邦联补给线——战场上的北弗吉尼亚军团所倚赖的南向和西向铁路。

在围攻维克斯堡期间（见第190—193页），格兰特死死围住守军，使补给无法进城，守军饿到投降——他将再次采用这一战术。

邦联将军（1825—1865）

安布罗斯·鲍威尔·希尔

罗伯特·E. 李和“石墙”·杰克逊临死时都提到了希尔的名字，这说明瘦小的红胡子“小鲍威尔”作为战士让人印象深刻。弗吉尼亚人希尔和他的轻装师在许多难分难解的战斗中反败为胜，包括七日之战。作为第3兵团指挥官，希尔是李最信任的副手。他在彼得斯堡外围的行动中牺牲——仅仅一周后，邦联在阿波马托克斯投降。

围攻彼得斯堡

彼得斯堡之战是一场持续数月的围攻战。联邦将军尤利西斯·S.格兰特和邦联将军罗伯特·E.李以工事相抗——双方工事总长超过100英里（160公里）——格兰特不断尝试将李的战线拉长到临界点，以打破僵局。

1864年6月，李对参谋说如果格兰特设法渡过詹姆斯河，兵临彼得斯堡，“就会发生围攻战，城破将仅仅是时间问题”。到了7月，围攻战的全部特征已经显现。一条弯曲的战壕绵延35英里（56公里），从里士满以北一直延伸到彼得斯堡以西——这座“迷宫”由前线、支线、防弹掩体、散兵坑以及小型堡垒和多面堡组成，给平坦的地表留下了一道伤疤。神枪手掌握生杀大权，将粗心者一一击倒。炮声总是在某个地方响起。这里的生活几乎完全是在地下度过的。尘土、泥浆、太阳、风雨、天空以及偶尔呼啸而过的子弹，标记了它的边界。

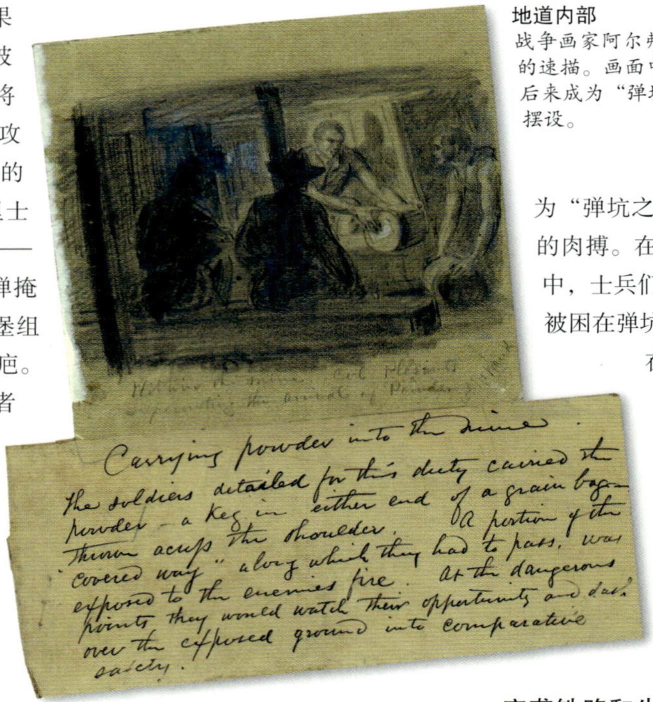

地道内部
战争画家阿尔弗雷德·沃德带有说明文字的速描。画面中，中校亨利·普莱曾茨在后来成为“弹坑”的矿井里监督火药桶的摆设。

战线爆破

当对峙演变成致命的僵局时，曾是煤矿工人的宾夕法尼亚第48志愿团成员说服指挥官、布雷工程师亨利·普莱曾茨中校在邦联工事埃利奥特突出部下面挖掘地道，放满炸药，在敌军阵地上炸出一个洞。虽然格兰特怀疑这个方案的作用，但他还是同意了。

挖掘始于6月25日。到了7月17日，矿工们挖了510英尺（155米）地道，末端位于埃利奥特突出部正下方仅仅20英尺（6米）处。他们巧妙地隐藏行迹，设计了很有创意的通风方式。然而无法避免的噪声还是使邦联人提高警觉。他们反向挖掘地道，但是偏离了目标。于是，宾夕法尼亚人将隧道挖成T字形，在里面放了230个火药桶，共计四吨炸药，通过堆放沙袋，使力量指向正上方。矿工们原路返回，布置长98英尺（30米）的引火线。他们计划在一瞬间破坏敌军防线，然后利用突破口进攻邦联军队。

6月30日凌晨4时45分，埃利奥特突出部爆发出惊天动地的巨响，冲击波将人员、大炮、炮架和数吨土壤送上了天。当灰尘散去时，埃利奥特突出部消失了，取而代之的是170英尺（52米）长、近80英尺（24米）宽和30英尺（9米）深的弹坑。进攻部队爬出战壕，停在弹坑边缘，目瞪口呆地看着尸体和大炮散布在弹坑底部的景象。其他部队设法绕过弹坑，由于领导者所在位置靠后，很快失去了组织性。在随之而来的混乱中，邦联人重整旗鼓，发动了反击。这场被称为“弹坑之战”的战斗演变成野蛮的肉搏。在“不要留情！”的喊声中，士兵们吼叫着挥拳打向对方。被困在弹坑中的黑人联邦部队即使在投降后也遭到射杀。一个南方人后来恐惧地回忆道：“我为我看到的感到恶心。”没有被俘的联邦幸存者逃回了己方阵线。格兰特承认，这是“战争中最悲伤的事件”。

> “像斗牛犬一样紧咬不放，尽可能削弱或掐死对方。”
>
> ——亚伯拉罕·林肯发给尤利西斯·S.格兰特的电报，1864年8月17日

突袭铁路和牛群

格兰特在南军边缘施加更大压力，试图让敌方阵线变薄弱，直到断裂。8月18日至21日，古弗尼尔·K.沃伦少将的第5兵团占领了南方的另一条动脉。在韦尔登铁路之战中，A. P. 希尔将军的第3兵团猛攻沃伦的部队，迫使他们退到开阔地。在那里，面对希尔的反复进攻，联邦步兵坚守阵地，并且守住了铁路。

38

彼得斯堡围攻战中黑人团的数量。战争部长爱德温·斯坦顿承认，“最艰苦的战斗是由黑人部队完成的”。

韦尔登铁路的陷落使李的士兵面临饥饿威胁。9月中，韦德·汉普顿将军和4000名士兵骑马绕过波托马克军团，最远几乎抵达了格兰特在锡蒂波因特的大型补给站。他们突袭了联邦牛栏，赶着大约2000头牲畜原路返回，损失了60人。

同年秋天，格兰特继续进行机动战。9月29日至30日，联邦部队占领哈里森堡，这里是里士满防线上的一

挑衅
温斯洛·霍默的《挑战：在彼得斯堡前叫阵》（1864年），一名站在土垒上嘲弄联邦神枪手的邦联士兵。曾有人在这种情况下当场中弹。

座重要堡垒。与此同时，在战线另一端，一支联邦侦察部队从韦尔登铁路向西推进了3英里（5公里），结果在皮布尔斯农场惨烈的两日战斗中被A. P. 希尔和韦德·汉普顿击退。

10月27日，格兰特的第2兵团和第5兵团的一部分部队连同骑兵掩护部队去到西部更远的地方，打算切断博伊顿木板路，这是通往西南方的一条要道。邦联人利用两个兵团之间的空隙，成功击退了敌人。尽管又有几千人上了伤亡名单。李拼命保护残存的南方铁路补给线。

联军炮击
彼得斯堡几乎每天都会被轰炸，迫使大多数市民成了难民。超过800座建筑在炮弹炸毁，其他建筑也被弹片击中。尽管如此，遇难市民可能不到10人。

黯淡的冬日

随着冬天的到来，李遇到了另一个问题：逃兵。联邦哨兵知道，“约翰尼·莱布”（对邦联士兵的昵称）正在等待北方的总统选举结果。林肯获胜后，北弗吉尼亚军团失去了希望。在连续数月时间里，炮声响个不停。士兵的神经正在崩溃，甚至还有人自杀。一个晚上数十人消失，其中一些人到联邦阵线投降。圣诞节当天停火，士兵们走出战壕，无须担心被狙击手射击。罗伯特·E. 李的冬天来了，春天的前景看上去也很黯淡。

之后

1864年下半年，当格兰特将军和李将军深陷里士满-彼得斯堡战线时，其他地区的形势正变得对联邦有利。

联邦的一系列胜利

联邦的胜利持续到了年末。1864年12月，乔治·H. 托马斯在富兰克林和纳什维尔摧毁了邦联田纳西军团的残余部队（见第300—301页）。威廉·T. 谢尔曼将军不仅占领了亚特兰大，而且在圣诞节占领了萨凡纳。这使他做好了率领胜利部队进入南卡罗来纳的准备，该州是战争开始的地方（见第310—311页），州府哥伦比亚被焚毁是总体战的另一个例子。

通往阿波马托克斯的道路

彼得斯堡的僵局一直持续到1865年4月，格兰特终于凭借优于对手的战壕和火力摧毁了邦联右翼（见第314—315页）。被困的北弗吉尼亚军团不得不离开战壕，前往阿波马托克斯（见第312—317页）。

攻城炮兵和围攻战

历史上发生过军队对城市和要塞的围攻。南北战争中的围攻战结合了已有的围攻技术，包括切断补给线路和破坏工事地基，而且部署了更多现代化的、强大的重炮。

之前

1812年战争后，美国开始建造一系列砖石堡垒，保护港口和沿海城市，对抗入侵。

美国海岸炮兵

这些堡垒构成了国家的第一道防线，驻守的重型炮兵获得了政府的大部分军械（武器和弹药），比野战炮兵多得多（见第128—129页）。大多数大炮是8英寸和10英寸（200和250毫米）哥伦比亚炮，这种前装炮发明于1811年。

邦联海岸炮兵

到了1861年，美国海岸有超过60座堡垒和炮台。邦联州占领了其中人手很少的地方，从而在战争开始时获得了完好无损的大炮。加上从英国进口的武器和南方少数大炮铸造厂的产品，炮兵不仅防守邦联堡垒，还在维克斯堡（见第190—195页）和彼得斯堡（见第274—275页）等遭到围攻的城市作战。

维克斯堡之役一直是南北战争围攻战的经典案例。1863年5月25日，尤利西斯·S. 格兰特将军抬头看着有防御工事的维克斯堡峭壁，发出“特别命令140号”：“兵团指挥官立即行动，用常规方法消灭敌人。”每个军官都知道“常规方法”的含义：挖路上山。这样做的目的是实现一种缓慢的隐蔽的钳制，进攻者利用所有地形优势调动部队，以很少的伤亡为代价向前推进，用炮兵摧毁守军的堡垒。

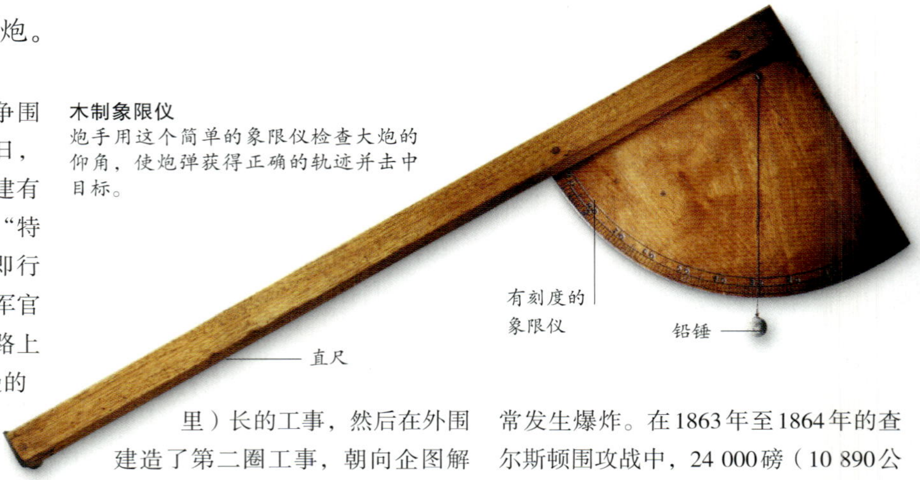

木制象限仪

炮手用这个简单的象限仪检查大炮的仰角，使炮弹获得正确的轨迹并击中目标。

就地取材

当格兰特进攻维克斯堡时，他的军队刚从密西西比沼泽打过来。他没有围攻设备，没有工程部队，没有攻城炮兵。士兵通过挖掘战壕登陡坡，临时弄了一些建材，用包着铁箍的木制圆筒制作了可以使用的迫击炮。他们围着维克斯堡建了12英里（19公里）长的工事，然后在外围建造了第二圈工事，朝向企图解围的邦联部队。

在维克斯堡，格兰特还使用了地雷技术。他铺设了多种地雷，其中一种类似于彼得斯堡弹坑之战中的密集地雷的缩小版。最后，格兰特仅仅凭借野战炮兵和联邦炮艇借给他的一些重型军械赢了炮兵对决。

欺骗性防御

缺少大炮的邦联使用了“贵格炮”，即架在炮眼里、被涂成炮筒模样以恫吓敌人的圆木。在图中，一个“炮手”正在假装开炮。

新老重炮

攻城炮兵的火力常常比不上海岸炮兵的，即固定平台上的哥伦比亚炮和类似重炮。到了南北战争时期，大型滑膛炮及其保护的堡垒逐渐过时，带有线膛炮筒的新式大炮得到使用。这些武器射击速度更快、瞄得更准确、射程更远。1862年4月，萨凡纳外珀拉斯凯堡的厚砖墙在两天之内被联邦舰队的新式线膛炮打成了瓦砾。土堡要好一些，可以吸收炮弹爆炸的冲击。查尔斯顿外的瓦格纳炮台由硬土、沙子和矮棕榈木建造，顶住了几个星期的轰炸。最后，邦联人放弃了炮台及14门海岸炮，包括一门10英寸（250毫米）哥伦比亚炮——可以发射128磅（58公斤）的炮弹。

80 000

十个月的彼得斯堡围攻战发射的迫击炮弹数量估计值。

许多这样的大炮最终都爆炸了，因为铸造技术存在缺陷。南方的军械和弹药普遍更加不稳定，联邦大炮也常发生爆炸。在1863年至1864年的查尔斯顿围攻战中，24 000磅（10 890公斤）重、8英寸（200毫米）口径的帕罗特炮“沼泽天使”可能是最先向城市发射燃烧弹的大炮，但只发射了36轮就爆炸了。

南北战争中的围攻战

在1862年的半岛战役中，乔治·B. 麦克莱伦将军拖着一支庞大的攻城车队穿过了弗吉尼亚沼泽。不少于101门大炮——包括发射20磅、30磅甚至100磅（9、14和45公斤）重炮弹的帕罗特炮和巨大的迫击炮——排列在约克敦前的平台上，由几门假炮，即“贵格炮”（名称源于致力于和平的贵格派）保护。

在南北战争中，“围攻”常指对坚固阵地的消耗性争夺——包括对亚特兰大和彼得斯堡的争夺。这些战斗沿用了传统围攻战的许多元素，包括地雷、反地雷、封闭式战壕迷宫，其中重炮常常处于首要地位。

谢尔曼参加过维克斯堡围攻战，但他宣称：“我对围攻战完全没有耐心。”1864年，当他进攻亚特兰大时，城市由防御工事包围，大多数战斗是城市外围的机动战。常规方法从未得到尝试，尽管谢尔曼的确携带了四门

> “迫击炮喷出的烈焰和闪耀的星星一起照亮了天空……”
>
> ——A. S. 特威切尔，缅因第7轻炮队，在彼得斯堡，1865年3月29日

“独裁者”
这门13英寸（330毫米）口径的围攻迫击炮重17 000磅（7711公斤），被称为“独裁者”，可以将200磅（90公斤）重的炮弹发射到两英里（3.2公里）以外。它在彼得斯堡服役了两个多月。

4.5英寸（114毫米）线膛炮，将30磅（13.6公斤）重的炮弹扔到了城里，为野战炮兵提供支持。

彼得斯堡

在彼得斯堡，格兰特的军官们建议他考虑常规迫近，但他更喜欢机动，而不是修建工事。首先，他下令将主战线上的多面堡围成碉堡，以阻止邦联人的进攻。接着，他发动攻势，切断交通，将邦联的战线拉长到临界点。每占领一个地方，格兰特都会加固阵线，再向外推进几英里，令李的工程资源更加捉襟见肘。格兰特不断延伸的阵线上散布着坚固的堡垒，就连后方也有一些堡垒支撑。他没有加紧包围城市，而是让蜂窝般的战壕、堡垒、散兵坑、防弹掩体和铁丝网向外延伸，并让炮台遍布各处。最有效的围攻炮是迫击炮，主要是8英寸和10英寸（200和250毫米）大炮，可以将炮弹发射到敌军哨兵的后方。

攻城炮兵在夜晚制造壮观的“烟花”。在彼得斯堡的一些联邦堡垒，观看“演出”成了晚间的仪式。“有时，二十几发炮弹同时出现在空中，它像流星一样滑过，再迅速坠落，”哈斯克尔堡的一名观察者回忆道，“炮弹在终点会突然升起大片火焰，在其杀伤范围内的人可要倒霉了。”

技术

凯彻姆手榴弹

凯彻姆手榴弹由弹尖的雷管引爆，用硬纸板做的稳定翼可提高飞行稳定性。在南北战争中，联邦陆军和海军使用了数千枚凯彻姆手榴弹，包括各种尺寸，重量在1—5磅（0.5—2.2公斤）之间，常常在围攻行动中被扔到守军战壕里，但也可能被扔回进攻方军中。另一种是亚当斯手榴弹，这种小型手持武器类似于微型炮弹。在激战中，士兵有时不使用手榴弹，而是直接点燃炮弹上的引信，将其扔过或滚过矮墙，应对敌方步兵的进攻。

之后

南北战争很大地促进了防御工事技术的发展，但围攻战仍然有许多值得吸取的教训。

防御工事的新时代

线膛炮的射程、威力和精度终结了砖石堡垒时代，这些堡垒常常被炸得粉碎，而砖土和沙造要塞则可以更好地抵抗轰炸。不过，海岸堡垒很少是由海军大炮单独攻下的，陆地和海上部队的联合行动将成为常态。

影响

欧洲观察家被线膛炮的致命精度及更快的射击速度吸引，他们回国后带去了新思想，即如何更好地建造防御工事，以抵抗现代围攻。彼得斯堡泥泞的战壕、堡垒和防弹掩体的迷宫预示了西线（1914—1918年）骇人听闻的战况。

← Scene of the Explosion: Saturday

亲历者　1864年7月30日

弹坑之战

在彼得斯堡围攻战中，亨利·普莱曾茨上校及其第二部队（宾夕法尼亚第48团）在邦联阵线下方铺设了地雷。爆炸形成了巨大的弹坑，掩埋了数百名南军士兵。当邦联人进行反击时，联邦的优势转变成了灾难，许多联邦士兵被困在弹坑里，丢了性命。

“我躺在地上，头枕在手上，思考着最有可能的结果。这时，戏剧性的事件发生了。我永远不会忘记那个可怕而壮烈的场景。周围的地面猛烈地颤动，我被晃了起来。接着，敌军阵线被撕开了，火焰和烟雾冲到了七十五到一百英尺高的地方，空中飞着泥土、炮弹、弹药箱、沙袋和活人，还有被炸堡垒中的一切……我们接到的命令是爆炸后立即冲锋。但是飞上天的泥土和碎片似乎正砸向我们，这导致第一排士兵[illegible]后退，大多数士兵失去了斗志。

——名誉少校查尔斯·H. 霍顿，纽约第14重炮兵团，
选自《南北战争中的战役和将领》，1888年

“我们几乎不可能预料到将在那里看到的情景：地面上有一个大坑，深约30英尺，宽约60英尺，长约170英尺。里面堆满灰尘、大量黏土、枪支、损坏的马车、木材、被掩埋的人——一些人埋到脖子，一些人埋到腰，一些人只有腿脚露在外面……

“我们到达废墟上方，整个爆炸场面令每个人目瞪口呆。第2旅的士兵无法成队列前进……在旅长弄清情况之前，两个旅已经混在一起，分不开了……他们从弹坑另一边向上爬……在这个过程中，仍然在弹坑左右占据护墙和堑壕的邦联人举起滑膛枪，将这些士兵打死……这个极其出人意料的局面使结成的阵线退回到了弹坑里。”

——威廉·H. 鲍威尔少校，选自《南北战争中的战役和将领》，1888年

爆炸之后
战争画家阿尔弗雷德·R. 沃德描绘了地雷爆炸后的场面。在前景中，联邦士兵从战壕向邦联阵线前进，远处是爆炸扬起来的土堆。

之前

到了1850年，随着蒸汽发动机日益取代风帆，帆船时代正在终结。

最初的铁甲舰

克里米亚战争（1853—1856年）证明木制战舰已落伍，强大的新式线膛炮和爆破弹促使海军用铁甲保护舰艇。到1861年，最初的蒸汽动力铁甲战舰开始在海上航行，包括法国“荣耀”号和英国“勇士”号。1862年3月9日联邦“莫尼特”号和邦联“弗吉尼亚”号（或“梅里马克”号）的战斗是铁甲舰之间的第一次交锋（见第94—95页）。

水雷和潜艇

鱼雷是漂浮的火药桶，也叫水雷，在美国独立战争中首次出现，在克里米亚战争中被大量使用。

从18世纪末开始，许多海军对建造可以潜水的战舰产生过短暂的兴趣，但是大多数实验并不令人满意。随着南北战争的爆发，这件事很快被重新提起。联邦和邦联工程师互相竞争，挑战开发第一艘可以有效作战的潜艇。

海军的发展

南北战争发生在海战革命初期，促进了舰艇和武器设计的创新和实验，包括水雷、最初的水雷艇乃至潜艇。

当战争爆发时，联邦海军有不到70艘可用舰艇，而邦联则只有不到12艘。南方海军部长斯蒂芬·马洛里宣称：“数量的不对等可以用无敌的质量来补偿。”他指的是铁甲舰。如果铁甲舰能够抵挡敌方大炮，那么一艘铁甲舰就可以突破联邦封锁，袭击并烧毁纽约市。

铁甲舰和水雷

最终，由于南方工业资源匮乏，马洛里只能选择最简单的铁甲舰设计。与之相比，严肃的北方海军部长吉迪恩·威尔斯则指挥工厂、铸造厂和造船厂制造了设计复杂的铁甲舰，共65艘。大多数铁甲舰是对1862年下水的第一艘联邦铁甲舰“莫尼特”号的改进，增加了长度，安装了更重的大炮，甚至有不止一座炮塔。低矮而强大的联邦战舰比所有邦联铁甲舰更加通用。但马洛里还有另一张牌：水雷。神秘的邦联水雷部队和潜艇炮队对各种“地狱机器”进行了试验。

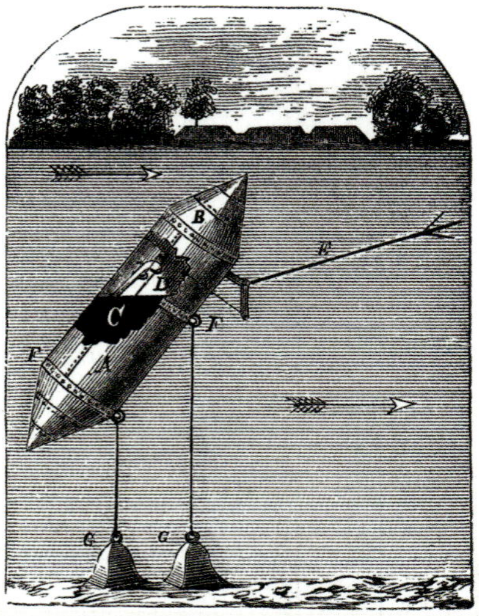

水下雷

典型的静止“鱼雷”由底部坠有重物的缆绳固定在水面以下几英尺处。许多水雷因进水而失去了破坏性。

大多数水雷在接触船只时爆炸，但也有一些水雷是由岸上的执行人员通过控制绝缘线引爆。水雷一共击沉和破坏了43艘联邦舰艇，成了邦联面对联邦海军优势最有效的防御武器。水雷还被用于直接攻击：被固定在从特制舰艇船头伸出的长杆一端，撞进敌方舰艇。1863年，查尔斯顿防线指挥官P. G. T. 博勒加德将军希望用邦联半潜水雷艇“戴维”号突破联邦对港口的封锁。10月5日夜，“戴维”号攻击了封锁中队之中强大的联邦战舰“纽艾恩赛兹”号，在其右舷引爆了100磅（45公斤）火药，但是只造成了轻微破损。邦联后来制造了更多“戴维”式

邦联水雷艇

一位佚名画家画了停在查尔斯顿码头的漂亮的邦联“戴维”号水雷艇。查尔斯顿制造了至少六艘被称为“戴维”的同类型舰艇。

海军部长1812—1873年

斯蒂芬·拉塞尔·马洛里

当佛罗里达参议员马洛里成为邦联海军部长时，他需要白手起家，组建小型装甲舰队，抵消联邦海军大型木制舰艇的优势。他寄希望于袭击联邦商船以及使用铁甲舰和巧妙设计的水雷来赢得海上战争。

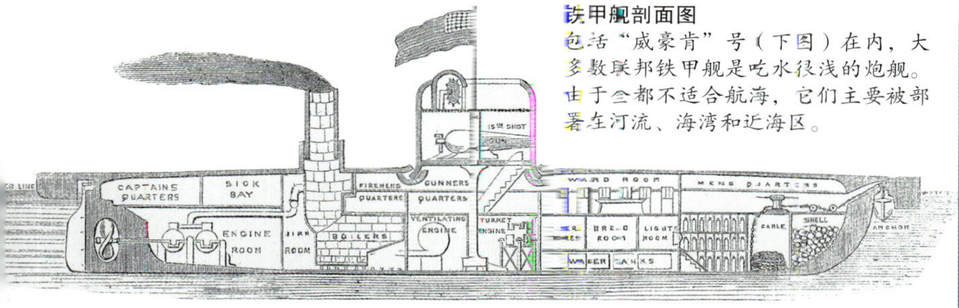

铁甲舰剖面图
包括“威豪肯”号（下图）在内，大多数联邦铁甲舰是吃水很浅的炮舰。由于它都不适合航海，它们主要被部署在河流、海湾和近海区。

舰艇，它们是现代鱼雷艇的前身。

双方都使用了这种撑杆鱼雷。1864年10月27日夜，联邦海军的威廉·B. 库欣上尉和14名志愿兵乘坐装有杆式水雷的小艇进入罗阿诺克河。他们的目标是邦联“阿尔伯马尔”号，因为这艘铁甲舰开始在北卡罗来纳海岸驱赶联邦海军。吃水深度只有6英尺（1.8米）的“阿尔伯马尔”号可以在联邦战舰会搁浅的地方航行。凌晨3点，库欣顶着轻武器火力和铁甲舰的炮火，用找好位置的水雷击沉了这艘庞然大物。

水下袭击

撑杆水雷的使用极大地改变了海战，使小型舰艇有能力破坏或击沉大型舰艇。在封锁查尔斯顿港的联邦舰艇上，哨兵要一直留意半潜艇的踪迹。

1863年8月，一列火车驶进查尔斯顿。应博勒加德将军的要求，它用平车拉来了非常特殊的货物：一艘40英尺（12米）长的潜艇，由旧蒸汽锅炉改造而成，添加了锥形船首和船尾。它的直径只有4英尺（1.2米），可以挤进九名船员，一人驾驶，八人操纵螺旋桨。虽然一些潜水实验造成了致命事故——包括夺走发明家霍勒斯·L.亨利的生命——但由乔治·狄克逊上尉领导的一组船员仍充当了志愿者。它被命名为邦联“亨利”号，其设计包括船首的撑杆水雷。袭击时“亨利”号先从水面上方接近目标，随后下潜。

1864年2月17日夜，联邦螺旋桨风帆战舰“胡萨托尼克”号上的哨兵报告发现尾流。他们的船已经升起了蒸汽，正要启程躲避袭击。这时，130磅（59公斤）的撑杆水雷头部撞进了船体。水雷爆炸了，“胡萨托尼克”号在几分钟时间里沉到了浅水区底部。五名船员丧生，其他大多数人爬上了帆索，等待救援。在那里，他们看见了附近船上的信号灯消失了。世界上第一艘击沉敌舰的潜艇“亨利”号由于未知原因失事，带着所有船员沉入海底。

“……这些设备廉价、实用、威力大……”

——联邦海军上将约翰·A. 达尔格伦，在“亨利”号击沉“胡萨托尼克”号后评论

水雷 torpedo一词来自拉丁语torpere，意为震慑，被用于表示所有地雷和水雷，可能与它们突然爆发的冲击力有关。

技术

潜艇

“亨利”号不是邦联对潜艇战的首次尝试。1861年10月，他们试图用工程师威廉·奇尼设计的无名水下航行器击沉佛罗里达海岸外的联邦军舰“明尼苏达”号。进攻失败了，航行器被困在了战舰周围的保护网里。邦联人还试验了30英尺（9米）长的“先锋”号，但联邦部队在逼近新奥尔良时将其凿沉。联邦方面，47英尺（14米）的军舰“短吻鳄”号在被运往第一个目的地的途中遇暴风雨沉没。爱德华·亨特少校设计了单人“潜艇炮台”，后来他在布鲁克林船厂进行试验时死于一氧化碳中毒。

之后

在战后的岁月里，美国海军舰艇从626艘削减至60艘，65艘铁甲舰大部分报废或在出售。不过，战争带来的创新潮流蔓延到世界各地。

铁和钢

到了19世纪90年代，海军军事革命已经改变了全球战舰结构。桅杆和风帆消失了，舰艇已经完全采用了钢材，并由蒸汽驱动。钢和铁一样结实，但比铁轻。大炮装在装甲炮塔里，或者由名为“炮垒”的装甲保护。

水雷

南北战争期间，用于攻击笨重的新式战舰的高速水雷艇在欧洲得到改进，可以发射自推进式水雷。改进的水雷在封锁行动和港口防御中无处不在，尤其是在1904年至1905年日俄战争结束后。

潜艇

在19世纪接下来的时间里，工程师继续设计和改进潜艇。直到1900年，潜艇的可靠性才达到可以被美国海军使用的程度。

"萨姆特"号首次巡航
19世纪的石版画。1861年6月30日，邦联商船袭击舰"萨姆特"号在密西西比河口为突破联邦封锁而躲避联邦军舰"布鲁克林"号。

《 之前

邦联海军部长斯蒂芬·马洛里认为，对联邦海上贸易的破坏会伤害北方的商业利益，剥夺北方的战争资源，降低封锁强度。

私掠传统

虽然私掠不太光荣，但它是一项历史悠久的活动，至少从16世纪起就已经存在了。凭借好战政府发布的私掠许可证，私人船只可以袭击敌方商船。被缴获的船只成为战利品，其归属由法院裁定。

1861年，邦联政府向敢于突破联邦封锁的私掠者发布了私掠许可证（见第72—73页）。不过，大多数中立国不允许战利品进入其港口。而且林肯政府不承认邦联是合法国家，威胁要将私掠者视为海盗处于绞刑。那些愿意冒险的人很快发现，偷渡比私掠更赚钱。

商船袭击舰

邦联海军部长马洛里对私掠船没有信心，决定把重任交给军舰。在没有巡洋舰的情况下，马洛里对蒸汽船进行了改造，比如"萨姆特"号，同时派官员到国外秘密采购设计精良、装备先进的商船袭击舰。

邦联袭击舰

南方偷渡船不仅在邦联港口附近的近海水域躲避联邦海军中队，行动敏捷的偷渡船和袭击舰还前往远海区域，遏制联邦在全世界的海上贸易活动。

1861年6月，拉斐尔·塞姆斯上校领导邦联军舰"萨姆特"号逃离联邦封锁，离开密西西比河前往墨西哥湾，执行斯蒂芬·马洛里"在最短时间里给敌人的贸易造成最大伤害"的命令。

在大西洋对岸的英国，邦联代理人詹姆斯·D. 布洛克接到了类似的指示。马洛里对他说："用最快的速度让巡洋舰起航。"塞姆斯靠"萨姆特"号名扬天下，布洛克则设法规避了英国中立法律和美国外交抗议，采购了18艘船，其中11艘成了偷渡船，7艘成了商船袭击舰，3艘成了传奇。

"佛罗里达"号

第一个传奇是产自英国利物浦的"奥瑞托"号，它在巴哈马的无人沙洲上装备了武器，于1862年8月成为邦联军舰"佛罗里达"号。在接下来的14个月里，"佛罗里达"号主要在西印度群岛巡航，缴获了38艘船。其职业生涯终止于1864年10月的一个晚上。当时它停在巴西巴伊亚州的中立港口，趁大部分船员上岸时，勇敢的联邦水兵强占了这艘船，将其驶回了美国。

无与伦比的成功

另一个传奇始于利物浦造船厂的290号船壳，它在1864年7月以"安瑞卡"号的名字驶往亚速尔群岛。8月24日，新船长拉斐尔·塞姆斯升起了邦联舰旗，将它收编为邦联战舰"亚拉巴马"号。

"亚拉巴马"号是典型的邦联商船袭击舰——作战用三桅帆船，船体较长，造型优美，速度很快。它装备了八门炮；航速在蒸汽和风力下都可达到13节，但大多数战利品都是在单独使用风帆时缴获的。在纽芬兰和百慕大之间从西印度群岛一直到墨西哥湾的航线上，"亚拉巴马"号对美国商业运输造成了严重破坏。它还沿着巴西和非洲的海岸追逐目标，甚至穿越印度洋，抵达了爪哇岛和新加坡。

袭击舰通常悬挂英国或荷兰的船旗或国旗，只在距离目标很近时才会升起邦联船旗。在担任"亚拉巴马"号船长的两年时间里，塞姆斯登上了近450艘船，其中65艘是美国商船和捕鲸船。他烧毁了大多数船只（提前赶走了船员，让他们登上中立船或中立港口）。每时每刻，"亚拉巴马"号都在被多达12艘联邦舰

水兵的平顶帽
南北战争中海军军装标准化。衣服更耐穿，面料不易沾染灰尘，可以抵御各种天气。

艇追逐。1863年8月当它停泊在开普敦时，人们纷纷前来参观这艘著名袭击舰。1864年6月11日，“亚拉巴马”号停靠了法国瑟堡。在此前22个月的大部分时间里，它都在海上航行，船员需要休息，船需要维修。三天后，联邦单桅帆船“基萨奇”号在港口外出现。它的指挥官约翰·温斯洛上校和塞姆斯年轻时是同船水手。

“亚拉巴马”号的沉没

“我想在做好必要的安排后立刻与‘基萨奇’号开战，”塞姆斯通过中间人告诉一位美国外交官，“在我做好一切的准备之前，我希望它不要离开。”6月19日，塞姆斯穿着最漂亮的军装，指挥“亚拉巴马”号离开港口，进入英吉利海峡。“基萨奇”号已经在3英里（4.8公里）的领海线外。无数人挤上诺曼底的悬崖，观看这场持续了一个多小时的对决。两艘战舰绕着对方缓慢移动，很快被烟雾包围。“亚拉巴马”号发射了370多枚炮弹，许多不是打得太高就是没有爆炸。“基萨奇”号只发射了173发炮弹，炮术却更加精良，效果也更加明显。先是摧毁了袭击舰的转向系统，然后在其侧面水线处撕开了一个口子。水涌进“亚拉巴马”号。这艘船降下了旗（投降的信号），随后船尾首先下沉。“基萨奇”号救出了大部分幸存者，但包括塞姆斯在内的一些军官被英国游艇救走。

> “亚拉巴马”号对商业运输的袭击没有造成水手死亡。

最后的袭击舰

邦联代理人詹姆斯·布洛克将另一艘著名袭击舰送进了大海。收紧的中立法律使他无法在英国建造另一艘船，因此他改造了一艘。1864年10月，“海王”号离开伦敦——表面上是去往东方的孟买。在装备了大炮和弹药后，它变成了邦联军舰“谢南多厄”号，由詹姆斯·沃德尔担任舰长。接下来的一年里，它在其他商船袭击舰没有探索过的海域巡航，向南越过好望角，前往澳大利亚，然后驶进更远的太平洋。在那里，它的目标是袭击前往阿留申群岛和北冰洋的扬基捕鲸船。1865年6月，仍然在寻找战利品（共缴获了37艘）的沃德尔在报纸上读到了李将军投降的消息。8月2日，他在加利福尼亚海岸确认了传闻。他解除了船的武装，绕开了美国港口，避免遭到对海盗的指控。他转向合恩角，前往英国，航行了近19 000英里（30 600公里）。

1865年11月5日，破旧不堪的“谢南多厄”号沿默西河而上，驶进英国利物浦港。第二天上午10点，旗帜被降下——这是最后一面邦联旗帜，这艘船也是唯一环游过地球的邦联舰。接着，沃德尔将船交给了英国当局。

战后，美国政府统计了海上贸易遭受的损失。邦联袭击舰缴获了257艘商船和捕鲸船，占全国商船的百分之五。虽然袭击舰没有像斯蒂芬·马洛里希望的那样造成巨大破坏，但是它们使保险费率变得奇高，迫使许多船只在国外注册。袭击舰的活动也没有使许多联邦舰艇投下封锁南方水道的任务，没有对封锁造成太大影响。无论何时，在数百艘执行封锁任务的联邦战舰中，只有几十艘在追逐进入公海的十几艘袭击舰。

邦联海军上校（1809—1877年）

拉斐尔·塞姆斯

塞姆斯因其打蜡的小胡子而被水手们称为“老蜂蜡”。他出生于马里兰州，后移居亚拉巴马州，曾是美国海军军官。战争爆发时，他追随亚拉巴马州进入邦联。作为邦联军舰“萨姆特”号舰长，他缴获了18艘战利品，首次成名。“萨姆特”号在直布罗陀被困后，勇敢的塞姆斯逃到英国，领导战争中最成功的商船袭击舰、传说中的“亚拉巴马”号。1865年，回到弗吉尼亚的塞姆斯被任命为詹姆斯河中队指挥官，但他的水兵被临时调到步兵部队。当他4月率部队投降时，他的军衔是准将。

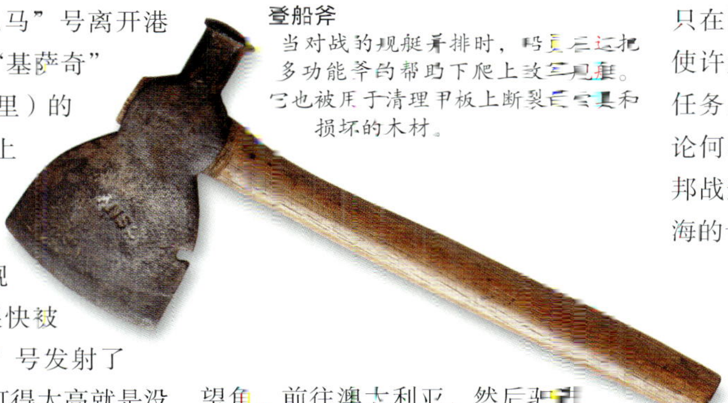

登船斧

当对战的舰艇并排时，登船者运用多功能斧的帮助下爬上敌军舰船。它也被用于清理甲板上断裂的索具和损坏的木材。

邦联海军大衣

这件典型的邦联军官大衣属于邦联海军上尉威廉·F.罗宾逊，他曾在新奥尔良和莫比尔附近水域的多艘舰艇上服役。

之后

大多数邦联商船袭击舰在战争中或战后不久报销，遗留问题却仍然存在。

“亚拉巴马”号索赔案

战后，美国政府要求英国赔偿战争损失，理由是英国违背了中立原则，准许了“亚拉巴马”号和“佛罗里达”号的制造。纠纷升级到危险地步，一些参议员要求英国割让加拿大。随后，1871年的《华盛顿条约》建立了国际裁判委员会，仲裁“‘亚拉巴马’号索赔案”。最终，美国获得了1550万美元赔偿，此案也促进了国际法事务中仲裁原则的引入。

最后的安息地

1864年，“佛罗里达”号在弗吉尼亚州纽波特纽斯海域发生碰撞后沉没——可能是蓄意而为，以避免该船被退还给巴西，重新为邦联服役。“谢南多厄”号被美国政府卖给桑给巴尔苏丹，更名为“埃尔马吉迪”。19世纪70年代，它在台风中撞上礁石并沉没。1984年，法国海军发现“亚拉巴马”号躺在瑟堡附近水下200英尺（60米）处。

亲历者　1864年6月19日

"亚拉巴马"号和"基萨奇"号对决

事实证明，由拉斐尔·塞姆斯担任船长的邦联军舰"亚拉巴马"号是邦联最强大的商船袭击舰。在袭击了64艘美国商船后——许多是在国际水域——"亚拉巴马"号的成功走到了尽头。1864年6月，在法国瑟堡海岸外，"亚拉巴马"号在与联邦军舰"基萨奇"号的对决中被击沉。

"此时，我们相距大约一英里。我向它发射实心弹。它进行回击……我们需要绕着圈作战。两艘船围着同一中心点绕行，保持着距离……获得合适射程后，开始发射炮弹……炮火变得非常密集，敌人的炮弹很快作用于我们的船身，同时击倒、打死和打伤了一些船员。我们的炮弹虽然在敌舰两侧爆炸，但是对它造成的伤害很小，因此使用实心弹射击……

"经过大约一小时十分钟，我们的船确实处于正在沉没的状态之中。敌人的炮弹在我们的侧面和甲板之间爆炸，撕开了巨大的口子，水正以很快的速度冲进来。"

——邦联军舰"亚拉巴马"号舰长拉斐尔·塞姆斯，
选自他向舰队司令塞缪尔·巴伦提交的官方作战报告，1864年6月21日

"战斗正式开始……早期我们舰船发射的炮弹击中了敌人的后桅斜桁纵帆，舰旗突然掉下来。这一事件被众人欢呼着视作良好的预兆……'亚拉巴马'号重新使用实心弹。不久，它开始同时发射实心弹和炸弹。直到最后，'亚拉巴马'号的射击迅速而疯狂，距离越近效果越好。'基萨奇'号的射击沉稳、准确，几乎从一开始就制造了惊慌、破坏和死亡……

"我们很容易感受到对敌人造成的影响，没有什么能够限制大家的热情。欢呼声此起彼伏，帽子被扔到空中或船外，上衣被丢掉，对胜利充满信心的人叫喊着，看着每颗炮弹爆炸……"

——联邦军舰基萨奇号军医约翰·M.布朗，
选自《"亚拉巴马"号和"基萨奇"号之间的对决》，《世纪杂志》，1886年4月

救援

法国画家爱德华·马奈可能目睹了"亚拉巴马"号和"基萨奇"号之间的战斗。在他关于这一事件的油画中，一艘英国小船正前去救援落水的"亚拉巴马"号幸存者。

之前

战争早期，邦联政府决定不防守整个海岸，而是集中精力守住主要港口。

重要港口

1862年4月新奥尔良陷落后（见第96—97页），莫比尔成了墨西哥湾海岸上的重要邦联港口和古巴偷渡者的基地，后者维系着邦联与古巴的重要联系，引进了急需的物资。

铁甲舰之战

装甲战舰或“铁甲舰”之间的首次交锋是1862年3月未分胜负的汉普顿罗兹之战（见第94—95页）。在这场著名战斗中，海军上将富兰克林·布坎南领导邦联铁甲战舰“弗吉尼亚”号与新设计的、吃水很浅的联邦军舰“莫尼特”号交战，双方都没有受到严重损伤。布坎南领导莫比尔湾的南方部队。

莫比尔湾之战

联邦海军上将戴维·法拉格特进入莫比尔湾的行动摧毁了一个邦联海军中队。更重要的是，此战使可供走私者使用的所剩无几的港口又少了一个。虽然莫比尔市区仍然掌握在邦联手中，但它已不能继续充当补给中心。

莫比尔湾之战是邦联的重大失败。战斗主要发生在1864年8月5日，尽管行动持续到了月末。

莫比尔湾位于莫比尔河和滕索河流入墨西哥湾之前的交汇处。南北战争前，作为加强海岸防御计划的一部分，美国政府建立了三座堡垒，以保护莫比尔，对抗可能出现的敌方舰队。莫比尔湾入口处是巨大的摩根堡，这座砖石建筑于1834年完工，配备了46门大炮和600人守军。五边形的盖恩斯堡位于多芬岛，在摩根堡正对面。盖恩斯堡安装了26门大炮，也能容纳600名士兵。三座堡垒中最小的是鲍威尔堡，有18门大炮，可以容纳140人。虽然这些堡垒的位置有利于抵御任何海上进攻，但它们的后方都很容易遭受袭击。

法拉格特1864年的任务是摧毁邦联在亚拉巴马州的舰队，对战海军上将富兰克林·布坎南的小型舰队，包括带沉重装甲板的强大的邦联铁甲舰“田纳西”号以及3艘小一些的舰艇。法拉格特指挥4艘“莫尼特”式舰艇和14艘木船。8月5日黎明，法拉格特认为进攻的时机已成熟。

邦联人在海湾入口布置了水雷。

联邦海军望远镜

除了指南针和六分仪，便携式折叠望远镜也是重要的海军装备。大多数军官有两支望远镜，一支日用，一支夜用。

驶进莫比尔湾
朱利安·奥利弗·戴维森的《莫比尔湾之战》（1886年）展现了法拉格特的战舰和铁甲舰与左边的摩根堡交火的场景。右边，联邦"莫尼特"式战舰"特库姆塞"号撞上了水雷，正在沉没。

关键时刻

"田纳西"号投降

邦联军舰"田纳西"号是驻守莫比尔湾的邦联舰队的荣耀。在最后的冲突中，它与海军上将法拉格特的旗舰、联邦"哈特福德"号正面交战，差一点相撞，最后只擦到其侧面。在"哈特福德"号和其他联邦木制舰艇从四面八方发射的炮弹的轰炸下，"田纳西"号（前景）的烟囱被炸飞，发动机功率受影响，舵链也被摧毁。接着，联邦"莫尼特"式战舰"奇克索"号开始了无情的近距离射击。"田纳西"号的装甲还在，但船员无力反击。海军上将布坎南本人受了伤，他别无选择，只能投降

为了躲避这些"鱼雷"，入侵舰需要紧挨堡垒行驶。"莫尼特"式舰艇"特库姆塞"号撞上了水雷并迅速沉没，法拉格特命令其余舰艇全速前进，直接穿越雷区。其他舰艇没有再受攻击，因为许多水雷已经被腐蚀了。摩根堡的大炮猛烈轰炸。为了拦截联邦舰队，海军上将布坎南指挥旗舰"田纳西"号出击。有沉重装甲的"田纳西"号被认为是无法被击沉的，但它速度太慢，没有撞到任何进攻舰艇。在莫比尔湾参战的大多数联邦舰艇专注于摧毁"田纳西"号，用重炮连续轰炸，并且反复尝试撞击。

"田纳西"号还以颜色。联邦炮弹被铁板弹开，"田纳西"号的侧舷炮却给联邦的木制船身造成了严重破坏。不过，联邦的巨大火力优势很快产生效果。布坎南的其他三艘舰艇一艘沉没，一艘投降，一艘逃离了莫比尔。很快，对抗157门联邦大炮并且遭受反复撞击的"田纳西"号严重受损，无法继续战斗。随着它的投降，联邦取得了压倒性的胜利，尽管并非没有付出代价。

法拉格特的军装
这件羊毛上衣和带皮革边的帽子是法拉格特在莫比尔湾指挥"哈特福德"号射击时的穿戴。

最终伤亡

到战斗结束时，150名联邦士兵死亡，其中许多人死于"特库姆塞"号的沉没，另有170人受伤。邦联12名水兵死亡，19人受伤。

> "该死的鱼雷！全速前进！"
>
> ——据说，这是法拉格特听说莫比尔湾有隐藏水雷（"鱼雷"）时的反应，1864年8月5日

之后

联邦在莫比尔湾的胜利和1864年夏南方遭受的其他失败，帮助林肯在即将到来的选举中稳操胜券。

占领堡垒

在海上获胜后，联邦部队在月底前占领了摩根堡、盖恩斯堡和鲍威尔堡。法拉格特的胜利连同谢尔曼8月末对亚特兰大的占领和联邦在其他战线上的前进维持了联邦对南方的碾压态势。

完成封锁

大西洋沿海的最后港口是北卡罗来纳州威尔明顿，一些物资从这里被运给遭围困的北弗吉尼亚军团。在强大的邦联军舰"阿尔伯马尔"号于10月被击沉后，联邦部队得以迫近威尔明顿的门户费希尔堡。12月的初次进攻没有成功，但1865年1月的进攻导致费希尔堡投降（见第310—311页）。

彼得斯堡战役

除了格兰特无情的围攻，在弗吉尼亚州彼得斯堡附近的主要陆地战线上，邦联阵地也遭到了一系列进攻。但这些进攻没能包围彼得斯堡，并在10月末随着冬季的到来而中止。大规模战役在1865年3月末重新开始，邦联部队迅速被击溃（见第314—315页）。

密西西比行动

联邦对密西西比河的控制将南方一分为二。理查德·泰勒将军和斯特林·普赖斯将军的邦联大军守卫着密西西比河以西的土地。河流以东，骑兵领导人内森·贝德福德·福里斯特持续威胁着北方部队。

威廉·T.“血腥比尔”·安德森

作为最臭名昭著的密苏里“丛林伏击者”（邦联游击队员），安德森的部下包括弗兰克和杰西·詹姆斯。他实施了从谋杀到剥头皮的各种暴行，甚至挖出受害者的内脏。

之前

在联邦占领新奥尔良（见第96—97页）、孟菲斯（见第100—101页）和维克斯堡（见第190—193页）之后，北方控制了密西西比河，但邦联人仍然活跃在该河流域以外的地方。

邦联控制区

南方部队占据密西西比州大部——该州的黑色草原是重要粮仓，内森·贝德福德·福里斯特将军令人生畏的骑兵在松林中游荡。在密西西比河以西，邦联将军卡比·史密斯驻扎在路易斯安那州什里夫波特。1861年威尔逊溪之战的获胜者斯特林·普赖斯将军（见第70—71页）在南阿肯色与联邦部队对峙。

联邦战略

在尤利西斯·S.格兰特将军1864年的宏大战略中，他计划让谢尔曼将军向亚特兰大进军，在田纳西留下支队，巡视拉长的补给线，以防备福里斯特袭击。格兰特本想让新奥尔良的纳撒尼尔·班克斯将军向亚拉巴马莫比尔进军，但林肯总统想让后者和海军上将戴维·D.波特的河流舰队一起，经路易斯安那的雷德河进攻什里夫波特，从而孤立得克萨斯并挫败邦联与法国在墨西哥的联盟。

对联邦将军威廉·T.谢尔曼来说，1864年3月至5月的雷德河战役“从头到尾都是一个该死的错误”。纳撒尼尔·班克斯将军的目标是路易斯安那州什里夫波特，它是邦联在跨密西西比西部的指挥部，靠近密西西比河支流雷德河。班克斯在4月8日的曼斯菲尔德之战中被理查德·泰勒击溃，虽然第二天重整旗鼓，在普莱森特希尔击退泰勒，但从阿肯色来的联邦援军也被击败，这预示了此次远征的不利结局。在海军战线上，海军上将戴维·D.波特的炮艇由于水位太低被困在上游。他们动用一万人，付出了巨大的努力，建造了束水坝，拦截了足够多的水流，使舰艇重新浮起，这才得以逃脱。

“马背上的巫师”

与此同时，在密西西比州，联邦的敌人可以总结成一个人名：内森·贝德福德·福里斯特。这位可怕的邦联骑手被称为“马背上的巫师”。多年来，他一直在联邦占领的肯塔基和田纳西从事破坏活动。1864年4月12日，在洗劫孟菲斯以北的皮洛堡时，他似乎纵容部下屠杀了许多黑人士兵，引发了北方各地的愤怒。

密西西比州的邦联部队守卫着亚拉巴马州至关重要的塞尔马兵工厂。春去夏至，邦联越来越需要将这些部队投入到对抗谢尔曼的战役中，因为谢尔曼已经开始向亚特兰大进发了。福里斯特策马向北，袭击谢尔曼后方位于田纳西山区的长补给线。谢尔曼派塞缪尔·斯特吉斯将军从联邦占领的孟菲斯出发，前去阻挡福里斯特。

只有4800人的福里斯特引诱斯特吉斯的8500人部队沿带有车辙印的密西西比州小道不断深入。6月10日，福里斯特在布赖斯克罗斯罗兹设好了圈套。斯特吉斯的长纵队被违反时令的酷热折磨，陷在泥泞的沼泽里，被灌木丛包围。在一系列巧妙的正面和侧翼进攻中，福里斯特将联邦士兵赶到了水位上涨的蒂肖明戈溪，命炮兵上前破坏他们的阵线。他的部队差不多将北方人赶回了孟菲斯，摧毁了两倍于己的部队，俘虏了部分敌军，缴获了马车、大炮、弹药等物资。

谢尔曼又派出由安德鲁·J.史密斯领导的整整一个兵团，向南进发，最远抵达密西西比州图珀洛，在那里挖掘战壕。7月14日至15日，得到步兵增援的福里斯特一次次向史密斯的工事冲锋，但每次都被击退。史密斯有秩序地成功撤退。福里斯特无法继续进攻谢尔曼的补给线。在6000名士兵的保护下，孟菲斯的联邦指挥官可以庆祝胜利了。然而，在8月21日，“巫师”出现了，带着1500人在孟菲斯街道上骑马穿行，俘虏士兵，劫掠物资、马匹，使联邦指挥官卡德瓦拉德·沃什伯恩将军穿着睡衣逃下了床。之后，更多联邦部队被召回城里，他们本可以被更好地用在其他地方。

突袭密苏里

一周后，在阿肯色，邦联将军斯特林·普赖斯和1.2万杂乱的骑兵策马向北，进入普赖斯曾经担任州长的密苏里。他们希望为邦联占领这个州，或者至少击败敌人，影响林肯的连任。由于圣路易斯守卫森严，不易进攻，他们改变方向，沿密苏里河南岸

普莱森特希尔之战

《弗兰克·莱斯利新闻画报》1864年5月14日版的读者可能研究过这幅画，看纳撒尼尔·班克斯将军在运气不佳的雷德河远征中是怎样击退邦联部队的。

> “福里斯特不死，田纳西永无和平！”
>
> ——谢尔曼将军写给战争部长爱德温·斯坦顿的信，1864年6月15日

战俘插画

堪萨斯民兵塞缪尔·J.里德是普赖斯将军突袭密苏里时俘虏的囚犯之一。他的战争日记后来被出版，带有他自己画的插画。

向西前进。普赖斯劫走了他能找到的所有马匹、骡子、牛群和其他物资。不过，普赖斯不是福里斯特。他显然被“血腥比尔”·安德森马鞍上挂着的新鲜头皮吓到了，因此没有将密苏里的邦联丛林伏击者部署在联邦后方。最重要的是，普赖斯的行军速度太慢——在洗劫该州后，牛群和马车将队伍拉长。他们不可避免地被3.5万人的联邦部队追上了。10月，普赖斯向西逃往堪萨斯，再向南逃往印第安领地（今天的俄克拉何马）。当他试图渡过水位上涨的河流时，激战爆发了。

10月23日，在堪萨斯城附近的韦斯特波特，他反复向联邦阵线冲锋，却没能在敌军骑兵出现之前实现突破。

接下来的几天，双方进行了追击战。最后，普赖斯放弃了战利品，逃往南方。他渡过阿肯色河抵达安全地带的那天——11月8日——是北方的选举日。普赖斯的突袭没有为南方占领密苏里，狼狈的撤退反而帮助林肯获胜——作为邦联在密西西比河以西的最后战役，这是一个讽刺的结局。

之后

到了1864年末，密西西比河沿岸各州的战争基本上停止了。

最后的遭遇战

1864年8月，海军上将戴维·G.法拉格特突破了莫比尔的海上防线（见第286—287页）。西部的邦联部队一直坚守到战争结束。11月，不断突袭田纳西的福里斯特部队与田纳西军团会合，开始向富兰克林和纳什维尔进军（见第300—301页）。不过，福里斯特的辉煌时刻已经结束。1865年初，由詹姆斯·H.威尔逊将军领导的大型联邦骑兵突袭了亚拉巴马和佐治亚（见第310—311页），在遭遇战中一次次击败福里斯特。

普赖斯的流亡

普赖斯将军没有在1865年投降，而是带领许多部下进入了墨西哥，希望为马克西米兰皇帝效力。他们在韦拉克鲁斯建立了邦联流亡者聚居区。

詹姆斯·H.威尔逊将军

邦联将军 生于1821年 逝于1877年

内森·贝德福德·福里斯特

> “任何支持继续进行这场战争的人都应该进疯人院。”
>
> ——内森·贝德福德·福里斯特，率部投降不久前，1865年5月

据说，罗伯特·E.李将军称福里斯特是南北战争造就的最好的战士。对联邦将军格兰特来说，他是“恶魔”，谢尔曼将军则认为他必须死，即使“这会使一万人付出生命，使财政部破产”。

马背上的“恶魔”

福里斯特的命很大，他受过四次伤，死了29匹坐骑。一个典型事件发生在1862年4月夏洛之战的后续战斗中。在遇到谢尔曼领导的部队时，福里斯特极其轻率地策马向前，将卫队甩在身后，在无人跟随的情况下冲向谢尔曼的阵线。他挥着马刀，试图杀出一条血路，但后背中弹。福里斯特显然没有在意脊柱上的弹头，他单手抓起一名联邦士兵，放在马鞍上当盾牌。接着，他骑马回到了安全地带。用贝德福德·福里斯特自己的话来说，人生“从一开始就是一场战斗”。福里斯特是偏远地区铁匠的儿子，父亲在他16岁时去世。他只接受过六个月的正规教育，后来却取得了成功。他很小就开始工作，支持家庭。事实证明，他是精明的商人，通过奴隶贸易发了财。他登上了战前南方社会的顶点，成了富有的棉花种植园主，却从未忘记自己的出身。在历史上，荣誉常常是用刀枪取得的，而福里斯特的刀法和枪法一直很熟练。

他对爱情的追求和对成功的追求一样直率。24岁时，他勇敢地救下了一对母女，当时她们的马车在过河时坏掉了。女孩的名字是玛丽·安·蒙哥马利。福里斯特得到拜访她们的机会。在第一次拜访时，他就向玛丽·安求婚了。玛丽在他第三次到访时同意。不过，她的叔叔和监护人是长老会牧师，知道这个年轻人的名声。当福里斯特征求他的同意时，这位叔叔反对道：“哎呀，贝德福德，我不能同意。你又骂人，又赌博，而玛丽·安是基督教女孩。”福里斯特回

油画
1867年，德裔美国画家尼古拉·马歇尔说服以不耐烦著称的福里斯特静坐，为他画了这幅肖像。在离开部队时，福里斯特告诉士兵们：“遵守法律，保护你们的荣誉，接受投降的政府能够而且将会做到宽宏大量。”

CITY DIRECTORY. 251

FORREST & MAPLES,
SLAVE DEALERS,
87 Adams Street,
Between Second and Third,
MEMPHIS, TENNESSEE,

Have constantly on hand the best selected assortment of

FIELD HANDS, HOUSE SERVANTS & MECHANICS,

at their Negro Mart, to be found in the city. They are daily receiving from Virginia, Kentucky and Missouri, fresh supplies of likely Young Negroes.

Negroes Sold on Commission,

and the highest market price always paid for good stock. Their Jail is capable of containing Three Hundred, and for comfort, neatness and safety, is the best arranged of any in the Union. Persons wishing to purchase, are invited to examine their stock before purchasing elsewhere.

They have on hand at present, Fifty likely young Negroes, comprising Field hands, Mechanics, House and Body Servants, &c.

福里斯特和梅普尔斯公司
这份战前福里斯特公司的广告出现在1855年至1856年的《孟菲斯城市名录》上。利润丰厚的奴隶贸易使出生在贫困农村的福里斯特成了南方最富有的人之一。

皮洛堡大屠杀
这幅描绘大屠杀的画在事件发生两周后登上1864年4月30日的《哈珀斯周刊》。

答道："我知道，这正是我需要她的原因。"几周后，叔叔本人为他们主持了婚礼。他们的婚姻持久而稳固。

战术天才

南北战争爆发时，这位孟菲斯的40岁奴隶贸易商和种植园主没有任何军事经验。在所有的南北战争著名将领里面，他是唯一既不是职业军人也不是西点军校毕业生的人。不过，他的战术胜利很精彩，至今仍然在被人研究，尤其是1864年6月在布赖斯克罗斯罗兹的胜利。他的骑兵以马上步兵的方式作战，马匹被用于提高移动速度；战斗中，士兵会拴住马，然后像步兵一样以散阵形作战。福里斯特从未读过炮兵手册，但当他把大炮运到阵地最前方时，常常给敌人以毁灭性打击。

就连上级军官也畏惧他一点就着的脾气。他曾威胁布拉克斯顿·布拉格将军道："如果你再试图干扰我，或者挡我的路，你的生命就会有危险。"在战斗中，这种愤怒会指向敌人。不过，当他的部队于1864年4月进入田纳西州皮洛堡时，他的脾气似乎并不是问题的关键。始于战斗狂热的无差别屠杀最终夺走了近三分之二联邦守军的生命，包括近200名黑人士兵，其中许多人在投降时被杀。关于福里斯特是否命令或纵容了蓄意屠杀，至今仍然存在争议。至少，他要为部下的行为负责。

"带着最多的人最先到。"

——福里斯特的座右铭

战争结束时，福里斯特中将率部投降，并且劝告部下成为良民。1866年，前邦联老兵担心激进重建会使南方珍视的传统消失，因此成立了秘密准军事组织三K党，并招募了福里斯特。他被认为是该组织的首位"大巫师"。最初的三K党没有明确的种族歧视目的，但他们所保护生活方式的基础是奴隶制和白人至上主义。三K党会员开始恐吓南方各地的自由人，被联邦政府的镇压。1869年，福里斯特发布解散命令。到了1872年，三K党基本消失了，数年后又再次兴起。

英雄还是恶棍？

福里斯特一直是南北战争中最具争议性的人物。在南方，他成了故事里的英雄——这个粗野的骑手与具有骑士风度的李形成了鲜明对比。在北方，"皮洛堡的福里斯特"是粗暴的游击队员和种族主义者。与传说不同，福里斯特本人身形高大，肩膀很宽，身高6英尺2英寸（1.88米）。去世前不久，福里斯特以前的部下发现他变得很憔悴，头发也白了，几乎看不到之前的影子。他一直节制饮食，不吸烟喝酒。在玛丽·安的影响下，他还变得虔诚起来。"我已经不是你非常了解的、与你长期相伴的那个人了，"他用别人无法模仿的田纳西长腔对一个老战友说，"但愿我成了更好的人。"

戴着面具的三K党会员
亚拉巴马州的两名原三K党会员1868年拍摄的照片。该组织于两年前成立，一年后被福里斯特解散，在第一次世界大战后再次兴起。

时间线

- **1821年7月13日** 出生于田纳西州查珀尔希尔，是威廉和米里亚姆·福里斯特的长子。在田纳西州和密西西比州长大。
- **1845年9月25日** 在密西西比州赫南多与玛丽·安·蒙哥马利结婚。
- **1858年6月** 在成为孟菲斯富有的奴隶贸易商后被选为市政委员会委员。
- **1861年6月** 以列兵身份进入田纳西骑兵团。不久，有人建议他招募自己的骑兵队。10月，他被任命为福里斯特田纳西骑兵营中校。
- **1862年2月** 在多纳尔森堡守军投降前杀出这座被围困的堡垒。
- **1862年4月6—8日** 在夏洛之战中指挥邦联后卫部队，在法伦蒂姆伯斯时脊柱受伤。
- **1862年7月13日** 在占领田纳西州斯通斯河（默夫里斯伯勒）及其大型补给站后晋升为准将。
- **1863年4—5月** 在密西西比州和亚拉巴马州被称为"斯特雷特突袭"的一系列追击战中获胜，最终围困和俘虏了残余的联邦骑兵。
- **1863年5月20日** 在奇克莫加之战后俘虏数百名逃跑的联邦士兵。
- **1863年12月4日** 晋升为少将。
- **1864年2月22日** 在密西西比州奥科洛纳之战中获胜，击败威廉·苏伊·史密斯将军，追击联邦部队超过11英里（18公里），直到弹药不足才停止。
- **1864年4月12日** 进攻密西西比河上的皮洛堡，三分之二守军被杀，其中许多是投降的黑人士兵。
- **1864年6月10日** 在布赖斯克罗斯罗兹之战中击溃塞缪尔·斯特吉斯的8500人军队。
- **1864年8月21日** 突袭孟菲斯市中心，尽管那里驻守着6000士兵。
- **1864年10月3日** 突袭田纳西州约翰逊维尔的联邦补给站。
- **1864年12月18日** 胡德的田纳西军团在纳什维尔战败后，掩护遭受打击的军队撤退。
- **1865年4月2日** 在亚拉巴马州塞尔马被联邦骑士詹姆斯·威尔逊将军击败。
- **1865年5月9日** 在亚拉巴马州盖恩斯维尔率部投降。
- **1866年秋** 也许是他最早参与三K党活动的时候。据称，他被选为该组织首位"大巫师"。
- **1869年1月25日** 作为"大巫师"，发布三K党解散令。
- **1877年10月** 健康被战争摧毁，消化系统紊乱，仅56岁就病逝于孟菲斯。

福里斯特纪念碑，塞尔马

之前

在格兰特1864年的宏大战略（见第238—239页）中，除了在弗吉尼亚和李对抗，最重要的就是威廉·T. 谢尔曼将军的任务。

约翰斯顿或亚特兰大

格兰特计划摧毁李的北弗吉尼亚军团，如果失败，那就占领里士满。谢尔曼试图摧毁约瑟夫·E. 约翰斯顿的田纳西军团，如果失败，就占领亚特兰大的铁路枢纽。随着战役的展开，占领亚特兰大成为谢尔曼的首要目标。

具有象征意义的目标

1840年，人们在松林中开辟出亚特兰大。四条铁路穿城而过，在战争之前的二十年里，它发展成为繁荣的小城市。作为南方的工业基地，其地位仅次于里士满。当谢尔曼准备穿越佐治亚西北部的山岭进军那里时，南北双方分别把希望寄托在对亚特兰大的占领和防守上。

谢尔曼向亚特兰大进军

1864年夏，威廉·特库姆塞·谢尔曼把军队转移到亚特兰大郊区，击败了多位邦联指挥官。四个月后，他以伤亡5万人的代价征服了“南方的门户城市”。

从一开始，这就是一场机动战役。当谢尔曼率领11万人的军队在1864年5月7日离开佐治亚州灵戈尔德时，他的对手是狡猾的约瑟夫·E. 约翰斯顿。约翰斯顿的兵力只有谢尔曼的一半，但他是一位牵制大师。他不断用坚固的防御工事阻断通往亚特兰大的80英里（129公里）道路，引诱谢尔曼进攻。谢尔曼倾向于用坎伯兰军团将约翰斯顿困在这些胸墙后方，然后用更加灵活的田纳西和俄亥俄军团进行包抄。

邦联的防御
由一排排木桩保护的工事环绕着亚特兰大。在围攻过程中，近一吨实心弹和炸弹飞过背景中的白色房屋。

防御战略

约翰斯顿总是比谢尔曼抢先一步，他的撤退距离刚好可以使他稳守另一条防线。谢尔曼再次进攻，致命游戏继续。当然，他们进行了许多场战斗。雷萨卡、卡斯维尔、纽霍普教堂、皮克特米尔、达拉斯和肯纳索山等地名将被添加到两军的团旗上。其中，纽霍普之战是最血腥的，被称为“修罗场”。在肯纳索山，失去耐心的谢尔曼试图直接进攻约翰斯顿的强大土垒，结果被击退，伤亡惨重。

尽管如此，谢尔曼一直在稳步前进。当他在两个月后抵达亚特兰大防御工事北端时，对手换人了。7月17日，约翰斯顿被解除指挥权，被更具进攻性的约翰·贝尔·胡德取代。

新的领导，新的战术

胡德立刻发动了进攻。7月20日，他从防线后面冲向联邦的一个部队。该部队位于北边10英里（16公里）处，与其余部队之间隔着河岸陡峭的皮奇特里溪。邦联的进攻很散乱，猛烈的攻击付出了代价。联邦指挥官在报告中说，他们的防线前堆积了数百具邦联人的尸体。

胡德并不气馁，他转向东边，在两天后进攻谢尔曼在迪凯特城外的另一半阵线。在7月22日漫长的夜晚，邦联人发起了猛烈但缺乏配合的进攻，被联邦击退，伤亡人数是对方的两倍。这场战役后来被称为亚特兰大之战。当夜晚的战斗结束时，一列马车发出隆隆的声音，载着数千伤员进城。7月28日，谢尔曼绕着亚特兰大的防线向西移动，试图接近梅肯－西部铁路，即城市南边的生命线。胡德袭击了埃兹拉教堂。一次次可怕的冲锋接踵而至，但全都失败，伤亡惨重。

谢尔曼无法绕过亚特兰大并切断其南边的生命线，转而对城市进行全天轰炸。房屋被毁，许多市民受伤或死亡。与此同时，战壕里的军队开始进行小规模战斗。“不管白天还是夜晚，哨兵的射击从未停止。”一名士兵回忆。

最后的行动

8月末，联邦军队似乎从战壕中消失了。胡德起初感到困惑，随后发现敌人绕过了城市，正在接近15英里（24公里）以南位于梅肯－西部铁路沿线的琼斯伯勒。绝望的胡德设法应

邦联将军（1831—1879）

约翰·贝尔·胡德

“属狮子、不属狐狸”，留着茶色“鬃毛”的约翰·贝尔·胡德是一个拥有极端进攻本能的士兵。虽然他出生在肯塔基，但他选择成为得克萨斯人，“胡德的得克萨斯旅”成了罗伯特·E. 李最喜爱的突击部队。胡德还成为出色的师长，尽管他在奇克莫加丢了一条腿，在葛底斯堡废了一条胳膊。33岁的他在1864年7月接替乔·约翰斯顿，成了战争中最年轻的大型军队领导者——这也许是他在亚特兰大和富兰克林轻率地将兵力消耗殆尽的原因之一。

亚特兰大战役
联邦军队花了近三个月时间从佐治亚北部打到防守严密的亚特兰大市。在那里，谢尔曼的进攻暂时停止。联邦在琼斯伯勒的胜利切断了城市的铁路线，决定了亚特兰大的命运。

对，但两天的无果进攻只是再次导致数千邦联人死伤。铁路被切断，亚特兰大守不住了。

1864年9月1日夜晚，当胡德的军队撤出城市时，火焰吞噬了他们身后的补给和仓库，映红了天空。近80辆弹药车被烧毁，爆炸声持续了五个小时。9月3日，城市上空仍然飘浮着灰烬，谢尔曼向总统打了电报："亚特兰大是我们的，我们大获全胜！"

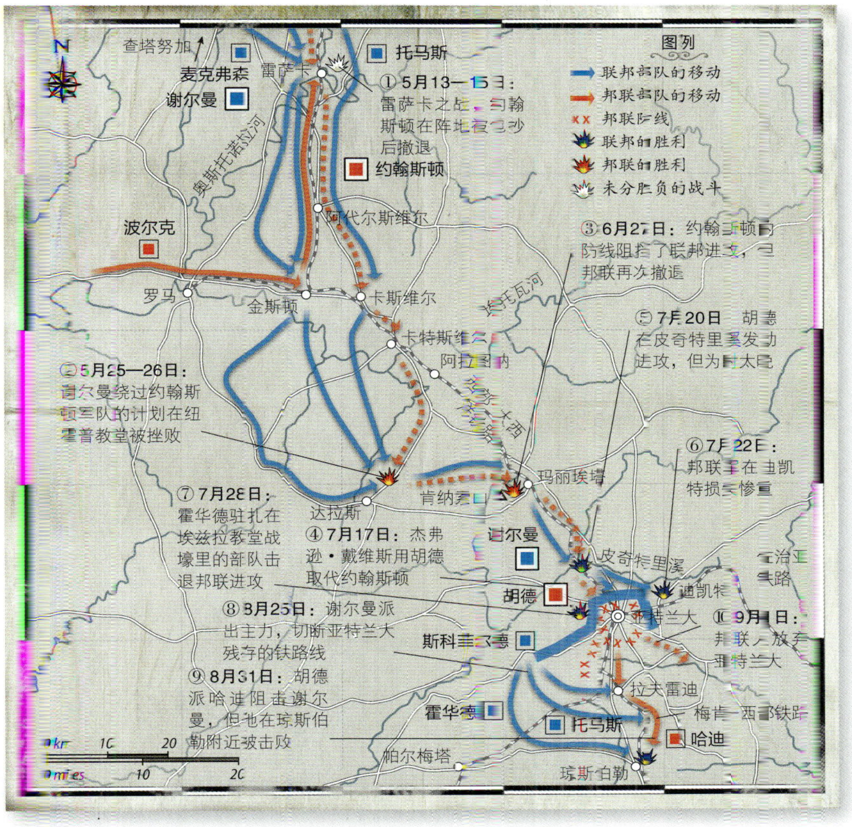

"……全宇宙的天雷似乎都在亚特兰大上空怒吼、咆哮。"

——华莱士·帕特南·里德，报社记者和历史学家，1886年

亚特兰大之战
这场1864年7月22日发生在亚特兰大郊外的重要战斗也叫迪凯特之战。19世纪80年代，世界上最大的环形全景画之一描绘了战斗画面。

之后

亚特兰大的陷落令南方绝望，令北方欣喜。谢尔曼在佐治亚的战役却并没有结束。他的下一个目标是大西洋沿岸的萨凡纳港。

林肯连任

法拉格特封锁莫比尔湾（见第286—287页），谢里丹征服谢南多厄河谷（见第268—269页），1864年秋联邦的胜利为北方带来的任何好形势都不能与谢尔曼占领亚特兰大的新闻相比。它在北方产生了激动人心的效果。虽然格兰特和李仍然守在彼得斯堡前方的战壕里（见第274—275页），但林肯连任的可能性（见第236—237页）迅速上升。

向大海进军

当谢尔曼占领亚特兰大时，他延续了邦联对城市的破坏。他在10月积累了物资，11月骑马出城，穿越佐治亚，沿路摧毁邦联基础设施（见第296—297页），向南方人证明继续抵抗是徒劳的。

宏大的邦联计划

撤离亚特兰大后，胡德计划率领田纳西军团向北进入田纳西，切断谢尔曼的交通线，进攻北方或者穿过山区，在彼得斯堡增援李。然而，他的宏大计划在富兰克林和纳什维尔的灾难性战斗中破产了（见第300—301页）。

亚特兰大城外的废墟

虽然约翰·贝尔·胡德在四个不同位置发动了进攻，但他无法阻止威廉·T. 谢尔曼为期四个月的亚特兰大战役。1864年9月2日，胡德撤出城市，他的部队摧毁了可能帮助联邦作战的一切事物。军事设施和补给被焚烧，附近的铁轨被拆毁。胡德率部队深入佐治亚腹地，任由谢尔曼对饱受摧残的城市实施更多破坏。

谢尔曼向大海进军

威廉·T.谢尔曼将军率领6.2万老兵，将燃烧的亚特兰大和绵延的废墟留在身后，在不到一个月内行军300英里（480公里），抵达沿海城市萨凡纳。南方人对他在佐治亚的破坏行为感到愤怒，称谢尔曼为野蛮人。

1864年11月15日，谢尔曼将军的6.2万大军从亚特兰大周围的军营鱼贯而出，走过夏天的战场。从高处的有利视角，他们可以回望空弹药箱和坍塌的胸墙，看到可怕的场景——远处的亚特兰大被大火吞噬。谢尔曼已宣布亚特兰大成为联邦堡垒，并将市民赶到城外，最终在放弃城市的过程中将其烧毁。亚特兰大永远不会为另一支邦联军队所用。

北军还将实施更多破坏。谢尔曼永远不从陆路返回的规矩意味着将之前的生命线留在身后——那是助他们抵达亚特兰大的单轨铁路。谢尔曼派出足够多的部队，跟踪约翰·贝尔·胡德遭受重创的、位于亚拉巴马州的田纳西军团，同时向大海进发。他已经使林肯和格兰特相信，向佐治亚海岸进军是一个好主意——用运兵船将他精选的6.2万人摆渡到彼得斯堡。这位将军相信，通过摧毁邦联中心地带的基础设施，他可以"使佐治亚嚎哭"。

谢尔曼的"劫掠者"

"劫掠者"一词曾经表示掉队者，后来也指粮秣征收员。他们在距离大军比较远的地方游荡，随意抢劫。

谢尔曼的命令

大部队向东南方的萨凡纳前进，分两列纵队，相距20至40英里（32—64公里）。虽然携带了物资，但是他们准备依靠当地产出生活。每个旅分到了2500辆补给车中的相应份额，都有自己的粮秣员，又叫"劫掠者"。谢尔曼以"特别战地命令120号"的形式向部队下达了严格指示。这道命令在马、骡、草料和补给的征用上提供了自由，但明确禁止进入民宅或者对户主使用"暴力或威胁性语言"。如果军队在所到地区未受阻挡，士兵就不能摧毁磨坊、轧棉机和农庄。如果他们遇到阻拦，那么指挥官应该酌情实施"无情的毁灭"。不过，这些规则并没有被实施。实际上，两列纵队是通过升起的烟柱来确定对方位置的：用焚烧标记进度。

如果不考虑惩罚性意图，这可能是战争中最无耻的行军。在佐治亚首府米利奇维尔，北方军队在被遗弃的会议厅里模拟立法程序，"取消"了退出联邦的法令。谢尔曼当晚睡在带立柱的州长住宅里，但使用了他自己的行军床，因为所有家具都被藏了起来。士兵们摧毁了铁轨，将其拧成了"谢尔曼领结"。他们带走了路上的

之前

亚特兰大陷落（见第294—295页）后，谢尔曼仔细考虑了下一步行动，尽管邦联将军约翰·贝尔·胡德试图引诱他作战。

战略转移

离开亚特兰大后，约翰·贝尔·胡德的田纳西军团仍然希望将谢尔曼引入战斗。不过，在把胡德赶到北亚拉巴马后，谢尔曼放过了他，让乔治·托马斯的坎伯兰军团保护联邦军队后方。他不理睬胡德，并且说服迟疑的林肯和格兰特同意他穿越佐治亚，向大海进军。

谢尔曼的计划

谢里丹在摧毁谢南多厄河谷时证明了焦土政策的有效性（见第268—269页）。谢尔曼计划实施规模更大的类似行动，烧毁他的军队无法消耗的一切，对南方发动总体战。

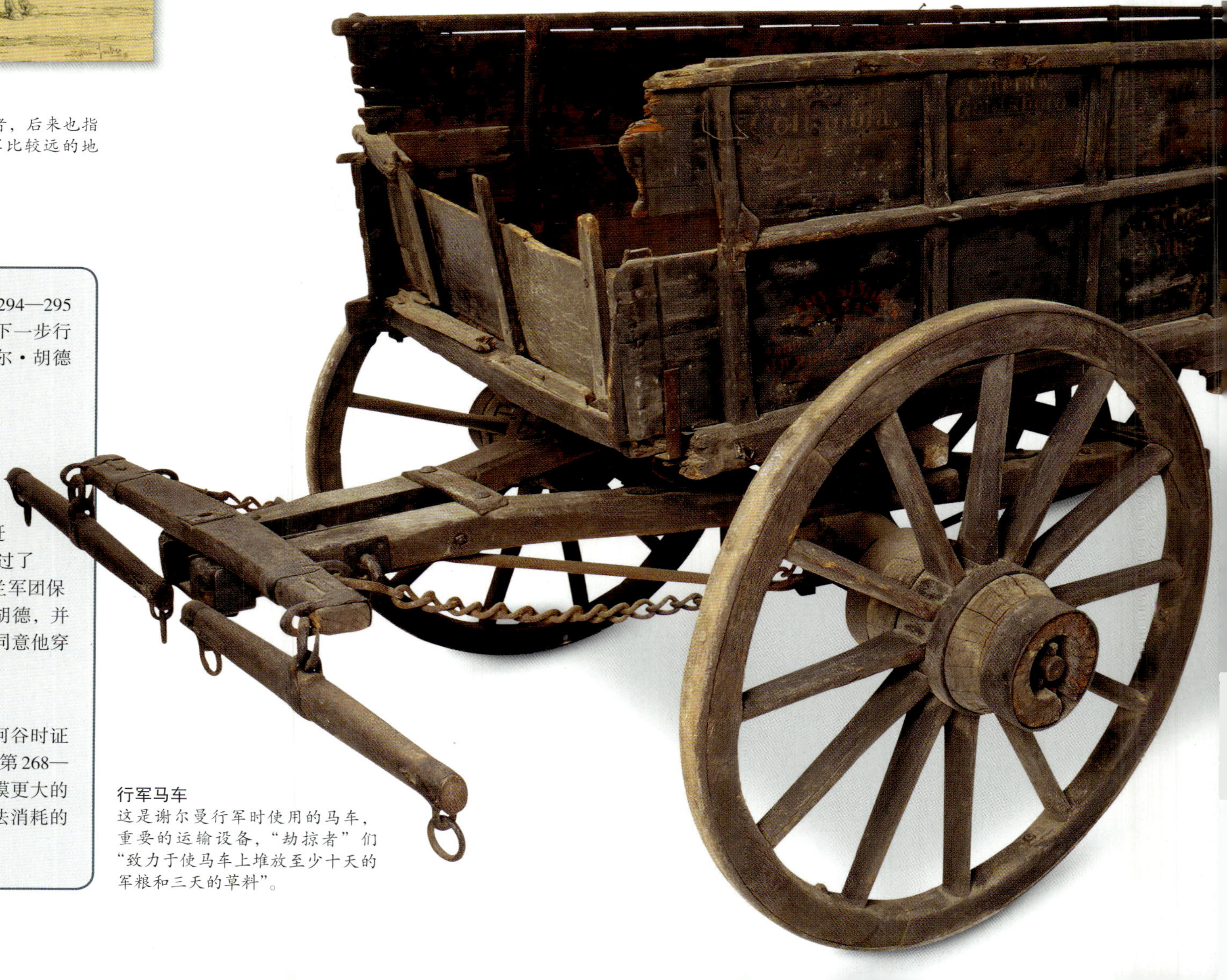

行军马车

这是谢尔曼行军时使用的马车，重要的运输设备，"劫掠者"们"致力于使马车上堆放至少十天的军粮和三天的草料"。

所有牲畜，抢走了农场的所有草料和块根作物。他们焚烧谷仓、玉米仓、轧棉机、房屋，还烧毁了整整一座城镇。路过关押战俘的劳顿营时，老兵们对他们发现的虐待现象感到愤怒，因此谢尔曼下令以正常力度的“十倍”摧毁附近的城市米伦。当联邦军队在近60英里（97公里）宽的阵地上前进时，南方人能做的只有缩小破坏范围。

有限的抵抗

唯一的正式抵抗发生在格里斯沃尔德维尔附近。650名试图阻止谢尔曼的民兵遭到屠杀，联邦伤亡52人。大多数战斗是和民兵以及约瑟夫·惠勒将军领导的数千邦联骑兵的小规模冲突，后者在大军到来之前及时带走马匹和贵重物品。他们自己甚至也使用焦土战术应对“劫掠者”。

1亿美元

据估计，谢尔曼在行军过程中造成了1亿美元损失，其中五分之一具有军事合理性，“其他……完全是浪费和破坏”。

破坏行动不可避免地失控了，而逃兵和叛徒的抢劫使局面进一步恶化。就连邦联骑兵也放松了纪律，被称为“惠勒强盗”。此外，数千名兴高采烈的前奴隶在北方军队离开后遭杀害，使事情变得更加复杂。

萨凡纳近在眼前

12月初，军队绕过低地沼泽，在长满西班牙苔藓的树林中前进，日益肮脏的士兵被北方人称为“消失的军队”。到12月11日，这些人出现在人们的视野中。“要不是有那么多树木遮挡，”一名士兵写道，“我们就能看到萨凡纳的塔尖了。”

媒体视角

1864年12月10日的《哈珀斯周刊》展示了“谢尔曼将军在佐治亚中部的大行军”，入画的有种植园和远处的烟柱。

萨凡纳由1万士兵防守，防线上架设了一百多门攻城炮。不过，城市以南12英里（19公里）的砖石式麦卡利斯特堡才是谢尔曼的主要关注点。这座堡垒曾长期与联邦战舰对抗。在12月13日的全力进攻中，他的步兵冲过了削尖的木桩栅，冲上了矮墙。230名守军进行了勇敢而徒劳的抵抗。四天后，谢尔曼正式要求萨凡纳投降。守军指挥官哈迪将军选择了撤退。12月20日天黑以后，在远处海军造船厂燃起的火焰的映照下，一队人马从巨大的浮桥渡过萨凡纳河，前往南卡罗来纳。第二天晚上，邦联铁甲舰“萨凡纳”号爆炸，照亮了数英里的天空。“冲击波很可怕，撼动了城市，”一名目击者称。

谢尔曼送给林肯的礼物

紧张的市政要员聚集起来向联邦献出城市，他们不得不到处搜寻马车，因为大多数马车被惠勒的骑兵偷走了。许多市民担心他们的城市会遭遇和亚特兰大一样的命运。谢尔曼12月22日骑马进城，他看到了自己已忆中的漂亮广场和行道树。衣衫褴褛的军团沿着大道前进，谢尔曼向林肯总统发了电报：“亲爱的先生，我恳求把萨凡纳市作为圣诞礼物献给你……”

之后

谢尔曼向大海进军对南方士气造成了毁灭性打击，同时使谢尔曼成了北方的英雄。

进入卡罗来纳

谢尔曼没有像烧毁亚特兰大和南卡罗来纳州哥伦比亚那样烧毁萨凡纳。相反，他在那里过冬，几周后带着老兵再次上路——向北。他没有派兵去彼得斯堡增援格兰特，而是像在佐治亚时那样一边抢劫一边穿越卡罗来纳。卸任后被召回的约瑟夫·E. 约翰斯顿将军试图用仅仅3万人的军队加以阻拦（见第310—311页）。

摧毁胡德的军队

在谢尔曼离开亚特兰大之前，他打趣说，如果胡德去“俄亥俄河，我就给他口粮……我的任务在南方”。胡德的确是这样做的，但他的田纳西军团在纳什维尔之战中几乎被乔治·托马斯摧毁（见第300—301页）。

重炮运输

二朝威尔联邦战舰的麦卡利斯特堡被占领后，大队人马在运输大炮、炸弹和铁弹。

> “哦，只需要点燃谷仓之类的东西，像印第安人那样弄出烟来。”
>
> ——威廉·T. 谢尔曼将军，谈定位骑兵的方法

联邦将军　生于1820年　逝于1891年

威廉·特库姆塞·谢尔曼

"挑起战争的人……应该受到一个人能想到的所有诅咒。"

——威廉·T.谢尔曼，亚特兰大，1864年

在1865年3月见到可敬的威廉·特库姆塞·谢尔曼之后，马萨诸塞州的上校西奥多·莱曼在给妻子的信中写道："他的所有面部特征都显得坚定，尤其是又宽又直、紧闭着的嘴唇。他是个很朴素的人，脸上有一些正常的皱纹。当他焦急地谈论某个话题时，他的皱纹会变形，但他的表情是亲切的。不过，他爱打硬仗。"这也许是有意的轻描淡写。谢尔曼本人曾宣称："战争是残酷的，你不能美化它。"这些无情的话是对邦联将军约翰·贝尔·胡德说的，后者曾抗议谢尔曼对待亚特兰大市民的方式。"与其指责战争的极度艰苦，你还是指责暴风雨吧，"他继续说道，"它们是无法避免的。亚特兰大人要想再次过上和平宁静的生活，唯一的途径就是结束战争。为此，只能承认战争始于错误并将光荣地继续。"

这个可以说出"让我们摧毁亚特兰大，使之成为废墟"的人可能是天生的战士。当他的父亲让他与著名的肖尼族酋长特库姆塞同名时，也许就是这样希望的。在一生中的大部分时间里，他被亲切地称为"坎普"。如果他是天生的战士，那么他也是最不同寻常的那种。这个瘦高个子的年轻人毕业于西点军校，他的才能广受尊重，但他在军队中表现得烦躁不安，很快辞职，希望成为成功的商人。他在加利福尼亚经营的银行在经济衰退时倒闭。这之后，他搬到路易斯安那，成了一所小型军校的校长。

谢尔曼的行军帽
这顶饱经风霜的帽子是谢尔曼将军行军时佩戴的。他谈到军队生活时说："在我国……一种人制造战争，让另一种人去打仗。"

扬基战士
用西奥多·莱曼上校的话说，谢尔曼是"扬基精神的化身"。在这张1865年5月的照片中，他戴着黑色丝带，悼念刚刚遇刺的林肯总统。

谢尔曼和他的将军们
1865年5月，谢尔曼和他的参谋——霍华德、洛根、黑曾、戴维斯、斯洛克姆和莫厄尔——在首都华盛顿的军队大型团聚会上合影。

南方情绪

谢尔曼是一个拥有复杂情感的人。首先，他喜爱南方的优雅和魅力，以及有教养的社会。如果南方不退出联邦，他可能愿意在那里度过余生。他不是废奴主义者，但他无法容忍退出联邦的想法。这场暴风雨促使他回到美国陆军。当路易斯安那退出联邦时，他辞去校长职务，流下了眼泪。

虽然这位新的联邦上校在1861年7月的布尔溪之战中经历了炮火洗礼，但在仅仅几个月后，他就请求辞去肯塔基州坎伯兰军区指挥官的职务。当时，肯塔基受到即将被邦联进攻的威胁。谢尔曼一度崩溃，这种焦虑或躁郁是由紧张、过度工作和缺乏睡眠导致的。他的诋毁者认为他疯了。在几个月时间里，他陷入抑郁情绪，甚至有自杀倾向。不过，他很快回归现役。

谢尔曼后来的军事生涯是一个关于救赎的故事。他先后作为上校跟随尤利西斯·S. 格兰特将军在夏洛和维克斯堡参加战斗；指挥三支军队沿着危机四伏的铁路前往亚特兰大；发动无与伦比的、穿越佐治亚和卡罗来纳的向大海进军——在每一阶段，他都犯了战术错误，但表现了高超的战略能力。他习惯了大规模伤亡。“我开始将几千人的死伤看成一件小事，就像晨笔。”他给妻子的信中写道，“我们变坚强了，这也许是好事。”

可敬的将军

职业生涯中每上一级台阶，谢尔曼的战争胃口都在变大。这也许是最令人不安的。正像批评家艾德蒙·威尔逊观察的那样，“这种狂热抵消了之前的低迷”。在三个月时间里，从佐治亚州亚特兰大到南卡罗来纳州哥伦比亚，他留下的废墟表明：谢尔曼是一个可怕的对手。接着，他突然转变态度，变成了和解派。1865年4月，谢尔曼向代表邦联残余军队协商投降事宜的约瑟夫·E. 约翰斯顿开出了极其慷慨的条件，愤怒的战争部长爱德温·M. 斯坦顿甚至想要解除他的指挥权。

谢尔曼在南北战争后继续留在军中，但他反对共和党人在重建中的严苛措施。这并没有阻止他接替1869年被选为共和党总统的格兰特，成为陆军司令。他担任这一职位15年，其间西部的印第安战争达到了悲剧性的顶点。虽然谢尔曼的名字来自美洲原住民战士，但他和他的继任者菲利普·谢里丹都对美洲原住民怀有敌意，这是19世纪大部分正规军军官的共同态度。

社会名流

谢尔曼选择用更加舒适的方式度过晚年。1875年，他在南北战争顶级将领中率先出版了回忆录。他坚决拒绝进入政坛的任何邀请。在华盛顿、圣路易斯和纽约市，在宴会上和剧场里，他是风趣幽默的社交名人。之前的对手约瑟夫·约翰斯顿和乔·惠勒会在他家吃饭。谢尔曼的儿子回忆说，一天，一个眼神忧伤的独腿人前来拜访。原来，他的父亲在帮助陷入困境的前邦联将军约翰·贝尔·胡德向政府出售军事文件。

谢尔曼作为美国著名战士的漫长一生终止于1891年2月14日，他死于肺炎。沉闷的鼓声和丧钟声伴随着纽约第五大道上的送葬队伍。中西部群众纷纷前往目送开向圣路易斯骑士公墓的送葬火车。人们为这位著名将军出版了赞歌，树立了雕像。谢尔曼在北方受到赞美的同时，他的名字在南方各地一直被人唾弃。

“今天，这里的许多孩子认为战争是荣耀。但是，孩子们，战争是地狱。”

——谢尔曼，在联邦陆军大型聚会上，哥伦布市，1880年

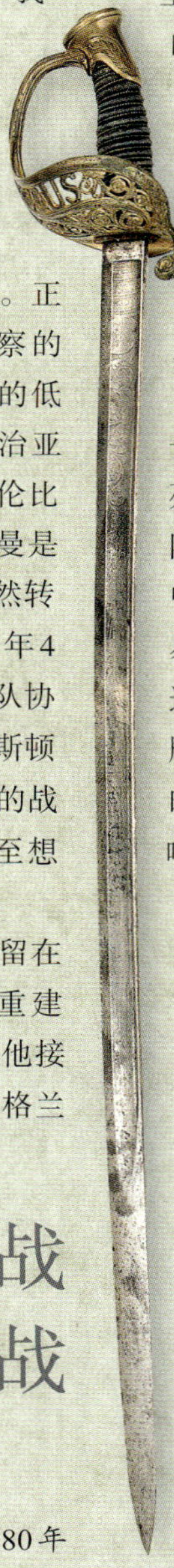

谢尔曼的佩剑
1862年4月6日至8日，在田纳西州夏洛之战期间，威廉·特库姆塞·谢尔曼将军佩戴着这把产自马萨诸塞州奇科皮市艾姆斯制造公司的1850式参谋和陆军校官佩剑。

时间线

- 1820年2月8日　威廉·特库姆塞·谢尔曼出生在俄亥俄州兰开斯特市，是查尔斯和玛丽的第三子。父亲去世后，他由家族朋友托马斯·尤因参议员抚养。
- 1840年夏　谢尔曼毕业于西点军校。作为炮兵少尉，他很快在第二次塞米诺尔战争（1835—1842年）中参加了与佛罗里达塞米诺尔印第安人的战斗。
- 1850年5月1日　与继妹埃莉诺·博伊尔·尤因结婚。总统扎卡里·泰勒是他的宾客之一。
- 1853年9月6日　从陆军辞职，所从事的各种工作仍然令他感到不安和不快乐。
- 1861年5月　谢尔曼回到美国陆军。
- 1861年7月5日　女儿蕾切尔出生，她是八个孩子中的第一个。
- 1861年7月21日　作为旅长，在第一次布尔溪之战中表现出色，晋升为准将。
- 1861年11月　在负责覆盖肯塔基大部分地区的坎伯兰军区两个月后，谢尔曼精神崩溃，要求解除个人职务。
- 1862年4月7日　在康复并被分配到格兰特的西田纳西军团后，他在夏洛帮助联邦领导了成功的反击，因此晋升为少将。
- 1863年10月16日　在参与维克斯堡战事后，他接替格兰特，成为田纳西军团指挥官，领导该军团参加了查塔努加战役。
- 1864年3月18日　当格兰特控制所有联邦部队后，谢尔曼被任命为密西西比军区指挥官，在事实上负责联邦所有的西部军队。
- 1864年5月5日　他离开佐治亚州灵戈尔德，率领三支军队——田纳西军团、俄亥俄军团和坎伯兰军团——开往亚特兰大。
- 1864年9月1日　谢尔曼占领亚特兰大。
- 1864年11月15日　开始“向大海进军”，不到一个月后抵达萨凡纳。12月22日，他将萨凡纳作为圣诞礼物送给林肯总统。
- 1865年2月17日　占领南卡罗来纳州哥伦比亚市。
- 1865年3月21日　在本顿维尔之战中击败约瑟夫·E. 约翰斯顿将军临时拼凑的邦联军队。
- 1865年4月26日　在北卡罗来纳州达勒姆，他接受了约翰斯顿代表卡罗来纳、佐治亚和佛罗里达所有残余邦联军的投降。
- 1869年1月　作为陆军上将，领导了针对夏延人、苏人和阿帕奇人等美洲原住民的战争。
- 1884年2月　从美国陆军退休。
- 1891年2月14日　在纽约市去世。

谢尔曼和女儿蕾切尔

之前

亚特兰大陷落后，约翰·贝尔·胡德将军开始进攻联邦占领的田纳西，等着他的是联邦将军乔治·H.托马斯和约翰·M.斯科菲尔德。

通往富兰克林之路

胡德想切断联邦补给线，或者在彼得斯堡与李将军会合（见第274—275页）。托马斯将军在纳什维尔市带领4万人挡住他的去路。斯科菲尔德将军则率领3万人驻扎在珀拉斯凯附近。胡德希望在两军会合之前将后者击败。11月29日，他在富兰克林以南大约15英里（24公里）的地方设下埋伏。

富兰克林和纳什维尔

以约翰·贝尔·胡德将军1864年秋发动的大胆进攻为开端的田纳西战役，在两次战斗中达到高潮，一次在富兰克林镇，一次在纳什维尔市城外，它们终结了曾经风光无限的邦联田纳西军团。

1864年11月30日下午，胡德将军还在对前一天晚上的错误耿耿于怀，他的田纳西军团竟然让3万联邦士兵在眼皮底下溜走。此前，联邦军在田纳西州富兰克林镇附近挖掘战壕。山顶临时指挥部里，胡德的指挥官们可以看到2英里（3.2公里）外的这座小镇。

虽然胡德的大部分炮兵和一个步兵团还没有就位，但是这位冲动的将军仍然决定进攻富兰克林。指挥官们充满了不祥的预感。下午4时，18个旅——近2万人——挥舞着旗帜，演奏着军乐，排着整齐的队列出动了。他们面前起伏不平的开阔地，由于霜冻变成了棕色。这是南北战争最后一次大规模邦联冲锋，在沉重的脚步声中，兔子跳着跑开了。

南方人惨败

约翰·斯科菲尔德将军的联邦部队注视着正在接近的南军。他们蜷缩在由砍倒的树木保护的坚固工事后面，肩上扛着强大的火器。辅助作战的炮兵可以从侧翼向进攻纵队射击。当进攻部队距离主阵线不到百步时，联邦士兵全都扣动了扳机。在震耳欲聋的喊声中，致命的子弹、炮弹穿过邦联队伍，撕裂了他们的阵形，将兵团变成了一盘散沙。许多部队被困在纵横交错的倒木中间，遭到步兵和炮兵交叉火力的猛攻。透过迅速弥漫开的浓烟，联邦士兵瞥见敌军重新集结——一些联邦部队遭遇了多达13次冲锋。

富兰克林的战斗

富兰克林之战有时被称为“西部的皮克特冲锋”，因为南军的进攻速度很快。田纳西军团“以雪崩速度”展开进攻，最终却在五个小时里被摧毁。

“死亡天使到那里进行最后一场收割。这是死神的盛大加冕礼。”

——列兵萨姆·沃特金斯，田纳西第1步兵团，谈富兰克林之战

一些邦联部队冲破了联邦阵线，双方围绕谷仓、外屋和卡特家族的农庄展开拉锯战。从栅栏外到花园里，士兵在进行近距离殊死搏斗。夜幕降临，疯狂的战斗并没有停止。在胸墙所在主线上，战斗反而更激烈。在染血的战壕里，士兵搭起人梯，只要有人递来装好子弹的来复枪，他们就立即向对面射击。一个人描述，在黑暗中，枪口的火闪成了“一条流动的线”。到了晚上9点，难分难解的战斗逐渐停止。午夜，联邦军哨声传递着一个命令：“后退。”他们在黎明前撤离，向北方的纳什维尔进发，带着至少13面邦联战旗，留下了2500名伤亡人员，包括大多数重伤员。

邦联的损失

天亮时，人们看到了惨烈的战场。一个人回忆说，地上到处堆着尸体，许多战马“宁死不屈，倒在了血淋淋的胸墙前”。邦联士兵当天在战场上掩埋了1750位血肉模糊的战友。大约3800名伤员将临时医院挤满。胡德损失了近三分之一可用步兵。一些团的伤亡率高达64%。不少于12位将军和54位团长死伤——在一些旅，上尉成了级别最高的军官。

胡德很快也让他的幸存部队前往纳什维尔。乔治·H. 托马斯将军在城市的防御工事后方部署了至少5.5万联邦士兵，包括斯科菲尔德的军队。邦联田纳西军团在南边4英里（6.4公里）的山岗下也挖掘了战壕，引诱托马斯进攻。在两周时间里，两边的人不是在冰雪中瑟瑟发抖，就是在用愤怒的目光注视着对方。

联邦的防御
纳什维尔于1862年被联邦部队占领，城市的防御中心是星形的尼格雷堡。两年后，纳什维尔成了美国防守最严密的城市之一。

托马斯进攻

尤利西斯·S. 格兰特将军准备将无所作为的托马斯撤职时，天气好转了。12月15日，托马斯进攻了。上午雾气散开时，邦联人看到蓝军挥舞着旗帜向他们移动。联邦炮兵开始发射炮弹，炮声响成了一片。胡德的部队击退了敌人的正面进攻，但这只是佯攻而已。包抄其左翼的联邦部队才是进攻主力。他们冲过田野和石墙，占领了一个又一个南军阵地，缴获了16门火炮，俘虏了1000人。冬天的夜晚阻止了联邦部队的前进。当晚，胡德撤到另一面峭壁后面。在那里，他的疲惫之师砍倒树木，在黑暗中挖掘战壕。黎明时分，对方看到另一道壮观的邦联工事在险峻的前线上蔓延了3英里（4.8公里）。

乔治·H. 托马斯将军
壮实的托马斯出生于弗吉尼亚，在南北战争期间一直忠于联邦。因此，他一直受到家族成员的排斥。

联邦冲锋

当托马斯再次进攻时，乌云和冷雨又来了。在邦联左翼，奋力登山的联邦士兵大量死伤。但胡德所在左翼的位置太高了。当守军的大炮瞄准敌人时，一切都来不及了。联邦骑兵攻到胡德后方，恐慌像野火一样蔓延。兴奋的联邦士兵沿邦联阵线缴获大炮、弹药和旗帜，俘虏了数千名目瞪口呆的士兵。一些师完全解体，士兵们不顾将军的集结号令，向后逃窜。这是战争中最具决定性意义的胜利之一。曾经最令邦联引以为傲的田纳西军团的士兵在雨中沿富兰克林公路逃跑。当夜晚些时候，有人看到胡德“非常焦躁、情绪激动，一只手拽着头发，哭得撕心裂肺”。

之后

胡德在田纳西战役中的崩溃标志着该州重大战事的终结——以及两位指挥将领完全不同的结局。

田纳西战役的结局

1865年1月初，胡德将军递交辞呈，职业生涯毁于一旦。3月，托马斯将军由于在纳什维尔的胜利收到了“国会的感谢”。

军团的末路

田纳西军团士气低落，幸存者——在纳什维尔惨败后没有回家的人——在向南撤退时继续受到联邦部队的骚扰。如果不是内森·贝德福德·福里斯特少将率骑兵阻止了敌人的大部分追击，军团可能会被彻底摧毁。许多士兵一瘸一拐地在冰面上赤脚行走，直到抵达密西西比州图珀洛。1865年3月，当他们跟随约翰斯顿将军参加卡罗来纳的最后战役（见第310—311页）时，只剩下了4500人——是胡德当初指挥人数的十分之一。

田纳西州议会大厦
位于纳什维尔的田纳西州议会大厦是仿照希腊爱奥尼克式庙宇修建的，1859年完工，在南北战争时期是美国最高的建筑之一。

6

邦联倒台

1865年

1864年最后数月的军事逆转使邦联变得风雨飘摇，但联邦军队在宣布获胜之前还有许多事情要做。1865年，他们在南方腹地战斗，最终在弗吉尼亚取得了决定性突破。

《彼得斯堡的陷落
距离邦联首都里士满不到30英里（48公里）的彼得斯堡成了冲突的焦点。当罗伯特·E.李将军的北弗吉尼亚军团在1865年4月最终被迫放弃这座城镇时，战争的结束已近在眼前了。

概述

里士满的大火
邦联领导人在1865年4月2日撤离首都里士满之前，下令焚烧重要建筑。大火蔓延开来，烧了整晚。

塞勒溪
1865年4月6日，邦联部队在彼得斯堡西南部塞勒溪与联邦部队交战后投降。罗伯特·E. 李的长子也在被俘的大约6000人之中。

前往阿波马托克斯
1865年4月9日，邦联总司令罗伯特·E. 李骑马前往阿波马托克斯县城，与联邦总司令尤利西斯·S. 格兰特协商投降条款。

在1865年4月9日罗伯特·E. 李率军投降前夕，美国东南部的大片区域名义上仍为邦联领地。事实上，随着局面不断变化，没有一件事对南方有利。

在李投降前六天，随着里士满的陷落，邦联失去了首都，总统杰弗逊·戴维斯成了逃亡者，依靠仍然由邦联控制的铁路躲避联邦的追捕。十一天前，从萨凡纳穿越卡罗来纳向北行军的联邦将军威廉·T. 谢尔曼，在戈尔兹伯勒与约翰·M. 斯科菲尔德领导的联邦部队成功会师，后者正从威尔明顿港向内陆方向移动。该地区剩余的邦联部队不是谢尔曼和斯科菲尔德联军的对手。

与此同时，亚拉巴马州的联邦陆军也取得进展。詹姆斯·H. 威尔逊领导的骑兵部队从田纳西边界向南进攻。同时，爱德华·坎比领导的部队正在围攻该州

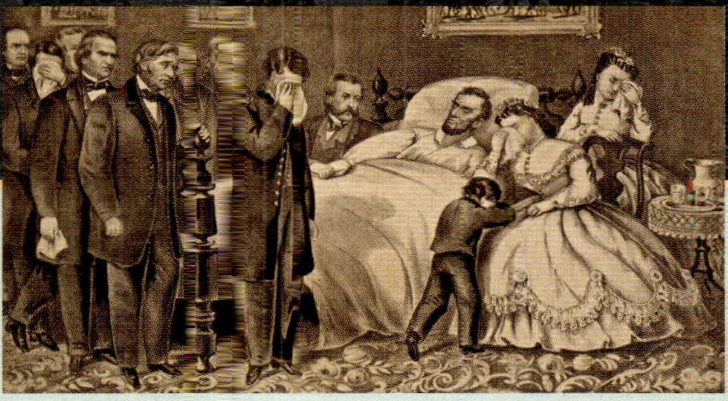

总统之死
1865年4月14日，亚伯拉罕·林肯在华盛顿的一家剧院被约翰·威尔克斯·布斯袭击，受致命伤，被转移到街对面的住宅，次日上午去世。

下一位总统
总统遇刺后，亚伯拉罕·林肯1864年的竞选搭档，主战派民主党人安德鲁·约翰逊成了以共和党人为主的政府的领导者。

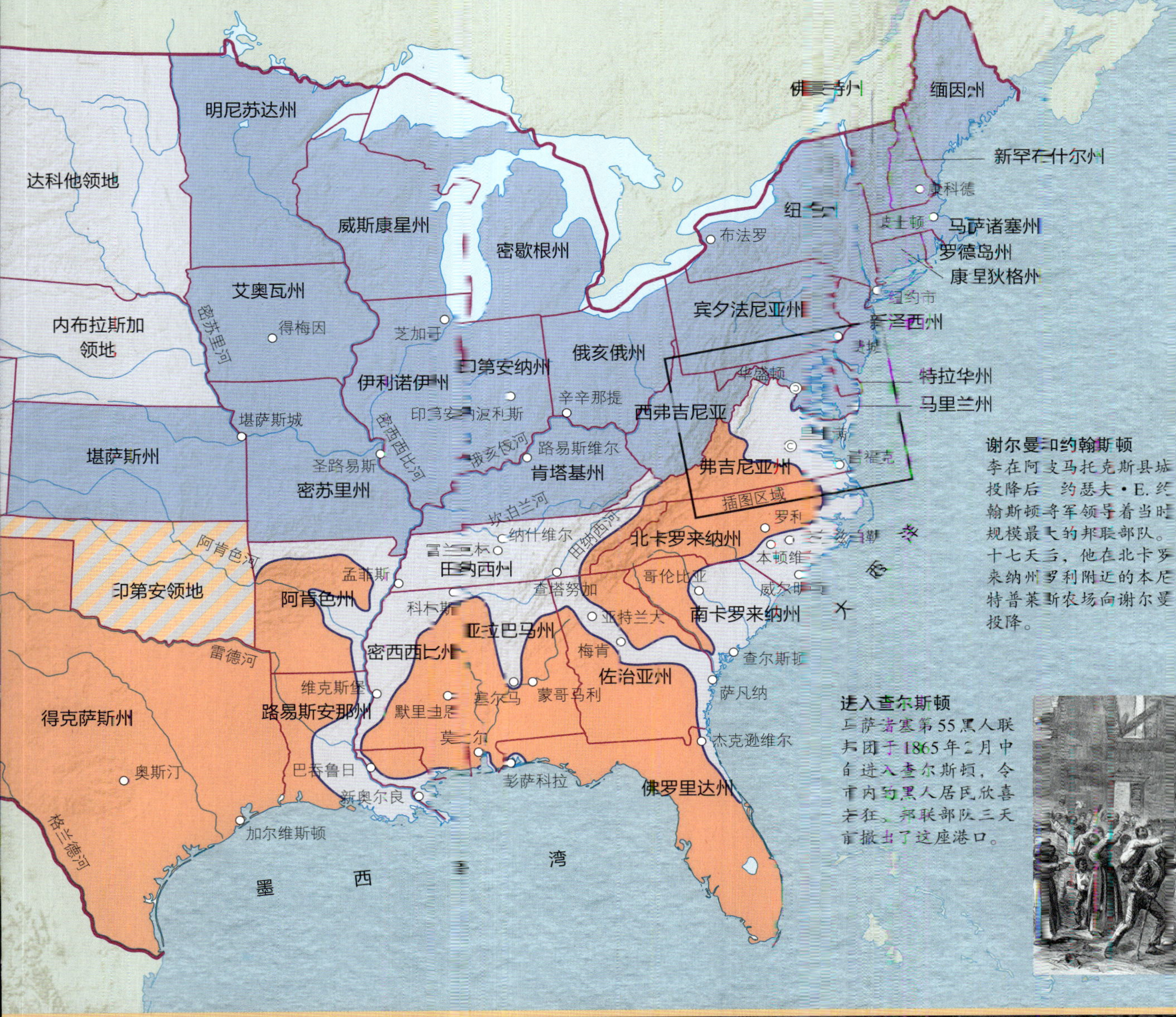

谢尔曼和约翰斯顿
李在阿波马托克斯县城投降后，约瑟夫·E. 约翰斯顿将军领导着当时规模最大的邦联部队。十七天后，他在北卡罗来纳州罗利附近的本尼特普莱斯农场向谢尔曼投降。

进入查尔斯顿
马萨诸塞第55黑人联队团于1865年2月中旬进入查尔斯顿，令市内的黑人居民欣喜若狂。邦联部队三天前撤出了这座港口。

南端的莫比尔港。最终，在李投降前三天，莫比尔于4月12日陷落。同一天，威尔逊的奇袭部队进入州府蒙哥马利。杰弗逊·戴维斯一度拒绝接受现实，但他的指挥官们很快使他相信，邦联部队已经没有斗志了。在卡罗来纳领导邦联部队的约瑟夫·E. 约翰斯顿4月17日开始和对手谢尔曼谈判，九天后正式投降。亚拉巴马和跨密西西比军区的指挥官很快效仿了这种做法，使战争在6月初画上句号。

时间线1865年

第十三修正案 ■ 林肯总统第二任期 ■ 本顿维尔之战 ■ 彼得斯堡围攻战 ■ 里士满的陷落 ■ 阿波马托克斯县城的投降 ■ 林肯遇刺 ■ 帕尔米托牧场战役

1月

1月15日
阿尔弗雷德·H.特里将军领导的联邦部队攻占北卡罗来纳海岸上的费希尔堡，切断邦联占据的威尔明顿港与海上的联系。

︾攻占费希尔堡

1月19日
威廉·T.谢尔曼领导的北方部队离开佐治亚州萨凡纳，开始向北进军南卡罗来纳。

1月31日
国会通过宪法第十三修正案，在美国领土上废除奴隶制。

︾第十三修正案的细节

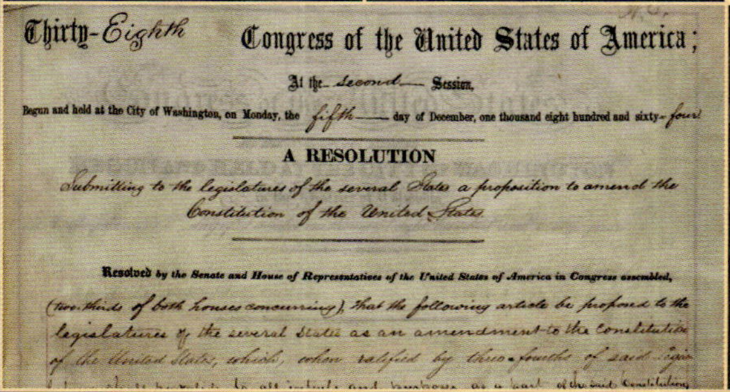

Thirty-Eighth Congress of the United States of America;

At the Second Session,

Begun and held at the City of Washington, on Monday, the fifth day of December, one thousand eight hundred and sixty-four.

A RESOLUTION

Submitting to the legislatures of the several States a proposition to amend the Constitution of the United States.

Resolved by the Senate and House of Representatives of the United States of America in Congress assembled, (two-thirds of both houses concurring) that the following article be proposed to the legislatures of the several States as an amendment to the Constitution of the United States, which, when ratified by three-fourths of said legis...

2月

2月3日
林肯总统和战争部长爱德温·M.斯坦顿在“河流女王”号汽艇上与邦联特使会面，进行了失败的和平谈话。

2月5—6日
驻扎在彼得斯堡外围战壕里的双方部队在城市以南的哈彻溪进行了一场未分胜负的战斗。

︽罗伯特·E.李

2月6日
邦联总统杰弗逊·戴维斯将罗伯特·E.李任命为所有邦联武装部队的总司令。

2月17日
谢尔曼的部队占领南卡罗来纳首府哥伦比亚。当晚，城市大部分区域燃起大火。在北卡罗来纳，邦联部队撤离查尔斯顿港。

2月22日
约翰·M.斯科菲尔德领导的联邦部队占领北卡罗来纳州威尔明顿。

2月23日
在李的坚持下，约瑟夫·E.约翰斯顿将军成了在卡罗来纳对抗谢尔曼联邦军队的邦联部队指挥官。

2月27日
菲利普·H.谢里丹将军的谢南多厄军团离开过冬营地，在联邦总司令尤利西斯·S.格兰特的命令下向东行军。

3月

3月2日
在谢南多厄河谷，谢里丹在韦恩斯伯勒击败朱巴尔·厄尔利的邦联部队。

3月4日
林肯作为美国总统的第二任期开始。

3月7日
在第二次金斯顿之战中，布拉克斯顿·布拉格将军领导的邦联部队没能阻止联邦部队从威尔明顿前去与谢尔曼会合。

3月13日
作为应对兵力不足的最后努力，邦联国会允许征召黑人士兵。

3月16日
威廉·J.哈迪领导的邦联部队在阿弗拉斯伯勒试图牵制联邦左翼在北卡罗来纳的行动，但是没有成功。

3月19—21日
约瑟夫·E.约翰斯顿将军的邦联军队在本顿维尔之战中最后一次试图阻止谢尔曼在北卡罗来纳的行动，但是没有成功。

3月22日
詹姆斯·H.威尔逊将军领导的联邦骑兵部队突袭南方的亚拉巴马，欲粉碎邦联在该州的抵抗。

︾林肯的包金雕花亨利式来复枪

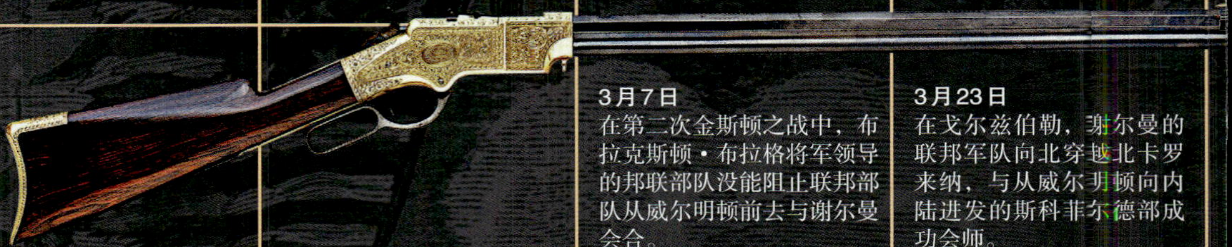

3月23日
在戈尔兹伯勒，谢尔曼的联邦军队向北穿越北卡罗来纳，与从威尔明顿向内陆进发的斯科菲尔德部成功会师。

3月25日
邦联对彼得斯堡外部联邦阵线上的斯特德曼堡发动进攻，最初取得成功，但很快被击退，损失惨重。

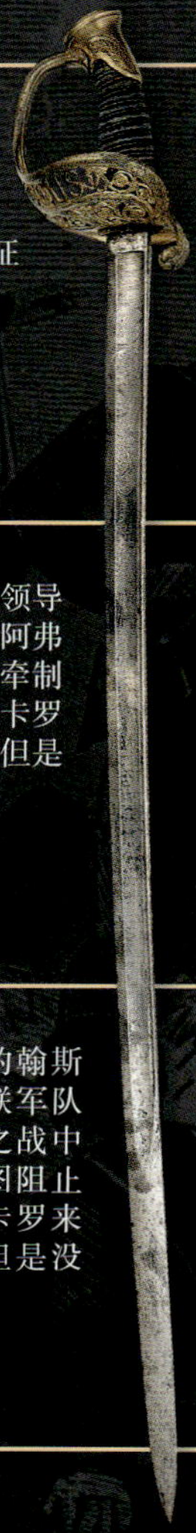

︽谢尔曼的佩剑

3月28日
格兰特和谢尔曼在“河流女王”号上与总统林肯和海军上将戴维·D.波特见面，讨论结束战争的联邦战略。

3月29日
格兰特将军展开彼得斯堡战役的最后行动，以阻止邦联在城市西南方的突破。

“感谢上帝，我活着看到了这一天。我仿佛做了四年噩梦，现在，噩梦结束了。”

——亚伯拉罕·林肯总统听说邦联首都里士满陷落时的发言，1865年4月3日

4月

4月1日
联邦部队在彼得斯堡外围的五岔口突破邦联阵线右翼，威胁李最后的补给线，削弱其阵地的防守。

4月9日
格兰特将军和李将军在弗吉尼亚中南部的阿波马托克斯县城会面。李接受联邦司令提出的投降条款，结束了弗吉尼亚的战争。

4月2日
面对联邦进攻，邦联部队在遭受八个月的围攻之后撤离彼得斯堡。在亚拉巴马，詹姆斯·H. 威尔逊的联邦骑兵突破邦联防线，占领塞尔马。

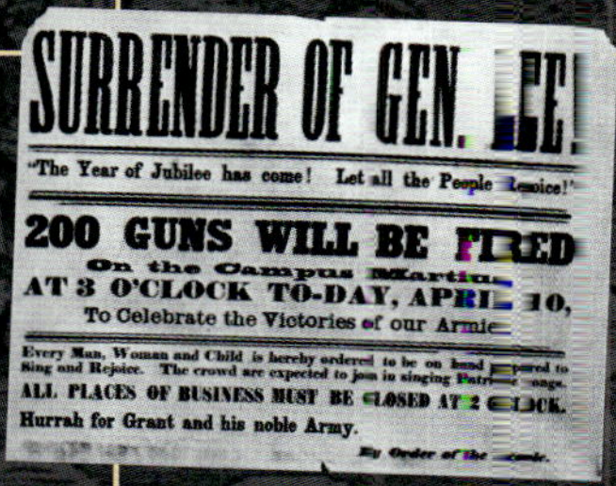
SURRENDER OF GEN. LEE!
The Year of Jubilee has come! Let all the People Rejoice!
200 GUNS WILL BE FIRED
On the Campus Martius,
AT 3 O'CLOCK TO-DAY, APRIL 10,
To Celebrate the Victories of our Armies.
ALL PLACES OF BUSINESS MUST BE CLOSED AT 2 O'CLOCK.
Hurrah for Grant and his noble Army.
By Order of the

李投降的新闻

4月2日
首批联邦部队抵达里士满。一天前，邦联政府撤出了这座城市。

4月12日
爱德华·坎比领导的联邦部队占领亚拉巴马州莫比尔市。威尔逊的联邦部队占领亚拉巴马首府蒙哥马利，然后向东进入佐治亚。

4月6日
在追击李的撤退军队时，联邦部队在塞勒溪拦截了近四分之一邦联部队，俘虏约7700人。

林肯总统的高顶礼帽

4月7日
联邦总司令尤利西斯·S. 格兰特给李写信，劝其投降。李举棋不定，询问投降条款细节。

4月14日
林肯总统被支持邦联的演员约翰·威尔克斯·布斯开枪射杀。

4月26日
在卡罗来纳，联邦将军威廉·T. 谢尔曼接受约瑟夫·E. 约翰斯顿将军的投降。

5月

林肯的送葬队伍

5月4日
亚伯拉罕·林肯被埋葬在家乡伊利诺伊州斯普林菲尔德城外的橡树岭公墓。

5月12—13日
南北战争最后的战役在得克萨斯州格兰德河上的帕尔米托牧场打响。讽刺的是，它以联邦军的撤退收场。

5月8日
亚拉巴马的邦联指挥官理查德·泰勒将军同意投降条款，结束了南方的战争。

5月23日
在大型庆祝活动中，波托马克军团在首都华盛顿游行。谢尔曼的佐治亚军团于次日游行。

胜利游行

5月10日
逃亡的邦联总统杰弗逊·戴维斯在佐治亚被联邦部队逮捕。

6月

6月2日
跨密西西比军区的邦联部队指挥官艾德蒙·卡比·史密斯投降。

6月2日
邦联巡洋舰“谢南多厄”号停止在白令海攻击联邦船只。

6月23日
卡比·史密斯骑兵师的切罗基指挥官斯坦德·沃蒂终于同意停火。

斯坦德·沃蒂

第十三修正案

林肯1863年颁布的《解放黑人奴隶宣言》将废除奴隶制确立为联邦战争目标，但废奴主义者担心这部宣言在战争结束后被当成临时措施束之高阁。宪法第十三修正案的通过确保了美国对奴隶制的禁止。

之前

在美国全面禁止奴隶制的第十三修正案被视为对战争道德目标的总结。四年前的情况是完全不同的。

1861年修正案

1865年的第十三修正案不是国会采纳的第一个解决奴隶制问题的修正案。1861年，作为与南方和解的最后尝试，一项确保蓄奴州权利的修正案在参众两院获得通过。虽然布坎南总统在最后一天办公时签署了该法案，但它从未被各州承认。1861年修正案和第十三修正案之间的差异标志着美国在四年间跨越的政治距离。

《解放黑人奴隶宣言》

亚伯拉罕·林肯总统1863年颁布的《解放黑人奴隶宣言》（见第160—161页）从根本上改变了南北战争的性质，将废除奴隶制作为联邦政策的基础，赋予了战争新的道德维度。不过，这只是一种权宜之计。废除奴隶制，还需要更多永久性措施。

欢呼雀跃的场面
共和党议员乔治·W. 朱利安在日记中写到了众议院人群的反应："人们齐声欢呼，持续了几分钟。一些人互相拥抱，另一些人像孩子一样哭。"

林肯总统1863年颁布的《解放黑人奴隶宣言》留下了未完成的工作。该宣言只向在生效日之前没有重回联邦的十个邦联州的奴隶提供自由。一些领地从其条款中得到豁免权，包括新奥尔良市以及当时正在组建西弗吉尼亚州的48个弗吉尼亚县。其他边界蓄奴州根本没有被提及，因为总统仍然希望在当地收到支持重回联邦的温和意见。可见，要想在全美国永远禁止奴隶制，还需要进一步采取措施。

通过修正案

林肯本人相信，唯一途径就是宪法修正案，尽管他需要克服重重障碍。美国已经60年没有通过新的修正案了，成功通过需要得到国会两院三分之二成员的支持，以及四分之三州的批准。为使这项措施真正具有约束力，林肯将其解释成所有州的四分之三，包括武装保卫奴隶制的南方州。

共和党的多数席位确保了修正案在1864年4月8日在参方院顺利通过。然而在众议院，以13票之差，没能得到必要的三分之二成员的支持。

接着，修正案的命运成了1864年总统竞选中的首要问题，共和党人迅速将其作为竞选纲领的核心观点。民主党人谴责修正案"不明智，不审慎，残酷，不配被文明国家支持"。林肯1864年11月的再次当选在事实上解决了两党之间的争论。总统没有等到1865年3月由共和党主导的第39届国会的召开，而是通过1864年12月6日面向国会的年度报告提出了这项措施。

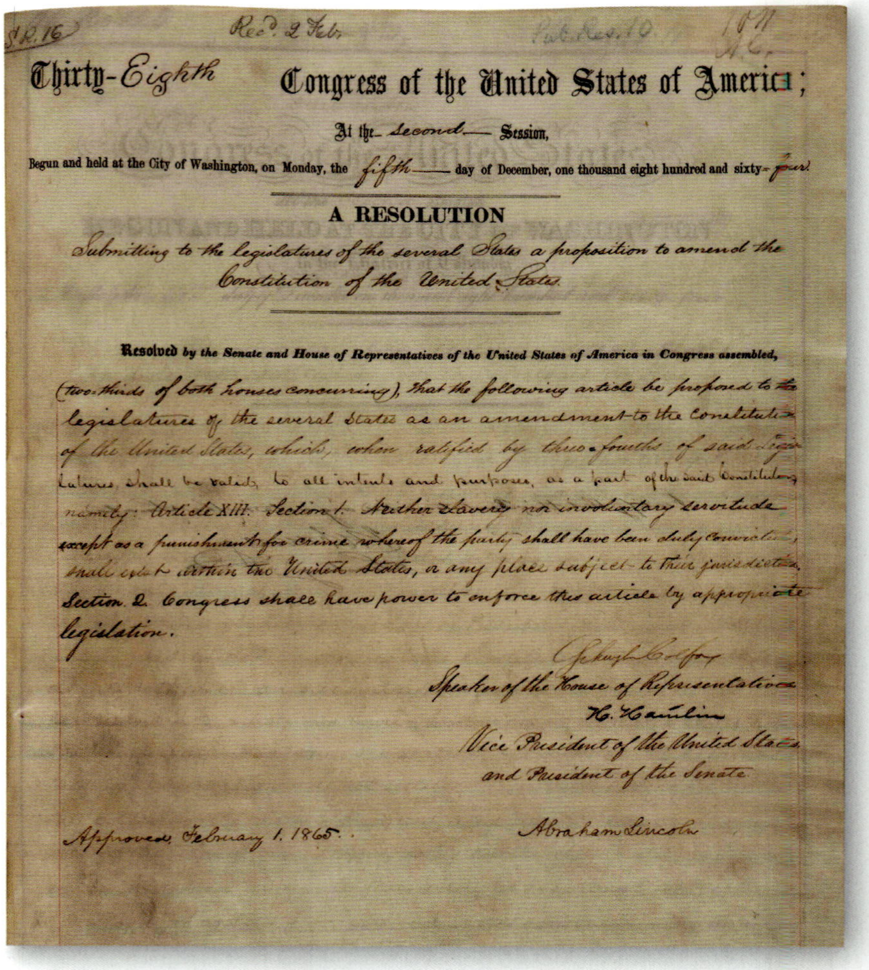
Thirty-Eighth Congress of the United States of America;
At the second Session,
Begun and held at the City of Washington, on Monday, the fifth day of December, one thousand eight hundred and sixty-four.

A RESOLUTION
Submitting to the legislatures of the several States a proposition to amend the Constitution of the United States.

Resolved by the Senate and House of Representatives of the United States of America in Congress assembled, (two-thirds of both houses concurring), that the following article be proposed to the legislatures of the several States as an amendment to the Constitution of the United States, which, when ratified by three-fourths of said legislatures, shall be valid, to all intents and purposes, as a part of the said Constitution, namely: Article XIII. Section 1. Neither slavery nor involuntary servitude, except as a punishment for crime whereof the party shall have been duly convicted, shall exist within the United States, or any place subject to their jurisdiction. Section 2. Congress shall have power to enforce this article by appropriate legislation.

Schuyler Colfax
Speaker of the House of Representatives.
H. Hamlin
Vice President of the United States and President of the Senate.

Approved, February 1. 1865.
Abraham Lincoln

第十三修正案
第十三修正案第一条宣布："除了作为对犯罪的惩罚，任何奴隶制或强制劳役……都不能在美国内部或者美国管辖的任何地区存在。"

众议院的欢呼

林肯更愿意在第38届"跛脚鸭"国会上赢得民主党异议者的支持，他想让修正案的通过成为两党的共同措施。通过施加必要的压力，他达成了目的。1865年1月31日，修正案以超出三分之二票数两票的结果获得众议院通过。这一消息在国会引起狂欢，首都华盛顿放了100响礼炮。众议院里的庆祝人群包括非裔美国人，前一年，他们首次被允许进入旁听席。共和党议员乔治·W. 朱利安指出："投票结束后，我感觉我好像生活在一个

> "这只是时间问题……难道不是越早同意越好吗？"
>
> ——林肯总统，向国会传达的信息，1864年12月6日

庆祝解放
在托马斯·纳斯特1865年的这幅版画中，非裔美国人在享受舒适的家庭生活。左边是受奴役的过去，右边是所有人在工作和教育方面享受平等的未来。

新的国家。”

与众议院的困难相比，各州的批准相对简单。大多数北方州迅速站到了总统一边。随着南北战争的结束，前邦联州也清楚，对修正案的接受是重新获得联邦州资格的前提条件。1865年12月6日达到法定比例，12天后，国务卿威廉·H. 苏华德宣布修正案被采纳。对废奴主义者来说，第十三修正案的通过从道德上证明了战争的合理性。考虑到国家经历的所有死亡和痛苦，奴隶制在美国所有领土上不再合法的事实是一个恰当的结果。

27
截至1865年12月6日，有27个州投票批准了修正案。

影响

实际上，该措施还有待落实。被解放的自由奴隶在法律上不再受到奴役，但大多数人仍然需要在之前耕种的土地上工作以维持生计。非裔美国人争取完整公民权利的漫长斗争将持续到下个世纪。与此同时，无数前奴隶涌上美国街头，庆祝修正案通过，他们亲历了里程碑式的重要时刻。美国发生了明确的变化：非裔美国人不再被视作财产。他们期待着和白人一样真正平等地投票和生活。

新生活
对大多数前奴隶来说，修正案通过是令人愉快的。南方各地的种植园举行了庆祝活动。夫妇终于可以团聚，许多人丢掉了为奴时的名字。

之后

修正案的批准是美国结束奴隶制的最后措施。前奴隶融入社会的道路从法律上被铺开了。

定义自由

修正案保证了奴隶的自由，但自由的确切性质还需要定义。另一些措施也需要落实。1868年批准的第十四修正案为美国前奴隶提供了公民权，次年成为法律的第十五修正案确保了他们的选举权。

持续的分歧

南方的白人反对派增加了选举人登记的难度，使种族融合的进程发生倒退。在实践中，南方黑人群体还需要等待近一个世纪。直到1964年《民权法案》和1965年《选举权法案》通过后，他们才赢得了有效的选举权。

卡罗来纳和亚拉巴马

在谢尔曼将军穿越佐治亚向大海进军后，1865年，联邦的进一步行动将总体战推进到南方腹地。作为四年前战争开始的地方，南卡罗来纳是一个特别的目标。

之前

谢尔曼穿越佐治亚的行动重挫邦联士气。现在，联邦领导人试图从中获利。

将战争带回家

在之前的战争中，南方腹地各州躲过了大多数战斗，北边和西边的边缘州受创最深。随着谢尔曼对佐治亚的进攻和亚特兰大陷落后大规模武装抵抗的消失，情况发生了根本性改变。现在的问题是，如何更好地利用优势？

“蟒蛇计划”的复兴

随着谢尔曼将军进入萨凡纳，联邦战略家终于看到了完整实施“蟒蛇计划”的机会。该计划最初由温菲尔德·斯科特将军在1861年提出（见第64—65页），目的是包围并粉碎弗吉尼亚残余的邦联指挥中心。

南卡罗来纳冬季危险的路况令格兰特将军感到担忧，他想用船将威廉·T.谢尔曼将军的胜利之师从萨凡纳运到弗吉尼亚，以支援他自己的部队。谢尔曼却坚信他的部下可以克服前方的任何困难。考虑到安排运输事宜需要两个月，格兰特同意了。

虽然谢尔曼在行军途中会遇到险阻，但敌军是最不让他担心的。指挥南卡罗来纳邦联部队的P. G. T. 博勒加德将军只有分散的1.75万人，谢尔曼却有经历战火洗礼的6万老兵。此外，联邦士气高涨，大多数人迫不及待地想要让这个点燃战火的州尝到战争的苦头。在许多北方人心目中，南卡罗来纳比其他州更应该为国家近四年来经历的痛苦负责。

天然障碍

在佐治亚州萨凡纳和南卡罗来纳州府哥伦比亚之间的沼泽和河流地带行军，后勤问题是比作战更大的挑战。在许多地方，公路无法通行，谢尔曼的部队需要缓慢地铺木排路。砍树，剥下树皮，把一面削平，然后将其横铺，在中间撒一些树苗，形成人员和补给马车可以通过的路面。尽管存在这些困难，谢尔曼的“劫掠者”仍然可以日行10英里（16公里）。到了2月17日，在离开萨凡纳不到一个月后，他们抵达哥伦比亚。当晚，城市燃起了大火。第二天上午，城市三分之二区域沦为废墟。

哥伦比亚没有逃过被谢尔曼部队焚烧的命运。他们沿途抢劫农场，将村庄付之一炬。他们使邦联部队资源紧张，因为他们尽可能以当地产出为口粮。

2月23日，在罗伯特·E.李将军的坚持下，约瑟夫·约翰斯顿成了卡罗来纳所有南方部队的指挥官。在这种情况下，最佳策略是遏制谢尔曼的前进。

458

据估计，南卡罗来纳首府哥伦比亚有458座建筑被烧毁，包括六座教堂、十一家银行以及一家制造邦联货币的印刷厂。

联邦指挥官从哥伦比亚出发，向北方的北卡罗来纳州戈尔兹伯勒前进，希望在那里与约翰·M.斯科菲尔德将军领导的另外2万联邦士兵会师。

> “事实是，整支军队都急于实现报复南卡罗来纳的愿望。我想……它应该遭受为它准备的所有攻击。”
>
> ——威廉·T.谢尔曼将军写给联邦陆军总参谋长亨利·W.哈莱克少将的信，1864年12月24日

关键时刻

费希尔堡的陷落

到了1864年末，北卡罗来纳州威尔明顿是仍然向邦联陆军运送海外物资的唯一重要港口。保护它免受攻击的是费希尔堡，这座位于开普菲尔河口的大型土木堡垒由47门大炮防守，22门朝向海洋，25门朝向陆地。

1865年1月15日，海军上将戴维·D.波特率领的舰队从海上轰炸堡垒，同时阿尔弗雷德·H.特里将军的部队从陆地发动进攻。在这两个人的领导下，6500人的联邦陆海军联合部队在一天之内占领了堡垒，战斗持续到夜晚。晚10点，W. H. C. 怀廷将军领导的邦联部队向特里将军投降。联邦部队占领了由2000人把守的堡垒。威尔明顿市区很快随之陷落，使南方腹地失去了与外国之间的贸易通道。

保卫查尔斯顿

军人康拉德·怀斯·查普曼1864年驻守在查尔斯顿，常常在炮火中画速描。战争结束后，他根据速描创作了一系列油画。

在不久前的费希尔堡之战中，联邦占领了邦联的威尔明顿港，斯科菲尔德正从该港口向这边赶来。

邦联战略

谢尔曼将军将部队分成了两个纵队，约翰斯顿的唯一希望是袭击分散的联邦军。邦联部队试图在阿弗拉斯伯勒村外牵制一个纵队，然后在戈尔兹伯勒以南不到一天行程的本顿维尔对联邦左翼发动全面进攻。

邦联最初的胜利很快被联邦援军的到来遏制，谢尔曼在3月23日成功与斯科菲尔德会师。

亚拉巴马战役

与此同时，联邦领导人制定了两路进攻战略，将战火引入亚拉巴马。E. R. S. 坎比将军率领一支部队从南方经莫比尔湾下游进攻该州。头一年8月，联邦部队已通过海战占领莫比尔湾。坎比在1865年4月成功占领了莫比尔市区。同时，27岁的詹姆斯·H. 威尔逊领导1.3万骑兵从田纳西向南进入北亚拉巴马，与内森·贝德福德·福里斯特将军领导的邦联骑兵交战。

进入查尔斯顿
当马萨诸塞第55有色人种团2月21日进入城市时，他们唱着《约翰·布朗的遗体》。歌词"约翰·布朗死了，但奴隶可能获得自由"引起了前奴隶的欢呼。

年轻的威尔逊设法占领了北亚拉巴马。他在机动和兵力上胜过福里斯特，摧毁了塞尔马的邦联军需工厂。接着，威尔逊先往东占领州府蒙哥马利，再进入南佐治亚。当威尔逊的部队4月20日占领佐治亚州梅肯时，战争基本结束。虽然卡罗来纳和亚拉巴马战役不像格兰特和李在弗吉尼亚的对抗那样具有决定性意义，但也相当于在邦联的棺材盖上多敲了几颗钉子。

之后

联邦部队在卡罗来纳和亚拉巴马的胜利有效挫败了邦联在里士满陷落时建立第二道防线的计划。

收紧钳制

南方的挫折增加了罗伯特·E. 李的军队防守彼得斯堡的压力。联邦在卡罗来纳切断了李的海上交通，使他在补给上日益依赖于少数西向公路和铁路。

希望破灭

联邦进攻的消息对邦联士气也造成了毁灭性打击。许多人的家乡被战事波及，他们急于返乡确认家人的安危，这导致逃兵数量激增。

约翰斯顿投降

4月，李将军在阿波马托克斯县城投降（见第316—317页），17天后，邦联将军约瑟夫·约翰斯顿终于在4月26日向威廉·T. 谢尔曼投降（见第324—325页）。5月19日的得克萨斯州帕尔米托牧场之战是南北战争最后的战役。

关于如何结束战争

1865年3月28日，在格兰特位于弗吉尼亚州锡蒂波因特的水上指挥部“河流女王”号上，林肯总统与（左起）威廉·T. 谢尔曼将军、尤利西斯·S. 格兰特将军和海军少将戴维·D. 波特见面。谈话涉及结束战争的策略以及投降条款。画家乔治·P. A. 希利在油画《和平缔造者》中定格了这一场景，其细节的真实性得到他的朋友谢尔曼的认可。

彼得斯堡和里士满陷落

作为战争的核心冲突，格兰特和李之间的血腥对抗在弗吉尼亚州彼得斯堡外的战壕里陷入僵局。当联邦军队终于在1865年4月实现突破时，邦联首都里士满的命运已成定局。仅仅24小时后，里士满陷落。

约翰·B. 戈登少将

戈登是李在战争最后阶段最信任的副手之一。从第一次布尔溪之战到安蒂特姆和葛底斯堡，他参加了许多最重要的战斗，多次负伤。

之前

到了1865年初，罗伯特·E.李的北弗吉尼亚军团的处境日益艰难。败仗意味着邦联首都的陷落。

其他邦联军队

1864年末，南军在佐治亚和田纳西遭受了一系列失败。威廉·T. 谢尔曼将军在占领萨凡纳后结束了毁灭性的向大海进军（见第296—297页）。与此同时，约翰·贝尔·胡德将军对田纳西的进攻在纳什维尔被粉碎（见第300—301页）。

不断缩小的胜算

从1864年6月起，邦联部队一直守在彼得斯堡外的战壕里（见第274—275页），抵御人数更多、物资更丰富的敌人。随着胜算一周一周变小，李只能采取大胆行动。不过，成功的可能性一直不大。

进入1865年，驻扎在彼得斯堡外的两军僵不下。在堑壕战中，双方反复尝试突破，但是没有取得任何决定性优势。

联邦的优势

和尤利西斯·S. 格兰特相比，罗伯特·E. 李的处境要困难得多。双方兵力之比超过二比一。随着逃兵不断增加，南军的胜算每周都在下降。格兰特可以用人数优势逐步延长战线，将李的资源消耗到极限。此外，邦联补给线一条条被切断，唯一幸免的港口威尔明顿也陷落了，这是极为沉重的打击。

由于卡罗来纳传来的全是坏消息，李知道，谢尔曼将军的部队早晚会与波托马克军团会合，完成包围。为避免这种情况，李需要及早率军离开战壕。

李找到第2兵团指挥官约翰·B. 戈登少将，后者献了一计：派出伪装成逃兵的武装部队，对联邦阵线东端的要塞斯特德曼堡发动奇袭。该计起初取得了成功，但在四小时的战斗后，联邦部队成功反击，戈登的部队被击退，伤亡惨重。

> 两军在五岔口交战的大部分时间里，南方的两位高级将领——乔治·E. 皮克特少将和菲茨休·李并不在场，而是被同僚邀去了附近的烤餐会。

五岔口的决定性交锋

格兰特立即决定对此次逆转加以利用。3月29日，他派刚刚在谢南多厄河谷获胜的联邦将军菲利普·谢里丹率领骑兵，跟随一个步兵团，前去试探邦联阵线的西端。李采取了有力措施，在3月30日的激战中，双方都没能取得优势。第二天，菲利普·谢里丹的骑兵在彼得斯堡西南20英里（32公里）处名为五岔口的交叉路口与乔治·E. 皮克特将军的师相遇。

谢里丹派出古弗尼尔·K. 沃伦少将领导的波托马克军团第5兵团，袭击邦联左翼。虽然计划的执行显得混乱，但钳形进攻发挥了作用。到了晚上7点，皮克特的部队崩溃了，半数人

五岔口之战

正如法国画家保罗·菲利波托所绘，联邦骑兵突破了邦联防线。谢里丹将军亲自领导了决定性的冲锋，突破了皮克特师。大约3000名邦联士兵被俘。

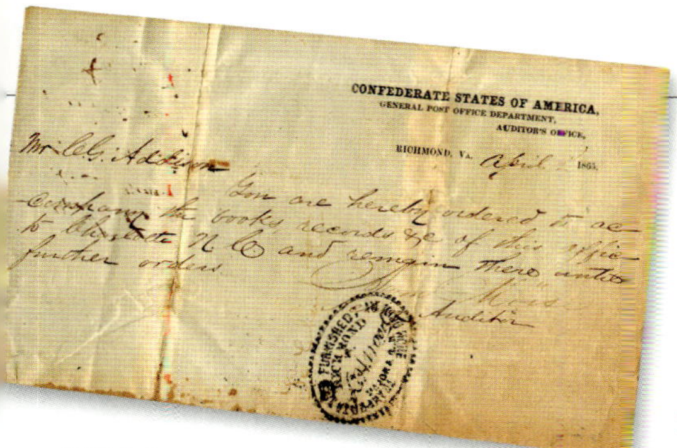
CONFEDERATE STATES OF AMERICA,
GENERAL POST OFFICE DEPARTMENT,
AUDITOR'S OFFICE,
RICHMOND, VA. April 1865.

撤退命令
杰弗逊·戴维斯于4月2日发布撤离邦联首都的命令。他和一些内阁成员当晚放弃了这座城市，乘火车前往弗吉尼亚州丹维尔。

投降，其余人逃跑。联邦终于实现了突破。

五岔口的失败被一些人称为“邦联滑铁卢”，对李向西、向南的剩余交通线形成了威胁，阵地即将失守。第二天，即4月2日上午，他传话给杰弗逊·戴维斯，说彼得斯堡将会陷落，因此他们需要放弃里士满。

事实上，没等正在参加周日上午礼拜活动的南方总统接到消息，格兰特的部队就对彼得斯堡的阵线发动了全面进攻。邦联人做出了抵抗，但仅仅起到牵制作用，让军队有时间有秩序地撤出被围困的城市。到了次日上午，彼得斯堡已经被联邦占领。

里士满的陷落

彼得斯堡陷落，里士满也将失守。当李在4月2日上午向杰弗逊·戴维斯总统发出放弃城市的电报时，撤退已经开始了。当局下令烧掉一切具有军事和战略价值的东西。

燃烧的里士满
邦联部队逃离前摧毁了城市的军械库和工厂。爆炸在一些居民区引发了大火。整个晚上，一直有市民乘坐“各种载货马车、载客马车和其他交通工具”匆匆离去。

当军队撤离后，里士满失去了秩序，大火不受控制地蔓延开来。直到首批联邦部队次日上午赶到，接受城市的正式投降并开始灭火。此时，南方首都的许多区域已经成了废墟。据估计，有25%的城市建筑被烧毁，邦联残存的希望非常渺茫。

> “我们于上午8时15分占领里士满……”
>
> ——联邦将军戈弗雷·韦策尔发给格兰特的电报，1865年4月3日

之后

里士满陷落后，邦联成了没有首都的“国家”和没有资本的事业。正在撤退的李的军队是其唯一残存的堡垒。

撤离里士满

杰弗逊·戴维斯利用城市最后的铁路逃往西南方130英里（210公里）以外的丹维尔。在那里，他做出了继续斗争的承诺。

林肯的胜利

在戴维斯离开不到一天后，里士满陷落时刚好正在慰问波托马克军团的亚伯拉罕·林肯进了城。作为解放者，他受到了城市黑人群体的欢迎。“你们自由了，像空气一样自由。”总统对他们说。然而，林肯将在两周之内遇刺（见第320—321页）。

最后的战斗

李想率军逃到丹维尔地区，继续战斗。他的行动被格兰特阻止（见第316—317页）。李别无选择，只能投降。

林肯在里士满

阿波马托克斯战役

放弃彼得斯堡和里士满后，罗伯特·E.李将军的军队向西撤至铁路线，以便有秩序地摆脱联邦部队的追击。这条路通往阿波马托克斯县城。

彼得斯堡陷落后，罗伯特·E.李将军最迫切的需求是重新建立补给线，为饥饿的士兵提供食物。他的第一目标是里士满和丹维尔铁路线上的阿米利亚县城。他希望找到足够多的食物，并将那里作为撤退基地，再通过铁路向南撤到弗吉尼亚州丹维尔——邦联总统杰弗逊·戴维斯的所在地。他希望在丹维尔与约瑟夫·E.约翰斯顿将军的北卡罗来纳军团会师，后者是战场上仅存的另外一支大型邦联军队。不过，他的希望破灭了。在逃离彼得斯堡的混乱中，有人发出了错误命令，邦联部队来到阿米利亚车站时看到的是一大堆弹药——不仅没有用，反而给军队增添累赘，因为他们的货运马车光是运输已有军械就够吃力了。

失去的时间

李知道，他的疲惫之师无法饿着肚子继续行军。在粮秣队搜寻补给的过程中，他们失去了宝贵的时间。当军队再次出发时，获得任何领先优势的希望荡然无存。尤利西斯·S.格兰特将军预料到李的行动，派菲利普·谢里丹将军的骑兵切断阿米利亚县城以西的铁路线。更重要的是，他让谢里丹的部队占领伯克维尔的重要铁路枢纽，那是南部铁路与丹维尔和里士满铁路交会的地方。与此同时，李还被联邦步兵紧追不放。

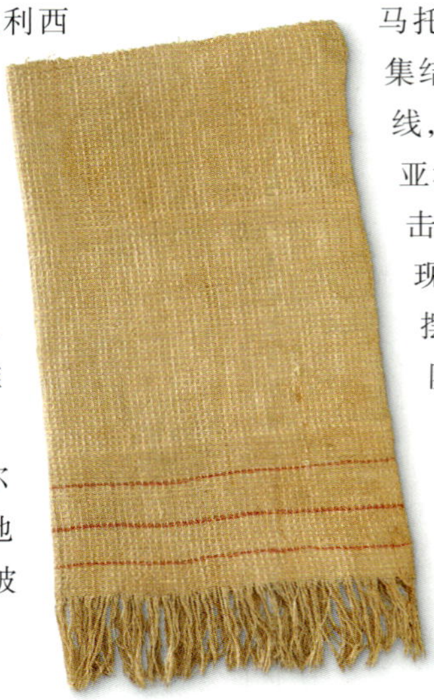

停战旗
李派詹姆斯·朗斯特里特将军前去回复格兰特的投降提议，这块亚麻洗碗布被当成了停战旗。

向西追逐

在近一周时间里，双方军队沿平行路线向西行进。同时，联邦侦察部队与邦联边缘支队交战。规模最大的战斗发生在4月6日的塞勒溪，当时三个联邦兵团拦截了李四分之一的部队，俘虏了大约6000人。

士兵们只能领到最小份额的口粮，加上在大雨中连夜行军，精力已经消耗殆尽。许多士兵干脆放弃前进，躺在路边，直到被追击部队俘虏。李的军队又跋涉了两天，来到里士满以西90英里（145公里）的阿波马托克斯县城。李最后一次集结部队，试图突破联邦阵线，以抵达林奇堡的弗吉尼亚和田纳西铁路。邦联部队击退了一队联邦骑兵，却发现前面已经有两个步兵团摆好了阵形。其他北方部队正从后方赶来。光荣的北弗吉尼亚军团的残余部队终于被包围。

面对此前试图回避的局面，李召集指挥官开会。大家一致认为，继续战斗是一种徒劳的牺牲。有人建议让士兵溜进乡村打游击，但李拒绝了这个提议。他说这样做会对原本逃过战乱的地区造成破坏。“这样一来，国家将需要多年时间才能从我们制造的局面中恢复。”他说。

这样就只剩下一条路。格兰特几天前已经派出了和平信使，但李给出了模棱两可的回复。现在，他怀着沉重的心情向对手发出一条消息。他准备商议“这支军队的投降事宜”。

李的投降

会议的安排和选址花了几个小时。人们选择了麦克利恩宅邸，这是村子里最被认可的住宅。当两位将军见面时，他们的对比值得做一番研究。李全身流露着南方贵族气质，穿着全套军装，包括肩带和镶有宝石的佩剑。格兰特身材较矮，穿着列兵的短上衣、溅了泥浆的裤子和靴子，这是他当时最体面的装束。

两个对比鲜明的人寒暄一番。当他们进入正题时，格兰特提出的条款比李预料的还要慷慨。邦联军官和士兵必须承诺不再拿起武器反对美国政府，并将武器和其他物资作为被缴获的财产交出来。军官可以保留手枪、马匹和个人行李。所有人可以自由返回故乡，“不会受到美国当局的打扰，前提是他们遵守假释规则和当地法律”。最后这一条意味着战败士兵不会受到进一步惩罚和叛国起诉。此外，

投降地点
一家人坐在麦克利恩宅邸前的台阶上。李将军几天前在这里签署了投降协议，使这座宅邸名声大噪。

之前

4月3日，南方首都里士满被联邦部队攻占（见第314—315页）。邦联的希望破碎了，但罗伯特·E.李将军还没有被击败。

别无选择

北弗吉尼亚军团残存的唯一希望是摆脱联邦追击，与约瑟夫·约翰斯顿将军的北卡罗来纳军团会合。不过，李的兵力处于劣势——他们只有2.5万人，尤利西斯·S.格兰特将军则有12.5万联邦部队。此外，邦联士兵很疲惫，联邦部队则被最终胜利的希望所鼓舞。

奔向铁路

为了与约翰斯顿会合，李需要通过铁路转移部队。因此，向西撤退成了以火车站为终点的孤注一掷的赛跑——联邦部队从一开始就占据优势。

战争的序幕——第一次布尔溪之战是在蔗糖批发商威尔默·麦克利恩的土地上进行的，李和格兰特签署投降协议时所在的房屋也是麦克利恩的财产。

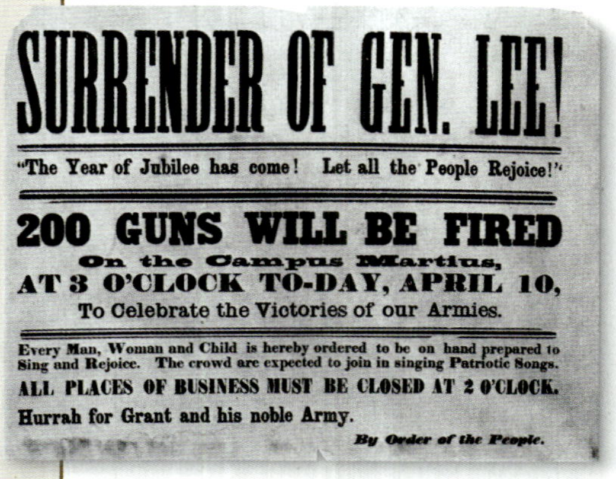

SURRENDER OF GEN. LEE!

"The Year of Jubilee has come! Let all the People Rejoice!"

200 GUNS WILL BE FIRED

On the Campus Martius,

AT 3 O'CLOCK TO-DAY, APRIL 10,

To Celebrate the Victories of our Armies.

Every Man, Woman and Child is hereby ordered to be on hand prepared to Sing and Rejoice. The crowd are expected to join in singing Patriotic Songs.

ALL PLACES OF BUSINESS MUST BE CLOSED AT 2 O'CLOCK.

Hurrah for Grant and his noble Army.

By Order of the People.

欢庆时刻
底特律一则广告宣布了李将军的投降，并且“奉人民之命”号召所有市民前往市中心的战神广场公园参加庆祝活动。

> “我别无选择，只能去见格兰特将军。如果可以不这样做，我宁可死一千次。”
>
> ——罗伯特·E. 李与参谋的谈话，1865年4月8日

格兰特还同意了李的请求，允许普通士兵保留其马，作为牲口使用。

正式投降仪式三天后举行。一排排邦联士兵在张伯伦少将率领的两列联邦部队之间行进，然后放下武器和战旗。作为交换，他们得到了通行证，可以安全返乡。李本人以光杆司令的身份回到里士满。为表示尊重，一队联邦骑兵护送他走了一段路。

之后

阿波马托克斯的投降消除了邦联通过谈判实现和平的最后希望，但它事实上并没有结束战争。

被“斩首”的南方

李将军的投降并不适用于战场上的所有邦联部队。理论上，其他战区的部队还可以继续战斗。不过，任何一支邦联军队都没有取得长期军事胜利的现实可能性。邦联在1865年4月同时失去了首都和主要战斗力量。随着李的战败和邦联总统杰弗逊·戴维斯的逃亡（见第324—325页），南方失去了领导人。约瑟夫·E. 约翰斯顿将军4月26日在北卡罗来纳投降，理查德·泰勒将军5月4日在亚拉巴马投降，卡比·史密斯将军5月26日在跨密西西比地区投降（见第324—325页）。

联邦将军（1828—1914年）

乔舒亚·劳伦斯·张伯伦

张伯伦并不是常人眼中的典型军事指挥官，而是职业学者。南北战争爆发时，他在缅因州鲍登学院教授现代语言。他很快在联邦陆军中晋升为上校，在葛底斯堡之战中负责指挥一支新英格兰部队。在一次重要防御行动中，他的部队坚守小圆顶，抵抗对方的反复进攻。在彼得斯堡担任旅长时，他曾两次受伤，有一次伤得很重，被人误以为已牺牲。但他恢复了健康，在李投降后光荣地主持了邦联部队放下武器的仪式。

受降纪念物

这是李和格兰特坐过的椅子和签署投降文件时使用的桌子，目前陈列在史密森学会。

李的椅子　小桌　格兰特的椅子

阿波马托克斯的投降

经过在阿波马托克斯县城的最后一役，罗伯特·E. 李发现他的邦联军队已被包围，并且疲惫不堪。1865年4月9日，李与尤利西斯·S. 格兰特将军交换了一系列信件，两个人在当天下午晚些时候会面，以拟定正式投降条款。

“快到四点钟时，李将军与格兰特将军握了手，向其他军官鞠了躬，和马歇尔上校离开了房间。我们一个个地跟了出去，来到门廊。李示意勤务兵把马牵过来。等待期间，将军站在最低的台阶上，悲伤地凝望着山谷方向。在那里，他的部下已经成了战俘。他心不在焉地拍了几下手，似乎没有看到院子里的联邦军官，他们在他出现时恭敬地站了起来。他似乎对周围的一切失去了知觉。所有人都感受了笼罩在他身上的悲伤，所有在这个最考验人的时刻看到他的人都产生了同情。马的靠近似乎将他的思绪拉了回来，他立即上了马。格兰特将军已经走下了门廊台阶，一边走向李，一边脱帽致敬。接着，所有在场军官都做了同样的动作。李恭敬地举起帽子，然后骑马离去，将悲伤的消息告诉长期听他指挥的勇士们……”

——霍勒斯·波特将军，曾担任格兰特的参谋，
选自《世纪》杂志上的一篇文章，1887年11月

“对我们来说，他们也是被迫从戎的战友。看着这些古铜色的勇敢面孔，看着曾出现在许多战场上的破旧不堪的旗帜，我们忘记了个人仇恨和卑鄙的报复。光荣的人将荣耀献给了养育他们的土地。有人误导了这些人，但我们没有。我们让他们回家了。有人挑起了争端，但我们没有。我们用鲜血清除了罪恶诅咒的残迹。”

——约书亚·L. 张伯伦将军，他在阿波马托克斯出席了北弗吉尼亚军团正式放下武器的仪式，选自他的回忆录《军队的消失》，1915年

签署投降条款
一个半小时的讨论足以结束四年的战争。路易·纪尧姆1867年的油画《李在阿波马托克斯向格兰特投降》目前藏于阿波马托克斯县城国家历史公园。

林肯遇刺

战争基本结束了，联邦基本恢复了，国家需要有远见的领导人来弥合四年同胞相斗留下的伤口。约翰·威尔克斯·布斯在1865年受难日的刺杀行动使美国失去了最适合这项任务的人。

之前

罗伯特·E. 李在阿波马托克斯县城投降后，林肯总统完全有理由保持乐观。然而，六天之后，命运之神进行了残酷的干预。

第一起阴谋

约翰·威尔克斯·布斯和一伙南方同情者前一年曾计划劫持林肯，总统对此并不知情。他们打算将总统作为谈判筹码，使邦联战俘得到释放（见第256—257页）。阴谋流产，阴谋者仍然在进行接触。

破灭的希望

和平的前景（见第312—313页）使林肯备感欣慰，他希望推动与反叛州的和解。令总统高兴的消息再次点燃敌人的怒火。林肯支持黑人参加选举的演讲在不知不觉中决定了他的命运。布斯决定让他永远闭嘴。

1865年4月14日上午，林肯心情很好。一位同僚说，他从未见过总统如此开心的样子。虽然挑战在前，但战争基本结束的事实足以使他感到庆幸。不过，他并非不焦虑。

不祥的梦

就在遇刺三天前，林肯向妻子和朋友描述了一个梦。梦中，他在无人的白宫游荡，发现一具庄严摆放的尸体。他问服务生死去的人是谁，对方说是被刺杀的总统。“我那天晚上再也没有睡着，”林肯对听众说，“虽然这只是一个梦，但奇怪的是，它此后一直困扰着我。”

林肯完全有理由感到不安。从担任总统开始，他不断收到攻击性信件，一些人向他发出了死亡威胁。现在，约翰·威尔克斯·布斯正躲在暗处。26岁的布斯是美国著名剧团的一员，是美国顶级演员，经常在首都华盛顿附近演出，为人熟知。这位出生在马里兰的演员是邦联的热情支持者，急于通过某种伟大的戏剧性行动在历史上留下自己的印迹。他的身边聚集了一群和他一样憎恨总统的人。在几个月时间里，他们讨论了伤害总统的各种方法。

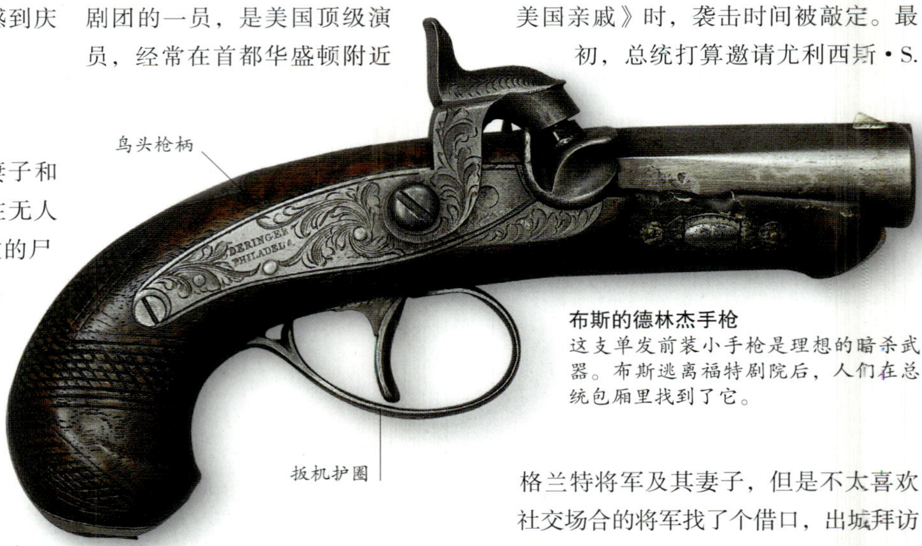

布斯的德林杰手枪
这支单发前装小手枪是理想的暗杀武器。布斯逃离福特剧院后，人们在总统包厢里找到了它。

行刺
这幅版画捕捉了约翰·威尔克斯·布斯打出致命一枪的时刻。为做到万无一失，刺客在瞄准林肯总统头部时手里还拿着一把刀。

阴谋成形

李在阿波马托克斯投降的消息使阴谋行刺者坐不住了。一天前，布斯在白宫外听了林肯的即兴演讲，总统在演讲中支持黑人的选举权。对奴隶制的热情倡导者布斯来说，这是行动的信号。

> 玛丽·萨拉特的私宅是刺客的会面地点。她因参与谋杀被绞死，是第一个被美国政府处决的女性。

他和同谋者制订了多管齐下的计划。布斯本人负责刺杀林肯。20岁的邦联老兵刘易斯·鲍威尔负责刺杀国务卿威廉·苏华德。出生在德国的马里兰修车店主、29岁的乔治·阿策罗特负责刺杀副总统安德鲁·约翰逊。他们的目标是在一个血腥之夜除掉联邦最高领导人，从而为邦联的失败复仇，使南方有机会重新集结，聚集新的力量，继续斗争。

当布斯听说林肯将于受难日当晚在华盛顿福特剧院观看喜剧《我们的美国亲戚》时，袭击时间被敲定。最初，总统打算邀请尤利西斯·S. 格兰特将军及其妻子，但是不太喜欢社交场合的将军找了个借口，出城拜访亲戚去了。第一夫人玛丽·托德·林肯便邀请了家族好友亨利·拉思伯恩少校及其未婚妻克拉拉·哈里斯。

事发当晚

布斯熟悉这座剧院，他曾多次在此演出。作为后台的常客，他轻而易举地进入剧院，在走廊里随心所欲地闲逛。他白天谨慎地在总统包厢的门上钻了一个小孔，便于观察内部情况。当晚，他等到戏开演之后才开始行动。他知道剧本，将其中一句台词作为行动讯号——这句台词总会引发观众的热情互动，布斯希望剧院里的笑声能掩盖枪声。他带着手枪溜进总统包厢，在选定时刻向林肯头部射击，然后跳到舞台上，向吃惊的剧院观众喊道：“暴君总是如此下场。”他在落地时摔伤了腿，但仍然跛着脚逃出剧院，找到等在那里的马。接着，他逃出了城。两个同谋者的行动不太顺利。鲍威尔潜入威廉·苏华德家，进入卧室。这位政治家九天前在马车事故中伤到了胳膊和下巴，正

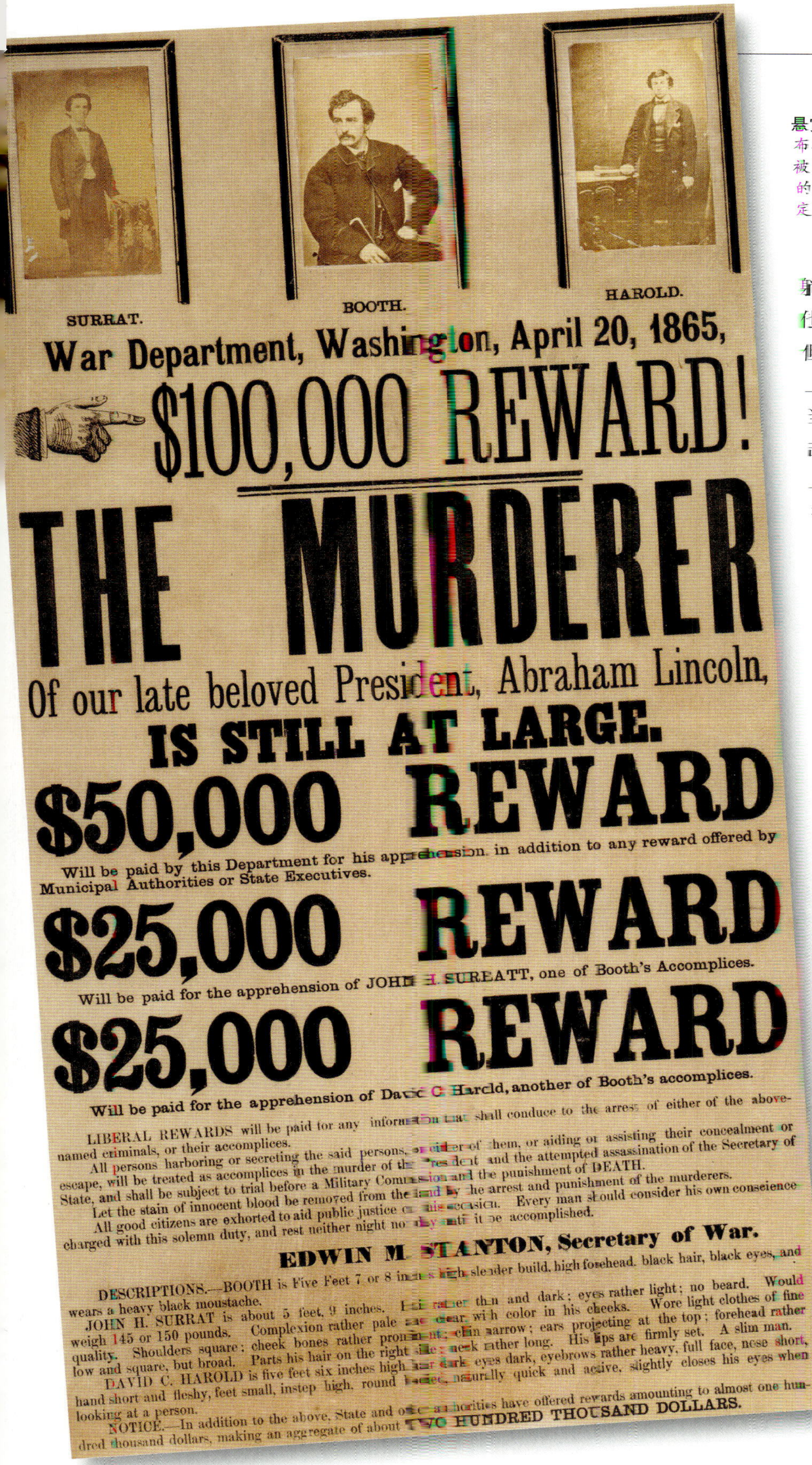

悬赏告示
布斯及其同谋的悬赏金高达10万美元。被张贴照片的罪犯包括玛丽·萨拉特的儿子约翰，他逃离了美国，没有被定罪。

“但是，心哪！心哪！心哪！哦，红色的血在淌，我的船长倒在甲板上，身体冰凉。”

——沃尔特·惠特曼，选自诗歌《哦，船长，我的船长！》，1865年

躲在那里。鲍威尔的枪卡壳了，他拔出刀，不断向受害者刺去，但都未伤及性命。苏华德用手臂上的支架挡住了最致命的袭击。当其他人赶到时，鲍威尔停止袭击，离开现场，和布斯一样，骑上事先准备好的马逃走了。苏华德后来痊愈了。至于阿策罗特，他完全失去了勇气，当晚在副总统所在酒店的酒吧里喝酒，最后悄无声息地消失在夜色中，甚至没有接近他的目标。

林肯逝世

与此同时，人们在拼命抢救林肯的生命。他伤得太重，无法回到白宫，被转移到街对面的民宅里。医生无能为力。总统的头部被一颗子弹击中，受了致命伤，于第二天早上去世，其间一直没有恢复意识。此时，对凶手的追捕升级了。

逮捕罪犯

鲍威尔在袭击发生三天后首先被逮捕，当他回到设计阴谋的私宅时，联邦特工已在那里等他。一起被捕的还有房屋主人、邦联同情者玛丽·萨拉特。三天后，阿策罗特在距离首都大约25英里（40公里）的马里兰农场被捕。约翰·威尔克斯·布斯一直躲到4月26日，当天在弗吉尼亚的谷仓里被击毙。其他参与者也被逮捕，包括戴维·赫罗尔德，他曾帮助布斯逃跑，但在弗吉尼亚谷仓起火时不想坐以待毙，向追击部队自首。

走向统一

林肯的遇刺是前所未有的——之前没有任何一位总统遇刺身亡。他的死使国家失去了可靠的领导者，继任者安德鲁·约翰逊被普遍认为缺乏判断力。一些没有和解的邦联人为布斯的事迹欢呼。大多数美国人在悲伤中团结在一起。虽然联邦政府起初怀疑这是邦联的阴谋，但林肯的死引起了一致的同情，促进了国家的统一。

林肯的帽子
虽然林肯身高足有6英尺4英寸（1.9米），但他仍然喜爱戴高帽。他在被刺当晚戴的这顶帽子目前藏于史密森学会美国历史博物馆。

之后

林肯的死使国家旧伤未愈，又添新伤。

政治余波

副总统安德鲁·约翰逊成了总统。这个在1864年吸引摇摆州选民的南方民主党人成为共和党政府的领导者。约翰逊缺乏林肯的政治和道德权威，不能担起重建大任（见第340—341页）。

同谋者的命运

八名嫌疑人受到审判。他们被单独关押，脑袋上戴着帆布罩，虽然有进食口，但是没有耳洞和眼洞。鲍威尔、赫罗尔德、阿策罗特和玛丽·萨拉特被判处死刑，在1865年7月7日被绞死。另外三人被判终身监禁。还有一名福特剧院的木匠被指控协助布斯逃跑，获刑六年。

亲历者　1865年4月15日

林肯的最后时刻

1865年4月14日晚10点左右，约翰·威尔克斯·布斯在首都华盛顿的福特剧院向林肯开枪。子弹穿透林肯左耳上方的头骨，很快被判定为致命伤。林肯被转移到附近的民宅，第二天上午7时22分与世长辞。

“高大的伤者躺在对他来说不够长的床的对角线上……门口和人行道上各有一队警卫，以约束焦虑不安的人群。房间小且拥挤……我一直待在房间里，既没有离开，也没有坐下，直到有人起身，床脚空出了一把椅子。我坐了近两个小时，听着沉重的呻吟，看着伟人虚弱的生命逐渐消逝。大约清晨6点，我产生了眩晕感。在头一晚11多进入房间后，我第一次走出房门，在屋外走了走。那是一个阴郁的早晨。大约十五分钟后，天下起了雨，我开始往回走。每隔几根电线杆子（几码）就有一群人聚在一起，带着焦虑和关切。当我路过时，每群人中会站出一两个人，询问总统的状况，打听是否还有希望。当我回答总统很快就会去世时，每张脸都露出了悲伤。尤其是他们之中的黑人——也许在场的比白人还多。快到7点时，我走进房间，奄奄一息的总统正在迅速接近生命的终点。很快，他的妻子来与他告别。死亡前的战斗开始了……总统的呼吸时断时续，最终在7点22分完全停止。”

——吉迪恩·威尔斯，1861年至1869年任美国海军部长，
选自《吉迪恩·威尔斯的日记：林肯和约翰逊的海军部长》，1911年

总统之死
《林肯的最后时刻》是阿朗佐·查普尔1868年的作品，刻画了看望总统的所有人——包括他的妻子玛丽、儿子罗伯特以及内阁成员。

最后的投降协议

罗伯特·E. 李将军在阿波马托克斯县城投降后，散布在南方的三支军队和各地守备部队加起来有大约17.5万武装邦联士兵。战争中最后的行动发生在北卡罗来纳、佐治亚、亚拉巴马、得克萨斯甚至英国的利物浦。

约翰斯顿投降

1865年4月26日，邦联将军约翰斯顿（右）向谢尔曼将军投降。两个人成了好朋友。25年后，约翰斯顿是谢尔曼葬礼上的护柩人。

之前

在1865年4月9日李将军的北弗吉尼亚军团放下武器（见第316—319页）后，大多数南方将军接受了邦联失败的事实。

顽固抵抗

不过，仍有一些南方领导人希望继续战斗。最著名的死硬分子、邦联总统杰弗逊·戴维斯（见第48—49页）在李投降三周后仍然力促部队抵抗。此时，他和内阁已经放弃邦联首都里士满，向南逃到了北卡罗来纳州格林斯伯勒。1865年5月5日，内阁最后一次在佐治亚州华盛顿县开会。之后，戴维斯躲了起来。

新总统

与此同时，首都华盛顿的情况发生了戏剧性转变，林肯总统在4月14日遭枪击，不治身亡（见第320—321页）。接替林肯的是副总统、南方主战派民主党人安德鲁·约翰逊（见第326—327页），他在枪击事件后于次日上午迅速宣誓就职，成为第17位美国总统。

李投降后，仍然在作战的最大、最有组织性的邦联军队是与威廉·T. 谢尔曼在北卡罗来纳对抗的约瑟夫·E. 约翰斯顿的部队。随着谢尔曼在1865年3月末与来自威尔明顿的援军成功会师，双方的力量平衡发生变化。面对联邦的压倒性人数优势，约翰斯顿向西撤至北卡罗来纳州府罗利。

与戴维斯见面

谢尔曼的联邦部队即将赶到，约翰斯顿准备放弃罗利。这时，阿波马托克斯传来消息。他被叫到大约80英里（130公里）外的格林斯伯勒与邦联总统杰弗逊·戴维斯见面。4月12日，戴维斯没有询问约翰斯顿的意见，开始天马行空地谈论如何召集逃兵继续战斗。最终，约翰斯顿直率地表示："先生，我的意见是，人民厌倦了战争，他们感到筋疲力尽，已不想战斗了。"戴维斯语塞，然后不情愿地允许约翰斯顿派人向谢尔曼请降。

4月17日，在达勒姆车站附近的小木屋里，谢尔曼和约翰斯顿会面。谢尔曼描述了南方州重新加入联邦的前景，承诺南方人可以获得完整的公民权，不会受到叛国罪或战争罪指控。他由于越权受到华盛顿当局责备，尤利西斯·S. 格兰特将军被派来处理谈判事宜。格兰特明确表示，阿波马托克斯的军事条款仍然有效，同时适用于李和约翰斯顿的军队，但更大范围的战后和解问题没有讨价还价的余地。

> “我的小部队正在消散，就像太阳底下的雪一样……”
>
> ——约瑟夫·E. 约翰斯顿，1865年4月13日

约翰斯顿投降

当戴维斯听说格兰特的条件时，他很想继续战斗。约翰斯顿严肃回应道："我们要拯救人民，减少军队伤亡，拯救最高公职人员。"他对邦联总统说，"我想，你的计划只能做到最后一点。"第二天，4月26日，约翰斯顿同意投降，所率佐治亚、佛罗里达和卡罗来纳的邦联部队共计近9万人。

在亚拉巴马，邦联指挥官理查德·泰勒将军带着听天由命的沮丧态度观察着北方局势的演变。和约翰斯顿一样，他一直在进行没有希望的战斗，对手是该州北部和南部的两支联邦部队。听说约翰斯顿与谢尔曼谈判，他也立即求和。5月8日，在亚拉巴马州锡特罗内尔，他向该州联邦总司令爱德华·坎比将军承诺，接受与李和约翰斯顿类似的条款。

驻守弗吉尼亚大迪斯默尔沼泽的三人被认为是最后放下武器的邦联士兵。他们最终在李投降十五个月后的1866年7月现身。

此时，只有一支邦联军队还在正式与联邦交战，那就是艾德蒙·卡比·史密斯领导的跨密西西比广大地区的军队。卡比·史密斯不像约翰斯顿和泰勒那种受过重挫，他不太愿意妥协。泰勒投降一天后，他断然拒绝了联邦提出的投降条款。5月12日和13日，他们在格兰德河上的邦联前哨帕尔米托牧场进行了最后的战役。联邦进攻团两次拿下阵地，守军又两次将其夺回，邦联人就此打赢了南北战争最后一场战役，代价是4人死亡，十几人受伤——联邦部队30人伤亡。

被监禁的总统

杰弗逊·戴维斯在弗吉尼亚海岸门罗堡被监禁两年，直到南北双方的富人为其交纳保释金。

杰弗逊·戴维斯被捕

与此同时，杰弗逊·戴维斯在佐治亚州欧文维尔附近被捕。5月10日黎明，联邦骑兵包围了邦联领导人、他的妻子、四个孩子以及一群忠诚的官员，当时这些人都在松林里野营。实施行动的是两支联邦部队，由于事先缺乏沟通，在随后的混乱中，两名骑兵被友军误杀。南方的命运牢牢掌握在林肯继任者安德鲁·约翰逊领导的美国政府手中。约翰逊的意图在5月29日发布的两份公告中首先得到体现。一份公告表示，愿意宣誓效忠联邦的几乎所有南方人都可以得到原谅，其财产将被退还。另一份公告针对北卡罗来纳，供那些愿意重新加入联邦的州效仿。该州需要选举代表，起草新的州宪法，决定未来州选举中选举者的资格。

在密西西比地区，卡比·史密斯开始感受到环境变化带来的压力。当杰弗逊·戴维斯被捕的消息传开后，许多士兵放下武器，返回家乡。军队不断缩水。将军还听说格兰特会派可怕的菲利普·谢里丹将军实现和平。意识到败局已定，卡比·史密斯向新奥尔良的坎比将军传话，准备协商投降事宜。投降文件签署于6月2日。

胜利游行
在1865年5月23日至24日举行的大阅兵中，联邦军官骑马走过首都华盛顿的宾夕法尼亚大道。米德和谢尔曼的部队在随后几天陆续进行了游行。

最后的投降者

在卡比·史密斯的军队中指挥美洲原住民骑兵的切罗基准将斯坦德·沃蒂直到6月23日才接受停火。8月2日，一直在国际水域袭击联邦船只的邦联巡洋舰“谢南多厄”号船员在太平洋上得到投降的消息；他们继续航行到英国，避免在美国港口被当作海盗遭到审判；这批船员于11月6日在利物浦投降后各奔东西，英国随后将船只转交给了美国政府。

斯坦德·沃蒂
从1862年起担任切罗基族大酋长的斯坦德·沃蒂准将在卡比·史密斯手下指挥第1印第安旅。战前，他是成功的种植园主和奴隶主。

之后

恢复和平后，重新统一的国家面临关于前进方向的大问题。首先，前邦联士兵需要得到重新安置。

需要重建的生活

根据罗伯特·E. 李及其军队在阿波马托克斯县城接受的条款（见第316—319页），投降士兵可以带骡马自由返乡，军官还可以携带手枪。凭借签字的假释证明，他们不会受到打扰，前提是遵守假释规则和当地法律。

不过，许多士兵回家时发现他们的家园一片狼藉。前邦联的交通运输基础设施遭到了严重破坏，许多铁路网被摧毁。国家重建的艰巨任务摆在眼前（见第340—341页）。

美国总统 生于1808年 逝于1875年

安德鲁·约翰逊

“我们的奋斗目标是贫穷的政府和富裕的人民。”

——安德鲁·约翰逊，引自罗伯特·沃森·温斯顿《平民爱国者安德鲁·约翰逊》(1928年)

亚伯拉罕·林肯的遇刺将安德鲁·约翰逊推到了聚光灯下，授予了他从未期待扮演的角色。安德鲁出生在北卡罗来纳穷人家庭，没有受过正规教育。相反，他在大多数孩子上学的年纪做了裁缝学徒。

十几岁时，约翰逊放弃做学徒，跟着哥哥到田纳西，在该州东部的格林维尔镇找到了一份裁缝工作。这是小农的土地，与南方腹地的蓄奴庄园主几乎毫无关系。约翰逊在政治生涯中所代表的正是这些小农的观点，他对大庄园主怀有根深蒂固的仇恨。

在格林维尔，年轻的约翰逊与鞋匠的女儿伊莱扎·麦卡德尔相识并结婚。据说，伊莱扎曾教他写作和算术，鼓励他实现政治抱负。1829年，年仅20岁的安德鲁成了市议员。四年后，他被选为镇长。演讲天赋又使他在两年后进入田纳西众议院。接下来的三十年，他不断取得成功：1843年被选入国会众议院；1853年任田纳西州长；1857年作为民主党人进入参议院。

南北战争爆发时，虽然约翰逊是南方人，但他强烈反对退出联邦，他认为那是他一直反对的种植园主的事业。他是美国参议院中唯一忠于联邦的南方州参议员。

竞选旗帜
共和党在1864年总统选举中选择白主战派民主党人约翰逊与亚伯拉罕·林肯搭档，希望统一支持战争的意见。他们轻松击败了民主党候选人乔治·麦克莱伦。

作为从反对战争的民主党中分离出来的主战派民主党人，约翰逊在1864年选举中吸引了共和党战略家的注意——他们在寻找副总统候选人。共和党需要向那些愿意支持战争的民主党人抛出橄榄枝。约翰逊被选为林肯的竞选搭档，他们一起出现在国家联邦党选票上，表明联邦代表了更大的群体，而不仅仅是更名的共和党。

上任

约翰逊作为副总统的第一次公开露面没有增强人们的信心。正经历伤寒的他在就职仪式前喝了几杯威士忌，导致发表就职演讲时语无伦次，出了洋相。六个星期后，在林肯去世的巨大冲击后，想到约翰逊将成为新总统，人们更加不知所措。

从政治上说，约翰逊的处境很尴尬：作为民主党人，却成了共和党政

不受欢迎的总统
马修·布雷迪1865年左右为安德鲁·约翰逊拍摄的肖像。作为联邦主义者，他反对黑人民权，缺乏在战后重新团结国家的能力。

约翰逊原谅反叛者
约翰逊在白宫赦免叛方成员的情景。除了邦联领导人，所有反叛者都被赦免。除了奴隶，所有财产都被返还。

“既然已实现和平，那就让我们执行宪法吧。”

——安德鲁·约翰逊对华盛顿市民的讲话，1866年2月22日

府的领导人。人们很快发现，他的政治目标与许多共和党人完全不同。

争议发酵

约翰逊就任总统不到六个星期，就发布了两项重要公告。一项公告赦免了几乎所有愿意宣誓效忠联邦的南方人，并且承诺归还他们的财产。另一项公告开启了前邦联州重回联邦的程序；虽然只面向北卡罗来纳，但其他州视其为模板：选举一个代表团，制定新的州宪法。重要的是，这个选举团完全由白人组成。

约翰逊的提案突显了关于国家未来的两种观点的冲突。一方面，共和党激进派畅想改造南方，认为解放后的黑人将拥有和白人同胞相同的公民权利，包括选举权。另一方面，在民主党人、温和共和党人以及南方大多数白人设想的局面中，除了废除奴隶制度，战后各州几乎不会发生变化。

对南方的支持

维持和平需要机敏和稳健，这是约翰逊都不具备的。1866年夏，局势激化，前邦联州的新政府通过了一系列“黑人法典”，严格限制了黑人权利。另外，有报道称，白人暴徒袭击了黑人公民：在孟菲斯，46人遇害；在新奥尔良，40人死亡。被称为共和党激进派的反对南方的共和党人被激怒了，矛头指向了约翰逊。约翰逊曾否决让自由民局继续存在的议案，该机构是在林肯任期内设立的，负责保护南方的黑人权利。更糟糕的是，约翰逊又否决了通过《民权法》的议案，该法案的目的是让黑人享有平等的公民权。愤怒的激进派和温和派团结起来，推翻了两次否决，

鹦鹉
“约翰逊鹦鹉”学舌般地重复“宪法”一词，表示他在重建其间对南方的支持。

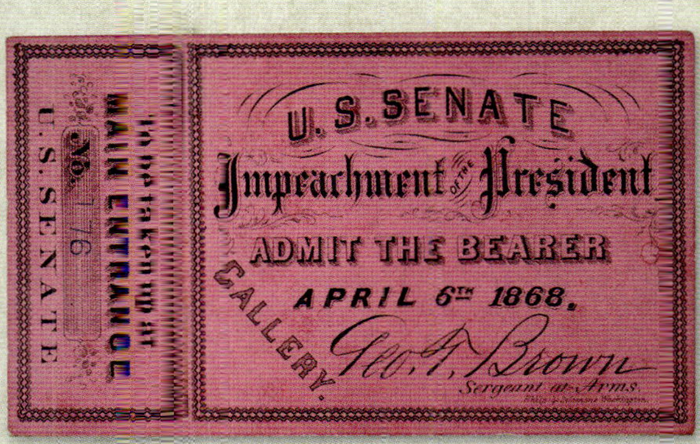

弹劾票
这张票的持有者可旁听参议院对约翰逊总统的弹劾。每天的旁听人数是有限的。

使议案通过。

经过两年发酵，矛盾最终演变为约翰逊和战争部长爱德温·M. 斯坦顿之间的斗争，后者支持共和党激进派的观点。为防止约翰逊清洗内阁中的激进派，国会采取了前所未有的措施，通过了《任期法案》，禁止总统在没有参议院批准的情况下开除高级官员。当约翰逊无视这项法案，试图撤换斯坦顿时，立法机构和行政机构的双方斗争到达了顶点。众议院决定弹劾总统——这是80年历史上的第一次。约翰逊被迫如期接受审查。最后，足够多的温和派共和党人站到了总统一边，使弹劾者以一票之差未能获得三分之二多数票。约翰逊死里逃生，度过了剩余的八个月任期。接替他的是联邦战争英雄尤利西斯·S. 格兰特。约翰逊保持对南方的支持，后来重回参议院，在任职五个月后死于中风。从那以后，他的名声与人们对于重建的态度共起落。总体而言，历史学家将约翰逊归类为不称职的总统。

约翰逊是唯一离开白宫后回到参议院工作的前美国总统。他重新当选田纳西参议员，这是他在1857年至1862年担任的职位。

时间线

约翰逊在格林维尔的裁缝店

- **1808年12月29日** 出生于北卡罗来纳州罗利，是马夫雅各布·约翰逊和织工玛丽的第三个儿子。
- **1812年** 父亲去世，家庭陷入贫困。约翰逊没有受过正规教育。
- **1822年** 给裁缝做学徒。
- **1825年** 跟着哥哥威廉到田纳西州格林维尔。在那里，安德鲁当起了裁缝。
- **1827年** 与伊莱扎·麦卡德尔结婚，25年里生了5个孩子。
- **1843年3月4日** 作为民主党人进入美国众议院，经历五个连续任期。
- **1853年10月17日** 成为田纳西州长。
- **1857年10月8日** 作为田纳西资浅参议员进入美国参议院，强烈反对退出联邦。
- **1862年3月12日** 在联邦收复田纳西后，被任命为田纳西军事总督。随着联邦军队在该州势力的扩大，他的权力也在扩大。
- **1864年6月** 在总统选举中被选为亚伯拉罕·林肯的竞选搭档，以新成立的国家联邦党的名义参选。
- **1865年3月4日** 就任美国副总统，以醉态在参议院发表就职演讲，为此广受批评。
- **1865年4月15日** 在林肯遇刺后的次日上午，宣誓成为第17任美国总统。
- **1866年3月27日** 否决了为自由奴隶赋予公民权的《民权法》，与国会的共和党人决裂。
- **1868年3月5日** 弹劾审查在参议院进行，约翰逊被控故意违反《任期法案》。
- **1868年5月26日** 审查中止，控告者以一票之差没能得到使总统获罪的三分之二多数票。
- **1869年3月4日** 在宣布特赦之前没有被赦免的所有邦联人后，结束四年任期。
- **1875年3月4日** 再度当选国会参议员。
- **1875年7月31日** 在田纳西州伊丽莎白顿附近的女儿家中死于中风，享年66岁。

7

战争遗产

1865—1877年

邦联的投降确保了联邦的存续和奴隶的
由。不过，代价昂贵的和平并没有结束
突。关于南方人和自由非裔美国人在战后
家所扮演的角色，人们的观点仍然存在严
分歧。

《军队大检阅
1865年5月23日和24日，首都华盛顿举行了标志战争结束的胜利游行。第一天，乔治·米德超过8万人的波托马克军团沿宾夕法尼亚大道行进。第二天，威廉·T.谢尔曼的佐治亚军团花了六个小时通过检阅台。两个星期后，两支军队解散。

概述

弹劾约翰逊
林肯遇刺后，副总统安德鲁·约翰逊被推上台。作为南方民主党人，他不断与国会共和党人发生冲突。1868年，他遭到弹劾，但被无罪释放。图中是他收到弹劾文件的情景。

格兰特的总统任期
战争英雄尤利西斯·S.格兰特1869年至1877年的总统任期是不安稳的。他似乎是替代约翰逊的合适人选，但当选后几乎没有表现出应对华盛顿政治事务的才能，并且深陷政府腐败的丑闻中。

弗吉尼亚和周边地区

里士满变成废墟
当李的部队1865年撤离里士满时，城市已经燃起了大火，这些大火将邦联首都烧成了废墟。由于大量财富被毁，南方的重建成了一个漫长的过程。

记忆战争
在1913年葛底斯堡周年纪念日，双方大约5万老兵以和解精神出席了活动。南北战争结束后首位出生于南方的总统伍德罗·威尔逊发表了讲话。

南北战争是美国历史上流血最多的战争，南方和北方大多数家庭都遭受了损失。战争的影响是长期存在的——直到20世纪，残疾老兵仍然很常见，老兵抚恤金一直是一项重要开支。战争也常常产生出人意料的结果——战争开始时，北方几乎没有人要求废除奴隶制，但是这成了现实。斗争从一开始就是不对等的，结果也同样不对等。战争促进了北方的工业和经济发展，南方却遭受了大约60%的财产损失。奴隶的资本价值在战争中消失了。

战争导致的另一大问题是，州权原则受到严重打击。联邦政府掌握和使用了在1860年看来显得过大的权力，实行国家银行制度，推行个人所得税，成立大型铁路公司，等等。其中许多权力是被战争催生的，而同样的激进变革热情在某种程度上持续到了战后岁

第十五修正案
作为重回联邦的条件，南方各州需要批准第十五修正案；于1870年正式生效，禁止基于种族原因剥夺任何公民的选举权。不过，南方政府很快找到了阻挠黑人公民投票的方法。

南方佃农制度
奴隶制废除后，地主出租土地，换取一定份额的作物（通常是50%）。佃农需要自行购买种子、工具和牲口。佃农制度开始主导南方农业。到了19世纪80年代，大多数南方黑人和许多白人以这种方式生活，被束缚在贫困和负债的恶性循环中。

阿灵顿之墓
拍摄于战争结束后不久。阿灵顿国家公墓是1864年在阿灵顿庄园的土地上建立的，阿灵顿庄园是罗伯特·E·李将军的妻子玛丽·安娜·卡斯蒂斯继承的家族财产的一部分。

月。然而，国会直到19世纪70年代初一直在尝试的深远的重建措施很快遭到南方强硬派的反对，并在首都华盛顿的政治争吵中陷入停滞。到了19世纪70年代，北方不再对解决南方的问题充满兴趣，白人老兵也在越来越多地倡导和解。南方白人很快重新获得了之前的经济和政治主导地位。曾经的奴隶无疑有所收获，可以过上真正的家庭生活，对自己的未来有了一定的决定权，但战后宪法修正案和民权法所提到的政治变革仍然遥遥无期。

时间线1865—1877年

重建 ■ 第一部“黑人法典” ■ 第十三修正案 ■ 民权法案 ■ 三K党成立 ■ 第十四修正案 ■ 弹劾约翰逊总统 ■ 第十五修正案 ■ 格兰特政府 ■ 重建结束

1865年

« 效忠宣誓

5月
由于大多数邦联部队已经投降，总统安德鲁·约翰逊下令赦免除邦联军官和官员以外的所有“叛方成员”。

6月
约翰逊总统为六个前邦联州任命州长，将田纳西重新纳入联邦。

11月
密西西比州制定法规，首先发布“黑人法典”。这些条款涉及劳动法、流浪罪等，用于限制前奴隶的权利。

12月
废除奴隶制的美国宪法第十三修正案在被27个州批准的情况下正式生效。

1866年

2月
国会通过法律，扩大自由民局的权力，以确保前奴隶得到公平对待。约翰逊总统稍后的否决被国会推翻。

« 黑人老兵

4月
国会推翻总统的另一次否决，通过《民权法案》，宣布黑人是公民，受到法律的平等保护。

5月
六名前邦联老兵在田纳西州珀拉斯凯成立三K党。该组织最初是社交俱乐部，后来成为用恐怖主义手段限制黑人权利的组织中规模最大的一个。

6月
国会采纳美国宪法第十四修正案，使公民权利覆盖黑人，对不允许黑人投票的州的国会代表权加以限制。

11月
第十四修正案的共和党支持者在国会选举中赢得压倒性胜利。他们有激进的重建计划，尽管总统持反对意见。

11月
前联邦士兵成立大共和军。该老兵组织将产生很大的政治影响力。

联邦老兵勋章 »

1867年

3月
内布拉斯加重回联邦，成为第37个州。

« 第一次投票

3月
国会通过《重建法案》，将南方划分为不同军区，要求重新进行选举，确立州宪法，赋予黑人投票权。

3月
国会还通过了《任期法案》。该法案使总统无法通过撤换官员来阻碍重建措施。

4月
参议院批准从俄国购买阿拉斯加的条约，但是直到1868年众议院批准了必要的款项后，购地案才最终落实。

7月
国会通过新的《重建法案》，提高了南方军事总督的权力。他们对陆军指挥官尤利西斯·S.格兰特将军而不是总统负责。

8月
约翰逊总统在国会休会时中止了战争部长、激进共和党人爱德温·斯坦顿的工作。这违反了《任期法案》，而约翰逊认为该法案违宪。

« 爱德温·斯坦顿

1868年

2月
约翰逊总统开除战争部长斯坦顿。作为回应，国会投票弹劾总统。

3月
参议院对约翰逊总统的审判开始。约翰逊在5月以微弱优势被释放，但他在剩余任期内成了“跛脚鸭”。

5月
在即将到来的总统选举中，尤利西斯·S.格兰特将军被提名为共和党候选人。

6月
七个前邦联州接受了《重建法案》为黑人提供选举权和剥夺前邦联官员任职资格的规定，被重新纳入联邦。

9月
佐治亚州议会驱逐黑人成员，被重新实施军事统治。

11月
格兰特将军赢得总统选举。

“现在的问题是，你们打算兑现宪法中的承诺吗？”

——弗雷德里克·道格拉斯，1876年共和党代表大会上的讲话

1869年

2月
国会提出第十五修正案，确保所有公民的选举权与“种族、肤色或之前的奴役状态”无关。此时，包括北方和南方在内，只有少数州允许黑人投票。

3月
尤利西斯·S.格兰特上任，成为非常被动的总统，他任命的许多人的腐败行为将令他大失所望。

5月
在犹他州普罗蒙特里波因特举行的典礼上，北美第一条横贯大陆的铁路完工。

10月
民主党人在弗吉尼亚和田纳西州议会重掌控制权，在很大程度上中止了这两个州的重建过程。

12月
怀俄明领地赋予女性投票权，成为美国第一个这么做的地区。

1870年

2月
第十五修正案得到批准，但许多地区仍然以税收、财产和读写测试等形式阻止黑人投票。密西西比州重新纳入联邦。

5月
国会通过“三K党法案”，即《三K党执行法案》，限制对潜在黑人选民的暴力行为。

7月
佐治亚被重新纳入联邦。所有前反叛州均已重回联邦。

12月
所有州的代表自1860年以来第一次全体出席国会会议。

1871年

2月
国会通过第二部《三K党执行法案》。

三K党闯入黑人住宅

4月
国会通过第三部《三K党执行法案》。格兰特总统最初采取了有效的措施，但是到了1883年最高法院使这部法案成为一纸空文。

5月
英制邦联商船袭击战舰的行动所引发的美英之间的争端得到解决，赔偿金额由仲裁委员会确定。

1872—1873年

1872年5月
共和党分裂。新的自由共和党群体提名霍勒斯·格里利为总统候选人。他们倡导诚信政府，主张结束对南方的军事干预。

1872年5月
国会通过《赦免法案》，允许大多数前邦联人担任公职。

1872年11月
格兰特总统再次当选。

1873年9月
大型银行杰伊·库克公司由于铁路投资问题倒闭，引发了1873年大恐慌。银行业危机和经济大萧条夺走了五年。

1874—1875年

1874年11月
在国会选举中，民主党人在众议院赢得多数席位。他们还控制了七个前邦联州的州议会。

1875年3月
国会通过《民权法案》，赋予了所有公民公共设施的平等使用权，比如酒店和交通运输设施。最高法院将在1883年宣布该法案违宪。

1875年11月
在许多潜在黑人和共和党选民遭受恐吓后，民主党人在密西西比州议会选举中赢得多数席位。格兰特政府拒绝帮助共和党州长确保自由选举。

尤利西斯·S.格兰特

1873年大恐慌：五年萧条的开始

1876—1877年

1876年6月
总统候选人包括共和党人拉瑟福德·海斯和民主党人塞缪尔·蒂尔登。

共和党候选人，1876年选举

1876年11月
蒂尔登在普选中赢得微弱多数。共和党人质疑三个南方州选举结果的合法性，因为过程中存在恫吓行为。

1877年3月
国会特别委员会裁定海斯在争议性总统选举中获胜。海斯在当月晚些时候上任。

1877年4月
海斯开始履行使他赢得竞选的政治约定，将南卡罗来纳州州长职位给了“救赎者”。联邦在事实上放弃了对重建的支持。

联邦死者
在进攻南卡罗来纳州查尔斯顿期间，新罕布什尔第3步兵团驻扎在希尔顿黑德岛，其中许多人病死，被草草掩埋在联邦公墓里。

战争的代价

南北战争导致了美国土地上前所未有的伤亡。邦联付出的代价要大得多，南方将承受持久的社会和经济后果。虽然作出了巨大的牺牲，但是联邦在新的美国国家主义意识的推动下继续发展。

之前

奴隶制对战前南方的社会和经济具有重要影响。

老南方

虽然南方不同地区并非没有差异，但奴隶制将南方人民团结在了一起。经济作物种植园体系建立在被奴役的劳动力之上。奴隶种植包括棉花在内的主要作物——“棉花为王”给了南方巨大的政治力量。但“奴隶社会”不仅仅意味着对四百万奴隶的种族和经济支配（见第64—65页），它还维持了白人的特权。南方人认为，北方在对物质利益的追逐中忘记了荣誉和社区的重要性。

被拍卖的奴隶

内战使美国社会付出了可怕的代价，南北双方都遭受了严重损失。战争中的军人死亡数超过62万——是1860年总人口的2%，与美国从独立战争到朝鲜战争的其他所有战争的总死亡人数持平。南北战争时期服役者的比例高于第二次世界大战时期，死亡率是“二战”的六倍。

在19世纪这个医学不完善、执业者缺乏能力的时代，疾病是更大的灾难——死亡士兵约三分之二死于疾病。虽然几十万伤兵活了下来，但他们之中的许多人余生一直承受伤痛。截肢是对重伤的常见外科处理方法。联邦多卷本《内战时期医疗和手术史》列举了三万名联邦士兵的截肢报告，并且提供了数千台手术的细节。虽然这些数据得到了记录，但是双方的医疗服务者并不理解战急与精神创伤的关联。许多老兵多年被恐怖的战争记忆困扰——即今天所说的创伤后应激障碍。

邦联的战争

在许多方面，邦联的苦难要大于联邦。适龄男性约有80%进了军队，近三分之一参与作战的人死亡。大多数战斗发生在南方。军队席卷乡村，消耗当地居民的食物和木材，在南方大约40%的家畜被用于军事目的。数目不详的平民死亡，数万白人和黑人成为难民。邦联士兵回到家，满目疮痍。

战争摧毁了南方三分之二的财富，其中大部分是奴隶对应的价值。南方

> “明年，他们的土地将被占领，在战争中占领土地是可行的，而且是正当的。”
>
> ——威廉·T. 谢尔曼写给R. M. 索耶少校的信，1864年1月31日

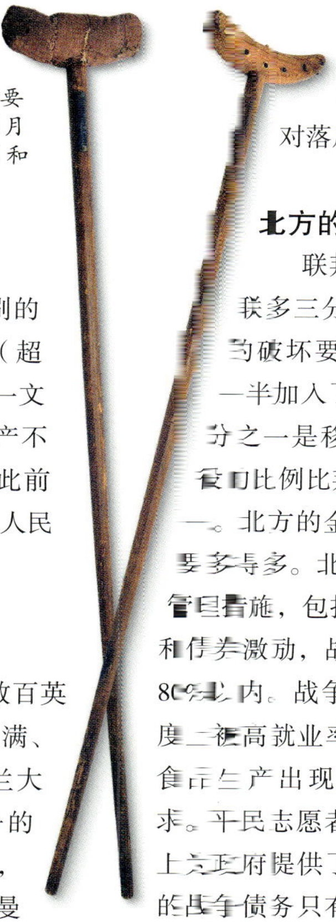

莫斯比的拐杖
邦联指挥官约翰·S. 莫斯比了解战争的残酷，他多次需要使用拐杖：“我最早在1863年8月使用了拐杖……在1864年9月和1864年12月再次使用拐杖。”

经济受到重创。对货币印刷的依赖导致通货膨胀率飙升（超过9000%），邦联钞票变得一文不值。南方银行拥有的资产不足以进行重建。邦联政府此前一直在用没有价值的货币从人民那里换取急需的物资。

千疮百孔的南方

南方半数农场机械和数百英里铁轨被毁。此外，里士满、莫比尔、哥伦比亚和亚特兰大的大片区域被烧毁。“战争的拳头”不均匀地打向邦联，其中最严重的冲击是谢尔曼的行军和谢里丹在谢南多厄河谷的袭击带来的。共和党政客、德国移民卡尔·舒尔茨看到行军造成的破坏，写道，在南卡罗来纳“一走数英里都是废墟，像一条黑色的大道——围栏全部消失，一堆堆深色灰烬围着孤独的烟囱，标记着人们曾经居住过的地点，道路两旁的杂草疯狂生长”。不过，这不是常态。南方其他地区的联邦军队在行为上更加克制。

战争的经济影响在战事结束很久以后依然存在。制造业和交通运输到19世纪70年代已经得到了很大程度的恢复，但南方的农业在几十年里一直是相对落后的。

北方的影响

联邦部队的伤亡人数比邦联多三分之一，但战争对北方的破坏要小一些。适龄男性有一半加入了陆军和海军，其中四分之一是移民。联邦军人死于现役的比例比邦联低——约为六分之一。北方的金融、农业和工业资源要多得多。北方采取了有效的经济管理措施，包括提高税率、国家货币和债券激励，战时通货膨胀被限制在80%以内。战争带来的痛苦在很大程度上被高就业率和工资增长抵消了。食品生产出现增长，可满足军事需求。平民志愿者在口粮、服装和医疗上为政府提供了补充物资。联邦遗留的战争债务只有邦联的零头，没有对战后经济产生很大的阻碍。战争延缓了移民和工业的增长，但也只是暂时的，因为战后联邦经济更加发达。最大的持续开支是数万老兵的抚恤金，在19世纪90年代占联邦预算的40%。

850 000
据估计，曾有85万人加入邦联军队。第一部征兵法案于1862年通过。

新的国家

战争的重要遗产之一是联邦将会培育这一新的美国国家主义意识。“合众国”成了单数名词，一个更强大的国家政府产生了。战时，国家实施了全国义务征兵、直接征收联邦个人所得税、发行绿背钞（纸币）、暂停公民自由。为支持这些权力，共和党人营造了新的爱国意识，强调无条件忠于政府。

虽然许多扩大的权限在和平时期丢失了，但是之前的国家行政系统被保留下来。为促成和解，联邦政府没有追究叛国罪。1865年5月，在弗吉尼亚州门罗堡被关押了两年的杰弗逊·戴维斯未经审判便被释放了。罗伯特·E. 李将军从未被捕。唯一的著名案件是亨利·维尔茨上尉案。作为安德森维尔监狱指挥官，维尔茨由于管理不善罪在1865年11月10日被绞死。联邦士兵在他被处决时喊道：“维尔茨，记住安德森维尔。”

大多数邦联人的权利到重建结束时已经恢复。不过，战后共和党的主导地位带来了其他后果：一是南方政治和经济的边缘化；另一个后果是，美国进入了工业增长几乎没有政府监管的扩张时代，即马克·吐温所说的“镀金时代”。

机车被毁
在里士满和彼得斯堡铁路站，人们正在查看一辆被毁的机车。邦联撤退和联邦进军带来的双重破坏使南方为战争付出的代价变得更加沉重。

家园被毁
在亨利·莫斯勒的油画《未竟的事业》中，一名厌战的士兵回到家，发现家园被毁，家人已经不在了。莫斯勒经常为《哈珀斯周刊》绘制战争速写。

之后

南北战争改变了南方战后的基本面貌，使之陷入了贫困和政治困境。

新南方

南北战争终结了奴隶制，重建将使前奴隶享有更多权利和自由（见第336—339页）。自由雇佣关系取代了奴隶制，黑人的工作可以获得一部分回报。“佃农制度”允许劳工耕种他人的土地，条件是上交一部分收成。南方仍将以农业为主，但铁路、制造业和城市化将得到很大的发展（见第340—341页）。

新南方的财富主要落入了北方投资者或南方白人贸易商和生意人手中。对于社会底层的白人和黑人来说，贫穷是战后岁月的特征。白人小农场主受作物歉收困扰，为支付债务日益依赖于棉花。然而，过度生产压低了价格，使农民背上债务。最主要的后果是政治影响力的丧失——直到20世纪才会恢复。

里士满的陷落

1865年4月2日，李将军向杰弗逊·戴维斯传话：放弃里士满，邦联阵线已被不可挽回地突破。当晚，人们开始大规模逃离首都，混乱接踵而至。邦联士兵点燃了数百座建筑，兵工厂发生了爆炸，詹姆斯河上的战舰被炸毁，饥饿的暴民洗劫了商店和民宅。第二天，进城的联邦军队看到的是冒着烟、静得可怕的废墟。

重建政治

在关于如何重建联邦的讨论中，就南方应该为分裂付出多大代价，南方社会应该做出怎样的改变，北方政客的意见存在分歧。民主党总统约翰逊与激进共和党人发生冲突，后者所梦想的是非裔美国人获得自由的新时代。

之前

北方的胜利决定了联邦是不可分割的，奴隶制将被永远废除。和解、惩罚和黑人民权等重要问题仍然有待解决。

林肯和重建

1863年的《解放黑人奴隶宣言》（见第160—161页）赋予了奴隶自由，但只适用于反叛州。林肯1863年12月的《赦免和重建宣言》赦免了宣誓效忠的叛乱成员，并且允许宣誓效忠的成年男性达到10%的州重新加入联邦。不过，宣言对于除自由以外的黑人权利没有做出要求，这将使前邦联人迅速恢复政治力量。

随着第十三修正案的颁布（见第308—309页），奴隶制问题终于得到解决，但反叛州重回联邦的条件仍然有待确定。林肯遇刺（见第320—321页）后，将由继任者安德鲁·约翰逊来完成这项任务。

所谓的激进共和党人是林肯的政党中认为他对重新被征服的南方态度过于仁慈的成员。安德鲁·约翰逊成为总统前对反叛州强烈谴责，激进共和党人认为他会惩罚南方，以他们所希望的方式改造南方。约翰逊1865年5月29日宣布的重建计划，令这些人希望落空。

重建计划

总统公告中的大多数内容遵循了林肯的政策。所有人都需要宣誓效忠联邦，承诺支持合众国宪法，遵守联邦法律。财产权利——奴隶显然除外——得到恢复。各州吸收第十三修正案重立新宪法，重建州政府。

7000
截至1866年，约翰逊总统签发的赦免南方富裕地主的文件数量。

约翰逊性格复杂。作为南方民主党人，他无疑支持蓄奴者的权利。同时，他也是联邦主义者，认为退出联邦是叛国行为，将分裂归咎于种植园主。约翰逊的平凡出身使他远离主导南方政治的贵族精英。这有助于解释重建政策中的一项特别规定：如不直接向总统申请，个人财产超过2万美元的南方人将不会得到赦免。

事实上，约翰逊没有表现出对富裕种植园主的报复欲。他将来自这个阶级的人任命为州长，后者又把包括前邦联人在内的许多南方精英任命为州政府官员。在土地没收问题上，约翰逊下令将军队占领的土地归还给原主人。他还赦免了被重建计划排除在外的许多个人。

持种族歧视观点的约翰逊不会让黑人享有平等的社会和政治地位。他错误地认为，被释放的奴隶仍然会受前主人的影响，按照其指示投票，使南方官员获得更大的政治力量。他指出，选举权关乎州权，联邦政府不应该干涉。

约翰逊总统收到弹劾传唤
1868年春，约翰逊成为首位遭到弹劾的美国总统。图中，参议院警卫官乔治·T. 布朗在向他递交传唤令。

约翰逊的阻挠

赋予黑人选举权是将激进共和党人团结在一起的最重要的目标。这场运动的领军人物是马萨诸塞参议员查尔斯·萨姆纳和宾夕法尼亚众议员撒迪厄斯·史蒂文斯。1866年选举过后，激进共和党人获得了不可战胜的多数席位，使国会可以推翻总统的决定。约翰逊甚至试图否决标志性的1866年《民权法案》，它赋予美国黑人公民身份及公民享有的一切权利和保护，随后被写进第十四修正案。约翰逊还反对加大联邦对南方黑人的援助。

撒迪厄斯·史蒂文斯
史蒂文斯是重建时期激进共和党人的领军人物，是试图弹劾约翰逊的七位委员会成员之一。

1865年3月，国会建立了“难民、自由人和被遗弃土地局”，即“自由民局”。该组织雇用了不到900人，向前奴隶分发食物、药品和其他物资，帮助他们建立学校，协调劳动纠纷。约翰逊总统反对继续资助该机构，宣称“宪法起草者根本没有考虑过建立支持美国穷人的系统”，但他没能阻止该机构的工作。

激进共和党人和约翰逊之间的政治斗争在1868年的总统弹劾事件中达到高潮。共和党人利用了前一年通过的《任期法案》，该法案禁止总统在没有参议院批准的情况下开除前总统任命的任何人。约翰逊因将战争部长爱

关键时刻

1866年《民权法案》

该法案注定会激化激进共和党人和约翰逊总统之间的矛盾。“在美国每个州和领地上，”该法案赋予所有男性公民相同的权利，“不区分种族和肤色，以及之前的奴役或强制劳役状态。”1866年3月，约翰逊否决了该议案，宣称“根据这部法案，种族和肤色的区别将对有色人种有利，对白种人不利”。否决被国会以三分之二多数票推翻。该法案在4月获得通过，成为法律。

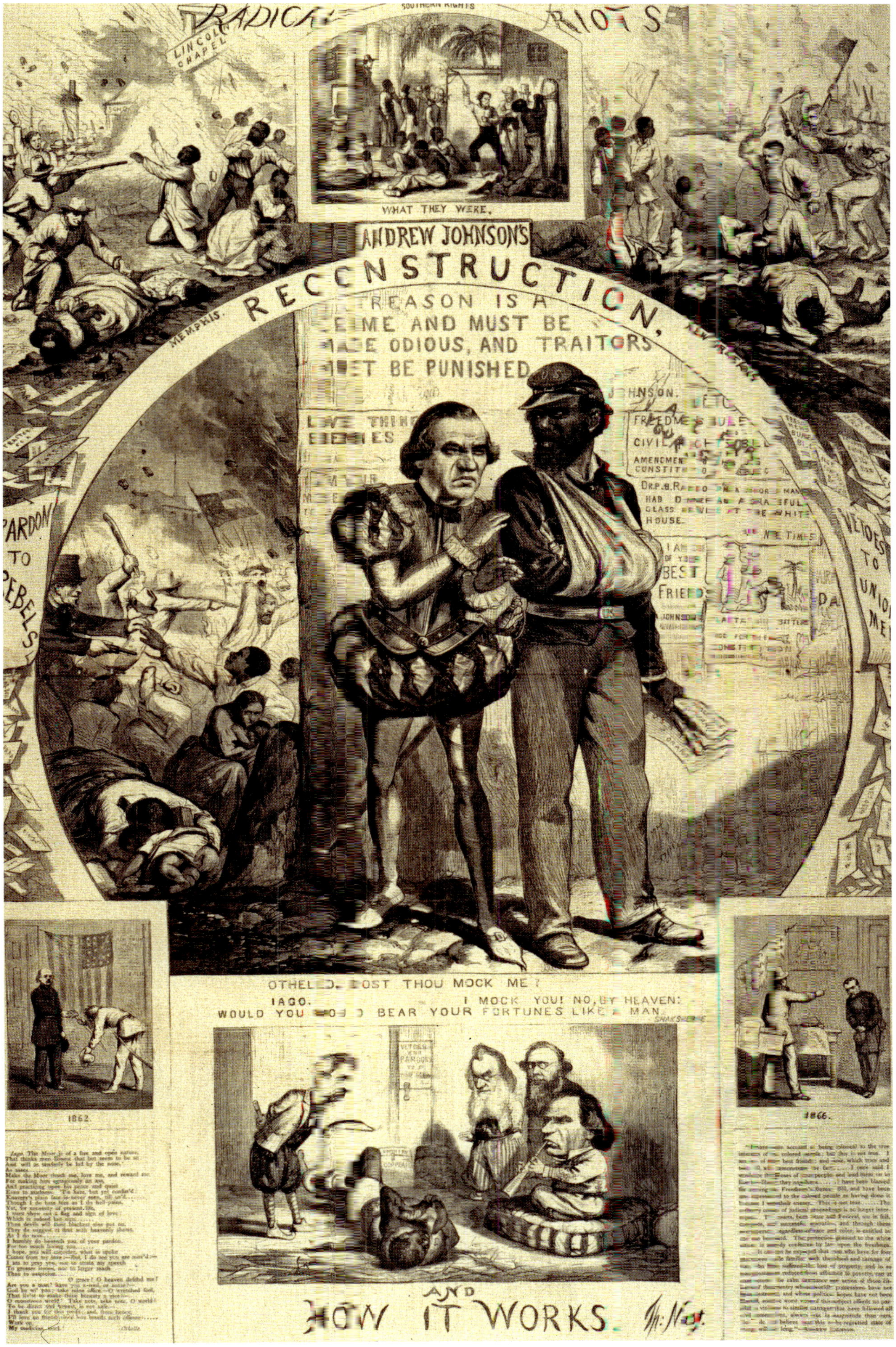

约翰逊的重建实践
托马斯·纳斯特所作漫画，发表于1866年9月1日的《哈珀斯周刊》，猛烈抨击约翰逊支持南方的政策。在画面中间，约翰逊被描绘成了莎士比亚笔下的伊阿古，正在欺骗奥赛罗（黑人老兵）。

德温·斯坦顿撤职而遭到弹劾。虽然以一票优势被判无罪，但实际上他已经失去了权力。

军事区域

1867年3月2日，国会通过第一部《重建法案》，将南方分成五个军事区域，各由一位美国将军管辖。这些总督的任务之一是确保前邦联州的黑人投票权。国会还通过了第十五修正案，规定不能根据种族剥夺任何人的投票权。重新加入联邦的南方州需要制定新的州宪法，确保黑人的选举权，批准第十四修正案。在此之前，南方州将一直处于被占领状态，南方州的议员也不能进入国会。

之后

1869年，约翰逊被尤利西斯·S.格兰特取代。当南方民主党人夺回前邦联州的控制权，格兰特出于好意制定的重建政策受到了阻碍。

重回联邦

到1870年，所有南方州都批准了第十四修正案，被重新纳入联邦，处于共和党统治下。不过，南方的选举伴随着暴力活动的升级，先是三K党，然后是白人联盟等群体（见第342—343页）。获释奴隶本应和白人享有同样的权利，投票歧视却以人头税和读写测试等形式变得普遍。

救赎者运动

在格兰特的第二任期内，被称为“救赎者”的南方民主党人逐渐控制州议会（见第342—343页）。到1877年，所有南方州议会都已被民主党主导（见第344—345页）。

黑人的自由

重建极大地改变了前奴隶的日常生活。非裔美国人组成了自己的社区，获得了长期追求的权利和自由。不过，重建仍然是“未完成的革命”，非裔美国人面临着持续的种族歧视和经济不平等。

前奴隶迎接自由，就像迎接禧年的到来。不过，他们知道自由本身不足以解决种族歧视和贫困问题。和许多美国白人一样，他们认为拥有土地是真正获得自由的基础。

自由人学校
老师和学生在北卡罗来纳自由人学校外面拍照。19世纪60年代，自由民局为黑人孩子建立了几千所这样的学校。

四十英亩加一头骡

一些北方人承认，没有土地和教育，南方黑人就无法在社会上发展。战争期间，联邦军队做了短期实验，将种植园土地提供给逃亡奴隶。1865年初，联邦将军威廉·T. 谢尔曼的“特别战地命令15号”将南卡罗来纳和佐治亚沿海被遗弃或没收的土地以四十英亩一块的形式分配给一万多个家庭。一些人还分到了军队的骡子。然而，当重新分配土地的方案于当年晚些时候被提交到国会时，它没有得到必要的支持，安德鲁·约翰逊总统下令归还没收的财产。前奴隶深觉遭到背叛。在南卡罗来纳州埃迪斯托岛，请愿者愤怒地给约翰逊写信，宣称叛国的前奴隶主的权利超过了“耕种这些土地的”人的权利。他们迫切而悲哀地表示：“我们想有一个家，只要有几英亩地就行。没有足够的粮食……我们的情况很危险。”

佃农制度

和林肯一样，前奴隶认为自由是“上帝赋予的享受自己的劳动果实的权利”，可他们在战后岁月里获得的经济回报是很小的。无法获得土地和补偿，这些既没有积蓄又没有影响力的人只能被白人地主和政客摆布。被称为“佃农制”的劳动制度在南方流行起来，给人以黑人地位上升的假象。年度合同将佃农束缚在土地上，与地主“分享”收成，通常是对半分。包括低粮价、佃农的累积债务以及作物歉收期在内的因素不利于该制度的发展。少数人的生活开始改善，更多人仍然处于贫困之中，这种贫困在未来几十年还会持续困扰他们和南方。

第一次投票
当时的杂志封面展现了南方黑人选民在1867年州选举中第一次投票的情景。

建立黑人社区

虽然种族主义和歧视仍然存在，但重建还是带来了许多变化。奴隶制时期的艰苦使重要的社会转变显得更加伟大。奴隶婚姻不具有法律效力，奴隶交易会拆散家庭。获得自由后，前奴隶可以举行婚礼，设法与失散的家人团聚。黑人家庭试图将父亲挣面包、母亲做家务和孩子接受学校良好教育的理想变成现实。

新建立的教堂在社区中扮演重要角色。在奴隶制度下，正规的黑人教堂非常少见，在奴隶主的教堂里，牧师将奴隶制描述为有价值的、神圣的制度。重建期间，新兴的黑人教堂成为社区中心。黑人牧师预言自由的新时代将到来，将被解放的奴隶比作《圣经》中获释的以色列人。教堂举办

之前

作为奴隶，非裔美国人被法律视作财产，没有基本人权。

虐待

如果奴隶因为被主人虐待而死亡，主人不会被定重罪。奴隶会遭受鞭打、烙印或者被项圈和手铐束缚。主人还可以不受惩罚地侵犯女奴。

教育违法

在大多数蓄奴州，教奴隶读写是违法的，因为蓄奴者担心知识会导致反叛。

没有权利

最高法院首席法官罗杰·塔尼1857年写道，非裔美国人“不享有必须被白人尊重的权利”（见第26—27页）。奴隶受到许多限制，比如不能在法庭起诉，不能做出对白人不利的证明，也不能拒绝与家人分离。

> “在合众国出生或归化合众国的人……均为合众国公民……”
>
> ——美国宪法第十四修正案第一条，1868年通过

黑人士兵的婚礼
自由民局的沃伦牧师为一对黑人夫妇主持婚礼。获得自由后，许多黑人情侣知道他们不会被法律拆散，可以公开举行婚礼。

地方活动，帮人们写信读报，鼓励人们参与政治。

教育对自由人来说非常重要。过去大多数州禁止奴隶接受教育，因此奴隶的识字率很低。在联邦政府和北方传教士的帮助下，黑人社区建立了学校，吸引了所有年龄段的群体。随着具有影响力的黑人教师的增加，重建时期的学校数量也在成倍增加。

首批有色人种参议员和众议员
1870年，共和党人海勒姆·罗兹·雷维尔斯（左一）被选为代表密西西比州的参议员。画中的人是他和首批黑人众议员。

非裔美国人的公民权

北方人也许承认奴隶制的终止，但关于自由的含义，他们进行了激烈辩论。另一方面，黑人清晰认识到，除了作为经济独立基础的土地所有权，自由还应该包括公民权和投票权。重建修正案（第十三、第十四和第十五修正案）和《民权法案》带来了根本性改变。奴隶制不承认非裔美国人的人类属性，将他们看作一种财产。第十四和第十五修正案远远超出了解放的范畴，将自由人定义为得到“法律平等保护”的公民，禁止基于肤色的投票歧视。此外，州和地方法律承认黑人必须享有基本权利，比如财产所有权和使用法庭的权利，尽管存在限制因素。

许多南方黑人成为活跃的共和党人。其中，最突出的是前联邦士兵、牧师和教师。他们帮助共和党于重建早期阶段在南方维持了主导地位，许多人担任公职。例如，1870年，密西西比州的海勒姆·罗兹·雷维尔斯成为第一位黑人参议员，南卡罗来纳州的约瑟夫·雷尼成为第一位黑人众议员。

南方佃农
佃农巡视棉田。棉花是佃农制度下最常见的作物。当棉价下跌时，佃农只能获取微薄的收入。

之后

南方白人的抵制和北方热情的消退限制了黑人权利和自由的进步。随着重建的结束，许多来之不易的收获又消失了。

失去来之不易的权利

19世纪80年代末，南方州开始引入“吉姆·克劳法”，试图挑战第十四修正案。公共交通、等候室、剧场、学校、医院和其他公共设施内，种族隔离被合法化。黑人设施通常质量较差。许多州禁止白人和非裔美国人通婚。

教育方面的收获

战后，黑人学院（霍华德大学、菲斯克大学和汉普顿大学）建立，以培养教师为目标。到1869年，在三千所自由人学校中，超过半数教师是黑人。不过，接下来十年，接受正规教育的孩子很少。非裔美国人的识字率从1865年的十分之一上升到1900年的二分之一。

“拯救”南方

对许多南方白人来说，重建时期充满政治不确定性、贫困和重大社会变革。虽然输掉了战争，但他们试图维持由白人掌控社会的传统，不顾一切地从北方统治下“拯救”南方。

之前

当共和党人在南方的权力达到顶峰时，他们控制了前邦联州的政治。

共和党选民

1867年第一部《重建法案》（见第338—339页）授权军队登记南方的合格黑人选民。他们登记了73.5万非裔美国人，在五个南方州超过白人选民群体。共和党还得到了持“联邦主义”观点的少数南方白人的支持，在缺少大型种植园的偏远地区占据优势。

共和党的成就

除了赋予黑人选举权，共和党人还用他们的权力制定了新的进步性州宪法（见第338—339页），使男性普选权成为法律，扩展了社会服务范围，建立了面向白人和黑人的公立学校，并且相应提高了财产税。1868年，七个前邦联州被重新纳入联邦，其余各州到1870年也已回归联邦。

战败的南方

战败压垮了南方人，他们不愿意被获胜的北方强制进一步改变传统。他们不想看到前奴隶获得政治平等，认为后者在社会上低人一等。他们还需要让黑人继续充当依附性劳动力，以种植南方所依赖的经济作物：棉花、烟草、甘蔗和水稻。

重建时期，南方许多白人生活艰难，原因是作物歉收和不良市场环境。就连富有的种植园主也面临破产，招不到工人。许多南方人憎恨北方资本家、占领军和“提包客”——拎着毡布手提包到南方投机或支持社会改革的北方人。此外，许多南方白人认为根据激进共和党人的政策施加的联邦控制是一种腐败，发誓“拯救”或恢复原来的州政府。

“黑人法典”

联邦政府要求南方州政府赋予前奴隶权利，但州政府掌控着变革的幅度。1865年至1867年间，州政府和地方政府颁布了被称为“黑人法典”的法规，使非裔美国人继续处于从属地位。法规在南方各地不尽相同，形式多样。

非裔美国人虽享有财产、结婚和使用法庭的权利，但大多数黑人法规带有否定黑人权利的歧视性。例如，要求黑人签订年度劳动合同，限制他们的旅行和言论自由，或者将购买非农业土地和拥有枪支定为非法行为。被视为“无业游民”的人将受到严重处罚，包括在公开拍卖会上出售他们的劳动力，以支付罚金。这些法律的目的是将工人束缚在南方农场上。

> 南方人用“提包客”（*carpetbagger*）称呼那些只带着装有个人物品的手提包到南方投机的北方人。

“黑人法典”大行其道是使北方人愤怒的一个主要原因，就连温和派也同样气愤。这促成了赋予非裔美国人公民权和投票权的重建修正案的通过。

三K党

1866年，为了宣扬白人至上主义，限制黑人的政治权利，邦联老兵在田纳西成立了三K党。到1868年，其势力已经遍布南方各地。三K党由各个阶级的南方白人组成，目的在于限制重建引发的变革，限制组织重建的共和党人的权力。为实现目标，三K党成员使用了暴力、恫吓乃至谋杀等手段，以包裹全身的白袍和头套为标志，尽管他们的身份通常不是秘密。被三K党攻击的主要是在政治上保持活跃的黑人，帮助他们的白人以及黑人学校和教堂等机构。

“在北方，我是无名小卒”
这张大约发表于1869年的歌谱嘲讽了“提包客”。画面中，一名“提包客”站在南方种植园主的宅邸前，包里装满了重建带来的战利品。

一些南方州试图限制三K党的活动，但法律常常无惩罚力度，或者没有得到实施。共和党人向国会求助，国会于1871年通过《三K党法案》。执行法案的是联邦部队，不是州民兵，案件在联邦法院接受审判，陪审团中有许多黑人成员。数百名三K党成员被定罪。到1872年，三K党被镇压。然而，许多伤害已经成为事实。三K党恐怖主义阻止了黑人投票，严重削弱了共和党在南方的领导力。

政治活动和白人联盟

三K党被镇压后，南方白人转投民主党，以实现“地方自治”。1867年，民主党领导人鼓励选民回避州宪法大会的投票：制定赋予男性普选权，即赋予黑人男性投票权的新宪法。他们还抵制了批准新宪法的投票，但没有成功。到1868年，大多数南方州已经重回联邦。

新规则
根据“黑人法典”，被控犯罪的自由人将被公开拍卖以支付罚金。

三K党暴力

用头套遮住脸的三K党成员在小木屋外，举枪瞄准了黑人家庭中的一员，他的同伙在放哨。战后，针对黑人的暴力出现在南方各州。

1874年，白人联盟成立于路易斯安那，后扩展到了南方各地。白人联盟拒绝秘密行动，喜欢公开的政治活动，并实施武装恫吓、选举欺诈和残酷暴行，向南方共和党持续施压。南方白人合法和非法手段并用，以终止重建为目标。

“……这些臭名昭著的团体……他们抢劫，谋杀，用刑……”

——选自《比奴隶制更恶劣》一文，《哈泼斯周刊》，1874年

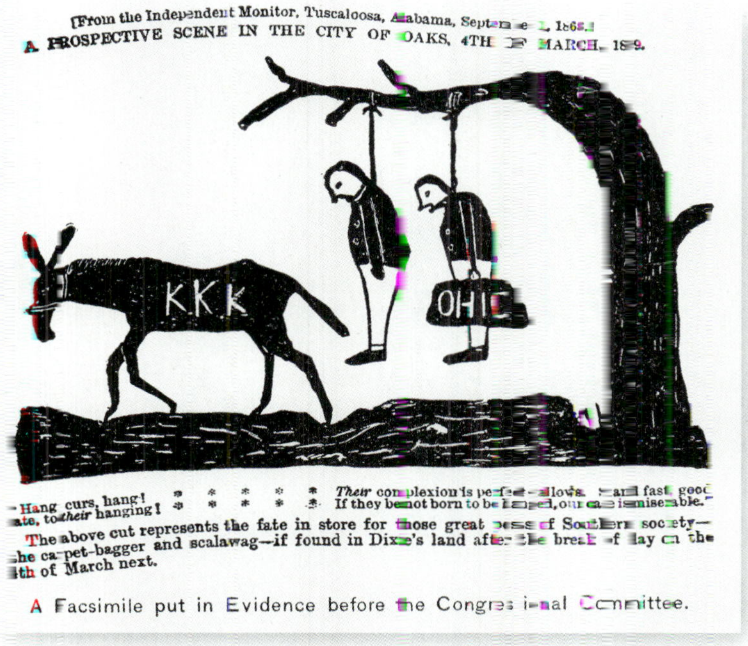

“死，杂种，死！”

这幅漫画来自亚拉巴马州塔斯卡卢萨的《独立监督者》周报，是对“提包客”和南方奸细（支持重建的南方白人）的警告，即他们可能被三K党处以私刑。

之后

19世纪70年代中期，共和党对南方的控制力开始变弱，这在很大程度上源于南方白人的抵制。

存在争议的统治

南方选举以暴力和欺诈指控著称。许多选举结果受到质疑，其中路易斯安那是矛盾最突出的州之一。1872年，民主党和共和党领导人同时宣布获胜，在新奥尔良成立了两个对立政府。武装民兵之间的血腥战斗没能解决危机。共和党人被迫妥协，允许民主党控制众议院，以换取共和党政府的继续执政。

民主党夺回控制权

白人选民占多数的州首先将民主党人选上台。到1875年，民主党已经在弗吉尼亚、佐治亚、得克萨斯、亚拉巴马、密西西比、田纳西和阿肯色占据领导地位。其余南方州通过1876年总统选举及最终共和党的妥协得到“拯救”（见第344—345页）。

重建结束

北方“退出重建”之举在1877年结束了重建时代，原因有很多，包括格兰特任期内共和党政府的腐败、严重的经济衰退、恶意种族主义以及1876年竞争激烈的总统选举。

对共和党的失望是重建失败的一个主要原因。1869年，尤利西斯·S.格兰特将军接替安德鲁·约翰逊成为总统，在他入主白宫的两届任期内，政府被丑闻缠扰，使“格兰特主义”成了政府腐败的代名词。格兰特本人虽然作风清廉，但他经验不足。他首次就职时46岁，是当时最年轻的美国总统。他还缺乏政治能力。出于对老战友的信任，他任用了一些很容易犯错误的人。此外，当选政客可以向支持者提供政府职位，这种“政党分肥制”本身就有鼓励欺诈的作用。格兰特身边的人遭曝光，其中一些是他的亲戚。哥伦布·德拉诺等内阁部长被发现存在收受贿赂的行为。

选举暴力

在政治圈以外，日益强烈的种族态度影响了北方实施重建的意愿。即使在北方，规定所有肤色公民都有投票权的第十五修正案也引发了冲突。例如，1871年10月费城地方政府选举中出现暴力事件，因为以共和党支持者为主的黑人选民打破了传统民主党堡垒的力量平衡。受害者之一是著名黑人教师和民权活动家奥克塔维厄斯·卡托，他在选举日遭民主党党务工作者枪击，重伤不治。经济萧条进一步影响了北方的态度。虽然原因复杂，涉及国际因素，但在美国，经济萧条的根源是战争后政府支持铁路开发的狂热：对不必要的铁路计划的大型投资。当铁路股价在1873年下跌时，泡沫破灭了。银行和企业接连破产，其中最著名的是杰伊·库克银行——正是这家银行策划了政府债券的销售，为联邦筹集了数亿美元战争经费。金融震荡导致人民失业和工资下降。直到19世纪80年代，美国经济才再次繁荣起来。

1870年，来自南卡罗来纳的詹姆斯·韦伯斯特·史密斯成为西点军校第一名黑人学员。他受到了其他学员的欺凌，包括格兰特总统的儿子弗雷德。

自身面临经济困难的北方人不太可能同情黑人的处境，支持与重建计划相关的预算。民主党利用选民的沮丧，在1874年赢得足够多的席位，控制了众议院。从此，重建政策将顺应民主党的意愿。

“南方问题”

战争已经过去了十年，许多北方人对“南方问题”感到厌倦。在战争刚结束的时候，大多数人愿意支持南

欺诈和腐败
《普克》杂志刊登漫画《他要吐了》，重度烟民尤利西斯·S.格兰特正为腐败丑闻苦恼，包括联合太平洋铁路公司的动产信贷丑闻。

之前

共和党在1868年将联邦战争英雄尤利西斯·S.格兰特选为总统候选人。格兰特很受欢迎，而且是重建的坚定支持者。

两个任期

在1868年选举中，格兰特赢得了52.7%的普选票和选举人团中的214票，他的民主党对手霍雷肖·西摩只得到了80票。虽然政府出了大量丑闻，但格兰特本人仍然很受欢迎，在1872年赢得了第二任期，对手是《纽约论坛报》资深编辑霍勒斯·格里利（见第20—21页），后者代表不稳定的由自由共和党人和民主党人组成的联盟。第二次竞选，格兰特赢得了55.8%的普选票和286张选举人团票。

第十五修正案

第十五修正案首先由国会在格兰特就职几周前提出（见第338—339页），规定“不得根据种族、肤色或之前的奴役状态否定或限制合众国公民的投票权”。追认于1870年2月3日完成。

民权殉难者
卡托去世时只有32岁。他出生于南卡罗来纳州查尔斯顿，主要在费城生活。他是热情的棒球运动员，是成功的费城皮提亚棒球俱乐部创始人之一。

方黑人民权运动。但包括前废奴主义者在内，许多人持有种族主义观念，认为黑人低人一等。坚信法律面前人人平等的人常常并不相信真正的社会平等。媒体报道越来越多地强调南方政府的腐败和混乱，对黑人选民和政府作出不利描述。南方选举期间反复出现的暴力问题似乎无解。北方的情绪使格兰特总统不愿意通过进一步扩大联邦权力来维护和平，保护黑人权利。

1875年，困扰总统的众多丑闻中最严重的“威士忌集团”被曝光。战后岁月中，政府通过提高酒税来填补战争成本。一些中西部酒厂向联邦官员行贿，隐瞒大部分税金。他们使财政部损失了数百万美元。格兰特的私人秘书、前联邦将军奥维尔·E. 巴布科克受到牵连，总统为其品格作证使其逃脱了罪责。

受到质疑的选举

重建的转折点是1876年总统选举。两位候选人分别是代表共和党的俄亥俄州州长拉瑟福德·B. 海斯和代表民主党的纽约州州长塞缪尔·J. 蒂尔登。公众对战争问题不再感兴趣，政府改革成了两党的中心议题。两位候选人都拥有真实的改革经验，但人们不清楚海斯对南方的态度：他的竞选纲领提出了“永远和解”和保护平等权利这两个互相冲突的观点。

此时，民主党已经再次控制了大多数南方州，只有南卡罗来纳、佛罗里达和路易斯安那例外。南方竞选普遍伴随暴力活动，共和党选民被压制。虽然蒂尔登在全国普选中以较小优势领先，但选票受到了质疑，双方都受到欺诈指控。总统人选悬而未决，这种情况有可能持续到1877年。最终，为解决该问题而成立的选举委员会宣布共和党人海斯获胜，但是这一结果也无法令人满意，因为共和党人数在委员会中占微弱优势。直到南方民主党人和海斯的代表们达成幕后协议，民主党才不再表示反对。民主党人承认海斯是总统。共和党承诺将联邦部队撤出南方——他们在南方的职责包括保护黑人和共和党选民的权利。共和党还需要将南卡罗来纳、佛罗里达和路易斯安那的控制权交给民主党。反过来，南方民主党人需要尊重非裔美国人的公民权利——但他们没能遵守这一承诺。因此，南方的重建在1877年结束。黑人投票和担任公职的情况在一些地方持续到了19世纪90年代，但美国大多数地区进入了长达一个世纪的种族隔离黑暗时期。

“公众厌倦了南方每年秋天（选举暴力）的大爆发。”

——格兰特总统对司法部长爱德华·皮尔庞特说，1875年9月

254 292
民主党候选人塞缪尔·J. 蒂尔登在1876年总统选举的普选中领先共和党对手拉瑟福德·B. 海斯的票数。总票数为840万。

共和党候选人
共和党在1876年选举中发布的名单。左边是候选人拉瑟福德·B. 海斯，右边是他的竞选搭档威廉·A. 惠勒。

华尔街的恐慌
《斯克里布纳杂志》的插画展现了1873年9月18日纽约证券交易所外的混乱，杰伊·库克银行当天宣布破产。

之后

虽然海斯总统在对重建的支持上毫无热情，但他采取了重要改革措施，解决“分肥制度”问题——政府腐败的重要原因。

公务改革

1877年6月，海斯发布行政令，禁止联邦职员参与党派政治，第二年将其付诸实践，开除了纽约港海关官员、共和党人切斯特·A. 阿瑟。纽约参议员罗斯科·康克林为阿瑟谋到了这个肥差，受到了根据政党忠诚度而不是能力雇用员工的指控。讽刺的是，阿瑟成为总统后，进行了重要的公务改革。

铁路大罢工

1877年7月，美国再次发生暴力事件。铁路工人的罢工在多个城市引发大范围骚乱。海斯派联邦部队恢复秩序，保护铁路，因此引发了争议。罢工和镇压活动导致超过一百人死亡。

1 告别家园和家人

2 坎伯兰军团

3 佩里维尔之战

4 邦联人撤向田纳西

9 解放奴隶

10 斯通斯河之战

11 田纳西中部争夺战

12 来之不易的胜利

17 渡过田纳西河

18 放弃查塔努加

19 在卢考特山下

20 联邦军队分兵

25 实际处于围攻的状态

26 建立“饼干”补给线

27 蓝军坚守阵地

28“云上之战”

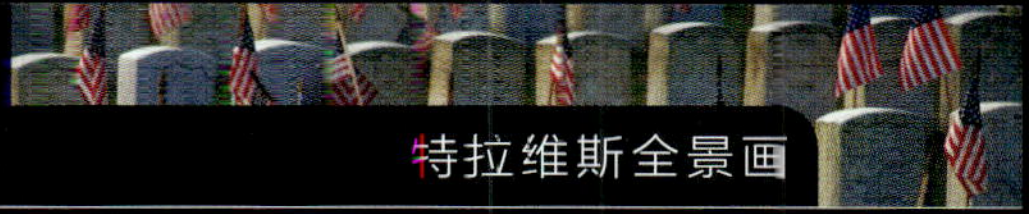

5 烧毁桥梁

6 规划下一场战役

7 袭击联邦补给线

8 蓝衣（联邦）骑兵前进

13 寻找食物

14 坎伯兰军团重整旗鼓

15 向查塔努加进发

16 布拉格撤退

21 灰衣（邦联）军队的袭击

22 坚守查塔努加

23 三条战线的防御

24 奇克莫加磐石

29 补给线的最后一环

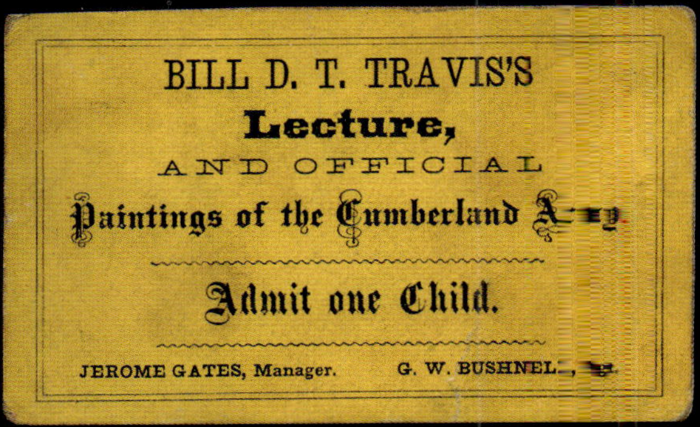

BILL D. T. TRAVIS'S
Lecture,
AND OFFICIAL
Paintings of the Cumberland Army.
Admit one Child.
JEROME GATES, Manager. G. W. BUSHNELL,

儿童入场券

特拉维斯全景画

当南北战争接近尾声时，威廉·S·罗斯克兰斯少将率领的坎伯兰军团士兵委托画家威廉（比尔）·D.T.特拉维斯创作长528英尺（161米）的全景油画，纪念他们的作战。

特拉维斯曾受雇于两家新闻周刊，以画师身份跟随联邦军队。他见证了需要绘制的场景，并且留下了战场速写。他的作品共包括32幅画，每幅16×8英尺（4.9×2.4米），从不同角度呈现了坎伯兰军团的故事。这些画绘制在多块长条粗棉布上，以时间顺序缝在一起，形成一块巨大的帆布——这种“移动全景画”是当时流行的观赏项目。工作人员将全景画安装在舞台上的两个卷轴之间，然后手摇曲柄，使其缓慢地从舞台一端移向另一端。这一系列有顺序的画面记录了军队从1862年10月至1863年末的行动。全景画描绘了特拉维斯亲眼目睹的血腥战斗，从肯塔基的佩里维尔之战，到奇克莫加的失利，一直到布拉克斯顿·布拉格的邦联军队在传教士岭的崩溃。特拉维斯还记录了军队生活的一些具体细节，包括士兵离开家园和亲人，寻找食物以及建立补给线。从1865年至1871年，特拉维斯和兄弟詹姆斯带着全景画巡游中西部，那是坎伯兰军团老兵现在生活的地方。他们在教堂和演讲厅里亲自操纵设备，一个人摇动曲柄，使画面在舞台上移动，另一个人向观众讲述战役中的事件。罗斯克兰斯将军对其效果非常满意。他说，比尔·特拉维斯创造了“伟大的战斗画面”。

战争记忆

南北战争在国家记忆中一直占据中心地位，尽管战争的记忆方式随着时间的推移而改变。最初的记忆守护者是老兵，他们成立了一些组织，以满足自身需求，纪念牺牲，向后代讲述过去的故事。

握手
1913年，南北老兵在纪念葛底斯堡战役的活动中相聚。在一周的军营活动中，之前的敌人放下仇恨，在曾经沾满鲜血的土地上握手言和。

之前

1863年11月，亚伯拉罕·林肯总统在葛底斯堡战场发表了演讲，预言"自由的新生"。

葛底斯堡之战中的联邦部队

新篇章
到1865年5月末，当东部和西部的联邦大军在最后的大阅兵中穿过首都华盛顿的街道时，林肯已经去世。结束惨烈的战争，美国历史揭开了新的篇章。继续书写历史的将是已经返乡的数十万北方和南方老兵。

北方人和南方人对南北战争的发生和意义有不同看法，这并不令人吃惊。战败的邦联人构思了"未竟的事业"（Lost Cause）。这个表述在战争结束后不久出现，由里士满记者爱德华·波拉德在1866年的同名战争史著作中提出。

"未竟的事业"是南方解释和美化失败并维护荣誉的说辞，认为南方是被北方人力、工业、科技和资本的压倒性优势打败的，强调邦联失败是不可避免的。这种观点否认奴隶制是地区冲突的主要原因，强调围绕州权无法弥合的分歧。创造这一概念的人进一步美化了南方"文明"，丑化北方的工业和城市化发展。"未竟的事业"最初主要是南方观点，随着时间的推移，一些元素融入了美国人的思想，最大的危害是，许多美国公民开始忽视奴隶制在战争开始时的重要性。此外，他们还否认解放奴隶的意义。这种可悲的历史失忆症持续到了20世纪。

400 000
19世纪90年代大共和军中的联邦陆军老兵人数。

老兵组织

当曾经的士兵无处诉说战场上的事时，他们看到了建立老兵组织的价值：与战友保持联系，分享经历。1866年4月6日，前联邦陆军医生本杰明·富兰克林·斯蒂芬森在伊利诺伊州迪凯特成立了"大共和军"。

该组织建立在"友爱、慈善和忠诚"的宗旨上，分会很快在南北各地成立。大共和军召开全国大会，在地方是重要的民间仪式。它只对"最近感到不愉快的老兵"开放，在19世纪90年代成员超过40万，发挥了重要的政治影响力，对抚恤金以及老兵和家属关怀等问题进行游说。大共和军促成扫墓日这一国家节日的确立——即后来的阵亡将士纪念日。该组织还是共和党的重要票仓。1956年，在最后一名成员阿尔伯特·伍尔森去世后，大共和军最终解散。

邦联的声音

如果邦联老兵成立自己的组织，他们可能会被北方人视为不忠。不过，在1889年，他们还是成立邦联老兵联盟。在没有联邦政府拨款的情况下，该组织成立了各地的老兵援助协会，供养遗孀和孤儿，要求州政府提供抚恤金。到了20世纪前十年，邦联老兵联盟有超过16万成员。

重要的是，南北老兵也是战争记忆的守护者。他们坚持宣传自己的战争视角，尤其是通过儿童教育。大共和军认为宣誓效忠是灌输国家主义意识的重要途径；其成员也致力于保护黑奴解放这一遗产。许多人联合起来，用演讲和文字展现黑人士兵的勇敢和他们作为解放者的高尚使命。邦联老兵联盟组建了评审教科书的历史委员会，并于1893年至1932年出版

纪念逝者
多年来，重演战斗活动逐渐流行。这些纪念逝者的活动也是重要的教育资源。重演活动在美国各地举行——图中重演的是谢南多厄河谷的锡达溪之战。

> "内战是我们感怀的历史——是活在国家想象中的历史。"
>
> ——南方作家罗伯特·佩恩·沃伦，《南北战争的遗产》，1961年

邦联　　联邦

老兵纪念奖章
纪念团结的勋章。左：北弗吉尼亚军团老兵的徽章。右：葛底斯堡之战25周年时颁发的宾夕法尼亚大共和军勋章。

《邦联老兵》，为士兵发声。这份杂志还借关于战争的文章让读者与老兵取得联系。

和解与疗愈

19世纪末，当南北战争渐渐变为回忆时，交战双方进入了和解期。1898年美西战争是一座重要里程碑，塑造了共同的美国国家主义意识。共同的敌人使北方和南方永远走到了一起。联邦和邦联军队的老兵一同出席团聚活动，强调共同的牺牲和勇敢。

1913年葛底斯堡之战50周年纪念活动是顶峰，超过5万老兵出席。在“和平狂欢节”上，总统伍德罗·威尔逊宣布：“我们再次成为兄弟和战友，不再是敌人，而是朋友。我们之间的战斗早已过去，争吵早已被遗忘。”

过去的战场成了神圣的地点，成了对老兵和游客开放的国家疗愈场所。19世纪90年代，国会在奇克莫加、葛底斯堡、夏洛和维克斯堡建立了最初的国家军事公园，为未来的人保存双方士兵的记忆和英雄事迹。

建造纪念碑是19世纪最后几十年的另一种公共记忆形式。一些社区为光荣的孩子竖立了简单的纪念碑。同时，更加雄伟的国家级建筑和骑马雕像也在向战争英雄致敬。华盛顿和里士满出现了许多献给林肯总统、罗伯特·E.李将军和其他伟人的纪念碑。法国雕塑家安东尼·梅西耶在里士满为李设计的骑马雕像在1890年揭幕。林肯纪念堂采用了古希腊庙宇的多立克柱式，最终于1922年落成。

之后

种族隔离剥夺了重建时期明确的许多公民权利。直到20世纪民权运动兴起后，联邦政府才重新重视种族歧视问题。

布朗诉教育委员会

1954年，美国最高法院做出了对奥利弗·L.布朗和其他非裔美国家长有利、对堪萨斯州托皮卡教育委员会不利的判决，重重打击了公立学校的种族隔离制度，命令“迅速而合理地”结束种族隔离。

公民权和选举权

林登·约翰逊总统的“伟大的社会”计划包括1964年的《民权法案》，禁止选民登记、联邦资助项目、员工招聘、学校和公共设施等领域的种族歧视。1965年，《投票权法案》消除了针对非裔美国人的投票障碍，规定任何根据种族原因剥夺投票权的“资格和前提条件”都是违法的。

寻觅他们的足迹

美国各州的内战纪念地，是许多人曾参加这场战争的证明。游客有机会参观军事领导者的住所、作战指挥部，以及著名战斗遗址，并向牺牲者致敬。从壮观的堡垒到庄严的纪念碑，有关内战的画面都变得生动起来。

亚拉巴马

邦联白宫

1861年2月至1861年5月末，邦联总统杰弗逊·戴维斯的住宅兼邦联国会大厦，位于亚拉巴马州蒙哥马利。这座1835年的意大利风格建筑保存着19世纪50年代和60年代的老物件，对公众开放。

http://www.firstwhitehouse.org

阿肯色

皮里奇国家军事公园

1862年3月7日至8日战斗的遗址，经此战，联邦完全控制了密苏里。

http://www.nps.gov/peri

特拉华

特拉华堡

位于皮帕奇岛上的联邦堡垒，原来的作用是保护威尔明顿和费城的港口，后成为战俘营。从特拉华城搭船，行半英里（0.8公里）即可抵达。

http://www.destateparks.com/park/fort-delaware

佛罗里达

米尔顿营地历史保护区

米尔顿营地1864年容纳了8千多邦联士兵，是佛罗里达最大的邦联军营。公园内有一个解说/教育中心、一座农舍以及宽阔的历史重演场地，可以通过具有历史意义的铁路抵达。

http://www.preserveflorida.org/parks/camp-milton-historic-preserve.html

皮肯斯堡

防御彭萨科拉湾及其海军造船厂的最大堡垒，是南北战争期间从未被邦联部队攻占的四座南方堡垒之一。

http://www.nps.gov/guis/planyourvisit/fort-pickens.htm

奥拉斯蒂战场遗址

纪念在佛罗里达发生的内战中规模最大的战斗，即1864年2月20日的战斗，由于参战人数多，也是战争中最血腥的战斗之一。

http://www.floridastateparks.org/olusteebattlefield

佐治亚

安德森维尔国家历史遗址

通常被称为安德森维尔的萨姆特营是邦联在南北战争期间建立的最大军事监狱之一。在14个月的运营过程中，超过4.5万联邦士兵曾被关在此地。

http://www.nps.gov/ande

奇克莫加和查塔努加国家军事公园

第一座国家军事公园，纪念1863年秋为控制南方腹地门户查塔努加而战的士兵。战场跨越佐治亚和田纳西界线。

http://www.nps.gov/chch

珀拉斯凯堡国家纪念馆

在这里，1862年4月11日，联邦线膛炮经过仅仅30个小时的轰炸，首次摧毁了砖石堡垒，改变了全世界的防御战略。

http://www.nps.gov/fopu

肯纳索山国家战场公园

保留了亚特兰大战役初期战斗的遗址，包括1864年6月22日科尔布农场之战和1864年6月27日肯纳索山之战的遗址。

http://www.nps.gov/kemo

国家内战海军博物馆

专门讲述南北战争中海军的故事，收藏了邦联军舰“阿尔伯马尔”号、“查特胡奇”号、加高的“杰克逊”号以及“水巫”号的复制品。

http://www.portcolumbus.org

伊利诺伊

林肯故居国家历史遗址

亚伯拉罕·林肯担任总统之前的住所，是一座12个房间的希腊风格住宅，已恢复成1860年的样貌。

http://www.nps.gov/liho

印第安纳

林肯少年时代国家纪念馆

这是第16任总统少年时代的家，他从1816年至1830年生活在这里。

http://www.nps.gov/libo

堪萨斯

斯科特堡国家历史遗址

由兵营、一座补给站、一座军事监狱以及40英里（64公里）的工事组成，是莱文沃思堡以南最大、最坚固的联邦基地。

http://www.nps.gov/fosc

肯塔基

亚伯拉罕·林肯出生地国家历史遗址

美国第16任总统、南北战争期间联邦最高统帅亚伯拉罕·林肯的出生地。

http://www.nps.gov/abli

州立杰弗逊·戴维斯历史遗址

邦联总统1808年6月3日出生于此。访客中心展示着戴维斯政治生涯纪念品、肯塔基手工艺品以及南北战争纪念品。

http://parks.ky.gov/parks/historicsites/jefferson-davis

马里兰

安蒂特姆国家战场

1862年9月17日，罗伯特·E. 李将军对北方的第一次进攻在此终结，战斗导致超过2.3万人死伤或失踪。安蒂特姆之战持续了12小时，是战争中最血腥的战斗，促使亚伯拉罕·林肯发布了《初步解放黑人奴隶宣言》。

http://www.nps.gov/anti

莫诺卡西国家战场

1864年7月9日的莫诺卡西之战被称为“拯救华盛顿之战”，是邦联最后一次进军北方的标志。

http://www.nps.gov/mono

密西西比

布赖斯克罗斯罗兹国家战场遗址

在1864年6月10日的战斗中，内森·贝德福德·福里斯特少将以高超的技巧指挥邦联骑兵作战。

http://www.nps.gov/brcr

罗斯蒙特种植园

邦联总统杰弗逊·戴维斯儿时住所，是融入密西西比边界风格的联邦党时代建筑，内有原始陈设和戴维斯家族的纪念品，面向公众开放。

http://www.rosemontplantation1810.com

图珀洛国家战场

1864年7月13日至14日，内森·贝德福德·福里斯特中将试图在此切断向亚特兰大进军的联邦部队的补给铁路。

http://www.nps.gov/tupe

维克斯堡国家军事公园

纪念发生在1863年3月29日至7月4日的维克斯堡战役、维克斯堡围攻战和维克斯堡防御战——南北战争中最具决定性的战事。

http://www.nps.gov/vick

密苏里

威尔逊溪国家战场

威尔逊溪之战（1861年8月10日）是南北战争中发生在密西西比河以西的第一场重要战斗。

http://www.nps.gov/wicr

新墨西哥

克雷格堡国家历史遗址

建立于1854年，位于格兰德河谷，在南北战争的印第安战役中扮演了重要角色。2月21日，邦联将军H. H. 西布利在巴尔韦德与E. R. S. 坎比上校领导的联邦部队交战——南北战争中西南部规模最大的战斗。

http://www.blm.gov/nm/st/en/prog/recreation/socorro/fort_craig.html

佩科斯国家历史公园

1862年3月26日至28日，这里是有“西部葛底斯堡战役”之称的格洛列塔山口之战的战场。在新墨西哥领地内发生的这场决定性战役中，联邦军队击退了南方部队。

http://www.nps.gov/peco

纽约

格兰特将军国家纪念堂

尤利西斯·S. 格兰特及妻子的长眠地，俯瞰哈得孙河，是北美最大的坟墓。该地通常被称为格兰特墓，也是格兰特一生成就的纪念地。

http://www.nps.gov/gegr

北卡罗来纳

邦联军事监狱遗址和索尔兹伯里国家公墓

带木栅栏的16英亩（6.5公顷）监狱，附近有掩埋地点。1864年8月战俘交换停止后，这里人数剧增，容纳了超过1万士兵，不得不采用集体坟墓，包括18条壕沟，每条壕沟长达240英尺（73米）。联邦将军乔治·斯通曼于1865年4月放火焚烧了这座监狱。

http://www.salisburyprison.org

俄亥俄

约翰逊岛战俘营

建于1861年至1862年，在40个月的运营时间里容纳了超过9000名囚犯。

http://www.johnsonsisland.org

谢尔曼故居博物馆

威廉·特库姆塞·谢尔曼将军的出生地，被还原成19世纪的样貌。博物馆展示家族纪念品、南北战争中谢尔曼将军战地帐篷的复制品、声光演示片以及其他南北战争时期文物。

http://www.shermanhouse.org

宾夕法尼亚

葛底斯堡国家军事公园

西半球历史上规模最大的一场战役于1863年7月1日至3日在这里打响。联邦此役的胜利是内战的重大转折点，终结了李将军对北方的进攻。受这场战役启发，林肯总统在国家烈士公墓落成典礼上发表了著名的葛底斯堡演说。

http://www.nps.gov/gett

南卡罗来纳

萨姆特堡国家纪念馆

1861年4月12日，邦联向这座联邦堡垒开火，引发南北战争中的第一次交战。萨姆特堡在34小时后投降。四年后，也就是1865年，联邦军队夺回该要塞。

http://www.nps.gov/fosu

田纳西

多纳尔森堡国家战场

1862年2月14日至16日，邦联和联邦士兵进行了激战。随后，南方部队"无条件"向格兰特部队投降，以避免平民挨饿。这座堡垒和亨利堡的陷落打开了田纳西河和坎伯兰河的通道，使联邦获得了第一次重大胜利，打开了入邦联的渠道。

http://www.nps.gov/fodo

州立皮洛堡历史遗址

1864年4月12日，内森·贝德福德·福里斯特将军领导邦联士兵进攻这座堡垒。战斗以大屠杀收场，265名有色人种士兵中只有62人幸存。

http://tn.gov/environment/parks/FortPillow/

夏洛国家军事公园

纪念密西西比河谷战役中发生在夏洛教堂和匹兹堡兰丁的规模最大的战斗（1862年8月6—7日）。公园内设有科林斯解说中心，纪念科林斯围攻战和科林斯之战（1862年4月29日—5月30日）。

http://www.nps.gov/shil

斯通斯河国家战场

纪念1862年12月31日至1863年1月2日发生在斯通斯河的战斗。联邦军队由此控制了田纳西中部。

http://www.nps.gov/stri

弗吉尼亚

阿波马托克斯县城国家历史公园

1865年4月9日，李将军率领北弗吉尼亚军团在这里向尤利西斯·S.格兰特将军投降。

http://www.nps.gov/apco

阿灵顿宫，罗伯特·E.李纪念馆

展示李将军人生中的精彩时刻。李在这里生活了30多年。卡斯蒂斯家族和李家族的住宅，俯瞰波托马克河和首都华盛顿。

http://www.nps.gov/arho

锡达溪和贝尔格罗夫国家历史公园

1864年10月19日，朱巴尔·A.厄尔利中将领导的邦联部队在此击溃联邦军队。

http://www.nps.gov/cebe

丹维尔美术和历史博物馆

萨瑟林大厦是1859年为威廉·T.萨瑟林建造的，在南北战争最后一周成了"邦联最后的国会大厦"。1974年，这座建筑作为丹维尔美术和历史博物馆开放。

http://www.danvillemuseum.org

弗雷德里克斯堡和斯波齐尔韦尼亚县战场遗址

世界上最大的军事公园，涵盖南北战争四个主要战场的部分区域：弗雷德里克斯堡、钱瑟勒斯维尔、怀尔德尼斯和斯波齐尔韦尼亚法院。

http://www.nps.gov/frsp

汉普顿罗兹海军博物馆

纪念超过200年的美国海军历史，内有一座专门展现南北战争的大型美术馆，收藏了联邦军舰"坎伯兰"号、邦联军舰"弗吉尼亚"号、联邦军舰"莫尼特"号和邦联军舰"佛罗里达"号上的物品。

http://www.hrnm.navy.mil

马纳萨斯国家战场

第一次和第二次布尔溪之战于1861年7月21日和1862年8月28日至30日在此进行。

http://www.nps.gov/mana

邦联博物馆

藏有最全的邦联文物，包括照片、手稿和军装。博物馆附近是邦联白宫，杰弗逊·戴维斯总统1861年至1865年在此生活。

http://www.moc.org

国立内战随军牧师研究中心和博物馆

收藏了联邦和邦联牧师、神父和士兵的影像、《圣经》、宗教宣传册和个人物品。

http://chaplainsmuseum.org

彼得斯堡国家战场

在格兰特将军未能于1864年春占领里士满后，这里发生了美国历史上持续时间最长的围攻战（9个半月）。

http://www.nps.gov/pet

里士满国家战场公园

纪念与联邦占领里士满的战役有关的11场战斗，包括盖恩斯磨坊、莫尔文山和科尔德哈伯的战场。

http://www.nps.gov/rich

"石墙"·杰克逊故居

托马斯·J."石墙"·杰克逊的旧宅，展示他作为教员、教会领袖、商人、丈夫、战士和社区领导者的经历。

http://www.stonewalljackson.org

首都华盛顿

非裔美国人内战纪念馆和博物馆

帮助参观者理解不为人知的非裔美国人为自由抗争的情况。这里存放着许多照片和文件。博物馆坐落在具有历史意义的U型街区上，位于纪念馆以西两个街区处。

http://www.afroamcivilwar.org

华盛顿防御设施遗址

位于美国首都外围的森林区域，也叫环形堡垒公园，保存着联邦部队在南北战争中建立的复杂防御工事系统的遗迹，包括以联队司令塞缪尔·P.杜邦命名的杜邦堡。

http://www.nps.gov/cwdw

http://www.nps.gov/fodu

福特剧院国家历史遗址

亚伯拉罕·林肯总统于1865年4月14日被演员约翰·威尔克斯·布斯刺杀的地点。林肯被转移到街对面的彼得森公寓，于1865年4月15日在那里去世。博物馆展出部分奥尔德罗伊德收藏的林肯文物。

http://www.nps.gov/foth

林肯纪念堂

献给第16任总统的国家纪念馆，纪念伟大解放者和国家保护者林肯。位于国家广场，后来举行了自由和民权集会等活动。

http://www.nps.gov/linc

林肯总统的小屋和士兵之家

对公众开放，是林肯总统及家人1862年至1864年避暑的地方。

http://www.lincolncottage.org

史密森学会

史密森学会成立于1846年，拥有19座博物馆和9个研究中心，其中大部分位于华盛顿国家广场附近。美国历史国家博物馆在永久性和专门性展览中展示大量藏品中的南北战争文物。国家肖像美术馆是美国肖像中心，位于具有历史意义的专利局大楼里，曾在南北战争中被用作军营和医院。史密森美国艺术博物馆与肖像美术馆共用一座建筑，此处还占据附近的伦威克美术馆，那里曾是联邦军需总长办公室。非裔美国人历史文化博物馆于2016年开放。

http://americanhistory.si.edu

西弗吉尼亚

哈珀斯费里国家历史公园

哈珀斯费里在南北战争期间八次易手，是一系列历史事件的发生地，其中最著名的是1859年10月发生的约翰·布朗突袭事件。

http://www.nps.gov/hafe

索引

黑体页码代表主要条目

致谢

感谢为本书供图的下列人士或单位（以下全为英文标识）：

略语表： a-上，b-下/底部，c-中心，f-最，l-左，r-右，t-顶部。

史密森学会资料来源： 国立美国历史博物馆（NMAH），国家肖像美术馆（NPG），库珀-休伊特国家设计美术馆，国立非裔美国人历史文化博物馆，史密森美国艺术博物馆，国家邮政博物馆。

1 The Bridgeman Art Library: Confederate Memorial Hall, New Orleans, Louisiana, USA/Photo © Civil War Archive (r); Gettysburg National Military Park Museum, Pennsylvania, USA/Photo © Civil War Archive (l). **2-3 Library Of Congress, Washington, D.C.:** LC-DIG-ppmsca-20753. **4 Corbis:** Bettmann (l/background); Junior Gonzalez/fstop (cr); Owaki/Kulla (tc). **Smithsonian Institution, NPG, Washington, D.C.:** (br). **5 Corbis:** Ethel Davies/Robert Harding World Imagery (t). **Smithsonian Institution, NMAH, Washington, D.C.:** (b). **6 Dorling Kindersley:** Courtesy of the Southern Skirmish Association (t). **Smithsonian Institution, Washington, D.C.: NPG** (bl) **NMAH** (br). **7 Corbis:** Kevin Fleming (cr); Frans Lanting (cl). **Smithsonian Institution, Washington, D.C.: NMAH** (bl) **NPG** (br). **8 Smithsonian American Art Museum, Washington, D.C. 10-11 Corbis:** Bettmann (background). **TopFoto.co.uk:** The Granger Collection. **12 The Bridgeman Art Library:** Private Collection (br). **Corbis:** Bettmann (tl). **Library Of Congress, Washington, D.C.:** LC-DIG-ppmsca-09398 (tr). **Photo Scala, Florence:** © 2010. Image copyright The Metropolitan Museum of Art/Art Resource (bl). **12-13 Corbis:** Bettmann (background). **13 The Bridgeman Art Library:** © Massachusetts Historical Society, Boston, MA, USA (cr); St. Louis Art Museum, Missouri, USA (br). **Corbis:** Bettmann (t). **14 The Bridgeman Art Library:** Private Collection/© Michael Graham-Stewart and Art Galleries, UK (bc). **Corbis:** David J. & Janice L. Frent Collection (br). **Getty Images:** The Bridgeman Art Library (tl). **Smithsonian Institution, NMAH, Washington, D.C.:** (bl). **TopFoto.co.uk:** The Granger Collection (tr). **14-15 Corbis:** Bettmann (background). **15 Smithsonian Institution, Washington, D.C.:** (tl) **NPG** (br) (clb) (tr) **NMAH** (ca). **TopFoto.co.uk:** The Granger Collection (bl). **16 The Bridgeman Art Library:** St. Louis Art Museum, Missouri, USA (tr). **Smithsonian Institution, NMAH, Washington, D.C.:** (cl) (bl). **16-39 Corbis:** Owaki/Kulla (t). **17 The Bridgeman Art Library:** Private Collection/Peter Newark American Pictures (c). **Getty Images:** The Bridgeman Art Library (br). **18-19 Smithsonian American Art Museum, Washington, D.C. 20 Corbis:** Bettmann (bl). **Library Of Congress, Washington, D.C.:** LC-DIG-pga-00800 (tr). **20-21 TopFoto.co.uk:** The Granger Collection (b). **21 Corbis:** David J. & Janice L. Frent Collection (t). **Smithsonian Institution, NMAH, Washington, D.C.:** (br). **22 Corbis:** Bettmann (t). **Getty Images:** FPG (cl). **Smithsonian Institution, NMAH, Washington, D.C.:** (b). **23 Library Of Congress, Washington, D.C.:** LC-DIG-ppmsca-09398 (b). **Smithsonian Institution, NPG, Washington, D.C.:** (tr). **24 Smithsonian Institution, NPG, Washington, D.C.:** (l). **25 Alamy Images:** Aurora Photos (c). **The Art Archive:** (t). **Corbis:** Kelly-Mooney Photography (br). **26 The Bridgeman Art Library:** Private Collection/© Michael Graham-Stewart and Art Galleries, UK (r). **Smithsonian Institution, NPG, Washington, D.C.:** (b). **27 The Bridgeman Art Library:** © Massachusetts Historical Society, Boston, MA, USA (l). **Library Of Congress, Washington, D.C.:** (r). **TopFoto.co.uk:** The Granger Collection (b). **28-29 The Bridgeman Art Library:** © Chicago History Museum, USA. **30 Smithsonian Institution, NPG, Washington, D.C.:** (tl). **NMAH** (tr). **31 Corbis:** (t); Bettmann (b). **32 Library Of Congress, Washington, D.C.:** LC-USZ62-92043 (t). **TopFoto.co.uk:** The Granger Collection (bl). **33 Getty Images:** (l). **Smithsonian Institution, NMAH, Washington, D.C.:** (r). **34 Corbis:** (b). **Library Of Congress, Washington, D.C.:** (t). **35 Photo Scala, Florence:** © 2010. Image copyright The Metropolitan Museum of Art/Art Resource (tr). **Smithsonian Institution, Washington, D.C., NMAH:** (t) **NPG:** (bl). **36 Corbis:** Bettmann (cl); David J. & Janice L. Frent Collection (t). **TopFoto.co.uk:** The Granger Collection (b). **37 Corbis:** Bettmann (tr). **Library Of Congress, Washington, D.C.:** LC-USZ62-48564 (br). **Smithsonian Institution, NMAH, Washington, D.C.:** (c). **38 Smithsonian Institution, NPG, Washington, D.C.:** (l) (r). **39 Corbis:** Walter Bibikow (tl); David J. & Janice L. Frent Collection (br). **Smithsonian Institution, NPG, Washington, D.C.:** (tr) (bl). **40-41 Getty Images. 42 Corbis:** (br). **Getty Images:** The Bridgeman Art Library (tl). **Library Of Congress, Washington, D.C.:** LC-DIG-pga-00335 (bl). **42-43 Corbis:** Bettmann (background). **43 Corbis:** Bettmann (cr). **Getty Images:** (br). **Library Of Congress, Washington, D.C.:** LC-DIG-pga-02051 (t). **New York State Military Museum & Veterans Research Center, Division of Military and Naval Affairs:** (tr). **44 Corbis:** Bettmann (bl) (cb). **Dorling Kindersley:** Confederate Memorial Hall, New Orleans (tc); LC-USZ62-42025 (cr). **Library Of Congress, Washington, D.C.:** LC-DIG-pga-02817 (tl). **U.S. Naval Academy Museum:** (br). **44-45 Corbis:** Bettmann (background). **45 Alamy Images:** Mary Evans Picture Library (cr). **The Bridgeman Art Library:** © Collection of the New-York Historical Society, USA (tl). **Corbis:** (tr); Museum of the City of New York (bl). **Smithsonian Institution, Washington, D.C.:** (bc) **NMAH** (c). **46 Library Of Congress, Washington, D.C.:** LC-USZC4-4584 (b). **Smithsonian Institution, NPG, Washington, D.C.:** (tl). **46-77 Corbis:** Junior Gonzalez/fstop (t). **47 Corbis:** (tr). **Dorling Kindersley:** Confederate Memorial Hall, New Orleans (br). **Library Of Congress, Washington, D.C.:** LC-DIG-pga-02817 (l). **48 Corbis:** Bettmann (r). **49 Library Of Congress, Washington, D.C.:** LC-DIG-ppmsca-23869 (br). **Smithsonian Institution, NPG, Washington, D.C.:** (t) (cb). **50 The Bridgeman Art Library:** © Collection of the New-York Historical Society, USA. **51 Corbis:** (bl); Bettmann (cr). **Getty Images:** The Bridgeman Art Library (br). **52-53 Corbis:** Bettmann. **54 Smithsonian Institution, NPG, Washington, D.C.:** (t). **54-55 The Bridgeman Art Library:** Virginia Historical Society, Richmond, Virginia, US (b). **55 Corbis:** Bettmann (t). **56 The Bridgeman Art Library:** Private Collection/Photo © Civil War Archive (br). **Dorling Kindersley:** Peter Keim (b). **New York State Military Museum & Veterans Research Center, Division of Military and Naval Affairs:** (cr). **Smithsonian Institution, NMAH, Washington, D.C.:** (tr) (bc) (cl). **57 Dorling Kindersley:** Confederate Memorial Hall, New Orleans (cra) (bl) (cl) (crb) (tc) (tr). **Smithsonian Institution, NMAH, Washington, D.C.:** (tl) (br). **58 The Art Archive:** Culver Pictures (l). **The Bridgeman Art Library:** © Chicago History Museum, USA (br). **59 The Bridgeman Art Library:** © Collection of the New-York Historical Society, USA (b). **New York State Military Museum & Veterans Research Center, Division of Military and Naval Affairs:** (t). **60 Library Of Congress, Washington, D.C.:** LC-DIG-pga-00335 (t). **61 Corbis:** Bettmann (br). **Dorling Kindersley:** Confederate Memorial Hall, New Orleans (t); LC-USZ62-103202 (cr). **Library Of Congress, Washington, D.C.:** LC-DIG-cwpbh-01095 (l). **62-63 Corbis:** Museum of the City of New York. **64 Corbis:** Bettmann (b). **65 Corbis:** Tria Giovan (bl). **Getty Images:** (t). **Library Of Congress, Washington, D.C.:** LC-DIG-pga-00385 (br); LC-USZC4-1739 (bl). **66 Library Of Congress, Washington, D.C.:** LC-DIG-ppmsca-19389 (r). **67 Corbis:** (c). **Library Of Congress, Washington, D.C.:** LC-DIG-ppmsca-17561 (br). **Smithsonian Institution, NMAH, Washington, D.C.:** (t) (bl). **68 Corbis:** Bettmann (b). **Dorling Kindersley:** Confederate Memorial Hall, New Orleans (tr). **Library Of Congress, Washington, D.C.:** LC-DIG-ppmsca-07785 (tl). **69 Courtesy of the Putnam County Historical Society & Foundry School Museum, Cold Spring, New York:** John Ferguson Weir (1841-1926), The Gun Foundry, 1866 (t). **Getty Images:** (b). **70 Kansas State Historical Society:** (tl). **Smithsonian Institution, NPG, Washington, D.C.:** (tr). **The State Historical Society of Missouri:** (b). **71 Corbis:** Bettmann (t). **Library Of Congress, Washington, D.C.:** LC-DIG-pga-02051 (b). **72 Library Of Congress, Washington, D.C.:** LC-USZ61-146 (t). **72-73 Corbis:** Francis G Mayer. **73 Library Of Congress, Washington, D.C.:** LC-DIG-npcc-19646 (r). **Smithsonian Institution, NPG, Washington, D.C.:** (t). **74-75 U.S. Naval Academy Museum. 76 Alamy Images:** Mary Evans Picture Library (b). **Corbis:** (r). **Library Of Congress, Washington, D.C.:** LC-USZ62-42025 (tl). **77 Alamy Images:** Mary Evans Picture Library (tr). **The Bridgeman Art Library:** Chateau de Versailles, France/Giraudon (l). **78-79 Library Of Congress, Washington, D.C.:** LC-DIG-pga-01860. **80 Corbis:** Bettmann (t); David Muench (tl). **Getty Images:** Time & Life Pictures (br). **Smithsonian Institution, NMAH, Washington, D.C.:** (bl). **80-81 Corbis:** Bettmann (background). **81 Getty Images:** (br); LC-DIG-pga-00540 (cr). **Library Of Congress, Washington, D.C.:** LC-DIG-pga-03975 (tr). **Smithsonian Institution, Washington, D.C.:** (c). **82 The Bridgeman Art Library:** Private Collection/Photo © Civil War Archive (clb). **Corbis:** (c); The Corcoran Gallery of Art (cr); LC-DIG-cwpb-01694 (t). **Library Of Congress, Washington, D.C.:** LC-DIG-ppmsca-20506 (br). **Smithsonian Institution, Washington, D.C.:** (bl). **82-83 Corbis:** Bettmann (background). **83 Alamy Images:** World History Archive (br). **The Bridgeman Art Library:** American Antiquarian Society, Worcester, Massachusetts, USA (tl). **Corbis:** Bettmann (c). **Library Of Congress, Washington, D.C.:** LC-DIG-cwpb-03791 (tr). **Smithsonian Institution, Washington, D.C.:** (c). **84 The Bridgeman Art Library:** Museum of the Confederacy, Richmond, Virginia, USA/Photo © Civil War Archive (c) (tr); Private Collection/Peter Newark American Pictures (cl). **84-123 Corbis:** Ethel Davies/Robert Harding World Imagery (t). **85 Corbis:** Tria Giovan (t). **Library Of Congress, Washington, D.C.:** LC-USZ62-13352 (b). **86 The Bridgeman Art Library:** Confederate Memorial Hall, New Orleans, Louisiana, USA/Photo © Civil War Archive (r); Museum of the Confederacy, Richmond, Virginia, USA/Photo © Civil War Archive (c); Private Collection/Photo © Civil War Archive (cl) (cl) (r). **Dorling Kindersley:** Confederate Memorial Hall, New Orleans (bc); Southern Skirmish Association (cl). **87 The Bridgeman Art Library:** Confederate Memorial Hall, New Orleans, Louisiana, USA/Photo © Civil War Archive (cl) (tl) (br) (c) (tl); Museum of the Confederacy, Richmond, Virginia, USA/Photo © Civil War Archive (r) (r); Private Collection/Photo © Civil War Archive (r) (c). **Corbis:** Tria Giovan (bl). **88 The Bridgeman Art Library:** Gettysburg National Military Park Museum, Pennsylvania, USA/Photo © Civil War Archive (tr). **Corbis:** Tria Giovan (bl). **89 The Bridgeman Art Library:** Indianapolis Museum of Art, USA/James E. Roberts and Martha Delzell Memorial Funds (l); Private Collection/Photo © Civil War Archive (tr). **90 The Bridgeman Art Library:** Gettysburg National Military Park Museum, Pennsylvania, USA/Photo © Civil War Archive (cla) (tr/Hardee); Private Collection/Photo © Civil War Archive (ftl) (c) (ftr) (tl). **Corbis:** Tria Giovan (b) (clb) (cr). **Dorling Kindersley:** US Army Heritage and Education Center - Military History Institute (br). **91 The Bridgeman Art Library:** Museum of the Confederacy, Richmond, Virginia, USA/Photo © Civil War Archive (c); National Museum of American History, Smithsonian Inst., USA/Photo © Civil War Archive (l) (cl); Private Collection/Photo © Civil War Archive (cra) (br). **92 The Bridgeman Art Library:** Private Collection/Photo © Civil War Archive (bc). **Library Of Congress, Washington, D.C.:** LC-USZC4-6528 (t). **Smithsonian Institution, Cooper-Hewitt National Design Museum, Washington, D.C.:** (tr). **93 Corbis:** Bettmann (br). **Smithsonian Institution, NMAH, Washington, D.C.:** (t). **94 The Bridgeman Art Library:** Private Collection/Peter Newark American Pictures (b). **Naval Historical Foundation, Washington, D.C.:** (br). **94-95 Corbis. 95 Dorling Kindersley:** US Army Heritage and Education Center - Military History Institute (b). **Library Of Congress, Washington, D.C.:** LC-DIG-cwpbh-04058 (t). **96 Corbis:** Medford Historical Society Collection. **97 The Bridgeman Art Library:** Private Collection/Peter Newark American Pictures (t). **Corbis:** Bettmann (r). **Getty Images:** (br). **Smithsonian Institution, NMAH, Washington, D.C.:** (cb). **98 Corbis:** Bettmann (t) (l). **99 Corbis:** Bettmann (r); Burstein Collection (b). **Smithsonian Institution, NMAH, Washington, D.C.:** (t). **100 Corbis:** Bettmann (l). **100-101 The Bridgeman Art Library:** © Chicago History Museum, USA. **101 Corbis:** Bettmann (tl). **Library Of Congress, Washington, D.C.:** LC-USZ62-1737 (r). **102-103 Naval Historical Foundation, Washington, D.C.. 104 The Bridgeman Art Library:** © Chicago History Museum, USA (b). **104-105 Library Of Congress, Washington, D.C.:** LC-DIG-pga-03975 (t). **105 Corbis:** (br). **Library Of Congress, Washington, D.C.:** LC-DIG-cwpb-07286 (t). **106 Corbis:** Bettmann (bl). **107 Library Of Congress, Washington, D.C.:** LC-DIG-pga-00540. **108-109 Library Of Congress, Washington, D.C.:** LC-DIG-pga-04037. **110 Corbis:** Tria Giovan (t). **110-111 Getty Images:** James Green/Robert Harding. **111 Library Of Congress, Washington, D.C.:** LC-DIG-ppmsca-20506 (t). **112 Corbis:** Tria Giovan (b). **Smithsonian Institution, NPG, Washington, D.C.:** (r). **113 Corbis:** Bettmann (r). **Getty Images:** (b). **Library Of Congress, Washington, D.C.:** LC-USZ62-116588 (t). **114 The Bridgeman Art Library:** Private Collection/Photo © Civil War Archive (t) (c). **Dorling Kindersley:** Confederate Memorial Hall, New Orleans (b). **Rock Island Auction Company:** (ca/Mississippi). **Smithsonian Institution, NMAH, Washington, D.C.:** (ca/Enfield). **115 The Bridgeman Art Library:** Gettysburg National Military Park Museum, Pennsylvania, USA/Photo © Civil War Archive (c) (bl) (cb) Museum of the Confederacy, Richmond, Virginia, USA/Photo © Civil War Archive (br). **Dorling Kindersley:** Gettysburg National Military Park, PA (crb/sword bayonet). **Smithsonian Institution, NMAH, Washington, D.C.:** (cb/Barnett Enfield) (t) (tr/Richmond). **116 Library Of Congress, Washington, D.C.:** LC-DIG-cwpb-01693 (bl). **Smithsonian Institution, NPG, Washington, D.C.:** (br). **116-117 Photograph** © **2010 Museum of Fine Arts, Boston:** Gift of Maxim Karolik for the M and M Karolik Collection of American Paintings, 1815-1865. 45.890 (t). **118 The Bridgeman Art Library:** American Antiquarian Society, Worcester, Massachusetts, USA (t). **Corbis:** Bettmann (br). **119 Getty Images:** Time & Life Pictures (br). **Library Of Congress, Washington, D.C.:** LC-USZ62-90561 (cr). **Smithsonian Institution, NMAH, Washington, D.C.:** (t). **120 Library Of Congress, Washington, D.C.:** LC-DIG-ppmsca-22377 (tr). **121 Corbis:** Bettmann (tl); David Muench (bl). **Library Of Congress, Washington, D.C.:** LC-DIG-ppmsca-20512 (br). **122-123 Corbis:** Bettmann. **124 The Bridgeman Art Library:** Private Collection/Peter Newark American Pictures (r). **Corbis:** The Corcoran Gallery of Art (l). **125 The Bridgeman Art Library:** Private Collection (br). **Corbis:** Bettmann (t); Tria Giovan (bl). **126 Corbis:** Bettmann (tl); LC-DIG-ppmsca-20602 (tr). **Library Of Congress, Washington, D.C.:** LC-DIG-pga-01231 (bl). **127 Library Of Congress, Washington, D.C.:** LC-DIG-cwpb-04106 (b). **Smithsonian Institution, NPG, Washington, D.C.:** (tr). **128 Dorling Kindersley:** Confederate Memorial Hall, New Orleans (br) (ca/case shot); Gettysburg National Military Park, PA (ca) (bl) (cb); US Army Heritage and Education Center - Military History Institute (tl). **129 The Bridgeman Art Library:** Private Collection/Photo © Civil War Archive (ca/quadrant). Confederate Memorial Hall, New Orleans (fcl). **Dorling Kindersley:** Confederate Memorial Hall, New Orleans - Collection of Mike Cherry (cl); Gettysburg National Military Park, PA (b) (ftr) (tc) (tr). **130 Corbis:** Tria Giovan. **131 The Bridgeman Art Library:** Museum of the Confederacy, Richmond, Virginia, USA/Photo © Civil War Archive (cr). **Library Of Congress, Washington, D.C.:** G1291.S5 H6 1865 Vault : Fotch 2 (t); LC-DIG-cwpbh-04849 (bl). **Smithsonian Institution, NPG, Washington, D.C.:** (br). **132 Getty Images:** Hulton Archive (br). **132-133 The Bridgeman Art Library:** Antietam Battlefield Park, Maryland, USA/Photo © Civil War Archive (t). **133 Corbis:** Bettmann (br) (bl). **134-135 Getty Images. 136 Library Of Congress, Washington, D.C.:** LC-DIG-cwpb-03791 (t). **137 Alamy Images:** Witold Skrypczak (br). **Corbis:** Medford Historical Society Collection (tr). **Library Of Congress, Washington, D.C.:** LC-USZ62-34479 (bl). **138-139 The Bridgeman Art Library:** Private **Corbis:** Bettmann (tl). **Library Of Congress, Washington, D.C.:** LC-DIG-cwpb-05992 (tr). **140-141 Corbis:** George H.H. Huey (b). **141 The Art Archive:** National Archives Washington D.C. (tr). **Smithsonian Institution, NMAH, Washington, D.C.:** (tl). **142 Library Of Congress, Washington, D.C.:** LC-DIG-ppmsca-22939 (bl). **Smithsonian Institution, NMAH, Washington, D.C.:** (tr). **143 Alamy Images:** offivent.com (bl). **Library Of Congress, Washington, D.C.:** LC-DIG-cwpb-06052 (br). **144 Corbis:** Bettmann (l). **145 Corbis:** Tria Giovan (bl). **Smithsonian Institution, NPG, Washington, D.C.:** (t). **Mark Yearian:** (br). **146-147 Corbis. 148 The Bridgeman Art Library:** Vermont Historical Society, VT, USA (tr). **Dorling Kindersley:** Musée de l'Emperi, Salon-de-Provence (tl). **Getty Images:** (b). **149 The Bridgeman Art Library:** Private Collection/Photo © Civil War Archive (br). **150-151 Library Of Congress, Washington, D.C.:** LC-DIG-pga-01855. **152 The Bridgeman Art Library:** Private Collection/Photo © Civil War Archive (ca) (cb). **Dorling Kindersley:** Confederate Memorial Hall, New Orleans (b); Gettysburg National Military Park, PA (cb/saber). **Smithsonian Institution, NMAH, Washington, D.C.:** (ca/Spencer) (c/Spencer). **153 The Bridgeman Art Library:** Gettysburg National Military Park Museum, Pennsylvania, USA/Photo © Civil War Archive (t); Museum of the Confederacy, Richmond, Virginia, USA/Photo © Civil War Archive (br); Private Collection/Photo © Civil War Archive (c) (bc). **Dorling Kindersley:** Confederate Memorial Hall, New Orleans (c) (cb) (cr); Gettysburg National Military Park, PA (ca); US Army Heritage and Education Center - Military History Institute (fcr). **154-155 TopFoto.co.uk:** The Granger Collection. **156 Corbis:** Bettmann (tl) (br). **Smithsonian Institution, NPG, Washington, D.C.:** (tr) (bl). **156-157 Corbis:** Bettmann (background). **157 Corbis:** Bettmann (tc) (tr). **Getty Images:** (br). **Library Of Congress, Washington, D.C.:** LC-DIG-pga-01846 (cr). 158 Dorling Kindersley: Confederate Memorial Hall, New Orleans (cb). Getty Images: (tr) (cr); LC-DIG-ppmsca-22467 (br). Library Of Congress, Washington, D.C.: LC-DIG-ppmsca-19395 (bl). Smithsonian Institution, NMAH, Washington, D.C.: (tl). 158-159 Corbis: Bettmann (background). 159 Dorling Kindersley: Gettysburg National Military Park, PA (cra). Library Of Congress, Washington, D.C.: LC-DIG-cwpb-03431 (tr). Smithsonian Institution, Washington, D.C.: NPG (crb) NMAH (bl). State Museum of PA, PA Historical and Museum Commission: (cl). 160 Corbis: Bettmann (t). 160-229 Dorling Kindersley: Courtesy of the Southern Skirmish Association (t). 161 The Bridgeman Art Library: © Collection of the New-York Historical Society, USA (cr). Corbis: Tim Shaffer/Reuters (bl). Getty Images: Hulton Archive (br). Smithsonian Institution, NMAH, Washington, D.C.: (t). 162 Library Of Congress, Washington, D.C.: LC-USZC4-4609 (l). Smithsonian Institution, NPG, Washington, D.C.: (b). 163 Library Of Congress, Washington, D.C.: LC-DIG-ppmsca-20701 (br). Photo Scala, Florence: © 2010. Photo The Newark Museum/Art Resource (l). 164-165 Corbis: Bettmann. 166 Getty Images: (r). Smithsonian Institution, National Museum of African American History and Culture, Washington, D.C.: (bl). 167 The Bridgeman Art Library: Private Collection/Peter Newark American Pictures (t). Corbis: Bettmann (br). 168 Corbis: Bettmann (b). Smithsonian Institution, NMAH, Washington, D.C.: (t). 169 Corbis: Bettmann (br) (t). Photo Scala, Florence: © 2010. Image copyright The Metropolitan Museum of Art/Art Resource(cr). 170-171 Getty Images. 172 The Bridgeman Art Library: © Collection of the New-York Historical Society, USA (br). Corbis: Bettmann (t). Library Of Congress, Washington, D.C.: LC-DIG-cwpb-05088 (bl). 173 Corbis: Medford Historical Society Collection (b). State House Flag Collection, Massachusetts Art Commission: Second Irish color 28th Massachusetts Volunteers (1987.304) (t). 174 Alamy Images: North Wind Picture Archives (tr). Library Of Congress, Washington, D.C.: LC-DIG-ppmsca-19395 (l). 174-175 Library Of Congress, Washington, D.C.: LC-DIG-ppmsca-22467 (b). 175 Corbis: Bettmann (cr). 176-177 Getty Images. 178 Corbis: Bettmann (bl); Medford Historical Society Collection (t). Library Of Congress, Washington, D.C.: LC-DIG-ppmsca-22378 (br). 179 Corbis: Bettmann (t). The Museum of the Confederacy, Richmond, Virginia: Photography by Katherine Wetzel (br). 180 Library Of Congress, Washington, D.C.: LC-DIG-ppmsca-20161 (t). State Museum of PA, PA Historical and Museum Commission: (b). 181 Corbis: Bettmann (br). Smithsonian Institution, NMAH, Washington, D.C.: (t). 182 Dorling Kindersley: Gettysburg National Military Park, PA (b). Library Of Congress, Washington, D.C.: LC-USZ6-284 (t). 183 Alamy Images: Ivy Close Images (b). Library Of Congress, Washington, D.C.: LC-USZC4-1825 (t). 184-185 Getty Images: LC-DIG-pga-02604 (tr). 186 Library Of Congress, Washington, D.C.: LC-DIG-cwpb-06085 (l). 187 Alamy Images: John Van Decker (br). Getty Images: (t). Brian Parkhill Rare Books, Philadelphia: (bl). 188-189 The Gettysburg Foundation: photo © Bill Dowling. 190 Getty Images: (t). 191 Getty Images: (t). Library Of Congress, Washington, D.C.: LC-USZ62-90939 (bl). Smithsonian Institution, NPG, Washington, D.C.: (br). 192 Corbis: Bettmann (b). Library Of Congress, Washington, D.C.: LC-DIG-pga-01871 (t). 193 Florida Center for Instructional Technology: (bl). Getty Images: (t). 194-195 TopFoto.co.uk: The Granger Collection. 196 Alamy Images: North Wind Picture Archives (r). Smithsonian Institution, Washington, D.C.: (l). 197 Smithsonian Institution, Washington, D.C.: NPG (tl) (tr) NMAH (b). 198 Smithsonian Institution, NMAH, Washington, D.C.: (t). 199 Smithsonian Institution, Washington, D.C.: NMAH (t) (br). Library Of Congress, Washington, D.C.: (bl). 200 Getty Images: (t). Library Of Congress, Washington, D.C.: LC-DIG-ppmsca-22558 (b). 201 The Bridgeman Art Library: American Antiquarian Society, Worcester, Massachusetts, USA (b); Gettysburg National Military Park Museum, Pennsylvania, USA/Photo © Civil War Archive (t). 202-203 Getty Images: Time & Life Pictures. 204 Corbis: Bettmann (b). 205 Library Of Congress, Washington, D.C.: LC-USZC4-13346 (tl). Smithsonian Institution, Washington, D.C.: NMAH (bl) Cooper-Hewitt National Design Museum (cb) NPG (tr). 206 The Bridgeman Art Library: Museum of the Confederacy, Richmond, Virginia, USA/Photo © Civil War Archive (l). 206-207 Dorling Kindersley: Gettysburg National Military Park, PA. 207 National Museum of Health and Medicine: (br). 208 Corbis: Bettmann. 209 The Bridgeman Art Library: Private Collection/Peter Newark American Pictures (t). Library Of Congress, Washington, D.C.: LC-DIG-ppmsca-05602 (b). Smithsonian Institution, NMAH, Washington, D.C.: (br). 210 Library Of Congress, Washington, D.C.: LC-DIG-ppmsca-21066 (b). Smithsonian Institution, NMAH, Washington, D.C.: (t). 211 Corbis: Tria Giovan (c). Library Of Congress, Washington, D.C.: LC-DIG-cwpb-06714 (t). 212-213 Smithsonian Institution, NMAH, Washington, D.C. 214 Library Of Congress, Washington, D.C.: LC-DIG-cwpb-03431. 215 Corbis: Medford Historical Society Collection (t). Library Of Congress, Washington, D.C.: LC-DIG-pga-04032 (b). Smithsonian Institution, NMAH, Washington, D.C.: (cr). 216 Library Of Congress, Washington, D.C.: LC-DIG-cwpb-07196; LC-USZ62-22955 (tr). 217 Library Of Congress, Washington, D.C.: LC-USZC4-5152 (bl). Photolibrary: Barry Winiker (br). TopFoto.co.uk: Ullsteinbild (t). 218 The Bridgeman Art Library: Private Collection/Peter Newark American Pictures (bl); LC-DIG-ppmsca-08270 (t). Library Of Congress, Washington, D.C.: LC-DIG-cwpb-02135 (b). 219 Corbis: Medford Historical Society Collection; LC-DIG-ppmsca-10408 (bl). 220 Library Of Congress, Washington, D.C.: LC-DIG-ppmsca-21043 (br). Smithsonian Institution, National Postal Museum, Washington, D.C.: (tl); LC-DIG-cwpb-01958 (r). 221 Library Of Congress, Washington, D.C.: LC-DIG-ppmsca-23180 (tl). 222-223 Smithsonian Institution, NPG, Washington, D.C. 224 Corbis: Bettmann (t). Library Of Congress, Washington, D.C.: LC-DIG-ppmsca-20034 (b). 225 The Bridgeman Art Library: Private Collection/Peter Newark American Pictures (cr). Smithsonian Institution, NPG, Washington, D.C.: (bl); LC-DIG-cwpb-06818 (br); LC-DIG-pga-01888 (bl). 226 Library Of Congress, Washington, D.C.: LC-DIG-ppmsca-21155 (t). 227 Corbis: Bettmann (t). TopFoto.co.uk: The Granger Collection (b). 228-229 Corbis: Bettmann. 230-231 The Bridgeman Art Library: Private Collection/Peter Newark American Pictures. 232 Corbis: Bettmann (br); LC-DIG-cwpb-03994 (bl). Library Of Congress, Washington, D.C.: LC-DIG-pga-01881 (tr). New Britain Museum of American Art: Skirmish in the Wilderness, 1864, Oil on canvas, mounted on masonite, 18 x 26 ? in., New Britain Museum of American Art, Harriet Russell Stanley Fund, 1944.05. Photo Alex Morganti (tl). 232-233 Corbis: Bettmann (background). 233 Getty Images: Time & Life Pictures (crb). Smithsonian Institution, NPG, Washington, D.C.: (t) (tr). TopFoto.co.uk: (br). 234 Alabama Department of Archives and History, Montgomery, Alabama: (c). Getty Images: (bl). Smithsonian Institution, NPG, Washington, D.C.: (t) (br) (crb). 234-235 Corbis: Bettmann (background). 235 Corbis: Bettmann (br). Kansas State Historical Society: (cr). Library Of Congress, Washington, D.C.: LC-DIG-ppmsca-21357 (bl). Smithsonian Institution, Washington, D.C.: NMAH (tl) (cl) NPG (tr). 236 Library Of Congress, Washington, D.C.: LC-DIG-ppmsca-19442 (tr). 236-237 White House Historical Association: (b). 237 Library Of Congress, Washington, D.C.: LC-USZ6-201 (cr). TopFoto.co.uk: The Granger Collection (t). 238 The Bridgeman Art Library: Private Collection/Photo © Civil War Archive (b). New Britain Museum of American Art: Skirmish in the Wilderness, 1864, Oil on canvas, mounted on masonite, 18 x 26.25 in., New Britain Museum of American Art, Harriet Russell Stanley Fund, 1944.05. Photo Alex Morganti (t); LC-DIG-ppmsca-23676 (br). 239 Library Of Congress, Washington, D.C.: LC-DIG-ppmsca-21457 (cl). 240 Corbis: Bettmann (br). Library Of Congress, Washington, D.C.: LC-USZ62-53692 (tr). Smithsonian Institution, NMAH, Washington, D.C.: (l). 241 The Bridgeman Art Library: American Antiquarian Society, Worcester, Massachusetts, USA (t). Library Of Congress, Washington, D.C.: LC-DIG-cwpb-00698 (br). 242-243 The Bridgeman Art Library: © Chicago History Museum, USA. 244 Alamy Images: The Art Archive (b). Smithsonian Institution, NMAH, Washington, D.C.: (t). 245 Corbis: Hulton-Deutsch Collection (bl). Getty Images: Hulton Archive (t). Smithsonian Institution, NMAH, Washington, D.C.: (tl). 246-247 Corbis: Hulton-Deutsch Collection; LC-DIG-cwpb-07539 (br). 248 Library Of Congress, Washington, D.C.: LC-DIG-ppmsca-21161 (bl). Smithsonian Institution, NMAH, Washington, D.C.: (t). 249 Library Of Congress, Washington, D.C.: LC-DIG-pga-01674. 250 Library Of Congress, Washington, D.C.: LC-DIG-cwpb-07546. 251 Getty Images: Hulton Archive (br). Smithsonian Institution, NMAH, Washington, D.C.: (t). Virginia Historical Society: (r). 252 Dorling Kindersley: Gettysburg National Military Park, PA (tl). Rock Island Auction Company: (c) (br). Smithsonian Institution, NMAH, Washington, D.C.: (tr) (ca). 253 Dorling Kindersley: Confederate Memorial Hall, New Orleans (tr) (br) (cr); Gettysburg National Military Park, PA (bl); US Army Heritage and Education Center - Military History Institute (cl). Rock Island Auction Company: (crb). Smithsonian Institution, NMAH, Washington, D.C.: (tl) (bc) (cra). 254 Alamy Images: Classic Image (t). Getty Images: (b). 255 VMI Museum, Lexington, VA: (r) (l). 256 Getty Images: (b). Smithsonian Institution, NMAH, Washington, D.C.: (tl). 257 Corbis: Bettmann (t) (bc). Getty Images: (br). Smithsonian Institution, NMAH, Washington, D.C.: (cl). 258-259 Corbis: Bettmann; LC-DIG-pga-01881 (r). 260 Library Of Congress, Washington, D.C.: LC-DIG-cwpb-02570 (bl); LC-DIG-ppmsca-12615 (cr). 261 Library Of Congress, Washington, D.C.: LC-USZ62-115849 (tl). Smithsonian Institution, NMAH, Washington, D.C.: (br); LC-USZ62-111179 (b). 262 Library Of Congress, Washington, D.C.: LC-DIG-cwpb-03994 (t). 263 Virginia Historical Society: (b). 264 Library Of Congress, Washington, D.C.: LC-DIG-cwpb-01402. 265 The Bridgeman Art Library: Atlanta Historical Society, Georgia, USA/Photo © Civil War Archive (t); Private Collection/Peter Newark American Pictures (bc). Library Of Congress, Washington, D.C.: LC-DIG-cwpb-06956 (bl). 266-267 The Bridgeman Art Library: Virginia Historical Society, Richmond, Virginia, US. 268 Library Of Congress, Washington, D.C.: LC-DIG-stereo-1s01824 (l). 269 The Bridgeman Art Library: American Antiquarian Society, Worcester, Massachusetts, USA (b). Getty Images: (br). Library Of Congress, Washington, D.C.: LC-DIG-ppmsca-21134 (t). 270 Duke University: Historic American Sheet Music," Major General Sheridan's Grand Victory March", Music #1444, Duke University Rare Book, Manuscript, and Special Collections Library (r). Library Of Congress, Washington, D.C.: LC-DIG-cwpbh-01010 (l). 271 Library Of Congress, Washington, D.C.: LC-DIG-ppmsca-21296 (bl). Smithsonian Institution, NMAH, Washington, D.C.: (t). TopFoto.co.uk: Curt Teich Postcard Archives/HIP (br). 272-273 The Bridgeman Art Library: Private Collection/Peter Newark American Pictures; LC-DIG-cwpbh-00463 (bl). 274 Library Of Congress, Washington, D.C.: LC-DIG-ppmsca-21357 (t). 275 The Bridgeman Art Library: Detroit Institute of Arts, USA/Founders Society purchase and Dexter M. Ferry Jr. fund (t). Corbis: Bettmann (bl). 276 Library Of Congress, Washington, D.C.: LC-DIG-cwpb-00942 (b). Smithsonian Institution, NMAH, Washington, D.C.: (t). 277 The Bridgeman Art Library: Private Collection/Photo © Civil War Archive (fbr) (br). Library Of Congress, Washington, D.C.: LC-DIG-cwpb-03851 (t). 278-279 Library Of Congress, Washington, D.C.: LC-DIG-ppmsca-20996. 280 akg-images: (bl). Alamy Images: INTERFOTO (t). 280-281 Corbis: Bettmann (b). 281 TopFoto.co.uk: (tr); The Granger Collection (tc). 282 Corbis: Bettmann (t). Smithsonian Institution, NMAH, Washington, D.C.: (b). 283 The Bridgeman Art Library: Museum of the Confederacy, Richmond, Virginia, USA/Photo © Civil War Archive (c); Private Collection/Photo © Civil War Archive (bl). Getty Images: (t). 284-285 Corbis: © Philadelphia Museum of Art. 286 Dorling Kindersley: Confederate Memorial Hall, New Orleans (b). Smithsonian Institution, NMAH, Washington, D.C.: (t). 287 Smithsonian Institution, NMAH, Washington, D.C.: (b). TopFoto.co.uk: (tr). 288 Corbis: Bettmann (b). The State Historical Society of Missouri: (t). 289 Kansas State Historical Society: (t). Library Of Congress, Washington, D.C.: LC-DIG-cwpb-06208 (br). 290 Alabama Department of Archives and History, Montgomery, Alabama: (r). 291 Alamy Images: Philip Scalia (br). The Bridgeman Art Library: Dallas Historical Society, Texas, USA (bl). Corbis: Bettmann (t). 292 Corbis: Bettmann (bl). Library Of Congress, Washington, D.C.: LC-DIG-cwpb-03415 (t). 293 Atlanta Cyclorama and Civil War Museum: (b). 294-295 Corbis: Bettmann. 296 The Bridgeman Art Library: Siege Museum, Petersburg, Virginia, USA/Photo © Civil War Archive (r). Library Of Congress, Washington, D.C.: LC-DIG-ppmsca-20772 (l). 297 Corbis: Bettmann (t). Library Of Congress, Washington, D.C.: LC-DIG-cwpb-03159 (br). 298 Corbis: Bettmann (l). Smithsonian Institution, NMAH, Washington, D.C.: (r). 299 Getty Images: Time & Life Pictures (b). Smithsonian Institution, NMAH, Washington, D.C.: (t) (cb). 300 Library Of Congress, Washington, D.C.: LC-DIG-pga-01852. 301 Getty Images: Science and Society Picture Library (t); LC-USZ62-4697 (cr). Library Of Congress, Washington, D.C.: LC-DIG-cwpbh-00679 (bc). 302-303 Getty Images. 304 Corbis: Bettmann (tl). Library Of Congress, Washington, D.C.: LC-DIG-ppmsca-21458 (tr). Smithsonian Institution, NPG, Washington, D.C.: (b). 304-305 Corbis: Bettmann (background). 305 Library Of Congress, Washington, D.C.: LC-USZ62-105560 (b). Smithsonian Institution, NPG, Washington, D.C.: (t) (cr) (cra). 306 Alamy Images: Historical Art Collection (HAC) (tl). Smithsonian Institution, NMAH, Washington, D.C.: (tr). The US National Archives and Records Administration: (bl). Smithsonian Institution, NPG, Washington, D.C.: (bc) (br). 306-307 Corbis: Bettmann (background). 307 The Bridgeman Art Library: Private Collection/Peter Newark American Pictures (tr). Smithsonian Institution, NPG, Washington, D.C.: (bl) (br). TopFoto.co.uk: The Granger Collection (cr) (tl). 308 Library Of Congress, Washington, D.C.: LC-USZ62-127599 (b). The US National Archives and Records Administration: (t). 308-327 Corbis: Frans Lanting (t); LC-DIG-pga-03898 (t). 309 Library Of Congress, Washington, D.C.: LC-DIG-ppmsca-10978 (b). 310 Alamy Images: Historical Art Collection (HAC) (bl). Smithsonian Institution, NPG, Washington, D.C.: (cl). 311 The Bridgeman Art Library: Museum of the Confederacy, Richmond, Virginia, USA/Photo © Civil War Archive (b). Library Of Congress, Washington, D.C.: LC-USZ62-105560 (t). 312-313 Corbis. 314 Library Of Congress, Washington, D.C.: LC-DIG-cwpb-06014 (tl). 314-315 The Bridgeman Art Library: (b). 315 Corbis: Bettmann (tr). Smithsonian Institution, Washington, D.C.: National Postal Museum (t) NPG (br). 316 Smithsonian Institution, NMAH, Washington, D.C.: (t). TopFoto.co.uk: The Granger Collection (bl). 317 Library Of Congress, Washington, D.C.: LC-DIG-cwpbh-03163 (bl). Smithsonian Institution, Washington, D.C.: National Archives and Records Administration (t) NMAH (br). 318-319 Appomattox Court House National Historical Park. 320 Corbis: Bettmann (l). Library Of Congress, Washington, D.C.: LC-DIG-highsm-04710 (t). 321 Smithsonian Institution, Washington, D.C.: NPG (l) NMAH (r). 322-323 The Bridgeman Art Library: © Chicago History Museum, USA. 324 Library Of Congress, Washington, D.C.: LC-DIG-ppmsca-21144 (b). Smithsonian Institution, NPG, Washington, D.C.: (t). 325 Library of Congress, Washington, D.C.: (l). TopFoto.co.uk: The Granger Collection (r). 326 Corbis: David J. & Janice L. Frent Collection (r). Getty Images: (l). 327 Corbis: Bettmann (tl) (c) (tr); David J. & Janice L. Frent Collection (b). 328-329 Alamy Images: North Wind Picture Archives. 330 Corbis: (br); Bettmann (tl). Getty Images: (bl). Smithsonian Institution, NPG, Washington, D.C.: (tr). 330-331 Corbis: Bettmann (background). 331 The Bridgeman Art Library: The Historic New Orleans Collection/The Monroe-Green Collection (tr). Corbis: Bettmann (br). Smithsonian Institution, NPG, Washington, D.C.: (t). 332 Photo Scala, Florence: © 2010 Image copyright The Metropolitan Museum of Art/Art Resource (cr). Smithsonian Institution, Washington, D.C.: American Art Museum (tl) NMAH (bl) NPG (br) (tr). 332-333 Corbis: Bettmann (background). 333 The Art Archive: Culver Pictures (c). The Bridgeman Art Library: Delaware Art Museum, Wilmington, USA (br). Corbis: Bettmann (tl). Library Of Congress, Washington, D.C.: LC-DIG-pga-03113 (tr). 334 Corbis: Bettmann (t). Library Of Congress, Washington, D.C.: LC-DIG-ppmsca-05453 (bl). 334-349 Corbis: Kevin Fleming (t). 335 Library Of Congress, Washington, D.C.: LC-DIG-cwpb-02704 (tr). Morris Museum of Art: (b). Smithsonian Institution, NMAH, Washington, D.C.: (tl). 336-337 Corbis: Bettmann. 338 Corbis: Bettmann (b). Library Of Congress, Washington, D.C.: LC-USZ62-63460 (t). 339 Smithsonian Institution, NPG, Washington, D.C.: (l). 340 Corbis: Bettmann (b). Smithsonian Institution Libraries, Washington, D.C.: (tr). TopFoto.co.uk: The Granger Collection (tl). 341 The Bridgeman Art Library: The Historic New Orleans Collection/The Monroe-Green Collection (b). Library Of Congress, Washington, D.C.: LC-DIG-ppmsca-17564 (t). 342 TopFoto.co.uk: The Granger Collection (cr) (bl). 343 Corbis: Bettmann (t) (b). 344 The Art Archive: Culver Pictures. 345 The Bridgeman Art Library: Delaware Art Museum, Wilmington, USA (b). Library Of Congress, Washington, D.C.: LC-DIG-pga-03113 (r). Smithsonian Institution, NPG, Washington, D.C.: (tl). 346-347 Smithsonian Institution, NMAH, Washington, D.C. 347 Smithsonian Institution, NMAH, Washington, D.C.: (bl). 348 Corbis: (t). Smithsonian Institution, NMAH, Washington, D.C.: (bl). 349 Corbis: Richard T Nowitz (b). Smithsonian Institution, NMAH, Washington, D.C.: (t). 350-351 Corbis: Bettmann. 350-360 Library Of Congress, Washington, D.C.: (t)

All other images © Dorling Kindersley
For further information see: www.dkimages.com

The publisher would also like to thank the following people at the Smithsonian Institution for their kind assistance:

Smithsonian Project Coordinator: Ellen Nanney

National Museum of American History: Jennifer Jones, Kathleen Golden, David Miller, Barton Hacker, Lisa Kathleen Graddy, Barbara Clark Smith, Debbie Hashim, Harry Rubenstein, Kay Peterson, Marisa Kritikson, Stacey Kluck, Shannon Perich

National Portrait Gallery: James G. Barber, Beverly Cox, Lizanne Reger, Mark Gulezian

National Museum of African American History and Culture: Lonnie Bunch

Smithsonian American Art Museum: Richard Sorenson

Jacket designer: Mark Cavanagh